Forschungen zur DDR-Gesellschaft
Dong-Ki Lee
Option oder Illusion?

Dong-Ki Lee

Option oder Illusion?

Die Idee einer nationalen Konföderation im geteilten Deutschland 1949–1990

Ch. Links Verlag, Berlin

Die Deutsche Nationalbibliothek verzeichnet diese Publikation in der Deutschen Nationalbibliografie; detaillierte bibliografische Daten sind im Internet über http://dnb.d-nb.de abrufbar.

1. Auflage, August 2010

Schönhauser Allee 36, 10435 Berlin, Tel.: (030) 44 02 32-0
www.christoph-links-verlag.de; mail@christoph-links-verlag.de
Umschlaggestaltung: KahaneDesign, Berlin,
unter Verwendung eines Plakates von der Leipziger Messe 1951
(Deutsches Historisches Museum, P90/1154)
Lektorat: Jana Fröbel, Berlin
Satz: Bild1Druck GmbH, Berlin
Druck und Bindung: MercedesDruck, Berlin

ISBN 978-3-86153-607-9

Inhalt

1 Einleitung

1.1 Eine nationale Konföderation als transnationales Thema?

»Wer nicht an Wunder glaubt, ist kein Realist.« Mit den geflügelten Worten des ersten israelischen Ministerpräsidenten und Staatsgründers David Ben Gurion vergisst der ehemalige deutsche Kanzlerberater Horst Teltschik in einem Beitrag zur Wiedervereinigung Deutschlands nicht, auch die Koreaner, die über ihren zögerlichen Schritt zur Entspannung und Vereinigung – zwar nicht allein durch, aber vor allem infolge des anhaltenden internationalen Konflikts um die Atombewaffnung Nordkoreas[1] – frustriert sind, zu einem zuversichtlichen Festhalten an ihrem nationalen Traum zu ermuntern.[2] Dieser Ratschlag ist nur einer von vielen, die die Deutschen den an einer nationalen Einigung interessierten Koreanern gegeben haben.[3]

Es versteht sich von selbst, dass die noch immer geteilte Nation im fernen Osten ein immenses und signifikantes Interesse an deutschen Erfahrungen mit der Teilung, mit Entspannungspolitik, Annäherungsprozessen und Wiederherstellung der nationalen Einheit hat und dass die Deutschen trotz geographischer Entfernung sowie kultureller Unterschiede dieses unterstützen und gern bereit sind, den Ostasiaten ihre Erfolgsgeschichte – ob mit oder ohne selbstreflexive Bilanz – zu erzählen. Auf institutioneller sowie wissenschaftlicher Ebene bestehen diesbezüglich verschiedene Kontakte und Formen

1 Zum Atomkonflikt zwischen Nordkorea und USA vgl. John Feffer: North Korea/South Korea: U. S. Policy & the Korean Peninsula, New York 2003; ders.: The future of the US-Korean Relations. The imbalance of power, London 2006; Hyondok Choe/Du-Yul Song/Rainer Werning (Hg.): Wohin steuert Nordkorea? Soziale Verhältnisse, Entwicklungstendenzen, Perspektiven, Köln 2004; Sebastian Harnisch/Hanns W. Maull: Kernwaffen in Nordkorea. Regionale Stabilität und Krisenmanagement durch das Genfer Rahmenabkommen, Bonn 2000.

2 Vgl. Horst Teltschik: Die Wiedervereinigung Deutschlands – mögliche Schlussfolgerungen für Korea, in: Hartmut Koschyk (Hg.): Deutschland, Korea – geteilt, vereint, München 2005, S. 65.

3 Vgl. Hartmut Koschyk (Hg.): Begegnung mit Kim Dae-jung. Korea auf dem Weg zu Frieden, Versöhnung und Einheit, München 2002; ders.: Deutschland, Korea. In ähnlichem Ton riet der Journalist Theo Sommer auch den Koreanern zu Geduld und Ausdauer als Voraussetzung für den Wandlungs- und Annäherungsprozess hin zur Vereinigung, welcher »in Korea wohl noch länger dauern« würde als in Deutschland, vgl. Theo Sommer: Kim Dae-jung. Ein Freiheitsheld verlässt die politische Arena, in: Koschyk: Begegnung mit Kim Dae-jung, S. 73.

der Zusammenarbeit zwischen Deutschland und (Süd-)Korea,[4] auch wenn beiden Seiten die fundamental unterschiedlichen Rahmenbedingungen der Vereinigung wohl bewusst sind. Der koreanische »Dialog mit dem geeinten Deutschland«, wie der Titel eines 2006 auf Koreanisch erschienenen Interviewsammelbandes lautet,[5] stellt schon ein Phänomen dar und wird sich als solches in absehbarer Zeit – erst recht aus der Perspektive der transnationalen Geschichte – zu einem zeithistorischen Forschungsthema entwickeln. Aktuell und von politischer Relevanz ist indessen ebenfalls die Frage, ob und welche »unschätzbaren Lehren« (Kim Dae-Jung)[6] aus dem Annäherungs- sowie Einigungsprozess des einst geteilten Landes im fernen Westen für die koreanische Halbinsel gezogen werden können.[7]

4 Vgl. Koschyk: Entspannungspolitik in geteilten Ländern: Deutschland und Korea im Vergleich, in: ders.: Deutschland, Korea, S. 13–29. Als eine bedeutsame wissenschaftliche Begegnung beider Länder seien die drei gemeinsamen Konferenzen des Zentrums für Zeithistorische Forschung in Potsdam und des Instituts for Korean Historical Studies in Seoul genannt. Vgl. zur zweiten Konferenz: Christoph Kleßmann/Bernd Stöver (Hg.): Der Koreakrieg. Wahrnehmung, Wirkung, Erinnerung, Köln/Weimar/Wien 2008.
Begegnungen und Zusammenarbeit bahnen sich nicht nur zwischen der Bundesrepublik und dem Süden Koreas an, sondern auch mit dem Norden Koreas. Vgl. dazu die Beiträge in Christoph Moeskes (Hg.): Nordkorea. Einblicke in ein rätselhaftes Land, Berlin 2004.

5 Ein südkoreanischer Diplomat, der als Botschafter in Berlin weilte, interviewte in seiner Amtzeit 16 deutsche Persönlichkeiten aus Politik, Wirtschaft, Journalistik und Wissenschaft, woraus im Jahr 2006 ein Sammelband mit dem Titel »Dialog mit dem vereinten Deutschland« entstand.

6 In seiner *Berliner Erklärung* am 9. März 2000 hob der südkoreanische Staatspräsident und Friedenspolitiker Kim Dae-Jung hervor, dass die deutschen Erfahrungen für seine Landsleute eine »unschätzbare Lehre« sein könnten. Vgl. Freie Universität Berlin (Hg.): Rede des Präsidenten der Republik Korea Kim Dae-Jung. Lehren aus der deutschen Wiedervereinigung und Fragen auf der koreanischen Halbinsel, Berlin 2000.

7 Vgl. Bon-Rock Ahn: Die Wiedervereinigungsfrage Koreas unter der Berücksichtigung der deutschen Erfahrungen, Dissertation, Fachbereich Politik- u. Sozialwissenschaft, Freie Universität Berlin, 2005; Thomas Cieslik: Wiedervereinigung während und nach der Ost-West-Blockkonfrontation: Ursachen der Teilung – Grundlagen der (fehlenden) Einheit; untersucht an den Fallbeispielen: Vietnam, Jemen, Deutschland, China und Korea, Marburg 2001; Hans Joachim Gießmann: Korea and the myth of »cloning« the German unification model, in: Korea and World Affairs 23 (1999), Nr. 2, S. 225–240; Heinrich Kreft: Lösung der offenen koreanischen Frage nach deutschem Vorbild?, in: Außenpolitik 49 (1998), H. 1, S. 53–63; Werner Pfennig (Hg.): United We Stand – Divided We Are. Comparative Views on Germany and Korea in the 1990s, Hamburg 1998; Martin Hart-Landsberg: Korea. Division, Reunification, and U.S. Foreign Policy, New York 1998, S. 209–237; ders.: Korean Reunification: Learning from the German Experience, in: Journal of Contemporary Asia 26 (1996), Nr. 1, S. 59–80; Ulrich Albrecht (Hg.): The political and socio-economic challenges of Korean unification: lessons from Germany's post-unification experiences (SNU-FUB Joint conference, March 18–19, 1996, Graduate School of Public Administration, Seoul National University), Berlin 1997; Yang Sung Chul: The Lessons of United Germany for Divided Korea, in: Young Whan Kihl (Hg.): Korea and the World. Beyond the Cold War, Boulder u. a. 1994, S. 261–277; Shin Yang-Ho: Die Übertragbarkeit der deutschen Wiedervereinigungsmodelle auf das geteilte Korea, Frankfurt a. M. 1993; Heiner Flassbeck/Gustav A. Horn: German Unification – an example for Korea?, Aldershot u. a. 1996; Jin Min Chung/John D. Nagle, Generational Dynamics and the Politics of German and Korean Unification, in: Western Political Quartely

Bezeichnend ist, dass die Koreaner bei diesem Lernprozess zwar immer wieder vor einer raschen Einigung gewarnt werden, aber die Diskussion um eine nationale Konföderation als Alternativmodell ausgespart bleibt. Wie viele deutsche Wissenschaftler und Politiker, die bisher die nach Vereinigung strebenden Ostasiaten beraten haben, verweist auch Horst Teltschik, der außen- bzw. sicherheitspolitische Kanzlerberater in der Wiedervereinigungsphase 1989/90, über die eingangs angeführte dürftige Anmerkung des »Optimismus des Willens« zur nationalen Vereinigung hinaus auf gewichtige Aspekte, etwa, dass Süd-Korea für den Fall eines Einigungsprozesses dem Nordteil die Chance einräumen sollte, neue Lösungen auch dort zu suchen, wo sie vom südkoreanischen System abweichen, sprich keine sofortige Systemübertragung bedeuten.[8]

Im Hinblick auf die Konföderationsidee verhält es sich jedoch anders. Sie scheint nicht der Rede wert zu sein. Kein Geringerer als der Ex-Kanzlerberater, der nach dem Mauerfall, im Spätherbst 1989, Bundeskanzler Helmut Kohl ermutigte, die Konföderationsidee aufzugreifen, traut sich nicht mehr, dem »fernen Nachbarn«[9] Korea eine nationale Konföderation als (Übergangs-)Lösung bis zur Wiederherstellung der Einheit anzuraten. Eine Ausnahme stellen zwei linke Intellektuelle dar: Jürgen Habermas und Günter Grass. Sie erinnerten bzw. ermutigten während ihrer Besuche in Süd-Korea im Mai 1996 bzw. im Mai 2002 die Koreaner zu einem »Umweg durch eine Konföderation zwischen den beiden Staaten« als Option resp. einen »besseren Weg«.[10]

Jene transnationalen Gespräche über Annäherung und Vereinigung überbietet derweil die reale Entwicklung der beiden koreanischen Staaten. Auf dem historischen Gipfeltreffen in Pjöngjang, der Hauptstadt Nordkoreas, vom 13. bis 15. Juni 2000 trafen der damalige südkoreanische Staatspräsident Kim Dae-Jung und der nordkoreanische Machthaber Kim Jong-Il – über die Vereinbarungen zu Entspannung und Kooperation hinaus – eine Übereinkunft, mit der sich für beide Seiten Koreas eine annehmbare Vereinigungskonzeption, das heißt eine allmähliche und stufenweise Annäherung bis zur Vereinigung auf der Basis einer gegenseitigen Anerkennung des jeweils anderen Systems,

45 (1992), S. 851–867; Kang Myoung-Kyu/Helmut Wagner: Korea and Germany: Lessons in Division, Seoul 1990.

8 Vgl. Teltschik: Die Wiedervereinigung Deutschlands, S. 65.

9 Michael Geier: Deutschland und Korea – ferne Nachbarn, in: Koschyk: Deutschland, Korea, S. 259–266.

10 Zu Habermas' Vortrag über dieses Thema in Seoul sowie einer Replik von dem südkoreanischen linken Repräsentanten und zugleich Konföderationsverfechter Paik Nak-Chung vgl. Jürgen Habermas: National Unification and Popular Sovereignty, in: new left review 219 (1996), S. 3–13; Paik Nak-Chung: Habermas on National Unification in Germany and Korea, in: ebd., S. 14–21. Zu Grass' Ratschlag vgl. Günter Grass: Tongileun geysok pulenagayahal kwaje (Die Einheit als Aufgabe, die weiterhin zu lösen ist), in: Nuri Kim (Hg.), Tongilkwa munhwa: Tongildokilui hyunsilkwa hanbando (Einheit und Kultur: Realität des vereinten Deutschland und die koreanische Halbinsel), Seoul 2003, S. 14–25 (auf Koreanisch).

abzeichnet. Im Abschnitt 2 der *Gemeinsamen Deklaration* stellten die beiden koreanischen Spitzenpolitiker fest, dass das südliche Vereinigungskonzept einer »Süd-Nord-Konföderation« und das nördliche Konzept einer »losen Föderation« *(lower stage of the federation)* nahe beieinander lägen; sie stimmten deshalb überein, die Vereinigung in diese Richtung voranzutreiben.[11]

Trägt man den Hintergründen bzw. der Entstehungsgeschichte der beiden koreanischen Vereinigungsmodelle Rechnung, wundert man sich umso mehr über die mangelnde Diskussion um die Konföderation im deutsch-koreanischen Dialog. Bereits Mitte der 1990er Jahre zog der frühere Freiheitskämpfer und Friedenspolitiker Kim Dae-Jung Bilanz, nicht zuletzt aus seiner Beobachtung der deutschen Verhältnisse nach der nationalen Einheit als »Absorbierung« der DDR durch die BRD: In Korea wären im Fall einer Einheit nach dem deutschen Muster die negativen Nebenwirkungen unvergleichbar größer als in Deutschland, zumal es bis dahin beiden koreanischen Staaten, anders als in Deutschland, an einem Mindestmaß von Austausch und Zusammenarbeit mangele.[12] In seiner Antrittsrede zum Präsidialamt am 25. Februar 1998 sowie in einer *Berliner Erklärung* vom März 2000 anlässlich seines Staatsbesuchs in Deutschland grenzte sich Kim Dae-Jung in aller Deutlichkeit von einer Nationalpolitik zur »einseitigen und plötzlichen Wiedervereinigung« ab und gab sein »Drei-Etappen-Vereinigungskonzept« bekannt, wonach sich in der ersten Phase eine »Süd-Nord-Konföderation« konstituieren sollte.[13]

Unterdessen stellt sich die transnationale Verflechtung der Konföderationsidee in einem besonderen Maße bei den früheren Beziehungen der beiden sozialistischen Länder, DDR und KDVR (Koreanische Demokratische Volksrepublik), heraus. Bei der Entstehung sowie Entwicklung (kon-)föderativer Konzepte als Vereinigungsmodell in Nordkorea[14] spielte das Konföderations-

11 Vgl. Ahn: Die Wiedervereinigungsfrage Koreas, S. 107–122, insbes. S. 113 f.; Sebastian Harnisch: Selbsterhalt, Koexistenz und Wiedervereinigung. Situation auf der koreanischen Halbinsel nach dem Gipfel, in: Korea-Forum 10 (2000), H. 1–2, S. 7–13; ders.: Lockerungsübungen in Pjöngjang, in: Blätter für deutsche und internationale Politik 45 (2000), S. 1429–1432; Hanns W. Maull: Der Prozess der Entspannung auf der koreanischen Halbinsel. Beitrag für das Jahrbuch Korea 2001 des Instituts für Asienkunde in Hamburg, 2001; Kay Möller: Sonnenschein über Pyöngyang. Korea nach dem Gipfel, in: APuZ, B 51/2000, S. 30–38.

12 Dabei spielten seine Gespräche mit deutschen Politikern und Wissenschaftlern während seines sechsmonatigen Forschungsaufenthalts in Cambridge 1993 eine wichtige Rolle. Vgl. Geonwoo Kim: Um die koreanische Wiedervereinigung. Die Sonnenscheinpolitik Kim Dae Jungs im Vergleich mit der Ostpolitik Willy Brandts, Dissertation an der Philosophischen Fakultät der Universität Freiburg i. Br., 2007, S. 134.

13 Zum Vereinigungskonzept Kim Dae-Jungs vgl. Ahn: Die Wiedervereinigungsfrage Koreas, S. 50–66; Kim: Um die koreanische Wiedervereinigung, S. 98 f. und 131 ff.

14 Die Nordkoreaner bezeichnen ihr Vereinigungskonzept auf Koreanisch als »Yeonbang«, was in deutscher Sprache der Bedeutung des Begriffs »Föderation« entspricht. Sowohl in ihren deutschen und englischen Texten als auch in den DDR-Dokumenten wurde das Wort »Konföderation« gebraucht, das aber ins koreanische »Yeonhab« übersetzt werden sollte. Diese

konzept der SED von 1957 bis 1966/67 eine beträchtliche Rolle. Die Anregung kam zwar nicht aus Ost-Berlin, sondern aus Moskau,[15] die Nordkoreaner, die bislang kaum derartige Gedanken hegten, studierten aber die Konföderationsentwürfe der DDR intensiv, um sie sich dann anzueignen:[16] »Zwischen der DDR und der KDVR bestehen insbesondere über die Botschaften Kontakte zur Konsultation und ein umfangreicher Materialaustausch über Fragen der Wiedervereinigung, […] Allerdings ist der Nutzen dieser Zusammenarbeit z. Zt. fast ausschließlich auf Seiten der KDVR«, so berichtete ein Mitarbeiter des MfAA Ende November 1957.[17] Das nordkoreanische (Kon-)Föderationskonzept, das der damalige Staatsführer Kim Il Sung Mitte August 1960 zum ersten Mal auf seine Fahne schrieb,[18] hatte allerdings wenig mit einer Nachbildung des ostdeutschen Konföderationsvorschlages zu tun, es spiegelte vielmehr die innerkoreanische Konstellation sowie das nordkoreanische Selbstbewusstsein

Irritation lässt sich auf der einen Seite damit erklären, dass föderatives Gedankengut den Ostasiaten ehedem ganz fremd war. Auf der anderen Seite ähnelte das Vereinigungskonzept Nordkoreas bis 1980 immerhin dem Staatenbundgedanken. Vgl. Kim Il Sung: Bericht auf der Festveranstaltung zum 15. Jahrestag der Befreiung am 15. August, des Nationalfeiertages des koreanischen Volkes, in: ders.: Werke 14: Januar 1960 – Dezember 1960 (auf Deutsch), Pjöngjang [Korea (Nord)] 1983, S. 230; ders.: Vorschläge zur Schaffung der demokratischen konföderativen Republik Koryo (auf Deutsch), Pjöngjang [Korea (Nord)] 1983. Zur Entwicklung des nordkoreanischen (Kon-)Föderationskonzepts als Vereinigungsmodell vgl. Ahn: Die Wiedervereinigungsfrage Koreas, S. 37–50; Volker Grabowsky: Zwei-Nationen-Lehre oder Wiedervereinigung? Die Einstellung der Partei der Arbeit Koreas und der Sozialistischen Einheitspartei Deutschlands zur nationalen Frage ihrer Länder seit dem Zweiten Weltkrieg. Ein Vergleich, Bochum 1987; Jens Hacker: Die Problematik der Wiedervereinigung Koreas aus der Sicht beider Staaten, in: APuZ, B 36–37/1988, S. 17–32, hier S. 24 ff.

15 Bei seinem Moskaubesuch im Juni 1960 besprach Kim Il Sung mit Chruschtschow die Südkorea- wie die Nationalpolitik, wobei der Kremlführer den Gast aus Pjöngjang auf die Konföderationsidee aufmerksam machte. Kim Il Sung griff sie umgehend auf. Vgl. Balázs Szalontai: Kim Il Sung in the Khrushev Era. Soviet-DPRK Relations and the Roots of the North Korean Despotism, 1953–1964, Washington D. C. 2005, S. 157 f.; Yang: The Lessons of United Germany for Divided Korea, S. 276 f., Anm. 46.

16 Dabei kam aus Moskau weder Druck noch Hilfe. Vgl. Szalontai: Kim Il Sung in the Khrushev Era, S. 158. Die Nordkoreaner bearbeiteten die Konföderationskonzeption durchaus »independent«, d. h. unabhängig von der Sowjetunion. Allerdings sei angemerkt, dass die Nordkoreaner bereits zuvor den Konföderationsvorstößen der DDR ihre »volle Unterstützung« angedeihen ließen. Vgl. Kommuniqué über den Staatsbesuch des Vorsitzenden der Obersten Volksversammlung der Koreanischen Volksdemokratischen Republik, Zoi En Gen, vom 18. bis 24. April 1959 in der DDR, in: Dokumente zur Außenpolitik der Regierung der Deutschen Demokratischen Republik, Bd. VII, hg. vom Deutschen Institut für Zeitgeschichte, Berlin 1960, S. 381–388, hier S. 383.

17 Die politische Argumentation und die Schritte der Regierng der Koreanischen Volksdemokratischen Republik, der Partei der Arbeit Koreas und der Einheitlichen Demokratischen Vaterländischen Front Koreas zur Wiedervereinigung des Landes, 30. November 1957, in: MfAA PA A 6928, Bl. 63.

18 Vgl. Grabowsky: Zwei-Nationen-Lehre oder Wiedervereinigung?, S. 276–287; Kim Il Sung: Bericht auf der Festveranstaltung zum 15. Jahrestag der Befreiung am 15. August, des Nationalfeiertages des koreanischen Volkes, in: ders.: Werke 14: Januar 1960 – Dezember 1960 (auf Deutsch), Pjöngjang Korea (Nord) 1983, S. 230 ff.

wider: die verhältnismäßig stabile innenpolitische Lage und wirtschaftliche Entwicklung Nordkoreas gegenüber dem damals ökonomisch morbiden und von sozialen wie politischen Unruhen heimgesuchten Südkorea.[19] Sowohl hinsichtlich der »Exaktheit« bzw. »Konkretheit« der vorgeschlagenen Maßnahmen im Rahmen einer nationalen Konföderation als auch in der politischen Offensivität bzw. Auswirkung auf den jeweiligen nationalen Partnerstaat stellte das Konzept der Partei der Arbeit Koreas (PdAK) die SED-Konföderationsvorschläge in den Schatten.[20]

Zwar stehen die beiden koreanischen Konföderationskonzepte als Weg zur nationalen Einigung im Zusammenhang mit den innerkoreanischen Teilungsverhältnissen und deren Veränderungen. Es lässt sich jedoch feststellen, dass die deutschen Verhältnisse unmittelbar auf ihre Entstehungs- bzw. Entwicklungsphase einwirkten. Während die Deutschen mit der Zeit von einer Konföderationslösung der nationalen Frage Abstand nahmen, bewirkte das Einvernehmen der beiden koreanischen Staatsführungen über den Weg der Vereinigung durch die Konföderation seit dem Gipfeltreffen 2000 auf der koreanischen Halbinsel neue Zukunftsaussichten.

Das Konföderationsmodell hatten schon zwei deutsche Staats- bzw. Regierungschefs, deren politische Einstellungen sich ansonsten extrem widersprachen, unumwunden in gleicher Sprache kommentiert. Im Juli 1967 äußerte sich der Staats- und Parteichef der DDR, Walter Ulbricht: Die Vereinigung käme nur in Frage, wenn in Westdeutschland grundlegende Veränderungen durchgeführt, das heißt eine sozialistischen Bedingungen entsprechende Lage hergestellt worden sei; von einer Konföderation zwischen der sozialistischen DDR und der monopolkapitalistischen BRD zu sprechen, sei Unsinn.[21] In seinen politischen Memoiren mit dem Titel *Erinnerungen 1982–1990* machte Ex-Bundeskanzler Helmut Kohl ebenfalls deutlich: Konföderation zwischen einem demokratischen und einem nichtdemokratischen Staat sei ein Unding.[22] Dementsprechend sprach man in Deutschland von »Feuer und Wasser« oder »zwei Skorpionen in einer Flasche«.[23]

19 Vgl. Grabowsky: Zwei-Nationen-Lehre oder Wiedervereinigung?, S. 281–287. Zum Optimismus der nordkoreanischen Führung vgl. Szalontai: Kim Il Sung in the Khrushev Era, S. 144 f. und 158 f.

20 Auf eben diesen Aspekt machten die Mitarbeiter des MfAA bereits unmittelbar, nachdem sie sich mit den Vereinigungskonzepten der PdAK eingehend befasst hatten, aufmerksam; vgl. Botschaft der DDR in Korea, Material über die 8. Tagung der Obersten Volksversammlung der KVDR, Pjöngjang, den 24. November 1960, in: MfAA PA A 6968, Bl. 108.

21 Vgl. 5. Aus den einführenden Bemerkungen Walter Ulbrichts auf der Beratung des Komitees zur Vorbereitung des 50. Jahrestages der Großen Sozialistischen Oktoberrevolution am 9. Januar 1967, in: Gerhard Naumann/Eckhard Trümpler (Hg.): Der Flop mit der DDR-Nation 1971. Zwischen Abschied von der Idee der Konföderation und Illusion von der Herausbildung einer sozialistischen deutschen Nation, Berlin 1991, S. 113.

22 Vgl. Helmut Kohl: Erinnerungen 1982–1990, München 2005, S. 993.

23 MfS AIM 5155/68, Bd. 1, Bl. 71.

Sollte man bei der Beurteilung der Realisierungsmöglichkeit einer nationalen Konföderation den oben angeführten beiden deutschen Spitzenpolitikern, die ihrerseits auf eigene Erfahrungen mit Konföderationskonzepten angewiesen waren, volles Vertrauen schenken und den Koreanern politische Naivität oder Illusion unterstellen? Sind die beiden koreanischen Staatschefs, der langjährige Freiheitskämpfer und Friedensnobelpreisträger aus dem Süden und der »verehrte Führer« des extrem repressiven kommunistischen Landes im Norden, doch einander näher und als »Realisten« in dem Sinne zu betrachten, dass sie »an [das] Wunder glauben«, auf dem Weg der Konföderation zur Einigung der Nation zu gelangen? Oder könnte eine nationale Konföderation in Korea angesichts der ganz anderen Teilungsverhältnisse als in Deutschland weder als »Unsinn« oder »Unding« noch als »Wunder«, sondern fürwahr als einzig möglicher Weg zur nationalen Einigung gesehen werden, wie viele Koreaner annehmen?

Diese Frage wird allein die reale Fortentwicklung der innerkoreanischen Konstellation in Richtung nationale Vereinigung sukzessive beantworten können. Es ist nunmehr höchste Zeit, sich – über die übereilten politischen Beurteilungen hinaus – mit verschiedenen Konföderationsgedanken im geteilten Deutschland in der Nachkriegszeit wissenschaftlich auseinanderzusetzen. Die Beschäftigung mit der Geschichte der Idee einer deutschen Konföderation im Zeitraum von 1949 bis 1990 läuft im Grunde auf die Beleuchtung eines Alternativmodells der deutschen Wiedervereinigung hinaus. Die Erforschung der Idee eines anderen Weges zur Überwindung der deutschen Teilung kann und soll auch zum Verständnis der deutschen Teilungssituation, deutschlandpolitischer Konzeptentwicklungen und der gesamtdeutschen Entwicklung bis zur Wiedervereinigung beitragen und damit dem koreanischen Lernprozess neue Dimensionen und Perspektiven eröffnen.

1.2 Deutschland und Staatenbund: Geschichte und Begriff

Zu den repräsentativen europäischen bzw. abendländischen Ländern, in denen es eigene Föderalismustraditionen gab, gehört vor allem Deutschland.[24] Als Beispiele für Staatenbünde pflegt man anzuführen: die Vereinigten Staaten von Amerika von 1781 bis zum Inkrafttreten der Bundesverfassung von 1787, die Schweiz von 1815 bis 1848, den Rheinbund von 1806 bis 1813 und den Deutschen Bund von 1815 bis 1866.[25] Im Falle Deutschlands zeichnet sich insbesondere eine mittelalterliche Wurzel der föderalistischen Struktur bzw. staatenbündischen Entwicklung ab. Angesichts des verfassungsrechtlichen Dualismus im spätmittelalterlichen Deutschland – Kaiser und Reich auf der einen Seite und Reichsstände auf der anderen Seite – waren die Auseinandersetzung zwischen Zentralgewalt und Partikulargewalten sowie die Beschäftigung mit der Organisation der Zentralgewalt wie Föderation und Bund ein spezifisches Thema der deutschen Geschichte geworden.[26] Den Reichsständen ging es weniger um Mitbestimmung in zentralen Angelegenheiten als um ihre Autonomie und deren Erweiterung. Um eigene Rechte und Interessen durchzusetzen, schlossen sich die Stände zu Einigungswesen wie Verein der Kurfürsten, Gesellschaften der Ritter, Städtebünde usw. zusammen. Zur Sicherung der Handelswege etwa bildeten deutsche Städte zu jener Zeit Bünde, die zunächst rein polizeiliche Aufgaben zu erfüllen hatten, bald aber auch handels- und wirtschaftspolitische, sogar allgemeinpolitische Funktionen auf sich nahmen. Beispiele sind der Rheinische Städtebund von 1254, der Schwäbische Städtebund von 1376 und vor allem die Deutsche Hanse, deren Ursprünge bis in das letzte Drittel des 13. Jahrhunderts zurückgehen.[27] In Deutschland aber vermochte es das Einigungswesen der Städte-, Bauern- und Ritterbünde kaum, zur staatsbildenden Macht aufzurücken, anders als im Fall der Schweizer Föderation, der

24 Föderalismus gilt als »deutsches Schicksal«, also als Grundstruktur deutscher Politik und Geschichte. Vgl. Ernst Deuerlein: Föderalismus. Die historischen und philosophischen Grundlagen des föderativen Prinzips, München 1972; Thomas Nipperdey: Der Föderalismus in der deutschen Geschichte, in: ders.: Nachdenken über die deutsche Geschichte. Essays, München 1986, S. 60–109; Hans Boldt: Föderalismus als Grundstruktur deutscher Geschichte, in: Adolf M. Birke/Hermann Wentker (Hg.): Föderalismus im deutsch-britischen Meinungsstreit. Historische Dimension und politische Aktualität, München 1993, S. 33–51.

25 Zu den Beispielen Schweiz und Vereinigte Staaten von Amerika vgl. Deuerlein: Föderalismus, S. 47–65 und 96–100; Hans Kristoferitsch: Vom Staatenbund zum Bundesstaat? Die Europäische Union im Vergleich mit den USA, Deutschland und der Schweiz, Wien 2007, S. 53–95 und 99–144.

26 Vgl. Nipperdey: Der Föderalismus in der deutschen Geschichte, S. 61 f.

27 Vgl. Otto Kimminich: Deutsche Verfassungsgeschichte, Frankfurt a. M. 1970, S. 106 f.

Eidgenossenschaft, deren genossenschaftliche Bestrebungen gegen die aufkommende Macht der Fürsten gerichtet waren.[28]

Signifikant ist, dass nicht das Reich sich in den modernen Staat verwandelte, sondern die von souveränen Fürsten beherrschten Gebiete innerhalb des Reiches den Staat bildeten. Mit dem Westfälischen Frieden von 1648, der den Fürsten auf dem Gebiet des Heiligen Römischen Reiches Deutscher Nation die unbeschränkte Landeshoheit zusicherte, wurde das Reich zu einem lockeren Verbund nach Souveränität strebender Staaten. Für Letztere stellte das Reich nur noch eine Dachorganisation dar, denn die staatliche Souveränität lag nicht beim Reich, sondern bei den Territorial- oder Landesherren. Die Gliedstaaten kamen dem Rang völkerrechtlicher Subjekte nahe, auch wenn die Reichsstände in der Bündnisfrage nicht gegen Kaiser und Reich stehen sollten.[29] Der Staat manifestierte sich also in Deutschland von Anfang an nicht auf der gesamtdeutschen Ebene, sondern auf der Ebene souveräner Teilgebilde. Dennoch blieb das Reich jenseits der Territorialstaaten »eine schützende und erhaltende Macht, von der Privilegien und Herrschaft, Frieden und Ordnung und Konfliktlösung abhingen«, worauf Thomas Nipperdey hingewiesen hat.[30] Seit dem Westfälischen Frieden regte die Frage der Staatsform des Reiches bzw. des Verhältnisses von Kaiser und Reichsständen die Wissenschaft an, theoretische Ansätze von Staatlichkeit wie Souveränität zu entwickeln und Grundlagen des Föderalismus zu schaffen. Andersherum prägten verschiedene föderative Gedanken von Staatsrechtlern entscheidend die Verfassungsentwicklung des Reiches.[31]

Im Kontrast zu den föderalistischen Entwicklungen der Schweiz und der Vereinigten Staaten von Amerika waren aber Struktur und Form des Föderalismus in Deutschland »weniger durch rationale konzeptionelle Planungen und Entscheidungen bestimmt als vielmehr durch politische Zufälligkeiten, Formenkompromisse und Kaschierung von Hegemonialbestrebungen gekennzeichnet«.[32] Nach dem Zusammenbruch des Alten Reiches im Jahre 1806, das heißt nach dem Wegfall der Dachorganisation, blieb eine Vielzahl nun endgültig und vollständig sou-

28 Vgl. Boldt: Föderalismus als Grundstruktur deutscher Geschichte, S. 34.

29 Zu den Rechten der Stände nach dem Westfälischen Frieden vgl. Fritz Dickmann: Der Westfälische Frieden, Münster 1972, S. 325–332; Kimminich: Deutsche Verfassungsgeschichte, S. 212–220; Nipperdey: Der Föderalismus in der deutschen Geschichte, S. 65 ff.

30 Ebd., S. 67.

31 Zu nennen sind vor allem Ludolf Hugo, Gottfried Wilhelm Leibniz, Samuel Pufendorf und Johann Stephan Pütter. Vgl. Reinhart Koselleck: Bund, Bündnis, Föderalismus, Bundesstaat, in: Geschichtliche Grundbegriffe. Historisches Lexikon zur politisch-sozialen Sprache in Deutschland, Bd. 1, Stuttgart 1972, S. 582–671, hier S. 618–635; Kimminich: Deutsche Verfassungsgeschichte, S. 221–225.

32 Heinz Laufer: Das föderative System der Bundesrepublik, München 1985, S. 23. Während die Verfassungsform der Vereinigten Staaten auf den rationalen politischen Ordnungsideen von John Locke und der Gewaltenteilungslehre von Montesquieu beruhte, lag die Entwicklung der deutschen Föderalismus in der dynastischen Tradition des Alten Reiches begründet.

verän gewordener Territorialstaaten zurück. Aus solchen historisch-politischen Gründen konnte der Föderalismus im neuzeitlichen Deutschland zunächst nur in Form eines Staatenbundes Fuß fassen. Der Rheinbund (Confédération du Rhin) von 1806 bis 1813 war ein Staatenbund, dessen geplante gemeinsame Organe jedoch nicht zustande kamen. Freilich sollte man dessen Vermittlerrolle bei der Bewahrung der föderalen Tradition des Reiches sowie für die weitere staatenbündische Entwicklung nicht unterschätzen.[33] Dass auf dem Wiener Kongress nach dem Niedergang der napoleonischen Herrschaft dem Modell einer staatenbündischen Neuordnung Deutschlands der Vorzug gegeben wurde, lässt sich – sieht man von der Interessenkonstellation zwischen europäischen Großmächten wie England, Russland und Frankreich ab – nicht zuletzt auf den Dualismus zwischen Preußen und Österreich sowie auf den Widerstand der übrigen Mittel- und Kleinstaaten gegen die Preisgabe ihrer mittlerweile weiter gefestigten Souveränität zurückführen. Der Deutsche Bund von 1815 war also wieder ein Staatenbund, das heißt eine völkerrechtliche Staatenverbindung, in der die Souveränität der Mitgliedstaaten erhalten blieb.[34] In den bisherigen Darstellungen über den Deutschen Bund wurde überwiegend auf dessen repressiven und restaurativen Charakter verwiesen: Er stellte sich der liberalen Politik sowie der nationalen Bewegung des Jahrhunderts entgegen.[35] Wegen seiner Reformunfähigkeit sowie des nationalen Versagens stieß der Deutsche Bund auf Proteste des in den Befreiungskriegen erwachten Nationalbewusstseins größerer Teile des deutschen Volkes, wogegen sich die Gliedstaaten des Deutschen Bundes wiederum mit reaktionären Maßnahmen zur Wehr setzten.

33 Zur umstrittenen Bedeutung(slosigkeit) des Rheinbundes für die deutsche Geschichte vgl. Kristoferitsch: Vom Staatenbund zum Bundesstaat?, S. 147; Wolfram Siemann: Vom Staatenbund zum Nationalstaat. Deutschland 1806–1871, München 1995, S. 302; Nipperdey: Der Föderalismus in der deutschen Geschichte, S. 68 f.

34 Zum allgemeinen Überblick über den Deutschen Bund vgl. Jürgen Müller: Der Deutsche Bund 1815–1866, München 2006; Jürgen Angelow: Der Deutsche Bund, Darmstadt 2003; Siemann: Vom Staatenbund zum Nationalstaat; Helmut Rumpler (Hg.): Deutscher Bund und deutsche Frage 1815–1866. Europäische Ordnung, deutsche Politik und gesellschaftlicher Wandel im Zeitalter der bürgerlich-nationalen Emanzipation, Wien/München 1990; Theodor Schieder: Vom Deutschen Bund zum Deutschen Reich, München 1975.

35 Zu negativen Bewertungen des Deutschen Bundes vgl. Müller: Der Deutsche Bund 1815–1866, S. 53 ff. Man sprach von »einem Unglück für die deutsche Geschichte« (Th. Nipperdey), »Inkarnation von Illiberalität und Unterdrückung« (H.-U. Wehler), einem »vorsintflutlichem Monstrum« (H. Schulze), von »einem verhaßten Symbol der konservativen Entwicklungsblockade« (D. Langewiesche). Vgl. Thomas Nipperdey: Deutsche Geschichte 1800–1866: Bürgerwelt und starker Staat, München 1983, S. 97; Hans-Ulrich Wehler: Deutsche Gesellschaftsgeschichte, Bd. 2: Von der Reformära bis zur industriellen und politischen »Deutschen Doppelrevolution« 1815–1845/49, München 1987, S. 368; Hagen Schulze: Der Weg zum Nationalstaat. Die deutsche Nationalbewegung vom 18. Jahrhundert bis zur Reichsgründung, München 1985, S. 74; Dieter Langewiesche: Europa zwischen Restauration und Revolution 1815–1849, 4. Aufl., München 2004, S. 59–61, hier S. 61.

Gleichwohl soll nun Neubewertungen in der wissenschaftlichen Forschung über den Deutschen Bund mehr Beachtung geschenkt werden. Es handelt sich dabei nicht nur um die positive Würdigung der außen- und sicherheitspolitischen Funktion des Deutschen Bundes als »Friedensstaat von Europa«,[36] sondern auch um die Aufmerksamkeit des Deutschen Bundes für die Förderung nationaler Interessen auf wirtschaftlicher, kultureller und rechtspolitischer Ebene.[37] Darüber hinaus gibt es seit Jahren Versuche, den Deutschen Bund im Zusammenhang mit der Entwicklungschance der »föderativen Nation« (Dieter Langewiesche) neu zu beleuchten. Sie haben zum Ziel, den »föderativen Grundzug« der deutschen Geschichte stärker ins Bewusstsein zu rücken und die vom Reichsgründungsmythos 1871 verdrängte Erinnerung »an die föderativen Wurzeln der Idee einer deutschen Nation« wieder zu beleben.[38]

Ansätze dieser unterschiedlichen Wahrnehmungsmuster des Deutschen Bundes fanden sich indessen bereits während der Konföderationsdiskussion in der Nachkriegszeit. Eben aufgrund des antiliberalen und repressiven Charakters des Deutschen Bundes fanden föderale Vorstellungen wie die Staatenbundidee in der Regel bei einem Großteil der Liberalen bzw. der Sozialdemokraten keine besondere Resonanz. Dagegen griffen Teile der Konservativen, nicht zuletzt christlich-bürgerliche Kreise in Süddeutschland, wenn es um die deutsche Frage bzw. die Neugestaltung Deutschlands ging, ohne weiteres auf die föderalistische Denkrichtung als friedenssichernde Grundlage der deutschen Nation zurück. Die politische Debatte um einen deutschen Staatenbund als neue Form des deutschen Zusammenschlusses, vor allem in den 1950er und 1960er Jahren, wurde in der Tat von unterschiedlichen Wahrnehmungen des Deutschen Bundes begleitet. Die Konföderationsbefürworter führten dessen Funktion als »nationales Band«[39] ins Feld. Demgegenüber richtete sich das Augenmerk von Konföderationsgegnern weniger auf das nationalintegrative Potential des Deutschen Bundes als vielmehr auf dessen reaktionäre und repressive Aspekte.

36 Müller: Der Deutsche Bund 1815–1866, S. 53 f. Vgl. auch: Anselm Doering-Manteuffel: Die deutsche Frage und das europäische Staatensystem 1815–1871, München 1993, S. 14; Wolf D. Gruner: Der Deutsche Bund und die europäische Friedensordnung, in: Rumpler (Hg.): Deutscher Bund und deutsche Frage 1815–1866, S. 235–263; Wolf D. Gruner: Die Deutsche Frage. Ein Problem der europäischen Geschichte seit 1800, München 1985, S. 73 ff.

37 Vgl. Müller: Der Deutsche Bund 1815–1866, S. 54 f. und 84 ff.; Fritz Fellner: Perspektiven für eine historiographische Neubewertung des Deutschen Bundes, in: Rumpler (Hg.): Deutscher Bund und deutsche Frage 1815–1866, S. 21–30.

38 Vgl. Dieter Langewiesche: Nation, Nationalismus, Nationalstaat in Deutschland und Europa. München 2000, S. 55–79; ders./Georg Schmidt (Hg.): Föderative Nation. Deutschlandkonzepte von der Reformation bis zum Ersten Weltkrieg, München 1999.

39 Ludwig Bentfeldt: Der Deutsche Bund als nationales Band, Göttingen/Zürich 1985. Vgl. auch: Wolf D. Gruner: Der Deutsche Bund als Band der deutschen Nation 1815–1866, in: Bernd J. Wendt (Hg.): Vom schwierigen Zusammenwachsen der Deutschen. Nationale Identität und Nationalismus im 19. und 20. Jahrhundert, Frankfurt a. M. 1991, S. 49–79.

Überdies war auch die Fortentwicklung vom Deutschen Bund zu einem bundesstaatlichen Nationalstaat prägend für die Konföderationsdiskussion in der Nachkriegszeit. Nachdem Preußen als Verfechter einer Bundesreform unter Bismarck im Krieg gegen Österreich 1866 militärisch gesiegt hatte, erlosch mit dem Friedensvertrag von Prag nach preußischer Rechtsauffassung formell der Deutsche Bund. An seine Stelle trat unter preußischer Vorherrschaft der Norddeutsche Bund. Dass der Prozess der Reichsgründung, der mit dem Inkrafttreten der Reichsverfassung am 4. Mai 1871 vollendet wurde, mit einem Bundesstaat seine endgültige Form gefunden hat, wurde von Konföderationsverfechtern mitgedacht. In ihrer Argumentation für eine nationale Konföderation, einen deutschen Staatenbund als Übergangsform zu einem vereinten Bundesstaat, vermochten sie meist auf jene historische Entwicklung im 19. Jahrhundert zu rekurrieren, damit der Staatenbund nicht nur für föderalistisch gesinnte politische Kräfte denkbar sein sollte, sondern sich allgemeine Geltung verschaffen konnte.

Freilich gilt es auch festzustellen, dass es daneben immer Bestrebungen gab, eine Alternativentwicklung zum Weg vom Deutschen Bund über den nationalstaatlichen Bundesstaat zum nationalsozialistischen Einheitsstaat bis in die erste Hälfte des 20. Jahrhunderts zu konzipieren. Für sie war selbst der Übergang vom Staatenbund zum bundesstaatlichen Nationalstaat im 19. Jahrhundert nicht zwingend. Mit den verschiedenen Akzentsetzungen bzw. Wahrnehmungen des Deutschen Bundes verbanden sich also Denkansätze einer deutschen Konföderation in der Zeit von 1949 bis 1990.

Wer aber den komplexen Prozess der deutschen Einigung von 1871, insbesondere die Entwicklung hin zum Bundesstaat auf institutioneller und rechtspolitischer Ebene, mit Bedacht verfolgt hat, ist geneigt, den Staatenbund nicht als rechtlich fixierten Zustand zu beschreiben, da sich in den realen Geschichtsabläufen staatenbündische Merkmale und bundesstaatliche Entwicklungstendenzen überschnitten.[40] Föderalismus ist, wie Thomas Nipperdey zutreffend festgestellt hat, kein statischer, sondern ein dynamischer Begriff, der einen »Prozess« oder eine »Bewegung« beschreibt, also mithin ein historischer Begriff: Er bedeute in jeweils anderen Situationen, mit jeweils anderen Aufgaben und anderen Funktionen jeweils Unterschiedliches.[41] Bei der Definition der beiden Leitbegriffe des Föderalismus, Konföderation (Staatenbund) und Föderation (Bundesstaat), gilt es somit, nicht auf normativen Kriterien oder einer abstrakten Theorie zu beharren, sondern die

40 Zu dieser Thematik wie verschiedenen Übergangsformen vom Staatenbund zum Bundesstaat vgl. Kristoferitsch: Vom Staatenbund zum Bundesstaat?, S. 267–283.

41 Vgl. Nipperdey: Der Föderalismus in der deutschen Geschichte, S. 60.

historische Wirklichkeit und politische Willensbildung der in einer föderativ ausgerichteten politischen Bewegung Handelnden in Rechnung zu stellen.

Der Begriff Konföderation, abgeleitet von dem lateinischen Substantiv »confoederatio« (Vereinigung, Verbindung oder Bündnis), wird heutzutage als Synonym für »Staatenbund« benutzt.[42] Die Konföderation gehört zu einer Staatenverbindung. Unter Staatenverbindung im engeren Sinne subsumierte einer der einflussreichsten deutschen Staatsrechtler, Georg Jellinek, »dauernde rechtliche Vereinigungen von Staaten politischer Natur«.[43] Von den durch Verwaltungsverträge und zwischenstaatlichen Vereinbarungen geschaffenen Verbindungen unterscheiden sich solche politischen, das heißt auf dem staatlichen Machtzweck basierten, durchaus. Damit wird betont, dass politische Verbindungen die beteiligten Staaten »in ihrer ganzen Existenz« erfassen. Der Staatsrechtler unterschied zwischen völkerrechtlichen Verbindungen, also auf Vertrag oder Vereinbarung beruhenden, und staatsrechtlichen Verbindungen, die auf Herrschaftsverhältnissen oder der Oberhoheit der Staatenverbindungen selbst gegründet sind. Von diesen Kriterien ausgehend kam Jellinek zu fünf Typen von Staatenverbindungen: völkerrechtlich begründete Abhängigkeitsverhältnisse (Protektorat), Oberstaat mit Unterstaaten (Staatenstaat), monarchische Union (Personal- und Realunion), Staatenbund und Bundesstaat,[44] wobei die ersten drei Formen im Hinblick auf Deutschland nur noch verfassungsgeschichtliche Bedeutung haben. Staatenbund und Bundesstaat unterscheiden sich nach Jellinek dadurch, dass beim Staatenbund der Bund selbst keine eigenständige Staatsgewalt besitzt, während im Gegensatz dazu im Bundesstaat sowohl der Bund als auch die Gliedstaaten Träger der staatlichen Gewalt sind. Auch die völkerrechtlichen Erläuterungen aus der DDR über den Staatenbund stützten sich auf diese westliche Begriffsdefinition: Unter dem Begriff Staatenbund verstand man einen »Zusammenschluß von zwei oder mehreren Staaten, die einige gemeinsame Staatsorgane für die Durchführung bestimmter Ziele, z. B. für die gemeinsame Verteidigung, für die auswärtigen Beziehungen usw.«, besitzen.[45] Für die DDR-Staatsrechtler stand es außer Frage, dass Konföderationsbeziehungen in der Regel auf der Grundlage eines

42 Zur Herkunft und Definition des Begriffs Konföderation vgl. Koselleck: Bund, Bündnis, Föderalismus, Bundesstaat, S. 582–671, hier S. 583 f.; Thomas Sempf: Die deutsche Frage unter besonderer Berücksichtigung der Konföderationsmodelle, Köln 1987, S. 7–12; Deuerlein: Föderalismus, S. 11–13; Jens Hacker: Die »deutsche Konföderation«, in: APuZ, B 42/1968, S. 4–7.

43 Georg Jellinek: Allgemeine Staatslehre, 3. Aufl., Darmstadt 1959, S. 741. Dagegen sei unter Staatenverbindung im weiteren Sinne des Wortes jede auf einem Rechtsgrunde beruhende dauernde Beziehung zweier oder mehrerer Staaten zu verstehen; vgl. ebd., S. 738.

44 Vgl. ebd., S. 744–787; Sempf: Die deutsche Frage unter besonderer Berücksichtigung der Konföderationsmodelle, S. 31–39.

45 Vgl. Hacker: Die »deutsche Konföderation«, S. 6 f.

völkerrechtlichen Vertrages hergestellt werden und dass die eigenstaatliche Existenz und Souveränität der konföderierten Staaten unangetastet bleiben sollten.[46]

Kontrovers wird unter westlichen Staatsrechtlern diskutiert, ob zwischen Staatenbund und Bundesstaat eine exakte Grenze gezogen werden kann. Für diejenigen, die von einem oder mehreren wesentlichen Unterschieden zwischen den beiden Formen der Staatenverbindungen sprechen,[47] liegen Abgrenzungskriterien darin, dass die Gliedstaaten des Staatenbundes souverän sind, beim Bundesstaat nur der Bund, aber nicht die Gliedstaaten; dass im Bundesstaat sowohl den Gliedstaaten als auch dem Bund Staatsqualität zukommt, im Staatenbund hingegen lediglich den Gliedstaaten, nicht aber dem Bund; dass der Staatenbund auf einem Vertrag beruht, der Bundesstaat auf einer Verfassung.

Zudem gibt es auch Versuche, mit Hilfe des Kriteriums der Kompetenz-Kompetenz die Grenze zwischen Bundesstaat und Staatenbund einerseits und Bundesstaat und Einheitsstaat andererseits zu ziehen: Liegt die Kompetenz-Kompetenz beim Bund, handelt es sich um einen Einheitsstaat; gibt es einen Dualismus von Entscheidungszentren, einen Bundesstaat einerseits und die Kompetenzhoheit in Händen der Länder andererseits, um einen Staatenbund.[48]

Dieser strengen Unterscheidung von Staatenbund und Bundesstaat anhand qualitativer Kriterien widersprechen die historischen Entwicklungen in einigen Aspekten. Die Auffassung, dass der Staatenbund durch völkerrechtlichen Vertrag, der Bundesstaat nur durch Verfassungsgebung ins Leben gerufen werden kann, ist nicht haltbar. Erinnert sei an die Entstehung des Deutschen Reiches 1871, eines Bundesstaates durch völkerrechtlichen Vertrag.[49] Auf Übergangsformen zwischen Staatenbund und Bundesstaat muss mit Nachdruck hingewiesen werden. Geht man zudem vom Primat des Völkerrechts über das nationale Recht aus, wie die Lehre von Hans Kelsen nahelegt, kann Souveränität nicht als unverzichtbares Merkmal der Abgrenzung von Staatenbund

46 Vgl. Walter Poeggel/Ingo Wagner: Die deutsche Konföderation. Eine theoretisch-politische und völkerrechtliche Studie, Berlin 1964, S. 85 f. und 130 f.

47 Zu den repräsentativen Vertretern dieser Gruppe gehören Georg Waitz, Paul Laband, Georg Jellinek, Reinhold Zippelius u. a., vgl. Kristoferitsch: Vom Staatenbund zum Bundesstaat?, S. 33 f.; Reinhold Zippelius: Allgemeine Staatslehre. Politikwissenschaft, 14. Aufl., München 2003, S. 404–414.

48 Vgl. Kristoferitsch: Vom Staatenbund zum Bundesstaat?, S. 33 f. Für Thomas Sempf zählen zu den konstituierenden Merkmalen einer Konföderation vor allem Souveränität der Mitgliedstaaten, völkerrechtlicher Gründungsvertrag, Völkerrechtssubjektivität bzw. Rechtssubjekt des Zusammenschlusses, gemeinschaftliche Zweckverfolgung, Dauer der Verbindung, Verleihung von Kompetenzen und letztlich Existenz vorgesehener Organe. Vgl. Sempf: Die deutsche Frage unter besonderer Berücksichtigung der Konföderationsmodelle, S. 13–28.

49 Vgl. Sempf: Die deutsche Frage unter besonderer Berücksichtigung der Konföderationsmodelle, S. 29.

und Bundesstaat gelten, da Staaten nicht für sich als höchste Rechtsordnung nebeneinander stehen, sondern durch die Völkerrechtsordnung zu Teilrechtsordnungen einer über ihnen stehenden Völker- bzw. Gesamtrechtsordnung verbunden werden.[50] Insofern Souveränität nicht formal, sondern inhaltlich als »Fülle der Kompetenzen« definiert wird, lässt sich mit Kelsen feststellen, dass die Aufteilung der Kompetenzen zwischen Bund und Gliedern sowohl für den Staatenbund als auch für den Bundesstaat charakteristisch ist.[51] Wie Kelsen und viele renommierte Staatsrechtler wie Carl Schmitt, Roman Herzog, Friedrich Koja u. a. erläutert haben, ist also bei der Abgrenzung von Staatenbund und Bundesstaat vielmehr von graduellen, rechtsinhaltlichen Kriterien auszugehen als von den wesensmäßigen.[52]

Diese Unterscheidung von Staatenbund und Bundesstaat anhand quantitativer Kriterien als Grundlage der Begriffsbestimmung anzunehmen, ist für die vorliegende Studie insofern nicht belanglos, als verschiedene (kon-)föderative Denkmodelle zur deutschen Einheit im untersuchten Zeitraum 1949 bis 1990, das heißt nicht nur Konföderationskonzepte im engeren Sinne nach Jellinek, sondern deren Varianten bzw. ähnliche Denkrichtungen einer staatenbündischen Gestaltung Gesamtdeutschlands, einbezogen werden können. In der Tat variierte bei einigen Konföderationsverfechtern die Grenze zwischen Staatenbund und Bundesstaat. Es geht nicht darum, vor einem komplexen historisch-politischen Hintergrund entstandene verschiedene Konföderationsgedanken gemäß einer bestimmten staatsrechtlichen Lehre schemenhaft zu bewerten, sondern um deren historische Analyse mit einer umfassenden Darstellung.

50 Vgl. Hans Kelsen: Allgemeine Staatslehre, Bad Homburg 1966, S. 194; Kristoferitsch: Vom Staatenbund zum Bundesstaat?, S. 35 f.

51 Vgl. Kelsen: Allgemeine Staatslehre, S. 199 ff.; Kristoferitsch: Vom Staatenbund zum Bundesstaat?, S. 42 ff.

52 Für Kelsen unterscheiden sich die beiden Formen der Staatenverbindungen einzig im Grad ihrer Zentralisation bzw. Dezentralisation. Vgl. Kelsen: Allgemeine Staatslehre, S. 194. Zu weiteren Argumenten vgl. Kristoferitsch: Vom Staatenbund zum Bundesstaat?, S. 37 f. Vgl. zu Roman Herzogs Kritik an der Staatslehre Georg Jellineks: Roman Herzog: Allgemeine Staatslehre, Frankfurt a. M. 1971, S. 396–417. Er ging vor allem davon aus, dass die Phänomene der Staatenverbindungen immer in einem größeren historischen Zusammenhang gesehen werden sollten und nicht als abstrakte Größen entstanden; vgl. ebd., S. 414.

1.3 Fragestellung und Perspektive

Die vorliegende Arbeit widmet sich der Geschichte der Konföderationsidee zur Überwindung der deutschen Teilung im Zeitraum von 1949 bis 1990. Da diese Idee nicht in die Wirklichkeit umgesetzt wurde, beschäftigt sich die Arbeit im Gros mit Gedankenrichtungen und Ideen, Vorschlägen und Konzeptionen, Programmen und Plänen, die eine deutsch-deutsche Konföderation als Weg zur nationalen Einigung skizzierten oder anstrebten. Diese Studie geht allen im Untersuchungszeitraum von 1949 bis 1990 aufgetauchten Konföderationsüberlegungen bzw. -konzepten in Deutschland nach, erläutert deren phasenweise Prämissen, Umrisse sowie Abgänge, Folgen und (Aus-)Wirkungen in internationalen wie nationalen politischen Zusammenhängen und leistet damit einen Beitrag zur Klärung der historischen Bedeutung und einer Ortsbestimmung der Konföderationsidee als Wiedervereinigungsmodell in der deutschen Nachkriegszeit.

Hinlänglich bekannt ist, dass der Konföderationsgedanke im geteilten Deutschland von 1949 bis 1990 zweimal Hochkonjunktur hatte: Von Anfang 1957 bis zum Jahreswechsel 1966/67 setzte sich die SED eine Konföderation zwischen BRD und DDR zum nationalpolitischen Ziel; im späten Herbst 1989 stellte die Bundesregierung eine deutsche Konföderation als Übergangsform zum vereinten Bundesstaat vor. Weil die beiden Konföderationskonzepte je als Regierungspolitik bzw. -programm, also weder als übereiltes Bruchstück von eigensinnigen Oppositionspolitikern noch als utopisches Denkmodell von im Schatten der Öffentlichkeit stehenden Freidenkern, zur Diskussion gestellt worden waren, bestimmten und beeinflussten sie nicht nur die innerdeutschen sowie internationalen deutschlandpolitischen Debatten in jenen Zeitabschnitten, sondern auch – obschon jeweils in unterschiedlichem Maße – die deutsch-deutsche Konstellation sowie deren Wandlungen. Je ein Kapitel der Arbeit ist der Entwicklung dieser Konzeptionen gewidmet (Kapitel 3 und 6). Im Mittelpunkt der Darstellung über die beiden Hochzeiten der Konföderationsidee stehen in erster Linie Motive sowie Zielvorstellungen von Protagonisten bzw. Akteuren. Anhand veröffentlichter sowie unveröffentlichter Akten und Dokumente werden die Kernfragen beantwortet, ob die Konföderationsbestrebungen ernst gemeint waren oder reine Propaganda und welche Grundannahme den Akteuren in Berlin (Ost) und Bonn dabei zu eigen waren. Da die Machtzentralen in beiden deutschen Staaten in so unterschiedlichen Zeitabschnitten zu jeweils anderen politischen Zwecken auf die gleiche deutschlandpolitische Idee kamen, soll vor allem auf die Rahmenbedingungen bzw. die historischen Zusammenhänge der beiden Konzeptionen eingegangen werden. In Hinblick auf deren jeweilige Entstehung werden zudem deutschlandpolitische Spielräume der BRD und vor allem der DDR berücksichtigt, wobei sich die Frage stellt, woher die Initiativen für die Konföderationsvorstöße eigentlich kamen oder wie sie entstanden waren. Auch Abkehr sowie Reaktionen und Wirkungen sollten nicht außer Acht gelassen werden.

Die vorliegende Studie beschränkt sich jedoch nicht auf die beiden genannten Phasen, sondern erstreckt sich auf den gesamten Zeitraum von der doppelten Staatsgründung 1949 bis zur Umbruchszeit 1989/90. Je intensiver und gründlicher man sowohl in die Vorgeschichte und die Hintergründe der beiden Konföderationsvorschläge auf Regierungsebene als auch in die Reaktionen und die Wirkungsgeschichte eindringt, desto mehr und vielfältigeren Konföderationsüberlegungen begegnet man im Untersuchungszeitraum – vor allem in Westdeutschland. Zu keinem Zeitpunkt seit 1949 war im geteilten Deutschland bis 1990, abgesehen von den 1970er Jahren, die konföderative Perspektive verschwunden.

Bereits in den ersten Jahren nach den Staatsgründungen von 1949 entwarfen zunächst einige Protagonisten aus westdeutschen oppositionellen Kreisen eine Konföderationslösung der deutschen Frage. Im Kapitel 2 werden Ursprünge und Entstehungsprozesse einer Konföderationsidee als Vereinigungskonzept detailliert aufgezeigt. Dabei geht es in erster Linie darum, die Frage zu beantworten, wodurch sie angetrieben wurden, um ausgehend davon die politischen Charaktere der ersten Konföderationsvertreter herauszuarbeiten und deren historische Rolle zu bewerten.

In den späten 1950er Jahren und in den 1960er Jahren meldeten sich in Westdeutschland etliche Konföderationsbefürworter aus verschiedenen politischen Lagern zu Wort. Auch wenn einige von ihnen zweifelsohne mit fliegenden Fahnen zu Ulbrichts Konföderationskonzept überliefen, sind nicht alle Rückendeckungen für sowie Zuwendungen zur konföderativen Perspektive schlicht auf die Westarbeit der SED zurückzuführen. Im Gegenteil: Im Kapitel 4 geht es nicht zuletzt darum, das Selbstverständnis verschiedener Konföderationsverfechter wie Oppositionspolitiker, Intellektueller und Publizisten quellennah nachzuweisen und ihre Weiterentwicklungen des Konzepts aufzuzeigen.

Es waren zunächst die ostdeutschen Oppositionellen und dann vor allem die nationale Linke sowie die rechten Nationalrevolutionäre in Westdeutschland, die sich ab den ausgehenden 1970er Jahren bis in die erste Hälfte der 1980er Jahre abermals zur deutschen Nation bekannten und aufs Neue eine Diskussion um die Wieder- (oder Neu-)Vereinigung durch Konföderation in Gang brachten. Kapitel 5, das diese neue Konföderationsdiskussion in den 1980er Jahren behandelt, berücksichtigt die inzwischen stark veränderten internationalen und innerdeutschen Rahmenbedingungen. Hierbei gilt es, ebenso wie in den Kapiteln 2 und 4, die Konföderationskonzeptionen exegetisch auszulegen und dabei Licht über gemeinsame Argumentationslinien hinaus in die feinen Unterschiede zwischen den Konzeptionen zu bringen. Im Zentrum des Interesses steht also die Frage, inwieweit die neuen Befürworter der Konföderationslösung in den 1980er Jahren auf die früheren konföderativen Argumentationsmuster aus den 1950/60er Jahren zurückgriffen und welche neuen Denkansätze sie angesichts der veränderten Lage entwickelten.

Wie schon angedeutet, war die Konföderationsidee im geteilten Deutschland 1949 bis 1990, im Sinne der oben angeführten Formulierung Nipperdeys über den Föderalismus, kein statischer Begriff, sondern ein dynamischer und historischer. Um ebendiese dynamische Komplexität und Differenzierung der Konföderationsidee als »Prozess« oder »Bewegung« angemessen zu erfassen, bedarf es der besonderen Beachtung sowie der intensiven Beschäftigung mit der Konföderationsdiskussion aus den »im Halbschatten liegenden Bereichen von öffentlicher und veröffentlichter Meinung, von Oppositionsparteien, Medien, Wissenschaftlern und Intellektuellen«,[53] zumal sie aufgrund der Dauer, Vielfalt und Intensität der konföderativen Denkansätze eine vermittelnde bzw. anregende Rolle für die beiden gouvernementalen Konföderationsvorstöße in Berlin (Ost) und Bonn spielten. Von daher möchte die vorliegende Arbeit, die sich mit den Konföderationsüberlegungen in den Bereichen der breiten Öffentlichkeit außerhalb der Machtzentren sowie mit ihren Bezügen auf die Konföderationskonzepte als Regierungspolitik umfassend beschäftigt, Forschungslücken schließen.[54]

Darüber hinaus empfiehlt sich dieser Forschungsansatz umso mehr, als damit auch der gesamtdeutsche Zusammenhang der Ideenentwicklung einer deutschen Konföderation ins Blickfeld gerückt wird. Die Aufeinanderbezogenheit und die Verflechtungen zwischen den verschiedenen westdeutschen und ostdeutschen Konföderationskonzepten, welche im Folgenden für die verschiedenen Phasen aufgezeigt werden, erfordern für eine Gesamtdarstellung

53 In seiner Beschäftigung mit der Geschichte der westdeutschen Ostpolitik hat Timothy Garton Ash auf den engen Zusammenhang von Regierungspolitik und den Bereichen der breiten Öffentlichkeit hingewiesen. »Alle waren in gewissem Maße Akteure der Ostpolitik«; vgl. ders.: Im Namen Europas. Deutschland und der geteilte Kontinent, München 1993, S. 457.

54 In seiner bahnbrechenden Darstellung über den Nationalneutralismus in der Bundesrepublik 1945 bis 1990 behandelt Alexander Gallus zwar Konföderationskonzepte von Teilen der westdeutschen Nationalneutralisten, allerdings nur am Rande und aus einem engen Blickwinkel. Seine Beurteilungen über Konföderationsprotagonisten werden in der vorliegenden Arbeit kritisch hinterfragt. Das Grundproblem liegt darin, dass sich die beiden Denkrichtungen, also die Konföderationsidee und der Nationalneutralismus, nur teilweise deckten, obwohl sie zweifelsohne in einem engen Zusammenhang standen. Es verwundert nicht, dass mehrere Konföderationsprotagonisten aus Westdeutschland in den 1950er und 1960er Jahren in seiner umfassenden Dissertationsarbeit über den westdeutschen Nationalneutralismus kaum Erwähnung gefunden haben. Vgl. Alexander Gallus: Die Neutralisten. Verfechter eines vereinten Deutschland zwischen Ost und West 1945–1990, Düsseldorf 2001.

der Konföderationsidee in der deutschen Zweistaatlichkeit 1949 bis 1990 die »Perspektive einer integrierten deutschen Nachkriegsgeschichte«.

Zwar war diese Perspektive längst von Potsdamer Zeithistorikern wie Christoph Kleßmann[55] und von verschiedenen anderen Autoren angeregt bzw. entwickelt worden,[56] sie erfährt aber erst seit einigen Jahren größere Beachtung.[57] Bei dieser gesamtdeutschen Perspektive kommt es weder darauf an,

55 Zur Perspektive eines richtungweisenden und differenzierten historiographischen Konzepts, nämlich einer »asymmetrisch verflochtenen Parallelgeschichte«, vgl. Christoph Kleßmann: Verflechtung und Abgrenzung. Aspekte der geteilten und zusammengehörigen deutschen Nachkriegsgeschichte, in: APuZ, B 29–30/1993, S. 30–41; ders.: Konturen einer integrierten Nachkriegsgeschichte, in: APuZ, B 18–19/2005, S. 3–11; ders./Hans Misselwitz/Günter Wichert (Hg.): Deutsche Vergangenheiten – eine gemeinsame Herausforderung. Der schwierige Umgang mit der doppelten Nachkriegsgeschichte, Berlin 1999; Arnd Bauerkämper/Martin Sabrow/Bernd Stöver (Hg.): Doppelte Zeitgeschichte. Deutsch-deutsche Beziehungen 1945–1990, Bonn 1998, insbes. die Einleitung der Herausgeber, S. 12–15; Christoph Kleßmann: Spaltung und Verflechtung. Ein Konzept zur integrierten Nachkriegsgeschichte 1945 bis 1990, in: ders./Peter Lautzas (Hg.): Teilung und Integration. Die doppelte deutsche Nachkriegsgeschichte als wissenschaftliches und didaktisches Problem, Bonn 2005, S. 20–37; Konrad H. Jarausch: »Die Teile als Ganzes erkennen«. Zur Integration der beiden deutschen Nachkriegsgeschichten, in: Zeithistorische Forschungen 1 (2004), H. 1, S. 10–30.

56 Vgl. Karl Dietrich Erdmann: Drei Staaten – zwei Nationen – ein Volk? Überlegungen zu einer deutschen Geschichte seit der Teilung, in: Geschichte in Wissenschaft und Unterricht 36 (1985), S. 672–683, insbes. S. 682; Hans Günter Hockerts: Zeitgeschichte in Deutschland. Begriffe, Methoden, Themenfelder, in: Historisches Jahrbuch 113 (1993), S. 125. Vgl. auch Peter Bender: Episode oder Epoche? Zur Geschichte des geteilten Deutschland, München 1996; Peter Graf Kielmansegg: Nach der Katastrophe. Eine Geschichte des geteilten Deutschland, Berlin 2000.

57 Das markanteste Beispiel dafür stellt eine von der Bundeszentrale für politische Bildung, der Stiftung zur Aufarbeitung der SED-Diktatur, dem Institut für Zeitgeschichte und dem Deutschland Archiv veranstaltete Tagung von Deutschlandforschern in Suhl im November 2006 dar; vgl. dazu: »Gemeinsame deutsche Nachkriegsgeschichte?« Ein Tagungsbericht von Hermann Wentker, Jens Gieseke, Rainer Gries und Clemens Vollnhals, in: http://www.stiftung-aufarbeitung.de/downloads/pdf/konferenzbericht_suhl.pdf; Sebastian Lindner: Deutsch-deutsche Geschichte auf dem Prüfstand. Gelungene Neuauflage der DDR-Forschertagungen. Deutschlandforscher-Tagung in Suhl, 9.–11. November 2006, in: DA 40 (2007), S. 140–143. Und vier Beiträge, über die auf einem Podium während der Konferenz diskutiert wurde: Horst Möller: Demokratie und Diktatur; Günther Heydemann: Integrale deutsche Nachkriegsgeschichte; Andreas Wirsching: Für eine pragmatische Zeitgeschichtsforschung; Martin Sabrow: Historisierung der Zweistaatlichkeit, in: APuZ B3/2007. S. 3–7, 8–12, 13–18 und 19–24. Vgl. auch: Bernd Faulenbach/Franz-Josef Jelich (Hg.): »Asymmetrisch verflochtene Parallelgeschichte?« Die Geschichte der Bundesrepublik und der DDR in Ausstellungen, Museen und Gedenkstätten, Essen 2005; Eckhard Jesse: »Asymmetrisch verflochtene Parallelgeschichte«. Die Beziehungsgeschichte der beiden deutschen Staaten, in: Günther Heydemann/Eckhard Jesse (Hg.): 15 Jahre deutsche Einheit. Deutsch-deutsche Begegnungen, deutsch-deutsche Beziehungen, Berlin 2006, S. 259–275; Udo Wengst/Hermann Wentker (Hg.): Das doppelte Deutschland. 40 Jahre Systemkonkurrenz, Berlin 2008, insbes. die Einleitung der Herausgeber, S. 7–14; Thomas Großbölting: Von der doppelten und der gemeinsamen deutsch-deutschen Nachkriegsgeschichte. Probleme und Perspektiven, in: Heidi Behrens/Paul Ciupke/Norbert Reichling (Hg.): Lernfeld DDR-Geschichte. Ein Handbuch für die politische Jugend- und Erwachsenenbildung, Schwalbach/Ts. 2009, S. 107–121.

mehr Parallelitäten oder Gleichgewicht zwischen BRD und DDR als Unterschiede oder Gegensätzlichkeiten zu konstatieren,[58] noch darauf, trotz Übernahme jener Perspektive wieder mit einer übermäßigen Sinngebung des normativen Gegensatzes zwischen Demokratie und Diktatur Forschungsansätze sowie -methoden einzugrenzen.[59] Vielmehr gilt es, »verschiedene Bezugsfelder und Stufen« oder »diverse Formen der asymmetrischen Verflechtung« (Christoph Kleßmann und Konrad H. Jarausch)[60] bzw. »Elemente eines gemeinsamen Erfahrungsraumes« (Andreas Wirsching) der Deutschen in Ost und West zu erhellen.[61] Charakteristisch ist dabei, dass der Blick auf die gesamtdeutschen Bezüge sowie deren verschiedene Dimensionen bisher im Forschungsbereich der Deutschlandpolitik zu kurz gekommen ist.[62]

Die vorliegende Studie unternimmt den Versuch, die Idee einer nationalen Konföderation zur Wiederherstellung der deutschen Einheit als einen gemeinsamen Gedankenraum bzw. gesamtdeutschen Erwartungshorizont in der deutschen Zweistaatlichkeit zu erfassen, und will zum Verständnis einer deutschlandpolitischen Zukunftsorientierung in einer erweiterten deutsch-deutschen Beziehungsdimension beitragen, indem sie den Schwerpunkt auf die diversen innerdeutschen Abhängigkeiten und Einflüsse auf die Konzeptentwicklungen einer deutschen Konföderation legt.

Nicht nur in dieser Hinsicht hat diese Arbeit wenig mit der konventionellen Ideengeschichte bzw. Beziehungsgeschichte zu tun, sondern vor allem deswegen, weil sie die Konföderationsidee nicht als eine statische und festgelegte Begriffswelt, sondern als »Prozess« oder »Bewegung« thematisiert und damit – wie bereits betont – über Staatsmänner bzw. Theoretiker hinaus die wechselseitigen Wahrnehmungen und die politische Praxis verschiedener Akteure einbezieht. Es geht also vor allem darum, aus der Perspektive der integrierten deutschen Nachkriegsgeschichte die wechselnden Entwicklungsdynamiken des Konföderationsgedankens in der Zweistaatlichkeit zu erklären.

58 Vgl. Clemens Burrichter/Detlef Nakath/Günter Wichert (Hg.): Deutsche Zeitgeschichte von 1945 bis 2000. Gesellschaft – Staat – Politik. Ein Handbuch, Berlin 2006.

59 Vgl. Möller: Demokratie und Diktatur, S. 7. Zur Kritik vgl. Sabrow: Historisierung der Zweistaatlichkeit, S. 3.

60 Vgl. Kleßmann: Spaltung und Verflechtung, S. 26–34; Jarausch: »Die Teile als Ganzes erkennen«, S. 15–30.

61 Vgl. Wirsching: Für eine pragmatische Zeitgeschichtsforschung, S. 18.

62 Diese kritische Bemerkung ist vor allem auf die bisherigen Forschungen über die Deutschlandpolitik der SED gemünzt, auch auf die bedeutsame Studie von Michael Lemke. Vgl. ders.: Einheit oder Sozialismus? Die Deutschlandpolitik der SED 1949–1961, Köln/Weimar/Wien 2001; ders.: Die Berlinkrise 1958 bis 1963. Interessen und Handlungsspielräume der SED im Ost-West-Konflikt, Berlin 1995.

2 Stunde der Grenzgänger. Die Entstehung der Konföderationsidee und ihre Konturen bis 1956

2.1 Suche nach dem Ursprung: Der Nationalneutralismus als Nährboden

»Die Anregung kam aus der Bonner Küche«,[1] erklärte Walter Ulbricht am 18. Oktober 1958 auf einer Tagung des Nationalrates der Nationalen Front in Berlin. Damit hatte der Erste Sekretär des Zentralkomitees der SED die bis dahin geheim gehaltenen Unterredungen zwischen dem Finanzminister der Bundesrepublik, Fritz Schäffer, und DDR-Repräsentanten wie Vincenz Müller und Otto Rühle sowie dem sowjetischen Botschafter in der DDR, Georgi M. Puschkin, im Juni 1955 und im Oktober 1956 enthüllt.[2] In der westdeutschen Öffentlichkeit sorgte der sensationelle Hinweis des Parteichefs der SED auf den Hintergrund der Konföderationsvorschläge für große Aufregung und Irritation. Da man jedoch in der Bundesrepublik einer derartigen Enthüllung eines kommunistischen Führers kaum Vertrauen schenkte, begann in den darauffolgenden Tagen zwischen den beiden Seiten ein zähes Tauziehen um die Wahrheit über diese Besprechungen.

Neue Meldungen bzw. Offenbarungen, die auf andere vorausgegangene Überlegungen oder Ursprünge einer Konföderationskonzeption verwiesen, tauchten auf. Am 15. November 1958 brachte Ulbricht in einem Fernsehgespräch mit Leipziger Bürgern erneut eine frühere vertrauliche Unterredung zwischen dem inzwischen verstorbenen stellvertretenden Ministerpräsidenten der DDR Otto Nuschke und dem Bundesminister im Adenauer-Kabinett Ernst Lemmer[3] ans Tageslicht.[4] Trotz Lemmers unverzüglichem Dementi,[5] was

1 18. Oktober 1958: Rede des Ersten Sekretärs des ZK der SED, Ulbricht, auf der Tagung des Nationalrates der Nationalen Front des demokratischen Deutschland, in: Dokumente zur Deutschlandpolitik, III/4: 1. Januar 1958 bis 9. November 1958, Dritter Drittelband, bearbeitet von Ernst Deuerlein/Gisela Biewer, hg. vom Bundesministerium für gesamtdeutsche Fragen, Frankfurt a. M./Berlin, 1969, S. 1808–1816, hier S. 1814.

2 Vgl. dazu Abschnitt 3.1.2.

3 Zu seiner Person vgl. Biographisches Handbuch der Mitglieder des Deutschen Bundestages 1949–2002 (BHMDB), Bd. 1, hg. von Rudolf Vierhaus/Ludolf Herbst, München 2002, S. 493 f. 1951–56 war Lemmer Fraktionsvorsitzender der Berliner CDU, 1956–61 deren Vorsitzender, 1956/57 Bundesminister für Post- und Fernmeldewesen, 1957–62 Bundesminister für Gesamtdeutsche Fragen.

4 Vgl. Bericht über das Fernsehgespräch Ulbrichts mit Leipziger Bürgern, in: ND, 16. November 1958, S. 1.

5 Vgl. Bundeskanzler hatte Schäffer gewarnt, in: FAZ, 17. November 1958, S. 1.

Bundesfinanzminister Schäffer ebenfalls einige Tage zuvor geäußert hatte, erläuterte der Generalsekretär der Ost-CDU, Gerald Götting,[6] das Treffen und Gespräch der beiden alten Christdemokraten detaillierter: Bei dem Treffen im Rahmen des evangelischen Kirchentages in Leipzig vom 7. bis 11. Juli 1954 habe Lemmer seinem Gesprächpartner Gedanken, die praktisch die Konföderation zum Ziel hätten, vorgestellt.[7] Dass sich die beiden Bundesminister auf die Zunge beißen mussten, macht anschaulich, wie heikel und tabu in der Bundesrepublik das Thema Konföderation mit dem »kommunistischen SED-Staat« war. In der bundesdeutschen Öffentlichkeit galt der Gedanke einer deutschen Konföderation zu jener Zeit als Machenschaft der SED, die kommunistische Herrschaft auf ganz Deutschland auszudehnen. Im Zuge der Abwehraktion der Bundesregierung gegen jene Wiedervereinigungsoffensive der SED ab 1957 schadeten solche Verwicklungen verantwortlicher bundesdeutscher Politiker in das »Ulbricht-Manöver« nicht nur den involvierten Politikern, sondern auch der Adenauer-Regierung, weil sie geeignet waren, deren deutschlandpolitischen Grundsatz, nicht mit dem undemokratischen »Pankow-Regime« zu verhandeln, von Grund auf in Frage zu stellen.

In einem Artikel der Hamburger Wochenzeitung *Die Zeit* vom 21. November 1958 nannte Theodor Eschenburg, während er die Ernsthaftigkeit bzw. Bedenklichkeit der »Extratour« des Bundesfinanzministers nach Ost-Berlin herunterspielte, als Vorreiter des Konföderationsgedankens zwei andere bundesdeutsche Politiker aus den Regierungsparteien:[8] Hans-Joachim von Merkatz und Bernhard Leverenz.[9] Anders als die oben angeführten Offenbarungen Ulbrichts stimmte die Bemerkung des liberalen Politikwissenschaftlers an der Universität Heidelberg nicht ganz. Wohl setzte sich der DP-Vordenker und Konservative aus Niedersachsen von Merkatz in den 1950er Jahren kritisch mit den Problemen eines zentralisierten Nationalstaates auseinander und verfocht eine föde-

6 Zu seiner Person vgl. Wer war wer in der DDR? Ein biographisches Lexikon, hg. von Helmut Müller-Enbergs/Jan Wielgohs/Dieter Hoffmann, Berlin 2001, S. 267. 1949–66 war Götting Generalsekretär der Ost-CDU, 1966–89 deren Vorsitzender, 1969–76 Präsident der Volkskammer.

7 Vgl. Gerald Götting: Konföderation ist Trumpf, »Neue Zeit« vom 21. November 1958, in: Jürgen Hofmann (Hg.): Es ging um Deutschland. Vorschläge der DDR zur Konföderation zwischen beiden deutschen Staaten 1956 bis 1967, Berlin 1990, S. 86 f.

8 Vgl. Theodor Eschenburg: Schäffers Patrouillenritt nach Pankow, in: ders.: Institutionelle Sorgen in der Bundesrepublik. Politische Aufsätze 1957–1961, Stuttgart 1961, S. 72–76. Diskutable Vorschläge für eine sinnvolle Konföderation als erste Stufe einer Wiedervereinigung hätten im Frühling 1953 Hans-Joachim von Merkatz, damals noch Fraktionsvorsitzender der DP, und im September 1956 der schleswig-holsteinische Justizminister Leverenz (FDP) gemacht; ebd., S. 74.

9 Zu Hans-Joachim von Merkatz vgl. BHMDB, Bd. 1, S. 555 f.; Peter Paul Nahm: Im Dienst für Politik und Kultur, in: ders. (Hg.): Kultur und Politik. Im Spannungsfeld der Geschichte. Hans-Joachim v. Merkatz zum 70. Geburtstag, Bielefeld 1975, S. 9–12. Zu Bernhard Leverenz vgl. FNS AdL, N 29.

rative Gliederung Deutschlands sowie einen übernationalen europäischen Zusammenschluss.[10] Ihm ging es aber nicht um eine nationale Konföderation der beiden deutschen Staaten, sondern um »die Anerkennung und Erfüllung des Prinzips der Selbstbestimmung« sowie um die (west)europäische Föderation als Gegengift für den »übersteigerten Nationalismus«.[11] Der spätere Bundesminister für Justiz und Präsident des Ostdeutschen Kulturrates neigte weder zu einer neutralistischen Konzeption über die deutsche Wiedervereinigung noch zur Unterstützung direkter Verhandlungen mit »Exponenten Pankows«.[12]

Der nationalliberale Landesminister für Justiz in Kiel, Bernhard Leverenz, hingegen unterbreitete Anfang September 1956 einen eigenen Vorschlag für Wahlen zur Wiederherstellung einer nationalstaatlichen deutschen Einheit. Seiner Ansicht zufolge seien freie und geheime Wahlen in ganz Deutschland als Grundlage der Wiedervereinigung anzustreben. Dabei sollte man an den DDR-Volkskammer-Präsidenten Johannes Dieckmann anknüpfen, der auf dem Kirchentag die Durchführung geheimer und freier Wahlen unter der Voraussetzung zugesichert habe, dass die Sowjetzone einen eigenen Wahlbereich mit den dort zugelassenen Parteien bilde.[13] Im Gegensatz zu von Merkatz sprach sich der schleswig-holsteinische FDP-Landesvorsitzende zwar schon zu diesem Zeitpunkt nachdrücklich für die Beendigung der Politik der Stärke und eine Entspannungspolitik aus.[14] Gleichwohl lässt sich sein Vorschlag lediglich als eine kleine Modifikation des bisherigen Wiedervereinigungsmodells der Bundesregierung betrachten, das von der baldigen Abhaltung freier und geheimer Wahlen in ganz Deutschland ausging. Von einer Verständigung mit der DDR oder der Anerkennung ihrer politischen bzw. gesellschaftlichen Realitäten war er noch immer weit entfernt.

Dieser kurze Einblick in zwei unkonventionelle deutschlandpolitische Vorstellungen macht schon deutlich, wie schwer es selbst eigensinnigen Politikern

10 Vgl. Heinz-Siegfried Strelow: Konservative Politik in der frühen Bundesrepublik – H.-J. v. Merkatz, in: Hans-Christof Kraus (Hg.): Konservative Politiker in Deutschland, Berlin 1995, S. 315–334; Hans-Joachim von Merkatz: In der Mitte des Jahrhunderts. Politische Lebensfragen unserer Zeit, München/Wien 1963.

11 Vgl. Hans-Joachim von Merkatz: Kein Zurück zum Nationalismus. Erstdruck in »Politik«, Juni 1956; ders.: Föderalismus ohne Mißdeutung und Mißbrauch, in: ebd., S. 157–168 und 169–185. Merkatz vertrat die Auffassung, dass Osteuropa und große Teile Mitteleuropas aus der europäischen Einheit herausgelöst worden seien; vgl. ders.: Deutschland zwischen Ost und West, am 27.5.1958, in: ACDP, Nachlass von H.-J. von Merkatz I-148–196/01.

12 Vgl. Memorandum zur Frage einer deutschen Ost-West-Begegnung und der Wiedervereinigung, S. 1–16, in: ACDP, Nachlass von H.-J. v. Merkatz I-148–044/02; Deutschland zwischen Ost und West (27.5.1958), S. 1–6, in: ACDP, I-148-196/01.

13 Vgl. Schleswig-Holstein-Korrespondenz der FDP, Kiel, den 11. September 1956, in: FNS AdL, N/29/19; Lübecker Nachrichten, am 12. September 1956, in: FNS AdL, N/29/3.

14 Vgl. Bernhard Leverenz: Wiedervereinigung – unser oberstes Ziel, S. 1–14, in: FNS AdL, N/1/3439.

aus den etablierten bundesdeutschen Parteien fiel, sich der dem Konföderationsgedanken zugrunde liegenden Annahme zu nähern, geschweige denn aus eigenem Antrieb einen Konföderationsvorschlag zur Wiederherstellung der deutschen Einheit zu konzipieren.

Geht man davon aus, dass auch die schon angeführten beiden Bundesminister im Adenauer-Kabinett, von jenen ein- oder zweimaligen Ausführungen in den Unterredungen abgesehen, keine Initiative zur Diskussion einer nationalen Konföderation ergriffen und dass sie kein »echter marxistisch-leninistischer Vorschlag«[15] gewesen sei, wie Ulbricht in seiner oben erwähnten Erklärung unverblümt bekundete, wäre nun der Entstehung eines Konföderationsgedanken zur Wiedervereinigung Deutschlands an anderer Stelle nachzuforschen, nämlich bei den deutschen Neutralisten.

Paul Sethe, einer der bekanntesten bundesdeutschen Neutralisten der 1950er Jahre,[16] verwies bereits in seinem ebenfalls 1958 erschienenen Buch, in dem er sich eindeutig für die Konföderationslösung der deutschen Frage aussprach, auf einen anderen Urheber der Konföderationskonzeption: »Der erste, der diesen Vorschlag machte, war ein protestantischer Bischof, nämlich Dr. Dibelius.«[17] Auf einer Australienreise 1956 hätte der Berliner Bischof Otto Dibelius[18] davon gesprochen, dass die Wiedervereinigung jetzt wohl nur noch in einer sehr föderalistischen Form möglich sei, so dass die einzelnen Teile des künftigen Deutschlands dann nicht nur Selbstverwaltungen, sondern jeder auch besondere soziale Lebensverhältnisse hätten.[19] Sowohl dem Kirchenmann, dem die Frage der deutschen Wiedervereinigung in seinem Ringen um den Erhalt der Einheit der Evangelischen Kirche in Deutschland besonders unter den Nägeln brannte,[20] als auch dem eigensinnigen Journalisten, der we-

15 18. Oktober 1958: Rede des Ersten Sekretärs des ZK der SED, Ulbricht, auf der Tagung des Nationalrates der Nationalen Front des demokratischen Deutschland, in: Dokumente zur Deutschlandpolitik, III/4 (1958), S. 1814.

16 Vgl. Rainer Zitelmann: Adenauers Gegner. Streiter für die Einheit, Erlangen/Bonn/Wien 1991, S. 149–151; Paul Noack: Paul Sethe. Publizistische Opposition gegen Adenauer, in: Josef Foschepoth (Hg.): Adenauer und die Deutsche Frage, Göttingen 1990, S. 235–249; Gallus: Die Neutralisten, S. 124–134.

17 Paul Sethe: Die großen Entscheidungen, Frankfurt a. M. 1958, S. 102.

18 Zu seiner Person und seinen Aktivitäten vgl. Robert Stupperich: Otto Dibelius. Ein evangelischer Bischof im Umbruch der Zeiten, Göttingen 1989; Günter Wirth: Ein Kirchenmann in den Umbrüchen des 20. Jahrhunderts. Zum 30. Todestag von Bischof Otto Dibelius (Teil 1), in: Berlinische Monatsschrift 6 (1997), H. 1, S. 25–28, und ders.: Die Signaturen eines Bischofsamtes (Teil 2), in: ebd., 6 (1997), H. 2, S. 31–39.

19 Vgl. Paul Sethe: Zwischen Bonn und Moskau, Frankfurt a. M. 1956, S. 164. Dibelius legte kein konkretes Konföderationskonzept dar, auch wenn jene Denkrichtung sicher bereits in seinem Entwurf von 1956 festzustellen ist. Vgl. Otto Dibelius: Wiedervereinigung Deutschlands (Entwurf 1956), in: ders.: So habe ich's erlebt. Selbstzeugnisse, hg. von Wilhelm Dittmann, Berlin 1980, S. 277 f.

20 Vgl. Stupperich: Otto Dibelius, S. 485–498.

gen seiner unerbittlichen Kritik an der Politik Adenauers 1955 von der *FAZ* zur *Welt* wechseln musste und dann bis 1960 als deren Leitartikelschreiber unentwegt für Verhandlungen mit dem Osten stritt,[21] war also schon 1956 eine Art Konföderationsidee wohl vertraut gewesen.

In der letzten Ausgabe des Jahres 1954 hatten die *Nürnberger Nachrichten*,[22] deren Kritik nicht zuletzt auf die Westverbindungspolitik der Bundesregierung gemünzt war, auch schon einmal Folgendes ausgeführt: Angesicht der gegebenen politischen und militärischen Machtverhältnisse bliebe als einzige Lösung der Weg eines Staatenbundes von der Art etwa desjenigen, der im Jahre 1815 auf dem Wiener Kongress errichtet wurde.[23] Ob und auf welcher Grundlage der Staatenbund wieder in einen echten Staat münden könnte, könne der Zeitung zufolge erst in ferner Zukunft beantwortet werden. Gestützt auf die historischen Erfahrungen mit dem Staatenbund in Deutschland, hoffte die Zeitung nur darauf, dass eines Tages vielleicht wieder eine wirkliche deutsche Einheit zustande gebracht werden könnte.

Weder der Berliner Bischof noch der oppositionelle Publizist der *Welt* noch die Redaktion der *Nürnberger Nachrichten* entwickelten jedoch über jene kurzen Bemerkungen hinaus eine konkrete Konzeption zur deutschen Wiedervereinigung durch eine Konföderation. Es bleibt lediglich festzustellen, dass bereits vor dem Vorstoß Ulbrichts Anfang 1957 immerhin mehrere deutsche Neutralisten von der Konföderationsidee gesprochen hatten.[24]

In ihrer Mitte standen als Initiatoren zwei neutralistisch gesinnte Adenauer-Gegner: Hermann Etzel, Mitglied des Deutschen Klubs 1954, und Wilhelm Elfes, der Vorsitzende des Bundes der Deutschen (BdD). Angesichts der Einbeziehung der beiden deutschen Staaten in die jeweiligen militärischen

21 Zur Sammlung seiner journalistischen Tageswerke vgl. Paul Sethe: In Wasser geschrieben. Porträts, Profile, Prognosen, Frankfurt a. M. 1968.

22 Deren erste Ausgabe erschien am 11. Oktober 1945 unter der Regie des Gründers und Herausgebers Joseph E. Drexel. Sie verortete sich nicht links, sondern bürgerlich-linksliberal. Vgl. zur Zeitung: Walter Schatz: Nürnberger Nachrichten (NN), in: Michael Diefenbacher/Rudolf Endres (Hg.): Stadtlexikon Nürnberg, Nürnberg 1999, S. 763.

23 Vgl. Im Schatten der Zukunft. Bilanz zweier Weltkriege – An der Schwelle bedeutsamer, beunruhigender Entscheidungen, in: Nürnberger Nachrichten, 31. Dezember 1954/1. Januar 1955.

24 Darüber hinaus ist als Vorläufer der Konföderationsidee ein Deutschland verbundener ausländischer Journalist anzuführen: Sebastian Haffner. Als Korrespondent des »Observer« äußerte er bereits im Jahre 1955 seinen Konföderationsgedanken. Das bestmögliche Ergebnis west-östlicher und assistierender deutsch-deutscher Verhandlungen zur Wiedervereinigung Deutschlands sei demnach nicht unmittelbar die friedliche Liquidierung bzw. Selbstliquidierung des ostdeutschen Regimes und damit auf kurze Frist ein deutscher Nationalstaat, sondern zunächst, unter Aufrechterhaltung der jeweiligen inneren Systeme, eine wie auch immer beschaffene »Dachorganisation«, die den Deutschen das Leben leichter und erträglicher machen könne: ein deutscher Staatenbund. Vgl. Ralf Beck: Der traurige Patriot. Sebastian Haffner und die Deutsche Frage, Berlin-Brandenburg 2005, S. 84.

Blocksysteme 1955 ergriffen die beiden Oppositionellen aus bundesdeutschen linksbürgerlichen Kreisen die Initiative und brachten 1954 bis 1956 ihre Konföderationskonzeption in die Diskussion, sowohl in der Bundesrepublik als auch in der DDR sowie gegenüber sowjetischen Politikern. Sie nutzten Kontakte zu verschiedenen Neutralisten in beiden deutschen Staaten, um ihre jeweiligen Konföderationskonzeptionen zu verbreiten. Der Gründer und einflussreiche Mitherausgeber der oben angeführten *Nürnberger Nachrichten*, Joseph E. Drexel,[25] sowie der Ost-CDU-Vorsitzende, Otto Nuschke, gehörten zu den ersten Adressaten, an die sie sich mit ihren Konzeptionen wandten.

Unterdessen gilt es festzustellen, dass bereits 1949/50 einer der berühmtesten Neutralisten in den ersten Jahren der Nachkriegszeit, Ulrich Noack, auf ähnliche Denkrichtungen gekommen war. Seine Wirkung war nicht unbeträchtlich, genauso wie die der beiden späteren Initiatoren der Konföderationskonzeption von 1954 bis 1956. Der oben erwähnte konservative Journalist Paul Sethe fand Noacks Vorschläge »wegweisend« und zeigte große Sympathie für ihn.[26] Nicht von ungefähr deckten sich die Töne und Worte, mit denen der Berliner Bischof Dibelius für die Wiedervereinigung argumentierte, mit denen Noacks.

Die Konföderationsidee, welcher Art auch immer, eigneten sich bis Ende 1956 nur einige wenige Neutralisten an, vor allem drei Initiatoren sowie ihre engsten Mitstreiter in den jeweiligen Vereinen und Organisationen. Dieser Umstand spricht schon dafür, dass der Nationalneutralismus als solcher kaum mit dem Konföderationsgedanken in Berührung kam. Mit gewichtigen Denkansätzen, auf welche die Idee einer nationalen Konföderation sich beruft, wie Anerkennung der unterschiedlichen Gesellschaftssysteme in einem Staat und föderative Gestaltung des politischen Systems, hatte der Nationalneutralismus wenig zu tun.

Gleichwohl kann der Nationalneutralismus als Nährboden für die Konföderationsidee zur Wiederherstellung der deutschen Einheit gelten. Das Spektrum der Nationalneutralisten war in der Zeit von 1945 bis 1955 besonders breit und heterogen. Zu ihnen gehörten Linke wie Rechte, Extremisten wie Demokraten, seriöse Politiker wie Sektierer, worauf Alexander Gallus zu Recht hingewiesen hat.[27] Zwar gelang es ihnen niemals, eine stabile, geschlossene Be-

25 Joseph E. Drexel (1896–1976), Journalist, Zeitungs- und Buchverleger und Kunstsammler. Er war ein enger Freund und Mitkämpfer von Ernst Niekisch. Zu seiner Person vgl. Helmut Beer: Drexel, Joseph E., Dr. rer. pol., in: Diefenbacher/Endres (Hg.): Stadtlexikon Nürnberg, S. 224 f.; Clemens Wachter: Joseph E. Drexel, in: Fränkische Lebensbilder. Neue Folge der Lebensläufe aus Franken, Neustadt/Aisch 2000, S. 337–353.

26 Vgl. Gallus: Die Neutralisten, S. 130.

27 Vgl. Gallus: Für ein vereintes Deutschland zwischen Ost und West: Neutralistischer Protest in der Bundesrepublik Deutschland, in: Dominik Geppert/Udo Wengst (Hg.): Neutralität – Chance oder Chimäre? Konzepte des Dritten Weges für Deutschland und die Welt 1945–1990, München 2005, S. 76.

wegung für ein neutrales Deutschland zu bilden, sie schufen aber immerhin ein Netzwerk,[28] in dem sie sich über Meinungsaustausch und wechselseitige Beeinflussung sowie Auseinandersetzungen zu neuen Überlegungen alternativer Wiedervereinigungsmodelle anregten. Dabei fungierte die deutsche Neutralität stets als Kennwort. Ohne Blockfreiheit bzw. ein neues europäisches Sicherheitssystem wäre die gemeinsame Außen- und Sicherheitspolitik eines konföderierten Deutschlands nie zum Zuge gekommen.

Nachzuzeichnen ist nun vorerst, in welchem historischen Zusammenhang die drei Neutralisten ihre jeweiligen Wiedervereinigungsmodelle entwickeln konnten. Von entscheidender Bedeutung ist es dabei, sich mit der Frage zu beschäftigen, mit welchen Denkansätzen und Grundhaltungen sie sich von den üblichen Neutralisten abhoben und was sie zur Konföderationskonzeption motivierte. Berücksichtigt werden soll dabei insbesondere ihre politische Praxis, die sie ihrerseits als Vermittler zwischen einer geteilten Nation vor dem Hintergrund der Ost-West-Konfrontation ausübten.

2.2 Der Neutralist Ulrich Noack als Vorreiter

2.2.1 Der Idealismus eines »kritischen Historikers«

Im Tauziehen um politische Korrektheit sowie historische Bewertung dient das Wort »idealistisch« öfter als die wirksamste Beanstandungsformel. Der Hinweis auf Wirklichkeitsverlust eines politischen Arguments läuft in der Regel darauf hinaus, dem politischen Gegner die Überzeugungskraft zu entreißen. Nicht zuletzt in Hinsicht auf Beurteilungen der konkurrierenden deutschlandpolitischen Denkmodelle in den ersten Nachkriegsjahren und der daran anschließenden Regentschaft Adenauers gewann es an Intensität und Aktualität. Sowohl in der zeitgenössischen Argumentation gegen die Deutschland- und Europapolitik des ersten Bundeskanzlers als auch in späteren wissenschaftlichen Begründungen von Historikern, die nicht einfach seinen Leistungen huldigen wollten, stellte sich Adenauers Konzept »Wiedervereinigung durch

28 Vgl. Dirk Mellies, Trojanische Pferde der DDR? Das neutralistisch-pazifistische Netzwerk der frühen Bundesrepublik und die Deutsche Volkszeitung, 1953–1973, Frankfurt am Main 2007, S. 105–118, insbes. drei Abbildungen, die das personelle Netzwerk der Nationalneutralisten anschaulich machen, S. 110–112.

Westintegration« als eine »illusionäre Vorstellung«[29] dar. »Die Inkarnation des Realpolitikers«,[30] wie Hans-Peter Schwarz den ersten Bundeskanzler bezeichnete, war den Kritikern zufolge doch zumindest in seiner Deutschlandpolitik ein Idealist schlechthin.

Freilich richtete sich das Etikett »idealistisch« oder »illusionär« viel häufiger gegen diejenigen, die die »Politik der Stärke« der Adenauer-Regierung missbilligten und für ein neutrales, vermittelndes und vereintes Deutschland zwischen Ost und West stritten. Nicht alle, aber einige Nationalneutralisten »huldigten einem schieren Idealismus, wieder andere waren weltfremde Phantasten, deren Pläne weder realisierbar noch wünschenswert waren«,[31] resümierte Gallus. Angesichts der grundlegend veränderten außenpolitischen Rahmenbedingungen Deutschlands nach dem Zweiten Weltkrieg und der entschiedenen Weichenstellung der ersten Bundesregierung auf die Westoption verringerte sich die Realisierungschance des Nationalneutralismus in der Nachkriegszeit, auch wenn sich eher jene Neutralisten als der Bundeskanzler, der als »außenpolitischer Revolutionär«[32] zu werten ist, in der Tradition der deutschen Außenpolitik sehen konnten.

Insofern wundert es nicht, dass der repräsentativste Neutralist in den frühen Nachkriegsjahren, Ulrich Noack, heftig als »Idealist« kritisiert wurde. Anders als zum Beispiel der zeitgenössische »realpolitische« Neutralist Paul Sethe[33] arbeitete Noack eine umfassende und systematische Neutralisierungslehre aus, die dabei zum Teil sicherlich ohne Bezug zur Wirklichkeit und ohne reale Chance war. Anhand mehrerer realitätsferner Aussagen und Gedankengänge Noacks machten Rainer Dohse und Hans-Peter Schwarz in ihren Studien schon auf den idealistischen Charakter seiner politischen Gedanken aufmerksam.[34] Bei Noack seien die Realitäten ausgeklammert: ökonomische Verhältnisse, hartes Profitstreben, politische und gesellschaftliche Egoismen und brutales Machtstreben. Der Neutralist sei, wie Gallus ebenfalls hervorhob, also nicht zuletzt ein »Idealist im ideologischen Zeitalter«;[35] Noack entwickele

29 Josef Foschepoth: Einleitung: Adenauer und die deutsche Frage, in: ders. (Hg.): Adenauer und die Deutsche Frage, S. 14 und 56.

30 Hans-Peter Schwarz: Anmerkungen zu Adenauer, München 2004, S. 42.

31 Gallus: Die Neutralisten, S. 78.

32 Schwarz: Anmerkungen zu Adenauer, S. 76. Vgl. auch Christian Hacke: Die Außenpolitik der Bundesrepublik. Von Konrad Adenauer bis Gerhard Schröder, Frankfurt a. M. 2003, S. 49–54.

33 Ein Neutralist muss nicht unbedingt Idealist sein. Paul Sethe stand als »Realpolitiker« immer für ideologiefreie, konstruktive Pläne. Vgl. P. Noack: Paul Sethe, S. 242.

34 Vgl. Rainer Dohse: Der Dritte Weg. Neutralitätsbestrebungen in Westdeutschland zwischen 1945 und 1955, Hamburg 1974, S. 59 ff.; Hans-Peter Schwarz: Vom Reich zur Bundesrepublik. Deutschland im Widerstreit der außenpolitischen Konzeptionen in den Jahren der Besatzungsherrschaft 1945–1949, Stuttgart 1980, S. 358 ff.

35 Gallus: Die Neutralisten, S. 179.

»kein rechtes Gespür für die ideologischen, aber auch machtpolitischen Auseinandersetzungen des Kalten Krieges«.[36]

Jenen Einschätzungen steht jedoch die Darstellung eines seiner engsten Mitstreiter entgegen. In Noacks politischen Gedanken sah Heinrich Euler, damals Privatdozent für Geschichte an der Universität Würzburg, eher ein »realistisches Urteil« bzw. eine »realpolitische« Analyse als eine idealistische Vorstellung. Noack war für ihn vor allem ein Kenner und Schüler des bismarckschen Realismus.[37] Diese diametralen Beurteilungen über den bekanntesten Neutralisten in den ersten Jahren der Nachkriegszeit lassen sich nicht nur auf die unterschiedlichen Grundhaltungen zur Rolle und Bedeutung des Neutralismus in der deutschen Zeitgeschichte zurückführen. Sie hängen auch damit zusammen, wie man seiner bemerkenswerten Geschichtsauffassung gegenübersteht, da sie die Grundlage für seine politischen Gedanken und Praxis schuf.

In seinem Hauptwerk, das 1978, also erst nach seinem Tode, erschien, behandelte der 1899 geborene Geschichtsprofessor die Problematik der historischen Urteilsbildung, und zwar aus einer »kritischen und unabhängigen« Sicht, wie er meinte.[38] Dabei ging es zunächst um »die grundsätzlich antideterministische Bejahung der individuellen, meist einmaligen Aufgaben der Verantwortlichen und Entscheidungsbefugten in ihrer Zeit«.[39] Treu den erkenntnismethodischen Postulaten des traditionellen Historismus, wehrte sich der Meinecke-Schüler sowohl gegen jegliche soziologische oder philosophische Denkrichtung, denen eine Generalisierung bzw. Zwangsläufigkeit des Geschehens zugrunde liege, als auch gegen die Sozial- und die Wirtschaftsgeschichte, die der Struktur Vorrang gäben. Kennzeichnend für Noacks Geschichtsauffassung ist vielmehr der konsequente Glaube an »die glücklichere Möglichkeit« der einzelnen historischen Ereignisse. Da das geschichtliche Leben aus lauter individuellen, einmaligen Sonderfällen bestehe, die sich in der »Entscheidungsfreiheit der jeweils Mächtigsten« abspielen, biete sich die Möglichkeit zur »nicht verpfuschten« Wirklichkeit an, und zwar insbesondere einem »kritischen Historiker«. Der Gedanke an »die Chancen der jeweils Mächtigsten« enthalte vom menschlichen Ansatz her die Dimension des jeweils möglichen Höheren und Sinnvolleren gegenüber dem nur Wirklichen, so Noack.[40] Dabei

36 Ebd., S. 178.
37 Vgl. Heinrich Euler: Ulrich Noack – Ein Leben aus freier Mitte, in: Ulrich Noack – Ein Leben aus freier Mitte. Beiträge zur Geschichtsforschung. Festschrift für Prof. Dr. Ulrich Noack zum 60. Geburtstag, Göttingen/Berlin/Frankfurt a. M. 1961, S. XXIII.
38 Vgl. Ulrich Noack: Die glücklichere Möglichkeit als erkennbare Dimension der historischen Urteilsbildung. Kommentare zur Weltgeschichte, Würzburg 1978.
39 Ebd., Vorwort.
40 Vgl. ebd., S. 214.

war er der Auffassung, dass das Mögliche als das in der Idee Übergeordnete – also das Bessere, Richtigere, Sinnvollere – vorangestellt werden sollte. Denn ohne diese Voranstellung des jeweils Erstrebten oder Erstrebenswerten wäre eine Urteilsbildung überhaupt unmöglich. Erst die bessere Möglichkeit mache die minderwertige Wirklichkeit als solche und in dieser Eigenschaft artikulierbar. Wenn das erreichbare Bessere in der Politik bzw. Außenpolitik gedacht werde, entwickele sich daraus eine »Kritik der Staatsräson«.[41]

Auf die Frage, welche von verschiedenen Möglichkeiten überhaupt als »das Bessere«, wenn nicht das »erreichbare Bessere« angesehen werden könne, ging er ohne weiteres ein, da ihn der Glaube an die »immanente Ethik« in der Geschichte bereits von seiner Jugendzeit an geprägt hatte. Die Geschichte betrachtete er als »das Feld der menschlichen Freiheit« und auch »die Stätte der Wertverwirklichung und der Bewahrung dessen, was wir als willensfreie bewußte Wesen sollen«.[42] Dabei spielten die weltpolitische Friedensgestaltung und das gerechte Weltordnungssystem dem Geschichtsbild Noacks folgend die entscheidende Rolle, zumal die Weltgeschichte geographisch-räumlich strukturiert sei. Basierend auf seiner Studie über die geographischen Verwurzelungen des außenpolitischen Geschehens der Völker- und Staatengeschichte, verfolgte er auf eigene Weise die Wandlungen der historischen Geographie sowie das Mögliche der jeweiligen politischen Raumgestaltungen in entscheidenden geschichtlichen Konstellationen. Der Kerngedanke seiner Geschichtsbetrachtung lief also darauf hinaus, dass von jeder Entwicklungsstufe aus ein anderer, besserer Weg zu einer stabilen Ordnung des Friedens hin denkbar sei. Damit zielte Noacks Interesse auf den Aufbau eines »territorialen Definitivums«, das heißt den Aufbau einer Welt des gesicherten Friedens.

Diese Verknüpfung vom Glauben an die »glücklichere Möglichkeit« mit dem geopolitischen Friedensgedanken als »geschichtsimmanente Ethik« lag Noacks politischen Schriften und Aktivitäten zugrunde, nicht erst in der Nachkriegszeit. Das hatte sich etwa schon im Jahre 1939 gezeigt, als Noack, damals Dozent an der Universität Frankfurt am Main, in seiner Abhandlung *Das politische Ethos in der europäischen Diplomatie* auf die historische Möglichkeit für »eine ethische Weltordnung«, beruhend auf dem dreifachen Grundsatz der Gleichberechtigung, der Gegenseitigkeit, der Zusammenarbeit, hinwies.[43] Sie zielte nach dem Münchner Abkommen 1938 auf die Sich-Mäßigung der NS-Diplomatie. Als Kulturattaché für den Leiter der Informationsstelle des Auswärtigen Amtes nahm Noack im Jahre 1939 in Oslo an einem norwegischen Vermittlungsversuch für einen deutsch-englischen Friedensschluss teil, den

41 Ebd., S. 214 und 216.
42 Ebd., S. 20 und 367.
43 Noack: Das politische Ethos in der europäischen Diplomatie, Hamburg 1939.

der damalige norwegische Außenminister Prof. Halvdan Koht initiiert hatte, allerdings vergebens.[44]

Angesichts der neuen politischen Wirklichkeit in den ersten Nachkriegsjahren lief Noacks Ideal unverändert auf das Gleiche hinaus: eine ethische Friedensgestaltung. Wenn er aber nur blind nach dem »Möglichen« suchte und emsig ein glückliches Gegenbild zur miserablen Realität in die Karte einzeichnete, war er nicht imstande, wie die bisherigen Forschungen über ihn zu Recht festgestellt haben, auf das »Wirkliche« einzugehen. Daraus lassen sich seine wohl anregenden, aber utopisch klingenden Gedankengänge erklären. Als der »Geopolitiker des Friedens«,[45] wie Gallus ihn genannt hat, etwa in einer Schrift an die UNO im Jahr 1954 seine Überlegungen über die Aufgliederung der Erde in zehn regionale »Friedenskreise« vorstellte,[46] zeugte dies nicht gerade von Relitätssinn. Das war auch der Fall, als er sich im Jahr 1946 in seiner Denkschrift *Deutschlands neue Gestalt in einer suchenden Welt* Hohen Meißner im Nordosten Groß-Hessens aufgrund der geographischen Lage als zukünftige Hauptstadt Deutschlands ausmalte.[47] Im Grunde genommen war Noack also ein Idealist, zunächst in dem Sinne, dass er durchaus an die »geschichtsimmanente Ethik« glaubte. Darüber hinaus basierten viele seiner Pläne weniger auf nüchterner Lageanalyse denn auf Wunschdenken.

Gleichwohl lassen sich nicht alle Aspekte seiner Friedensgedanken als »realitätsfern« oder »illusionär« abtun. In der »ambivalenten Periode«, das heißt in den Jahren 1945 bis 1947/48, als neben der Westorientierung die Blockfreiheit auch in Westdeutschland noch als ernstzunehmende Alternative galt,[48] entsprachen einige Aspekte seiner umfassenden Neutralisierungskonzeption doch realen Möglichkeiten, zumal auch die westlichen Alliierten, vor allem

44 Vgl. Euler: Ulrich Noack – Ein Leben aus freier Mitte, S. XV–XX. Wegen dieser Aktivität geriet er später in Verdacht, er sei als Agent Ribbentrops tätig, der dem Kollaborateur Quisling Kontakt zu Hitler verschaffte und wahrscheinlich auch in Verbindung zum berüchtigten Reichssicherheitsdienst stand. Vgl. Gallus: Die Neutralisten, S. 169 ff. Gegen diesen Vorwurf wehrte er sich entschieden. Vgl. Dokumente zu dem Verbot des Ersten Deutschland-Kongresses in Rengsdorf 18.–20. November 1949, vorgelegt von Ulrich Noack, Würzburg 1949, S. 13–32. Zur Beziehung Noacks zum Nationalsozialismus vgl. Fritz Petrick: Noack in Greifswald 1941–1945. Unter besonderer Berücksichtigung seiner Tätigkeit in Norwegen 1938–1941, in: 125 Jahre Historisches Seminar. Sektion Geschichtswissenschaft der Ernst-Moritz-Arndt-Universität Greifswald 1988: Kolloquium am 29. November 1988 in Greifswald, Greifswald 1990, S. 124–134.

45 Gallus: Die Neutralisten, S. 179

46 Vgl. Noack: Wie kann der Frieden lebendig werden? Organische Erneuerung der UNO auf der Grundlage von 10 regionalen Friedenskreisen, Würzburg 1954.

47 Vgl. ders.: Deutschlands neue Gestalt in einer suchenden Welt, Frankfurt a. M. 1946, S. 91–112.

48 Vgl. Rainer Zitelmann: Neutralitätsbestrebungen und Westorientierung, in: ders./Karlheinz Weißmann/Michael Großheim (Hg.): Westbindung. Chancen und Risiken für Deutschland, Frankfurt a. M. 1993, S. 173; Schwarz: Vom Reich zur Bundesrepublik, S. 291.

die Amerikaner, noch Überlegungen darüber anstellten.[49] Auch in späterer Zeit, also 1949 bis 1951, zeigten seine Neutralitätsbestrebungen in manchen Punkten »im Großen und Ganzen einen stärkeren Wirklichkeitsbezug«,[50] wie Hans-Peter Schwarz feststellte. In jener Zeit entwickelte Noack seinerseits eine besondere politische Praxis: Als »Wanderer zwischen zwei Welten« handelte er vielmehr mit praktischen Programmen, als sich im akademischen Raum einzuigeln und dann auf einmal utopische Denkmodelle darzulegen. In dieser Hinsicht trifft Gallus' Urteil, Noacks Neutralitätsdenken entwickelte sich in einem geistig abgeschlossenen Raum,[51] nur bedingt zu.

2.2.2 Neutralismus des Nauheimer Kreises 1948/49

Am 18. Mai 1946 begründete Noack unter Mitwirkung des hessischen Ministerpräsidenten Prof. Karl Geiler,[52] dessen politischer Referent er damals war, den *Tag der jungen Generation*,[53] der eine überparteiliche und überkonfessionelle Versammlung sein sollte. Am ersten Jahrestag dieser Gründung stellte er seine Neutralisierungslehre vor.

Nachdem er ab Sommer 1947 bei verschiedenen politischen sowie kirchlichen Veranstaltungen seine Neutralitätsgedanken unter die Leute gebracht hatte, bildete sich im Sommer 1948 eine überparteiliche Diskussionsgruppe, nämlich der Nauheimer Kreis.[54] Dem Initiator Noack gelang es aber nicht,

49 Vgl. Andreas Hillgruber: Alliierte Pläne für eine »Neutralisierung« Deutschlands 1945–1955, Opladen 1987, S. 7–16; Axel Frohn: Neutralisierung als Alternative zur Westintegration. Die Deutschlandpolitik der Vereinigten Staaten von Amerika 1945–1949, Frankfurt a. M. 1985.

50 Schwarz: Vom Reich zur Bundesrepublik, S. 376. Wilfried Loth kam zum gleichen Urteil, wonach »Noack keineswegs in der idealistisch verschwommenen Begrifflichkeit seiner Anfangszeit stecken« geblieben war. Vgl. Wilfried Loth: Deutsche zwischen Ost und West, in: ders.: Ost-West-Konflikt und deutsche Frage. Historische Ortsbestimmungen, München 1989, S. 87.

51 Vgl. Gallus: Die Neutralisten, S. 178.

52 Karl Geiler (1878–1953), bis 1939 Professor für Wirtschaftsrecht an der Universität Heidelberg, war vom 12. Oktober 1945 bis 20. Dezember 1946 der erste von den Alliierten eingesetzte Ministerpräsident von Hessen; zu seiner Person vgl. Walter Mülhausen: Karl Geiler und Christian Stock. Hessische Ministerpräsidenten im Wiederaufbau, Marburg 1998.

53 Zu dessen Entstehung und dem historischen Zusammenhang vgl. Winfried Mogge: Burg Ludwigstein, der Hohe Meißner und die Jugendbewegung, in: Bernd Heidenreich/Klaus Böhme (Hg.): Hessen. Geschichte und Politik, Stuttgart 2000, S. 351–360. Am 12. und 13. Oktober 1946 trafen sich auf dem Berg etwa 1000 Vertreter von konfessionellen, sozialistischen und bündischen Jugendorganisationen aus den drei Westzonen mit Beobachtern der FDJ aus der SBZ und Repräsentanten des Bildungs- und Erziehungswesens zum »Tag der jungen Generation«. Noack war dessen Initiator. Der Erfolg muss ihn sehr ermuntert haben; vgl. ders.: Deutschlands neue Gestalt in einer suchenden Welt, S. 101.

54 Vgl. Die Nauheimer Protokolle. Diskussionen über die Neutralisierung Deutschlands. Die ersten drei Tagungen des Nauheimer Kreises August, September, Dezember 1948, hg. im Auftrage des Nauheimer Kreises von Noack, Würzburg 1950, S. 5–19.

eine große Anzahl maßgebender Persönlichkeiten für den Kreis zu gewinnen: Heinrich von Brentano, Fraktionsführer der hessischen CDU, nahm nur am ersten Treffen des Nauheimer Kreises teil, um anschließend von »einer schönen Illusion« zu sprechen, auch wenn der spätere Außenminister die Bemühungen des Nauheimer Kreises für die Bildung einer eigenen deutschen Politik sehr schätzte.[55] Der stellvertretende Landesvorsitzende der CSU, August Haußleiter,[56] gehörte zu den 32 Teilnehmern der dritten Zusammenkunft des Kreises am 4. und 5. Dezember 1948, auf der viel darüber diskutiert wurde, wie sich die Neutralisierungsidee »im Nahkampf mit den Raubtieren« in der realen Politik durchsetzen könnte, und unterzeichnete nach einigem Zögern auch die *Neutralisierungserklärung für Deutschland* des Nauheimer Kreises vom 3. Januar 1949. Dessen ungeachtet distanzierte sich Haußleiter, der später ein unerschütterlicher Nationalneutralist werden sollte, in jenen Tagen vom Kreis, zumal Noack Kontakte zu ostdeutschen Politikern pflegte.

Die dominierende Rolle wurde folglich in diesem Kreis dem Würzburger Hochschullehrer selbst zuteil. Es waren also seine »neue und frappante« Idee sowie seine leidenschaftliche Aktivität, die den Nauheimer Kreis zur öffentlich wirksamsten unter den Gruppierungen machte, die sich in den ersten Nachkriegsjahren für eine »Neutralisierung Deutschlands«[57] einsetzten.

Zunächst ging Noack davon aus, dass Deutschland als der gefährlichste Konfliktherd zwischen den gegensätzlichen Blöcken immerwährend und unbewaffnet neutralisiert werden sollte. Deutschland werde damit gewissermaßen zu einer Art Weltschweiz. In dieser unbewaffneten Neutralität sah Noack die einzige Möglichkeit für die baldige friedliche Wiederherstellung der Einheit Deutschlands. Zusammen mit den kleineren Nachbarländern Österreich und Schweiz sowie den skandinavischen Ländern sollte Deutschland einen neutralen Gürtel in Europa bilden.

55 Vgl. ebd., S. 22 ff.

56 August Haußleiter (1905–1989) war ein national gesinnter Publizist und stellvertretender Vorsitzender der CSU. 1949 trat er aus der CSU aus. Gründer der Deutschen Gesellschaft und Mitbegründer der Grünen. Zu seiner Person vgl. Richard Stöss: Die Deutsche Gemeinschaft, in: ders. (Hg.): Parteien-Handbuch. Die Parteien der Bundesrepublik Deutschland 1945–1980, Bd. 2: CSU – DSU, Opladen 1986, S. 877 ff.

57 Zwar sprach Noack von »Neutralisierung«, meinte aber, dass »nicht etwas über uns von außen verhängt wird«, sondern eine »freiwillige, selbstbewußte Neutralisierung«, die auf innerer Unabhängigkeit beruhte. Vgl. Die Nauheimer Protokolle, S. 48–52. Er stand nicht für die »Neutralität«, wozu seinem Begriffsverständnis zufolge die Möglichkeit gehörte, den eigenen neutralen Status zu verteidigen, sondern für die »Neutralisierung«, deren Garantie nicht bei den Deutschen, sondern bei der anderen Seite liege; vgl. Im Kampf um Deutschlands Befreiung und Wiedervereinigung an der Ostfront. Auszug aus dem Vortrag von Prof. Noack im Deutschen Institut für Zeitgeschichte in Berlin, Ostsektor, am 8. September 1949, in: Welt ohne Krieg 2 (1953), Nr. 10, S. 4.

Was ihn nach dem Zweiten Weltkrieg von dem früheren, mehr oder weniger vagen Friedensgedanken zu einer inhaltsvollen Neutralisierungskonzeption bewegte, scheint nicht zuletzt seine veränderte Beurteilung der Sowjetunion gewesen zu sein oder, genauer genommen, die der sowjetischen Interessen in Deutschland und Europa. Noch im Jahr 1939 war ihm die Verteufelung der Sowjetunion derart selbstverständlich gewesen, dass er in Sowjetrussland nur den naturgegebenen und dazu geschichtlich gegebenen Gefahrenherd des Universalanarchismus sah, der weder seine inneren und äußeren Grenzen noch den Gedanken der europäischen Völkergemeinschaft und des europäischen Gleichgewichts kenne.[58] Bei Auseinandersetzungen mit seinen Kritikern in der Nachkriegszeit, die in seinem Neutralisierungsplan nichts als die Gefahr des Eindringens Sowjetrusslands sahen, bekräftigte er zum einen, dass man sich damit abfinden müsse, und zwar »mindestens stillschweigend«, dass Sowjetrussland schon »die Zone der west- und südslawischen Völker und die beiden Donauvölker« in die Hände gefallen seien, und zum anderen, dass die Sowjetrussen dann keinesfalls dazu angeregt würden, sich weiterhin in Deutschland auszubreiten, wenn ihnen das neutrale Deutschland wirtschaftliche Hilfe bzw. Zusammenarbeit in Aussicht stellte. Das neutrale Deutschland sollte mit einer Wirtschaftsverflechtung nach beiden Seiten seine eigenen wirtschaftlichen Probleme wie den Rohstoff- und Nahrungsmittelbedarf lösen. Es könnte die sowjetischen Rohstoffüberschüsse verarbeiten und die eigenen Fertigprodukte an Russland liefern. Zu jenem Zeitpunkt warf Noack also sein früheres Russlandbild, das sich pointiert in seiner alten Formulierung, der Sowjetismus sei politisiertes Nomadentum, gezeigt hatte, über Bord,[59] womit er nunmehr den sowjetischen wirtschaftlichen Interessen den Vorrang gab und zugleich dem sowjetischen Sicherheitsbedürfnis Rechnung zu tragen wusste.[60]

Währenddessen ließ Noack keinen Zweifel daran, dass er keine Sympathien für das politische und wirtschaftliche System der Sowjetunion hegte und dass sein Neutralisierungsplan die deutsche kulturelle und geistige Verbundenheit mit dem Westen sowie die freie Sozial- und Wirtschaftsordnung grundsätzlich nicht in Frage stellte. Von einem »dritten Weg« zwischen »den feindseligen Alternativen« sprach er wohl mehrmals,[61] dabei hatte er in der Regel einen außenpolitischen Dritten Weg im Auge. Darin unterschied sich Noacks Neut-

58 Vgl. Noack: Das politische Ethos in der europäischen Diplomatie, S. 90.

59 Vgl. ebd., S. 88–95. Beim ersten Treffen des Nauheimer Kreises am 31. Juli und 1. August 1948 äußerte er sich etwa gegen die damals sehr verbreitete Ansicht, dass die Dynamik der Russen eine unwiderstehliche Gewalt sein müsse. Vgl. Die Nauheimer Protokolle, S. 36.

60 Ebd., S. 119.

61 Vgl. Die Nauheimer Protokolle, S. 203; Wilhelm Cornides: Die Neutralität des Nauheimer Kreises und der geistige Hintergrund des West-Ost-Gespräches in Deutschland, 1. Teil, in: Europa-Archiv 5 (1950), S. 3076.

ralisierungslehre sowohl von dem Brückenmodell Jakob Kaisers als auch vom Dritte-Weg-Modell, vertreten von Wolf Schenke, Theodor Kögler und Otto Strasser.[62]

Ob Noack und sein Nauheimer Kreis daher den »Dritte-Wegs-Gegnern« zuzurechnen sind, wie es Gallus in seiner Studie tat,[63] bleibt jedoch in doppelter Hinsicht offen: Zum einen gab es im Nauheimer Kreis auch Überlegungen über einen Dritten Weg für das gesellschaftliche und politische System, »der weder kommunistisch sein noch für den individualistischen Liberalismus stehen« sollte. Charakteristisch ist dabei, dass Noack selbst auf einen solchen Vorschlag, den ein Diskussionsteilnehmer auf der zweiten Tagung des Nauheimer Kreises am 19. September 1948 vorbrachte,[64] nicht grundsätzlich ablehnend, jedoch vorsichtig und zurückhaltend reagierte.

Zum anderen vertrat er die Auffassung, dass durch die Neutralisierung Deutschlands »ein allmählicher politisch-sozialer Ausgleich zwischen Ost und West« bei der Sicherung des Friedens erreicht werden könnte.[65] Sozialpolitisch standen Noack und seine Weggefährten des Nauheimer Kreises weder eindeutig für noch gegen einen Dritten Weg. Ihr Interesse richtete sich zu wenig auf ideologische und sozialpolitische Grundprinzipien.

»Konkrete Wünsche und Forderungen sozialpolitischer Art, die wir gegeneinander vorzubringen haben, sollten um der wachsenden praktischen Zusammenarbeit willen erst nach der Erlangung der politischen deutschen Einheit wieder zur Diskussion zwischen den Partnern gestellt werden, und dann möglichst nicht in ideologischer Programmatik, sondern in praktischer Gesinnung von Fall zu Fall.«[66]

So machten der Leiter des Nauheimer Kreises und seine Gleichgesinnten in einer Friedenserklärung am 1. September 1949 ihre Grundhaltung deutlich. Das Offenbleiben der wirtschaftlichen und der gesellschaftlichen Frage eröffnete Noack indes die Verhandlungsbereitschaft mit der DDR, wenn nicht sogar eine gewisse Kompromissbereitschaft den ostdeutschen sozialwirtschaftlichen Realitäten gegenüber. Weil er dem Thema der Friedensgestaltung auf deutschem Boden konsequenterweise den Vorrang gab und

62 Zu verschiedenen anderen Neutralitätskonzeptionen in den späteren 1940er und 1950er Jahren vgl. Dohse: Der Dritte Weg; Gallus: Die Neutralisten, S. 57–264.

63 Vgl. Gallus: Die Neutralisten, S. 455.

64 Vgl. Auszug aus der Denkschrift von Ministerialrat Meller über Geistige Grundlagen zur Erneuerung der Politik, in: Die Nauheimer Protokolle, S. 134–142.

65 Noack: Die Sicherung des Friedens durch Neutralisierung Deutschlands und seine ausgleichende weltwirtschaftliche Aufgabe, Köln 1948, S. 24. Diesbezüglich fügte Rainer Dohse hinzu, dass Noack die Erwartungen späterer Konvergenztheoretiker vorweggenommen habe, vgl. Dohse: Der Dritte Weg, S. 48.

66 Noack: Neutralisierungsidee und Neutralitätsgedanken 1947–1957, in: Welt ohne Krieg 6 (1957), Nr. 2, S. 2.

auf die Fragen der Sozial- und Wirtschaftsordnung nicht konkret einging, verstand er in seiner politischen Praxis viel flexibler zu handeln als die eindeutigen Gegner oder Befürworter eines Dritten Wegs. Allerdings sei hierzu angemerkt, dass seine Neutralitätsidee gerade wegen des Mangels an sozialökonomischen Inhalten immer wieder kritisiert wurde.[67]

Ebenfalls bezeichnend für Noacks Neutralisierungslehre war, worauf Schwarz und Gallus zu Recht hingewiesen haben,[68] dass das Hauptmotiv seines politischen Denkens durchaus nicht national, sondern pazifistisch war. Während sich mehrere andere Neutralisten wie Jakob Kaiser, Richard Tüngel und Wolf Schenke vom nationalen Anspruch auf die Ostgebiete jenseits der Oder-Neiße-Linie noch nicht befreit hatten, hielt Noack schon zu jener Zeit diese Grenzziehung für »nicht rückgängig« zu machen.

> »Wer diese Grenze ändern will, muß den Krieg wollen. Wer für die Revision dieser Grenze Propaganda machen will, macht Propaganda für den nächsten Krieg. Wer Material sammelt, um zu beweisen, daß das deutsche Volk ohne die verlorenen östlichen Provinzen nicht leben kann, sammelt Material, um die Unvermeidlichkeit des nächsten Krieges zu beweisen«,[69] so Noacks entschiedene Stellungnahme.

Dass die Wiedervereinigung Deutschlands das oberste Ziel des Nauheimer Kreises sei, daraus machten seine Mitglieder keinen Hehl. Die deutsche Wiedervereinigung könne aber, wie eine Proklamation des Nauheimer Kreises vom 18. Mai 1950 hervorhob, erst durch einen Friedensschluss erreicht werden, dessen grundlegende Bestimmung die Neutralisierung Deutschlands sei.[70] In diesem Sinne hatte bereits der Vorschlag des Nauheimer Kreises vom 1. August 1948 erklärt, dass der erste Grundsatz des Kreises »die Vermeidung jeder Gefährdung des Friedens« sei und der zweite die Wiederherstellung der Einheit Deutschlands.[71] Wie an Organisationsnamen wie *Friedensgewerkschaft* und *Bund der Kriegsdienstverweigerer*, die Noack seinen Vereinigungen gab, sowie am Namen der von ihm zwischen 1952 und 1967 herausgegebenen Zeitschrift *Welt ohne Krieg* unmittelbar deutlich wird, gewann der Frieden in seinem Denken und Handeln immer größeren Wert.

67 Vgl. Schwarz: Vom Reich zur Bundesrepublik, S. 380 f.; Gallus: Die Neutralisten, S. 161.
68 Vgl. Schwarz: Vom Reich zur Bundesrepublik, S. 383 f.; Gallus: Die Neutralisten, S. 156.
69 Die Nauheimer Protokolle, S. 153. Es sei allerdings angemerkt, dass es im Nauheimer Kreis auch Bedenken wegen des Verzichts auf die Ostgebiete gab. Noack und dem Nauheimer Kreis war auch bewusst, wie schwierig es sein sollte, mit dieser unpopulären Haltung zur Frage der Oder-Neiße-Grenze der großen Masse gegenüberzutreten. Deshalb schlug Noack in einem »realistischen« Sinne vor, dass diese Frage unerwähnt im Hintergrund stehen sollte.
70 Proklamation für die Neutralisierung Deutschlands, in: SAPMO-BArch, DY 30 VI 2/10.02/212, Bl. 48.
71 Die Nauheimer Protokolle, S. 55.

Das »geheime Motiv eines ›extremen Nationalismus‹«, das man damals in seinen Neutralisierungsgedanken gern sah,[72] oder ein neues deutsches Sendungsbewusstsein, das Rainer Dohse konstatierte,[73] hat ganz und gar nichts mit der politischen Grundorientierung Noacks zu tun. Denn dem Kopf des Nauheimer Kreises kam es auf ein Umdenken an: Deutschland sollte sich von seiner Tradition machtpolitischer Selbsterhöhung verabschieden.

Aus Noacks Sicht war die deutsche Verbundenheit mit den kleineren Nachbarländern Schweiz und Niederlande, aber auch mit Skandinavien von ausschlaggebender Bedeutung. Diese kleinen Staaten seien in Wahrheit die größten Helfer beim Versuch der Deutschen, »nach der langen politischen Fieberkrankheit wieder das Gehen im Freien zu lernen«. Die vermittelnde Rolle zwischen den größeren Nachbarn, welche die europäischen Kleinstaaten sich zugelegt hatten, sollte auch Deutschland sich aneignen. Deutschland als »Friedensvolk und Friedensreich« werde »dadurch die kleinen Reiche gewinnen«, dass »es sich unten hält«, so Noack.[74] Seine pazifistische Neutralisierungslehre, die mit der Aufkündigung des nationalmachtpolitischen Anspruches eng verbunden war, mag für Zeitgenossen »sentimental«, »mystisch« oder »utopisch« geklungen haben. Damit wurde er aber immerhin, wie Schwarz klipp und klar resümierte, zu »einem der lautesten Verfechter konsequent pazifistischer deutscher Außenpolitik, die nach 1950 erst, angefacht von den Leidenschaften der Wiederaufrüstungsdiskussion, die organisatorische Gestalt einer politischen Bewegung annahm«.[75]

Was den »kritischen Historiker« aus Würzburg zu einer neuen Konzeption der Wiederherstellung der deutschen Einheit anregte, lässt sich damit jedoch nicht ganz klären. Neben dem oben dargestellten pazifistischen Neutralismus braucht es noch eines weiteren Denkansatzes, um dahin zu kommen, nämlich den föderalistischen Gedanken.

2.2.3 Noacks föderalistischer Gedanke

Der liberale Föderalismus gehörte Euler zufolge zu den Grundlagen der politischen Vorstellungswelt, die bereits den jungen Noack geprägt hatten.[76] Seine weltanschauliche Grundmaxime, wonach die Welt auf Mannigfaltigkeit angelegt sei,

72 Vgl. An die Angehörigen des Nauheimer Kreises, an die Anhänger einer Neutralisierung Deutschlands und an alle, die sich mit diesem Problem auseinandersetzen wollen, in: SAPMO-BArch, DY 30 VI 2/10.02/212, Bl. 39.
73 Vgl. Dohse: Der Dritte Weg, S. 46.
74 Noack: Deutschlands neue Gestalt in einer suchenden Welt, S. 28.
75 Schwarz: Vom Reich zur Bundesrepublik, S. 384.
76 Vgl. Euler: Ulrich Noack – Ein Leben aus freier Mitte, S. VII.

begleitete ihn auch durch die spätere Zeit.[77] Als in den ersten Nachkriegsjahren die Debatte um den neuen Staatsaufbau tobte, trat Noack energisch für die Form eines föderativen Zusammenschlusses ein. In seiner oben angeführten Schrift *Deutschlands neue Gestalt in einer suchenden Welt* setzte er sich vor allem mit den Problemen der zentralistischen Machtstaaten in der deutschen Geschichte auseinander. Die Hauptursache für die Zerstörung und Vernichtung in der NS-Zeit sah er ebenso wie viele Föderalisten zu jener Zeit[78] in der »autoritären und unkontrollierten Machtkonzentration«.[79] Aus seiner Sicht blieb den Deutschen nach dem Verschwinden beider deutscher Großmächte, erst Österreich und dann Preußen, noch ein anderes, gesundes Deutschland, nämlich das »dritte Deutschland«, das als ein vor ihnen beschirmter Kranz von Mittelstaaten »mannigfaltige regionale Heimatkultur« und »vielfältige Energie« für das kulturelle und geistige Leben der Gesamtnation behielt. Auf dem Grund der kulturtragenden deutschen Mittelstaaten könne der Bau eines neuen Deutschlands errichtet werden.

Obendrein hielt Noack die Selbstverwaltung der Länder und die Gliederung der Gesamtnation in Staaten mittlerer Größe für ein kostbares Gut deutscher Freiheit. Deutschland müsse aus dem Eigenleben seiner Teile wieder aufgebaut werden, die Heimatländer sollten eine Kraftquelle für das ganze Vaterland sein. In den Ländern selbst sollte die verfassungsmäßige Möglichkeit zu freiheitlicher Selbstbestimmung auch in die engeren landschaftlichen Einheiten getragen werden.

Selbstverständlich war für Noack neben der Anerkennung der Mannigfaltigkeit bzw. Eigenständigkeit der jeweiligen Länder auch das Bekenntnis zur Einheit. Vom Partikularismus, der damals insbesondere in Bayern Konjunktur hatte, hielt er sich fern. Das Nebeneinander der einzelnen Länder mit staatlicher Organisation war für ihn nur eine Stufe, die zur Gesamtnation führe.

Mit Begriffen wie »echte Demokratie« oder »qualitative Demokratie« sah Noacks föderalistische Idee darüber hinaus eine verfassungsmäßige Volksherrschaft vor, die sich auf Basis der Verteilung der Volkssouveränität bzw. Gewaltenteilung bildete.[80] Dabei ging es um die Bildung einer zweiten Kammer in den Ländern, das heißt des »Staatsrates«, zur »allseitigen Beratung« neben einem »Abgeordnetenhaus«. Da das Letztere, also die parlamentarische Vertretung der Parteien, allein zu weitmaschig sei, um alle lebendigen, freiheitlich denkenden und ver-

77 Vgl. Noack: Die richtige Deutung der Vergangenheit als Wegweiser in die Zukunft. Vortrag von Prof. Noack vor Studenten der Romanistik, in: Welt ohne Krieg 7 (1958), Nr. 3, S. 5; Noack: Die religiösen und geistigen Grundlagen des ethischen Liberalismus, in: ebd., 7 (1958), Nr. 5, S. 6 f.

78 Vgl. dazu Abschnitt 2.3.1.

79 Hierzu und zum Folgenden vgl. Noack: Deutschlands neue Gestalt in einer suchenden Welt, S. 61 ff.

80 Hierzu und zum Folgenden, vgl. ebd., S. 59–76.

antwortungsbewussten Kräfte zur Mitbestimmung und zu der Geltung zu bringen, die den Leistungen für die Allgemeinheit entspricht, sollte der Staatsrat von allen Gruppen des Arbeits- und Kulturlebens beraten werden. Demselben Prinzip entsprechend, sollte es neben dem Reichstag ein »Staatenhaus« oder einen »Reichssenat« geben, wobei alle wichtigen Berufsgruppen in der Volksvertretung des Reiches unmittelbar repräsentiert sein sollten. Der Entwurf, den Noack noch als Berater des Ministerpräsidenten Geiler gemeinsam mit einem juristischen Mitarbeiter im Sommer 1946 für die hessische CDU vorlegte, enthielt obendrein die Idee, dass es neben dem Ministerpräsidenten auch einen Landespräsidenten bei der Exekutive in den Ländern geben sollte, und zwar mit dem Ziel, dass die Landespräsidenten über eine beratende Körperschaft dem Bundespräsidenten in der Hauptstadt beistünden. Laut Noack könne dadurch die zentrale Macht eines Bundeskanzlers noch einmal kontrolliert werden.[81]

Auch während der Neutralitätsdiskussion des Nauheimer Kreises 1948 geriet der föderalistische Staatsaufbau nicht in Vergessenheit. Solange der Nauheimer Kreis eine »immerwährende unbewaffnete Neutralisierung Deutschlands« vorsah, erhob sich immer wieder die Frage, wie sich die Deutschen gegen innere Unsicherheit, nicht zuletzt »gegen einen kommunistischen Staatsstreich« schützen könnten. In Anlehnung an den föderalistischen Gedanken antwortete Noack, »daß man bei einem föderalistischen System in Deutschland vielleicht in einer der großen Hauptstädte einen Staatsstreich durchführen könnte, aber nicht auch noch gleichzeitig in allen anderen Hauptstädten der deutschen Länder«.[82] Er erinnerte an den Kapp-Putsch, der 1920 in Berlin stattgefunden hatte, wobei sich die Zentralregierung nach Stuttgart hatte flüchten können und von da aus ihre Autorität wieder hergestellt hatte, so dass dieser Putsch wirkungslos blieb und überwunden wurde. Dabei hob er hervor, dass Deutschland eine starke bewaffnete Polizeitruppe erhalten sollte, die wiederum nicht zentralistisch im Sinne der SED gelenkt sei. Es dürfe keine gesamtdeutsche Bundespolizei geben, sondern eben aus Gründen der föderalistischen Freiheitssicherung müsse jedes Land eine eigene und starke Landespolizei haben.

Daran anschließend hielt Noack es schon zu jenem Zeitpunkt, also im September 1948, für möglich, sich mit der SED über den föderalen Staatsaufbau in ganz Deutschland zu verständigen. Dabei zeigte sich seine Kompromissbereitschaft bezüglich der Einflussnahme der SED in der Ostzone, und zwar zugunsten des möglichen Ausbaus der sich bundesstaatlich einigenden westlichen Länder. Es müsse seinem Konzept zufolge der freien Entscheidung der Ostzone überlassen bleiben, wie sie sich der provisorischen föderativen Gestalt des Westens innerlich anpasse: Entweder könne sie gegliedert in fünf Länder

81 Vgl. Euler: Ulrich Noack – Ein Leben aus freier Mitte, S. XXII.
82 Die Nauheimer Protokolle, S. 73.

beitreten oder als Einzelstaat mit einem stärker sozialistischen Gepräge und damit zugleich als größter Staat des deutschen Bundes sich anschließen.[83]

Zwar waren diese föderalistischen Denkansätze in Noacks Neutralisierungsgedanken tief verankert, dennoch wurden sie in öffentlichen Erklärungen bzw. Stellungnahmen des Nauheimer Kreises bis auf weiteres weggelassen. Das hatte allem Anschein nach etwas damit zu tun, zunächst die westdeutsche Öffentlichkeit für die Neutralisierungsidee zu gewinnen. Sobald der Begründer und Leiter des Nauheimer Kreises Kontakte mit den ostzonalen Politikern herstellte, rückten die föderalistischen Elemente seiner Neutralisierungspläne viel deutlicher in den Vordergrund.

2.2.4 Auseinandersetzungen mit der SED um eine föderative Gestaltung Deutschlands

Im Sommer 1949 begann Noack in seinen politischen Absichtserklärungen den föderalistischen Aspekt zu unterstreichen, welcher der Ostzone die Eigenständigkeit in der deutschen Einheit zusichern sollte. In den Monaten nach dem Verbot der Aschaffenburger Tagung am 2. April 1949 nahm Noack, wie er selbst erläuterte,[84] alle ihm von westlicher Seite zugehenden Einladungen an, um seine Gedankengänge zu propagieren. Darüber hinaus sah der föderalistische Neutralist aus Würzburg keinen Grund, sich zu sträuben, mit den Ostdeutschen in Kontakt zu treten, oder eine Einladung der SED bzw. von anderen Parteien in der Ostzone abzulehnen. Er »wanderte« gern in den anderen Teil Deutschlands, um mit den Kommunisten »drüben« über seine Neutralisierungspläne zu beraten. In seinen Augen sollte neben den Kommunisten in Moskau auch die SED als normaler Verhandlungspartner in Frage kommen, denn ihm kam es darauf an, der Weltöffentlichkeit den Willen aller Deutschen zur nationalen Einheit zu demonstrieren. Zudem hatte Noack vor, den Ostdeutschen vor Augen zu führen, dass Deutschland als »Weltschweiz« im Sinne einer »organischen Vermittlung« eine Sonderfunktion hätte. Die Mittlerrolle müsse das Werk des gesamten deutschen Volkes sein, betonte Noack seine Absicht.[85]

83 Vgl. ebd., S. 73 ff.

84 Vgl. Cornides: Die Neutralitätslehre des Nauheimer Kreises, 1. Teil, S. 3076. Zu seiner Englandreise vgl. Noack: Im Kampf um Deutschlands Befreiung und Wiedervereinigung an der »Ostfront«. Bericht über die beiden Sowjetzonenreisen von Prof. Noack 1949 und 1950 nach gleichzeitig mitstenographierten Protokollen von Marianne Noack-Buschette, in: Welt ohne Krieg 2 (1953), Nr. 5, S. 3.

85 Vgl. Cornides: Die Neutralitätslehre des Nauheimer Kreises, 1. Teil, S. 3078.

Nicht von ungefähr behielt die SED Noack und den Nauheimer Kreis im Auge und versuchte sie für ihr politisches Ziel, nämlich die Mobilisierung für die Nationale Front, zu benutzen.[86] Im April 1949 nahm die SED zum ersten Mal direkten Kontakt mit Noack auf.[87] Schon im August und September desselben Jahres reiste Noack, eingeladen von seinem »unvergeßlichen, edlen Freund« und damaligen CDU-Vorsitzenden von Sachsen, Hugo Hickmann,[88] durch die Ostzone und hatte Gelegenheiten, in mehreren ostdeutschen Städten mit einflussreichen Politikern und Wissenschaftlern über »den dritten Weg«, der »aus praktischer Gesinnung heraus von Schritt zu Schritt und Fall zu Fall eine gesamtdeutsche Arbeit und Einigung findet«,[89] zu diskutieren. Am 26. August 1949 hielt Noack in Weimar einen Vortrag vor rund hundert Vertretern der verschiedenen Parteien in der Ostzone, unter ihnen Walter Ulbricht. Aber auch mit dem sowjetischen Hochkommissar Wladimir Semjonow[90] konnte er Anfang September sprechen.[91] Bei jeder Gelegenheit stellte er seine deutschlandpolitische Auffassung zur Diskussion, dass Deutschland nicht nur neutralisiert werden, sondern auch eine föderative Gestalt annehmen sollte, was aber – wie schon erwähnt – in den letzten Diskussionen in Westdeutschland im Hintergrund gestanden hatte.

Während Noack sich in der ersten Hälfte seines Vortrags in der thüringischen Kulturstadt bemüht hatte, den ostdeutschen Persönlichkeiten gegenüber

86 Vgl. Michael Richter: Die Ost-CDU 1948–1952. Zwischen Widerstand und Gleichschaltung, Düsseldorf 1990, S. 170. Nicht Noacks Ziel der deutschen Neutralität, aber seine Überzeugung, etwa die intensive wirtschaftliche Zusammenarbeit eines wiedervereinigten Deutschlands mit der Sowjetunion, interessierte die SED-Politiker. Vgl. Lemke: Die infiltrierte Sammlung. Ziele, Methode und Instrumente der SED zur Formierung einer bürgerlichen Opposition in der Bundesrepublik 1949–1957, in: Tilman Mayer (Hg.): »Macht das Tor auf«. Jakob-Kaiser-Studien, Berlin 1996, S. 177.

87 Vgl. ebd.; Heike Amos: Die Westpolitik der SED 1948/49–1961. »Arbeit nach Westdeutschland« durch die Nationale Front, das Ministerium für Auswärtige Angelegenheiten und das Ministerium für Staatssicherheit, Berlin 1999, S. 77–83. Zur Kontaktaufnahme mit Noack wurde der Völkerrechtsprofessor Peter Alfons Steiniger eingesetzt. Die SED sah allerdings in Noack keinen Gesprächspartner für die Verständigung zwischen beiden Zonen Deutschlands. Einige Beobachter aus der Ostzone, wie Steiniger, bemerkten aber bereits zu jener Zeit, dass Noack überhaupt nicht leicht zu kontrollieren sei. Vgl. SAPMO-BArch, NY 4090/653, Bl. 19–22; Gallus: Die Neutralisten, S. 164 und 171 f.

88 Hugo Hickmann (1877–1955) war von 1945 bis 1950 Landesvorsitzender in Sachsen und von Oktober 1949 bis Januar 1950 Abgeordneter und Vizepräsident der Provisorischen Volkskammer. Ende Januar 1950 war er durch SED-Angriffe zur Niederlegung aller öffentlichen Ämter gezwungen. Zu seiner Person vgl. Wer war wer in der DDR?, S. 357.

89 Cornides: Die Neutralitätslehre des Nauheimer Kreises, 1. Teil, S. 3076.

90 Vgl. Wladimir S. Semjonow: Von Stalin bis Gorbatschow. Ein halbes Jahrhundert in diplomatischer Mission, 1939–1991, Berlin 1995. Zu einer Kurzbiographie vgl. ebd., S. 399.

91 Durch den damaligen Vorsitzenden der LDP, Wilhelm Külz, wurde er dem sowjetischen Hochkommissar vorgestellt, der Noack zu einem ausführlichen Gespräch über den Neutralisierungsplan nach Karlshorst gebeten hatte. Vgl. Noack: Das Widerstandsrecht der Nation, in: Welt ohne Krieg 7 (1958), Nr. 2, S. 1.

darzustellen, wie verbreitet und mächtig die negativen Vorstellungen über die Ostzone im Westen seien und wie ungünstig seine Neutralitätsbestrebung in Westdeutschland verstanden würden, kam er in der zweiten Hälfte zur Sache und unterbreitete den Vorschlag einer entmilitarisierten Föderation beider Seiten Deutschlands unter weitgehender Wahrung der inzwischen in den jeweiligen Staatshälften entstandenen politischen, ökonomischen und sozialen Strukturen. Dabei verdeutlichte er zunächst zwei wichtige Motive für seinen Vorschlag zur föderativen Gliederung der West- und der Ostzone Deutschlands. Neben der Notwendigkeit der Bildung einer bewaffneten Landespolizei, welche die vom Westen befürchtete Möglichkeit eines kommunistischen Staatsstreiches verhindern sollte, sprach er unverblümt auch davon, dass die konkrete Garantie für die Sicherheit Frankreichs in einem föderativen Deutschland liege. Mit der föderativen Gliederung Deutschlands könne auch der deutsch-französische Gegensatz endgültig überwunden werden.

Was er aber bei seinem Vortrag noch zur Sprache brachte, um das Publikum im Weimarer Nationaltheater für seine Idee einer Föderation von Ost- und Westzone zu gewinnen, war ein möglicher »friedlicher Wettbewerb« beider gegensätzlicher Weltsysteme auf deutschem Boden. Die Auseinandersetzung und Angleichung von Ost- und Westdeutschland sei die eigentliche innenpolitische Aufgabe der Deutschen. In einem entmilitarisierten föderativen Deutschland brauche man nur einen Burgfrieden zur inneren Auseinandersetzung. In einem echten demokratischen Deutschland sei der freie Wettbewerb gesichert, und die hinzukommenden gegenseitigen Erfahrungen bewirkten das Nötige, so Noack in Weimar.[92] Hier stellte sich abermals heraus, dass für Noack die sozialpolitische bzw. ideologische Frage noch offen blieb. Er führte Folgendes aus:

> »Wir Deutschen müssen sagen: Es ist nicht unsere Aufgabe, den ideologischen Prozess vorwegzunehmen. Wir haben nicht eine einseitige Stellungnahme zu nehmen zwischen den entgegensetzten weltanschaulichen und wirtschaftlichen Systemen. Sondern wir müssen sagen: diese beiden Versuche, die sozialen Probleme zu lösen, sind beide in der Welt vorhanden und beide sehr stark. [...] Wir müssen also das Problem der sozialpolitischen Entwicklung und Angleichung beider Systeme auf einem deutschen, von allen Mächten neutralisierten und dadurch garantierten Boden, als unsere nationale Aufgabe betrachten.«[93]

Man müsste seiner Überzeugung nach eine Synthese für eine neue gesamtdeutsche Lebensform finden, die »so elastisch ist, daß man in Deutschland

92 Vgl. Cornides: Die Neutralitätslehre des Nauheimer Kreises, 1. Teil, S. 3077 f. und 3080.
93 Ebd., S. 3080.

sich untereinander verständigen kann«.[94] Im Prozess des »friedlichen Wettbewerbs« könne man sich in der Realität dann »von Fall zu Fall« verständigen.

Freilich sprach Noack dabei nicht von »Staatenbund«, sondern von »Bundesstaat«, genauer gesagt, »einem föderativen Bundesstaat«.[95] Er ließ aber die Frage offen, wie sich eine gesamtdeutsche Föderation konkret gestalten sollte. Unzweifelhaft war für Noack lediglich, dass die Föderalismusfrage bei den Verhandlungen der beiden Seiten Deutschlands über die friedliche Einheit von ausschlaggebender Bedeutung sein könnte.

Noacks Diskussionsgegner in Weimar sahen die Sache jedoch ganz anders. Weder auf seine Neutralisierungsidee noch auf das Föderalismusthema intensiv eingehend, beschäftigten sie sich lediglich mit der Frage: Wo liegen die Feinde? Sie waren der Ansicht, dass die Westmächte, nicht zuletzt die Amerikaner, unterstützt von Westdeutschland, eine Kriegspolitik betrieben, gegen die alle Friedenskräfte einschließlich der UdSSR gemeinsam kämpfen müssten. Neutralität konnte aus der Sicht der SED-Politiker nicht bedeuten, auf die Solidarität mit politischen Friedenskräften wie der Sowjetunion zu verzichten. Die Parteinahme für Sowjetrussland als Friedensmacht und gegen Amerika als Kriegstreiber sei sowohl notwendig als auch legitim. Was die Föderalismusfrage betraf, äußerte sich Ulbricht kurz und bündig, dass sie für die Ostzone keine prinzipielle Frage sei, auch wenn die ostdeutschen Politiker der Strukturfrage des Staats gegenüber aufgeschlossen wären. In der Landespolizeifrage machten sie vielmehr auf die Tatsache aufmerksam, dass die ehemaligen SS-Leute schon die Polizei in Westdeutschland leiteten, und taten die Sorge der Westdeutschen vor dem möglichen Eindringen der Kommunisten als »grundlos und unnötig« ab.[96]

Noacks Auseinandersetzung mit den ostdeutschen Persönlichkeiten, die aber auch begleitet war von gewisser gegenseitiger Achtung und Höflichkeiten aus politischer Berechnung, sollte sich angesichts der Verschärfung des Teilungsprozesses durch die doppelte Staatsbildung immer mehr zuspitzen. Parallel dazu, dass der Deutschland-Kongress, den der Nauheimer Kreis von 18. bis 20. November 1949 in Rengsdorf bei Neuwied abhalten wollte, von der rheinland-pfälzischen Landesregierung wegen der Teilnahme ostdeutscher Politiker verboten wurde,[97] grenzte sich auch die Ostzone zunehmend vom Neutralitätsgedanken ab. Ende Januar 1950 musste Hickmann, der Haupt-

94 Ebd.
95 Ebd.
96 Vgl. ebd., S. 3080 f.
97 Vgl. Dokumente zum Verbot des Deutschland-Kongresses in Rengsdorf, 18.–20. November 1949, in: Dokumente des Friedens, Dokumente zu dem Verbot des Deutschland-Kongresses in Rengsdorf 18.–20. November 1949, Ostersendung 1950, hg. vom Nauheimer Kreis, Würzburg 1949/1950.

exponent des Nauheimer Kreises in der Ostzone und Landesvorsitzende der sächsischen CDU, von seinen Ämtern zurücktreten.[98] Die ostdeutsche Zeitung *Deutschlands Stimme* druckte eine Hickmann gegenüber sehr kritische Stellungnahme ab:

> »Wie kann sich hier ein Patriot gegenüber den angloamerikanischen Besatzungsmächten, die Deutschland durch die Bildung des Bonner Separatstaates gespalten, die sich des Ruhrgebietes bemächtigt und das Saargebiet von Deutschland abgetrennt haben, die die Wiederaufrüstung und Remilitarisierung betreiben, neutral verhalten?«[99]

Der Generalsekretär der SED, Walter Ulbricht, hielt die Vorschläge Noacks nun für eine Begünstigung des Krieges, welche die Zerstörung Deutschlands als unabänderlich hinnähmen.

Die Forderungen der SED, im Rahmen der Nationalen Front gegen den »aggressiven westlichen Imperialismus« zu kämpfen, lehnte Noack stets ab, und er warnte vor der Hoffnung der SED, dass es gelingen werde, die Mehrheit der Bevölkerung Westdeutschlands in die Nationale Front einzureihen.[100] Aus seiner Sicht sollte die SED sich eher damit beschäftigen, dass die große Mehrheit in der Ostzone nicht hinter ihr stand. Zudem müsste der Westen seiner Zeitdiagnose zufolge das sowjetische Staatsinteresse ohne die einseitige Bindung an die SED befriedigen. Die sowjetischen Politiker wüssten auch, dass ein dauerndes deutsch-sowjetisches Freundschaftsverhältnis nicht über den Weg der SED möglich sei. Und hier liege die Chance für den Frieden, erwiderte Noack.[101]

Trotz der heftigen Auseinandersetzungen während und nach seiner ersten politischen Begegnung in Weimar gab Noack die Hoffnung, mit der Ostzone weiter verhandeln und sich verständigen zu können, noch nicht ganz auf. In gewissem Sinne war er von seiner ersten Begegnung mit den ostdeutschen Politikern eher ermuntert als enttäuscht, und zwar aus doppeltem Grund: Zum einen vermochte er festzustellen, dass der Wille zur Wiedervereinigung mit Westdeutschland in Ostdeutschland viel stärker präsent war, insbesondere bei den bürgerlichen Parteien. Für ihn galt die Ost-CDU als großer Hoffnungs-

98 Vgl. Den großen Freunden der »Freien Mitte« zum Gedächtnis, in: Welt ohne Krieg 4 (1955), Nr. 7/8, S. 8; Richter: Die Ost-CDU 1948–1952, S. 222–229.

99 Zitat nach Cornides: Die Neutralitätslehre des Nauheimer Kreises und der geistige Hintergrund des West-Ost-Gespräches in Deutschland, 2. Teil, in: Europa-Archiv 5 (1950), S. 3104.

100 Vgl. Offener Brief des Nauheimer Kreises an den stellvertretenden Ministerpräsidenten Walter Ulbricht, Ostersendung, in: Dokumente des Friedens, S. 19 f.

101 Vgl. ebd., S. 19.

träger. Er kam also damals zu der Auffassung, dass die Ost-CDU, in welcher sich widerständige Elemente gegen die SED versammelten, bei Neuwahlen einen großen Zustrom hätte. Zum anderen schenkte er der Aussage Ulbrichts in Weimar – in Staatsstrukturfragen sei der Osten aufgeschlossen für eine weitere Diskussion, und der Osten sei kompromissbereit – die größte Aufmerksamkeit. Seine Überzeugung, dass der Föderalismus der einzige Weg sei, um die Wiedervereinigung Deutschlands möglich zu machen, und dass die beiden deutschen Teile in diesem Geist verhandeln könnten, sah Noack nunmehr in der Reaktion des SED-Chefs bestätigt. Seit seinem ersten Besuch in der Ostzone hob er deshalb die föderalistischen Aspekte als Grundlage der deutschen Einheit viel stärker hervor als zuvor.

Wie Noack in einem Interview mit der amerikanischen Militärregierung am 12. Oktober 1949 bekundete,[102] habe er Geduld und überlasse viele Dinge der »praktischen Lösung von Fall zu Fall«. Es müsse sich der Gedanke durchsetzen, dass durch eine regionale Gliederung Deutschlands verschiedene Lösungen in den einzelnen Teilen Deutschlands möglich seien. In diesem Zusammenhang vermochte er sich ohne weiteres mit einigen von der SED bewirkten Reformmaßnahmen wie der Bodenreform und den volkseigenen Betrieben abzufinden. Ferner führte er aus, dass sich die Interessen der SED und der Bayernpartei unter Umständen deckten, da es nicht auf die ideologische, sondern auf praktische Lösungen ankäme.[103]

In den verschiedenen Stellungnahmen bzw. Erklärungen des Nauheimer Kreises zwischen Winter 1949 und Mai 1950[104] wurde großer Wert darauf gelegt, dass die regionale föderative Struktur es erlaube, die verschiedenen Wirtschafts- und Sozialsysteme in den einzelnen Teilen Deutschlands bis zu einem gewissen Grade beizubehalten. Damit gäbe sie auch eine Gewähr dafür, dass der notwendige Ausgleich sozialer und wirtschaftlicher Unterschiede nicht zu schroff oder einseitig erfolge.

Ein weiterer wichtiger Grund, Verhandlungen mit der Ostzone zu führen, lag für Noack darin, dass er zu der Zeit in der sowjetischen Deutschlandpolitik etwas anderes sah als die etablierten westlichen Politiker. Das einstündige Gespräch mit dem sowjetischen Diplomaten im September 1949 hatte ihm seine Grundüberzeugung eher bestätigt als widerlegt: nämlich dass »eine Verhandlungsbasis auf der Grundlage des Neutralisierungsplanes zu erreichen«[105] wäre.

102 Vgl. Ein Interview der amerikanischen Militärregierung, Herr Tomberg, mit Prof. Noack am 12. Oktober 1949 in Würzburg, in: Dokumente des Friedens, S. 18.
103 Vgl. ebd.
104 Vgl. Dokumente des Friedens.
105 Noack: Der Kalte Krieg war und ist für den Westen vermeidbar. Prof. Noacks Vorschlag auf der Tagung des Evangelischen Akademie in Bad Boll am 22. Februar 1952, in: Welt ohne Krieg 6 (1957), Nr. 5, S. 3.

Ihm sei nun noch klarer geworden, dass »die realen Interessen des sowjetischen Staates sich an die Sonderwünsche der SED natürlich nicht binden«[106] würden. Aus seiner Beobachtung wolle die Sowjetunion ihrerseits alles vermeiden, was den Westmächten einen hinreichenden Vorwand für eine Wiederaufrüstung Westdeutschlands und für dessen Einbeziehung in den Nordatlantikpakt geben könnte. Ein Beweis dafür sei, dass die SED noch immer nicht Mitglied der Kominform geworden sei. In der Entwicklung der Ostzone sah Noack keine Sowjetisierung, an der die deutsche Einheit scheitern sollte.

Wenngleich Noack in den Realitäten der Ostzone noch immer Spielräume für Verhandlungen zur deutschen Einheit sah, war das ostdeutsche Wahlprinzip nach einer Einheitsliste für ihn als »Liberalen« unannehmbar. Er sah ein, dass die SED unter dem Begriff Demokratie etwas ganz anderes verstand als der Westen: Die Demokratie beginne dann, wenn die eigene Partei entweder die Mehrheit habe oder die Mehrheit ausschalten könne.[107] Während einer Diskussionsveranstaltung mit SED-Funktionären im März 1950 in der Verwaltungsakademie Forst Zinna machte Noack, der »Wanderer zwischen zwei Welten«[108], als den er sich empfand, keinen Hehl daraus, dass freie Wahlen zur Schaffung einer gesamtdeutschen Volksvertretung in der Ostzone auch als Voraussetzung der Wiedervereinigung eingeführt werden sollten.

Überdies machte er den ostdeutschen Funktionären mit der Verlesung eines an ihn gerichteten Briefes von einem in der Ostzone lebenden Mann die ablehnende Haltung gegenüber Verhandlungen zwischen Noack und der als undemokratisch empfundenen SED in ganz Deutschland deutlich. Dies empfanden die DDR-Funktionäre als »Provokation«, und sie schritten zur Abrechnung mit dem Würzburger Professor.[109] Weitere Verhandlungen der beiden Seiten waren nun nicht mehr möglich.

Da Noack auf seiner kritischen Position gegenüber der von der SED praktizierten Politik beharrte und nicht bereit war, bei der Nationalen Front mitzuarbeiten, galt er für die Kommunisten in der DDR als »ein objektiver Agent des amerikanischen Imperialismus«.[110] Im Westen Deutschlands war es, was seine Diffamierung anging, kaum besser. Er sah sich wiederholt Beschuldigungen,

106 Ebd.

107 Vgl. Stellungnahme des Nauheimer Kreises zur SED und zur Nationalen Front auf der Arbeitstagung in Wintzenhausen/Werra, 18.–20. Mai 1950, in: SAPMO-BArch, DY 30/VI 2/10.02/212, Bl. 41.

108 Cornides: Die Neutralitätslehre des Nauheimer Kreises, 2. Teil, S. 3103.

109 Vgl. ebd., S. 3107–3112.

110 Bericht Steinigers vom 11. April 1950 über die Gastvorlesung Noacks über »Das Problem der deutschen Souveränität seit dem Ende des Zweiten Weltkrieges« in Forst Zinna am 25. März 1950, in: SAPMO-BArch, NY 4090/653, Bl. 64. Vgl. auch Cornides: Die Neutralitätslehre des Nauheimer Kreises und der geistige Hintergrund des West-Ost-Gespräches in Deutschland, Schluß, in: Europa-Archiv 6 (1951), S. 3879 f.

wie etwa »das gefährlichste trojanische Pferd des Ostens in der Westzone«[111] zu sein, ausgesetzt, und mehrere westdeutsche Persönlichkeiten distanzierten sich vom Kopf des Nauheimer Kreises.[112] Aus der CSU musste Noack im Juli 1951 schließlich austreten,[113] und auch die SPD warnte ihre Mitglieder vor der Mitarbeit im Nauheimer Kreis.

In einer Erklärung vom 10. September 1950 betonte Noack zwar die Notwendigkeit der Bildung einer großen Koalition, wobei die Mitte und der linke Flügel der CDU/CSU, die Mitte und der rechte Flügel der SPD und der Teil der FDP, dessen geistiger Ursprung vor allem in der »südwestlichen Demokratie« lag, sich zusammenschließen sollten, auf der gemeinsamen Grundlage echter und aktiver Friedenspolitik.[114] Nach dem Scheitern weiterer Versuche in den nachfolgenden Jahren, die Adenauer-Widersacher bzw. die Neutralisten für seine Konzeption zu gewinnen, war Noack 1953 kurzzeitig Mitglied der Gesamtdeutschen Volkspartei um Gustav Heinemann und landete im Jahr 1956 bei der FDP in der Hoffnung, dass die Freidemokraten unter Dehlers Vorsitz einen Bruch mit Adenauers Politik vollziehen würden. Während seiner Mitgliedschaft in der FDP und auch nach seinem Austritt aus der Partei aufgrund der Enttäuschung über die Haltung der Partei zur Koalitionsfrage 1960 blieb seine Unterstützung für Dehlers Kampf für eine neue Deutschlandpolitik unverändert. Aufgrund der jahrelangen guten Beziehungen zu Dehler versuchte Noack sich zwar in die Aktivität des liberalen Spitzenpolitikers einzumischen,[115] ihm war aber durchaus bewusst, dass seine Zeit im Begriff war abzulaufen. Auch ein Optimist wie er beklagte im Jahr 1961, dass er »etwas Gutes nicht mehr« erwarte – »überhaupt nicht viel Gutes in Deutschland«.[116] Deutschland hätte seiner Bilanz nach den richtigen Zeitpunkt zur Verständigung beider deutscher Staaten bereits um das Jahr 1950 herum verpasst.

Indes kam doch »etwas Gutes« zustande, was dem verzweifelten Idealisten zumindest Trost spenden konnte. In beiden deutschen Staaten bestand mitt-

111 Vgl. Dohse: Der Dritte Weg, S. 55.

112 Heinrich von Brentano bezeichnete Noacks Idee nun als »gefährlich und verhängnisvoll«, August Haußleiter brach mit dem Nauheimer Kreis, und auch Gustav Heinemann wollte das Risiko, das Noacks Idee »für uns alle in sich birgt«, nicht eingehen; vgl. Gallus: Die Neutralisten, S. 164 und 168; Cornides: Die Neutralitätslehre des Nauheimer Kreises, 2. Teil, S. 3104.

113 Aus der CSU schied er wegen der Haltung der CSU zur Frage der Annahme des Schuman-Planes aus, wie er es selbst begründete. Vgl. Noack: Mein Bruch mit der CSU von Bayern, in: Welt ohne Krieg 1 (1952), Nr. 1, S. 14; Noack: Der Kampf um Deutschlands Wiedervereinigung gegen Adenauer. Mein Bruch mit der CSU von Bayern im Februar 1952, in: Welt ohne Krieg 5 (1956), Nr. 1/2, S. 7.

114 Vgl. Nauheimer Kreis: Das Programm des Nauheimer Kreises, AdL, N1-3176. Vgl. auch Cornides: Die Neutralitätslehre des Nauheimer Kreises, Schluß, S. 3884.

115 Bei mehreren Gelegenheiten vermittelte er Dehler seine Lageanalyse und Ratschläge. Dehler spendete regelmäßig Geld für Noacks Zeitschrift »Welt ohne Krieg«. Vgl. dazu AdL, N1-3177.

116 Vgl. ebd.

lerweile mehr Interesse als zuvor an dem, was Noack bereits 1949/50 vorgeschlagen hatte: eine neutralisierte (Kon-)Föderation unter Beibehaltung der jeweiligen sozialen und ökonomischen Strukturen. Es mag für ihn auch »etwas Gutes« gewesen sein, dass man nun als politischer Wanderer in einem geteilten Land nicht mehr Idealist sein musste, um mit der anderen Seite »drüben« zu verhandeln, wie der Würzburger Neutralist seinerzeit.

2.3 Der Föderalist Hermann Etzel

2.3.1 Föderalismus und Bayernpartei

Schon vor den Staatsgründungen im geteilten Deutschland entbrannte eine heftige Diskussion um einen deutschen Staatenbund. In den Jahren von 1947 bis 1949 wurde die Idee eines Staatenbundes als künftige politische Gestalt Deutschlands auf der politischen Bühne in Westdeutschland zur Diskussion gestellt, vor allem in Bayern. In den ersten Nachkriegsjahren bemühten sich die Bayern um die Eigenständigkeit ihres Staates. Aus dieser Diskussion heraus entwickelte ein föderalistischer Politiker aus Bayern, Hermann Etzel, Überlegungen zu einer nationalen Konföderation zur Wiedergewinnung der deutschen Einheit. Ironischerweise entstand eine Konföderationsidee zur Überwindung der deutschen Teilung Mitte der 1950er Jahre gerade da, wo vor der doppelten Staatsbildung im Nachkriegsdeutschland am stärksten versucht worden war, eigene Staatlichkeit zu bewahren.

Im Grunde genommen galt die Dezentralisierung zwar als allgemeiner Konsens zwischen Alliierten und Deutschen, die konkreten Konzepte darüber gingen aber weit auseinander, sowohl zwischen Westzonen und Ostzone als auch innerhalb der westzonalen Parteien.[117] Mit dem Dokument *Grundrechte des deutschen Volkes* als Vorentwurf für die »Verfassung einer DDR« von Ende

117 Im Potsdamer Abkommen fand sich der Abbau des Zentralismus (Dezentralisierung sowie Dekartellierung) als eine der geforderten Demokratisierungsmaßnahmen (»Vier D«). Unter Punkt 9 heißt es: »Die Verwaltung Deutschlands muß in Richtung auf eine Dezentralisation der politischen Struktur und der Entwicklung der örtlichen Selbstverwaltung durchgeführt werden.« Vgl. Wolfgang Benz: Potsdam 1945. Besatzungsherrschaft und Neuaufbau im Vier-Zonen-Deutschland, München 1992, S. 213. Zu verschiedenen Entwicklungen des föderalistischen Prinzips in den jeweiligen Besatzungszonen vgl. ebd., S. 119–135; Christoph Kleßmann: Thesen zur Rolle von Zentralismus und Föderalismus in der Bundesrepublik und in der DDR, in: Oliver Janz/Pierangelo Schiera/Hannes Siegrist (Hg.): Zentralismus und Föderalismus im 19. und 20. Jahrhundert. Deutschland und Italien im Vergleich, Berlin 2000, S. 263–273.

August 1946 und dem Entwurf einer »Verfassung für die DDR« Mitte November desselben Jahres legte die SED den anderen Parteien ihr Konzept zur Gestaltung eines zukünftigen deutschen Staates vor. Sie ging, den sowjetischen Vorstellungen entsprechend, davon aus, dass eine demokratische deutsche Republik zwar nach Ländern zu gliedern sei, aber über eine starke Zentralgewalt verfügen müsse. Das Parlament sollte als höchstes Staatsorgan alleinige Gesetzesbefugnis besitzen.[118] Vom Grundprinzip des Länderföderalismus rückte sie damit schon zu jenem Zeitpunkt ab. Die ostdeutschen Länder vermochten sich noch mit »real praktiziertem Föderalismus« gegen Übergriffe der Zentralverwaltungen zu wehren. Erst mit der Umstrukturierung und Stärkung der verschiedenen Zentralverwaltungen und nicht zuletzt der Deutschen Wirtschaftskommission (DWK) seit Anfang 1948 beschleunigte sich die Zentralisierungstendenz in der SBZ sichtbar.[119] Im Sommer 1952 vollzogen sich die radikale Abschaffung der Länder und die strikte Unterordnung aller politischen Institutionen unter die zentralen Entscheidungsorgane in der Ostzone.

Demgegenüber wurde der Föderalismus in den Westzonen von Anbeginn als eine wichtige Lehre aus dem nationalsozialistischen Zentralismus angesehen. Westliche Besatzungsmächte und westdeutsche Politiker stimmten darin überein, dass die Bausteine des deutschen Nachkriegsstaates die Länder sein sollten. In seiner berühmten Stuttgarter Rede vom 6. September 1946 äußerte der amerikanische Außenminister James F. Byrnes den Wunsch nach baldiger Bildung einer provisorischen Regierung, nämlich eines deutschen Nationalrates, auf Initiative der deutschen Ministerpräsidenten.[120] Einen Monat später machten die Ministerpräsidenten der Länder der amerikanischen und der britischen Zone in Bremen einen entsprechenden Vorschlag, aus den Vertretern der deutschen Länder einen Länderrat zu bilden.[121] Anfang Mai 1947 kam eine bedeutende Initiative

118 Zu den verschiedenen Haltungen der ostzonalen sowie westzonalen Parteien zu diesem Verfassungsentwurf der SED vgl. Rolf Badstübner: Vom »Reich« zum doppelten Deutschland. Gesellschaft und Politik im Umbruch, Berlin 1999, S. 290 f. Badstübner zufolge hätten die westzonalen Parteien mit der »Taktik des Totschweigens« darauf reagiert, auch wenn sie viel Übereinstimmung gesehen hätten. In der Ostzone beurteilte die LDPD, anders als die Ost-CDU, den SED-Entwurf im Grunde positiv.

119 Vgl. SBZ-Handbuch. Staatliche Verwaltungen, Parteien, gesellschaftliche Organisationen und ihre Führungskräfte in der Sowjetischen Besatzungszone Deutschlands 1945–1949, hg. von Martin Broszat/Hermann Weber, München 1990, S. 201–296; Henning Mielke: Die Auflösung der Länder in der SBZ/DDR. Von der deutschen Selbstverwaltung zum sozialistisch-zentralistischen Einheitsstaat nach dem sowjetischen Modell 1945–1952, Stuttgart 1995. Mielke wies auf die »schleichende Transformation der Länder« in den Jahren 1948–49 hin. Er bezeichnete sie als »Salami-Taktik«, S. 47.

120 Vgl. John Gimbel: Byrnes' Stuttgarter Rede und die amerikanische Nachkriegspolitik in Deutschland, in: VfZ 20 (1972) S. 39–62.

121 Vgl. Marie Elise Foelz-Schroeter: Föderalistische Politik und nationale Repräsentation 1945–1947. Westdeutsche Länderregierungen, zonale Bürokratien und politische Parteien im Widerstreit, Stuttgart 1974, S. 81–88.

für »eine Zusammenarbeit aller Länder Deutschlands im Sinne wirtschaftlicher Einheit und künftiger politischer Zusammenfassung« aus Bayern. Der bayerische Ministerpräsident Hans Ehard[122] (CSU), der nach den ersten Landtagswahlen am 1. Dezember 1946 den von den Amerikanern ernannten Ministerpräsidenten Wilhelm Hoegner[123] (SPD) abgelöst hatte, wollte sich bei der Neugestaltung Deutschlands mit dem bayerischen föderalistischen Standpunkt gegen die übrigen zentralistisch eingestellten Länder durchsetzen: Die Länder, die bereits bestünden, hätten dem zu gründenden Bund die Vollmachten und Kompetenzen zu übertragen, die sie schon besäßen. Auf der Ministerpräsidentenkonferenz vom 6. bis 8. Juni 1947 schwang Bayern sich zum entschiedenen Befürworter einer föderalistischen Politik auf. Es setzte sich nicht nur mit den ostzonalen Regierungschefs auseinander, die wider Erwarten nach München gekommen, aber schon vor der eigentlichen Besprechung abgereist waren,[124] sondern auch mit den der SPD angehörenden Ministerpräsidenten, die sich unter der Leitung Kurt Schumachers sowohl der Verhandlung mit den »russenhörigen« ostzonalen Vertretern als auch der föderalistischen Position der beiden süddeutschen Ministerpräsidenten Hans Ehard und Reinhold Maier in der Frage der Kompetenz der Ländervertreter und der nationalen Repräsentation widersetzten. Nach dem Scheitern des Projekts musste sich Bayern in grundsätzlicher Opposition zur bizonalen Verwaltung in den föderalistischen Bastionen einigeln.

Unterdessen wuchs das Interesse am Föderalismus als politischem Grundprinzip in der deutschen Öffentlichkeit spürbar.[125] In der Tat war der deutsche Föderalismus in einer langen Tradition verwurzelt, die bis ins Mittelalter zurückreichte. Trotzdem waren die Voraussetzungen für eine gemeinsame föde-

122 Zu seiner Person sowie seinen politischen Aktivitäten und Reden vgl. Hans Ehard: Bayerische Politik, Ansprachen und Reden des bayerischen Ministerpräsidenten. Ausgewählt und eingeleitet von Karl Schwend, München 1952.

123 Wilhelm Hoegner (1887–1980) war 1924–1932 Mitglied des Bayerischen Landtages, 1930–1933 Mitglied des Reichstags, von September 1945 bis Dezember 1946 bayerischer Ministerpräsident. Zu seiner Person vgl. BHMDB, Bd. 1, S. 349 f.; Franz Josef Baumgärtner: Wilhelm Hoegner, München 1957; Peter Kritzer: Wilhelm Hoegner. Politische Biographie eines bayerischen Sozialdemokraten, München 1979.

124 Zur Frage der Kompromissbereitschaft der ostzonalen Ministerpräsidenten vgl. Badstübner: Vom »Reich« zum doppelten Deutschland, S. 316–320; Foelz-Schroeter: Föderalistische Politik und nationale Repräsentation, S. 118.

125 Vgl. Peter H. Merkl: Die Entstehung der Bundesrepublik Deutschland, Stuttgart 1963, S. 37–45. Er machte insbesondere auf die zahlreichen Veröffentlichungen über den Föderalismus in den Jahren vor dem Ende des Zweiten Weltkrieges bis in die ersten Nachkriegsjahre aufmerksam. Zur Föderalismusdiskussion in der deutschen Öffentlichkeit in der Nachkriegszeit vgl. auch Jochen Huhn: Die Aktualität der Geschichte. Die westdeutsche Föderalismusdiskussion 1945–1949, in: Jochen Huhn/Peter-Christian Witt (Hg.): Föderalismus in Deutschland. Traditionen und gegenwärtige Probleme, Baden-Baden 1992, S. 31–53; Föderalistische Hefte 1948–1950. Eine Auswahl, hg., eingeleitet und mit einem Anhang versehen von Johannes Ch. Traut und Tonio Gas, Baden-Baden 1996.

ralistische Politik in der Nachkriegszeit nicht gegeben. Denn die historischen Erfahrungen mit der föderalistischen Politik waren in den jeweiligen Ländern sehr unterschiedlich gewesen und damit die Politik auf der Landesebene verschiedenartig programmiert.

In Bayern sowie Niedersachen, anders als in Regionen wie Schleswig-Holstein, Baden und Rheinland, wo sich antizentralistische, wenn nicht gar separatistische Tendenzen als Reaktion auf den Zentralismus des »Dritten Reiches« nur vorübergehend hielten, spielte der föderalistische Gedanke im politischen Konkurrenzkampf bis Mitte der 1950er Jahre eine entscheidende Rolle.[126] Insbesondere in Bayern ging die Föderalismusdebatte alle Parteien an.[127] Selbst in der SPD fanden föderalistische Bestrebungen Anhänger.[128] Jedoch spitzte sich diese Debatte über den föderalistischen Staatsaufbau nicht zuletzt in der Auseinandersetzung zwischen CSU und Bayernpartei (BP) zu.[129]

In den beiden Konkurrenzparteien bedeutete der Föderalismus zuerst übereinstimmend mehr als ein politisches System. Er sei, so CSU-Ministerpräsident Hans Ehard, nicht nur ein staatspolitisches Prinzip, das sich auf staatsrechtliche Verhältnisse zwischen einer Bundesgewalt und den einzelnen Bundesgliedern beschränke, sondern ein durchgängiges, alle Kreise des politischen, sozialen, wirtschaftlichen und kulturellen Lebens durchdringendes Prinzip einer natürlich gegliederten politischen und sozialen Ordnung. Darüber hinaus sei er ein »sozial-ethisches Prinzip« bzw. ein »geistig-revolutionäres Prinzip«, das aufs Engste mit der Freiheitsidee verbunden sei.[130] Diese Grundvorstellung des Föderalismus teilten die meisten führenden Politiker der BP mit den Föderalisten der CSU vollkommen, wobei sie sich gemeinsam auf den

126 Zu Deutscher Partei (DP) und der föderalistischen Politik in Niedersachsen vgl. Horst W. Schmollinger: Die Deutsche Partei, in: Stöss (Hg.): Parteien-Handbuch, Bd. 2, S. 1025–1111.

127 Zur Rolle des bayerischen Selbstbewusstseins bei der föderalistischen Politik in der ersten Phase der Nachkriegszeit vgl. Peter Jakob Kock: Bayern und Deutschland. Föderalismus als Anspruch und Wirklichkeit, in: Wolfgang Benz (Hg.): Neuanfang in Bayern 1945–1949. Politik und Gesellschaft in der Nachkriegszeit, München 1988, S. 186 f.

128 Der bayerische SPD-Vorsitzende Wilhelm Hoegner wurde im Schweizer Exil ein überzeugter Föderalist, geriet damit aber in der Frage des westdeutschen Staatsaufbaus in der dem zentralistischen Denken verhafteten SPD in eine Außenseiterposition. Vgl. Kritzer: Wilhelm Hoegner, S. 290–298; Baumgärtner: Wilhelm Hoegner, S. 38–40. Hoegner erinnerte sich: »In der Tat wurde ich damals innerhalb der deutschen Sozialdemokratie außerhalb Bayerns nur von Professor Carlo Schmid unterstützt.« Wilhelm Hoegner: Der schwierige Außenseiter. Erinnerungen eines Abgeordneten, Emigranten und Ministerpräsidenten, München 1959, S. 280.

129 Vgl. Konstanze Wolf: CSU und BP. Ein besonderes Konkurrenzverhältnis 1948–1960, Köln 1984, S. 115–142. Vgl. zur BP Ilse Unger: Die Bayernpartei. Geschichte und Struktur 1945–1957, Stuttgart 1976; Alf Mintzel: Die Bayernpartei, in: Stöss (Hg.): Parteien-Handbuch, Bd. 1, S. 395–489.

130 Vgl. Hans Ehard: Freiheit und Föderalismus, München 1947, S. 29.

geistigen Vater des Föderalismus, Constantin Frantz, und damit auch auf die christliche Weltanschauung und Staatsauffassung beriefen.[131]

Joseph Baumgartner, der als eine der charismatischen Führungspersönlichkeiten der bayerischen Nachkriegspolitik Anfang 1948 von der CSU zur BP gewechselt hatte und dann als Parteivorsitzender die Letztere führte,[132] hielt das Naturrecht für die Grundlage des Föderalismus. Solange das Naturrecht nach christlicher Auffassung seine Wurzeln in Gott habe, sei der Föderalismus die Ganzheitslehre vom christlichen Universalismus, so Baumgartner.[133]

Hermann Etzel, 1882 in Eisenfelden in Oberbayern geboren, nach seinem Jurastudium 1919 bis 1934 stellvertretender Direktor bzw. Direktor der Handwerkskammer für München und Oberbayern, war durch die Nazis zwangspensioniert worden und trat im April 1948 in die BP ein.[134] Auch er sprach von »einem sittlichen Prinzip«.[135] Es sei nicht bloß eine politische Lehre oder Forderung, sondern ein wahrhaft universales Prinzip: die Anerkennung und Pragmatisierung des natürlichen Lebensursprungs.

Sowohl den führenden Politikern der BP als auch den föderalistischen CSU-Politikern galt also der Föderalismus schlechthin schon als Freiheit bzw. Humanismus, der auf die Wahrung des natürlichen Lebens- und Selbstbestimmungsrechts eines geschichtlich zum Staat gewordenen Landes innerhalb eines Bundes ziele. Dagegen sei der Zentralismus als Staatsbauprinzip nichts anderes als Verachtung bzw. Zerstörung einer Selbstverwaltung und Selbstregierung von Gemeinden und Gliedern innerhalb eines Bundes. Nur der Föderalismus ermögliche eine verantwortungsbewusste Mitarbeit der Bevölkerung in ihren jeweiligen politischen, wirtschaftlichen und sozialen Lebenskreisen,

131 Der CSU-Politiker unterstrich den Zusammenhang zwischen westlicher Freiheit und christlichen Anschauungen. Dabei stützte er sich auf Constantin Frantz' Gedanken, der Föderalismus sei das der Welt zugewandte Gesicht des Christentums; vgl. ebd., S. 31 ff.; Constantin Frantz: Der Föderalismus als universale Idee. Beiträge zum politischen Denken der Bismarckzeit, eingeleitet und hg. von Ilse Hartmann, Berlin 1948, S. 352–383; Deuerlein: Föderalismus, S. 108 f.

132 Joseph Baumgartner (1904–1964), Hochschullehrer. Von Oktober 1945 bis Januar 1948 und von 1954 bis 1957 war er bayerischer Staatsminister für Ernährung, Landwirtschaft und Forsten. Zu seiner Person vgl. BHMDH, Bd. 1, S. 44; zu seinem Übertritt und dessen Nachwirkungen vgl. Wolf: CSU und BP, S. 48 f.; Georg Lohmeier: Joseph Baumgartner. Biographie eines bayerischen Patrioten aus Sulzemoos, München 1974, S. 116–124.

133 Vgl. Joseph Baumgartner: Der Föderalismus als Gesellschafts- und Staatsprinzip, München 1951, S. 6 f.

134 Hermann Etzel (1882–1978) gehörte dem Bundestag in der ersten Wahlperiode (1949–53) an, dem bayerischen Landtag 1950–51. In Bamberg war er als Gründer der Bamberger Symphoniker bekannt. Zu seiner Person vgl. Christoph Walther: Jakob Fischbacher und die Bayernpartei. Biografische Studien 1886 bis 1972, München 2006, S. 239–244.

135 Etzel: Deutsche Bundesrepublik (25. November 1947), in: ders.: Ausgewählte politische Aufsätze, Köln 1955, S. 8.

so lautete der gemeinsame politische Gedanke und die Grundlage der »Staatsideologie« Bayerns.[136]

Mit dieser Grundeinstellung zogen die beiden bayerischen Volksparteien aus der historischen Erfahrung der großpreußischen Lösung beim deutschen Staatsaufbau zunächst ähnliche Konsequenzen: Der zentralisierte Einheitsstaat sei für den totalen Zusammenbruch durch den Nationalsozialismus verantwortlich. Unitarisierung und Zentralisierung unter dem hegemonialen Machtanspruch des Preußentums hätten, wie der damalige CSU-Ministerpräsident Ehard ausführte, wesentlich als Schrittmacher für Hitlers Diktatur gedient. Nie hätte Hitler unter Zuhilfenahme pseudolegaler Mittel seine usurpatorische Hand in dieser Weise auf das Reich legen können, wenn die zentrale Regierungsform durch die unitaristische Entwicklung nicht so gut vorbereitet gewesen wäre.[137] Joseph Baumgartner sagte ebenfalls aus: Der Bismarck-Staat führe geradewegs zum Hitlerreich.[138] Hermann Etzel, der 1948 schon zum Mitglied der Landesleitung und 1949 zum zweiten Stellvertreter der BP gewählt wurde,[139] sah auch das preußische Machtstreben seit je als größten Feind der einzigen dauerhaften politischen Lebensform für Deutschland an. Der preußische Hegemonismus hätte den 200-jährigen germanischen Föderalismus bekämpft und weithin zerstört, so Etzel:[140] Bayern sei seit 1871 nicht mehr frei.

Die historische Kontinuität von 1871, 1918 und 1933 stellten führende BP-Politiker schon in der Gründungs- und Anfangsphase der Partei stärker in den Vordergrund als die CSU-Vertreter. Vor allem für extreme Separatisten wie den BP-Gründer Ludwig Max Lallinger[141] und den Preußenhasser Anton Berr[142] waren das Deutschland Bismarcks und das Hitlers in letzter Konsequenz identisch, da Preußen aus ihrer Sicht lediglich Unfreiheit, Unterdrückung, Gehorsam und auch Militarismus verkörperte. Aus dieser historischen Beurteilung begründeten die verschiedenen Kräfte in der BP den Bayerngedanken und

136 Sie entwickelten eine Gedanken- bzw. Argumentationskette, wie Walter Stelzle in seiner Dissertationsarbeit festgestellt hat, die sich zur »Staatsideologie Bayerns« entwickelte: Föderalismus = Recht = Moral = Kultur = Demokratie; Zentralismus = Machtstreben = Diktatur = Unmoral = Unrecht = Antikultur = undemokratisch. Vgl. Walter Stelzle: Föderalismus und Eigenstaatlichkeit. Aspekte der bayerischen Innen- und Außenpolitik 1945–1947. Ein Beitrag zur Staatsideologie, München 1980, S. 28.

137 Vgl. Ehard: Freiheit und Föderalismus, S. 21.

138 Nach Wolf: CSU und BP, S. 100.

139 Etzel war ein Gegenpol zum Übergewicht des ersten Stellvertreters Anton Donhauser, der mit Anton von Aretin als Vertreter der christlich-konservativen Richtung innerhalb der BP galt. Vgl. Unger: Die Bayernpartei, S. 33 und 45; Mintzel: Die Bayernpartei, S. 398 f. Zu Anton Donhauser vgl. BHMDH, Bd. 1, S. 153 f.

140 Vgl. Etzel: Deutschfeindliche Politik des Preußentums und die Aufgabe der Gegenwart, München 1949, Teil 2, S. 13.

141 Zu seiner Person vgl. Mintzel: Die Bayernpartei, S. 397.

142 Zu seiner Person vgl. ebd., S. 441.

die bayerische Eigenstaatlichkeit. Bayern sei, ihrem Geschichtsbewusstsein folgend, der älteste deutsche Staat, einer der ältesten Kulturstaaten Europas, älter als die deutsche und die französische Nation, älter als Österreich, und habe daher ein historisches Recht auf Eigenstaatlichkeit. Solange das Deutsche Reich nach dem totalen Zusammenbruch 1945 nicht mehr existierte, wie die Föderalisten bzw. Separatisten in Bayern in den ersten Nachkriegsjahren immer wieder hervorhoben, ginge es ihnen vielmehr um ein »freies Bayern« als um ein »neues Deutschland«.[143] Wie frei Bayern und wie ein freies Bayern im Innern politisch und sozial geschaffen werden soll, darüber gab es keinen Konsens. Die radikalen Föderalisten in der BP waren aber im Grunde darin übereingekommen, dass Bayern mit dem selbständigen Staatsbewusstsein die deutsche Nation überspringen und sich nach Europa auf den Weg machen sollte. Für Anhänger der bayerischen Eigenstaatlichkeit bot die Schaffung der »Vereinigten Staaten von Europa« die Chance, das Problem eines deutschen Nationalstaats zu umgehen.

Hinsichtlich der Beziehung Bayerns zur deutschen Nation divergierten also die Positionen zwischen den führenden Politikern der CSU und der BP, aber auch innerhalb der BP. In seiner Rede am 25. Januar 1948 auf der Landeskonferenz der CSU zu Marktredwitz bemängelte Ehard einen gewissen sektiererischen Radikalismus in der neu aufkommenden BP. So drohe die Gefahr, dass aus der Bayernpartei die Partei eines bayerischen Schismas werde.[144] An diesem Punkt erhob Ehard die Stimme: Ein bayerisches Programm, dem das übrige Deutschland Luft sei, sei kein föderalistisches, sondern ein separatistisches Programm! Die Umwandlung ihres nationalstaatlichen Denkens in ein europäisches föderatives Denken zu fordern, was die Aufgabe ihres nationalen Gemeinschaftsbewusstseins bedeuten würde, belaste nur die föderalistische Idee, so Ehard.[145] Zu jenem Zeitpunkt beschäftigte er sich nicht zuletzt mit der Frage, inwiefern seine Position für den »wahrhaften Föderalismus« stehe. Dabei machte er auf die »innige Wechselbeziehung zwischen der bayerischen und der deutschen Frage« aufmerksam: eine funktionelle Mitwirkung bei der Schaffung und Erhaltung einer höheren organischen Ordnung, wie sie dem Wesen föderativer Gebilde entspreche. Von einem »funktionellen bayerischen Föderalismus« bei der Neuordnung der deutschen Verhältnisse war die Rede.[146]

Der markanteste separatistische Versuch hingegen kam von Anton Berr, der als Sprecher des außenpolitischen Arbeitskreises der BP tätig war. In ei-

143 Vgl. Stelzle: Föderalismus und Eigenstaatlichkeit, S. 28 ff.
144 Rede des bayerischen Ministerpräsidenten Dr. Hans Ehard, München 1948, S. 8.
145 Vgl. ebd.
146 Vgl. Hans Ehard: Die europäische Frage und der deutsche Föderalismus, München 1948, S. 27 f.

nem Schreiben an de Gaulle äußerte er sich über die Möglichkeit einer Zusammenarbeit zwischen Frankreich und Bayern für das gemeinsame Ziel: ein vereinigtes Europa unter der Führung Frankreichs.[147] Aber in der BP, wo die Positionen über jenen deutschen Zusammenhang alles andere als einheitlich waren, mussten separatistische Tendenzen aus verschiedenen Gründen mehr und mehr nachlassen. Zunächst hatte die amerikanische Militärregierung bereits in einem Schreiben vom 25. Oktober 1946 deutlich gemacht, dass sie einem »Separatismus« Bayerns ihre Zustimmung verweigern würde und dass Bayern kein Recht hätte, die Teilnahme an einem deutschen Gesamtstaat abzulehnen. Dass die Separatisten allmählich zur Minderheit in der BP wurden, hatte aber auch mit Baumgartners Eintritt und seiner herausragenden Rolle in der Partei zu tun. Der charismatische neue Parteiführer der BP, der, unterstützt von anderen führenden Föderalisten wie Alois Hundhammer und Fritz Schäffer, zwar in der CSU konsequent gegen die Nachgiebigkeit des Parteivorsitzenden Joseph Müller in der Frage der selbständigen bayerischen Staatlichkeit gekämpft hatte, blieb ein deutscher Föderalist und distanzierte sich vom Separatismus. Er stand also für ein »starkes, selbständiges Bayern in einem deutschen Staatenbund«.[148]

Als schließlich keine europäische Union, sondern lediglich die staatsrechtliche Gestaltung Deutschlands auf der politischen Tagesordnung stand, vertrat und propagierte die BP nun mit Nachdruck ihre Position zur föderalistischen Lösung des deutschen Staatswiederaufbaus: einen deutschen Staatenbund. Nun musste sie sich mit politischen Kräften innerhalb wie außerhalb Bayerns heftig auseinandersetzen, die ihrerseits einen deutschen Bundesstaat im Sinn hatten.

2.3.2 *Etzels Staatenbundidee*

In den späten 1940er Jahren galt Etzel in Bayern als »Kopf der Bayernpartei«.[149] Seine politischen Positionen deckten sich durchweg mit der offiziellen BP-Linie.[150] Das zeigte sich vor allem in der Diskussion um das Grundgesetz. Seit der Londoner Sechsmächtekonferenz vom Frühjahr 1948 war die Gründung eines westdeutschen Staatswesens in föderativer Form gemeinsames Ziel der westalliierten Deutschlandpolitik. Auf der Koblenzer Konferenz vom 8. bis

147 Vgl. Unger: Die Bayernpartei, S. 144.
148 Vgl. Lohmeier: Joseph Baumgartner, S. 113–119.
149 Der Theoretiker der Partei, in: Bayerische Landeszeitung, 11. Februar 1949, in: Stadtarchiv Bamberg (StABB), Nachlass Hermann Etzel D-1003, Nr. 17.
150 Vgl. Walther: Jakob Fischbacher und die Bayernpartei, S. 244.

10. Juli 1948, den sogenannten *Frankfurter Dokumenten* der Militärgouverneure folgend, beschlossen die Ministerpräsidenten, dass die geplante verfassungsgebende Versammlung ein von den Landtagen gewählter »Parlamentarischer Rat« sein sollte. Der Hauptausschuss des Rates nahm das Grundgesetz für einen westdeutschen Staat in erster Lesung an. Diese politische Entwicklung stellte für die BP einen harten Schlag dar. Dass der Parlamentarische Rat nun als souveräne verfassungsgebende Versammlung wirkte, bedeutete für die Partei nichts anderes als die Verwerfung der Staatenbundidee. Solange in Deutschland weder ein Reich noch eine Reichsverfassung bestünde und die deutschen Einzelstaaten und Länder weiterhin existierten, könnte ihrer Auffassung nach die neue Souveränität eines westdeutschen Staatengebildes nur von diesen Einzelstaaten und Ländern kommen.[151] Die Aussage der Präambel des Grundgesetzes, das deutsche Volk in den Ländern beschließe kraft seiner verfassungsgebenden Gewalt dieses Gesetz, erregte notwendigerweise Anstoß bei den Föderalisten in Bayern.

Etzel erhob Einspruch gegen diese Formulierung des Grundgesetzes mit der Bemerkung: Das deutsche Volk, das seien die Länder.[152] In einer Stellungnahme von 1949 übte er Kritik an dem Weg zu einem deutschen Bundesstaat:

> »Die Behauptung der Präambel des Grundgesetzes, das deutsche Volk in den Ländern der drei Zonen habe Abgeordnete entsandt, um dem staatlichen Leben in einer Bundesrepublik Deutschland eine neue Form zu geben, ist eine listige, aber handgreifliche Fiktion. Nordrhein-Westfalen, Niedersachen und Schleswig-Holstein besitzen überhaupt noch keine demokratischen Verfassungen, ihre Landtage sind keine Volksvertretungen. In anderen Ländern repräsentieren die vor Jahren gewählten Parlamente nicht mehr den Volkswillen, der inzwischen eine andre Richtung genommen hat. Es hat keine Berufung des Rates durch Volksabstimmungswahl stattgefunden, er ist keine Nationalversammlung. Keine Instanz hat Weisung zu einem Bundesstaat gegeben. Weder in den Londoner Empfehlungen noch im Frankfurter Dokument I ist von einem Bundesstaat die Rede. Aber beide haben die strenge Bedingung einer ›Regierungsform föderalistischen Typs‹ gesetzt. Sie läßt Raum für den Bundesstaat wie für den Staatenbund. Letzterer ist nach Natur und Wesen notwendig föderalistisch, ein Bundesstaat kann auch einem Einheitsstaat angenähert sein. Tatsächlich haben dies die Bonner Verfassungswerker getan. Sie haben, indem sie eine zentralistische Konstruktion entwarfen, jene föderalistische Bedingung mißachtet.«[153]

151 Vgl. Joseph Baumgartner: Bayern und Bonn, in: Föderalistische Hefte 1948–1950, S. 194–200, hier S. 195.

152 Vgl. Etzel: Zentralismus gefährdet den Frieden, in: Main Post, 4. Mai 1948, S. 3; Etzel: Die geschichtliche Stunde Bayerns, in: Main Post, 3. Februar 1948, S. 1, in: StABB D-1003, Nr. 31.

153 Etzel: Bayern und Bonn. Eine verfassungsrechtliche Klarstellung, 1949, in: StABB D-1003, Nr. 31.

Für die BP galt also nur ein Staatenbund als »echt föderalistisch«. Sie unterscheide sich mit dem Anspruch auf einen deutschen Staatenbund als einen »wirklichen Föderalismus« vom »Salon- und Scheinföderalismus« der anderen wie Carlo Schmid, Konrad Adenauer und Jakob Kaiser. Der zentralistische Nebel der Nazibürokratie liege seit zwei Jahren über Frankfurt und beherrsche nun auch Verstand und Gemüt der Abgeordneten der Reichsparteien in Bonn, so kritisierte Joseph Baumgartner 1949.[154]

Demgegenüber zogen Hans Ehard und Teile der CSU Schritt für Schritt einen Bundesstaat in Betracht, einerseits mit einer echten Bundesgewalt, andererseits mit einer möglichst großen Zahl von Hoheitsrechten der Glieder, aber keinen Staatenbund souveräner Glieder. Die politischen Kräfte unter der Leitung Hans Ehards, der im Mai 1949 Josef Müller als Landesvorsitzenden der CSU ablöste, wehrten sich zwar auch gegen die nach ihrer Auffassung ungenügenden föderalistischen Konzepte,[155] sie waren jedoch im Gegensatz zur BP mit dem bundesstaatlichen Prinzip einverstanden.

Die CSU wolle sich von den anderen zehn Ländern majorisieren lassen, so einer der Hauptkritikpunkte der BP. Diese Haltung der CSU kommentierte Etzel 1948 lakonisch: In der Politik sei ein Verhalten nach dem Gesetz »schimpfen und zahlen« höchst bedenklich.[156] Jene, die für die Verlegung des politischen Schwergewichts auf den Bund, für den Übergang vom Staatenbund zum Bundesstaat oder für die Beschränkung nationaler Souveränitäten zugunsten neuer überstaatlicher Zusammenfassungen einträten, würden zweckmäßiger als Unionisten bezeichnet. Die Erfahrung lehre, dass der Unionismus zum Zentralismus führe.[157] Auch das bismarcksche Reich sei ein Bundesstaat gewesen und hätte doch den Ersten Weltkrieg angefangen.[158] Das »reine klassische« und »echte« Modell des Föderalismus sollte laut BP die freie völkerrechtliche Vereinigung mehrerer souveräner Länder in einem Staatenbund darstellen.

154 Vgl. Baumgartner: Bayern und Bonn, S. 195.

155 Es handelte sich dabei um den Vorrang des Bundesrechts, die Regelung der Finanzverteilung zugunsten des Bundes, die fehlende Bestandsgarantie der Länder und die Rolle des Bundesrates.

156 Vgl. Etzel: Ministerpräsident Dr. Ehard, 1948, in: StABB D-1003, Nr. 31.

157 Vgl. Etzel: Deutsche Bundesrepublik (25. November 1947), in: ders.: Ausgewählte politische Aufsätze (1955), S. 9.

158 Vgl. Etzel: Verfassungspolitischer Rundlauf in vier Phasen, 1947, S. 5, in: StABB D-1003, Nr. 3. Etzel war keine Ausnahme in dem Punkt, dass man in der BP gern bereit war, die Argumente für den Staatenbund auf historische Erfahrungen zu gründen. Vgl. auch Baumgartner: Bayern und Bonn, S. 194–200. Solchen Rekurs auf die geschichtlichen Präzedenzfälle bei den »partikularistischen« Kräften hielt der CSU-Spitzenpolitiker und bayerische Ministerpräsident Hans Ehard hingegen nur für »einen Wiederbelebungsversuch vergangener Werte«; vgl. Ehard: Freiheit und Föderalismus, S. 6.

Unterdessen bildete sich innerhalb der BP keine einheitliche Konzeption über einen Staatenbund aus, zu dem Bayern gehören sollte. Auf der einen Seite standen wiederum die extremen Separatisten bzw. weiß-blauen Monarchisten für einen Entwurf, der nicht einmal den Zusammenschluss der deutschsprachigen Länder ins Auge gefasst hatte. In seinem Entwurf[159] vom Januar 1949 stellte Jakob Fischbacher[160] eine Bundessatzung vor, nach der sich jeder völkerrechtlich anerkannte Staat durch einfache Erklärung mit Zustimmung von zwei Dritteln der Bundesdelegierten dem Bund anschließen könne. Dieser partikularistische Entwurf stellte ein radikal staatenbündisches Konzept vor, das dem Bund keine regierenden Befugnisse, sondern lediglich eine koordinierende Rolle zuteilte. Eine Bundesversammlung sollte auch diesem Konzept zufolge nicht gewählt werden, sondern jeder Mitgliedstaat sollte einen Delegierten entsenden. Es enthielt sogar die eigenwillige Idee, dass Bundesbehörden nur auf Zeit einzusetzen und drei Monate nach Beendigung ihrer Aufgaben wieder aufzulösen seien. Ein Staatsoberhaupt, selbst beschränkt auf repräsentative Funktionen, war nicht vorgesehen.

Auf der anderen Seite richtete sich der Entwurf von Anton Donhauser, Anton Besold und Anton Freiherr von Aretin[161] auf eine gemäßigte Staatenbundidee. Diese christlich-konservativen Kräfte in der BP vertraten zunächst die Auffassung, dass der Bund nicht jedem beliebigen Staat für den Beitritt offen stehen, sondern ein begrenzter westdeutscher sein sollte. Im Gegensatz zu Jakob Fischbachers Konzept beruhte er auf dem Entwurf des Parlamentarischen Rats, allerdings einem modifizierten. Ihr Konzept sah die Institution eines Bundespräsidenten als Sprecher der Mitgliedstaaten und als Vertretung des Bundes nach außen vor. Dieser sollte aber vom Bundesrat aus den deutschen Staatsoberhäuptern für ein Jahr gewählt werden. Entsprechend dem Vorschlag des Entwurfs sollten sich zwei Kammern, Bundesrat und Bundestag, herausbilden. Der Bundesrat bestünde aus je zwei bevollmächtigten Vertretern der Mitgliedstaaten, der Bundestag aus Parlamentsabgeordneten, die zu diesem Zweck nach dem Stärkeverhältnis der einzelnen Parteien und proportional zu den Einwohnerzahlen entsandt werden. Die gesamte Exekutive wurde den Mitgliedstaaten zugewiesen, doch ohne dass Weisungsrechte eingeplant waren.[162]

Im Grunde genommen stand Etzels Staatenbundidee dem Konzept Fischbachers viel näher als dem Entwurf der gemäßigten Föderalisten in der BP. In allen Versuchen, eine Bundesinstitution einzuführen, sah der zweite Stellver-

159 Vgl. Unger: Die Bayernpartei, S. 145.
160 Zu seiner Person und seinen Aktivitäten vgl. Walther: Jakob Fischbacher und die Bayernpartei.
161 Vgl. Mintzel: Die Bayernpartei, S. 398 f. und 425.
162 Vgl. Unger: Die Bayernpartei, S. 146.

treter der BP eine zentralistische Gefahr. Die Länder dürften nur jene Kompetenzen auf den Bund übertragen, die für die erklärten gemeinsamen Zwecke unentbehrlich seien. Im Aufbau von Bundesverwaltungen sei größte Zurückhaltung zu üben, lautete Etzels Überzeugung.[163] Die Bundesregierung sollte nicht mehr sein als die Geschäftsstelle der für bestimmte Gebiete gemeinsamen Gesetzgebung. Eine bundeseigene Verwaltung sei unbedingt auszuschließen, Eisenbahn, Post, Wasserstraßen und Unionsbank wären in Gesellschaftsform mit den Bundesstaaten als Anteilseignern zu betreiben.[164] Für ihn galt der Süddeutsche Länderrat als das klassische staatenbündische Modell oder, um mit seinen Worten zu sprechen: Der »konföderalistische Süddeutsche Länderrat« sei das echte föderalistische Modell für Deutschland.[165]

Dennoch ging Etzel mit seinem Staatenbundgedanken in eine ganz andere Richtung als die separatistischen und monarchistischen Kräfte. Eine »deutsche« Schicksalsgemeinschaft, beruhend auf historischen Erfahrungen, stellte der »Theoretiker der Partei«, wie ihn Parteifreunde nannten, ebenso wenig wie der Parteivorsitzende Joseph Baumgartner[166] in Frage. Für die beiden Spitzenpolitiker der BP war nur »eine Deutsche Staatsgenossenschaft als Staatenbund« vorstellbar, die alle Möglichkeiten für eine deutsche Zusammenarbeit im gebotenen begrenzten Rahmen böte.[167]

Etzels Staatenbundidee zeichnete sich nicht zuletzt dadurch aus, dass er sich von vornherein sowohl gegen die anfängliche Tendenz als auch gegen die spätere wirkliche Bildung eines westdeutschen Teilstaats in einem geteilten Blocksystem sträubte. Bereits Ende 1947 hob er im Kommentar über die Frankfurter Dokumente hervor: Jede rein zentralistische oder straff bundesstaatliche Lösung bedeute eine Option für den Osten oder den Westen und den Zusammenstoß der rivalisierenden Weltmächte.[168] Mit denselben Lebens- und Selbstbestimmungsrechten, mit denen Bayern sich gegen die preußische Machtpolitik wehren wollte, sollte Deutschland, politischen Fernsteuerungen abgeneigt, sich weder für die eine noch für die andere Himmelsrichtung entscheiden, weder Magnet noch Bollwerk sein noch einem Sanitätskordon angehören und Schlachtfeld werden, sondern seine alte und große geschichtliche Aufgabe als Brücke zwischen Ost und West, Süd und Nord wieder aufnehmen und seine Existenz auf

163 Vgl. Etzel: Deutsche Bundesrepublik, in: ders.: Ausgewählte politische Aufsätze (1955), S. 10.
164 Vgl. Etzel: Die geschichtliche Stunde Bayerns, in: Main Post, 3. Februar 1948, S. 1, in: StABB D-1003, Nr. 31.
165 Vgl. ebd.
166 Vgl. Wolf: CSU und BP, S. 118; Lohmeier: Joseph Baumgartner, S. 119.
167 Vgl. Etzel: Bayern und Bonn. Eine verfassungsrechtliche Klarstellung, 1949, in: StABB D-1003, Nr. 31.
168 Vgl. Etzel: Verfassungspolitischer Rundlauf in vier Phasen, S. 5, in: StABB D-1003, Nr. 31.

anderen Grundlagen als der Macht aufbauen, so Etzel.[169] Davon ausgehend und auch darauf beharrend, sollte der Bamberger Föderalist im Handumdrehen einen Sonderweg einschlagen: eine neutralistische Denkrichtung.

Etzels Aneignung des Neutralismus lässt sich in zweifacher Hinsicht erklären. Zum einen sah er in der gegensätzlichen Blockbildung vor allem eine Zwangseinordnung in die »Lager zweier zentralistischer Blöcke«.[170] Deutschland würde von Hegemonialmächten zur Teilnahme an der Machtpolitik und zur Entscheidung für eine, die meistbietende Mächtegruppe, gezwungen. Dabei ging es bei Etzel nicht um ideologische oder sozialpolitische Konfrontation, sondern vor allem um die machtpolitischen, das heißt zentralisierenden Faktoren. Zum anderen hatte Bayern, seinem Grundgedanken folgend, eine sehr wertvolle historische und geographische Stellung in Europa, weshalb es gegen die Bildung dieser gegensätzlichen »Angriffssysteme« wirken könnte. Jahrhundertelang unterhielt es fruchtbare wirtschaftliche und kulturelle Beziehungen zu den lateinischen und slawischen Ländern und Völkern.[171] Wie auch Ulrich Noack mit seinem Neutralitätsgedanken, hob Etzel die Verwandtschaft Deutschlands zu Österreich und zur Schweiz hervor, wobei Deutschland bei ihm nicht Preußentum, sondern Bayern bzw. Süddeutschland bedeutete. Bayern sollte »jedem Teutonismus abhold«, aber mit den anderen süddeutschen Ländern zusammen »ein loses System freier deutscher Staaten« bilden, »die sich, vorbehaltlich ihrer Mitgliedschaft in einer europäischen Union, in einem Holding bundesmäßig vereinigen«, so Etzel im Februar 1948.[172] In Anlehnung an die Bewegung für ein Europa der »Dritten Kraft«,[173] die zwischen den gegensätzlichen Weltmächten vermitteln sollte, sprach Etzel sich konsequent für ein zu neutralisierendes System in Europa aus. Das könnte verhindern, dass »Ost und West in einer bis zum Platzen gespannten Naht unmittelbar aufeinandertreffen« würden. Dies zeigt, dass Etzels Idee einer staatenbündischen Ordnung in Deutschland eng mit der Vision der Neutralisierung einer staatenbündisch organisierten europäischen Mitte verbunden war.

169 Vgl. Etzel: Die geschichtliche Stunde Bayerns, in: Main Post, 3. Februar 1948, S. 1, in: StABB D-1003, Nr. 31.

170 Ebd.

171 Geographisch und wirtschaftlich sei Bayern wie Österreich und die Schweiz eigentlich ein Mittelmeeranrainerstaat. Vgl. ebd. und auch Etzel: Grundgedanken unserer Parteipolitik, in: Bayerische Landeszeitung, 28. Januar 1949, in: StABB D-1003, Nr. 16.

172 Vgl. Etzel: Die geschichtliche Stunde Bayerns, in: Main Post, 3. Februar 1948, S. 1, in: StABB D-1003, Nr. 31.

173 Dabei schenkte er vor allem der »Europäischen Union der Föderalisten« seine Aufmerksamkeit. Zu den verschiedenen Initiativen der »Dritten Kraft« vgl. Wilfried Loth: Der Weg nach Europa, Göttingen 1996, S. 28–47; ders.: Die Teilung der Welt. Geschichte des Kalten Krieges 1941–1955, München 1980, S. 201–223.

Insofern war es für Etzel selbstverständlich, dass es mit einem preußisch geführten Einheitsstaat als Mitglied keine Europäische Union geben würde. Denn dieser würde mit seinen »zentralistischen Zuständigkeiten und Eingriffen« Frieden und Zusammenleben der verschiedenen Mitgliedstaaten verwirren und beeinträchtigen. Der zentralisierte Teilstaat, also kein anderer als der westdeutsche Bundesstaat, würde in seinen Augen nicht zuletzt »den späteren Eintritt der in ihrer Struktur inzwischen anders entwickelten deutschen Staaten des Ostens« verbauen.[174] Indem er vor »der Zugwirkung der von der preußischen Vormachtstellung her wirkenden zentripetalen Kräfte und ihrer Druck- und Sprengkraft nach außen« warnte, wies er darauf hin, dass die staatenbündische Konstruktion in Deutschland eine Manifestation des Friedenswillens, eine Stütze des Friedens bedeute und die notwendige Neutralisierung der europäischen Mitte ermögliche.[175]

Auf seiner Staatenbundidee sowie der Kritik an der »zentralistischen« Blockbildung bestand Etzel auch nach der Gründung der Bundesrepublik unverändert. Während der christlich-konservative, gemäßigte föderalistische Flügel unter Gebhard Seelos, dem ersten Fraktionsvorsitzenden der BP, und Anton Besold, Generalsekretär der Partei seit Spätherbst 1950, das Grundgesetz als relativ föderalistisch einschätzte und sich mit dem westdeutschen Bundesstaat abgefunden hatte, übten die kompromisslosen Föderalisten, vertreten durch Ludwig Max Lallinger, Fischbacher und Etzel, weiterhin radikale Kritik am Grundgesetz und setzten auf die Errichtung eines deutschen Staatenbundes.[176] Die innen- und außenpolitischen Konstellationen zu Beginn der 1950er Jahre, wie die stabilisierende Etablierung und zunehmende Prosperität der Bundesrepublik und die sich zuspitzenden Spannungen des Kalten Krieges, wirkten aber mehr und mehr zum Nachteil der letztgenannten Gruppierung. Die Kräfteverhältnisse innerhalb der BP zeigten sich nicht zuletzt in ihrer veränderten Haltung zur Westpolitik von Bundeskanzler Adenauer.

174 Darüber hinaus stellte Etzel »die Bonner Zentralisten« als »die wahren Separatisten« dar, da sie einen Anlass für den Vorwurf der Spaltung geliefert hätten. Vgl. Etzel: Grundgedanken unserer Parteipolitik, in: Bayerische Landeszeitung, 28. Januar 1949, in: StABB D-1003, Nr. 16.

175 Vgl. ebd.

176 Während Alf Mintzel in seiner Darstellung über die BP diese unterschiedlichen Haltungen der beiden Gruppierungen ganz wegließ, wies Konstanze Wolf eindrucksvoll darauf hin. Es bleibt dennoch offen, ob man von zwei Strömungen in der BP sprechen kann. Dass Etzel schon immer eine besondere Stellung in der BP hatte und Baumgartner auch eigensinnig agierte, muss in Betracht gezogen werden, vgl. dazu Sozialdemokratischer Pressedienst P/VII/233, 8. Oktober 1952.

2.3.3 *Kampf gegen die Westintegrationspolitik Adenauers 1949 bis 1952*

Bei der Bundestagsdebatte im November 1950 um eine gemeinsame europäische Verteidigung und den deutschen Beitrag hierzu sprach sich die gesamte BP noch gegen eine deutsche Wiederaufrüstung aus, weil sie darin das »Wiederentstehen eines preußisch-deutschen Generalstabs, des preußisch-deutschen Militarismus«[177] sah. Als am 5./6. Dezember 1952 im Bundestag über den Deutschlandvertrag und den Vertrag über die Bildung einer Europäischen Verteidigungsgemeinschaft abgestimmt wurde, standen aber die Abgeordneten der BP (mit Ausnahme des Abgeordneten Sepp Parzinger[178]) hinter den Regierungsparteien. Im Herbst 1952 hatte Etzel zwar noch als stellvertretender Landesvorsitzender der BP, aber bereits innerparteilich isoliert, gegen die Westintegrationspolitik Adenauers gekämpft, wobei er sich gegen dessen persönliche Diffamierung wehren musste. In seinem Brief an den Bundeskanzler vom 15. Oktober 1952 forderte er etwa den Adressaten dazu auf, endlich von der »orthodoxen Intoleranz und der Hastigkeit« seiner Politik abzulassen und einzusehen, dass diese weder den Frieden noch die friedliche Wiedervereinigung Deutschlands fördere.[179] Anfang Dezember, also unmittelbar nachdem bei einem parteiinternen Beschluss die Mehrheit der BP für die Ratifizierung der Verträge am 3. Dezember gestimmt hatte, trat der Bundestagsabgeordnete Etzel letztendlich aus seiner Fraktion und der Partei aus.

Die endgültige mehrheitliche Unterstützung der BP für die Westintegration war vor allem auf den in der BP schon lange verbreiteten Abendlandgedanken[180] sowie die »Prüfstein-Kampagne« der CDU/CSU zurückzuführen, nämlich entweder Frieden, Freiheit und Sicherheit für den hiesigen Teil Deutschlands mit Ja zu den Verträgen oder Versklavung durch die roten Kommunisten mit Verwerfung der Westbindung sowie die Übernahme dieser Prüfstein-Argumentation durch die Fraktion mit dem starken Engagement des Generalsekretärs und des Bundestagsabgeordneten Anton Besold. Die »drohende Gefahr des Bolschewismus« hätte der BP über ihre Bedenken hinsichtlich des zunehmenden politischen Zentralismus durch die Einführung der allgemei-

177 Davon sprach kein Geringerer als der Sprecher und Wortführer der »christlich-konservativen« Kräfte, Gebhard Seelos, vgl. Mintzel: Die Bayernpartei, S. 422. Im Frühjahr 1952 empfahl er seiner Partei die Fusion mit der CSU, was ihm ein Parteiausschlussverfahren einbrachte. Zu seiner Person vgl. BHMDH, Bd. 2, S. 810.

178 Sepp Parzinger (1911–1979), Maurer, Unternehmer. In der ersten Wahlperiode(1949–53) vertrat er den Wahlkreis Traunstein im Bundestag. Zu seiner Person vgl. BHMDH, Bd. 2, S. 631.

179 Etzel an Bundeskanzler Konrad Adenauer, 15. Oktober 1952, in: BA-Ko, N/1286/53.

180 Vgl. Walther: Jakob Fischbacher und die Bayernpartei, S. 255–261.

nen Wehrpflicht und die Verstärkung der Militärmacht hinaus »die Einsicht abgerungen«, ihre Stimme für die Westverträge abzugeben, so Besold.[181]

Überdies hatten die Bemühungen des Bundeskanzlers Adenauer und des Bundesfinanzministers Fritz Schäffer um persönliche Verständigung mit den BP-Abgeordneten eine Rolle gespielt. Noch im Sommer 1952 versuchte der »Kronprinz« Schäffer etwa, die BP-Bundestagsabgeordneten Anton Freiherr von Aretin[182] und Dr. Hugo Decker[183] mit dem »Schwert der CSU« Franz Josef Strauß[184] zusammenzubringen, um damit die BP auf Bundesebene näher an die Koalition heranzuführen. Am 20. Juli 1952, als Bundeskanzler Adenauer auf der Bundesversammlung der Katholischen Männervereine in Bamberg weilte, wollte er etwa den Bamberger Etzel besuchen, um ihn von seiner Politik zu überzeugen, was bei seinen Gefolgsleuten große Bestürzung auslöste. Die Abwesenheit des Umworbenen durchkreuzte den Verständigungsversuch.[185] Dafür gelang es dem Bundeskanzler, mit dieser Methode einen anderen Bundestagsabgeordneten der BP, Johann Wartner, für seine Remilitarisierungspolitik zu gewinnen.[186]

Zwei Monate später führte der »so nette alte Herr« aus Bamberg, wie der Bundeskanzler Etzel bezeichnet hatte, in Bonn ein ganz anderes Gespräch, und zwar mit der Volkskammerdelegation aus der DDR unter Leitung von Otto Nuschke, was in seinen Reihen eine schwere Erschütterung verursachte. Am 19. September 1952 war die Volkskammerdelegation mit dem Vorschlag nach Bonn gekommen, eine Viererkonferenz über einen Friedensvertrag, die Wiedervereinigung und gesamtdeutsche Wahlen einzuberufen und eine Kommission aus Vertretern beider deutscher Staaten zur Prüfung der Bedingungen für die Durchführung freier Wahlen in ganz Deutschland zu bilden. Die Bundesregierung und die Parteien der Bundesrepublik – mit Ausnahme der KPD – lehnten diese Vorschläge ab. Nur ein kleiner Kreis von Bundestagsabgeordneten, die sich gegen die im Bundestag gerade debattierte Ratifizierung des Deutschland- und des EVG-

181 Vgl. Wolf: CSU und BP, S. 146.

182 Anton Freiherr von Aretin (1918–1981), Rechtsanwalt, gehörte als Abgeordneter des Wahlkreises Vilshofen dem Bundestag der ersten Wahlperiode an. 1952 wurde er aus der BP ausgeschlossen. Zu seiner Person vgl. BHMDH, Bd. 1, S. 18.

183 Hugo Decker (1899–1985), Diplomingenieur, vertrat 1949–53 den Wahlkreis Rosenheim im Bundestag. 1954 wechselte er von der BP in die CSU. Zu seiner Person vgl. BHMDH, Bd. 1, S. 136.

184 Vgl. Stefan Finger: Franz Josef Strauß. Ein politisches Leben, München 2005; Manfred Behrend: Franz Josef Strauß. Eine politische Biographie, Köln 1995. Strauß hatte sich bis dahin – anders als Schäffer und Hundhammer – einer Koalition mit der BP widersetzt und sich bei Adenauer durchgesetzt. Vgl. Thomas Schuler: Strauß. Die Biographie einer Familie, Frankfurt a. M. 2006, S. 86.

185 Vgl. Der Spiegel, 13. August 1952, S. 5.

186 Vgl. ebd. Adenauer gelang es, den BP-Abgeordneten aus Scheibelsgrub in Niederbayern auf einen Kaffee zu sich zu bitten und ihn während der Unterredung »von einem Saulus der Waffenlosigkeit in einen Paulus der Remilitarisierung« zu verwandeln. Zu seiner Person vgl. BHMDH, Bd. 2, S. 923. Johann Wartner (1883–1963), Landwirt.

Vertrages ausgesprochen hatten, wie Hans Bodensteiner[187] (CSU), Ernst Müller-Hermann[188] (CDU), Artur Stegner[189] und Karl Georg Pfleiderer[190] (FDP) sowie Hermann Etzel, wagte, Gespräche mit den DDR-Gästen zu führen.[191]

Etzels Bereitschaft zur Verständigung mit dem Osten kam allerdings nicht von ungefähr. Im November 1951 hatte er noch als Sprecher der BP im Bundestag ein Alternativkonzept zur europäischen Einigung vorgetragen. Dabei hatte er seine unveränderte Position mit aller Deutlichkeit geäußert, dass nicht ein Teil Deutschlands, sondern nur ein bündisch aufgebautes Gesamtdeutschland Mitglied einer europäischen Konföderation werden könne. In der Auseinandersetzung um die Ratifikation der Westverträge 1952 sprach er abermals von einer Erprobung aller Verhandlungsmöglichkeiten vor der Entscheidung im Bundestag. In seinen Augen gab es noch Chancen für eine Verständigung zwischen dem Osten und dem Westen, da vor allem Russland deutlich Entspannung in Europa wünsche.[192] Stalins Bereitschaft zur Verständigung mit dem Westen zeigte sich, Etzels Beurteilung zufolge, unmissverständlich in den Noten der Sowjetunion seit März 1952. Es hänge nur davon ab, ob die Außenpolitik der Bundesrepublik angesichts der Ost-West-Polarisierung ihre bisherige ideologische Verhärtung überwinden kann.

Der pazifistische Föderalist war, obwohl seine Kritiker ihn öfters als »russenhörig« bezeichneten,[193] in seiner sozialpolitisch-ideologischen Auffassung keineswegs kommunistisch oder marxistisch eingestellt. Die politische Freiheit und die westliche Demokratie stellte er im Grunde ebenso wenig in Frage wie die meisten konservativen Politiker in Bayern. Im Unterschied zum christlich-konservativen Flügel innerhalb der BP war er jedoch der Ansicht, dass es keinen Sinn mehr hätte, sich mit der schematischen Etikettierung linker oder rechter Politik zu beschäftigen. Die Unterscheidung in Rechts-, Mittel- und Linkspar-

187 Hans Bodensteiner (1912–1995), Jurist, trat 1952 aus der CSU aus und gehörte zu den Begründern der GVP. Zu seiner Person vgl. BHMDH, Bd. 1, S. 79 f.; Peter Weiß: Christlich und sozial. Erinnerung an Hans Bodensteiner (1912–1995), Weiden 1998.

188 Ernst Müller-Hermann (1915–1994), Redakteur. Zu seiner Person vgl. BHMDH, Bd. 1, S. 589 f.

189 Artur Stegner (1907–1986), Chemiker, Unternehmer, verließ 1954 die FDP-Fraktion und wechselte am 6. Februar 1957 zur GB/BHE-Fraktion. Zu seiner Person vgl. BHMDH, Bd. 2, S. 840.

190 Karl Georg Pfleiderer (1899–1957), Diplomat. Zu seiner Person vgl. BHMDH, Bd. 2, S. 642 f. Zu seinem deutschlandpolitischen Vorstoß vgl. Hans-Heinrich Jansen: Karl Georg Pfleiderers Gegenentwürfe zur Deutschlandpolitik Adenauers, in: Historisch-Politische Mitteilungen 4 (1997), S. 35–71.

191 Vgl. Lemke: Einheit oder Sozialismus?, S. 237 f.

192 In einem Artikel vom 28. April 1949 schrieb Etzel, dass Asien in der Rangordnung der sowjetischen Planung offensichtlich an erster Stelle stehe. Russland wolle kein gleichzeitiges Engagement an zwei Fronten. Vgl. Etzel: Der Fehlschlag, am 28. April 1949, in: ders.: Ausgewählte politische Aufsätze. Zweite Folge, Köln 1956, S. 7.

193 In einer Sitzung des Bundestages vom 8. Februar 1952 titulierte Strauß (CSU) in einem Zwischenruf Etzel beispielsweise als »moskauhörig«. Vgl. Elisabeth Friese: Helene Wessel (1898–1969). Von der Zentrumspartei zur Sozialdemokratie, Essen 1993, S. 294.

teien sei kein brauchbares Einteilungsprinzip mehr, weil sie aus dem Katalog des 19. Jahrhunderts stamme. Die Parteien seien nach den Erfahrungen des 20. Jahrhunderts nicht etwa einheitlich, sondern gemischt: Der linke Flügel einer angeblichen Rechtspartei könne weltanschaulich oder sozialpolitisch noch radikaler sein als der rechte Flügel einer Linkspartei. Manche sozialistische Doktrin müsse als erstarrt, als rückwärtsgewandt angesehen werden. In Rechtsparteien gäbe es Atheisten und in Linksparteien Menschen mit positiver kirchlicher und religiöser Denkweise und auch Anhänger des Nationalismus. Demgemäß sollte man sich an die Sache halten und auf eine Kategorisierung verzichten. Die BP wolle laut Programm weder eine Rechtspartei noch eine Linkspartei sein, sondern eine Partei des Rechts, so Etzel.[194]

Diese Ausführungen zum Parteiprogramm spiegeln einerseits die politische Landschaft in der Entstehungsphase der Bundesrepublik wider,[195] andererseits zeichnete sich ab, dass Etzel wirtschafts- und sozialpolitisch einen eigenen Dritten Weg ins Auge fasste, obgleich er selbst nie davon sprach. Auf die verschiedenen sozialen Fragen gab Etzel keine eindeutigen Antworten, indem er sich auf das abstrakte Grundprinzip »leben und leben lassen« unter »praktischer Auswertung der Erkenntnisse der christlichen Soziallehre« verließ, wie das Programm der BP 1948[196] besagte, das Etzel mit ausgearbeitet hatte. Seine sozialpolitische Grundhaltung lässt sich in folgender Aussage viel deutlicher finden: Man müsse »weder die hochkapitalistische noch die proletarisch-kollektivistische Lösung der sozialen und wirtschaftlichen Frage«, sondern »die mittelständische«[197] finden. Freilich teilte er im Grunde diese kleinbürgerlich-mittelständische gesellschaftspolitische Orientierung mit den meisten führenden BP-Politikern. Sie bekannten sich also »zum Schutz des Privateigentums und zum Prinzip der privaten Initiativen im Wirtschaftsleben« und wehrten sich sowohl gegen die Monopolisierung bzw. Expansion der Großunternehmen und Warenhäuser als auch gegen das Mitbestimmungsgesetz der Arbeitnehmer in der Montanindustrie.

Jedoch gab es, worauf Ilse Unger zu Recht hingewiesen hat, unterschiedliche Auffassungen innerhalb der BP darüber, »inwieweit die Gegensätze zwischen arm und reich als naturgegeben und gottgewollt hinzunehmen seien«.[198]

194 Vgl. Etzel: Links- oder Rechtspartei, in: Fränkischer Tag, 9. Juli 1949, in: StABB D-1003, Nr. 16.
195 Innerhalb der CDU/CSU gab es auch politische Kräfte, die mit der Bezeichnung »christlich« die politische Dichotomie »links gegen rechts« überwinden wollten.
196 Programm 1948, in: Dokumente zur parteipolitischen Entwicklung in Deutschland seit 1945, Bd. 2: Programmatik der deutschen Parteien. Erster Teil, bearbeitet und hg. von Ossip K. Flechtheim, Berlin 1963, S. 238.
197 Etzel: Vor den Verfassungsgesprächen, in: Der Tagesspiegel, 22. Juni 1948, Nr. 14 (812), Beiblatt, in: StABB D-1003, Nr. 31.
198 Unger: Die Bayernpartei, S. 148.

Unter den verschiedenen Vorstandsmitgliedern ist Etzel angesichts seiner Ausführungen deutlich »links« einzuordnen[199]:

> »Der krasse Gegensatz zwischen Arm und Reich, Großbesitzern und Habenichtsen, schwelgerischem Luxus der einen und Hunger und Kärglichkeit der anderen ist keine komische Notwendigkeit. Eine solche Prädestinationslehre weisen die Massen, denen die Sehnsucht nach irdischem Glück eingeboren ist, zurück.«[200]

Diese Denkrichtung kam im Wirtschaftsprogramm der BP 1950, das Etzel selbst erarbeitet hatte und auf der 3. Landesversammlung vortrug, auf ein Neues zum Ausdruck. Als liberaler Föderalist konnte Etzel aber keine Sympathien für das Sowjetsystem und die politischen Verhältnisse in der DDR hegen. Für ihn war das System im Osten unannehmbar, da es auf klassenkämpferische und kollektivistische Lösungen der sozialen Frage orientierte. Seine Kritik war aber vor allem deswegen lauter, weil »das ganze System drüben als solches befehlshaberisch kommandiert und reglementiert und auch damit zu zentralistisch«[201] war, was seinen Grundgedanken durchweg widersprach. Dennoch befürwortete der deutsche Föderalist aus Bamberg – nicht zuletzt aus pazifistischem Grund – sowohl die Verhandlungen der BRD mit der DDR auf der Regierungsebene als auch die Zusammenarbeit mit den Kommunisten in der BRD gegen »die Vertiefung der deutschen Spaltung durch den Generalvertrag«. Letztendlich führte das, wie oben dargestellt, zu seinem Austritt aus der BP. Im Herbst und Winter 1952 sprach er schon auf Veranstaltungen unter der Verantwortung der *Notgemeinschaft für den Frieden Europas,* die Helene Wessel[202] und Gustav Heinemann im November 1951 als eine außerparlamentarische Sammlungsbewegung gegen eine Wiederaufrüstung initiierten,[203] zusam-

199 »Müßig und verkehrt« fand es Etzel, wie schon erwähnt, zu fragen, ob die BP links oder rechts stehe. Er fuhr fort: »Eine Bewegung steht nicht, sie ist Schwerpunktbildung.« Vgl. Etzel: Die geschichtliche Stunde Bayerns, in: Main Post, 3. Februar 1948, S. 1, in: StABB D-1003, Nr. 31. Nach Informationen eines CSU-Politikers soll Etzel selbst auf Befragen in einer Konferenz einige Monate nach dem Einmarsch der Amerikaner gesagt haben: »Ich bin kein Kommunist, stehe aber links«; vgl. Etzel: Links- oder Rechtspartei, in: Fränkischer Tag, 9. Juli 1949, in: StABB D-1003, Nr. 16. Dabei muss bedacht werden, dass die CSU ihrer Konkurrenzpartei in den ersten Nachkriegsjahren mit solch einem Zitat die Qualität einer christlichen und bayerischen Partei absprechen wollte. Man kann es so formulieren, dass Etzel sich in der »Schwerpunktbildung der Bayernbewegung« nach links bewegt hat.

200 Zitat nach Unger: Die Bayernpartei, S. 256, Anm. 72.

201 Etzel: Vor den Verfassungsgesprächen, in: Der Tagesspiegel, 22. Juni 1948, Nr. 14 (812), Beiblatt, in: StABB D-1003, Nr. 31.

202 Helene Wessel (1898–1969), Diplomfürsorgerin. Zu ihrer Person BHMDB, Bd. 2, S. 942 f.; Friese: Helene Wessel.

203 Vgl. Josef Müller: Die Gesamtdeutsche Volkspartei. Entstehung und Politik unter dem Primat nationaler Wiedervereinigung 1950–1957, Düsseldorf 1990, S. 116–148.

men mit den Bundestagsabgeordneten Hans Bodensteiner und Thea Arnold[204] (Zentrumspartei) und wechselte dann Mitte 1953 in die Gesamtdeutsche Volkspartei (GVP). Die Wahlstrategie der GVP, im Bündnis mit dem Bund der Deutschen (BdD) bei der Bundestagswahl aufzutreten, stand seinem Eintritt keineswegs im Wege, sondern bestärkte ihn eher.[205] Währenddessen sah der Würzburger Neutralist Noack im BdD nur einen »langen Arm« der SED, ebenso wie Teile der bundesdeutschen Neutralisten, und wehrte sich gegen das Zusammengehen mit dem BdD. Nach der schweren Wahlniederlage der GVP zog Etzel sich de facto aus der aktiven Politik zurück und gründete im November 1954 mit Karl Graf von Westphalen[206] den *Deutschen Klub 1954*.[207] Zudem war Etzel publizistisch tätig, und zwar für oppositionelle Zeitungen wie *Deutsche Woche, Nürnberger Nachrichten* und *Deutsche Volkszeitung* und vor allem für die Zeitschrift *Blätter für deutsche und internationale Politik (Blätter),* die er 1956 mit Graf von Westphalen gründete. Dabei beschäftigte Etzel sich zumeist mit der Deutschlandpolitik und kam indes auf eine neue Idee zur deutschen Einheit, nämlich eine Konföderation beider deutscher Staaten.

2.3.4 Vorschlag zur »föderativen Neugestaltung Deutschlands« 1954/55

Ab Ende 1953 bis 1955 widmeten sich Etzel in Dutzenden Zeitungsartikeln und Publikationen zunächst der Analyse der Weltlage. Nach seiner Wahrnehmung der internationalen Konstellationen hatten sich die Voraussetzungen sowie Grundlagen der politischen Lage auf dem Globus radikal verändert. Schon im April 1953 diagnostizierte er etwa, dass durch die republikanische Machtergreifung in den USA und durch den Tod Stalins ein tiefer Einschnitt im geschichtlichen Ablauf entstanden sei, das heißt »neue Aspekte und Möglichkeiten«[208] aufschienen. Aufgrund seiner emsigen Erkundung der Tagespolitik im weltpolitischen Rahmen verstand er es nunmehr, seine Sicht

204 Vgl. BHMDH, Bd. 1, S. 22 f.
205 Vgl. Müller: Die Gesamtdeutsche Volkspartei, S. 300.
206 Karl Graf von Westphalen zu Fürstenberg, geboren am 12. August 1898 in Münster, Offizier und Verwalter auf einer holländisch-indischen Teeplantage auf Java, 1945 Mitbegründer der CDU und Kreisverbandsgeschäftsführer in Jena, 1946 Auswanderung nach Westdeutschland, heftiger Kritiker der Westintegrations- und Wiederaufrüstungspolitik der CDU, 1954 Mitbegründer und Geschäftsführer des »Deutschen Klubs 1954«, Mitbegründer und Mitherausgeber der »Blätter für deutsche und internationale Politik«, 1960 Mitbegründer der DFU und Direktoriumsmitglied, gestorben am 18. Oktober 1975. Zu seiner Person vgl. Rolf Schönfeldt: Die Deutsche Friedens-Union, in: Stöss (Hg.): Parteien-Handbuch, Bd. 2, S. 850, Anm. 6.; MfS AIM 5155/68, Bl. 16–22.
207 Vgl. Schönfeldt: Die Deutsche Friedens-Union, S. 848–876.
208 Etzel: Ist etwas entschieden?, in: ders.: Ausgewählte politische Aufsätze (1956), S. 11.

über Europa hinaus auf die ganze Welt auszuweiten. Die Offenbarung, dass die Sowjetunion im Besitz der Wasserstoffbombe sei, der Aufstieg Chinas als neue Großmacht, die Rückzüge westlicher Kolonialmächte aus Asien und Afrika und die allgemeine Furcht vor einem neuen Krieg nach dem Koreakrieg veranlassten ihn zu der Einsicht, dass die erste Nachkriegsphase zu Ende und die Weltpolitik im Umbruch begriffen sei. »Die Zeit ist reif für eine neue Epoche. Das Gefühl ist allgemein, daß durch eine Fortsetzung des Kalten Kriegs nichts mehr zu gewinnen ist«, so Etzel.[209] Phrasen wie »ein neues Zeitalter«, »Götterdämmerung« oder »Welt im Umbruch« benutzte er damals häufig. Die Einsicht in die Weltereignisse brachte ihn also zu der Überzeugung, es zeichne sich eine Phase der weltgeschichtlichen Entspannung ab.

Bei seiner damaligen Diagnose war er nicht zuletzt von der Entkolonialisierung in der »Dritten Welt« und der afrikanisch-asiatischen Solidarität und Neutralismuspolitik tief beeindruckt. Insbesondere Asien hielt Etzel für »ein immer stärker werdendes Weltzentrum«. Seine unmittelbar auf Europa und das deutsche Schicksal wirkende Strahlkraft sollte im Kalkül der westdeutschen Politik nicht länger unbeachtet bleiben.[210] Aus der Sicht Etzels sollte die Entkolonialisierung nicht nur die harte Auseinandersetzung im Ost-West-Konflikt zur Entspannung der Weltlage lenken, sondern auch die unterschiedlichen Interessen der Westmächte an den Tag bringen, womit schließlich das EVG-Projekt zum Scheitern verurteilt war.[211]

Die internationale politische Lage beurteilte Etzel jedoch nicht einseitig positiv. Die »anbrechende neue Epoche« könne sich ebenso ungünstig auf die Deutschen, genauer genommen auf die deutsche Wiedervereinigung, auswirken. Das Problem dieser neuen Weltkonstellation lag seiner Befürchtung nach darin, dass der Ausgleich der Blöcke und die weltweite Entspannung die deutsche Frage auf der weltpolitischen Bühne in die zweite Reihe rücken lasse. In einem Zeitungsartikel vom 10. März 1954 führte Etzel beispielsweise aus, dass das Kolossalgewicht der asiatischen Solidarität, das sowjetisch-chinesisch-indische Einvernehmen, dessen Strahlkraft sich Japan weder wirtschaftlich noch politisch werde entziehen können, auch Kleineuropa in einen untergeordneten Rang rücke.[212] Die deutsche Frage sei nun sowohl für Amerika als auch für Russland nur *eine* Karte im Weltspiel. Den Westmächten und der Sowjetunion,

209 Etzel: Die Zeit ist reif für eine neue Epoche, in: ders.: Ausgewählte politische Aufsätze (1955), S. 64.

210 Vgl. Etzel: Schachmatte Atlantikflagge, in: ebd., S. 48–53; Götterdämmerung, in: ebd., S. 61. Vgl. auch Etzel: Welt im Umbruch, hg. vom Deutschen Klub 1954, München 1956, S. 3–10.

211 Vgl. ebd., S. 11–20.

212 Vgl. Etzel: Die Entschleierung des Westens, 10. März 1954, in: ders.: Ausgewählte politische Aufsätze (1956), S. 28.

die sich aus jeweils eigenen Gründen für die west-östliche Verständigung in Europa interessierten, ginge es viel mehr um die Abrüstung und die kollektive Sicherheit als um die Lösung der deutschen Frage. In seinen Artikeln zwischen Ende 1953 und 1955 bedauerte Etzel vielfach, dass »das deutsche Drama [...] nicht über die politische Hauptbühne ging, [...] sondern auf einer Nebenbühne abrollte«.[213] Die deutsche Wiedervereinigung liege der Wichtigkeit nach hinter der Abrüstung und der Sicherheit in Europa. Es bestehe weder ein Junktim noch eine zeitliche oder sachliche Parallelität. In der Frage der deutschen Wiedervereinigung beschränkten sich die Westmächte auf »Äußerungen und Initiativen platonischer Routine«. Und Russland zeige sich auch nach der Ratifizierung der Pariser Verträge nicht bereit zur Behandlung der Frage der deutschen Wiedervereinigung, so Etzel.

In dieser komplexen weltpolitischen Entwicklung sah Etzel also sowohl eine Krise als auch eine Chance für die Verständigung und Wiedervereinigung der Deutschen. Angesichts der internationalen Entspannungswelle sei es Etzels Ansicht nach offensichtlich, dass die Bonner Westintegrations- und Aufrüstungspolitik gescheitert sei. Es bedürfe einer neuen Außen- und Deutschlandpolitik. Weil aber die Gefahr wachse, dass sich die Weltmächte »auf dem Rücken des deutschen Schicksals«, also auf Kosten der deutschen Wiedervereinigung, verständigen könnten, was für ihn nichts anderes als Wirkung und Ergebnis der bisherigen Bonner Politik darstellte, müssten die Deutschen selbst die Initiative für die Wiedervereinigung durch Verständigung und Zusammenarbeit der beiden deutschen Staaten ergreifen. Eben in dieser Wahrnehmung der Welt- und Deutschlandlage bestand Etzels politisches Motiv, in dieser »geschichtlichen Stunde Deutschlands« aus freien Stücken mit einer neuen Konzeption zur deutschen Einheit hervorzutreten: einer Idee der deutsch-deutschen Konföderation.

Etzel war allerdings durchaus bewusst, dass die letzte Entscheidung über die Wiedervereinigung bei den großen vieren lag.[214] Es hätte ungleich größere Wirkung, wenn die Deutschen ihre Passivität bei der Wiedervereinigung überwinden und den deutschen Familienstreit selbständig beenden würden, hoffte Etzel.

Zur Urheberschaft der Konföderationsidee zur deutschen Einheit bekannte er sich zweimal, öffentlich und schriftlich: einmal im Nachwort seiner Schrift *Es ist Halbzeit. Die internationale Lage, Berlin und das deutsche Problem* im Jahr 1958[215] sowie in einem Artikel in der Ost-CDU-Zeitung *Neue Zeit* am

213 Etzel: Die Zeit ist reif für eine neue Epoche, in: ebd., S. 66.
214 Vgl. Etzel: Die deutsche Frage und die Voraussetzungen ihrer Lösung, 15. Juni 1955, in: ebd., S. 44.
215 Etzel: Es ist Halbzeit. Die internationale Lage, Berlin und das deutsche Problem, Köln 1958, S. 53.

8. Januar 1964.[216] Neben dieser Selbstauskunft stellte Etzel in seinem Brief an Graf von Westphalen am 3. Januar 1957 die Entstehungsgeschichte seines Konföderationsvorschlags ausführlicher dar.[217] Zunächst sei angemerkt, dass Etzel die Veröffentlichung eines neuen Wiedervereinigungsplans Ulbrichts in der Silvesterausgabe des SED-Organs *Neues Deutschland* 1956/57 mit großer Genugtuung zur Kenntnis nahm, weil die SED eben das vorgeschlagen hatte, was er schon längst zur Diskussion in den beiden deutschen Staaten gebracht hatte: die Errichtung einer zeitweiligen Konföderation oder Föderation zwischen West- und Ostdeutschland.

Am Anfang stand ein Gespräch mit dem namhaften Luftfahrtpionier und Friedenskämpfer Hugo Eckener[218] im Februar 1954, der sich auf eine Unterredung mit Molotow anlässlich der Berliner Deutschland-Konferenz vorbereiten wollte, die jedoch wegen einer Erkrankung Eckeners dann doch nicht stattfinden sollte. Im Gespräch mit Eckener stellte Etzel immerhin zum ersten Mal seinen Denkansatz einer deutschen Konföderation zur Wiedervereinigung vor, aber vorerst nur mündlich, wie er seinem Weggefährten von Westphalen gegenüber bekannt gab. Zudem hatte er Gelegenheit, in einem Gespräch mit Wilhelm Elfes[219] am 7. März 1954 in Wiesbaden im Rahmen der Sitzung des Bundesvorstandes des BdD und weiterhin in einer Unterredung mit dem Vorsitzenden des BdD Joseph Wirth am 23. April desselben Jahres in Bamberg seine Konföderationsgedanken vorzustellen. Seine Idee zur föderativen Lösung der deutschen Frage brachte er dann bis zum 16. März 1954 zu Papier: ein dreiseitiges Manuskript mit dem Titel *Die föderative Konstruktion Deutschlands als Friedensgarantie*. Zur Veröffentlichung schickte er es zunächst an die Redaktion der Zeitung *Die Deutsche Woche* in München.

Eigentlich hatte Etzel die am 20. März begonnene Internationale Tagung der EVG-Gegner in Paris als willkommenen Anlass zur Eröffnung einer »notwendigen Diskussion« nicht vorübergehen lassen wollen.[220] Freilich war er aufgrund von Zeitknappheit nicht imstande, das Thema umfassend zu behandeln. Deshalb hielt er den Aufsatz »als Auftakt kurz und kategorisch«, wie er in

216 Vgl. Etzel: Nur ein Weg: Konföderation, in: Neue Zeit, 8. Januar 1964, S. 2, in: StABB D-1003, Nr. 24.

217 Vgl. Etzel an Graf von Westphalen, 3. Januar 1957, in: StABB D-1003, Nr. 24.

218 Zu seinen Friedensgedanken und Aktivitäten vgl. Rolf Italiaander: Ein Deutscher namens Eckener. Luftfahrtpionier und Friedenspolitiker. Vom Kaiserreich bis in die Bundesrepublik, Konstanz 1981, S. 487–524. Ende Oktober 1952 richtete er eine »Eingabe an den Bundestag zur Lösung der Westverträge«, wobei er viel Unterstützung von oppositionellen Persönlichkeiten wie Klara Maria Faßbinder, Joseph Wirth, Wilhelm Elfes bekam; S. 505.

219 Zu seiner Person und seinen Aktivitäten vgl. Abschnitt 2.4.

220 Vgl. Etzel an die Redaktion »Die Deutsche Woche«, 16. März 1954; Etzel an die Redaktion der »Deutschen Volkszeitung«, 19. Juni 1954, in: StABB D-1003, Nr. 24.

seinem beigefügten Brief an die Redaktion der *Deutschen Woche* bekannte.[221] Ihm ginge es zunächst nur darum, »den Stein ins Wasser zu werfen«.[222]

Dem Äußeren nach war »der Stein« zwar nicht ganz neu. Kritisch ging Etzel auf den anfänglichen »fehlgeschlagenen Weg« der Bundesrepublik, das heißt die Entstehung des Bundesstaats in Westdeutschland und damit die Bildung von »zwei zentralistischen Teilblöcken in ganz Deutschland«, ein, bekräftigte jedoch eindringlich, dass der Fehler noch zu korrigieren und das künftige Gesamtdeutschland »wirklich föderativ« neu aufzubauen sei. In seinem kleinen Exposé akzentuierte Etzel jedoch etwas stärker als zuvor, dass der Föderalismus nicht nur eine Gesellschafts- und Staatslehre, sondern ein eminent friedensförderndes Prinzip sei. Die föderative Konstruktion Gesamtdeutschlands müsse in den Friedensvertrag eingefügt und in den Rahmen eines Kollektivpakts für die europäische Sicherheit gestellt werden.[223] Dabei behandelte er noch nicht ausführlich, wie es zu jener föderativen Gestaltung Deutschlands kommen könne.

Es dauerte mehr als ein Jahr, bis Etzels Gedanke über die föderativen Neugestaltung Deutschlands zur Wiedervereinigung überhaupt der Öffentlichkeit zugänglich gemacht werden konnte, weil die Redaktionen der *Deutschen Woche,* der *Nürnberger Nachrichten* und auch das Zentralorgans des BdD, *Deutsche Volkszeitung,* an die er sich zwischen Mitte März und Juni 1954 nach Überarbeitung und Erweiterung des Manuskripts gewandt hatte, lange mit der Veröffentlichung zögerten. Entgegen Etzels Erwartungen stellten alle drei Zeitungen seinen Artikel zunächst noch bis Sommer 1955 zurück, wenngleich sie zur selben Zeit mehrere andere Aufsätze Etzels, die mit dem Thema »Die föderative Konstruktion Deutschlands« wenig zu tun hatten, gern veröffentlichten.[224] Mit dem Chefredakteur der *Deutschen Woche,* Carl August Weber, war Etzel Ende März indessen übereingekommen, zu prüfen, ob es besser wäre, die Gedankengänge nicht zum Gegenstand eines Presseartikels zu machen, sondern sie »in Form einer Denkschrift auf einem geeigneten Wege dem sowjetischen Außenminister zu unterbreiten«. Dabei spielte die Befürchtung eine Rolle, dass die Publikation es der sowjetischen Politik schwerer mache, auf die Vorschläge einzugehen.[225] Neben solchen taktischen Überlegungen lag ein weiterer Grund

221 Etzel an die Redaktion »Die Deutsche Woche«, 16. März 1954, in: StABB D-1003, Nr. 24. Seine ursprüngliche Absicht äußerte Etzel auch in einem Brief an Wilhelm Elfes vom 15. März 1954, in: StABB D-1003, Nr. 24.

222 Ebd.

223 Vgl. Etzel: Die föderative Konstruktion Deutschlands als Friedensgarantie, in: StABB D-1003, Nr. 24.

224 Etzels Aufsätze von Anfang 1954 bis 1955, die er in verschiedenen Zeitungen veröffentlichte, sind in zwei Bänden der Schriftenreihe des Deutschen Klubs 1954 gesammelt: Ausgewählte Politische Aufsätze von Etzel, Bde. 1 und 2, Köln 1955 und 1956.

225 Etzel an Joseph Wirth, 5. Mai 1954, in: StABB D-1003, Nr. 24.

für die Verzögerung der Veröffentlichung darin, dass die Redaktionen dem Inhalt nicht ganz zustimmen konnten oder, um mit den Worten Etzels zu sprechen, »die Aktualität und Bedeutung des Vorschlags verkannten«.[226] Im Frühling und Sommer 1954 bemühte Etzel sich zwar sehr, Gleichgesinnte wie Wirth, Elfes, Eckener und Niemöller zu gewinnen, es gelang ihm aber bis auf Weiteres nicht, mit Ausnahme Elfes'.[227] In seiner Antwort an Etzel vom 29. Juli 1954 verhielt sich vor allem der BdD-Vorsitzende Wirth reserviert. Er empfand die öffentliche Diskussion über den künftigen innerstaatlichen Aufbau Deutschlands als »im Augenblick noch verfrüht«. Es gehe bei den kommenden Deutschlandverhandlungen nicht so sehr um diese Frage »als vielmehr darum, Deutschland seine Souveränität zurückzugeben unter der Bedingung, daß sich dieses wiedervereinte Deutschland nicht an einseitigen Militärpakten beteiligt«, so Wirth an Etzel.[228] Der Auffassung des alten Reichskanzlers zufolge sollte die Hauptfrage in der damaligen Situation die Forderung nach Fortsetzung der Deutschlanddebatte unter Hinzuziehung der internationalen Diskussion sein. Eine andere Diskussion, zum Beispiel über die innere Gestaltung Deutschlands, könne, so befürchtete Wirth, diese Hauptforderung in den Hintergrund rücken und auch innerhalb der in diesem Punkt solidarisch geeinten politischen und sozialen Kräfte zu einer hitzigen Debatte führen, die als solche der gemeinsamen Sache sogar abträglich sein könnte.[229]

Nun musste sich Etzel auch mit der Zurückhaltung und der Missbilligung bisher Gleichgesinnter auseinandersetzen und überarbeitete seine Gedankengänge vor ihrer Veröffentlichung mehrfach. Allerdings gewann die Konzeption zur deutschen Wiedervereinigung in Etzels Augen unmittelbare Aktualität, zumal eine von der Sowjetunion geplante gesamteuropäische Konferenz stattfinden sollte, in deren Rahmen neben dem Abschluss des Staatsvertrags mit Österreich auch die Lösung der deutschen Frage behandelt werden sollte.[230]

Obendrein müsse man damit rechnen, dass »Russland nicht gesonnen sein dürfte, die Substanz des in der DDR aufgerichteten staatlichen, wirtschaftlichen und sozialen Systems preiszugeben«.[231] Ebenso wie der Vorreiter der Gedankengänge, Noack, propagierte auch Etzel einen friedlichen Weg zur

226 Etzel an Graf von Westphalen, 3. Januar 1957, in: StABB D-1003, Nr. 24

227 Etzel an Joseph Wirth, 19. Juni 1954, BA-Ko, N/1342/13. Elfes hatte schon bei seiner Unterredung mit Etzel Anfang März geäußert, dass Etzels Idee ihn beeindrucke. Vgl. Elfes an Etzel, 12. Juni 1954, in: StABB D-1003, Nr. 24. Vgl. dazu Abschnitt 2.4.4.

228 Wirth an Etzel, 29. Juni 1954, in: StABB D-1003, Nr. 24.

229 Ebd. Freilich war der Ton nicht sehr hartnäckig, sondern höflich, mit der Bemerkung: »Ihr Entwurf einer Denkschrift enthält wichtige Gedanken, die zu gegebener Zeit behandelt werden müssen.«

230 Etzel an Chefredakteur Carl August Weber, 9. Juni 1954, in: StABB D-1003, Nr. 24.

231 Etzel an die Redaktion der »Deutschen Volkszeitung«, 11. Juni 1954, in: StABB D-1003, Nr. 24.

deutschen Wiedervereinigung, der das (Teil-)System der DDR unbeschadet in die künftige gesamtdeutsche Konstruktion einbezog.[232] In der inzwischen auf sechs Seiten erweiterten Fassung des ersten Entwurfs, die Noack im Mai und Juni 1954 erneut Elfes und Wirth und den oben genannten drei oppositionellen Zeitungen zugesandt hatte, war ein konkreter Vorschlag enthalten, der gerade diesen Punkt berücksichtigte und verdeutlichte:

»Seine [des Föderalismus; der Verfasser] Verwirklichung bedeutet eine Manifestation des Friedenswillens, ist eine Stütze des Friedens und ermöglicht die Wiedervereinigung mit den in ihrer Struktur inzwischen anders entwickelten Ländern der DDR, deren System nach einer Übergangsphase staatenbündischer Zusammenarbeit mit der Bundesrepublik neben dem System der west- und süddeutschen Länder im gemeinsamen deutschen Haus seinen Platz haben kann. Dabei wäre denkbar, daß sich die Länder der DDR in der Form einer eigenen, kleineren Union mit den übrigen deutschen Ländern föderierten, wie es einmal Preußen in seinem später allerdings vor dem österreichischen Ultimatum wieder preisgegebenen Unionsprojekt von 1850 vorgeschlagen hatte.«[233]

In der ausgefeilten Endfassung unter dem Titel *Mögliche Phasen der deutschen Wiedervereinigung. Die föderative Konstruktion Deutschlands als Friedensgarantie und als Weg zur Wiedervereinigung,* die letztendlich am 3. August 1955 in der *Deutschen Woche* erschien,[234] erläuterte Etzel nun nicht nur die Bedeutung der inneren föderativen Gestaltung Deutschlands, sondern er behandelte vor allem auch umfassend die Frage, wie die Herauslösung der beiden deutschen Staaten aus den gegensätzlichen Blöcken, die deutsche Wiedervereinigung und ein System kollektiver Sicherheit in Europa gemeinsam entstehen könnten. Dazu stellte er seinen Standpunkt dar, dass nicht die beiden deutschen Teilstaaten, sondern Gesamtdeutschland Mitglied eines europäischen Sicherheitssystem sein sollte. Insofern wich sein Konzept nicht unbeträchtlich von dem durch die Sowjetunion vorgeschlagenen Sicherheitssystem ab, das zunächst West- und Ostdeutschland getrennt und erst später Gesamtdeutschland umfassen sollte. Etzel befürchtete, dass eine solche Prozedur, die die sowjetischen Politiker ins Auge fassten, die deutsche Trennung befestige und verlängere. Die Frage, ob die beiden deutschen Teilstaaten oder Gesamtdeutschland

232 Allerdings war seiner Konzeption zufolge der gegenteilige Fall, nämlich der Übergriff des DDR-Systems auf die Bundesrepublik, ausgeschlossen. Vgl. ebd.

233 Ebd.

234 In einer redaktionellen Anmerkung zum Titel wies die Redaktion der Deutschen Woche nun auf die Stichhaltigkeit und Aktualität der Gedankengänge und Vorschläge Etzels hin. Später erschien dieser Artikel in gekürzter Form in der Zweiten Folge »Ausgewählte Politische Aufsätze von Etzel« im November 1956. Vgl. Etzel: Ausgewählte politische Aufsätze (1956), S. 61–67.

Mitglied eines europäischen Sicherheitssystems wären, sei nicht gleichgültig, wie es die sowjetischen Politiker sahen, sondern eine entscheidende Frage für das Schicksal der Deutschen. Deshalb sei eine gesamtdeutsche Einrichtung, die »die staatenbündische Zusammenarbeit der beiden Teile ermöglicht und sichert«,[235] schon vor der Einordnung Deutschlands in ein gesamteuropäisches Sicherheitssystem zu installieren.

Im ersten Teil seiner achtseitigen Endfassung präsentierte Etzel die fünf Phasen der deutschen Wiedervereinigung im Einzelnen. Nach der ersten Phase der Normalisierung des Verhältnisses Bonns zu Ost-Berlin als ein Anfang zur Beseitigung der Spaltung sollten in der zweiten Phase der Rückzug der Besatzungstruppen, die Herauslösung der beiden deutschen Staaten aus den jeweiligen Blöcken und die zeitweise Neutralisierung Deutschlands bis zum Friedensvertrag folgen. In der dritten Phase sah das Konzept die Errichtung einer »vorläufigen, nur mit begrenzten Vollmachten und Funktionen ausgestatteten gesamtdeutschen Einrichtung« vor, die keine bundesstaatliche Regelung oder Konstruktion, sondern eine staatenbündische Zusammenarbeit in Aussicht stellte. Die vierte Phase wäre die Vorbereitung des angemessenen äußeren sowie inneren Status der deutschen Einheit bzw. die Beratung der Probleme zwischen den beiden Teilstaaten und Mächten, wie die Festlegung des internationalen Status eines künftigen Gesamtdeutschlands sowie seine Einordnung in ein gesamteuropäisches Sicherheitssystem und seine innerstaatliche Konstruktion. In der letzten Phase sollte es um den Friedensvertrag, die Vorbereitung freier Wahlen und die Verfassung unter Berücksichtigung der Bestimmungen des Friedensvertrags über die Zugehörigkeit Deutschlands zu einem gesamteuropäischen Sicherheitspakt und um die innerdeutsche Föderativkonstruktion gehen.[236]

Als roter Faden zog sich, ebenso wie in Etzels früherer Beschäftigung mit der Staatenbundidee, die Phrase »echter föderativer Aufbau Gesamtdeutschlands« durch den Artikel. In seinen jüngsten Schriften unterschied er aber »eine gesamtdeutsche Einrichtung zur staatenbündischen Zusammenarbeit der beiden deutschen Staaten« als eine Übergangslösung von der vollendeten föderativen Konstruktion Gesamtdeutschlands als endgültige Lösung:

> »Die wünschenswerte staatenbündische Zusammenarbeit der beiden deutschen Teilstaaten kann nur eine Übergangs-, keine Endlösung sein. Diese kann nur auf dem Weg einer echten Föderation mit allen Sicherungen gegen einen neuen friedenbedrohenden Zentralismus gesucht und gefunden werden.«[237]

235 Etzel an die Redaktion der »Deutschen Volkszeitung«, 11. Juni 1954, in: StABB D-1003, Nr. 24.
236 Vgl. ebd.
237 Vgl. ebd.

Es wird abermals deutlich, dass Etzel in keiner Weise einen Staatenbund der beiden deutschen Staaten als Vorläufer eines Bundesstaats plante, sondern eine kontinuierliche Weiterentwicklung bzw. Verwirklichung eines »echten« bzw. »gesunden und organischen« Föderalismus für den ganzen deutschen Raum ins Auge gefasst hatte. In dieser Hinsicht wäre es angemessen, die Errichtung einer staatenbündischen Zusammenarbeit zwischen den beiden Teilstaaten, wie Etzel sie vorschlug, nicht als Zwischenlösung oder Übergangsphase zu bezeichnen, sondern als eine »Eingangslösung« der deutschen Frage, auch wenn er selbst von »Übergangslösung« sprach.[238] In den verschiedenen Phasen sah Etzel den kontinuierlichen Verwirklichungsprozess eines »echten föderativen Aufbaus Gesamtdeutschlands«. In einem Memorandum vom November 1955 formulierte er zudem als Maßstäbe für die Verwirklichung einer solchen Lösung vier föderative Garantien:

> »Zunächst müsse der Deutsche Staatenbund oder Deutsche Bund (Union der Deutschen Republiken) durch freiwilligen Zusammenschluß gleichberechtigter deutscher Einzelstaaten zustande kommen. Zweitens müsse der Zusammenschluß staatlichen Charakter haben, also zwischen den beteiligten Staaten nach vorausgegangenen Abstimmungen (innerhalb derselben) vereinbart werden. Drittens dürften die Bundesländer in sorgfältiger und strenger Auswahl und Dosierung bloß diejenigen Zuständigkeiten auf den Bund übertragen, die für die erklärten gemeinsamen Zwecke unentbehrlich sind. Dabei müßten die verschiedenen gesellschaftlichen, wirtschaftlichen und politischen Strukturen der deutschen Länder berücksichtigt werden. Zuletzt sei die Bundesverfassung Gegenstand des Unionsvertrages, nicht eines Gesetzgebungsaktes des Bundes. Daher sei die Kompetenz-Kompetenz des Bundes auszuschließen.«[239]

Damit aktualisierte Etzel die Prinzipien des »echten Föderalismus«, also des Staatenbundes, die er als »Theoretiker der Bayernpartei« schon bei seiner Auseinandersetzung mit den »Pseudoföderalisten« in der Entstehungsphase der Bundesrepublik entwickelt hatte.

Was Etzel in seinen verschiedenen Denkschriften ab 1954 am Schluss stets unterstrich, muss aber auch hier Beachtung finden: die Bedeutung der föderativen Gestaltung Gesamtdeutschlands für die europäische Sicherheit. Ohne

238 In einer biographischen Studie über Wilhelm Elfes schnitt Albert Eßer den Unterschied zwischen der Konföderationsidee Etzels und Elfes an, wobei er zutreffend darauf hinwies, dass die Denkschrift Etzels zwar auch von »einer Übergangsphase staatenbündischer Zusammenarbeit« spreche, »ihr Text aber seiner Gesamttendenz nach doch auf eine bleibende föderalistische Struktur des wiedervereinigten Deutschlands ausgerichtet gewesen sei«. Albert Eßer: Wilhelm Elfes 1884–1969. Arbeiterführer und Politiker, Mainz 1990, S. 273.

239 Etzel: Memorandum. Die föderative Gestaltung Gesamtdeutschlands als internationale Aufgabe, 22. November 1955, in: StABB D-1003, Nr. 24.

einen echten föderativen Aufbau Gesamtdeutschlands gebe es keine europäische Sicherheit, wie er im *Memorandum* vom November 1955 schrieb.[240] Dabei muss man sich nicht nur seinen Einsatz für eine zeitweise Neutralisierung Deutschlands bis zum Friedensvertrag sowie für die Herauslösung aus den ideologisch und militärpolitisch gegensätzlichen Blöcken in Erinnerung rufen, sondern auch, dass er in beiden deutschen Teilstaaten und ihren jeweiligen Systemen dieselbe gefährliche Orientierung hin zu einer zentralistischen Machtpolitik sah. Die Frage nach Krieg oder Frieden war Etzels Auffassung zufolge letzten Endes auf die Alternative Föderalismus oder Zentralismus zurückzuführen. Insofern bedeute ein kleiner Schritt zum echten Föderalismus auf deutschem Boden schon einen großen Fortschritt zum Frieden für Europa und die ganze Welt. Aus dieser Perspektive hielt er die föderative Gestaltung Deutschlands nicht nur für eine deutsche, sondern für eine europäische, ja globale Aufgabe, und zwar eine sehr dringende.

2.3.5 Etzels Werbung für das Konföderationskonzept

Für seine Konföderationsidee vermochte Etzel im Laufe der Jahre 1954 und 1955 zumindest zwei Persönlichkeiten als Mitstreiter zu gewinnen: Wilhelm Elfes und Karl Graf von Westphalen. Etzel und Elfes verstanden sich gut und tauschten seit Anfang 1952 gelegentlich Briefe aus. Anlass für den Kontakt der beiden Oppositionellen war die Wehrdebatte. Elfes schätzte den Bundestagsabgeordneten aus Bamberg bei der Bundestagsdebatte sehr und wollte ihn gern »ermutigen«.[241] Etzel verfolgte Elfes' »eigenen Kampf um Wahrheit, Recht und Vernunft mit großer menschlicher Anteilnahme und nicht geringer politischer Genugtuung«.[242] Der bayerische Föderalist und der katholische Arbeiterführer arbeiteten bis 1960, als die beiden als Mitinitiatoren die *Deutsche Friedensunion* (DFU) ins Leben riefen, aber noch in keiner politischen Organisation zusammen. Elfes machte sich 1955 die Konföderationsidee Etzels zu eigen und propagierte sie in seiner Partei, dem BdD, und durch seine Kontakte in den Osten, was unten ausführlich dargestellt wird.

Unterdessen setzte sich Graf von Westphalen als Vorsitzender des *Deutschen Klubs 1954* gemeinsam mit Etzel als Vorstandsmitglied dafür ein, dessen Konföderationskonzeption zunächst innerhalb des Kreises und dann in breiteren bürgerlichen Kreisen mehr Unterstützung angedeihen zu lassen.[243]

240 Vgl. ebd.
241 Elfes an Etzel, 21. Februar 1952, in: Stadtarchiv Mönchengladbach (StAMG) 15/8/9, Bl. 93.
242 Etzel an Elfes, 2. März 1952, in: StAMG 15/8/9, Bl. 94.
243 Vgl. Amos: Die Westpolitik der SED 1948/49–1961, S. 234–242.

Als Graf von Westphalen sich in seinem Referat auf einer Veranstaltung des Klubs im März 1956 in München nicht nur für Abrüstung, Entspannung und innerdeutsche Verständigung, sondern auch eindeutig für die Idee eines Staatenbundes zur Wiedervereinigung Deutschlands aussprach,[244] fand dies keine ungeteilte Zustimmung. Auf der Veranstaltung machte zum Beispiel ein Mitglied des *Deutschen Klubs 1954* als Diskussionsredner seine kritische Zurückhaltung mit der Bemerkung deutlich, dass von Verhandlungen mit der DDR für die Wiedervereinigung im Augenblick nichts zu erwarten sei.

Der Privatdozent Dr. Hanfried Lenz, der sich gern als Vertreter der Gegner dieser Idee sah, vertrat die Position, dass die Sowjetunion wegen ihres echten Wunsches nach Frieden und Entspannung noch für eine sie nicht bedrohende Wiedervereinigung zu gewinnen sei, aber die DDR-Regierung ganz bestimmt nicht. Sie könne aus einfachem Selbsterhaltungswillen nur das Ziel haben, die Wiedervereinigung zu verhindern, allerdings unter möglichst lauter Beteuerung des Gegenteils.[245] Augenscheinlich wegen solchen Einspruchs war die Konföderationsidee in den verschiedenen Erklärungen und Stellungnahmen des *Deutschen Klubs 1954* noch nicht enthalten, selbst wenn von anderen Gedankengängen zur Erreichung einer friedlichen Zukunft für ein wiedervereinigtes Deutschland wie bewaffneter oder unbewaffneter Neutralitätspolitik, politischer Verhandlung mit der Sowjetunion, deutscher Initiative zur Schaffung eines europäischen Sicherheits- und Nichtangriffssystems immer wieder die Rede war.[246]

Gleichwohl ist festzustellen, dass es Etzel und von Westphalen 1956 und 1957 gelang, nicht wenige Intellektuelle und Persönlichkeiten im breiteren bürgerlichen Lager, die sich schon gegen Adenauers West- und Atomrüstungspolitik ausgesprochen hatten, für ihre Konföderationsidee zu gewinnen. Eine Zeitschrift spielte dabei eine entscheidende Rolle als Diskussionsforum: *Blätter für deutsche und internationale Politik (Blätter).*

Graf von Westphalen und Etzel gründeten sie Ende 1956 »aus Sorge um Deutschlands Zukunft«[247] und gaben sie als politisch-wissenschaftliche Mo-

244 Auszug aus der Rede: »Es wäre durchaus denkbar, als Übergangslösung einen föderativen Aufbau Deutschlands in Betracht zu ziehen, um so die unterschiedlichen Entwicklungen in beiden deutschen Staaten zu berücksichtigen. Eine Föderation oder ein Staatenbund mit zentraler Körperschaft an der Spitze wäre eine Möglichkeit zur allmählichen Überwindung von heute scheinbar unüberbrückbaren Gegensätzlichkeiten.« Anhang zu Karl Graf von Westphalen: Wesen und Aufgabe des Deutschen Klubs 1954 – Politische Streiflichter und Ausblicke, in: Etzel: Welt im Umbruch, S. 50–61, hier S. 60.

245 Vgl. Anhang zu Hanfried Lenz: Diskussionsbeitrag, in: ebd., S. 62 ff., hier S. 63.

246 Vgl. Gründungserklärung (6. Februar 1955), Königsteiner Erklärung (7. Juli 1955), An die Abgeordneten des Deutschen Bundestages (27. Juli 1956), in: StABB D-1003, Nr. 23.

247 Graf von Westphalen: Ein Wort auf den Weg. Aus Sorge um Deutschland, in: Blätter für deutsche und internationale Politik 1 (1956), H. 1, S. 1. Diese Zeitschrift entstand aus dem Kreis kritischer Persönlichkeiten des Deutschen Klubs 1954. Zu ihrer Geschichte vgl. Dreißig Jahre »Blätter«, in: Blätter 32 (1987), H. 1, S. 465–575.

natszeitschrift mit heraus. Die *Blätter* wollten »kein Organ politischer Orthodoxie«, geschweige denn »Handlanger Pankows« sein, sie verstanden sich vielmehr als »Forum und analytisch-publizistisches Zentrum entschieden humanistischer und demokratischer Impulse« und fühlten sich »dem vielfältigen reichen Erbe entsprechender europäischer Traditionsströme verpflichtet«.[248] Obgleich sich einige *Blätter*-Autoren regelmäßig mit sozialpolitischen Themen beschäftigten,[249] standen die deutsche Frage und die Erhaltung des Friedens sowie die Verhütung eines Atomkriegs und die Abrüstung in den späten 1950er Jahren im Mittelpunkt. Zunächst stellte die »friedliche Koexistenz« den Leitgedanken dar, und dabei ließen sich die Intellektuellen von dem »Erwachen der Dritten Welt und der Herausbildung der blockfreien Bewegung«, besonders Nehrus Gedanken und der Bandung-Konferenz, beeinflussen.[250] Auch Beiträge über indische Außenpolitik fanden in den *Blättern* ihren Platz.[251] Die verschiedenen internationalen Entspannungsbemühungen mit großem Interesse verfolgend, engagierten die Herausgeber der Zeitschrift sich nicht zuletzt dafür, ein Umdenken auch in der deutschen Frage in Gang zu setzen.

Neutralität und Wiedervereinigung wurden als Leitbegriffe ebenfalls vielfach ausgeführt. Bereits in der ersten Ausgabe der *Blätter* am 25. November 1956 erwähnte Etzel seinen föderativen Gedanken zur Lösung der Deutschlandfrage. In der Tat war es auch der Kreis um diese Zeitschrift, der zum ersten Mal auf die Konföderationsvorschläge der DDR seit Anfang 1957 aufmerksam machte und sich eindeutig dafür einsetzte.[252]

Unterdessen richteten sich Etzels Augen auf den Osten. Um seine Konföderationsidee mit ostdeutschen und nicht zuletzt mit sowjetischen Politikern zu besprechen, agierte er selbst als Grenzgänger. In Genf hatte Etzel schon im Mai 1954 in einem Gespräch mit dem damaligen Leiter der Deutschlandabteilung des sowjetischen Außenministeriums und späteren Botschafter in Finnland, Michail Gribanow[253], seine Gedankengänge vorgestellt. Im Som-

248 Herausgebererklärung, in: Blätter 17 (1972), H. 1, S. 4.

249 In den ersten drei Ausgaben stellte z. B. Klemens Brockmöller S. J. den Ansatz einer »echten Sozialreform im Sinne einer Synthese« zwischen Individualismus des liberal-kapitalistischen Systems und Kollektivismus des kommunistischen Systems vor. Vgl. ders.: Individualismus und Kollektivismus. Gedanken zur Koexistenz und zur Wiedervereinigung, in: Blätter 1 (1956), H. 1, S. 11–15; ebd., 1 (1956), H. 2, S. 44–47; ebd., 2 (1957), H. 1, S. 12–15.

250 Vgl. Jürgen Lütt: Nehru und Indiens Politik der Blockfreiheit, in: Dominik Geppert/Udo Wengst (Hg.): Neutralität – Chance oder Chimäre?, München 2005, S. 134–154.

251 Die Ausgabe 1/1958 der Blätter enthielt einen Beitrag des Ersten Sekretärs der indischen Botschaft in der Bundesrepublik über Indiens Außenpolitik mit dem Grußwort des Botschafters A. C. N. Nambiar. Darin ging es um die »Koexistenz«.

252 Vgl. dazu Abschnitt 4.1.1.

253 Gribanow war in der Vorbereitungszeit der ersten Stalin-Note (1951) Leiter der für die deutschsprachigen Länder zuständigen Dritten Abteilung des sowjetischen Außenministeriums. Die Initiative für das Friedensvertragsprojekt »Stalin-Note« ging Loth zufolge

mer 1955 reiste Etzel mit Graf von Westphalen und anderen Mitgliedern des *Deutschen Klubs 1954* nach Warschau. Am 6. August 1955 fand in der Hauptstadt Polens eine Unterredung zwischen von Westphalen und dem dortigen DDR-Botschafter Stefan Heymann statt, wobei der westdeutsche Gast dem Botschafter seine Idee der deutschen Wiedervereinigung vorstellte, wonach als erster Schritt zum Beispiel eine gemeinsame Kommission zur Schaffung einer einheitlichen deutschen Währung gebildet werden sollte.[254] Die Reise führte weiter nach Moskau, wo sich die Delegation des *Deutschen Klubs 1954* mit Wladimir Semjonow,[255] der in Deutschland längst als ein sowjetischer Diplomat bekannt war, der an eine Zusammenarbeit mit dem Westen glaubte, traf. Anfang September 1949 hatte sich der damalige Hohe Kommissar Semjonow in Karlshorst in seinem Gespräch mit Noack über dessen ähnliche Überlegungen zur deutschen Wiedervereinigung informiert und dem Gesprächspartner gegenüber sein Engagement für eine versöhnliche Deutschlandpolitik »vollkommen deutlich und unüberhörbar«[256] gezeigt. Dem sowjetischen Diplomaten und Deutschlandspezialisten gegenüber verstand es Etzel nun in Moskau seine Konföderationskonzeption vorzustellen, und er brachte seinen Wunsch zum Ausdruck, dass »sich die sowjetische Politik eine solche Lösung zu eigen macht«.[257]

Auf einer Konferenz am 7. Juli 1956 in Berlin führte Graf von Westphalen ein vertrauliches Gespräch mit Otto Nuschke über die deutsch-deutsche Verständigung und reiste noch im selben Jahr zweimal nach Weimar, Mitte Juli und Mitte September, um seine alten Ost-CDU-Freunde in Thüringen zu treffen, aber auch eigenen politischen Absichten in der DDR nachzugehen.[258] Etzel und Graf von

von ihm aus. Vgl. zur Diskussion der Rolle Gribanows: Wilfried Loth: Die Entstehung der »Stalin-Note«. Dokumente aus Moskauer Archiven; Hermann Graml: Eine wichtige Quelle – aber missverstanden. Anmerkungen zu Wilfried Loth: »Die Entstehung der Stalin-Note. Dokumente aus Moskauer Archiven«, in: Jürgen Zarusky (Hg.): Die Stalin-Note vom 10. März 1952. Neue Quellen und Analysen. Mit Beiträgen von Wilfried Loth, Hermann Graml und Gerhard Wettig, München 2002, S. 20–137. Laut Berichten des Bundesamtes für Verfassungsschutz fand am 8. Mai 1954 in Genf eine Besprechung zwischen Etzel und dem damaligen sowjetischen Außenminister Molotow statt. Vgl. dazu Brief des Staatssekretärs des Bundeskanzleramtes Globke an Pfleiderer, 16. Juni 1954, BA-Ko, N/1286/57.

254 Vgl. Aktennotiz über eine Unterredung zwischen Botschafter Heymann und verschiedenen Ehrengästen aus Westdeutschland am 6. August 1955, in: PA AA MfAA A 9580, Bl. 41 f.; Amos: Die Westpolitik der SED, S. 235.

255 Ebd.

256 Welt ohne Krieg 6 (1957), Nr. 9, S. 4. Überdies sei auf eine interessante indirekte Verbindung des sowjetischen Hohen Kommissars mit einem anderen aktiven deutschen Neutralisten wie Wolf Schenke im Jahre 1949–1952 verwiesen. Vgl. Wolf Schenke: Siegerwille und Unterwerfung. Auf dem Irrweg zur Teilung. Erinnerungen 1945–1955, München 1988, S. 295 f. und 319.

257 Etzel an Graf von Westphalen, 3. Januar 1957, in: StABB D-1003, Nr. 24.

258 Vgl. BStU, MfS AIM 5155/68, Bl. 21 f. und 33.

Westphalen hatten vor, »den *Deutschen Klub 1954* im Osten auszubauen und vielleicht Erfurt als Ausgangsbasis für die Arbeit in der DDR zu gewinnen«.[259] Dabei zögerten beide nicht, Kontakt zu Mitarbeitern des Ministeriums für Staatssicherheit (MfS) aufzunehmen und mit ihnen einen Gedankenaustausch zu führen. Anfang Juni 1956 stellte ein MfS-Mitarbeiter unter dem Decknamen »Lion« in Bonn einen »lockeren Kontakt« zu von Westphalen her. Es schien, dass auch Etzel im Juni 1956 den ersten Kontakt zum selben Mitarbeiter aufnahm.[260] Etzel und von Westphalen aber wollten »sich nicht geiselhörigen lassen«,[261] wie von Westphalen damals formulierte, als er ein Interview in Weimar ablehnte. Im Bedarfsfall machte von Westphalen keinen Hehl aus seiner Abneigung gegenüber der DDR-Regierung, ebenso wie er die Veröffentlichung der DDR-Regierung gegen Strauß, Speidel und die bundesdeutschen Richter scharf kritisierte. Überdies richtete sich sein Interesse besonders auf die »national gesinnten Leute aus der Zone«.[262] Die Ostkontakte waren für die beiden führenden Politiker des *Deutschen Klubs 1954* nur ein Mittel, um auf die nationale Politik der DDR Einfluss zu nehmen, nicht umgekehrt.

Es ist schwer zu sagen, inwieweit Etzels und Graf von Westphalens Agieren als Grenzgänger der sowjetischen bzw. ostdeutschen Politik unmittelbare Anregungen für den Konföderationsvorschlag der SED Anfang 1957 gab.[263] In einem Brief an Graf von Westphalen vom 3. Januar 1957 äußerte Etzel immerhin Genugtuung darüber, dass sein »Vorschlag zur Wiedervereinigung im Begriffe ist, Bestandteil der sowjetischen Politik zu werden«.[264] Schwer zu bezweifeln ist, dass die DDR-Regierung jenen Vorstoß der beiden Vertreter des *Deutschen Klubs 1954* als einen Faktor für ihre Überlegungen bezüglich eines Konföderationskonzepts ernsthaft zur Kenntnis nahm. Den Wirkungsmöglichkeiten des *Deutschen Klubs 1954* in oppositionell-bürgerlichen Kreisen der Bundesrepublik schenkte die SED zumindest Beachtung.[265] In einer Abhandlung aus dem Jahr 1967 über die nationale Frage machte Friedrich Ebert, Mitglied des Zentralkomitees der SED, in aller Deutlichkeit auf den Zusammenhang zwischen der Geburt des SED-Konföderationsgedankens

259 Ebd., Bl. 20. Für die »Blätter« sollten einige Mitglieder der Ost-CDU schreiben. Vgl. ebd., Bl. 57 f.
260 Vgl. ebd., Bl. 19 f.
261 Ebd., Bl. 33.
262 Ebd., Bl. 36.
263 Zur Vorgeschichte des Konföderationsvorschlages der SED vgl. Abschnitt 3.1. Über die Rolle Semjonows gab es zu jener Zeit Spekulationen, wonach er bereits im Jahre 1952 mit westdeutschen Besuchern über die Möglichkeiten einer Konföderation beider deutscher Staaten diskutiert und nach dem 17. Juni 1953 einen neuen Vorstoß gemacht hätte, in: Neue Politik 2 (1957), H. 38, S. 13.
264 Etzel an Graf von Westphalen, 3. Januar 1957, in: StABB D-1003, Nr. 24.
265 Insbesondere der Einfluss des Vorsitzenden von Westphalen wurde hoch geschätzt. Vgl. BStU, MfS AIM 5155/68, Bl. 50, 53 und 63.

und den westdeutschen bürgerlichen Initiatoren der Konföderationsidee aufmerksam.[266]

Es waren jedoch nicht nur Etzel und Graf von Westphalen, die im Zeitraum von 1955 bis Ende 1956 die Grenze der beiden gegensätzlichen Welten passierten, um die Konföderation mit sowjetischen und ostdeutschen Politikern zu besprechen. Wilhelm Elfes, der sich schon die Konföderationsidee Etzels zu eigen gemacht hatte, überschritt noch öfter die Grenze, so dass er 1956 sowohl in der DDR als auch bei den sowjetischen Machthabern die Idee einer deutschen Konföderation noch aktiver propagierte als deren Urheber Etzel.

2.4 Der Grenzgänger Wilhelm Elfes

2.4.1 Ein katholischer Politiker gegen Adenauer

Unter den bürgerlich-neutralistischen Gruppierungen bzw. Adenauer-Gegnern in der Bundesrepublik, welche in den 1950er Jahren gegen die Remilitarisierungs- und Westintegrationspolitik der Bundesregierung mobil machten, nahmen Wilhelm Elfes und Gleichgesinnte durch ihre eigenwillige politische Praxis eine besondere Stellung ein. Nicht nur wegen ihrer vorbehaltlosen Zusammenarbeit mit westdeutschen Kommunisten, sondern auch aufgrund ihrer Kontakte zu offiziellen Vertretern und Stellen der DDR isolierten sie sich auf der politischen Bühne der Bundesrepublik immer mehr. In einem separaten Weststaat wie der Bundesrepublik, wo der Antikommunismus zur Denunziation und Ausgrenzung etablierter politischer Kräfte benutzt wurde, wirkten Bezeichnungen wie »pro-kommunistisch« oder »kommunistische Tarnorganisation« für eine außerparlamentarische »Sammlungsbewegung«, wie sich Elfes und seine Mitkämpfer nannten, verheerend. Dennoch konnten Elfes und der BdD, dessen Vorsitz er innehatte, basierend auf dem zuversichtlichen Glauben an eine Verständigungsmöglichkeit zwischen beiden deutschen Teilstaaten und auch auf mehrmaligen Begegnungen mit verschiedenen ostdeutschen sowie sowjetischen Politikern, bereits 1955/56 eine eigene Wiedervereinigungskonzeption entwickeln und sowohl in der bundesdeutschen Öffentlichkeit als auch in der DDR darlegen und verbreiten.

266 Vgl. Friedrich Ebert: Der Weg zur Lösung der nationalen Frage, in: Zwei deutsche Staaten. Die nationale Politik der DDR. Mit Beiträgen von Albert Norden, Hermann Matern, Friedrich Ebert und einer Dokumentation, Wien 1967, S. 98.

Wilhelm Elfes, geboren am 5. Juni 1884 in Krefeld, war ein katholischer Politiker. Wie Albert Eßer in seiner Biographie über den religiösen Arbeiterführer und Politiker zutreffend resümierte,[267] begleitete ihn die Haltung, ein aufrechter Christ zu sein, auf seinem langen und verschlungenen Lebensweg. Als der junge Eisenbahnschlosser Elfes, aufgewachsen in einem Waisenhaus, 1904 dem katholischen Arbeiterverein St. Dionysius in Krefeld und ein Jahr später der Zentrumspartei beitrat, spielte der Gedanke eine entscheidende Rolle, dass »der Arbeiter Mensch und als Mensch ein Kind Gottes, Gottes Ebenbild ist, darum darf er die Göttlichkeit in sich nicht schänden lassen, darum muß er gegen die soziale Erniedrigung, für eine menschen- und christenwürdige Lebensgestaltung kämpfen«[268]. Mit seinen Tätigkeiten als Publizist von 1911 bis 1927 bei der *Westdeutschen Arbeiter-Zeitung* in Mönchengladbach, als Stadtverordneter von 1919 bis 1927 und als Mitglied des Reichsparteivorstands der Zentrumspartei von 1918 bis 1933[269] erwarb er sich einen wachsenden Einfluss innerhalb der katholischen Arbeiterbewegung sowie in der Zentrumspartei.

In der Weimarer Zeit entwickelte Elfes eine im katholischen Menschenbild verwurzelte Sozialreformidee, er distanzierte sich von den sozialdemokratischen bzw. kommunistischen Sozialismuskonzepten[270] und setzte sich für den republikanischen und demokratisch-sozialen Flügel der Zentrumspartei, vertreten durch Politiker wie Joseph Wirth und Matthias Erzberger, ein. Elfes' Amtstätigkeit als Polizeipräsident in seiner Geburtsstadt Krefeld ab 1927 ging mit der »Machtergreifung« der Nationalsozialisten zu Ende. Trotz miserablen finanziellen Zustandes nach dem Ausscheiden aus dem Amt, Verhaftung und Flucht 1944/45 wegen Kontakten seines Widerstandskreises zu den Verschwörern des 20. Juli 1944 gelang es Elfes in Anlehnung an den Fortschrittsoptimismus, dem der Glauben an die Sinnhaftigkeit der Welt und die fortschreitende Entwicklung des Gemeinwesens der Menschen und Völker als Ausdruck des Waltens Gottes in der Geschichte zugrunde lag, seine persönlichen und politischen Schwierigkeiten zu überstehen und sich auf einen Neuanfang Deutschlands nach der Befreiung vom braunen Joch mit einem eigenen Programm

267 Vgl. Eßer: Wilhelm Elfes 1884–1969, S. 286–293.

268 Zitat nach ebd., S. 10.

269 Vgl. auch eine kurzgefasste Biographie aus der DDR, Günter Wirth: Wilhelm Elfes, Berlin 1984.

270 In Anlehnung an die katholische Weltanschauung und Sozialethik grenzte er sich in politischen Diskussionen zu jener Zeit vom marxistischen Sozialismuskonzept ab, wie etwa bei der Auseinandersetzung um Sozialisierung in den ersten Jahren der Weimarer Zeit. Er sah eher in der Werkgenossenschaftsidee von Erzberger ein »wirksames Gegenmittel gegen die sich steigernde Übermacht des Kapitals«. Vgl. Eßer: Wilhelm Elfes 1884–1969, S. 58.

vorzubereiten.[271] Damals teilte Elfes, nun als Zigarrenhändler, mit seinen alten Mitkämpfern aus der katholischen Arbeiterbewegung und der Zentrumspartei in der Weimarer Zeit wie Karl Schmitz, Heinz Körner, Johannes Albers, Jakob Kaiser und anderen die Idee einer deutschen »Labour-Partei«, die er schon seit seinem Englandaufenthalt 1925 als Ideal ansah. Seinen politischen Zukunftsvorstellungen zufolge sollte eine »Partei der Arbeit« nach englischem Modell, in der sich Christen und Sozialisten zusammenfänden, die Grundlage der künftigen Regierung bilden.[272]

Elfes, mittlerweile Oberbürgermeister in Mönchengladbach, hatte seit April 1945 sein Konzept zur Zusammenarbeit von Christen und Sozialdemokraten auf der regionalpolitischen Ebene begonnen in die Tat umzusetzen. Die allgemeine politische Lage in Deutschland sowie die innere Entwicklung in der neu gebildeten CDU in den ersten Nachkriegsjahren enttäuschten ihn in doppelter Weise. Zum einen nahm die CDU, der der »linke« Oberbürgermeister in Mönchengladbach »nur zögernd«[273] beigetreten war, trotz inneren Widerstands im Laufe der Zeit eindeutig Gestalt als »christliche« und bürgerliche Partei an. Der ehemalige christliche Arbeiterführer Elfes, der den Begriff »Christlicher Sozialismus« wegen des Beiworts »christlich« eher ablehnte[274] und sich nun doch zum Sozialismus bekannte,[275] vermochte wohl im Ahlener Programm der CDU vom 3. Februar 1947 noch eine zeitweilige Hoffnung zu sehen. Er musste aber bald einsehen, dass das Ahlener Programm nichts als ein raffinierter Schachzug Adenauers war[276] und dass die Partei schon eine »Adenauer-

271 Zu seinen politischen Überlegungen über ein neues Deutschland vgl. Elfes: Ich bitte ums Wort, in: StAMG 15/8/77, Bl. 26–32; Eßer: Wilhelm Elfes 1884–1969, S. 115–123; Wirth: Wilhelm Elfes, S. 7–15.

272 Vgl. Eßer: Wilhelm Elfes 1884–1969, S. 119.

273 Elfes an Meyer-Sevenich, 2. August 1948, in: StAMG, 15/8/34, Bl. 190.

274 Elfes befürchtete, dass das Beiwort »christlich« zwischen Christen und Nichtchristen eine Scheidelinie zog. Vgl. Elfes: Christen und Sozialisten!, S. 7, in: StAMG 15/8/79, Bl. 110. Mit demselben Argument sprach er sich gegen das Wort »christlich« im Namen der CDU aus.

275 Anders als zur Weimarer Zeit machte Elfes sich nicht nur die Bezeichnung »Sozialismus« sowie dessen Grundgedanken zu eigen, sondern auch verschiedene sozialistische Programme. Freilich wehrte er sich entschieden gegen »Kollektivismus« und staatliche Allmacht. Er zählte sich zu den »Westsozialisten«, die sich seiner Meinung nach darin von den »Altsozialisten« und »Ostsozialisten« unterschieden, dass ihre Ziele und Wege ethisch orientiert seien. Vgl. Elfes: Christen und Sozialisten!, in: ebd., S. 8 f. und 111 f.

276 Frank Bösch sah im Ahlener Programm drei taktische Motive Adenauers: Zunächst sollte es vor der Wahl in Nordrhein-Westfalen die Stimmen der Arbeiter sichern. Zweitens ginge es darum, durch solche Scheinzugeständnisse die weiteren Forderungen der Briten, Sozialdemokraten und CDA (Christlich-Demokratische Arbeitnehmerschaft) zu verzögern und schließlich zu verhindern. Drittens sollte es dazu verhelfen, Adenauers Rivalen innerhalb der Partei auszuspielen. Frank Bösch: Macht und Machtverlust. Die Geschichte der CDU, Stuttgart/München 2002, S. 18. Zu einer ähnlichen Analyse vgl. Rudolf Uertz: Christentum und Sozialismus in der frühen CDU. Grundlagen und Wirkungen der christlich-sozialen Ideen in der Union 1945–1949, Stuttgart 1981, S. 99.

Partei« geworden war, die von seiner Idee einer »Partei der Arbeit« stark abwich.[277]

Zum anderen wollte sich Elfes mit der Bildung eines separaten Weststaates in Deutschland ganz und gar nicht abfinden. Während der spätere Bundeskanzler Konrad Adenauer schon im Herbst 1945 den sowjetisch besetzten Teil Deutschlands verloren sah und die Sowjetunion als einen möglichen Kriegsgegner betrachtete, blieb für Elfes ein einheitliches Deutschland immer der politische Leitgedanke. Elfes, der mittlerweile am 27. April 1948 die *Westdeutsche Zeitung* gegründet hatte und als Chefredakteur der Zeitung regelmäßig zur Feder griff, setzte sich mit der Staatsgründung in den Westzonen intensiv und kritisch auseinander, wobei er davon ausging, dass Deutschland wie den anderen Völkern ein natürliches Recht als Nation zugestanden werden sollte. Dabei rechnete er mit der Möglichkeit des Ausgleichs und der Verständigung mit der Sowjetunion. Der antikommunistischen Frontstellung trat der Publizist schon in jener Zeit heftig entgegen. Selbst in der *Westdeutschen Zeitung* war er allerdings nicht selten mit der antisowjetischen Haltung einiger Redakteure konfrontiert.[278]

Nach seinem doppelten Ausscheiden im Jahr 1950, nämlich aus der *Westdeutschen Zeitung* und aus dem nordrhein-westfälischen Landtag, aber auch durch den Ausschluss aus der CDU im November 1951 sollte Elfes' weiterer Lebensweg als Oppositionspolitiker noch dynamischer, aber nicht sehr glücklich verlaufen.

2.4.2 Ostkontakte und Grenzgänge 1951 bis 1954

Wilhelm Elfes' Gedanken sowie seine politische Praxis in den 1950er Jahren bestimmte nicht zuletzt die Verbindung zum Osten. Seine Ostkontakte und -besuche standen in engem Zusammenhang mit der Bekämpfung der Westbindungspolitik Adenauers und dem Streben nach Neutralität. Bei der Auseinandersetzung um die Aufrüstung und Westintegration der Bundesrepublik, die der Bundeskanzler nach dem Ausbruch des Koreakrieges Ende Juni 1950

277 Die meisten Mitstreiter von Elfes, die zuvor die Idee einer »Partei der Arbeit« befürwortet hatten, entfernten sich mit der Zeit von ihrem ursprünglichen Gedanken. In einem Brief vom 7. Januar 1946 an Jakob Kaiser berichtete Albers etwa, dass nur noch Wilhelm Elfes einer solchen Überlegung anhinge, doch hoffe er, auch seinen Freund aus Mönchengladbach bald »eingliedern« zu können, in: Uertz: Christentum und Sozialismus in der frühen CDU, S. 38. Allerdings brauchte das nicht unbedingt zu bedeuten, dass die Union »nun eine bürgerliche Partei sein sollte«, wie Uertz anschließend hinwies: Die meisten christlichen Sozialisten gingen noch davon aus, dass das »bürgerliche Zeitalter« endgültig vorbei sei und dass liberal-konservative Ideen keine Zukunft mehr hätten. Vgl. ebd., S. 39.

278 Vgl. Eßer: Wilhelm Elfes 1884–1969, S. 185.

vorantrieb, schloss Elfes sich der Volksbefragungsbewegung an und begann für ein neutralisiertes und wiedervereinigtes Deutschland einzutreten. Sozialpolitisch stand der Adenauer-Widersacher zwar weiterhin für einen Dritten Weg, aber damit beschäftigte er sich zu dieser Zeit weniger intensiv. Zentrales Anliegen seiner Politik zu Beginn der fünfziger Jahre waren, ähnlich wie bei Noack und Etzel, die deutschlandpolitischen Probleme. Deutschland wies er, ebenso wie viele andere Neutralisten, eine Mittler- und Brückenfunktion zwischen den beiden gegensätzlichen Weltmächten zu, und er teilte ohne weiteres die Ansicht, dass die Wiederbewaffnung des separaten Weststaates in einer geteilten Mitte Europas Deutschland nur zu einem neuen Krieg führe.

Gleichwohl unterschied Elfes sich von den meisten Neutralisten dadurch, dass er sich von vornherein nicht davor scheute, beim Kampf gegen den EVG- und Deutschland-Vertrag Schulter an Schulter mit Kommunisten zu stehen. Im Gegensatz zur *Notgemeinschaft für den Frieden Europas*, die Gustav Heinemann und Helene Wessel im November 1951 gemeinsam mit verschiedenen Gruppen und Kreisen der antimilitärischen Oppositionen gründeten und dabei jedwede Zusammenarbeit mit den Kommunisten eindringlich ablehnten, saß Elfes im Präsidium des *Arbeitskreises für Deutsche Verständigung*, der sich aus dem Düsseldorfer Treffen vom 21. Dezember 1950, einer Einladung der ehemaligen nationalliberalen Reichstagsabgeordneten Katharina von Kardorff-Oheimb folgend, gebildet hatte, wobei Friedrich Maase und Hermann Geissen und auch der Kommunist Oskar Neumann mitwirkten.[279] Es war gerade sein gemeinsamer Auftritt als Redner mit dem KPD-Vorsitzenden Max Reimann auf einer Großkundgebung am 25. September 1951 in Dortmund, den die CDU zum Anlass für seinen Parteiausschluss nahm.

Darüber hinaus hatte Elfes bereits im Grotewohl-Brief[280] vom 30. November 1950 an den Bundeskanzler Adenauer einen richtigen Ansatz zur möglichen Wiederherstellung der deutschen Einheit gefunden: die Verständigung der Deutschen selbst. Elfes und Gleichgesinnte sprachen immer öfter von »Wiedervereinigung zunächst und zumeist als Sache der Deutschen selbst«.[281]

Neben der unbeirrbaren Bereitschaft zur Zusammenarbeit mit Kommunisten spielte Elfes' alter Weggefährte und Mitkämpfer Joseph Wirth bei seinen

279 Eben das Düsseldorfer Treffen im Dezember 1950 war Anfang seiner langen Zusammenarbeit mit den westdeutschen Kommunisten. Vgl. Eßer: Wilhelm Elfes 1884–1969, S. 202 und 206; Ulrike Hörster-Philipps: Joseph Wirth 1879–1956. Eine politische Biographie, Paderborn 1998, S. 723–726. Elfes hatte eine besondere Beziehung zu dem Kommunisten Oskar Neumann. Zu ihm vgl. H. L.: Das Leben eines deutschen Patrioten. Oskar Neumann, in: Dokumentation der Zeit 1953, S. 2659–2662.

280 Vgl. Michael Lemke: Eine deutsche Chance? Die innerdeutsche Diskussion um den Grotewohl-Brief vom November 1950 auf der Entscheidungsebene, in: ZfG 44 (1996), H. 1, S. 25–40.

281 Der Kongress für Deutsche Verständigung – für einen gerechten Friedensvertrag, in: StAMG 15/8/38, Bl. 76.

Ostkontakten und Grenzgängen keine unbeträchtliche Rolle. In seinem Brief an den Bundeskanzler im Juli 1951[282] kritisierte Elfes dessen Deutschlandpolitik scharf, zu jenem Zeitpunkt gerade deswegen, weil Adenauer die abermaligen ostdeutschen Vorschläge zur Bildung eines Gesamtdeutschen Konstituierenden Rates nur als taktisches Manöver angesehen und strikt abgelehnt hatte.[283] Dagegen stand Elfes dem Altreichskanzler gern mit Rat und Tat zur Seite,[284] als der »Mann von Rapallo«, wie man Wirth nannte, durch seine Besprechungen mit den verschiedenen DDR-Vertretern und auch mit dem Vorsitzenden der sowjetischen Kontrollkommission General Tschuikow in Ost-Berlin einen neuen politischen Aufbruch machen wollte.[285] Diese Annäherung der beiden Adenauer-Gegner führte dann zu einem noch enger verbundenen gemeinsamen politischen Weg bis zum Tode Joseph Wirths am 3. Januar 1956.

Elfes und Wirth stimmten vor allem darin überein, dass die gesamtdeutsche Gesprächsbereitschaft und die innerdeutschen Annäherungsversuche für eine mögliche Wiedervereinigung von ausschlaggebender Bedeutung waren, ohne dass ihnen dabei die Bedeutung der vier Mächte aus dem Sinn geriet.

> »Wenn wir in unserer Ohnmacht dazu schließlich auch der Mitwirkung Amerikas und Russlands bedürfen, die sich über uns verständigen müssen, so haben wir Deutschen von Ost und West in der Verständigung untereinander doch voranzugehen. Wenn wir Deutsche uns nicht verständigen können, dann können es die anderen erst recht nicht und wir haben nichts zu erwarten. [...] Darum hat die Verständigung der Deutschen untereinander an erster Stelle zu stehen und muß mit allem Ernst und aller Sorgfalt versucht werden. Versucht werden – aus deutscher Initiative!«,

erläuterte Elfes in einem Schreiben im Rahmen des *Arbeitskreises für Deutsche Verständigung* 1952.[286] Der Hebel für eine friedliche Wiedervereinigung Deutschlands liege in der Hand der Deutschen, so Elfes drei Jahre später.[287]

282 Vgl. Ein Brief an Adenauer mit Antwort und Erwiderung, in: StAMG 15/8/38, Bl. 33 f.; Adenauer an Elfes, 12. Juli 1951, in: Konrad Adenauer, Briefe 1951–1953, bearbeitet von Hans Peter Mensing, Berlin 1987, S. 81 f. Nach Verbreitung der Druckfassung erhielt Elfes zahlreiche positive Zuschriften, vgl. dazu Eßer: Wilhelm Elfes 1884–1969, S. 195. Auch Noack ermunterte ihn in seinem Brief, vgl. Noack an Elfes, 17. Dezember 1951, in: StAMG 15/8/39, Bl. 94.

283 Vgl. Konrad Adenauer: Erinnerungen 1953–1955, Bd. 2, Stuttgart 1966, S. 43 ff.

284 Seine Unterstützung für den Schritt Wirths zur deutschen Verständigung äußerte er nicht nur brieflich oder schriftlich. Elfes eilte gern zu ihm, um dem »Freund Joseph Wirth zur Seite zu sein«, als dieser auf einer Kundgebung in Essen am 30. Mai 1952 eine Rede halten sollte. Vgl. Elfes an Wirth, 12. Januar 1952, in: StAMG 15/8/9, Bl. 80; Eßer: Wilhelm Elfes 1884–1969, S. 214; Hörster-Philipps: Joseph Wirth 1879–1956, S. 769 ff.

285 Vgl. Heinrich Küppers: Joseph Wirth. Parlamentarier, Minister und Kanzler der Weimarer Republik, Stuttgart 1997, S. 324–327; Hörster-Philipps: Joseph Wirth 1879–1956, S. 721–756.

286 Elfes: Hinweg mit den Westverträgen! Her mit dem Friedensvertrag!, in: StAMG 15/8/38, Bl. 128.

287 Elfes: Die politische Wandlung, 22. Januar 1955, in: StAMG 15/8/83, Bl. 121.

Zu jener Zeit ging es Elfes und Wirth nicht nur um die übliche Kritik an etablierten Politikern, die nicht gewillt waren, »an einem Tisch mit Ostdeutschen zu sitzen«, sondern auch darum, selbst »als Pilger nach Berlin« (Joseph Wirth) zu fahren. Ungefähr vier Monate nach Wirths »Reise hinter den Eisernen Vorhang«[288] am 24. April 1952 reiste Elfes mit seinen engsten Mitstreitern wie dem Düsseldorfer Notar Friedrich Maase und der ehemaligen Reichstagsabgeordneten Katharina von Kardorff-Oheimb in die DDR und beriet sich mit Otto Grotewohl, Walter Ulbricht und Otto Nuschke über Verständigungsmöglichkeiten der beiden deutschen Staaten, nämlich die Abhaltung gesamtdeutscher Wahlen auf der Grundlage einer demokratischen, zwischen Westdeutschland und Ostdeutschland vereinbarten Wahlordnung unter Kontrolle der vier Besatzungsmächte.[289] Seit jenen Gesprächen mit der DDR-Führung in Berlin zog er die Bereitschaft der Ostdeutschen zur Verhandlung über die Wiederherstellung der deutschen Einheit nicht mehr in Zweifel.

Wie ein roter Faden zog sich die Wiedervereinigung Deutschlands auf dem Weg der deutsch-deutschen Verständigung durch Elfes' weitere politische Gedanken sowie Aktivitäten. Der deutsch-deutschen Verständigung wollten Elfes und auch Wirth als eigenständig Handelnde zum Durchbruch verhelfen. Mit Etzel und von Kardorff-Oheimb trafen sie sich beispielsweise mit der Volkskammerdelegation, die am 19. September 1952 nach Bonn gekommen war, und führten mit den DDR-Politikern bis tief in die Nacht Gespräche.[290]

Als Elfes mit dem ehemaligen Reichskanzler Ende Juni 1952 in Dortmund unter dem Titel *Deutsche Sammlung – Bewegung für Einheit, Frieden und Freiheit* eine neue Oppositionsbewegung gegen Adenauers Außen- und Deutschlandpolitik ins Leben rief, standen im Mittelpunkt der »Sammlungsbewegung«, die sich am 10. Mai 1953 zu einer Partei, also dem *Bund der Deutschen* (BdD) umwandeln sollte, nicht nur der Kampf gegen die Remilitarisierungs- und Westintegrationspolitik der Bundesregierung, sondern vor allem der innerdeutsche Dialog und die Verständigung über die deutsche Einheit.[291] Um

288 Vgl. Joseph Wirth: Die Reise hinter den Eisernen Vorhang. Der gemeinsame Weg der Deutschen zur Einheit – oder zum Krieg, Freiburg i. Br. 1952.

289 Vgl. Elfes: Eine deutsche Delegation bittet um Gehör. Empfänge in Berlin waren ebenso herzlich wie würdig, in: StAMG 15/8/38, Bl. 106–121; Eßer: Wilhelm Elfes 1884–1969, S. 219 ff.

290 Vgl. dazu Abschnitt 2.3.3; Lemke: Einheit oder Sozialismus?, S. 237 f.; Georg Herbstritt: Ein Weg der Verständigung? Die umstrittene Deutschland- und Ostpolitik des Reichskanzlers a. D. Dr. Joseph Wirth in der Zeit des Kalten Krieges (1945/51–1955), Frankfurt a. M. 1993, S. 112.

291 Anlass zur Gründung der Deutschen Sammlung war die Absicht der Bundesregierung, die Westverträge rasch durch den Bundestag ratifizieren zu lassen. Die führenden Persönlichkeiten der Deutschen Sammlung gingen davon aus, dass »der Generalvertrag die Möglichkeit der friedlichen Lösung der Deutschlandfrage verbaut«. Sie verfolgten die Absicht, eine Verständigung zwischen den beiden deutschen Staaten herbeizuführen, um den Weg offenzuhalten für die friedliche Wiedervereinigung durch freie Wahlen und den Abschluss

»nach besten Kräften« dazu beizutragen, »die Deutschen von Ost und West unter einen Hut zu bringen«,[292] waren Elfes und Wirth mehrmals als Grenzgänger nach Berlin unterwegs. Auf der Internationalen Konferenz zur Lösung der deutschen Frage vom 8. bis 10. November 1952, deren Eröffnungssitzung Elfes in Berlin erst nach langem Hin und Her leiten konnte,[293] trafen sie sich mit DDR-Politikern wie Volkskammerpräsident Johannes Dieckmann, dem Mitglied des ZK der SED Franz Dahlem[294] und dem Generalsekretär der Ost-CDU, Gerald Götting[295], und führten vertrauliche Unterredungen mit dem sowjetischen Botschafter Semjonow sowie mit dem DDR-Ministerpräsidenten Grotewohl. Die gesamtdeutschen Aktivitäten und Unterredungen gingen weiter. In der Bundesrepublik berichteten Elfes und Wirth über ihre Eindrücke, dass die ostdeutschen und sowjetischen Angebote zur Ost-West-Verhandlung oder -Verständigung ernst gemeint und verhandelbar seien.[296]

Die politischen Grenzübertritte in die DDR waren der Bundesregierung ein Dorn im Auge. Über seinen alten Parteigenossen Wirth brach Bundeskanzler Adenauer mit folgenden Worten den Stab: Es sei schade, dass ein Mann am Ende seines Lebens noch so dummes Zeug mache.[297] Die Bundesregierung bezeichnete den *Arbeitskreis für Deutsche Verständigung* sowie den BdD als »kommunistische Tarnorganisation[en]«.[298] Nicht nur vor dem Plenum des Bundestags, sondern auch in einem Brief an Elfes vom 1. April 1955 warf der damalige Vizepräsident des Deutschen Bundestages Richard Jaeger ihm vor,

eines Friedensvertrages mit ganz Deutschland. »Deutsche Sammlung«, in: StAMG 15/8/38, Bl. 281–288; Das Werk der Deutschen Sammlung ist gelungen. Die Konferenz für deutsche Einigung und nationale Unabhängigkeit in Stuttgart, 23. November 1952, in: StAMG 15/8/38.

292 Elfes: Drei Fragen, drei Antworten, in: StAMG 15/8/38, Bl. 205.

293 Die französische und die dänische Regierung gestatteten die Durchführung der Internationalen Konferenz nicht, die Elfes gemeinsam mit zwei Franzosen, dem Chefredakteur der linkskatholischen Zeitschrift »Esprit« Jean-Marie Domenach und dem Pariser Rechtsanwalt Michel Bruguier, initiiert hatte. In Berlin versammelten sich somit etwa 200 Vertreter aus 14 europäischen Staaten. Zu den westdeutschen Teilnehmern gehörten neben Wirth und Elfes Martin Niemöller, Klara Maria Faßbinder, Hans Textor, Claudia Kuhr und Grete Thiele. Zu dieser Konferenz vgl. Eßer: Wilhelm Elfes 1884–1969, S. 214–217; Hörster-Philipps: Joseph Wirth 1879–1956, S. 781 ff.

294 Franz Dahlem (1892–1981), Mitglied des Politbüros des ZK der SED, war 1949–51 Leiter der Westkommission im ZK der SED. Zu seiner Person vgl. Wer war wer in der DDR?, S. 137 f.

295 Gerald Götting war 1949 bis 1966 Generalsekretär der Ost-CDU, zu seiner Person vgl. Wer war in der DDR?, S. 267.

296 Vgl. An alle Bundestagsabgeordneten, 15. März 1953, in: StAMG 15/8/38, Bl. 248–250; Brief an Bundestagsabgeordnete, 27. Januar 1955, in: StAMG 15/8/83, Bl. 122–126.

297 Vgl. Briefe von Adenauer an Heinrich Vockel, 2. Januar 1952, in: Adenauer: Briefe 1951–1953, S. 157.

298 Am 27. Juni 1952 warnte Bundesminister Lehr öffentlich vor der Teilnahme und Mitarbeit beim Arbeitskreis für Deutsche Verständigung, indem er ihn als »kommunistische Tarnorganisation« bezeichnete. Vgl. Eßer: Wilhelm Elfes 1884–1969, S. 226.

dass die gesamte vom BdD vertretene Politik nur als Unterstützung der kommunistischen Politik betrachtet werden könne.[299]

Über die schweren Vorwürfe und Diffamierungen durch etablierte westdeutsche Politiker hinaus gab es etliche Versuche bundesdeutscher Behörden, die Grenzgänge der beiden Meinungsführer zu verhindern. Das nordrhein-westfälische Innenministerium verweigerte ihnen beispielsweise kurz vor der Abreise nach Ost-Berlin am 14. März 1953 die Aushändigung von Interzonenpässen. Wie durch das von Elfes gegen die Nichtverlängerung des Reisepasses eingeleitete Gerichtsverfahren und dann das »Elfes-Urteil«[300] des Bundesverfassungsgerichts im Januar 1957 bekannt wurde, galten Elfes' Aktivitäten außerhalb der Bundesrepublik bei der einschlägigen Behörde als »Staatsgefährdung und Verleumdung der Bundesrepublik«. Trotz der Passverweigerung gelangten die beiden »Pilger« mit Hilfe eines französischen Visums und eines belgischen Transitvisums über Brüssel nach Berlin-Schönefeld und konnten am 20. März vor der Volkskammer der DDR sprechen.

Unmittelbar nach dem Bundesparteitag des BdD am 8. November 1953 reisten Elfes und Wirth erneut nach Ost-Berlin und berieten sich mit der ostdeutschen Delegation zur Tagung des Weltfriedensrates, die vom 23. bis 28. November in Wien stattfinden sollte. Im Anschluss an eben jene Tagung des Weltfriedensrates in Wien reiste zuerst Wirth über Ungarn nach Moskau und führte während eines langen Aufenthalts in der Nähe der sowjetischen Hauptstadt bis Mitte März 1954 eine Unterredung mit dem sowjetischen Außenminister Molotow.[301] In einer Erklärung sprach er sich für die Vorschläge der Sowjetunion zur Bildung einer provisorischen deutschen Regierung aus. Ende Mai 1954 trat dann Elfes eine Reise in die Sowjetunion an und führte ein Gespräch mit dem stellvertretenden Außenminister Walerian A. Sorin. Nach seiner Rückkehr in die Bundesrepublik zeichnete Elfes in einem Pressekommuniqué ein sehr positives Bild von dem kommunistischen Land. Von der »kraftvollen wirtschaftlichen und sozialen Aufwärtsbewegung« des riesigen Landes war die Rede.[302]

Es stellt sich die Frage, ob sich die beiden christlichen Politiker bei ihren Ostkontakten wirklich nur zum »Briefträger der Sowjets« hatten degradieren lassen, wie ein ehemaliger Mitkämpfer und Freund der beiden, Jakob Kaiser,

299 Vgl. Richard Jaeger an Elfes, 1. April 1955, in: StAMG 15/8/100, Bl. 31.

300 Das »Elfes-Urteil« bezog sich auf die Auslegung des Artikels 2, Abs. 1 des Grundgesetzes. Diesem Urteil zufolge war eine Passverweigerung aus politischen Gründen rechtmäßig. Zur Bedeutung dieses Urteils vgl. Eßer: Wilhelm Elfes 1884–1969, S. 265. Zu einer Stellungnahme vgl. Elfes: Es geht um einen Reisepaß und damit um unsere Rechtstaatlichkeit, in: StAMG 15/8/98, Bl. 154–160.

301 Vgl. Die Fäden der Verständigung fester knüpfen – Interview nach der Rückkehr aus Moskau, in: DVZ 2 (1954), 12, S. 5; Hörster-Philipps: Joseph Wirth 1879–1956, S. 828 f.

302 Elfes: Kommuniqué über meine Reise durch die Sowjetunion, 11. Juni 1954, in: StAMG 15/8/32, S. 17 f.

bedauernd formulierte,[303] oder gar zum »Moskauer trojanischen Pferd« oder »Werkzeug Ulbrichts«, wie sie die bundesdeutsche Presse in jener Zeit titulierte, wurden.[304]

2.4.3 *Wilhelm Elfes als »Werkzeug Ulbrichts«?*

Nicht von ungefähr besaßen die beiden Grenzgänger für die DDR-Staats- und Parteiführung längst eine besondere Bedeutung. Seit den Kontaktaufnahmen 1950/51[305] wollte die SED Elfes und Wirth für ihre »Westarbeit« gewinnen, zumal es ihr schien, dass die beiden Katholiken großen Einfluss auf verschiedene bürgerliche Kräfte, die in klarer Opposition zur Deutschlandpolitik der Bundesregierung standen, ausüben könnten.[306] Abgesehen davon, dass die deutschlandpolitischen Konzepte und Erklärungen der *Deutschen Sammlung* und des BdD sich in vielen Aspekten mit denen der SED deckten, gab es nicht wenige Beispiele dafür, dass die SED einen starken Einfluss auf sie hatte. Wirths Denkschrift *Reise hinter den Eisernen Vorhang* von Anfang 1952 war, wie bisherige Studien belegt haben, in weiten Teilen vom Politbüro der SED abgefasst.[307] Die Umbildung der Oppositionsbewegung *Deutsche Sammlung* zum BdD geschah ebenfalls auf unmittelbare Anordnung des SED-Politbüros.[308]

Gleichwohl ließen sich die beiden eigensinnigen Politiker, also der sehr ehrgeizige Altreichskanzler Joseph Wirth und der idealistische Christ Wilhelm Elfes, nicht vor den Karren der kommunistischen Staatspartei spannen. Wirth engagierte sich jahrelang für die Freilassung der politischen Gefangenen in der DDR, was für die SED zweifellos ein sehr heikles und unangenehmes Thema

303 Jakob Kaiser äußerte, er bedauere sehr, dass ein Mann wie Wirth sich zum Briefträger der Sowjets hätte degradieren lassen, in: Archiv der Gegenwart 1952, S. 3281.

304 Zu Diffamierung der Deutschen Sammlung bzw. des BdD und Elfes' Zurückweisungen vgl. Eßer: Wilhelm Elfes 1884–1969, S. 226, 240 und 256; K. W.: Wirths trojanisches Pferd, in: Die Zeit, 26. März 1953, S. 1.

305 Wirth nahm erst im Sommer oder Frühherbst 1951 Verbindung zur SED auf, und zwar aus eigener Initiative. Vgl. Hörster-Philipps: Joseph Wirth 1879–1956, S. 730. Bereits im Dezember 1950 hatte die Westabteilung des Nationalrats der Nationalen Front in der DDR den ersten Kontakt zu Elfes hergestellt. Vgl. Eßer: Wilhelm Elfes 1884–1969, S. 201.

306 Nachbemerkung Dahlems zum Bericht von O. K. über den Besuch bei Wirth, 24. November 1951, in: SAPMO-BArch, NL 36/751, Bl. 17; Amos: Die Westpolitik der SED, S. 99–106, insbes. S. 103; Lemke: Die infiltrierte Sammlung, S. 197 f.; ders.: Von der SED eingespannt (Joseph Wirth), in: Die politische Meinung 36 (1991), Nr. 261, S. 25–30.

307 Vgl. Hörster-Philipps: Joseph Wirth 1879–1956, S. 741–756.

308 Vgl. Protokoll Nr. 19/53 der Sitzung des Politbüros des ZK am 31. März 1953, in: SAPMO-BArch, DY 30 J IV 2/2/273, Bl. 3; Lemke: Die infiltrierte Sammlung, S. 214 ff.; Mellies: Trojanische Pferde der DDR?, S. 33–42.

war.[309] Franz Dahlem, der als Leiter der Westkommission im ZK der SED für die Kontakte zu Wirth verantwortlich gewesen war, beschrieb ihn mit der Bemerkung, er akzeptiere nur das, wovon er überzeugt worden sei.[310]

Elfes äußerte sich dem ostdeutschen Staat gegenüber noch distanzierter als Wirth. Schon bei seinem ersten politischen Besuch in Ost-Berlin im April 1952 hatte Elfes keinen Hehl daraus gemacht, dass er nicht nach Berlin gekommen war, »um der Regierung der DDR Rosen zu streuen«, sondern dass es ihm auf das Bemühen um eine »unabhängige, vermittelnde Position zwischen den beiden deutschen Staaten« ankam.[311] Auch in seiner Rede vor der Volks- und Länderkammer der DDR am 20. März 1953 wies er ungeniert darauf hin, dass die *Deutsche Sammlung* der Ansicht sei, weder die Bundesrepublik noch die DDR vertrete das deutsche Volk.[312] Bei verschiedenen Gelegenheiten wollte er sich als »ein kirchlich gesinnter Katholik und Gegner des Kommunismus«[313] verstanden wissen: Er sei kein Kommunist, er zähle sich zu den christlichen Demokraten. Er lebe und arbeite mit der Überzeugung, dass die Welt nach christlichen Prinzipien zu ordnen sei, so Elfes 1951.[314] Weil er den Kommunismus nicht als politische Macht, sondern als Idee verstand, berief er sich nicht zuletzt auf das Christentum, um sich damit auseinanderzusetzen. Der Kommunismus sei erfolgreich nur im Geiste zu überwinden, führte er aus.[315]

In der politischen Praxis versuchte er ebenfalls, sich der Eingriffe der kommunistischen Aktivisten innerhalb seiner Organisation zu entziehen[316] und sie durch Einbeziehung von und Zusammenarbeit mit anderen nichtkommunistischen Gruppierungen auszubalancieren. Insbesondere durch eine Zusammenarbeit mit der Gesamtdeutschen Volkspartei (GVP) unter der Führung von

309 Vgl. Notiz Dahlems für Ulbricht, 30. Dezember 1951, in: SAPMO-BArch, NL 182/870, Bl. 26. Vgl. auch Briefe zwischen Joseph Wirth und Otto Grotewohl betreffend Gnadengesuch, in: BA-Ko, N/1342/16; Hörster-Philipps: Joseph Wirth 1879–1956, S. 737–740 und 844–854; Lemke: Die infiltrierte Sammlung, S. 198 f.

310 Vgl. Bericht Franz Dahlems vom 30. Dezember 1951: »Betreffend Dr. Joseph Wirth. Notizen und Material für Genossen Walter Ulbricht«, in: SAPMO-BArch, NL 36/751, Bl. 49.

311 Elfes: Ist eine Verständigung möglich?, in: StAMG 15/8/38, Bl. 104–121; Eßer: Wilhelm Elfes 1884–1969, S. 219.

312 Referat Wilhelm Elfes' vor der Volks- und Länderkammer der DDR am 20. März 1953, S. 11, in: BA-Ko, ZSg. 1-E/127.

313 Elfes an die Redaktion des Weser-Kurier, 25. Juli 1951, in: StAMG 15/8/39, Bl. 48. In einem Informationsbericht des Verfassungsschutzes vom 29. April 1951 stand Folgendes: »Herr Elfes ist ein entschiedener Katholik. Ihn einen Kommunisten zu nennen, wäre völlig abwegig«, vgl. StAMG 15/8/38, Bl. 28.

314 Vgl. Elfes an Dr. Walther Hensel, 17. Oktober 1951, in: StAMG 15/8/38, Bl. 39 f.

315 Vgl. Elfes an die Chefredaktion des Weser-Kurier, 25. Juli 1951, in: StAMG 15/8/39, Bl. 49.

316 Als nach dem Tod Stalins 1953 in einem Heft der Deutschen Sammlung eine blasphemische Zeichnung und ein verherrlichender Nachruf auf den verstorbenen Diktator erschienen, drohte Elfes, er werde sich von der Deutschen Sammlung zurückziehen, wenn noch ein solches Heft erscheine, vgl. Elfes an J. Weber, 4. April 1953, in: StAMG 15/8/82, Bl. 28; Eßer: Wilhelm Elfes 1884–1969, S. 292.

Gustav Heinemann und Helene Wessel wollte er »gegen die starke Stellung der Kommunisten im BdD ein Gegengewicht schaffen«.[317]

Gleichwohl ist zu bezweifeln, ob Elfes sowie Wirth in ihrem Umgang mit dem Kommunismus den goldenen Mittelweg eingeschlagen haben. Denn ihnen war die kritische Beurteilung der repressiven politischen Verhältnisse in der DDR merkwürdigerweise abhanden gekommen. Das erwies sich etwa in ihrer parteiischen Wahrnehmung des 17. Juni 1953.[318] Vom »Putschversuch des 17. Junis« war die Rede. Elfes und Wirth ging es allerdings »nicht um die Beurteilung von Regierungen, sondern allein um die Überwindung der deutschen Spaltung«, wie Elfes schon bei seinem ersten Besuch in der DDR 1952 hervorgehoben hatte.[319]

Elfes bot vielmehr sowohl der bundesdeutschen politischen Entwicklung als auch der kommunistischen Repression im Osten die Stirn. Der »Amoklauf gegen die Kommunisten« sowie die »Remilitarisierung und Faschisierung« in der Bundesrepublik seien seiner Beurteilung zufolge nicht nur der inneren Demokratie schädlich, sondern auch ernste Störfaktoren der deutsch-deutschen Verständigung. »In einem langen Leben habe ich Kommunisten kennengelernt, die mehr europäischen Geist verrieten als diejenigen, die das christliche Abendland mit der Atombombe zu verteidigen trachten«, schrieb Elfes.[320] Seine Bereitschaft, mit den Kommunisten zusammenzuarbeiten, hatte zudem einen praktischen Grund. Er hob hervor: Wenn er sich mit Kommunisten zusammensetze, verteile sich das Risiko auf beide Seiten. Er sei wohl bereit, ganz »menschlich mit dem Teufel selbst zu sprechen«, wenn er hoffen dürfe, dadurch einen neuen Weltkrieg von der Menschheit fernzuhalten.[321]

Noch ein anderer Aspekt bestimmte Elfes' und Wirths Verhältnis zur SED. Den politischen Ideen der beiden Politiker in den 1950er Jahren lag, worauf Hörster-Philipps und Eßer in ihren Biographien über Wirth und Elfes zu Recht verwiesen haben, ein nationaler Gedanke zugrunde.[322] Elfes verstand sich als national gesinnter Mann und betrachtete die Wiederherstellung der deutschen Einheit als sein Hauptanliegen. Als Begründung der nationalen Forderung nach Wiedervereinigung reichte es ihm damit aus, dass die Deutschen ein Volk und dies »aus dem natürlichen Drang des Blutes, aus der Kraft

317 Ebd., S. 245.

318 Zu den Berichterstattungen über die Ereignisse des 17. Juni 1953 vgl. Schwere Unruhen in Berlin, in: DVZ, 18. Juni 1953, S. 1; Hintergründe des 17. Junis aufgedeckt, in: DVZ, 28. Juli 1953, S. 1. Vgl. auch Mellies: Trojanische Pferde der DDR?, S. 92 f.

319 Vgl. Elfes: Ist eine Verständigung möglich?, in: StAMG 15/8/38, Bl. 104–121.

320 Elfes an die Chefredaktion des Weser-Kurier, 25. Juli 1951, in: StAMG 15/8/39, Bl. 49.

321 Vgl. Elfes an Hensel, 17. Oktober 1951, in: StAMG 15/8/38, Bl. 38 f.

322 Vgl. Hörster-Philipps: Joseph Wirth 1879–1956, S. 855 f.; Eßer: Wilhelm Elfes 1884–1969, S. 218 und 301 ff.

unseres Herzens« heraus seien.[323] Sie hätten eine gemeinsame Sprache und Geschichte. Deutschland sei eine gewachsene Einheit. Dieselbe Sprache und dieselbe Geschichte verbänden die Deutschen in Ost und West zu einer Nation, zu einem Staatswesen, zu einer Kultur, zu einer Volkswirtschaft.[324] Das Thema einer übernationalen Ebene wie die europäische Staatengemeinschaft nahm er, anders als Noack und Etzel, in keiner Weise für sich in Anspruch, wogegen Elfes sich für die nationalen Befreiungsbewegungen in Asien und Afrika ebenso interessierte und diese befürwortete wie Etzel. Elfes ging es um das nationale Zusammengehörigkeitsgefühl als naturgegebenes Phänomen. Mit dieser nationalen Orientierung konnte er sich nicht mit dem Status quo der deutschen Teilung abfinden. Darüber hinaus saß er als deutscher Patriot gern »an einem Tisch« mit den Deutschen »drüben«. Bei Wirth war es nicht anders.

> »Seinem Selbstverständnis nach war Wirth ein nationaler Politiker. Die Einheit des Reiches, 1848 unter bürgerlich-demokratischem Vorzeichen erstrebt, galt ihm viel. Der Freiherr von Stein zählte zu seinen politischen Leitfiguren. Reichseinheit und demokratische Lebensformen gehörten für ihn untrennbar zusammen«,

fasste Hörster-Philipps zusammen.[325]

Die beiden Politiker eigneten sich ihrerseits einige wichtige Aspekte der deutschlandpolitischen Angebote der DDR und der Sowjetunion zur deutschen Einheit an. Mehrmalige Gespräche mit der DDR-Führung bestärkten sie in ihrer nationalen Überzeugung, die Deutschen könnten sich auf dem Weg der Verständigung wieder vereinigen. Auf diesem Wege wollten die beiden national orientierten Grenzgänger sich mit ihren kommunistischen Landsleuten »drüben« treffen, aber immer mit eigenen Akzenten oder Vorschlägen. In dieser Hinsicht können sie nicht als »willenlose Marionetten« oder »bloßes Instrument der DDR« bezeichnet werden,[326] zumal in der weiteren Entwicklung ihrer eigenwilligen politischen Ideen und Praxis als Grenzgänger eine neue Konzeption zur Wiederherstellung der deutschen Einheit zustande kommen sollte.

323 Referat des Herrn Oberbürgermeisters i. R. Wilhelm Elfes auf dem Kongreß für Deutsche Verständigung – für einen gerechten Friedensvertrag, in: StAMG 15/8/38, Bl. 74 f.

324 Aus der Rede von Oberbürgermeister i. R. Wilhelm Elfes, in: StAMG 15/8/38, Bl. 155.

325 Hörster-Philipps: Joseph Wirth 1879–1956, S. 855 f.

326 Vgl. ebd., S. 858 f.; Eßer: Wilhelm Elfes 1884–1969, S. 292 und 304 ff.; Mellies: Trojanische Pferde der DDR, S. 155.

2.4.4 *Neue Überlegungen im Bund der Deutschen 1955/56*

Ausgangspunkt neuer deutschlandpolitischer Überlegungen wurden für Elfes und Wirth ihre Wahrnehmungen der internationalen Konstellationen sowie der innerdeutschen Teilungsverhältnisse, die mit der Herausbildung der gegensätzlichen Blocksysteme 1955 zusammenhingen. In den verschiedenen Stellungnahmen des BdD nach der Ratifizierung der Pariser Verträge am 22. Januar 1955 waren zwei Aspekte neu akzentuiert worden: Zum einen war immer häufiger von der »militärischen Neutralität Deutschlands« bzw. von der »kollektiven Sicherheit in Europa« die Rede. Zum anderen ging es um die Anerkennung der Existenz zweier unterschiedlicher sozialer und politischer Systeme auf deutschem Boden.

Aus der Sicht des BdD war auf der Basis der Pariser Verträge keine Verständigung in Richtung Entspannung der internationalen Lage und Wiederherstellung der deutschen Einheit möglich. Anlässlich der Genfer Konferenz im Juli 1955 legte der BdD eine Erklärung vor, die sechs Grundsätze zur deutschen Wiedervereinigung enthielt:[327] militärische Neutralität, innerdeutsche Verständigung, Viermächtegarantie, kollektive Sicherheit, ein gesamteuropäischer Sicherheitspakt und schließlich ein Atomverbot und allgemeine Abrüstung. Deutschland müsse sich dem Konzept des BdD zufolge zunächst zum Prinzip der militärischen Neutralität bekennen, um sich aus dem Spannungsfeld der Machtblöcke herauszulösen. Dabei hielt der BdD »Neutralität« und »Neutralisierung« nachdrücklich auseinander und erklärte, dass nur erstere »eine selbständige und unabhängige und von den anderen Völkern geachtete und respektierte Außenpolitik ermöglicht«, während letztere lediglich Abhängigkeit von anderen Mächten voraussetze.[328] In diesem Sinne galt der Weg zur Neutralität als Voraussetzung für die friedliche Wiedervereinigung. Ein gesamteuropäisches kollektives Vertragssystem, das die Politik der Neutralität ergänzen sollte, müsse auf die gegenwärtige deutsche Situation Rücksicht nehmen und zunächst den beiden deutschen Teilstaaten bis zu ihrer Wiedervereinigung, später dem gesamten Deutschland, Gelegenheit geben, verantwortlich mitzuarbeiten.[329] Diesbezüglich hoben führende BdD-Politiker, vor allem Elfes, hervor, dass das Bemühen um ein System kollektiver Sicherheit für ganz Europa nicht so gedeutet werden dürfe, dass die Deutschen nun bereit seien, die

327 Keine Wiedervereinigung ohne Deutsches Programm: Erklärung des Bundes der Deutschen, in: DVZ 3 (1955), 20, S. 4.

328 Vgl. Neutralität – eine deutsche Schicksalsfrage, in: DVZ 3 (1955), 23, S. 5; Elfes: Fremde Pläne gegen unsere Neutralität, in: DVZ 3 (1955), 25, S. 9. Elfes stellte sogar die Frage, ob es nicht richtiger wäre, »unabhängig« statt »neutral« zu sagen. Für die führenden Politiker des BdD bedeutete also Neutralität immer »Bündnislosigkeit plus Unabhängigkeit«.

329 Vgl. Ein Plan zur Wiedervereinigung. Ein Vorschlag des BdD, in: DVZ 3 (1955), 25, S. 9.

Teilung Deutschlands auf sich beruhen zu lassen. Wie der bayerische Politiker Etzel hatte auch Elfes schon Anfang 1955 auf die Gefahr hingewiesen, dass auf Kosten der deutschen Einheit und Unabhängigkeit »ein Arrangement der Großmächte versucht werden könnte«.[330] Eine echte internationale Entspannung könne nur über die friedliche Wiedervereinigung des deutschen Volkes erzielt werden. Deshalb hielt Elfes besonders die deutsch-deutsche Verständigung für ein dringendes nationales Gebot.

Die Akzentsetzung des BdD auf nationale Unabhängigkeit und Souveränität war eng damit verbunden, dass die Spitzenpolitiker des BdD sich besonders für die neuen kolonialen Befreiungs- bzw. Unabhängigkeitsbewegungen der asiatischen und afrikanischen Länder und ihren jüngst erreichten Zusammenhalt durch die Bandung-Konferenz interessierten und sich sogar darin mit ihnen identifizierten. So strebte der BdD ebenso nach »echter und wirklicher Freiheit, Unabhängigkeit und Souveränität« und betrieb »weder eine östliche noch westliche«, sondern eine eigene nationale Politik wie die asiatischen und afrikanischen Länder.[331]

Die Schlussfolgerung, die der BdD aus der »Lektion für den Westen« vom »erfolgreichen Ausgang der Bandung-Konferenz« gezogen hatte, lief darauf hinaus, trotz der Vielfalt der Weltanschauungen, der religiösen Bekenntnisse, der politischen Auffassungen und der Verschiedenheiten der gesellschaftlichen Systeme durch ein Nebeneinander und Miteinander eine Einheit zu erreichen. Vor allem Jawaharlal Nehru galt in diesem Kreis, wie bei vielen Neutralisten, immer als ein vorbildlicher Politiker. Anknüpfend an die neuen Bewegungen in Asien und Afrika sowie Nehrus Idee der »Friedlichen Koexistenz«,[332] vertrat der BdD die Auffassung, dass die Deutschen mit einer Politik der eigenen friedlichen Koexistenz am gleichen Strang ziehen sollten wie die asiatischen und afrikanischen Länder, damit die weltpolitischen Spannungen endlich überwunden würden.

Letztlich nahmen Elfes und der BdD-Generalsekretär Weber bereits im Dezember 1954 bei ihren Unterredungen in Berlin die sowjetische sowie ostdeutsche Haltung zur Existenz der beiden deutschen Staaten zur Kenntnis und berichteten darüber in einem Brief an die Abgeordneten des Deutschen Bundestages vom 14. Dezember 1954.[333] Dabei stellten sie, indem sie noch an einer baldigen Abhaltung freier Wahlen festhielten, die Bedeutung gesamtdeutscher Verhandlungen in den Vordergrund. Zu jenem Zeitpunkt wollten die Verant-

330 Elfes: Die Zangengeburt, in: DVZ 3 (1955), 1, S. 1.

331 Eine Lektion für den Westen, in: DVZ 3 (1955), 17, S. 1.

332 Zu Nehru und der Bandung-Konferenz vgl. Lütt: Nehru und Indiens Politik der Blockfreiheit, S. 134–154.

333 Brief von Elfes und Weber an die Abgeordneten des Deutschen Bundestages, 14. Dezember 1954, in: StAMG 15/8/83, Bl. 103 f.

wortlichen des BdD also den von ihnen vertretenen Weg in Richtung deutsche Einheit noch nicht aufgeben, nach innerdeutscher Verständigung über freie Wahlen zu einer raschen Wiedervereinigung zu gelangen.

Nach der Aufnahme der Bundesrepublik in die NATO und der DDR in den Warschauer Pakt 1955 kamen die maßgeblichen BdD-Politiker jedoch zu der Auffassung, dass der direkte Weg zu freien Wahlen endgültig verbaut worden sei. Aus ihrer Sicht müsse man nun die Existenz der zwei deutschen Staaten als Tatsache hinnehmen. In einer Erklärung des BdD Anfang August 1955 hieß es: Bei der Lösung des Deutschlandproblems sei zu berücksichtigen, dass de facto zwei deutsche Teilstaaten bestünden.[334] An den kommenden Verhandlungen müssten deshalb Vertreter beider Teilstaaten teilnehmen. Auch in einem Schreiben Elfes an führende westdeutsche Oppositionelle vom August 1955 war die Rede davon, dass man beide deutsche Regierungen als Fakten und Realitäten gelten lassen und respektieren müsse.[335]

Mit ihrer Aneignung der Zwei-Staaten-Theorie des Ostens erwiesen sich die Verantwortlichen des BdD zwar in den Augen der westdeutschen Öffentlichkeit erneut als »osthörig« oder als »Steigbügelhalter des Kommunismus«, sie sollten aber mit der Zeit eine neue Konzeption entwickeln, indem sie den Neutralitätsgedanken, die Idee der friedlichen Koexistenz sowie die Anerkennung der Vielfalt und die Zwei-Staaten-Theorie zusammenführten.

Ab Sommer 1955 wurde in ihren Augen die nationale wie internationale Lage viel eindeutiger. Die Verantwortlichen des BdD waren nun der Meinung, dass angesichts der veränderten Lage neu festgelegt werden müsse, wie das wiedervereinigte Deutschland aussehen sollte. Dabei entwickelten sie »im Herbst 1955 erstmals den Gedanken, die Wiedervereinigung mit einer deutschen Konföderation zu beginnen«,[336] wie Elfes später öffentlich bekannt machte. Anfang September 1955 wurden im Zentralorgan des BdD, der *Deutschen Volkszeitung (DVZ),* einige Vorschläge der Opposition und diverser westdeutscher Persönlichkeiten für die künftige Gestalt Deutschlands vorgestellt, wobei Etzels Föderalismusidee einen gebührenden Platz einnahm.[337] Am 1. Oktober 1955 stellte das BdD-Präsidium fest, dass die Herstellung der deutschen Einheit jetzt nur noch im Rahmen kollektiver europäischer Sicherheit und durch eine allmähliche Angleichung der beiden Staaten möglich sei.[338]

334 Vgl. Genf und die deutsche Frage. Die nächsten Schritte zur Wiedervereinigung, in: DVZ 3 (1955), 31, S. 4.

335 Vgl. Durch innerdeutsche Verständigung zur Wiedervereinigung. Ein bedeutsamer Brief von Wilhelm Elfes, in: DVZ 3 (1955), 32, S. 4.

336 Elfes: IV. Parteitag des BdD (2./3. März 1959), in: StAMG 15/8/85, Bl. 100.

337 Vgl. Um die künftige Gestalt Deutschlands. Stimmen der Opposition zur Frage der Wiedervereinigung, in: DVZ 3 (1955), 37, S. 4.

338 Vgl. Christoph Stamm: Der »Bund der Deutschen – Partei für Einheit, Frieden und Frei-

Der BdD bewegte sich also tastend in Richtung einer »föderativen Lösung« der deutschen Frage.

Am 7. Oktober 1955, anlässlich der Feierlichkeiten zum sechsten Jahrestag der Gründung der DDR, kamen die beiden Spitzenpolitiker des BdD, Wirth und Weber, wieder nach Ost-Berlin und saßen »an einem Tisch« mit Otto Grotewohl. Zunächst kamen beide Seiten darin überein, dass die Herstellung der deutschen Einheit trotz unterschiedlicher Entwicklungen beider deutscher Staaten möglich sei.[339] Als das Gespräch auf die Staatenbundfrage kam, reagierte der DDR-Ministerpräsident umsichtig. »Zu gewissen westdeutschen Überlegungen, die Wiedervereinigung Deutschlands in föderativer Weise zu vollziehen«, äußerte er sich im Grunde nicht ablehnend: Er sei zwar kein Anhänger des Föderalismus, könne sich jedoch vorstellen, dass Deutschland für eine gewisse Zeit föderativ gegliedert werde. Er fügte jedoch hinzu, je erfolgreicher die Verhandlungen über die deutsche Frage sich gestalteten, desto weniger sehe er die Notwendigkeit, überhaupt nach einer föderativen Lösung zu suchen.[340] Der Idee wurde also vom Ministerpräsidenten der DDR keine Priorität eingeräumt.

Es bleibt dahingestellt, ob auch der tastende Fragesteller Wirth trotz seiner anfänglichen Reserviertheit, die er auch Etzel gegenüber zeigte, zu jenem Zeitpunkt vom Konzept einer gesamtdeutschen Konföderation überzeugt war. Festzuhalten ist nur, dass er an der Entstehung einer Konföderationskonzeption im BdD nicht unmittelbar mitwirkte. Es war kein anderer als Elfes, der das Steuer führte. In seinem Brief an den DDR-Ministerpräsidenten Grotewohl vom 5. Oktober 1955, der vorher in einem Schreiben vom 29. September Elfes zur festlichen Veranstaltung am 6. und 7. Oktober eingeladen hatte,[341] deutete Elfes mit folgenden Worten einen neuen Gedankengang zur deutschen Wiedervereinigung an:

> »Leider haben die Pariser Verträge den direkten und nächsten Weg zur deutschen Einheit vorläufig blockiert. Was die politisch Einsichtigen befürchtet haben, ist eingetreten. Jetzt und zunächst haben wir auf deutschem Boden zwei verschiedene Staatswesen, die erst allmählich einander angenähert und unter Lösung aus ihren gegenwärtigen militärischen Bindungen im Rahmen eines europäischen Sicherheitssystems wieder zu einem deutschen Staatswesen vereinigt werden können.«[342]

heit (BdD)«. Entstehung und Entwicklung einer »bürgerlich-neutralistischen« Oppositionsgruppierung, Magisterarbeit, vorgelegt der Philosophischen Fakultät der Rheinischen Friedrich-Wilhelms-Universität zu Bonn, 1999, S. 105.

339 Vgl. Ein gesamtdeutsches Gespräch vor Genf, in: StAMG 15/8/83, Bl. 163.

340 Vgl. ebd., Bl. 164.

341 Vgl. Grotewohl an Elfes, 29. September 1955, in: StAMG 15/8/91, Bl. 71. Dieser Einladung konnte Elfes »wegen unlösbarer privater Bindungen« nicht nachkommen. Wirth und Weber nahmen, wie oben erwähnt, an den Festlichkeiten teil.

342 Elfes an Grotewohl, 5. Oktober 1955, in: StAMG 15/8/91, Bl. 72.

Nach der Genfer Außenministerkonferenz im Oktober/November 1955 schlug der BdD in einer Erklärung die Bildung gesamtdeutscher Gremien mit dem Ziel vor, eine Annäherung zwischen beiden deutschen Regierungen zu erreichen und die friedliche Wiedervereinigung vorzubereiten, was der Generalsekretär Josef Weber dann am 10. Dezember in einem *DVZ*-Artikel erneut darlegte.[343] Der BdD-Vorsitzende Elfes, der sich schon längst von Etzels Staatenbundidee »beeindruckt« zeigte,[344] trat am 3. Dezember 1955 in der *Deutschen Volkszeitung* zum ersten Mal mit einer Konföderationskonzeption an die Öffentlichkeit.[345] Auch hierbei ging Elfes zunächst von der Tatsache aus, dass niemand an der Tatsache, dass zwei deutsche Staaten existieren, vorbeigehen könne. Ein föderatives Deutschland, dem die Bundesrepublik, das Saarland und die DDR angehören, könne seinem Konzept zufolge also der erste Schritt zu einem wiedervereinigten Deutschland sein. Er sah in den verschiedenartigen Wirtschaftssystemen der beiden deutschen Staaten kein Hindernis. Als Präzedenzfall berief er sich irrtümlicherweise auf die erste Einigung Deutschlands im Jahre 1871, wo es in den verschiedenen deutschen Staaten auch unterschiedliche wirtschaftliche Systeme gegeben hätte.[346] Er war kein sattelfester Föderalist wie Etzel. Sein Irrtum hinsichtlich historischer Anhaltspunkte wiederholte sich,[347] wie in seinen weiteren Vorträgen bzw. Darstellungen über die Konföderationskonzeption deutlich wurde. Diese Irritation lässt sich nicht nur als Beispiel für seinen Mangel an Kenntnissen über die deutsche föderalistische Tradition und Geschichte betrachten, sondern auch als Beweis für seine Originalität hinsichtlich der Entstehung einer Konföderationsidee im BdD.

Seit Elfes' Ausführungen in der *Deutschen Volkszeitung* beschäftigte sich das BdD-Präsidium intensiv und ernsthaft mit den neuen Gedanken. Am 17. Dezember 1955 wies das Präsidium Erich Langen an, eine föderative Lösung zur deutschen Wiedervereinigung zu überprüfen. Es sollte vor allem versucht werden »festzustellen, welches Echo dieser Vorschlag in der DDR findet« und inwieweit er als Arbeitsgrundlage für oppositionelle Gruppierungen in

343 Bund der Deutschen: Nach der Genfer Außenministerkonferenz. Erklärung des Bundesvorsitzendes vom 24. November 1955, Düsseldorf 1955, S. 15; Ein Programm für Deutschland, in: DVZ 3 (1955), 49, S. 2.

344 Vgl. dazu Abschnitt 2.3.5. Vgl. auch Elfes an Etzel, 12. Juni 1954, in: StAMG 15/8/9, Bl. 128.

345 Vgl. Die Stunde der Deutschen, in: DVZ 3 (1955), 48, S. 4.

346 Zur Entwicklungsgeschichte des Föderalismus in Deutschland vgl. Laufer: Das föderative System der Bundesrepublik Deutschland, S. 25–42; Deuerlein: Föderalismus, S. 66–86 und 116–154.

347 Erst im frühen Herbst 1957 sollte man in der DVZ zu Recht auf den Deutschen Bund als Präzedenzfall hinweisen, also nicht mehr auf das bismarcksche Vorbild. Vgl. Josef Schmidt-Diemel: Der Staatenbund – Weg zur deutschen Einheit, in: DVZ 5 (1957), 37, S. 6. Der Autor war Präsidiumsmitglied des BdD.

der Bundesrepublik dienen könne.[348] Auf der Vorstandssitzung des BdD in Stuttgart am 28. und 29. Januar 1956 legte dann die Wiedervereinigungskommission unter der Leitung Erich Langens einen Resolutionsentwurf vor, wobei »die föderative Gemeinschaft der deutschen Teilstaaten als Vorstufe eines geeinten Vaterlandes« als realpolitische Voraussetzung für die Wiedervereinigung angesehen wurde.[349] Ein Vorstandsmitglied aus Kiel, Dr. med. Hans Brender, sprach sich ausdrücklich für die föderative Lösung aus. Er ging davon aus, dass die Wiedervereinigung bereits vor einer Nationalversammlung einen bestimmten Entwicklungsstand erreicht haben müsse. Solange zwei verschiedenartige Lebensformen in Ost und West existierten, sei es unmöglich, dass eine Nationalversammlung »eine Lebensform nach unten beschließen«, also gesetzmäßig festlegen würde. Dann stellte er seine konkretere Föderationsidee zur Wiedervereinigung vor:

> »Es wird also eine wachsende Zusammenarbeit zwischen beiden deutschen Teilstaaten geben, bei der man zu einer gewissen Zeit bereits von einem wiedervereinigten Deutschland sprechen könnte, das den Charakter einer Föderation hat, in deren Teilen es noch durchaus verschiedengeartete Lebensformen gibt. Schließlich wird ein Zustand herangereift sein, in dem diese Föderation auch ausdrücklich zum Gesetz erhoben werden kann. Der Grad der Föderation, d. h. die Frage, wie einheitlich die Lebensgemeinschaft beider Teile sein wird, hängt ab von dem Grad, in dem es gelingt, hier bei uns den Militarismus niederzuringen und die westdeutsche Politik auf die Lösung der nationalen Frage zu orientieren.«[350]

Signifikant ist, dass Brender einerseits den vorläufigen Charakter einer Föderation betonte, andererseits der Frage offen gegenüberstand, wie einheitlich die mögliche gesamtdeutsche Lebensgemeinschaft sein sollte und wie der »Prozeß des Zusammenwachsens« konkret verlaufen sollte. Er machte lediglich deutlich, dass es keine Bolschewisierung sei und man auch in der Bundesrepublik »demokratische Errungenschaften zu erkämpfen hätte«, die man als Grundlage für das neue Deutschland mitbringen wolle, wie »die Deutschen drüben von den Errungenschaften sprechen, die sie nicht aufgeben wollten«, wenn sie vom künftigen Deutschland sprächen.[351] Damit zeigt sich auch, dass die

348 Bund der Deutschen: Protokoll der Präsidiumssitzung am 17. Dezember 1955, in: BA-Ko, N/1434/Vorl. 41a.
349 Resolutionsentwurf für die Sitzung des Bundesvorstandes, Stuttgart, den 28./29. Januar 1956, Anlage zum Protokoll der Bundesvorstandssitzung des BdD am 28./29. Januar 1956, in: BA-Ko, N/1434/Vorl. 41a.
350 Hans Brender: Demokratische Verhältnisse – Voraussetzung für die Wiedervereinigung, in: StAMG 15/8/85, Bl. 65.
351 Vgl. ebd.

Vorstandsmitglieder des BdD von der Staatenbundidee nicht nur überzeugt, sondern schon so weit waren, sich über mögliche Kernprobleme der Konföderation Gedanken zu machen und darüber zu diskutieren.

Dessen ungeachtet wurde eine Konföderationskonzeption weder auf jener Vorstandssitzung Ende Januar 1956 noch auf dem 3. Parteitag des BdD in Kettwig am 24./25. März 1956 als Programm verkündet.[352] Das lässt sich damit erklären, dass die führenden Politiker des BdD noch zu jener Zeit ihren Alleingang befürchteten. In einer Stellungnahme zum Resolutionsentwurf auf der Stuttgarter Vorstandssitzung stellte der BdD-Generalsekretär Weber zwar nachdrücklich fest, dass der BdD sich »keineswegs gegen die Grundgedanken einer Föderation wende« und die »Idee der Föderation [...] nicht abseitig« sei.[353] Gleichwohl setzte er hinzu, dass eine konkrete Festlegung zum gegenwärtigen Zeitpunkt nicht opportun erscheine, da sich der BdD dann »zwangsläufig von einer nicht abzusehenden Entwicklung isolieren« würde. Er fasste die Bundesvorstandssitzung mit folgenden Worten zusammen: Die Tagung habe den BdD »ein Stück weiter gebracht in der Entwicklung einer eigenständigen nationalen Politik, d. h. in der Schaffung der theoretischen Grundlage«.[354]

Nicht zuletzt wegen der zurückhaltenden bzw. bedächtigen Reaktion der DDR-Seite schien der BdD, obwohl seine Führung schon zu diesem Zeitpunkt von der Konföderationsidee überzeugt war, es nicht zu wagen, eine programmatische Erklärung für den Konföderationsgedanken abzugeben. Bei seiner gerichtlichen Vernehmung im Februar 1956 verdeutlichte Elfes, der seit dem Tod Joseph Wirths am 3. Januar 1956 alleiniger Vorsitzender war,[355] diese Situation: »Ich bin fest davon überzeugt, daß wir auch jetzt die Einheit Deutschlands nur wieder auf föderalistischer Grundlage erreichen können.«[356] Anschließend wies er darauf hin, dass die Politiker in der DDR anderer Meinung zu sein schienen. Was wäre dann zu tun?

352 Vgl. Bund der Deutschen: Der Kampf für Frieden und Sicherheit, Demokratie und soziale Gerechtigkeit schafft die Grundlagen für die Wiedervereinigung Deutschlands! Referate und Auszüge aus der Diskussion der Bundesvorstandssitzung in Stuttgart am 28./29. Januar 1956, Düsseldorf 1956; Protokoll des 3. Bundesparteitages des Bundes der Deutschen am 24./25. März 1956, Kettwig/Ruhr 1956, in: BA-Ko, N/1434/Vorl. 41a und 38a; Stamm: Der »Bund der Deutschen – Partei für Einheit, Frieden und Freiheit (BdD)«, S. 108.

353 Bemerkungen zum Resolutionsentwurf für den 28./29. Januar 1956, S. 2. Anlage zum Protokoll der Bundesvorstandssitzung am 28./29. Januar 1956, in: BA-Ko N/1434/Vorl. 41a.

354 Einschätzung der Bundesvorstandssitzung vom 28./29. Januar 1956, in: BA-Ko N/1434/ Vorl. 41a.

355 Auf der Präsidiumssitzung des BdD am 24. März 1956 in Kettwig führten die Delegierten einstimmig eine neue Satzung ein, in der die paritätische Doppelspitze aufgehoben wurde. Auf dem Parteitag wurde Elfes einstimmig zum einzigen Bundesvorsitzenden gewählt, und die ehemalige Bundestagsabgeordnete des Zentrums Thea Arnold und der nordrhein-westfälische BdD-Chef, Dr. Heinrich Klös, wurden stellvertretende Vorsitzende. Vgl. Protokoll der Präsidiumssitzung am 24. März 1956 in Kettwig, in: BA-Ko, N/1434/Vorl. 41a.

356 Zitat nach Eßer: Wilhelm Elfes 1884–1969, S. 271.

2.4.5 *Unterwegs mit dem Konföderationskonzept*

Als Initiator musste Elfes erneut die Grenze zum Osten überschreiten, um nun die ostdeutschen sowie sowjetischen Politiker für seine Konföderationsidee zu gewinnen. Er hatte sich zunächst überlegt, wie man die Sache in Bewegung bringen könne. Im Sommer 1956 richtete der BdD-Vorsitzende seine Augen vor allem auf Otto Nuschke und die Ost-CDU, ebenso wie es Noack und Etzel getan hatten. In seinem Schreiben an Nuschke vom 7. August 1956 bat Elfes ihn, eine Begegnung zum »Gedankenaustausch« zu arrangieren.[357] Der Vorsitzende der Ost-CDU schien sich in dieselbe Richtung zu bewegen, denn in den zahlreichen Reden und Artikeln von Mitte 1954 bis Anfang 1956 trat Nuschke nicht zuletzt für die von der Sowjetunion vertretene These der Koexistenz ein und zeigte großes Interesse an den verschiedenen Neutralitätsgedanken.[358] Im Rahmen des Evangelischen Kirchentages in Frankfurt am Main am 11. August 1956 sprach der stellvertretende Ministerpräsident der DDR Nuschke zu »einigen besonders brennenden Fragen der deutschen Politik«. Als ihm auf einer Pressekonferenz ein Journalist die Frage stellte, ob die unterschiedlichen ökonomischen Strukturen der beiden deutschen Teilstaaten bei einer Wiedervereinigung wesentliche Schwierigkeiten bereiten könnten, antwortete der »leidenschaftliche Agitator«, wie ihn sein Parteifreund Günter Wirth bezeichnete,[359] folgendermaßen: Dies sei eine graduelle, aber keine prinzipielle Frage, und er stelle sich ein zukünftiges Deutschland als ein föderatives Deutschland vor. Deutschland als unierter Zentralstaat sei allerdings unmöglich. Wenn man jedoch den einzelnen Länderregierungen, ähnlich dem amerikanischen Vorbild, weiteste Machtbefugnisse einräume, sei Deutschland auch als vereinigtes Land mit zwei verschiedenen Wirtschaftsstrukturen denkbar.[360] Außerdem sei er sich bezüglich dieser Gedanken der Zustimmung seiner Regierung gewiss. Damit erschien Nuschke in den Augen der führenden Politiker des BdD als Gleichgesinnter und Hoffnungsträger.

Nach der Zustimmung des BdD-Präsidiums am 20. August 1956 nahmen Wilhelm Elfes und Thea Arnold am 8. Parteitag der Ost-CDU vom 12. bis 15. September 1956 in Weimar teil. In seinem Referat erläuterte Elfes zunächst die »neue Situation« Deutschlands seit 1955 und sprach dann von der Notwendigkeit einer deutschen Konföderation.

357 Elfes an Otto Nuschke, 7. August 1956, in: StAMG 15/8/91, Bl. 74.

358 Vgl. Otto Nuschke: Mahnung und Beispiel. Reden und Artikel 1951 bis 1957, Berlin 1958, S. 154–255.

359 Günter Wirth: Ein leidenschaftlicher Agitator, in: Erinnerungen an Otto Nuschke. Berichte und Zeugnisse von Zeitgenossen, Berlin 1973, S. 116 f.

360 Zu seinen Ausführungen auf der Pressekonferenz vgl. DVZ 4 (1956), 33, S. 1.

»In dieser Situation ist der Wiederherstellung der deutschen Einheit und Unabhängigkeit nur näher zu kommen, wenn der kalte Krieg [...] auch in den Beziehungen der beiden deutschen Regierungen in würdige und zweckmäßige Beziehungen zueinander tritt. Wenn die Aufrüstung Deutschlands gestoppt und in der Bundesrepublik die Wehrpflicht wieder rückgängig gemacht wird. Wenn die beiden Staaten sich wieder von ihrer einseitigen militärischen Bindung dem Westen und dem Osten gegenüber lösen. Nur so können die Voraussetzungen geschaffen werden, Ost- und Westdeutschland zu einem föderativen deutschen Staatenbund zu vereinigen, wie es in ähnlicher Weise ja schon einmal in der deutschen Geschichte, nämlich nach 1871, geschehen ist.«[361]

Der »föderative Staatenbund« biete Elfes' Überzeugung zufolge »nach den nun einmal gegebenen Realitäten« die einzige Möglichkeit, ein neues Deutschland zu schaffen.[362] Daher bat Elfes die Delegierten der Ost-CDU, einen solchen Plan in Erwägung zu ziehen. Auf diesem Parteitag kam von der Blockpartei keine Reaktion auf seinen Appell, und auch danach nicht, was Elfes bedauerte. Trotz seiner Überzeugung von der föderativen Gestaltung eines vereinten Deutschlands setzte der Vorsitzende der Ost-CDU, Nuschke, im Unterschied zu seinem Gast aus Mönchengladbach auf freie Wahlen unter der Voraussetzung des NATO-Austritts der Bundesrepublik.[363] Nicht nur im Herbst 1956, sondern bis Ende Mai 1957 reagierte Nuschke auf den Konföderationsgedanken nur zurückhaltend, wenn nicht ablehnend.[364] Es sollte mehr oder etwas Neues getan werden.

Im November 1956 war Elfes noch einmal »drüben«, diesmal zwei Wochen lang, in Moskau. Am 19. November 1956 konnte er mit den anderen 17 Delegierten des Friedenskomitees aus Deutschland ein Zusammentreffen mit dem Ministerpräsidenten Bulganin und dem Ersten Sekretär des ZK der KPdSU Chruschtschow in Moskau arrangieren. Unmittelbar nach Chruschtschows Ausführungen über die weltpolitischen Ereignisse und die deutsche Frage stellte Elfes seine Ansicht vor, dass die deutsche Wiedervereinigung der beiden Teilstaaten zunächst auf dem Wege einer vorläufigen Föderation mit einem gemeinsamen deutschen Parlament aus freien Wahlen und einer gesamtdeutschen Regierung zu erreichen wäre, wie es ja vor der Gründung des Deutschen Reiches auch möglich war, als die heterogenen Regierungsformen der

361 Bericht über den 8. Parteitag der Christlich-Demokratischen Union vom 12. bis 15. September 1956 in Weimar, S. 102.

362 Ebd.

363 Vgl. Otto Nuschke: Keine NATO-Wahlen. Ausführungen auf einer Pressekonferenz in Frankfurt/M. am 11. August 1956 anläßlich des Evangelischen Kirchentages, in: Erinnerungen an Otto Nuschke, S. 278.

364 Es fällt auf, dass Otto Nuschke sich kurz nach Ulbrichts Konföderationsvorschlag Ende Januar 1957 zeitweise der nationalen Politik der SED verweigerte. Vgl. dazu Abschnitt 3.2.1.

damaligen 26 deutschen Staaten sich schließlich zusammengefunden hätten.[365] Freilich blieb eine anschließende Diskussion aus.

Auch in der Bundesrepublik propagierte Elfes ab Anfang 1957 seinen Staatenbundgedanken noch aktiver. Außer Vorträge auf verschiedenen Veranstaltungen zu halten, wandte er sich direkt an die Bundestagsabgeordneten. In seinem Schreiben an die Abgeordneten vom 28. Januar 1957, also zwei Tage vor Ulbrichts zweitem öffentlichen Konföderationsvorstoß, rief Elfes sie auf, die friedliche Wiedervereinigung anzustreben, nämlich »die Einheit Deutschlands nach dem geschichtlichen Vorgang von 1871 über eine von West und Ost gleichermaßen unabhängige Föderation der beiden Teilstaaten«.[366] Nach Ulbrichts Konföderationsvorschlag vom 30. Januar 1957 stellte Elfes in einem Interview mit dem Bonner Korrespondenten des SED-Zentralorgans *Neues Deutschland* im Februar 1957 fest, seine Vorstellungen über eine deutsche Konföderation würden sich mit einigen Vorschlägen der SED durchaus decken.

Danach setzte sich der BdD konsequent für eine gesamtdeutsche Konföderation ein. In einem Artikel in der *Deutschen Volkszeitung* Mitte Mai 1957 schrieb Elfes:

> »Es ist unreal, die Eingliederung der DDR in die Bundesrepublik oder die Eingliederung der Bundesrepublik in die DDR anzustreben. Ein Vorschlag des Bundes der Deutschen nimmt die Vereinigung der beiden Staatswesen nach dem Bismarckschen Vorbild von 1871 zunächst als Föderation in Aussicht.«[367]

Ungefähr einen Monat später schrieb der BdD in seinem Wahlprogramm zur Bundestagswahl 1957 den Gedanken des »föderativen Staatsaufbaus« fest.[368]

Eine gewichtige Frage bleibt dennoch unbeantwortet: das Verhältnis von Elfes' Konföderationskonzeption zu Ulbrichts Vorstoß mit dem Konföderationsvorschlag vom Januar 1957. Inwieweit die Initiative des BdD für ein »föderatives Deutschland« im Herbst 1956 Einfluss auf Ulbrichts Konföderationsvorschläge vom Januar 1957 hatte, lässt sich nicht mit Gewissheit klä-

365 Vgl. Versuch der Rekonstruktion vom Verlauf und Redewechsel des Zusammentreffens mit dem Vorsitzenden des Ministerrates der UdSSR N. A. Bulganin und dem 1. Sekretär des Zentral-Komitees der KPdSU N. S. Chruschtschow am 19. November 1956 von 16.00 bis 19.10 Uhr im Kreml, Moskau mit den 18 Teilnehmern des Friedenskomitees aus Deutschland, in: StAMG 15/8/32, Bl. 37–41; Ist Ko-Existenz jetzt noch möglich?, in: DVZ 4 (1956), 48, S. 1.

366 Elfes an die Abgeordneten des Bundestags, 28. Januar 1957, in: StAMG 15/8/83, Bl. 197.

367 Elfes: Leben oder Tod – Wir haben zu wählen, in: DVZ 5 (1957), 21, S. 4.

368 Das Wahlprogramm des Bundes der Deutschen. Nichts für Atomrüstung und NATO – Alles für Deutschland und den Frieden, in: DVZ 5 (1957), 25, S. 4; Dokumente zur parteipolitischen Entwicklung in Deutschland seit 1945, Bd. II: Programmatik der deutschen Parteien, Erster Teil, S. 495–501, hier S. 500.

ren. Elfes' eigener Wahrnehmung und der anderer Verantwortlicher zufolge seien sie als »ein Echo auf unseren Vorschlag«[369] anzusehen. Mit Genugtuung wiesen der BdD-Vorsitzende Elfes und der Generalsekretär Weber darauf hin, dass der BdD als Erster den Vorschlag gemacht hätte, »die Wiedervereinigung mit einer gesamtdeutschen Konföderation zu beginnen«, und diese Überlegung inzwischen »mehr und mehr Anhänger gewann« und die DDR-Regierung sie letztendlich »zur Grundlage ihrer eigenen Deutschlandpolitik machte«.[370] Mitte November 1958, kurz nach der Enthüllung der Unterredungen des Bundesfinanzministers Fritz Schäffer mit DDR-Politikern über eine Konföderation in den Jahren 1955 und 1956, gab ein Präsidiumsmitglied des BdD, Helmut Bausch, in der *Deutschen Volkszeitung* eine klare Stellungnahme ab. Nachdem er auf Elfes' Bemühungen um Unterstützung seiner Konföderationsvorstellungen im Herbst 1956 in Weimar und in Moskau aufmerksam gemacht hatte, fügte er hinzu, dass sie vor allem in Moskau »von den Führern der Sowjetunion und den Vertretern der DDR mit Respekt beachtet« worden wären. Und die DDR-Regierung, die zunächst dem Gedanken einer Föderation zurückhaltend gegenüberstand, hätte sie schließlich übernommen und zur Grundlage ihrer eigenen Politik gemacht, resümierte Helmut Bausch.[371]

Allerdings entsprach jene Selbstdarstellung der BdD-Politiker nicht der offiziellen Erklärung der SED. Das SED-Zentralorgan *Neues Deutschland* behauptete 1958, die Konföderationsidee sei das Ergebnis von Gesprächen zwischen einigen DDR-Politikern und dem bundesdeutschen Finanzminister Fritz Schäffer im Juni 1955 und Oktober 1956 gewesen. Die ostdeutsche politische Führung hätte den Konföderationsvorschlag durch ein Mitglied des Bonner Kabinetts an die DDR lediglich aufgegriffen und dann in die öffentliche Diskussion gebracht. Diese offizielle Äußerung wiederholte sich in der späteren historischen Darstellung der SED, wobei von einem Beitrag des BdD keine Rede war.[372]

369 Elfes: Gespräche um Deutschland. Bericht von Wilhelm Elfes, in: StAMG 15/8/89, Bl. 16; Eine Rede vor der Wahl am 15. September 1957, in: StAMG 15/8/83, Bl. 210.

370 Vgl. Elfes auf dem IV. Parteitag des BdD (2./3. März 1959), in: StAMG 15/8/85, Bl. 100; Interview mit Weber: Neuorientierung nur durch Entspannung, in: ND, 1. März 1957, S. 2; Elfes: »Sicherung des Friedens, Friedensvertrag und Konföderation – reale Vorschläge zur Lösung der deutschen Frage«, auf dem Bundesparteitag des BdD am 2./3. Mai 1959, in: StAMG 15/8/85, Bl. 122.

371 Fritz Schäffers Initiative zur Konföderation war aus Bauschs Sicht ebenfalls ein Echo auf die Bemühungen des BdD. Er schrieb, dass »wir nun nicht ohne Vergnügen zur Kenntnis nähmen, daß unsere Bemühungen auch in Bonn nicht ganz so erfolglos blieben«. Vgl. Helmut Bausch: Ist Schäffer ein Landesverräter?, in: DVZ 6 (1958), 47, S. 2.

372 Vgl. Geschichte der deutschen Arbeiterbewegung, Bd. 8, Berlin 1966, S. 78 ff.; Das Handbuch über die westdeutschen Parteien 1945–1965, 1966 von einem Autorenkollektiv des Deutschen Instituts für Zeitgeschichte verfasst, schwieg ebenfalls über den Zusammen-

Dessen ungeachtet konnte die DDR den Zusammenhang zwischen ihren Konföderationsvorschlägen und jenen des BdD nicht ganz übergehen. Im Jahr 1965 erkannte eine Studie des Nationalrats der Nationalen Front über den BdD dessen Beitrag zur Konföderationsdiskussion in aller Deutlichkeit an: Der BdD sei »maßgeblich« an der Entwicklung demokratischer Alternativen, etwa dem Gedanken der Konföderation beider Staaten, beteiligt gewesen.[373] In seiner 1984 erschienenen Biographie über Elfes machte das Ost-CDU-Vorstandsmitglied Günter Wirth darauf aufmerksam, dass Elfes schon 1956 den Konföderationsgedanken aufgeworfen hatte.[374]

Unabhängig davon, ob und inwieweit die Konföderationsinitiative der DDR-Führung als ein unmittelbares »Echo auf den BdD-Vorschlag« zu werten ist, wie die BdD-Verantwortlichen selbstzufrieden hervorhoben, lässt sich ohne weiteres festhalten, dass die linksbürgerlichen BdD-Politiker, die von den etablierten bundesdeutschen Politikern nur als »Steigbügelhalter des Kommunismus« verachtet und zugleich von der SED-Führung als eine Art »Wunderwaffe« betrachtet wurden, mit der neuen Konzeption zur gesamtdeutschen Verständigung seit 1955 ihren Zeitgenossen – sowohl den meisten westdeutschen Neutralisten als auch den ostdeutschen Kommunisten – weit voraus waren[375] und damit der Wiedervereinigungsdiskussion neue Horizonte eröffneten. Zudem ist der Selbstbeurteilung des BdD vom März 1959 zuzustimmen, dass die BdD-Politiker durch Gespräche mit der DDR dazu beigetragen hätten, den Weg der Konföderation gangbar zu machen.[376] Die Verantwortlichen des BdD, vor allem Elfes als Grenzgänger, hätten sich seit 1955 hier und »drüben« an einen neuen Weg zur deutschen Verständigung herangetastet. Sie hätten im Westen und Osten Gespräche geführt und keine Chance ungenutzt gelassen, um konkrete Wege zur friedlichen Lösung der deutschen Frage zu erkunden.[377]

Das Grundproblem lag jedoch darin, dass der BdD längst an politischer Bedeutung in der Bundesrepublik verloren hatte. Bei der Bundestagswahl am 15. September 1957 vermochte er nur 0,2 Prozent der Stimmen zu erringen. Es

hang. Vgl. Die westdeutschen Parteien 1945–1965. Ein Handbuch, hg. vom Deutschen Institut für Zeitgeschichte, Berlin 1966.

373 SED-Hausmitteilung von Max Spangenberg an Hermann Matern, 9. Juli 1965, in: SAPMO-BArch, DY 30 J IV 2/209/99; ebd., DY 6/Vorl. 5425.

374 Vgl. Wirth: Wilhelm Elfes, S. 33.

375 Vgl. Rolf Schönfeldts Bemerkung, der BdD sei seiner Zeit gedanklich weit voraus und stelle unerfüllbare Ansprüche hinsichtlich der Vorurteilslosigkeit der westdeutschen Wähler. Vgl. ders.: Die Deutsche Friedens-Union, S. 858.

376 Grundsatzerklärung des BdD, beschlossen auf dem 4. Bundesparteitag des BdD am 2. und 3. März 1959 in Weinheim a. d. Bergstraße, in: Die westdeutschen Parteien 1945–1965, S. 104.

377 Vgl. ebd.

verstand sich von selbst, dass das Interesse der DDR-Führung am BdD nachließ und eine neue Sammlungsbewegung gegründet werden sollte. Unterdessen schrieb die SED die Konföderationsidee auf ihre Fahne, womit die Geschichte der Konföderationskonzeptionen in Deutschland in eine neue Phase eintrat.

2.5 Fazit – Politische Grenzgänger und die Entstehung der Konföderationskonzepte

Die Idee einer nationalen Konföderation zur deutschen Wiedervereinigung kam ursprünglich weder aus einem Stab der Westmächte[378] noch von einem kommunistischen Machthaber im Kreml. In den ersten Nachkriegsjahren hielten die zentralistisch eingestellten ostdeutschen Kommunisten ebenso wenig davon wie ihr westlicher Gegenpart. Der Konföderationsgedanke hatte zwar seinen Ursprung bei westdeutschen Politikern, aber nicht in der »Bonner Küche«. Seine Entwicklung verdankte er neutralistisch gesinnten Oppositionspolitikern, die sich der Westintegrationspolitik der Bonner Regierung widersetzten.

Die westdeutschen Neutralitätsbestrebungen in den späten 1940er und in den 1950er Jahren waren alles andere als einheitlich. Bezüglich ideologischer Auseinandersetzungen, sozialpolitischer Zukunftsvorstellungen, der Haltung zur DDR und zur Sowjetunion, nationaler Interessen, aber auch in ihren konkreten deutschlandpolitischen Programmen entwickelten sie sehr verschiedenartige Konzepte. Eine Einteilung in zwei Lager, nämlich in Dritte-Weg-Befürworter einerseits und Dritte-Weg-Gegner andererseits, wie sie Gallus in seiner umfassenden Studie über die westdeutschen Neutralisten vorgenommen hat, erhellt zwar vieles, erscheint aber oft dogmatisch und sagt über die Konföderationsidee nur wenig aus.

Den oben vorgestellten drei Neutralisten und ihren jeweiligen Mitstreitern, die bereits in den Jahren bis 1956 »eine föderative Lösung der deutschen Frage« zur Wiedervereinigung initiierten und propagierten, war erstens eine

378 Allerdings ist anzumerken, dass bereits 1943 auf Beamtenebene im State Department von »einer losen Konföderation« in Deutschland die Rede war. Diese Überlegung, die im Zusammenhang mit der internen Diskussion amerikanischer und britischer Fachleute bezüglich der Aufspaltung bzw. Reorganisation des Deutschen Reiches zustande kam, wurde allerdings nicht weiterentwickelt. Vgl. Hanns Jürgen Küsters: Der Integrationsfriede. Viermächte-Verhandlungen über die Friedensregelung mit Deutschland 1945–1990, München 2000, S. 191.

betont pazifistische Haltung gemein. Noack lag eine ideale Friedensgestaltung der Welt am Herzen. Elfes war seit seinen Fronterfahrungen im Ersten Weltkrieg ein unentwegter Kriegsgegner und nahm in den 1950er Jahren regelmäßig an den Sitzungen des Weltfriedensrats teil. Etzel sah den Föderalismus als solchen als friedensfördernd an.

Zweitens traten alle drei pazifistischen Neutralisten für eine gemäßigte Form der Dritte-Weg-Orientierung ein. Im Grunde stellten sie die politische Freiheit und die westliche Demokratie nicht in Frage, sie suchten aber – im Gegensatz zu den eindeutigen Gegnern eines Dritten Weges – sozialpolitisch nach einem neuen Fundament, welches die bisherigen Auseinandersetzungen zwischen dem westlichen kapitalistischen System und dem kommunistischen System im Osten überwinden sollte. Dabei sprach der Würzburger Geschichtsprofessor Noack bescheiden von einem »Ausgleich zwischen Ost und West«, wogegen sich der einstige BP-Theoretiker Etzel eine »kleinbürgerlich-mittelständische gesellschaftspolitische Orientierung« als Ausweg vorstellte und der christliche Sozialist aus Mönchengladbach Elfes sich am deutlichsten für einen sozialpolitischen Dritten Weg einsetzte.

Insofern brauchten diese westdeutschen Verfechter für das Gespräch mit dem Osten vor den von der SED in Gang gesetzten wirtschaftlichen und sozialen Realitäten nicht zurückzuschrecken. Denn die gesellschaftlichen Entwicklungen im Osten bedeuteten für sie in keiner Weise einen Hinderungsgrund für die Annäherung bzw. Verhandlungen der beiden deutschen Teilstaaten, sondern sie waren Ausgangspunkt für weitere Veränderungen des gesamten Deutschlands. Im Unterschied zu den unnachgiebigen Befürwortern eines Dritten Weges stellten sie die ideologischen und gesellschaftlichen Programme in den Hintergrund, als sie zwischen den geteilten Welten vermitteln wollten. Der engen Verknüpfung bzw. parallelen Entwicklung von Wiedervereinigung und einer innenpolitischen Dritte-Weg-Gestaltung waren sie sich wohl bewusst, sie hielten sich aber in ihren Initiativen für eine nationale Konföderation davon fern.

Drittens: Die drei Initiatoren einer neuen Deutschlandpolitik waren der Überzeugung, dass sich die »Freiheit«, »Wahrheit« oder »Idee« in der Geschichte verwirklichen lässt. Noack glaubte an die »immanente Ethik in der Geschichte«, Elfes an »die sieghafte Macht der Idee«, und auch Etzel sprach nicht selten von der »Wahrheit« in der Geschichte. Mit diesen idealistischen Einstellungen distanzierten sie sich konsequent von »machtpolitischen« bzw. »pragmatischen« politischen Handlungen, was letztendlich dazu führte, dass sie sich politischen Verleumdungen und persönlichen Diffamierungen aussetzten. Einerseits brachte ihr unentwegter Idealismus ihre zunehmende Isolierung in der politischen Arena der Bundesrepublik mit sich, andererseits konnten sie ihrerseits eben mit dem Idealismus über die Grenze des geteilten

Landes pilgern, um bis zum letzten Moment »die glücklichere Möglichkeit« (Noack) bzw. »das Leitbild einer besseren Welt« (Etzel)[379] auszuschöpfen.

Was die drei »Idealisten« und ihre Mitstreiter von den anderen Neutralisten bzw. Befürwortern eines Dritten Weges am deutlichsten unterschied, war der föderalistische Gedanke. In der Regel galt der Föderalismus den meisten föderalistisch geprägten bundesdeutschen Politikern als Abwehrmittel gegen »die Gefahr, durch einen östlichen Machtblock überrannt zu werden«,[380] wie von Merkatz herausstellte. Für die meisten Bundestagsabgeordneten der BP, die anfangs mit ihrem Theoretiker Etzel die großdeutsch-föderalistische Komponente der Bayernideologie geteilt hatten, stand 1951/52 der Gedanke der Verteidigung des christlichen Bayerns und des Abendlandes im Vordergrund.[381] Die Idee der deutschen Konföderation zur Wiedervereinigung wurde deshalb vor allem von föderalistischen Politikern entwickelt, die das kommunistische System im Osten nicht als eine real existierende Bedrohung, sondern lediglich als eine Variante, das heißt eine andersartige Gesellschaftsordnung betrachteten.

Nicht von ungefähr kam der erste Vorschlag für eine föderative Gestaltung Deutschlands zur nationalen Wiedervereinigung gerade von den beiden föderalistischen Neutralisten aus Bayern, wo in den ersten Nachkriegsjahren am heftigsten über den Föderalismus diskutiert wurde. Ihren politischen Glauben an eine föderalistische Lösung des deutschen Staatswiederaufbaus in den Jahren bis 1949 verstanden sie zur gesamtdeutschen Verständigung über die Wiederherstellung der deutschen Einheit neu aufzugreifen.

Im Zuge der alten sowie neuen Diskussionen über die föderalistische Lösung der deutschen Frage ging es den drei Protagonisten vielmehr um Anerkennung, Koexistenz oder einen Ausgleich der Unterschiede, mit welchem Inhalt auch immer, als um Konkurrenz, Wettbewerb, wenn nicht gar Auseinandersetzung bis zum endgültigen Sieg eines Systems über das andere.

Freilich hatten die beiden liberalen Föderalisten aus Bayern nicht dieselbe Konzeption ins Auge gefasst: Während Noack von »einem föderativen Bundesstaat mit verschiedenen sozialen und wirtschaftlichen Systemen« sprach, sah Etzel stets lediglich einen Staatenbund als »echt föderalistisch« an. Der BdD-Vorsitzende Elfes, der nicht nur von Etzels Föderalismus »beeindruckt«, sondern auch selbst der katholischen Soziallehre treu war,[382] hielt einen Staaten-

379 In einem Gedicht von Etzel mit dem Titel »Verfall« lautet ein Vers: »Das Leitbild einer besseren Welt / Nicht vom Himmel fällt«, in: StABB D-1003, Nr. 30.

380 Merkatz: In der Mitte des Jahrhunderts, S. 185.

381 Vgl. Walther: Jakob Fischbacher und die Bayernpartei, S. 423.

382 Die Welt sei, nach Elfes' Weltanschauung, zunächst sehr vielfältig und vielgestaltig, aber sie bestehe nicht aus zusammenhanglosen Teilen, sondern lebe und wirke und bewege sich als einheitliches Ganzes. »Die Menschen und Völker dieser Erde, nach Begabung und Lebensart so verschieden, sind einander tief verbunden und aufeinander angewiesen und können

bund lediglich für eine »Übergangslösung« in der Entwicklung zum Bundesstaat, was Etzel sich eigentlich schwer vorstellen konnte.

Obendrein zeigten sich die Unterschiede zwischen den drei Konföderationsinitiatoren auch in ihrem Verhältnis zum kommunistischen Regime in Ostdeutschland. Während der Leiter des Nauheimer Kreises unmittelbar nach zwei politischen Auseinandersetzungen mit SED-Führern die Kontakte zu ihnen endgültig abbrechen musste, vermieden die anderen beiden sowie ihre jeweiligen gewichtigen Mitstreiter wie Graf von Westphalen und Joseph Wirth Konfrontationen mit der SED, obgleich sie oft ihrem Unbehagen am kommunistischen System Luft machten. Wie oben dargestellt, ließen sie sich ihrerseits nicht vor den Karren der SED-Führung spannen. Das bedeutete nicht, dass es den Kreisen um Etzel und Elfes stets gelang, in ihren politischen Gedankengängen sowie Aktivitäten die goldene Mitte zu finden. Das gilt insbesondere für Elfes und seine Partei. Mit ihrer scharfen Kritik an der Bonner Regierung und zugleich ihrer Nachsicht gegenüber dem SED-Regime waren Elfes und seine Mitstreiter im BdD nicht imstande, sich in der Bundesrepublik als glaubwürdige politische Kraft zu etablieren.

Ihre ambivalente Haltung zur ostdeutschen Politik lässt sich auch nicht bloß auf ihre politische Naivität oder ihren idealistischen Glauben an eine Ost-West-Verständigung zurückführen. Sie bezeichneten sich als »Wanderer«, »Brückenbauer«, »Pilger«, »Vermittler« usw. Die politischen Grenzgänger, die in den ersten Jahren der nationalen Teilung auf eigene Weise zwischen den gegensätzlichen Welten vermitteln wollten, suchten hier und »drüben« einen Ausweg. Aus diesen besonderen Begegnungen zwischen westdeutschen Grenzgängern und DDR- sowie sowjetischen Politikern entwickelten sich die ersten Konzepte einer deutsch-deutschen Konföderation. Hierbei sei angemerkt, dass die drei Konföderationskonzepte der westdeutschen Grenzgänger in gewisser Weise die SED-Politiker dazu anregten, sich die Konföderationsidee zu eigen zu machen.

Damit lassen sich also die Initiativen für eine deutsche Konföderation nicht nur als ein Beispiel für die politische Eigenständigkeit der Grenzgänger betrachten, die sich durch die Infiltrationsarbeit der SED nicht beeinträchtigen ließen. Sie lassen sich als unabhängige politische Subjekte im geteilten Land in die Reihen der Politiker der Entspannung bzw. der Verständigung einreihen. Das soll aber nicht auf eine uneinschränkte Aufwertung der Akteure hinaus-

nur in der geordneten Gemeinschaft aller zu ihrer eigenen, individuellen Entfaltung kommen. […] Erst im wechselseitigen Austausch ihres unterschiedlichen Vermögens gewinnen die Völker individuell ihre wirtschaftliche und kulturelle Entfaltung und geschichtliche Vollendung.« Vgl. Elfes: Leben oder Tod – Wir haben zu wählen, in: StAMG 15/8/83, Bl. 198.

laufen, zumal sie ab 1957 nur die SED-Konföderationsvorschläge mit propagieren sollten, wobei ihnen die eigenen Akzente abhanden kamen.

Trotzdem oder gerade deswegen sind die politischen Grenzgänger als ein repräsentativer Politikertyp im Kalten Krieg des 20. Jahrhunderts anzusehen, der vor dem Hintergrund der nationalen Teilung in jener Epoche entstand, sich mit ihren Grundproblemen auseinandersetzte und damit die Facetten der Ost-West-Auseinandersetzung in einer geteilten Nation noch anschaulicher macht als die späteren Entspannungspolitiker.

3 Konföderationsvorschläge der SED von 1957 bis 1966/67

3.1 Vorgeschichte und Hintergrund

3.1.1 Die SED und der Konföderationsgedanke bis 1954

Sowohl in der Gründungsphase der beiden deutschen Teilstaaten von Ende 1947 bis 1949 als auch in den frühen Jahren der DDR stellte sich die SED, deren Existenz selbst schon viele Zeitgenossen als Hindernis für ein vereintes Deutschland betrachteten, doch als politische Kraft hin, die unermüdlich für die deutsche Einheit eintrete. Angesichts eigener gesamtdeutscher Anstrengungen von LDPD und Ost-CDU ergriff sie etwa seit Ende November 1947 abermals die Initiative und rief die *Deutsche Volkskongreßbewegung für deutsche Einheit und einen gerechten Frieden* ins Leben. Dabei band sie die bürgerlichen Parteien in der SBZ mit Druck und Lockerung in eine von ihr kontrollierbare deutschlandpolitische Offensive ein und versuchte damit, die Transformation der SBZ nach volksdemokratischem Muster abzusichern und über ein gesamtdeutsches Repräsentativorgan ihre Isolierung im gesamtdeutschen Maßstab aufzubrechen.[1] Diese »Aktion in letzter Stunde«, wie Otto Grotewohl die Volkskongressbewegung bezeichnete,[2] die schließlich der Bildung einer ostdeutschen Regierung dienen sollte, zielte nicht zuletzt darauf, eine nationale Vertretung gegen die Interessen der Westmächte und zur Unterstützung der Deutschlandpolitik der Sowjetunion zu schaffen.

Mit Blick auf die weitere Entwicklung der Nationalpolitik der SED zeichneten sich zwei Aspekte ab: Zum einen zeigte die Volkskongressbewegung beispielgebend das Profil der ostdeutschen Kommunisten als deutschlandpolitische Akteure. Unbeschadet des Vorrangs der sowjetischen Politik hatte sich die SED im Grunde die vorausgegangene Initiative der deutschen bürgerlichen Seite für eine nationale Repräsentation zu eigen gemacht. Auch wenn die SED sich bemühte, die Volkskongressbewegung nicht als »kommunistisches Manöver« erscheinen

1 Vgl. Klaus Bender: Deutschland, einig Vaterland? Die Volkskongreßbewegung für deutsche Einheit und einen gerechten Frieden in der Deutschlandpolitik der Sozialistischen Einheitspartei Deutschlands, Frankfurt a. M. 1992; Otmar Jung: Die Volkskongreßbewegung: Festhalten an der deutschen Einheit und Vorbereitung der staatlichen Spaltung, in: IWK 31 (1995), H. 2, S. 187–214.

2 Otto Grotewohl vor dem Parteivorstand der SED am 26. November 1947, in: ders.: Im Kampf um die einige deutsche demokratische Republik. Reden und Aufsätze, Bd. I: Auswahl aus den Jahren 1945–1949, 2. Aufl., Berlin 1959, S. 148.

zu lassen, hatte sie angesichts der strikten Ablehnung bzw. der Boykottentscheidung der Westparteien von vornherein keine Chance zum Durchbruch.[3]

Zum anderen zeigten sich bereits in jenen Tagen die Grundhaltung sowie der Modus der nationalen Ansprüche der SED, die in der späteren Zeit, also bis Ende der 1960er Jahre, abermals in Erscheinung treten sollten. Die SED-Führung betrachtete als Grundlage der deutschen Einheit vor allem die Konstituierung bzw. Stabilisierung des ostdeutschen Staatswesens sowie die Bildung einer gesamtdeutschen Volksfront gegen die »imperialistische Spaltungspolitik« des Westens. Den ostdeutschen Kommunisten lag es dabei am Herzen, die fehlende demokratische Legitimation durch eine gesamtdeutsche Aufgabenstellung auszugleichen.[4]

Eben aus dieser Perspektive der nationalen Volksfront machte die SED-Führung in den frühen Jahren der DDR nicht nur Front gegen die Westintegrationspolitik der Adenauer-Regierung, sondern sie widersetzte sich auch dem Nationalneutralismus. Wie sich bei ihrer Auseinandersetzung mit dem repräsentativsten westdeutschen Neutralisten, Ulrich Noack, von 1949 bis Mai 1950 herausgestellt hatte,[5] handelte es sich bei der nationalen SED-Politik um Feldzüge gegen die Westmächte, vor allem die Vereinigten Staaten: Die Parteinahme für Sowjetrussland als Friedensmacht und gegen Amerika als Kriegstreiber sei sowohl notwendig als auch legitim.[6] Zum damaligen Zeitpunkt bedeutete Neutralität für die SED-Führung nichts anders als ein Ablenkungsmanöver gegen ihre nationale Volksfront.

Zudem erachtete die Führung der ostdeutschen Staatspartei die Föderalismusfrage für unangebracht. Denn aus ihrer Sicht stellten die »Kriegspolitik« der Amerikaner, unterstützt von der Bundesregierung, und zugleich der Wiederaufstieg der alten »revanchistischen« Kräfte in die bundesdeutsche Herrschaftselite die Hauptgefahren für den Frieden und die deutsche Einheit dar. Die SED-Führung verlor alternative Ansätze, wie eine föderalistische Neugestaltung Gesamtdeutschlands, aus den Augen.

In Bezug auf das Verhältnis der SED zum Föderalismus gilt es aber auch festzustellen, dass die marxistische Staatsdoktrin keineswegs für eine födera-

3 Vgl. Jung: Die Volkskongreßbewegung, S. 195 ff. Jung wies darauf hin, dass der erste Deutsche Volkskongress zwar keine nationale Repräsentation, aber auch keine »SED-Veranstaltung« gewesen sei, vgl. ebd., S. 200. Außerdem sollten sich beide Prozesse – die Aneignung eines deutschlandpolitischen Konzepts aus dem bürgerlichen Umfeld und zugleich das Misslingen des Versuchs der SED, ihr Nationalkonzept den westdeutschen Parteien gegenüber als ein diskutables und verhandelbares zu zeigen – in der späteren Phase ihrer Nationalpolitik, nämlich während der Konföderationsvorschläge von 1957 bis 1966/67, wiederholen.

4 Vgl. Michael Lemke: Nationalismus und Patriotismus in den frühen Jahren der DDR, in: APuZ, B 50/2000, S. 12.

5 Vgl. dazu Abschnitt 2.2.4.

6 Vgl. ebd.

listische Staatsordnung sprach, sondern für den zentralistischen Einheitsstaat.[7] In der Staatslehre machten die marxistisch-leninistischen Klassiker Marx, Engels, Lenin und Stalin zwar jeweils in unterschiedlichen Zusammenhängen, aber in der gleichen Sprache deutlich, dass nicht die Föderation, sondern nur die Zentralisation der Macht den Interessen der Werktätigen bzw. des Volkes entspräche.[8] Im Zuge der Auseinandersetzungen um die Staatsgründung in den ersten Nachkriegsjahren manifestierte sich diese Auffassung wiederholt in den Ausführungen der sowjetischen sowie ostdeutschen politischen Führung. Am 22. März 1947 wandte sich Molotow etwa auf der 4. Tagung des Außenministerrates gegen einen Föderalismus in Deutschland: Nähmen die Verbündeten Kurs auf eine Föderalisierung Deutschlands, so würden sie im deutschen Volk das Vertrauen in ihre Politik untergraben.[9] Molotow vertrat die Ansicht, dass eine deutsche Einheit auf der Grundlage des Föderalismus den deutschen Militaristen den Weg ebnen würde. Auch Walter Ulbricht sah im föderalistischen Staatsaufbaukonzept nichts anderes als die Gefahr, die Auflösung Deutschlands zu fördern und die Kraft des deutschen Volkes zu zersplittern.[10]

Unter diesen Umständen kann man nur mit großem Erstaunen zur Kenntnis nehmen, dass im Spätherbst 1954 die SED-Spitzenpolitiker zwar nur für kurze Zeit, aber unzweifelhaft auf eine konföderative Perspektive einschwenkten. Zum Verständnis dieser frappanten Entwicklung ist zunächst von der Feststellung Michael Lemkes auszugehen, dass sich in keinem anderen Jahr die deutschlandpolitischen »Irrungen und Wirrungen« deutlicher zeigten als 1954.[11] Die »deutschlandpolitische Latenzphase« des Jahres 1954 war von Unklarheiten bzw. ambivalenten Tendenzen gekennzeichnet. Das lässt sich damit erklären, dass die DDR-Führung im Jahre 1954 – obschon immer noch unter sowjetischer Kontrolle – mit ihren inzwischen errungenen Mitspracherechten in ihren deutschlandpolitischen Entscheidungen allmählich, aber deutlicher das Ziel der Eigenstaatlichkeit untermauerte, während sich die sowjetische Staatsführung noch nicht dafür entschieden hatte, die Zwei-Staaten-Doktrin offiziell zu verkünden, und die deutsche Frage eher der Sicherheitsproblematik

7 Vgl. Walter Assmann u. a.: Staatsrecht der DDR, Berlin 1977, S. 255 ff.

8 Vgl. Ernst Deuerlein: Föderation – sowjetisch. Ideologisches Gaukelspiel um eine Kriegslist, in: Die politische Meinung 3 (1958), H. 27, S. 25 ff.; Sempf: Die deutsche Frage unter besonderer Berücksichtigung der Konföderationsmodelle, S. 124 ff.

9 Vgl. Ernst Deuerlein: Die Einheit Deutschlands: Ihre Erörterungen und Behandlungen auf den Kriegs- und Nachkriegskonferenzen 1941–1949. Darstellung und Dokumentation, Frankfurt a. M./Berlin 1957, S. 119.

10 Vgl. Walter Ulbricht: Kampf gegen den Föderalismus und für die Schaffung zentraler deutscher Verwaltungen, in: ND, 26. Juli 1947, S. 1. Vgl. auch Deuerlein: Föderation – sowjetisch, S. 33.

11 Lemke: Einheit oder Sozialismus?, S. 316.

unterordnete. Infolge des Abschlusses der Pariser Verträge vom 19. bis 23. Oktober 1954 versuchte die Sowjetunion in jenem Spätherbst bis Winter, sich mit den Westmächten über die Einberufung einer Konferenz zur Erörterung eines kollektiven Sicherheitssystems zu verständigen. Freilich ging es den kommunistischen Machthabern in Moskau darum, mit verbaler Kompromissbereitschaft die Ratifizierung der Pariser Verträge zu vereiteln.[12] Hinsichtlich der deutschen Frage enthielt die Note der Sowjetunion keine neuen Denkansätze: Das alte Angebot deutsche Einheit gegen Neutralität bestand weiterhin.

Auf diese sowjetische Initiative musste die DDR-Regierung reagieren, wobei sie sich einer konföderativen Perspektive zuwendete. Bereits im ersten Entwurf der Regierungserklärung, der Ende Oktober im MfAA der DDR entstand, artikulierte sich der Konföderationsgedanke folgendermaßen:

> »Kein Teil Deutschlands kann über den anderen bestimmen. Das deutsche Volk als ganzes muß entscheiden, und um diese Entscheidung vorzubereiten, wäre ein föderatives Zusammenleben der beiden Teile Deutschlands zunächst das zweckmäßigste. Das heißt das vorläufige Bestehenbleiben beider Teile mit ihren verschiedenen politischen und gesellschaftlichen Ordnungen und die Schaffung eines vorläufigen, also gesamtdeutschen Kopfes, der in bestimmten Fragen des Wirtschaftslebens, des Finanzsystems, des Arbeits- und Sozialrechts, des Handels, des Verkehrswesens, der Kultur gemeinsame Grundlage schaffen könnte. So würde sich ein friedlicher Wettbewerb der beiden Teile Deutschlands ergeben mit dem Ziel des Zusammenlebens und einer endgültigen Einigung. Die westdeutsche Regierung erklärt, daß ihr die Verhältnisse bei uns nicht gefallen. Uns gefallen die Verhältnisse in der Bundesrepublik nicht. Wir bringen die Einigung Deutschlands nicht weiter, wenn wir uns immer nur unsere entgegengesetzten Punkte vorhalten. Dem deutschen Volk soll die Möglichkeit gegeben werden, sich selbst ein Bild zu machen und sich selbst für das eine oder das andere oder ein drittes zu entscheiden. Dem deutschen Volk soll die Möglichkeit gegeben werden, das eine abzulehnen, das andere auch dort einzuführen, wo es das bisher tun wollte, aber durch den Eingriff fremder Mächte verhindert wurde.«[13]

Nachdem diese *Disposition* am 30. Oktober 1954 in der Wohnung Grotewohls besprochen worden war, bearbeitete der »Parteijurist« Karl Polak[14] im Auftrag des DDR-Ministerpräsidenten die von ihm »in der letzten Besprechung ange-

12 Vgl. Gerhard Wettig: Bereitschaft der Einheit in Freiheit? Die sowjetische Deutschlandpolitik 1945–1955, München 1999, S. 277 f.

13 Entwurf (Disposition) der Regierungserklärung Grotewohls, 27. Oktober 1954, in: PA AA/MfAA, A 14817, Bl. 33 f.

14 Zu seiner Person und Rolle in der DDR vgl. Marcus Howe: Karl Polak: Parteijurist unter Ulbricht, Frankfurt a. M. 2002; Biographisches Handbuch der SBZ/DDR 1945–1990, hg. von Gabriele Baumgartner/Dieter Hebig, Bd. 2, München 1997, S. 658 f.

regte Überlegung bezüglich der Herausstellung eines gesamtdeutschen Staates unter gleichzeitiger Koexistenz der Länder Ost- und Westdeutschlands«[15] und legte dem Politbüro des ZK der SED am 2. November einen ausgearbeiteten Entwurf für die Regierungserklärung vor. Ausgangspunkt seines zweiseitigen Schreibens war eine kritische Auseinandersetzung mit der Auffassung, dass angesichts der Auseinanderentwicklung der beiden Staaten eine Einigung der Deutschen nicht mehr möglich sei. Dabei ging es nicht um die Diskreditierung der Bundesrepublik, sondern darum, auf die Möglichkeit des Nebeneinanderbestehens auf der Grundlage der Anerkennung verschiedener Strukturen und Systeme in beiden deutschen Staaten hinzuweisen.

> »Unter den entstandenen Verhältnissen des Existierens zweier Staaten auf Deutschlands Territorium ist eine Wiedervereinigung des Landes nur beim Erreichen einer gegenwärtigen Verständigung und der Bereitwilligkeit beider Seiten zu Konzessionen und Kompromissen im Interesse der gesamtnationalen Sache aller Deutschen möglich.«[16]

In dem von Polak überarbeiteten Papier wurde auf die Möglichkeit einer konföderativen Entwicklung hingewiesen,

> »daß in einer vorläufigen Verfassung das Nebeneinanderbestehen von Ländern mit verschiedener wirtschaftlicher Struktur und auch verschiedenartiger staatlicher und kultureller Einrichtung geregelt wird, wobei es die Aufgabe der gesamtdeutschen Regierung sein wird, auf den verschiedensten Gebieten des wirtschaftlichen und kulturellen Lebens koordinierend zu wirken, um die Durchsetzung der gesamtnationalen Interessen zu gewährleisten«[17].

Wie Michael Lemke schon 2001 in seiner akribischen Darstellung über die Deutschlandpolitik der SED in den 1950er Jahren anhand einschlägiger Akten dokumentierte,[18] wurde der konföderative Gedanke durch sowjetische Eingriffe im Keim erstickt. In der am 19. November 1954 verkündeten Regierungserklärung der DDR verschwanden alle signifikanten Hinweise auf eine Konföderationskonzeption. Grotewohls Redepassage über die Möglichkeit eines Nebeneinanderbestehens von Ost- und Westdeutschland sei zu streichen, da im Augenblick der Eindruck entstehen könnte, die Regierung der DDR

15 Schreiben von Polak an Grotewohl mit Anlage (Zuarbeit), 2. November 1954, in: SAPMO-BArch, NY 4090/195, Bl. 348.
16 Ebd., Bl. 349. Vgl. auch Lemke: Einheit oder Sozialismus?, S. 327.
17 Schreiben von Polak an Grotewohl mit Anlage (Zuarbeit), 2. November 1954, in: SAPMO-BArch, NY 4090/195, Bl. 350.
18 Vgl. Lemke: Einheit oder Sozialismus?, S. 328 ff.

fände sich mit der Tatsache der Spaltung ab, so die sowjetischen Anmerkungen.[19] Als kleine Erinnerung an das kurze Leben einer Konföderationsidee blieben in der Regierungserklärung nur die Hinweise darauf, dass »eine reale Möglichkeit des Zusammenlebens und der Zusammenarbeit von Staaten mit verschiedenen Gesellschaftssystemen gegeben ist«, auf die Annäherung der verschiedenen Wirtschaftsstrukturen sowie der beiden Teile Deutschlands auf wirtschaftlichem, sozialem und kulturellem Gebiet.[20]

Die sowjetische Zurückweisung des SED-Konföderationskonzeptes in seiner Geburtsstunde sagt viel sowohl über die mehr oder weniger divergierenden Interessen von DDR und UdSSR als auch bezüglich des begrenzten Handlungsspielraums der DDR-Führung den sowjetischen Machthabern gegenüber. In Hinsicht auf die Entwicklung der Konföderationsidee ist aber deren Aufkommen in der SED-Zentrale überhaupt von großer Bedeutung. Es spricht dafür, dass die Spitzenpolitiker der SED nun im Spätherbst 1954 – ganz anders als zuvor – in einer Konföderationsidee mehr Vorteile als Gefahren für die DDR erkannten. Bei ihren konföderativen Überlegungen spielte vor allem – doch nicht nur – die Anerkennung zweier Staaten mit unterschiedlichen Systemen eine entscheidende Rolle. Ihr besonderes Interesse galt schon damals auch den deutsch-deutschen Klammern in wirtschaftlichen Bereichen.[21] Festzustellen bleibt freilich, dass die neue konföderative Gedankenübung der SED-Spitze ihre bisherige nationale Volksfrontpolitik gegen den »Imperialismus« der Westmächte sowie die »Remilitarisierung« der Bundesrepublik nicht ersetzte.

Ungeklärt ist aber noch, woher dieser Denkansatz eigentlich kam und wie die föderalistischen Gedanken Eingang in die Überlegungen der beiden Spitzenpolitiker der zentralistisch orientierten ostdeutschen Staatspartei Ulbricht und Grotewohl fanden. Diesbezüglich gibt es kein aktengestütztes, handfestes Indiz, woraus sich die Klärung des Sachverhalts ergeben könnte.

Dennoch ist – zwar hypothetisch, aber immerhin auf der Grundlage der bisherigen Entwicklungen und Zusammenhänge – davon auszugehen, dass die SED-Führung auf den früheren Vorschlag des westdeutschen Neutralisten Ulrich Noack[22] für eine föderative Gestaltung Gesamtdeutschlands 1949 bis 1950

19 Vgl. Sowjetische Bemerkungen zum Manuskript der Erklärung Grotewohls, in: SAPMO-BArch, NY 4090/196, Bl. 77; Anmerkungen zum Entwurf der Rede der Delegation der DDR auf der Tagung (in Moskau), SAPMO-BArch, NY 4182/892, Bl. 28; Lemke: Einheit oder Sozialismus?, S. 328 f.

20 Aus der Regierungserklärung des Ministerpräsidenten Otto Grotewohl vor der Volkskammer am 19. November 1954, in: Dokumente zur Außenpolitik der Regierung der DDR, Bd. II: Von der Souveränitätserklärung am 25. März 1954 bis zur Warschauer Konferenz (11. bis 14. Mai 1955), hg. vom Deutschen Institut für Zeitgeschichte, Berlin 1955, S. 56–79, hier S. 72 f. und 78.

21 Vgl. Lemke: Einheit oder Sozialismus?, S. 330.

22 Zu Ulrich Noack vgl. Abschnitt 2.2.

zurückgriff. Zunächst ist daran zu erinnern, dass bis zum Oktober/November 1954 allein der Würzburger Neutralist Noack solche Gedankengänge in der Öffentlichkeit geäußert hatte und sie vor zahlreichen SED-Funktionären und vor allem Ulbricht auf einer Veranstaltung im Jahre 1949 in Weimar vorgetragen hatte. Da die SED Noack und seinen Nauheimer Kreis mit großem Interesse beobachtet hatte, waren der SED-Führung seine Ideen mehr als vertraut.

Trotz der Unterschiede in einigen Aspekten wie der Argumentationslinie und den politischen Grundeinstellungen überschnitten sich die föderative Gedankenreihe Noacks seit 1949 einerseits und die kurzzeitige Konföderationsidee der SED-Führung 1954 andererseits, wobei sich selbst die Begriffe und Termini zum Teil deckten: So war von »Ländern mit verschiedener wirtschaftlicher und politischer Struktur«, von »friedlichem Wettbewerb« und von einer schrittweisen Angleichung zwischen Ost und West die Rede. Sprach die SED-Führung von »föderativem Zusammenleben« und »Nebeneinanderbestehen«, fand sich bei Noack das Pendant der »föderativen Gliederung« und der »weitergehender Bewahrung« der Länder mit verschiedener wirtschaftlicher und politischer Struktur. In dieser Hinsicht lässt sich das kurze Leben der Konföderationsidee in der SED-Zentrale mit der nachhaltigen Aneignung des Konföderationskonzepts Noacks durch sie erklären.

Zur großen Überraschung der SED-Führung kam im Jahre 1955 ein weiterer Grenzgänger mit Prestige und einer ganz anderen Machtposition als Noack nach Ost-Berlin, um mit ihr über eine deutsche Konföderation zu beraten. Der Gast, mit dem man sich hinter verschlossenen Türen traf, war Bundesminister Fritz Schäffer.

3.1.2 Fritz Schäffers Besuche in Ost-Berlin 1955 und 1956

Ein Phänomen der deutsch-deutschen Beziehungsgeschichte in der Nachkriegszeit sind zweifelsohne Fritz Schäffers zwei Reisen nach Ost-Berlin in den Jahren 1955 und 1956, worüber bereits viel geschrieben worden ist.[23] Dass der damalige Bundesfinanzminister und einflussreichste CSU-Politiker, Schäffer,

23 Vgl. Peter Joachim Lapp: General bei Hitler und Ulbricht. Vincenz Müller – Eine deutsche Karriere, Berlin 2003, S. 213–220; Markus Wolf: Spionagechef im geheimen Krieg. Erinnerungen, München 1997, S. 164–172; Christoph Henzler: Fritz Schäffer 1945–1967. Eine biographische Studie zum ersten bayerischen Nachkriegs-Ministerpräsidenten und ersten Finanzminister der Bundesrepublik Deutschland, München 1994, S. 535–544; Hanns Jürgen Küsters: Wiedervereinigung durch Konföderation? Die informellen Unterredungen zwischen Bundesminister Fritz Schäffer, NVA-General Vincenz Müller und Sowjetbotschafter Georgij Maksimowitsch Puschkin 1955/56. Dokumentation, in: VfZ 40 (1992), H. 1, S. 107–153.

noch in der Phase der offiziellen »Nicht-Beziehung«[24] auf Regierungsebene hinter den Kulissen mit einigen DDR-Repräsentanten wie dem stellvertretenden DDR-Verteidigungsminister Vincenz Müller und dem Volkskammerabgeordneten der NDPD Otto Rühle sowie dem sowjetischen Botschafter, Georgi M. Puschkin, in Ost-Berlin über eine deutsche Konföderation als Weg zur Wiedervereinigung sprach, war schier unglaublich, so dass man dies in Westdeutschland weder für glaubhaft noch für seriös halten konnte.[25] Bis in die Umbruchszeit 1989/90 gab es in der westdeutschen Forschung nur wenige historische Darstellungen, die diese Vorgeschichte als Ursprung der SED-Konföderationsvorschläge registrierten.[26]

Demgegenüber wiesen ostdeutsche Politiker und Wissenschaftler, seitdem die bis dato von beiden Seiten geheim gehaltenen Unterredungen Mitte November 1958 ans Tageslicht gekommen waren,[27] wiederholt darauf hin, dass die Regierung der DDR mit ihrem Konföderationsvorschlag »bewußt Anregungen« aus »Sondierungsgesprächen mit Mitgliedern der Bundesregierung« aufgegriffen habe.[28]

24 Vgl. Michael Herms: Die deutsch-deutschen (Nicht-)Beziehungen bis zum Mauerbau, in: Rainer Eppelmann/Bernd Faulenbach/Ulrich Mählert (Hg.): Bilanz und Perspektiven der DDR-Forschung, Paderborn 2003, S. 333 f.

25 Zu Schäffers Dementi vgl. Endgültige vom Kabinett in der Sitzung am 12. November 1958 gebilligte Fassung, in: BA-Ko, NL 168/43. Vgl. auch zahlreiche Zeitungsberichte, in: BA-Ko, NL 168/45 und 45-1.

26 Zwei Dissertationsschriften, die sich vor der »Wende« dem Thema Konföderationsvorschläge der SED widmeten, zweifelten beispielsweise am Wahrheitsgehalt dieser Vorgeschichte. Vgl. Sempf: Die deutsche Frage unter besonderer Berücksichtigung der Konföderationsmodelle, S. 123; Wolfgang Gläsker: Die Konföderationspläne der SED von 1957–1967, Diss. Phil., Erlangen 1976, S. 12 ff. Eine Ausnahme stellte der Journalist und Nationalrevolutionär Wolfgang Venohr dar, der aus intensiven Beobachtungen und Befragungen in Ost-Berlin diese Hintergründe des SED-Konföderationsvorschlages gut kannte. Vgl. ders.: Konföderation Deutschland, in: ders. (Hg.): Die deutsche Einheit kommt bestimmt, Bergisch Gladbach 1982, S. 185; ders.: Die roten Preußen. Vom wundersamen Aufstieg der DDR in Deutschland, Erlangen 1989, S. 173. Vgl. auch Hans-Peter Schwarz: Die Ära Adenauer. Gründerjahre der Republik 1949–1957, Stuttgart 1981, S. 61 ff.; Herbert Lilge: Deutschland von 1955–1963, in: ders. (Hg.): Deutschland 1945–1963, Hannover 1967, S. 195 f.

27 In einem Vortrag auf einer Tagung des Nationalrates der Nationalen Front des demokratischen Deutschland brachte Walter Ulbricht diese Tatsache ans Tageslicht. Vgl. dazu Abschnitt 2.1. Bereits in einem Interview mit der Zeitschrift »Der Spiegel« Ende September 1957 hatte Ulbricht auf diesen Hintergrund verwiesen, ohne dabei Namen zu nennen: Die Idee der Konföderation sei doch nicht nur »von uns« vertreten worden, sie werde doch auch von führenden Politikern in Bonn vertreten, von Leuten, die sogar nicht sehr weit weg seien von Herrn Adenauer. Vgl. 25. September 1957: »Spiegel«-Gespräch mit Ulbricht, in: Dokumente zur Deutschlandpolitik III/3 (1957), S. 1652.

28 Jürgen Hofmann: Ein neues Deutschland soll es sein, Berlin 1989, S. 159. Vgl. auch Walter Ulbricht: Zur Geschichte der deutschen Arbeiterbewegung, Bd. 8: 1959–1960, Berlin 1965, S. 29. In einer Rede auf der internationalen Konferenz am 20. April 1966 in Ost-Berlin hatte der Vizepräsident des Nationalrats der Nationalen Front Gerhard Dengler auch angemerkt, dass die DDR-Regierung bei ihrem Konföderationsvorschlag Überlegungen und Anregungen westdeutscher Politiker berücksichtige, vgl. Die Spaltung Deutschlands und der Weg

Dass der Konföderationsvorstoß der SED Anfang 1957 unmittelbar auf eine Anregung des Bundesfinanzministers im Kabinett Adenauer zurückging, unterliegt indessen keinem Zweifel. In seiner Rede auf einer Tagung des Nationalrats der Nationalen Front des demokratischen Deutschland am 18. Oktober 1958 äußerte sich Ulbricht in Beantwortung der Frage des westdeutschen Gastes Prof. Walter Hagemann wie folgt:

»Ich kann Ihnen hier sagen, daß die Idee der Konföderation das Ergebnis einer Aussprache zwischen einem namhaften Mitglied der Bonner Regierung und unseren Vertretern gewesen ist. In diesem Gespräch wurde erörtert, wie man zur Wiedervereinigung kommen kann. Der betreffende Herr warf die Frage der Konföderation in die Diskussion. Aber er sagte: Ich kann das nicht offiziell sagen. – Es wurde ihm geantwortet: Inoffiziell ist es auch interessant, darüber zu sprechen! – Der Herr Minister der CDU/CSU hatte wahrscheinlich angenommen, daß die Vertreter der DDR die Anregung über die Konföderation ablehnen würden. Aber kurze Zeit danach habe ich in einer Pressemitteilung vorgeschlagen, man soll die Frage der Konföderation prüfen und präzisieren, weil das ein Vorschlag ist, über den man ernsthaft nachdenken muß, mit dem man sich gründlich beschäftigen muß.«[29]

Bezeichnend war, dass die SED-Führung in diesem Vorstoß keinen Alleingang Schäffers, sondern ein Manöver des Bundeskanzlers Adenauer sah. In einem vertraulichen Gespräch mit dem sowjetischen Botschafter Pjotr A. Abrassimow am 21. November 1968 gab Ulbricht den Hintergrund seines Konföderationsvorschlags mit folgenden Worten kund:

»Die Sache mit der Wiedervereinigung ist doch interessant. Adenauer wollte mit uns ein Spiel machen. Er schickte 1956 seinen damaligen Finanzminister nach Berlin, um Besprechungen zu führen. Herr Schäffer war in der Hoffnung geschickt worden, daß wir die Konföderation ablehnen würden. Als ich das hörte, sagte ich: Das ist sehr interessant! Ich habe dann Anfang 1957 offiziell vorgeschlagen und begründet, warum wir für die Konföderation sind. Die ganze Adenauer-Presse hat dagegen Stellung genommen. [...] Adenauer ist ein ungeschickter Politiker. Er hat sich selber in die Sackgasse manövriert. Wenn er so stark ist, wie er immer sagt, warum geht er dann nicht auf die Konföderation ein, warum tritt er dann nicht ein in den Wettbewerb mit uns, bitte!«[30]

zur Wiedervereinigung. Rede des Vizepräsidenten des Nationalrats der Nationalen Front Dr. Gerhard Dengler auf der internationalen Konferenz am 20. April 1966 in Berlin, S. 9, in: BA-Ko, B 136/6779.

29 18. Oktober 1958: Rede des Ersten Sekretärs des ZK der SED, Ulbricht, auf der Tagung des Nationalrates der Nationale Front des demokratischen Deutschland, in: Dokumente zur Deutschlandpolitik, III/4 (1958), S. 1814.

30 Aktennotiz über das Gespräch des Genossen Walter Ulbricht mit Genossen Botschafter P. A. Abrassimow am 21. November 1968, in: SAPMO-BArch, DY 30/3096, Bl. 33.

Für den Konföderationsvorstoß der SED spielte also deren eigene Wahrnehmung der geheimen Besuche Schäffers eine entscheidende Rolle. Die SED-Führung wollte sich, was die nationale Frage anging, keineswegs in die Defensive gedrängt sehen. In der oben erwähnten Rede auf der Tagung der Nationalen Front im Oktober 1958 hob Ulbricht seine Stimme:

> »Diejenigen, die in Bonn jetzt gegen die Konföderation auftreten, möchte ich daran erinnern, was sie zu der Zeit, bevor sie unsere Meinung kannten, sagten: Wir wollen es einmal probieren! – Wir haben gesagt: Bitte, probieren wir es aus! Wir sind bereit, das Risiko einzugehen. Warum haben Sie solche Angst davor, daß Ihr eigener Vorschlag realisiert wird, meine Herrn im Bonner Glashaus?«[31]

Zweifelsohne waren dem Bundeskanzler Schäffers Reisen nach Ost-Berlin bekannt, sie wurden aber »vom Kanzler nur unter größten Vorsichtsmaßnahmen toleriert«, bemerkte Hans-Peter Schwarz.[32] Ein wichtiger Mitspieler Schäffers war nicht etwa sein damaliger Chef Adenauer, sondern ein alter Freund aus Bayern, Vincenz Müller, der zu jenem Zeitpunkt, also 1955/56, Chef des Stabes der Kasernierten Volkspolizei bzw. Chef des Hauptstabes der Nationalen Volksarmee und stellvertretender DDR-Verteidigungsminister war. Müller, ehemaliger General der Wehrmacht, der noch in Kriegsgefangenschaft für den sowjetischen Geheimdienst tätig war, lag in jenen Tagen die Einheit des Vaterlandes am Herzen. Bereits ab 1949/50, als er in der NDPD Karriere gemacht hatte und stellvertretender Vorsitzender der Blockpartei geworden war, hatte er Verbindungen zu Offizieren und ehemaligen Kameraden im Westen gesucht und ausgebaut sowie versucht, auf diesem Wege verschiedene Möglichkeiten für deutsch-deutsche Verhandlungen zu nutzen.[33] Dabei ließ er seine natio-

31 18. Oktober 1958: Rede des Ersten Sekretärs des ZK der SED, Ulbricht, auf der Tagung des Nationalrates der Nationalen Front des demokratischen Deutschland, in: Dokumente zur Deutschlandpolitik, III/4 (1958), S. 1814.

32 Hans-Peter Schwarz: Die deutschlandpolitischen Vorstellungen Konrad Adenauers 1955–1958, in: ders. (Hg.): Entspannung und Wiedervereinigung. Deutschlandpolitische Vorstellungen Konrad Adenauers 1955–1958. Rhöndorfer Gespräche, Stuttgart/Zürich 1979, S. 38. Vgl. auch Dokument 1: Schreiben Schäffers an Adenauer vom 9. Juni 1955; Dokument 2: Aufzeichnung von Brentano; Dokument 3: Aufzeichnung von Adenauer, in: Küsters: Wiedervereinigung durch Konföderation?, S. 137 ff.; Franz Josef Strauß: Die Erinnerungen, Berlin 1989, S. 189; Henzler: Fritz Schäffer 1945–1967, S. 540.

33 Zu seinem neuen Lebensweg in der SBZ und DDR vgl. Lapp: General bei Hitler und Ulbricht, S. 155–254. Zu Müllers Westkontakten auf soldatischer Grundlage vgl. ders.: Ulbrichts Helfer. Wehrmachtsoffiziere im Dienste der DDR, Bonn 2000, S. 96 ff.; Jens Hüttmann: Das Gedächtnis der Generäle. Zum Frontwechsel deutscher Soldaten auf die »Siegerseite« der Geschichte, in: Gedächtnispolitik. Eine kritische Zwischenbilanz, hg. von der Heinrich-Böll-Stiftung, Berlin 2003, S. 80–85. Seine Westverbindungen wurden sowohl von den Geheimdiensten beider Seiten Deutschlands als auch von amerikanischer und sowjetischer Seite beobachtet, vgl. dazu Lapp: General bei Hitler und Ulbricht, S. 156 ff.

nalneutralistische Grundeinstellung erkennen, wie er in einem Brief an den ehemaligen Oberst der Wehrmacht Hermann Teske 1950 schrieb: »Ich schlage weder eine westliche noch eine östliche Politik vor, sondern eine Politik, die der Wiedererlangung der Einheit und Unabhängigkeit Deutschlands dient, und darum eine Garantie für die Erhaltung des Friedens bietet.«[34] Er erklärte sich weder als Anhänger des »reinen« Sozialismus noch des Kapitalismus, auch wenn er den Osten für »gesünder« hielt.[35]

Zwar präsentierte sich der überraschende Grenzgänger aus Bonn, Schäffer, seinen ostdeutschen Gesprächspartnern gegenüber als »überzeugter Anhänger der Marktwirtschaft«.[36] Bei den Geheimunterredungen stellte sich jedoch heraus, dass Bundesminister Schäffer und DDR-General Müller in außenpolitischen und nationalen Fragen am gleichen Strang zogen. Beiden schwebten eine gesamtdeutsche Neutralität und die deutsch-deutsche Zusammenarbeit in Richtung Wiedervereinigung vor. Zur großen Überraschung der DDR-Repräsentanten führte also der zweite Mann im Bonner Kabinett aus, dass die deutschen Staaten keinem Machtblock angehören sollten. Schäffer sei dafür, dass die Bundesrepublik auf alle internationalen Verbindungen und Bündnisse verzichte, die der Wiedervereinigung nicht dienlich seien.[37] An dieser Stelle ist darauf hinzuweisen, dass Schäffers deutschlandpolitische Denkrichtung patriotisch bzw. national oder pazifistisch motiviert war.[38] Angesichts des Inkrafttretens der Pariser Verträge zeigte er sich bereit, eigenes politisches Risiko in Kauf zu nehmen, um die letzte Chance für eine deutsche Wiedervereinigung durch »Verhandlungen zwischen bevollmächtigten Vertretern der Regierungen West- und Ostdeutschlands«[39] auszuloten.

34 Zitat nach ebd., S. 163.
35 Vgl. ebd., S. 169.
36 Wolf: Spionagechef im geheimen Krieg, S. 169.
37 Vgl. Dokument 4: »Besprechung Sch und P«, Niederschrift der Unterredung, in: Küsters: Wiedervereinigung durch Konföderation?, S. 142 und 147; Geheimnis um Dr. Schäffer gelüftet. Gesprächspartner war Vincenz Müller, Thema: Konföderation, Berliner Zeitung vom 14. November 1958, in: Jürgen Hofmann (Hg.): Es ging um Deutschland. Vorschläge der DDR zur Konföderation zwischen beiden deutschen Staaten 1956 bis 1967, Berlin 1990, S. 77 ff., hier S. 78. Vgl. auch Die Wahrheit über die Gespräche: Dr. Schäffer war für einen Vertrag zwischen beiden deutschen Staaten. Mitglied der Volkskammer Prof. Dr. Rühle über seine Verhandlungen mit Dr. Schäffer im Bonner Finanzministerium, ND vom 25. November 1958, in: ebd., S. 88–92, hier S. 90 f.
38 Vgl. Lapp: General bei Hitler und Ulbricht, S. 220; Wolf: Spionagechef im geheimen Krieg, S. 169; Henzler: Fritz Schäffer 1945–1967, S. 537.
39 Dokument 4: »Besprechung Sch und P«, Niederschrift der Unterredung, in: Küsters: Wiedervereinigung durch Konföderation?, S. 145. Dem Bundesminister war wohl bewusst, dass es keine reale Möglichkeit für einen anderen Weg der Wiedervereinigung, nämlich durch »Verhandlungen zwischen der Bundesrepublik und der Sowjetunion über Deutschland«, gab, da die Sowjetunion keinesfalls auf solche Verhandlungen eingehen würde.

Festzustellen ist auch, was in den bisherigen Darstellungen wenig Beachtung gefunden hat, nämlich, dass die föderalistische Denkrichtung bei Schäffers gewagter Initiative hervorbrach. Der Föderalismus als politisches Grundprinzip führte ins Zentrum seiner frühen Entwicklung sowie seiner späteren deutschlandpolitischen Gedankenwelt.[40] Bereits in der Weimarer Zeit hatte Schäffer sich etwa als Finanzexperte der Bayerischen Volkspartei (BVP) mit der *Aushöhlungs- und Aushungerungspolitik des Reiches gegenüber den Ländern*[41] auseinandergesetzt und einen ausgeglichenen Staatshaushalt der Länder gefordert, wobei er sich zwar nicht für partikularistische Positionen stark gemacht hatte, aber zu der Überzeugung gekommen war, dass die Länder das wirtschaftliche und das davon abhängige kulturelle Wohlergehen des Volkes in gesundheitlichen, moralischen und sozialen Belangen sichern, insbesondere eine länderspezifische Wohlfahrts-, Rechtspflege und Polizeiverwaltung unterhalten sollten.[42]

Im Zuge der Föderalismusdebatte in der späten Phase der Weimarer Republik, der Schäffer sich – seit Herbst 1929 als Vorsitzender der BVP – gewidmet hatte,[43] entwickelte er seinen prinzipiellen föderalistischen Gedanken in Staat und Gesellschaft immer deutlicher, wonach sich der »großdeutsche Föderalismus« darauf richte, »in der Mitte zu halten zwischen dem Streben nach Separation und Partikularismus einerseits und nach Unitarismus und mechanischer Gewalt der Vereinheitlichung andererseits«.[44]

Es versteht sich von selbst, dass Schäffer als »ein erbitterter Gegner des Nationalsozialismus«, als den ihn 1934 die Bayerische Politische Polizei beschuldigt hatte,[45] und zugleich als erster bayerischer Nachkriegs-Ministerpräsident und Kopf der neu gegründeten CSU den Einheitsstaatsgedanken des Nationalsozialismus aus dem Weg zu räumen versuchte und sich energisch für die Eigenständigkeit Bayerns einsetzte.[46] In der Debatte um Bayerns Eigenstaatlichkeit plädierte Schäffer – wohl nicht aktiv, aber immerhin öffentlich – für

40 Vgl. Winfried Becker: Fritz Schäffer und Föderalismus, in: Wolfgang J. Mückl (Hg.): Föderalismus und Finanzpolitik. Gedenkschrift für Fritz Schäffer, Paderborn 1990, S. 9–36.

41 So lautet der Titel einer Schrift Schäffers von 1929 (Nach einer Rede im bayerischen Landtag am 27. November 1928), München 1929, vgl. Becker: Fritz Schäffer und Föderalismus, S. 17.

42 Vgl. ebd., S. 19.

43 Vgl. Fritz Schäffer: Der Föderalismus in Deutschland. Die Lage Ende Dezember 1927 vor Beginn der »Länderkonferenz« in Berlin, München 1928. Zur Debatte um den Föderalismus und das Verhältnis Bayerns zum Reich und zu Preußen, vgl. Deuerlein: Föderalismus, S. 177 ff.

44 Zitat nach Becker: Fritz Schäffer und Föderalismus, S. 20.

45 BA-Ko, Nachlass F. Schäffer 168/6 fol. 112.

46 Vgl. Henzler: Fritz Schäffer 1945–1967, S. 98–137, 159–181, 200–208 und 229–255; Wolf D. Gruner: Fritz Schäffer und der Neubeginn in Bayern nach 1945, in: Mückl (Hg.): Föderalismus und Finanzpolitik, S. 37–66; Barbara Fait: Die Anfänge der CSU 1945–1948. Der holprige Weg zur Erfolgspartei, München 1995, S. 229.

die Teilnahme eines starken, selbständigen Bayerns an einem deutschen Gesamtstaat auf der Basis der föderalistischen Staatsbildung.[47] Damit distanzierte er sich zum einen von den Separatisten innerhalb der Bayernpartei, zum anderen erteilte er einer zentralistischen Lösung, wie sie seinem Gegenspieler in der CSU Josef Müller vorschwebte, eine klare Absage. Bemerkenswert ist, dass Schäffer bei seinen Überlegungen, zur Bayernpartei zu wechseln, 1948 auf die Unterstützung deren führender Politiker Joseph Baumgartner und Hermann Etzel, die damals als repräsentative deutsche Föderalisten galten, rechnen durfte. Sein Eintritt in die Bayernpartei scheiterte schließlich wegen ihres inneren Widerstands.[48] Außerdem ist anzumerken, dass kein Geringerer als Etzel dabei »große Hoffnungen auf die gemeinsame staatspolitische Arbeit« mit Schäffer gesetzt hatte, wie Etzel in einem Brief an Schäffer Anfang Oktober 1948 äußerte.[49]

Trotz seiner politischen Entwicklung zum Bundesminister ab 1949 blieb Schäffer im Grunde ein deutscher Föderalist. Seine neuen deutschlandpolitischen Vorstellungen in den Jahren 1955 und 1956 waren also auf dem Boden des alten bayerischen Föderalismusdenkens gewachsen. Obendrein hegte er in Äußerungen gegenüber Vincenz Müller noch immer auf den Mittelstand gerichtete sozialpolitische Gedanken.[50] Nicht von ungefähr sprach Schäffer in Unterredungen mit ostdeutschen und sowjetischen Gesprächspartnern nicht zuletzt von den historischen Erfahrungen der deutschen Länder bei der Vereinigung zu Beginn des 19. Jahrhunderts: Damals begann es mit einer Zollunion, und dann wurde Schritt für Schritt durch Annäherung die Vereinigung erreicht. Er schien auf diese Unterredung inhaltlich »gründlich vorbereitet«,[51] wie Spionagechef Markus Wolf, der, als Vertreter der DDR-Regierung akkreditiert, Schäffers Ausführungen unmittelbar mitbekommen hatte, sich im Rückblick erinnerte. Der Niederschrift des Spionagechefs zufolge, die Ulbricht vorgelegt wurde, führte Schäffer Folgendes aus: In erster Linie sollte die Freiheit des »persönlichen Verkehrs« notwendig sein, damit die Möglichkeit geschaffen werde, gegenseitig die Verhältnisse kennenzulernen; das müsse noch

47 Vgl. Henzler: Fritz Schäffer 1945–1967, S. 272 ff.

48 Zu näheren Umständen vgl. Walther: Jakob Fischbacher und die Bayernpartei, S. 202–213; Henzler: Fritz Schäffer 1945–1967, S. 255–265; Unger: Die Bayernpartei, S. 150–154.

49 Vgl. Etzel an Schäffer, 4. Oktober 1948, in: StABB, D-1003, Nr. 18.

50 Dr. Schäffer habe zu Müller gesagt: »Wissen Sie, ich bin gegen Extreme. Sie wissen doch, wie es in Bayern ist. Von wenigen Ausnahmen abgesehen, sind der Mittelstand und die Bauern bei uns das ausschlaggebende Element. Überhaupt bin ich dafür, daß die Interessen des Mittelstandes, vor allem der kleinen Leute, mehr berücksichtigt werden.« Vgl. dazu Wir sprachen über Konföderation. Vincenz Müller über Einzelheiten seiner Unterredung mit Bundesminister Dr. Schäffer, in: Hofmann (Hg.): Es ging um Deutschland, S. 80–85, hier S. 81.

51 Wolf: Spionagechef im geheimen Krieg, S. 168.

ergänzt werden durch wirtschaftliche Beziehungen, in denen Westdeutschland in der ersten Zeit die gebende Seite wäre; politische und parteiliche Gegensätze würden allmählich geglättet und nicht mehr so scharf hervortreten. Mit der Zeit könnte durch eine allgemeine Gesetzgebung in dieser Hinsicht ein einheitlicher Komplex entstehen.[52] Auch von einer deutsch-deutschen Zusammenarbeit nach dem Vorbild der Benelux-Länder war die Rede.[53]

Es ist also festzuhalten, dass Schäffers geheime Konföderationsinitiative auf einer prinzipiell föderalistischen Denkrichtung basierte. Der SED-Führung kam es allerdings nicht auf »die Freiheit des persönlichen Verkehrs« oder die allmähliche Annäherung durch die wirtschaftliche Zusammenarbeit, die Schäffer vorgestellt hatte, an. Von ausschlaggebender Bedeutung war für sie vielmehr der Umstand, dass der Bundesfinanzminister sich in seinen heimlichen Sondierungsgesprächen in Ost-Berlin für eine Nichtbeteiligung beider deutscher Staaten an den großen Machtblöcken ausgesprochen hatte. Den ostdeutschen Kommunisten stellte sich nun die Frage, ob und wie man sich die Konföderationsidee Schäffers, worin sie doch auch ein Manöver Adenauers sahen, aneignen sollte. Ebenfalls entscheidend war, dass diese missverstandene Herausforderung sich in einer für die SED sehr heißen Phase, in der vieles in den internationalen wie innerdeutschen Konstellationen in Bewegung kam, ereignete.

3.1.3 Neue Konstellationen in den Jahren 1955 und 1956

Dem Inkrafttreten der Pariser Verträge im Mai 1955 folgte eine Reihe neuer Entwicklungen der Großwetterlage und der innerdeutschen Konstellation, die unmittelbare Auswirkungen auf die Diskussion um die deutsche Einheit hatten: Der erfolgreiche Abschluss des österreichischen Staatsvertrages, die gescheiterte Genfer Gipfelkonferenz der vier Mächte vom 18. bis 23. Juli 1955, die Aufnahme diplomatischer Beziehungen zwischen der BRD und der Sowjetunion im September 1955, der Staats- und Freundschaftsvertrag zwischen der Sowjetunion und der DDR am 20. September sowie die Manifestierung zweier feindlicher Militärbündnisse. Insbesondere die Einbindung der DDR in den Warschauer Pakt markierte den Schlusspunkt dieser Neuorientierungsphase im »Schlüsseljahr« 1955.[54]

52 Vgl. Dokument 4: »Besprechung Sch und P«, Niederschrift der Unterredung, in: Küsters: Wiedervereinigung durch Konföderation?, S. 146.

53 Vgl. Wolf: Spionagechef im geheimen Krieg, S. 170; Geheimnis um Dr. Schäffer gelüftet, in: Hofmann (Hg.): Es ging um Deutschland, S. 78.

54 Vgl. Heinz Heitzer: Die DDR im Kampf um Frieden und Sicherheit – das »Schlüsseljahr« 1955, in: ZfG 27 (1979), S. 835–841.

Unterdessen stimmten die sowjetische und die SED-Führung in der deutschen Frage im Großen und Ganzen überein: Ihre deutschlandpolitischen Zielvorstellungen gingen nunmehr eindeutig von der Zwei-Staaten-Theorie, deren Grundzüge die SED bereits 1953/54 auf den Weg gebracht hatte,[55] aus. Unmittelbar nach der gescheiterten Gipfelkonferenz vom Juli 1955 in Genf ging die sowjetische Partei- und Staatsführung, anders als zuvor, zur Argumentation der Zwei-Staaten-Theorie über und bestärkte die DDR-Führung, sich auf den weiteren Aufbau des Sozialismus und die Schaffung einer starken DDR zu konzentrieren. Auf der Rückreise von Genf machten der Erste Sekretär des ZK der KPdSU, Chruschtschow, und der sowjetische Ministerpräsident Bulganin in Ost-Berlin Station und verdeutlichten, dass »auf dem Gebiet Deutschlands zwei Staaten mit verschiedener gesellschaftlicher und wirtschaftlicher Ordnung entstanden« seien.[56] Man könne die deutsche Frage nicht auf Kosten der Interessen der Deutschen Demokratischen Republik lösen. Die sowjetischen Machthaber stellten also nicht mehr die »politischen und sozialen Errungenschaften« sowie die »demokratischen Umgestaltungen« in Frage. Außerdem sprach die Sowjetführung sich in aller Deutlichkeit gegen »die mechanische Verschmelzung der beiden Teile Deutschlands« aus und sprach nunmehr von einer »Annäherung zwischen der Deutschen Demokratischen Republik und der Deutschen Bundesrepublik«.[57] Dem lag der Kerngedanke zugrunde, dass die deutsche Frage am besten von den Deutschen selbst zu lösen sei. »Diese beiden Staaten könnten im Interesse des ganzen deutschen Volkes eine umfassende Zusammenarbeit auf allen Gebieten des innerdeutschen Lebens herstellen, was zweifelsohne die Lösung der Aufgabe der Wiedervereinigung Deutschlands erleichtern würde«,[58] so Chruschtschow am 26. Juli 1955 in Berlin. Die Weichen waren damit gestellt. Während und nach der erfolglosen Genfer Außenministerkonferenz vom 27. Oktober bis zum 16. November 1955 bekräftigte die Sowjetführung mehrfach ihren Standpunkt zur deutschen Frage: Anerkennung der Existenz der zwei deutschen Staaten mit unterschiedlicher Gesellschaftsordnung; keine »mechanische Verschmelzung« der beiden

55 Vgl. Jens Hacker: Der Rechtsstatus Deutschlands aus der Sicht der DDR, Köln 1974, S. 138.

56 26. Juli 1955: Rede des Ersten Sekretärs der KPdSU, Chruschtschow, auf einer Großkundgebung in Berlin, in: Dokumente zur Deutschlandpolitik III/1 (1955), S. 227–236. Vgl. auch 23. Juli 1955: Schlußerklärung des Ministerpräsidenten Bulganin, in: ebd., S. 205–210. Vgl. auch Jürgen Wendler: Die Deutschlandpolitik der SED 1952–1958. Publizistisches Erscheinungsbild und Hintergründe der Wiedervereinigungsrhetorik, Köln/Weimar/Wien 1991, S. 343 f. Zur sowjetischen Deutschlandpolitik im Jahre 1955 vgl. Wettig: Bereitschaft zu Einheit in Freiheit?, S. 282–291.

57 23. Juli 1955: Schlußerklärung des Ministerpräsidenten Bulganin, in: Dokumente zur Deutschlandpolitik III/1 (1955), S. 209. Vgl. auch 26. Juli 1955: Rede des Ersten Sekretärs der KPdSU, Chruschtschow, auf einer Großkundgebung in Berlin, in: ebd., S. 234 f.

58 Ebd., S. 235.

»souveränen deutschen Staaten«; kein Verzicht auf die »politischen und sozialökonomischen Errungenschaften der DDR«; keine freien Wahlen unter den »gegenwärtigen Verhältnissen«; Wiedervereinigung nur auf dem Weg der Annäherung und Zusammenarbeit zwischen beiden deutschen Staaten im Rahmen der europäischen Sicherheit.[59]

Es versteht sich von selbst, dass die SED-Führung die klare deutschlandpolitische Stellungnahme der sowjetischen Führung mit Genugtuung zur Kenntnis nahm. In einer Sitzung des Demokratischen Blocks am 8. November 1955 im Haus des Nationalrats der Nationalen Front in Berlin führte Ulbricht aus:

> »Noch bis zur ersten Genfer Konferenz herrschte die Auffassung: Da sowieso die Wiedervereinigung kommen wird, ist sowieso unklar, was aus der jetzigen Deutschen Demokratischen Republik werden wird. Der Gegner hat die ganze Zeit jahrelang erklärt, die westdeutschen Verhältnisse werden auf die DDR übertragen, und sie haben damit Zersetzung in einen Teil unserer Reihen getragen. Das hat seinen Grund darin, daß wir nicht auf alle Fragen der Wiedervereinigung und des künftigen Deutschlands Antwort geben konnten zur damaligen Zeit, weil wir der Meinung waren, man muß einen Kompromiss suchen, um auf irgendeine Weise zur Wiedervereinigung zu kommen. [...]
> Nachdem Bulganin in Genf und Chruschtschow in Berlin gesagt hatten, daß an den Errungenschaften der DDR nicht gerüttelt wird, war damit die Orientierung schon absolut klar, und das hat zur gewissen Festigung der DDR beigetragen. Jetzt haben wir das noch etwas präzisiert, was wir unter Stärkung der DDR, Festigung der Arbeit- und Bauernmacht, Aufbau des Sozialismus, Entwicklung der Kultur usw. verstehen.«[60]

Angewiesen auf die Rückendeckung der Sowjetführung, traute sich nunmehr die SED-Führung auszusprechen,

> »daß nach der Ratifizierung und Durchführung der Pariser Verträge wir unsere politische Position genauer präzisieren müssen, weil die Wiedervereinigung jetzt davon abhängt, daß die Kräfte der Deutschen Demokratischen Republik so stabil,

59 Vgl. 27. Oktober 1955: Aus der Erklärung des Außenministers Molotow; 2. November 1955: Aus der Erklärung des Außenministers Molotow; 3. November 1955: Erklärung des Außenministers Molotow; 8. November 1955: Erklärung des Außenministers Molotow; 9. November 1955: Aus der Erklärung des Außenministers Molotow; 16. November 1955: Aus der Erklärung des Außenministers Molotow; 17. November 1955: Erklärung des Außenministers Molotow auf dem Flugplatz Schönefeld; 29. Dezember 1955: Aus der Erklärung des Ersten Sekretärs der KPdSU, Chruschtschow, vor dem Obersten Sowjet der UdSSR, in: Dokumente zur Deutschlandpolitik III/1 (1955), S. 498–500, 565–571, 587–593, 610–615, 624–627, 716 ff. und 727 ff. Vgl. auch Lemke: Einheit oder Sozialismus?, S. 355.

60 Stenografische Niederschrift Sitzung des Demokratischen Blocks am 8. November 1955 im Haus des Nationalrats Berlin, in: SAPMO-BArch, NY 4090/505, Bl. 195 f. und 198.

so stark sind, daß die Politik und die wirtschaftlichen, kulturellen und anderen Errungenschaften so ausstrahlen nach Westdeutschland, daß es gelingt, schrittweise unsere Einflüsse dort zu vergrößern und die Kräfte des Friedens und der Demokratie in Westdeutschland zu stärken«.[61]

Auf der 25. Tagung des ZK der SED im Oktober 1955 sowie in den Beratungen der 3. Parteikonferenz der SED Ende März 1956 wurde die grundlegende Orientierung der Nationalpolitik der SED verkündet, wonach die Stärkung der DDR als Bastion des Sozialismus und des Friedens auf deutschem Boden und in Europa zu einem Schlüsselproblem im Ringen um europäische Sicherheit und um die Lösung der nationalen Frage wurde.[62]

Sich darauf stützend, avancierte die SED noch einmal zur »konsequentesten Kämpferin der Einheit Deutschlands«,[63] wie sie meinte, und trat für eine Normalisierung der Beziehungen zwischen beiden deutschen Staaten und für gegenseitige Annäherung ein. Bereits Ende Oktober 1955 hatte die Regierung der DDR etwa die Bildung eines *Gesamtdeutschen Rates* vorgeschlagen, in den die gesetzgebenden Körperschaften der DDR und BRD ihre Vertreter entsenden sollten.[64] Die Aufgabe dieses *Gesamtdeutschen Rates* sollte es sein, auf eine Annäherung der Deutschen aus West und Ost hinzuwirken und Zusammenarbeit auf allen Gebieten der innerdeutschen Beziehungen zu organisieren. Mit dem Vorschlag, einen *Gesamtdeutschen Rat* zu gründen, ließ die SED-Führung deutlich ihre Hinwendung zu einem »nationalen Langzeitprogramm« erkennen.[65] Zum einen vermochte sich die SED-Führung nunmehr von der ständigen Sorge um die Rücknahme ihrer Errungenschaften zugunsten einer deutschen Wiedervereinigung zu befreien. Zum anderen wurde bekräftigt, dass in ihrer neuen deutschlandpolitischen Zielvorstellung eine prinzipielle Umwandlung bundesdeutscher Verhältnisse auf absehbare Zeit nicht mehr in Betracht kam.

61 Ebd., Bl. 196.
62 Vgl. Beschluß des Zentralkomitees vom 27. Oktober 1955 (25. Tagung): Die neue Lage und die Politik der Sozialistischen Einheitspartei Deutschlands (Vorbereitung der 3. Parteikonferenz der SED), in: Dokumente der Sozialistischen Einheitspartei Deutschlands, Beschlüsse und Erklärungen des Zentralkomitees sowie seines Politbüros und seines Sekretariats, hg. vom Zentralkomitee der Sozialistischen Einheitspartei Deutschlands, Bd. V (1956), Berlin 1956, S. 445–511; 24. März 1956: Aus dem Referat des Ersten Sekretärs des ZK der SED, Ulbricht, auf der 3. Parteikonferenz der Sozialistischen Einheitspartei, in: Dokumente zur Deutschlandpolitik III/2 (1956), S. 194–197.
63 Beschluss der 25. Tagung des ZK der SED, in: Dokumente der Sozialistischen Einheitspartei Deutschlands, Bd. V (1956), Berlin 1956, S. 455.
64 31. Oktober 1955: Erklärung der Regierung der DDR an das deutsche Volk, an die Genfer Konferenz der Außenminister der Union der Sozialistischen Sowjetrepubliken, der Vereinigten Staaten von Amerika, des Vereinigten Königreiches von Großbritannien und Nordirland und der Republik Frankreich, in: Dokumente zur Deutschlandpolitik III/1 (1955), S. 551–560, hier S. 558.
65 Vgl. dazu Lemke: Einheit oder Sozialismus?, S. 358.

Allerdings führte die SED-Führung »als Sozialisten« offen aus, »daß unser Ziel, das den gesellschaftlichen Entwicklungsbedingungen entspricht, ein sozialistisches Gesamtdeutschland ist«.[66] Jedoch forderte sie keine unmittelbaren sozialistischen Veränderungen in der BRD. Der SED-Führung ging es also um eine schrittweise Annäherung der zwei deutschen Staaten und zugleich um die konkrete Beantwortung der Frage, »was in Westdeutschland geändert wird«.[67] Es war immer von den »Voraussetzungen für die Entstehung eines wahrhaft friedliebenden und demokratischen Deutschlands in der BRD«[68] die Rede.

Da das nationale Langzeitkonzept der SED-Führung sich zum einen auf eine Stärkung einer sozialistischen DDR, zum anderen auf eine Verstärkung ihres Einflusses auf die BRD durch Annäherung und Zusammenarbeit verließ, räumte sie in der DDR weder Unklarheiten noch Unsicherheiten hinsichtlich der künftigen Beziehungen zwischen den beiden deutschen Staaten aus dem Weg. Es handelte sich um eine Parallelität von Annäherung zu dem westlichen Bruderstaat und Kampf gegen den »deutschen Militarismus« in der BRD. Im Hinblick auf die Westpolitik der DDR herrschten somit immer noch Meinungsverschiedenheiten sowohl zwischen der sowjetischen und der SED-Führung als auch innerhalb der SED.[69]

Unter diesen Umständen waren die politischen Ereignisse des Jahres 1956 im Osten für die Debatte um die Nationalpolitik der DDR von großer Relevanz.[70] Insbesondere der politische Streit unter führenden ostdeutschen Kommunisten über die Interpretation von Chruschtschows Geheimrede auf dem XX. Parteitag der KPdSU Mitte Februar 1956 spitzte sich 1956 zu.[71]

66 24. März 1956: Aus dem Referat des Ersten Sekretärs des ZK der SED, Ulbricht, auf der 3. Parteikonferenz der Sozialistischen Einheitspartei, in: Dokumente zur Deutschlandpolitik III/2 (1956), S. 196.

67 Stenografische Niederschrift Sitzung des Demokratischen Blocks am 8. November 1955 im Haus des Nationalrats der Nationalen Front in Berlin, in: SAPMO-BArch, NY 4090/505, Bl. 200.

68 31. Oktober 1955: Erklärung der Regierung der DDR, in: Dokumente zur Deutschlandpolitik III/1 (1955), S. 559; Referat Ulbrichts auf der Tagung des ZK des SED, 24.–26.10.1955, in: SAPMO-BArch, IV 2/1/74, Bl. 33 f.

69 Vgl. Lemke: Einheit oder Sozialismus?, S. 375–385.

70 Vgl. dazu Siegfried Prokop: 1956 – DDR am Scheideweg. Opposition und neue Konzepte der Intelligenz, Berlin 2006; Hans Hahn/Heinrich Olschowsky (Hg.): Das Jahr 1956 in Ostmitteleuropa, Berlin 1996. Obwohl Mary Fulbrook zu Recht darauf hingewiesen hat, dass das Jahr 1956 für die Veränderungen der DDR in vielerlei Hinsicht, für das Herrschaftssystem sowie in der Gesellschafts-, Wirtschafts- und Kulturpolitik ein weniger wichtiger Wendepunkt sei als andere Entwicklungen vorher und nachher, ist die Bedeutung des Jahres 1956 zumindest für die Deutschlandpolitik nicht zu verleugnen. Vgl. Mary Fulbrook: »Entstalinisierung« in der DDR. Die Bedeutung(slosigkeit) des Jahres 1956, in: DA 39 (2006), S. 35–42.

71 Vgl. Heike Amos: Politik und Organisation der SED-Zentrale 1949–1963. Struktur und Arbeitsweise von Politbüro, Sekretariat, Zentralkomitee und ZK-Apparat, Münster u. a. 2003, S. 416–481; Prokop: 1956 – DDR am Scheideweg, S. 26–50 und 58–114; Hope M. Harrison: Ulbricht und der XX. Parteitag der KPdSU. Die Verhinderung politischer Korrekturen in der DDR 1956–1958, in: DA 39 (2006), S. 43–53; ders.: Driving the Soviets up the Wall: Soviet-

Das Zentralkomitee der SED vermerkte damals:

»Zu den Fragen der Anwendung der Koexistenz auf Deutschland und auf ideologischem Gebiet gibt es innerhalb der Partei viele Unklarheiten und Diskussionen. Immer wieder wird die Frage gestellt, ob die Prinzipien der Koexistenz auf die beiden deutschen Staaten anzuwenden sind oder nicht. Ein Teil der Genossen ist dafür, ein Teil dagegen.«[72]

Im Gegensatz zu den Reformbefürwortern innerhalb der Parteiführung wie Karl Schirdewan[73] oder der kritischen Intelligenz wie der »Harich-Gruppe«,[74] nach deren Auffassung sich die SED erheblich stärker reformieren und demokratisieren müsse, um die SPD für eine Kooperation zu gewinnen, zeigten Ulbricht und seine Anhänger sich nicht bereit zu einer kritischen Untersuchung der Fehler, zu welcher der sowjetische Machthaber seine ostdeutschen Genossen gedrängt hatte. Sie unterstrichen vielmehr, dass die militaristischen und feindlich gesinnten politischen Maßnahmen Bonns gegenüber Ost-Berlin nach Anzahl und Intensität nach dem XX. Parteitag zugenommen hätten, was die Möglichkeiten einschränkte, die Beschlüsse des XX. Parteitags »kreativ« umzusetzen.[75] Auf der Berliner Bezirkdelegiertenkonferenz der SED im März 1956 formulierte Ulbricht seinen Standpunkt deutlich:

»Was Deutschland betrifft, so kann man nicht einfach von Koexistenz sprechen. Obwohl in diesem Lande der Kampf zwischen zwei Systemen geht, führen wir immer den Kampf um die Annäherung beider deutscher Staaten und um die Wiedervereinigung zu einem friedliebenden, demokratischen Staat.«[76]

East German Relations, 1953–1961, Princeton 2003; Lothar Kieslich: Kommunisten gegen Kommunisten. Die Intellektuellen. Politik der SED im Umfeld des XX. Parteitags der KPdSU und des Ungarn-Aufstands, Gießen 1998.

72 Vorbereitungsmaterial zum 28. Plenum, Information I: Die ideologischen Unklarheiten in der Partei und bei der Bevölkerung, in: SAPMO-BArch, DY 30/IV 2/1/160, Bl. 12.

73 Vgl. Amos: Politik und Organisation der SED-Zentrale, S. 481–537; Manfred Wilke/Tobias Voigt: Opposition gegen Ulbricht – Konflikte in der SED-Führung in den fünfziger Jahren, in: Klaus-Dietmar Henke/Peter Steinbach/Johannes Tuchel (Hg.): Widerstand und Opposition in der DDR, Köln/Weimar/Wien 1999, S. 233–239; Karl Schirdewan: Aufstand gegen Ulbricht. Im Kampf um politische Kurskorrektur, gegen stalinistische, dogmatische Politik, Berlin 1994, S. 76–123; ders.: Ein Jahrhundert. Erinnerungen und Visionen, Berlin 1998, S. 252–270. Zu seiner widersprüchlichen Stellungnahme zur Wiedervereinigungsfrage im Jahr 1956 vgl. Martin Jänicke: Der dritte Weg. Die antistalinistische Opposition gegen Ulbricht seit 1953, Köln 1964, S. 83.

74 Vgl. Wolfgang Harich: Keine Schwierigkeiten mit der Wahrheit. Zur nationalkommunistischen Opposition 1956 in der DDR, Berlin 1993; Andreas Heyer: Wolfgang Harichs Demokratiekonzeption aus dem Jahr 1956. Demokratische Grundrechte, bürgerliche Werte und sozialistische Orientierung, in: ZfG 55 (2007), S. 529–550.

75 Vgl. Harrison: Ulbricht und der XX. Parteitag der KPdSU, S. 49 f.

76 Antwort auf Fragen auf der Berliner Bezirkdelegiertenkonferenz der SED, in: ND, 18. März 1956, S. 3. Damit war allerdings die Auseinandersetzung nicht ganz erledigt. Sie heizte sich im Herbst 1956 noch einmal auf.

Letztendlich schwächten weder die Versuche der Kreml-Führung, ihre Kontakte zu Westdeutschland zu intensivieren, noch die politischen Unruhen in Polen und Ungarn Ulbrichts Macht. Im Gegenteil: Ulbrichts Sieg in den Auseinandersetzungen um die Interpretation des XX. Parteitages und die des ungarischen Aufstandes sollte langfristige Konsequenzen für die politische Entwicklung in der DDR und die deutsche Frage haben.[77]

Unmittelbar nach dem XX. Parteitag der KPdSU beschäftigte die SED sich im Zusammenhang mit der Westpolitik vor allem mit ihrem Verhältnis zur bundesdeutschen Sozialdemokratie, da die Sowjetführung eine neue Haltung zum »Sozialdemokratismus« sowie zum parlamentarischen System als Weg zum Sozialismus eingenommen hatte. Im Laufe des Jahres 1956, etwa seit Ende März, zeigte sich die SED öffentlich an einer Zusammenarbeit mit der SPD, das heißt an einer Aktionsgemeinschaft im Kampf für Demokratie und Frieden und gegen Militarisierung und Reaktion, interessiert. Sie sei bereit, mit der SPD Vereinbarungen über die gegenseitigen Beziehungen zu treffen, damit eine sachliche Zusammenarbeit nicht durch unnötige Kritik und Missverständnisse getrübt werde, so Ulbricht Ende April 1956.[78] Also setzte eine taktische Umorientierung der SED im Umgang mit der SPD ein. Wie die Westkommission des ZK in ihren damaligen Entwürfen unterstrich, kam die SED-Führung zu der Einsicht, durch harmonisierte Beziehungen zwischen der SED und den Sozialdemokraten zu erreichen, dass »bestimmten Kräften in der SPD-Führung der Weg für eine Koalition mit der Adenauer-CDU versperrt wird«.[79] Da die SED-Führung unter Ulbricht den Weg zur Wiedervereinigung vor allem in der »Gewinnung der westdeutschen Arbeiterklasse für die SED und [der] Revolution der westdeutschen Arbeiterklasse gegen die bestehenden westdeutschen Verhältnisse«[80] sah, gab sie nicht auf, auch nachdem die SPD-Führung auf ihrem Parteitag vom 10. bis 14. Juli 1956 offizielle Kontakte mit der SED abgelehnt hatte, inoffizielle Kontakte aufzunehmen und auf linke Sozialdemokraten oder SPD-Funktionäre unterer Ebenen einzuwirken. Angesichts der bevorstehenden Bundestagswahl 1957 war die SED

77 Vgl. Harrison: Ulbricht und der XX. Parteitag der KPdSU, S. 52 f.

78 Vgl. 21. April 1956: Aus der Rede des Ersten Sekretärs des ZK der SED, Ulbricht, auf der Festveranstaltung anläßlich des 10. Gründungstags der SED in Berlin, in: Dokumente zur Deutschlandpolitik III/2 (1956), S. 281 f. Vgl. auch 7. Juli 1956: Schreiben des ZK der SED an den Parteitag der SPD; 27. Juli 1956: Aus dem Bericht des Ersten Sekretärs des ZK der SED, Ulbricht, auf dem 28. Plenum des ZK der SED, in: Dokumente zur Deutschlandpolitik III/2 (1956), S. 574–582 und 638–644.

79 Westkommission: »Vorschläge zur Verbesserung unserer Politik gegenüber der SPD«, Frühjahr 1956, in: SAPMO-BArch, DY 30, IV 2/1002/105, Bl. 230. Vgl. auch Lemke: Einheit oder Sozialismus?, S. 394.

80 Zitat nach 12. Dezember 1956: Kommentar des »Bulletin«: Wiedervereinigung kommunistisch?, in: Dokumente zur Deutschlandpolitik III/2 (1956), S. 970.

an einem Wahlsieg der SPD als »Gegner des Adenauer-Regimes« interessiert. Im Wahlkampf wurden zahlreiche SED-Agitatoren in der Bundesrepublik aktiviert, die in verschiedenen Kontakten zu westdeutschen Sozialdemokraten standen.[81]

Vor diesem Hintergrund stellte die SED-Führung unter Ulbricht Überlegungen an, ein eigenes Wiedervereinigungskonzept ins Spiel zu bringen. Auf der ZK-Tagung vom 12. bis 14. November 1956 äußerte Ulbricht sich zur Notwendigkeit, ein Wiedervereinigungskonzept zu entwickeln:

> »Der Gegner hat ein Programm für die Wiedervereinigung vorbereitet, wie es den Interessen der Monopole entspricht. Die SPD sitzt jetzt dabei – sie gehört zwar diesem Forschungsbeirat an – ein eigenes Programm der Wiedervereinigung zu machen, weil sie der Meinung ist, daß die SPD künftig die führende Partei in Deutschland wird und der Kampf gegen die SED mit allen Kräften und mit Erfolg geführt werden kann. [...] Unter diesen Bedingungen ist es doch notwendig, daß die Nationale Front des demokratischen Deutschland mit Kräften aus Westdeutschland konkret ausarbeitet, welches die Vorbedingungen sind, die man für die Wiedervereinigung schaffen muß, wie dieses neue Deutschland aussehen soll, was auf allen Gebieten hierfür getan werden muß.«[82]

Darüber hinaus sah sich die SED-Führung angesichts des oben bereits erwähnten parteiinternen Widerstands genötigt, an einem konkreten Konzept zur nationalen Frage zu arbeiten. Die innenpolitische Kritik an Ulbricht war immer eng mit einer gesamtdeutschen Orientierung verbunden. Das zeigte sich vor allem bei dem Konzept von Wolfgang Harich. Seiner Systemkritik und seinen Einheitsvorstellungen zufolge galt die Annäherung der deutschen Staaten als grundlegende Voraussetzung für den »besonderen deutschen Weg zum Sozialismus«. Die Entstalinisierung der DDR bilde die grundlegende Bedingung für die Entwicklung des Sozialismus in der Bundesrepublik. Ein mit Hilfe der entstalinisierten SED errungener sozialdemokratischer Sieg bei der Bundestagswahl 1957 könne dann die nationale Wiedervereinigung zu den vorteilhaftesten Bedingungen, die überhaupt zu erreichen seien, einleiten, so Harich.[83] Fest

81 Im Herbst 1957 waren in der Bundesrepublik einem Redemanuskript Grotewohls vom Oktober 1957 zufolge 4000 Agitatoren eingesetzt. 334 Delegierte der DDR nahmen Kontakte zu Funktionären und Unterorganisationen der SPD auf, wobei 1200 Verbindungen hergestellt und 154 Beratungen mit über 1200 Sozialdemokraten durchgeführt wurden. Redemanuskript Grotewohls, Oktober 1957, in: SAPMO-BArch, NY 4090/230, Bl. 21–25; Lemke: Einheit oder Sozialismus?, S. 396 f.

82 Stenografische Niederschrift des 29. Tagung des ZK im Amtssitz des Präsidenten, Berlin-Niederschönhausen von 12. bis 14. November 1956, in: SAPMO-BArch, DY 30/IV 2/1/165, Bl. 128.

83 Vgl. Plattform für einen besonderen Weg zum Sozialismus. Entwurf (November 1956), in:

steht, dass die Gedanken des Harich-Kreises die nur scheinbar gesamtdeutsche Politik der SED-Führung unter der Regie Ulbrichts hätten entlarven können.[84] Eine Doppelstrategie Ulbrichts gegen die Systemkritiker kam ihnen zuvor: Einerseits setzte ab November 1956 eine regelrechte politische Repression gegen interne Gegner ein, und es begann deren Entmachtung,[85] andererseits setzte sich die SED-Führung mit den »real existierenden« gesamtdeutschen Hoffnungen in breiteren Kreisen der SED und der DDR-Bevölkerung intensiv auseinander. Dem gesamtdeutschen Zug des Oppositionskreises um Harich mussten Ulbricht und seine Anhänger in der SED-Zentrale, auch wenn die Wirkung einer nationalpolitischen Vorstellung der Oppositionellen wegen der fehlenden Öffentlichkeit in der DDR sehr begrenzt war, ein Alternativkonzept für die nationale Entwicklung entgegenstellen.

Zudem drängte ein weiteres, noch heikleres Problem des SED-Staats dessen Führung unmittelbar zum Vorstoß mit einem Wiedervereinigungskonzept: die Republikflucht. Bis Ende Dezember 1955 stieg die Zahl der Flüchtlinge aus der DDR deutlich an: auf 252 870 Personen. Lemke wies zu Recht darauf hin, dass ein Zusammenhang zwischen der Eigenstaatlichkeitspropaganda der SED und dem Anwachsen der Flüchtlingszahl existierte.[86] Gemeinsam mit anderen innenpolitischen Faktoren wie politischer Repression und Freiheitsberaubung sowie juristischer Willkür, wirtschaftlicher Ineffizienz und Unzufriedenheit verstärkte die offizielle Absage an die Wiedervereinigung als aktuelles Ziel, welche eigentlich der Stärkung eines zweiten »souveränen Staates« DDR dienen sollte, eher die für sie negative Entwicklung. Die SED bemühte sich deshalb, diese Fluchtbewegung, die bereits 1955/56 eine neue deutschlandpolitische Dimension annahm, auf verschiedene Weise in den Schranken zu halten.[87] Auch aus diesem Zusammenhang erklärt sich das Motiv der Wiedervereinigungsoffensive der SED-Zentrale. Seine Rede auf der oben angeführten ZK-Tagung der SED Mitte November 1956 setzte Ulbricht mit folgenden Worten fort:

Harich: Keine Schwierigkeiten mit der Wahrheit, S. 130–160 und 50; Heyer: Wolfgang Harichs Demokratiekonzeption, S. 529–550, insbes. S. 538 f. und 547.

84 Vgl. Fritz Kopp: Kurs auf ganz Deutschland? Die Deutschlandpolitik der SED, Stuttgart 1966, S. 176 und 178 ff.

85 Acht Intellektuelle wurden zu insgesamt 30 ½ Jahren Zuchthaus verurteilt. Es handelte sich neben Wolfgang Harich um Walter Janka, Gustav Just, Bernhard Steinberger, Manfred Hertwig, Heinz Zöger, Richard Wolf und Ralf Schröder. Vgl. Wilke/Voigt: Opposition gegen Ulbricht, S. 232.

86 Vgl. Lemke: Einheit oder Sozialismus?, S. 360.

87 Vgl. »Bericht der Kommission zu Fragen der Republikflucht«, 25. Mai 1956, Anlage 4 zum Protokoll 29/56, Sitzung des Politbüros vom 19. Juni 1956, in: SAPMO-BArch, DY 30 J IV 2/2/483, Bl. 16–30. Vgl. auch Lemke: Einheit oder Sozialismus?, S. 362 f.

»Das ist umso notwendiger, weil ein großer Teil der Bevölkerung in der DDR und vor allem die Jugend die Frage der Perspektive stellen. Die Hauptfrage, die bei der Jugend steht, ist doch die der Perspektive. Wenn das so ist, dann müssen wir ihnen eine Vorstellung davon geben, was wir in der DDR wollen, aber auch davon, wie wir uns Deutschland vorstellen. Sonst kann man die Jugend nicht gewinnen.«[88]

Was er daran anschließend äußerte, verweist noch einmal auf den Zusammenhang zwischen Entstehung eines SED-Wiedervereinigungskonzepts einerseits und den vorausgegangenen Konföderationskonzepten der Grenzgänger aus westdeutschen linksbürgerlichen Kreisen andererseits. Auf der ZK-Tagung sagte Ulbricht nämlich:

»Das können wir als Partei nicht allein machen. Da müssen wir Kräfte aus allen Kreisen der Bevölkerung heranziehen, aus der DDR und auch Kräfte aus Westdeutschland, die nicht öffentlich auftreten, aber die ihre Gedanken, ihre Erfahrungen mitbringen.«[89]

Somit lässt sich festhalten, dass die Initiative für ein Wiedervereinigungskonzept durchaus vom Ersten Sekretär des ZK der SED ausging, also weder aus Moskau noch von einem anderen Akteur in Ost-Berlin kam. Die Person Ulbricht war bestimmend. Von Bundesminister Schäffer angeregt und innenpolitisch gedrängt, musste der Erste Sekretär von sich aus eine klare Stoßrichtung hinsichtlich der nationalen Einheit aufzeigen, wobei er allem Anschein nach auf die vorausgegangene Konföderationsidee der Grenzgänger, die in Westdeutschland »nicht öffentlich aufgetreten« waren, aber eigene »Gedanken mitgebracht« hatten, zurückgriff.

Freilich gilt es hinzuzufügen, dass die SED sich bei ihrem geplanten Schritt in Richtung Wiedervereinigung auf die Unterstützung der Sowjetunion verlassen konnte. In einer Besprechung mit dem Botschafter der DDR in Moskau, Johannes König, gab Walerian Sorin, der Erste Stellvertretende Außenminister der UdSSR, Mitte Dezember zu verstehen, dass ein neuer Schritt zur Wiedervereinigung »zweckmäßig« sei.[90]

In der SED-Zentrale wurde nun unter Ulbrichts Regie zügig, aber diskret gehandelt. Zunächst wurde am 6. Dezember 1956 ein *Offener Brief des ZK der*

88 Stenografische Niederschrift der 29. Tagung des ZK im Amtssitz des Präsidenten, Berlin-Niederschönhausen von 12. bis 14. November 1956, in: SAPMO-BArch, DY 30/IV 2/1/165, Bl. 128.

89 Ebd.

90 Schreiben Königs an Grotewohl, 14. Dezember 1956, in: SAPMO-BArch, NY 4090/472, Bl. 24. Vgl. auch Königs Bericht »über eine Unterredung mit stellvertr. Außenminister Gen. Sorin«, 14. Dezember 1956, in: PA AA/MfAA, A 16496, Bl. 2 f.; Lemke: Einheit oder Sozialismus?, S. 400 f.

SED an die studentische Jugend der DDR veröffentlicht.[91] Und am 18. Dezember legte der Leiter der Westabteilung im ZK, Paul Verner,[92] dem Politbüro einen Bericht zur friedlichen und demokratischen Wiedervereinigung vor. Das Politbüro beschloss: »Die Vorlage ist entsprechend den in der Diskussion entwickelten Vorschlägen auszuarbeiten. Genosse Verner wird beauftragt, einen neuen Entwurf zur Behandlung im Politbüro bis zum 29. Dezember 1956 fertigzustellen.«[93] Am 29. Dezember 1956 verabschiedete das Politbüro des ZK der SED dann den Plan für eine deutsche Konföderation, der auf dem überarbeiteten Entwurf von Verner basierte.[94] Am nächsten Tag, also am 30. Dezember, veröffentlichte Ulbricht im *ND* als Leitartikel einen Aufsatz unter der Überschrift *Was wir wollen und was wir nicht wollen.*[95] Den Gedanken einer nationalen Konföderation zur Wiedervereinigung führte er am 30. Januar 1957 auf der 30. Tagung des ZK der SED weiter aus.[96] Nachdem das ZK am 1. Februar Ulbrichts Referat *Grundfrage der Politik der SED* durch einen förmlichen Beschluss gebilligt hatte, wurde das Konföderationskonzept zu einer Richtlinie der nationalen Politik der SED sowie aller von der SED koordinierten und genehmigten politischen Einrichtungen und Organisationen erhoben.

91 6. Dezember 1956: Offener Brief des ZK der SED an die studentische Jugend der DDR, in: Dokumente zur Deutschlandpolitik III/2 (1956), S. 951–957.

92 Zu seiner Person vgl. Wer war wer in der DDR?, S. 873 f. Seit 1950 war Paul Verner (1911–1986) Mitglied des ZK der SED, bis 1958 Leiter der Westabteilung, seit 1963 Mitglied des Politbüros des ZK der SED, von 1971 bis 1983 Leiter der Jugendkommission beim Politbüro des ZK der SED.

93 SAPMO-BArch, DY 30 J IV 2/2/520, Bl. 85.

94 Entwurf: »Zur Wiedervereinigung Deutschlands zu einem friedlichen und demokratischen Staat«, Anlage zum Arbeitsprotokoll 66/56, Sitzung des Politbüros vom 29. Dezember 1956, in: SAPMO-BArch, DY 30 J IV 2/2A/541. Vgl. Vorlage (Endfassung): »Über die Wiedervereinigung Deutschlands zu einem friedliebenden demokratischen Staat«, Anlage 4 zum Protokoll 66/56, Beschluß des Politbüros vom 29. Dezember 1956, in: SAPMO-BArch, DY 30 J IV 2/2/520, Bl. 8–16.

95 30. Dezember 1956: Artikel des Ersten Sekretärs des ZK der SED, Ulbricht: Was wir wollen und was wir nicht wollen, in: Dokumente zur Deutschlandpolitik III/2 (1956), S. 1002–1012.

96 30. Januar 1957: Rede des Ersten Sekretärs des ZK der SED, Ulbricht, in: Dokumente zur Deutschlandpolitik III/3 (1957), S. 80–94.

3.2 Die Konföderation als Kampfmittel und Illusion zugleich

3.2.1 Konföderationskonzepte der SED 1957/58 und ihre Zielsetzungen

Mit den bereits zitierten nationalpolitischen Ausführungen des Ersten Sekretärs des ZK der SED Walter Ulbricht vom Jahresende 1956 und Ende Januar 1957 gelangte der Konföderationsvorschlag der SED zum ersten Mal an die Öffentlichkeit. Der Forderung des Westens nach freien, gesamtdeutschen Wahlen als Weg zu einer baldigen Wiedervereinigung bot er in aller Deutlichkeit die Stirn. Vom zeitlichen Fortbestand der zwei Staaten mit verschiedenen gesellschaftlichen Systemen in Deutschland ausgehend, stellte er eine gesamtdeutsche Entwicklung vor: von der Annäherung der beiden deutschen Staaten über eine »Zwischenlösung in Form der Konföderation oder Föderation« bis zur Wiedervereinigung durch demokratische Wahlen und eine Nationalversammlung. Freie, gesamtdeutsche Wahlen standen Ulbrichts Konzept zufolge als Ergebnis des Wiedervereinigungsprozesses am Ende. Als Organ der Konföderation wurde ein Gesamtdeutscher Rat, der sich paritätisch aus Vertretern beider deutscher Staaten zusammensetzen sollte, vorgeschlagen.

> »Der Gesamtdeutsche Rat würde die Funktion einer Regierung der deutschen Konföderation ausüben und Maßnahmen vorbereiten, wie die Herstellung einer einheitlichen Verwaltung in Deutschland, besonders zur Schaffung einer Zoll- und Valuta-Union, einer Koordinationskommission für Fragen der nationalisierten Industrie, für die Schaffung einer einheitlichen Notenbank, einer einheitlichen Währung, eines einheitlichen Transport- und Nachrichtenwesens und anderes. Der Gesamtdeutsche Rat würde ferner auf der Grundlage gleichberechtigter Verhandlungen die Maßnahmen für die Durchführung von freien gesamtdeutschen Wahlen zur Nationalversammlung ausarbeiten«,[97]

so Ulbricht auf der 30. Tagung des ZK der SED Ende Januar 1957.

In vielen Aspekten erwiesen sich Ulbrichts Konföderationsgedanken als einzigartig. Zunächst spielten weder der föderalistische Grundgedanke noch der Nationalneutralismus eine entscheidende Rolle, wenngleich Elemente beider Denkansätze, welche den Konföderationskonzepten von Noack, Etzel und Elfes zugrunde lagen, zu finden waren. Von Beginn an ließ der Ost-Berliner Machthaber keinen Zweifel daran, dass die Konföderation lediglich als Übergangsstadium zur Wiedergewinnung eines einheitlichen Nationalstaats begrif-

97 Ebd., S. 93 f.

fen werden sollte. Ulbrichts Konföderationsgedanke basierte keineswegs auf der definitiven Anerkennung andersartiger Gesellschaftssysteme als Grundprinzip eines föderalistischen Staatsaufbaus. Von einer ernsthaften Kompromissbereitschaft auf der allgemeinen Grundlage föderalistischer Denkgefüge konnte kaum die Rede sein.

Ulbrichts Konföderationskonzept war eher von einem marxistischen Nationsbegriff gekennzeichnet: Das Nationale sei grundsätzlich sozial geprägt und somit in einem fortwährenden Veränderungsprozess der sozialen wie politischen Verhältnisse zu sehen. Ulbrichts neuer Einheitsgedanke hielt sich damit unbeirrt an einen revolutionären und gesamtdeutschen Auftrag: Die Wiedervereinigung Deutschlands sei also nicht mehr durch formale Vorschläge oder Maßnahmen möglich, sondern es sei notwendig, Bedingungen in Westdeutschland zu schaffen, die eine Wiedervereinigung möglich machten.[98] Die Wiedervereinigung könne unter den gegenwärtigen Bedingungen nur durch den erfolgreichen Kampf der friedliebenden demokratischen Kräfte gegen die reaktionären militaristischen Kräfte und gegen das deutsche Monopolkapital erreicht werden, so Ulbricht.[99] Die Konföderation sollte vor allem als Kampfmittel gegen die politischen Verhältnisse in Westdeutschland und für die Stärkung der DDR als Bollwerk des revolutionären Kampfes gute Dienste leisten.

Darüber hinaus bekannte Ulbricht sich zum damaligen Zeitpunkt noch nicht eindeutig zur militärischen Neutralität. So gesehen änderte sich wenig an der »antiimperialistischen« Haltung, die Ulbricht in seiner Auseinandersetzung mit Noack im Jahre 1949/50 vertreten hatte: Dem SED-Spitzenpolitiker ging es immer noch um die Frage, wo die Feinde standen. Ulbricht machte den »amerikanischen Imperialismus« sowie die »herrschende Klasse in Westdeutschland«, das heißt das westdeutsche Monopolkapital, für die deutsche Teilung sowie deren Vertiefung durch die »Teilnahme an aggressiven Militärbündnissen« verantwortlich. Die Parolen lauteten: Loslösung Westdeutschlands von der NATO, Aufhebung des Wehrpflichtgesetzes und Entfernung der Militaristen und Revanchepolitiker aus allen leitenden Funktionen des Staates und seiner bewaffneten Kräfte. An die Stelle der deutschen Neutralität sollte allerdings die Errichtung eines kollektiven europäischen Sicherheitssystems treten, das die SED seit Jahren propagierte. Gleichzeitig betrachtete der SED-Chef die westdeutschen neutralistischen Gruppen kritisch:

98 30. Dezember 1956: Ulbricht: Was wir wollen und was wir nicht wollen, in: Dokumente zur Deutschlandpolitik III/2 (1956), S. 1009.

99 30. Januar 1957: Rede des Ersten Sekretärs des ZK der SED, Ulbricht, in: Dokumente zur Deutschlandpolitik III/3 (1957), S. 90.

»Die Kreise der Bevölkerung in Westdeutschland, die für die Neutralisierung Deutschlands sind, unterstützen wir in ihren Bestrebungen. Wir weisen aber darauf hin, daß die Neutralität Deutschlands nur gewährleistet werden kann, wenn in Deutschland die imperialistischen und militaristischen Kräfte, die Träger der Politik der Revanche und des Krieges, ausgeschaltet sind.«[100]

Damit versuchte Ulbricht, die westdeutschen Neutralisten, die sich in der Bundesrepublik am aktivsten gegen die Westintegrationspolitik der Adenauer-Regierung wehrten, abermals in eine gesamtdeutsche Aktionsfront unter seiner Regie einzubeziehen.

Obendrein ist von ausschlaggebender Bedeutung, dass Ulbricht die Adenauer-Regierung nicht als Verhandlungspartner betrachtete. Sein Konföderationsvorstoß zielte auf eine Niederlage der Adenauer-CDU als »Militär- und Spalterpartei« und »die Stärkung des Aktionswillens der Arbeiterklasse« bei den Bundestagswahlen im Herbst 1957.[101] Die CDU-Bundesregierung, an die man sich wegen der Verwirklichung der Konföderation hätte wenden müssen, wurde also von vornherein als Gesprächs- bzw. Verhandlungspartner ausgeschlossen. In jenen Tagen betrachtete die Staatspartei der DDR die CDU/CSU lediglich als »Partei der Monopolherren und Junker«:

»Von ihren Geldern wird sie ausgehalten. Ihre Profitinteressen vertritt sie. Sie ist die Partei des deutschen aggressiven Imperialismus. Ihre Ziele verwirklicht sie, indem sie sich bedingungslos der amerikanischen Kriegspolitik unterwirft und Westdeutschland zu einer USA-Atomkriegs-Basis, zu einem chauvinistischen Hetzzentrum gegen die Sowjetunion, gegen die Volksdemokratien und gegen die DDR erniedrigt. [...] Die CDU-Leitung ist ein Feind jeglicher Bestrebungen und Aktionen zur Verständigung der Deutschen untereinander zur Herstellung der Einheit Deutschlands auf demokratischem Wege«,[102]

so eine Analyse der SED. Wozu brauchte man dann aber so einen Vorschlag, welcher, wie die SED-Führung bereits annahm oder erwartete, keinen Durchbruch der deutsch-deutschen Verhandlungen auf Regierungsebene in Aussicht stellte? Diesbezüglich kamen bei der DDR-Bevölkerung nicht wenige Unklarheiten und Unstimmigkeiten auf. Auf einer Präsidiumssitzung des Nationalra-

100 Ebd., S. 93.
101 30. Dezember 1956: Ulbricht: Was wir wollen und was wir nicht wollen, in: Dokumente zur Deutschlandpolitik III/2 (1956), S. 1009; 30. Januar 1957: Rede Ulbrichts, in: Dokumente zur Deutschandpolitik III/3 (1957), S. 88 f. und 92.
102 Analyse der CDU/CSU, in: SAPMO-BArch, DY 6/Vorl. 5340a und b.

tes der Nationalen Front Ende März 1957 musste das Politbüromitglied Hermann Matern[103] sich erklären:

> »Weiter müssen wir der Bevölkerung die Grundfragen des Kampfes um die Einheit Deutschlands in der Wahlvorbereitung darlegen. Wir haben auf dem 30. Plenum unseres Zentralkomitees uns mit diesen Fragen grundlegend beschäftigt. Es wird notwendig sein, gerade über diese Probleme in allen Parteien und Massenorganisationen völlige Klarheit zu schaffen, weil es über diese Fragen des Weges zu einem einheitlichen demokratischen Deutschland und seiner Gestaltung in den Parteien und Organisationen Schwankungen und falsche Vorstellungen gab. Da hört man solche Äußerungen: Wenn man den Weg gehen will, dann ist der Weg zur Einheit Deutschlands lang. Solche Vorschläge wird man in Westdeutschland niemals annehmen. Es ist selbstverständlich, diejenigen, die gegenwärtig Westdeutschland beherrschen, wollen ihre Herrschaft auf ganz Deutschland ausdehnen und ihre Flugzeuge und Atombomben an der Oder stationieren. Es kommt nicht darauf an, ob die jetzt in Westdeutschland Herrschenden die Vorschläge annehmen, sondern es kommt darauf an, daß wir alle gemeinsam mit den demokratischen Kräften in Westdeutschland den Kampf darum führen und die Lage dort verändern.«[104]

Widerstand regte sich wohl auch in der DDR-Regierung, nämlich bei dem stellvertretenden Ministerpräsidenten Otto Nuschke, und er hielt sich eine gewisse Zeit. Trotz (oder wegen) seiner grundsätzlichen Befürwortung der Neutralität eines vereinten Deutschlands schloss Nuschke sich anfangs nicht Ulbrichts Konföderationskonzeption an. Dem stellvertretenden CDU-Generalsekretär Max Sefrin[105] zufolge nahm Nuschke etwa »absichtlich nicht an der Präsidiumssitzung des Nationalrates [teil], um sich nicht mit den Vorschlägen des 30. Plenums zu identifizieren. Nuschke äußerte sich dahingehend, daß die CDU dadurch nicht an die Vorschläge des 30. Plenums gebunden sei und hinsichtlich der Fragen zur Wiedervereinigung eine eigene Politik verfolgen könne.«[106] Nach Auffassung des Ost-CDU-Vorsitzenden Nuschke zeigten die

103 Zu seiner Person vgl. Wer war wer in der DDR?, S. 557. Ab 1950 war Hermann Matern (1893–1971) Mitglied des Politbüros des ZK der SED.

104 Stenografische Niederschrift der Sitzung des Demokratischen Blocks am 25. März 1957, in: SAPMO-BArch, NY 4090/506, Bl. 37.

105 Max Sefrin (1913–2000) war von 1951 bis 1958 Sekretär bzw. stellvertretender Generalsekretär der CDU, von 1966 bis 1989 stellvertretender Vorsitzender der CDU. Zu seiner Person vgl. Biographisches Handbuch der SBZ/DDR 1945–1990, Bd. 2, hg. von Gabriele Baumgartner/Dieter Hebig, München 1997, S. 847.

106 Dokument 42: Hausmitteilung des Sektors »Befreundete Organisationen« des ZK der SED an Hermann Matern vom 19. Februar 1957 über eine Information von Max Sefrin zur Haltung Otto Nuschkes, in: SAPMO-BA, NL 90/458, in: Frédéric Hartweg (Hg.): SED und Kirche. Eine Dokumentation ihrer Beziehungen, Bd. 1: SED 1946–1967, bearbeitet von Joachim Heise, Neukirchen-Vluyn 1995, S. 249.

Vorschläge des 30. Plenums, »daß Ulbricht die Einheit nicht will«.[107] Auch wenn die SED-Funktionäre versuchten, Nuschke für Ulbrichts Linie zu gewinnen, waren sie noch bis zum Frühsommer 1957 erfolglos. In seinen Beiträgen in den ersten Monaten des Jahres 1957 redete Nuschke, der derweil in der Bundesrepublik als »Staffagefigur des SED-Regimes«[108] angesehen wurde, der SED-Konföderationskonzeption nicht das Wort, sondern er beharrte auf seinem Konzept eines direkten Weges zur Wiedervereinigung durch freie Wahlen unter der Voraussetzung der Neutralität.[109] Seit Ende Mai war eine Veränderung seiner Position zu beobachten, aber erst in seinem Aufsatz in der *Neuen Zeit* vom 28. Juli 1957 sprach er sich öffentlich für das Konföderationskonzept der SED aus.[110]

Ab Ende Januar bis zur offiziellen Verkündung des Konföderationsvorschlags durch den DDR-Ministerpräsidenten Otto Grotewohl am 27. Juli 1957 beschäftigten sich die führenden DDR-Politiker sowie mehrere von der Parteizentrale einbezogene Theoretiker mit einer noch anschaulicheren Präsentation der Konföderationskonzeption, um Ungereimtheiten und Unstimmigkeiten in den eigenen Reihen aus dem Weg zu räumen.[111] Dabei betonten sie die »schöpferische Anwendung der Prinzipien der friedlichen Koexistenz« auf die deutschen Verhältnisse und verloren zugleich die Bedeutung des Klassenkampfes gegen die »westdeutschen Monopolherren« und den »amerikanischen Imperialismus« nicht aus den Augen.

107 Ebd. Vgl. auch Reinhard Hübsch: Als die Mauer wuchs. Zur Deutschlandpolitik der Christdemokraten 1945–1970, Potsdam 1998, S. 189.

108 Vorwärts, 3. Januar 1958, S. 1.

109 Nuschke: Mahnung und Beispiel, S. 298–314; Otto Nuschke: »Wiedervereinigungs-Hysterie« vom 2. Februar 1957 und »Wendung« vom 15. März 1957, in: ACDP Ost-CDU, VII-010-1037.

110 O. Nuschke: Konföderation. Artikel in der Neuen Zeit vom 28. Juli 1957, in: ders.: Mahnung und Beispiel, S. 314 ff. Es folgte eine zustimmende Stellungnahme des Präsidiums des Hauptvorstandes der Ost-CDU. Vgl. Zur Erklärung der Regierung der DDR. Stellungnahme des Präsidiums des Hauptvorstandes, in: Dokumente der CDU, Bd. II: 1955–1958, Christlich-Demokratische Union, Berlin 1959, S. 145 ff. In der Tat hatte Nuschke sich in einer Sitzung des Demokratischen Blocks Ende Mai beifällig zur Konföderationskonzeption geäußert. Vgl. Nuschkes Ausführungen in den Sitzungen des Demokratischen Blocks von Anfang Februar bis Ende Mai, in: SAPMO-BArch, NY 4090/506, Bl. 11–16 und 42–48 sowie 79–84, hier Bl. 82.

111 Mitte Februar 1957 wies DDR-Ministerpräsident Grotewohl darauf hin, dass der Staatenbundkomplex noch nicht ausreichend ins politische Bewusstsein gelangt sei, vgl. Otto Grotewohl: Stärkung der DDR sichert Wiedervereinigung, in: ND, 13. Februar 1957, S. 3. Zu weiteren Beiträgen sowie Ausführungen von DDR-Politikern sowie Theoretikern zum Thema Konföderation vgl. Joachim Peck: Was heißt Konföderation, in: ND, 5. März 1957, S. 2; 15. August 1957: Aufsatz von W. Mamontow: Staatenbund als Weg zur Wiedervereinigung, in: Dokumente zur Deutschlandpolitik III/3 (1957), S. 1488–1495. Vgl. auch Karl Bittel (Hg.): Ein deutscher Staatenbund (Konföderation), Berlin 1957; Stenografische Niederschrift Sitzung des Demokratischen Blocks am 4. Februar 1957, in: SAPMO-BArch, NY 4090/506; Sitzung des Präsidiums des Nationalrates am 13. Februar 1957, ebd., DY 6/254.

Eben im Zusammenhang mit dem Klassenkampf stand das wichtigste Merkmal des Konföderationsgedankens der SED. Sie knüpfte ihre Konföderationsvorschläge an bestimmte Voraussetzungen, die von der Bundesrepublik erfüllt werden müssten. Als militärisch-außenpolitisch »reale Voraussetzungen« nannte Ulbricht in seinem Referat auf der 30. Tagung des ZK der SED den Austritt der Bundesrepublik aus der NATO, die Abschaffung der Wehrpflicht, den Verzicht auf eine Remilitarisierung, die beiderseitige Begrenzung der Streitkräfte und die Errichtung eines Systems der kollektiven Sicherheit in Europa sowie die Schaffung einer Zone verminderter Rüstung unter Teilnahme beider Teile Deutschlands. Zu den innenpolitischen Voraussetzungen sollten neben der Entfernung der führenden Nazifunktionäre aus dem westdeutschen Staats- und Wirtschaftsapparat die Ausschaltung militärischer und imperialistischer Kräfte, der Verzicht auf die Refaschisierung, die Liquidierung der Herrschaft der Monopole, eine Volksabstimmung über die Überführung der Schlüsselindustrien in Volkseigentum, die Aufhebung des Betriebsverfassungsgesetzes, die Herstellung der vollen Rechte der Arbeiter, die Beseitigung der Vorrechte der Großgrundbesitzer, eine demokratische Bodenreform, die Herstellung der vollen demokratischen Rechte der werktätigen Bauern, die Beseitigung aller Maßnamen des Finanzkapitals, die den Mittelstand benachteiligten, die Gewährleistung der Rechte der Handwerksorganisationen und anderer Organisationen des Mittelstandes sowie eine Schulreform gehören.[112]

In internen Besprechungen über die Konföderationsidee maß die DDR-Führung vor allem diesen Voraussetzungen eine übermäßige Bedeutung bei. In einer Sitzung des Präsidiums des Nationalrates der Nationalen Front Mitte Februar 1957 führte das Politbüromitglied Albert Norden[113] zur Frage der Voraussetzungen für eine Wiedervereinigung Folgendes aus:

> »Heute muß man also sagen, daß die Aufgabe Nr. 1 in der Beseitigung dieser den Frieden bedrohenden Unsicherheit besteht, daß das also an erster Stelle nötig ist, bevor wir über Wiedervereinigung Deutschlands ernsthaft zu sprechen in der Lage sind, an erster Stelle den Kampf gegen die Monopole und gegen den Militarismus in Gestalt der jetzt in Westdeutschland zustande gekommenen Wehrpflicht zu führen, um überhaupt dann zu einer friedlichen, demokratischen Wiedervereinigung Deutschlands zu kommen, an sie zu denken und sie dann durchführen zu können. […]

112 Vgl. 30. Januar 1957: Rede des Ersten Sekretärs des ZK der SED, Ulbricht, in: Dokumente zur Deutschandpolitik III/3 (1957), S. 88 ff.; Jens Hacker: Die »deutsche Konföderation«, in: APuZ, B 42/1968, S. 7 f.

113 Albert Norden (1904–1982) war von 1955 bis 1967 Leiter der Agitations-Kommission beim Politbüro des ZK der SED. Zu seiner Person vgl. Wer war wer in der DDR?, S. 628 f.

Darum ist meines Erachtens die Feststellung des 30. Plenum des ZK der SED so wahr, so richtig, daß wir nämlich, um zur Einheit in Deutschland zu kommen, die Voraussetzungen schaffen müssen, die in den notwendigen demokratischen Veränderungen in Westdeutschland selbst bestehen – darum müssen wir die Wege, Mittel und Methoden suchen und zeigen, um zu einer Veränderung in Westdeutschland zu kommen, daß die Gefahr des Krieges ausgeschaltet wird und wir sozusagen zwei Fliegen mit einer Klappe schlagen, die Gefahr des Krieges ausschalten und gleichzeitig damit die Voraussetzungen für eine Annäherung der beiden Deutschlands schaffen.«[114]

In der Folgezeit modifizierte die DDR-Regierung Umfang und Form der von der Bundesrepublik zu erbringenden Vorleistungen, wie DDR-Ministerpräsident Otto Grotewohl in einer Regierungserklärung der DDR am 27. Juli 1957 deutlich machte: »Im gegenwärtigen Moment besteht die Regierung der DDR, um die Vereinigung der beiden deutschen Staaten nicht zu erschweren, nicht auf der Erläuterung solcher Fragen, die mit der weiteren Entwicklung Westdeutschlands oder der DDR verbunden sind.«[115] In dieser Regierungserklärung schlug Grotewohl als »Anfang einer deutschen Konföderation« ein beiderseitiges Abkommen vor, das Folgendes festlegen sollte: 1) ein Verbot der Lagerung und der Herstellung von Atombomben und -waffen auf dem Boden Deutschlands sowie ein Verbot der Propagierung des Atomkrieges zu vereinbaren; 2) das Ausscheiden der beiden deutschen Staaten aus der NATO und aus dem Warschauer Vertrag, die Aufhebung der Wehrpflicht und eine Vereinbarung über die Truppenstärken; 3) ein gemeinsames oder einzelnes Ersuchen an die vier Mächte um den baldigen schrittweisen Rückzug ihrer Truppen aus ganz Deutschland.[116]

Damit waren interne Entwicklungen der Bundesrepublik von der Liste der Voraussetzungen gestrichen. Neben dieser eindeutigen Verminderung der Vorbedingungen für mögliche Konföderationsverhandlungen gehörte eine neue Funktionsbestimmung über den Gesamtdeutschen Rat als Konföderationsorgan zu den wichtigen Modifikationen, welche die Grotewohl-Erklärung dem Konföderationsvorschlag Ulbrichts gegenüber vornahm. Der aus Vertretern beider Parlamente zu bildende Gesamtdeutsche Rat sollte nur als beratendes und empfehlendes Gremium, also nicht als Exekutivgewalt, wie in Ulbrichts Vorschlag gedacht, der schrittweisen Annäherung und Zusammenarbeit beider deutscher Staaten dienen.

114 Sitzung des Präsidiums des NNF am 13. Februar 1957, in: SAPMO-BArch, DY 6/254, Bl. 12.
115 27. Juli 1957: Erklärung der Regierung der DDR, in: Dokumente zur Deutschlandpolitik III/3 (1957), S. 1304.
116 Vgl. ebd.

In weiteren Konföderationsvorstößen der DDR schlossen sich führende SED Politiker der Linie der Grotewohl-Erklärung an. In einem Interview mit der *Süddeutschen Zeitung* Mitte Februar 1958 verdeutlichte Ulbricht den Standpunkt der ostdeutschen Regierung:

> »Wir haben also nicht die Absicht, in die Konföderation, in die Sitzung des Gemeinsamen Rates zu kommen und Ihnen eine Liste vorzulegen: Hier, das sind die Forderungen, über die wir jetzt entscheiden müssen. Sondern ich denke, wir müssen vor allem berücksichtigen, was die westdeutschen Werktätigen als soziale Errungenschaften ansehen.«[117]

In dieser Aussage zeichnete sich die Argumentationslinie des SED-Konföderationsplans deutlich ab. Zum einen stellte die SED-Führung stets die Absicht, beim Abschluss einer Konföderation die »sozialistischen Errungenschaften der DDR« auf Westdeutschland zu übertragen, in Abrede. Zum anderen war sie der Überzeugung, dass beim Zustandekommen einer deutschen Konföderation »die Arbeiterklass, die Bauern, die Intelligenz und liberal gesinnte Kreise in Westdeutschland«[118] eine grundlegende Änderung der bundesdeutschen politischen Ordnung erzwingen würden. Aus Sicht der SED-Führung könnte die Konföderation vor allem dem Kampf des Volkes unter Leitung der Arbeiterklasse für die Beseitigung der westdeutschen Herrschaftsverhältnisse sowie der Schaffung einer Volksdemokratie dienen. Eben in diesem Sinne machte das Mitglied des Politbüros des ZK der SED Hermann Matern Ende 1958 unverblümt deutlich, dass »mit der Konföderation das Kräfteverhältnis zugunsten der Arbeiterklasse verbessert und damit die Voraussetzungen für die Führung der Arbeiterklasse in ganz Deutschland geschaffen werden«.[119] Der Sinn der Konföderation bestehe darin, so Matern, »mit unserer Politik und unseren Vorschlägen den fortschrittlichen Kräften Westdeutschlands zu helfen, die Lage zu verändern«. Die Wiedervereinigung Deutschlands hänge einzig und allein von einer Politikänderung Westdeutschlands ab, sagte Ulbricht Ende Januar 1958.[120] So gesehen war das Hauptziel des SED-Konföderationsvorschlags klar: Einfluss auf die innere Entwicklung der Bundesrepublik zu erlangen, eine Aktionsgemeinschaft zwischen SED und SPD unter dem Mantel der gesamtdeutschen Arbeiterklasse herbeizuführen und damit die

117 15. Februar 1958: Interview des Ersten Sekretärs des ZK der SED, Ulbricht, für die Süddeutsche Zeitung, in: Dokumente zur Deutschlandpolitik III/4 (1958), S. 533–541, hier S. 539.
118 Ebd., S. 538.
119 Zitat nach Sempf: Die deutsche Frage unter besonderer Berücksichtigung der Konföderationsmodelle, S. 161.
120 Vgl. Stenografische Niederschrift 23. Januar 1958, Sitzung des Demokratischen Blocks, in: SAPMO-BArch, NY 4090/506, Bl. 279.

Voraussetzungen für eine gegen die »Herrschaft des Monopolkapitals und der Militaristen« gerichtete Veränderung zu schaffen.

Obendrein kam es der SED-Führung auch auf eine internationale und innerdeutsche Aufwertung an. Mit dem Konföderationskonzept vermochte sie sich wieder als die wahre Vertreterin der nationalen Interessen Deutschlands darzustellen. Die Adenauer-Regierung sei der Wahrnehmung führender DDR-Politiker zufolge in der Frage der Wiedervereinigung in die Defensive geraten.[121] Eine offizielle innerdeutsche Verhandlung für die Konföderation hätte zur internationalen Aufwertung und völkerrechtlichen Anerkennung der DDR geführt. Zweifelsohne muss der Konföderationsvorschlag der SED somit zuallererst als politisches Manöver bezeichnet werden.

Freilich drängt sich die Frage auf, ob der Konföderationsvorstoß der SED reine Demagogie war. Diesbezüglich ist nicht zuletzt Lemkes These zuzustimmen, wonach eine Beurteilung nationaler Äußerungen der SED als bloße Propaganda vorschnell sei und möglicherweise die hinter ihnen stehenden gesamtdeutschen Vorstellungen und Ziele verkenne.[122] Die Deutschlandpolitik der SED sei eher Anleitung zum interessengeleiteten gesamtdeutschen Handeln bzw. zur politischen Einflussnahme auf die Bundesrepublik, so Lemke.[123]

Im Hinblick auf die Wahrung ihrer Interessen und ihre Bestrebungen gilt es festzustellen, dass die SED-Spitze in einer konföderativen Entwicklung in Deutschland erst recht wirtschaftliche Vorteile sah. Das SED-Konföderationskonzept ab Sommer 1957 umfasste Vereinbarungen auf wirtschaftlichem Gebiet und in Zoll- und Währungsangelegenheiten.[124] In ihrer politischen Frontstellung gegen die Europäische Wirtschaftsgemeinschaft (EWG) ab April 1957 prangerte die DDR-Regierung die »Teilnahme der Bundesrepublik am kleineuropäischen Zollpakt« als »Politik gegen Deutschland« an. Die EWG und die Europäische Atomgemeinschaft (EURATOM), die ebenfalls am 25. März 1957 in Rom gegründet wurde, richteten aus der Sicht der SED-Führung auf dem Weg zur Lösung des Deutschlandproblems »ein weiteres bedeutendes Hindernis« auf, sie zögen eine Zollgrenze »mitten durch Deutschland und das Herz Europas« und stärkten »die an Gewaltlösungen interessierten Kräfte«.[125] Die

121 Vgl. Lothar Bolz, in: SAPMO-BArch, NY 4090/506, Bl. 89.
122 Vgl. Lemke: Nationalismus und Patriotismus, S. 12; ders.: Einheit oder Sozialismus?, S. 518. Darin schließt Lemke sich Jürgen Wendler und Wilhelm Bleek an. Vgl. Wendler: Die Deutschlandpolitik der SED in den Jahren 1952 bis 1958, S. 1 f.; Wilhelm Bleek: Einheitspartei und nationale Frage 1945–1955, in: Der X. Parteitag der SED. 35 Jahre SED-Deutschlandpolitik, Versuch einer Bilanz, Edition Deutschland Archiv, Köln 1981, S. 88 und 96 ff.
123 Vgl. Lemke: Einheit oder Sozialismus?, S. 518.
124 Vgl. 27. Juli 1957: Erklärung der Regierung der DDR, in: Dokumente zur Deutschlandpolitik III/3 (1957), S. 1304.
125 Lemke: Einheit oder Sozialismus?, S. 409.

Aufspaltung der Welt in zwei wirtschaftliche Lager, also EWG und RGW (Rat für gegenseitige Wirtschaftshilfe), lähme vor allem den Interzonenhandel. Ungeachtet der Bestätigung der Bundesregierung für die Sonderstellung der DDR in der EWG ließ die SED die Sorge um die Verminderung und den Abbau des Interzonenhandels nicht los.[126] Nachdem die SED bereits 1956 eine Ständige Kommission des Rates für Außenhandel befürwortet hatte,[127] bemühte sie sich im Grunde nicht nur um eine Verbesserung der »internationalen sozialistischen Arbeitsteilung«, sondern auch um ein bilaterales Handelsabkommen.[128] Angesichts der Ineffizienz und Stagnation des RGW musste man sich in Ost-Berlin etwa noch Anfang 1961 beschweren, dass der Importbedarf der DDR für eine Reihe wichtiger Waren bis 1963 und für das Jahr 1961 noch nicht gedeckt sei.[129] Unter diesen Umständen interessierte sich die SED-Führung zu Recht für wirtschaftliche und finanzielle Kooperationen mit Westdeutschland und den Ausbau des innerdeutschen Handels im Rahmen einer nationalen Konföderation. Einen konföderativen Interzonenhandel dachte sich die SED-Führung also als Alternative zur EWG.[130]

Gleichwohl spricht der Hinweis auf den wirtschaftlichen Aspekt nicht ohne weiteres für die Ernsthaftigkeit des SED-Konföderationsvorschlags oder die Kompromissbereitschaft der SED. Der SED-Führung ging es lediglich darum, in einer konföderativen Entwicklung als Form eines »Wettbewerbs zwischen zwei Systemen in einem Lande« (Ulbricht)[131] die ökonomische Stärke der Bundesrepublik für den sozialistischen Aufbau der DDR zu nutzen. Da das Konföderationskonzept der SED als Perspektive einer lange währenden Zweistaatlichkeit sowie deren allmählicher Überwindung nicht unmittelbar auf eine radikale Systemumwandlung der BRD hinauslief, sondern zunächst auf die Veränderung der Kräfteverhältnisse, konnten darin das reale Interesse an der wirtschaftlichen Kooperation auf der einen Seite und die ideologische klassenkämpferische Absicht auf der anderen Seite ohne Weiteres zusammentreffen.[132]

Diesem deutschlandpolitischen Langzeitprogramm entsprach die Sozialismusvorstellung der führenden Köpfe in der SED. Sie waren *ernsthaft* davon

126 Vgl. ebd., S. 410.
127 Vgl. Protokoll der Sitzung des Politbüros Nr. 35/1956, 10. Juli 1956, in: SAPMO-BArch, DY 30 J IV 2/2/489, Bl. 15.
128 Vgl. Werner Müller: Die doppelte Integration – Die DDR zwischen EWG und RGW, in: Wissenschaftszentrum Nordrhein-Westfalen. Kulturwissenschaftliches Institut Jahrbuch 1994, S. 121 ff., hier S. 123.
129 Vgl. Protokoll der Sitzung des Politbüros Nr. 5/1961, 31. Januar 1961, in: SAPMO-BArch, DY 30 J IV 2-2/747, Bl. 9–13.
130 Vgl. Lemke: Einheit oder Sozialismus?, S. 414.
131 Rede des Genossen Walter Ulbricht im Namen der Delegation der SED bei der Beratung der kommunistischen und Arbeiterparteien in Moskau, 26. Juni 1960, in: SAPMO-BArch, DY 30 J IV 2/202/272, Bl. 1.
132 Vgl. Lemke: Einheit oder Sozialismus?, S. 514.

überzeugt, dass der Sozialismus im deutschen Systemwettstreit als endgültiger Sieger auftrumpfen würde.[133] Der ostdeutsche Erwartungshorizont auf den Sieg des Sozialismus in Gesamtdeutschland und die einheitsorientierte Nationalpolitik im Rahmen der Konföderation standen nicht im Widerspruch. Im Gegenteil: Gerade der Aufbau des Sozialismus in der DDR und dessen weitere Stärkung sollten den Zukunftsvorstellungen der SED-Führung zufolge schrittweise zur Wiedervereinigung führen.

Von großer Bedeutung ist, dass vor allem der Hauptakteur des SED-Konföderationsvorstoßes, Walter Ulbricht, zugleich der Motor beim Aufbau des Sozialismus war. Er dachte und handelte in den nationalen Kategorien der ersten Hälfte des 20. Jahrhunderts und »blieb von der Überzeugung durchdrungen, daß in überschaubaren Zeiträumen ein sozialistisches Gesamtdeutschland entstehen würde«.[134] Seine »deutsch-deutsche Revolutionstheorie«[135] trieb ihn an, zum einen bereits Ende der 1950er Jahre von der »sozialistischen Umwälzung der DDR« zu sprechen: Auf dem 4. Plenum des ZK der SED 1959 hob Ulbricht beispielsweise hervor, »daß es nicht einfach um den sozialistischen Aufbau in unserer Republik geht, sondern um die sozialistische Entwicklung und Umgestaltung auf allen Gebieten, mit einem Wort: um die sozialistische Umwälzung«. Er führte weiter aus:

> »Das schöne Dorf ist, kurz gesagt, das Dorf, in dem die gesamten Lebensverhältnisse besser sind als in westdeutschen Dörfern (Ökonomische Hauptaufgabe). Die Bewegung um das schöne Dorf gibt uns die Möglichkeiten, alle Schichten der Dorfbevölkerung in die sozialistische Umwälzung einzubeziehen.«[136]

Zum anderen verschlossen Ulbricht und seine Mitstreiter in der Parteiführung, deren Kapitalismusbild von den 1930er Jahren geprägt war,[137] die Augen vor dem wirtschaftlichen Aufschwung Westdeutschlands und malten die Entwicklung des Westens schwarz. Sogar von einem bevorstehenden »wirtschaftlichen Stalingrad an Rhein und Ruhr« war die Rede.[138]

133 Vgl. Amos: Die Westpolitik der SED 1948/49–1961, S. 273; Lemke: Einheit oder Sozialismus?, S. 421 f.

134 Rüdiger Stutz: Die Bonner Republik wird rot. Walter Ulbrichts »Modell für Deutschland« zwischen Wunsch und Wirklichkeit, in: Enno Bünz/Rainer Gries/Frank Möller (Hg.): Der Tag X in der Geschichte. Erwartungen und Enttäuschungen seit tausend Jahren, Stuttgart 1998, S. 229.

135 Vgl. Siegfried Lokatis: Der rote Faden. Kommunistische Parteigeschichte und Zensur und Walter Ulbricht, Köln/Weimar/Wien 2003, S. 164; Kai Dinkelmann: Walter Ulbricht und seine deutsch-deutsche Revolutionstheorie (1944/45–1973), Aachen 2005, S. 8 und 63 ff.

136 SAPMO-BArch, DY 6/4016, Bl. 7.

137 Vgl. Herbert Häber: Die Deutschlandpolitik der SED, in: Reinhard Hübsch (Hg.): »Hört die Signale!« Die Deutschlandpolitik von KPD/SED und SPD 1945–1970, Berlin 2002, S. 87.

138 SAPMO-BArch, DY 6/4016, Bl. 8.

Die doppelte Fehleinschätzung, also »eine permanente Unterschätzung der ökonomischen und sozialen Leistungskraft der Bundesrepublik« und zugleich »eine permanente Überschätzung der Leistungskraft der Sowjetunion, der DDR und der anderen sozialistischen Länder«,[139] prägte in jenen Tagen viel stärker das politische Verhalten der SED-Führung im Allgemeinen und ihre nationale Politik im Besonderen als propagandistische Absichten. Der Konföderationsidee der SED-Führungsspitze lagen ebenso diese illusionäre gesamtdeutsche Gegenwartsanalyse sowie Zukunftsvorstellung zugrunde.

3.2.2 Kleine Variationen von 1958 bis 1962

»Wir haben, seitdem die beiden deutschen Staaten bestehen, einen Vorschlag nach dem anderen gemacht, um zu Verhandlungen zu gelangen über die uns allen auf dem Herzen brennenden Fragen der deutschen Wiedervereinigung. 108 Vorschläge in 11 Jahren«,[140] prahlte DDR-Volkskammerpräsident Johannes Dieckmann am 13. Januar 1961 auf einer Veranstaltung in Marburg. Wenig später, im Sommer 1961, zählte er schon 149 Vorschläge.[141] In den verschiedenen Stellungnahmen und Erklärungen der DDR-Führung von 1957 bis 1966/67, verstärkt bis Anfang 1963, wiederholte sich die Konföderationsformel, wobei sich kleine Modifikationen abzeichneten.

Sieht man von dem belanglosen, nur kurzzeitigen Positionswechsel der DDR- sowie der Sowjetführung in der Frage der Anerkennung der DDR bei möglichen Konföderationsverhandlungen im Jahre 1958[142] ab, gilt es in erster Linie, den Variationen des Konföderationskonzeptes der SED ab Herbst 1958 bis Sommer des Jahres 1959 Aufmerksamkeit zu schenken. In der heftigen internationalen Debatte um den Berlin-Status sowie einen Friedensvertrag versuchten die Sowjetführung und die DDR, Verhandlungen über eine deutsche

139 Häber: Die Deutschlandpolitik der SED, in: Hübsch: »Hört die Signale!«, S. 86 f.

140 Reinhard Hübsch: »Dieckmann raus – Hängt ihn auf!« Der Besuch des DDR-Volkskammerpräsidenten Johannes Dieckmann am 13. Januar 1961 in Marburg, Bonn 1995, S. 58.

141 Vgl. ebd., S. 214.

142 Auf einer Tagung des Nationalrates der Nationalen Front des demokratischen Deutschland im Oktober 1958 äußerte sich Ulbricht: »Wir haben nicht die Frage gestellt, daß man bei Verhandlungen über die Wiedervereinigung die DDR diplomatisch anerkennen muß. Wenn das von Bonn nicht gewünscht wird, dann werden wir die Bonner Regierung auch diplomatisch nicht anerkennen.« Also eine Konföderation ohne gegenseitige Anerkennung, die aber nicht mehr als eine inhaltslose propagandistische Modifikation des Konföderationsvorschlages war. Die SED und die Sowjetunion beharrten weiterhin auf der völkerrechtlichen Anerkennung der DDR. Vgl. 18. Oktober 1958: Rede des Ersten Sekretärs des ZK der SED, Ulbricht, auf der Tagung des Nationalrates der Nationale Front des demokratischen Deutschland, in: Dokumente zur Deutschlandpolitik, III/4 (1958), S. 1814. Vgl. auch Hacker: Die »deutsche Konföderation«, S. 11.

Konföderation in Gang zu setzen. Es handelte sich also um eine Verknüpfung des Friedensvertrages mit einer konföderativen Entwicklung in Deutschland. Bereits in seiner Erklärung vom 27. Oktober hatte der Erste Sekretär des ZK der SED Walter Ulbricht unterstrichen, dass ganz Berlin zum Territorium der DDR gehöre und entsprechende Verhandlungen über die Berlin-Problematik für die zu schaffende Konföderation zustande kommen sollten.[143] Dementsprechend sprach die Sowjetführung am 27. November 1958 gegenüber den Regierungen der drei Westmächte und den beiden deutschen Regierungen von der Schaffung einer deutschen Konföderation im Zusammenhang mit dem Abschluss eines Friedensvertrages und wies darauf hin, dass die deutsche Frage nur durch das deutsche Volk selbst mittels Annäherung der beiden deutschen Staaten gelöst werden könne.[144]

Mit dem sowjetischen Entwurf für einen Friedensvertrag mit Deutschland vom 10. Januar 1959 nahm die ostdeutsche wie sowjetische Konföderationsoffensive eine neue Qualität an, zumal er nicht mehr eine gesamtdeutsche Regierung, sondern die beiden deutschen Staaten oder die deutsche Konföderation, falls sie bis dahin entstanden sein sollte, als Vertragspartner in Aussicht nahm. Die Sowjetführung und die DDR-Regierung wiesen damit die westliche Annahme, wonach friedensvertragliche Regelungen von einer Wiedervereinigung beider deutscher Staaten abhängig sein sollten, entschieden zurück. Auf der 4. Tagung des ZK der SED am 15. Januar 1959 führte Ulbricht diesbezüglich aus:

> »Im Entwurf eines Friedensvertrages wird die Frage beantwortet, wer einen solchen Vertrag im Namen Deutschlands unterzeichnen kann. Es wird vorgeschlagen, daß im Falle der Bildung einer deutschen Konföderation Vertreter der Konföderation und die Vertreter der beiden deutschen Staaten den Friedensvertrag für Deutschland unterzeichnen. Selbstverständlich wäre es besser, wenn bei Abschluß eines Friedensvertrages bereits eine Konföderation besteht, das heißt, eine so entstandene Annäherung zwischen den beiden deutschen Staaten erreicht ist. [...] Wir sind der Meinung, daß durch eine große Aussprache über einen Friedensvertrag mit Deutschland das notwendige Klima für eine Annäherung und Verständigung geschaffen werden kann. [...] Die Bildung der Konföderation steht im Zusammenhang mit der Erfüllung der Hauptforderungen des Friedensvertrages. Der Abschluß eines Friedensvertrages würde die erforderlichen Voraussetzungen für die Annäherung der beiden deutschen Staaten und für eine enge Zusammenarbeit zwischen ihnen sichern.«[145]

143 Vgl. Sempf: Die deutsche Frage unter besonderer Berücksichtigung der Konföderationsmodelle, S. 171 ff.

144 Vgl. 27. November 1958: Berlin-Ultimatum, in: Dokumente zur Deutschlandpolitik, IV/1 (1959), S. 151–201.

145 14. Aus dem Referat Walter Ulbrichts auf der 4. Tagung des Zentralkomitees der SED, in: Hofmann (Hg.): Es ging um Deutschland, S. 51 f.

Neben der Verknüpfung der Konföderationsidee mit einem Friedenvertrag fällt auch bei dem neuen SED-Vorschlag aus dem Jahre 1959 auf, dass er auf eine Präzisierung der Konstituierung des Konföderationsorgans einging: Die Schaffung eines Gesamtdeutschen Rates sollte auf einer paritätischen Besetzung aus insgesamt einhundert Mitgliedern, die aus den jeweiligen Parlamenten gewählt werden sollten, basieren. Bezeichnend war, dass er eine Beteiligung von Massenorganisationen vorsah, was allerdings wiederum die unveränderte Volksfronttaktik der SED ersichtlich werden ließ.

Da dieser deutschlandpolitischen Offensive in Ost-Berlin und in Moskau größere Bedeutung beigemessen wurde, brauchte man mehr Meinungs- und Gedankenaustausch als zuvor. In der Vorbereitung sowie während der Genfer Außenministerkonferenz der vier Mächte vom 11. Mai bis 20. Juni 1959 diskutierten SED- und Sowjetführung viel über Verhandlungsziel und -strategie.[146] Bei der DDR-Regierung war bereits Anfang März eine Direktive der Sowjetunion eingetroffen:

> »Man muß damit rechnen, daß die Westmächte auf der Ministerkonferenz versuchen werden, die Frage der Wiedervereinigung Deutschlands in den Vordergrund zu stellen. In diesem Zusammenhang könnte eine Erklärung der Regierung der DDR auf der Konferenz, in der die prinzipielle Haltung der Regierung der DDR zur Frage der Wiedervereinigung Deutschlands dargelegt würde, von großer Bedeutung sein. Dabei müßte betont werden, daß die Wiedervereinigung eine Angelegenheit der beiden deutschen Staaten ist. In dieser Erklärung würde auch die Notwendigkeit argumentiert werden, eine Konföderation der beiden deutschen Staaten zu schaffen.«[147]

In einem Brief an die DDR-Führung vom 19. Juni 1959 teilte der stellvertretende Außenminister Otto Winzer[148] mit, dass Gromyko der Meinung sei, es könne sich im Laufe der Konferenz noch als zweckmäßig erweisen, den Plan für die Konföderation zu veröffentlichen.[149] Entgegen der sowjetischen Einschätzung hielten es die ostdeutschen Vertreter eher für unwahrscheinlich, dass der Konföderationsvorstoß im Umfeld der Genfer Konferenz aktuell werden könnte, wie Winzer in einem früheren Brief an Ulbricht geschrieben hatte:

146 Vgl. Lemke: Einheit oder Sozialismus?, S. 450–459.

147 Am 2. März 1959, in: SAPMO-BArch, DY 30/3389, Bl. 25.

148 Otto Winzer (1902–1975) war von 1949 bis 1956 Staatssekretär und Chef der Privatkanzlei des Präsidenten der DDR, von 1956 bis 1959 stellvertretender Außenminister, von 1965 bis 1975 Minister für Auswärtige Angelegenheiten. Zu seiner Person vgl. Wer war wer in der DDR?, S. 923.

149 Brief Otto Winzers an Rau und Schwab, 19. Juni 1959, in: SAPMO-BArch, DY 30/3380, Bl. 87.

»Nach verschiedenen Berichten von Vertrauensleuten ist es zwar nicht gerade wahrscheinlich, aber dennoch möglich, daß es im Laufe der Konferenz doch noch zu Gesprächen zwischen uns und den Westdeutschen kommt. Natürlich kann man mit ihnen über die Hauptfragen wie Friedensvertrag und auch Konföderation sprechen, aber es ist von vornherein klar, daß es in diesen Grundfragen keine Verständigung geben wird. Es ist daher in der Delegation diskutiert worden, ob man ihnen nicht eine gemeinsame Erklärung des gegenseitigen Gewaltverzichts vorschlagen soll. Gen. Florin und ich halten einen solchen Schritt für gefährlich, da er nur dazu beitragen könnte, die Gefahr, die von Westdeutschland ausgeht, zu bagatellisieren, wenn nicht gleichzeitig Garantien gegen den atomar ausgerüsteten Militarismus geschaffen werden.«[150]

Um mit der westdeutschen Delegation überhaupt »an einem Tisch« zu sitzen, legte die DDR-Delegation in Genf der BRD-Seite einen Nichtangriffsvertrag vor.[151] Allerdings ignorierte die bundesdeutsche Delegation den Vorschlag.

Nicht nur wegen solch artiger strikter Absage der Bundesregierung wandte sich die SED-Führung in den Jahren 1959 bis 1962 vielfach an die SPD-Anhänger und die »westdeutsche Arbeiterklasse«,[152] sondern auch weil die Sozialdemokraten mit ihrem *Deutschlandplan* einem Konföderationskonzept sehr nahe gekommen waren.[153] In der SED-Zentrale arbeitete man intensiv an der »Einheitspolitik zwischen der Arbeiterklasse der DDR und Westdeutschlands«.[154] In einem *Deutschlandplan des Volkes* vom 14. April 1960 wandte sich das ZK der SED direkt an die westdeutschen Arbeiter.[155] Dabei sprach die SED-Führung zwar von einem »großen nationalen Kompromiß«,[156] in ihr Konföderationskonzept brachte sie aber keine neuen verhandelbaren Elemente ein.

Im Zuge der weiteren Auseinandersetzung um die Westberlin-Frage ab 1960 brachte die SED-Führung die Konföderationsthese auf eine verstärkt ideologi-

150 Brief Otto Winzers an Genossen Ulbricht, Rau und Schwab, 20. Mai 1959, in: SAPMO-BArch, DY 30/3380, Bl. 92.

151 Lothar Bolz an Außenminister Dr. Heinrich von Brentano, in: SAPMO-BArch, DY 30/3380, Bl. 157 f.

152 Argumente und Stimmungen aus den geführten Gesprächen und Diskussionen mit Bundestagsabgeordneten und Funktionären der SPD sowie mit anderen Persönlichkeiten in Westdeutschland, 2. März 1959, in: SAPMO-BArch, DY 30/3380, Bl. 36 ff.; Zusammenfassung der wichtigen Argumente und Meinungen aus Gesprächen mit Funktionären der SPD und anderen politischen Persönlichkeiten Westdeutschlands, 18. Dezember 1958, Büro des Präsidiums des Nationalrates der Nationalen Front des demokratischen Deutschlands an Ulbricht, in: SAPMO-BArch, DY 30/3583, Bl. 2 ff.

153 Vgl. dazu Abschnitt 4.3.2.

154 Die Einheitspolitik zwischen der Arbeiterklasse der DDR und Westdeutschlands, Westkommission, in: SAPMO-BArch, DY 30/IV 2/10.02/8, Bl. 268 ff.

155 Vgl. 17. April 1960: Offener Brief des ZK der SED an die Arbeiterschaft der Bundesrepublik, in: Dokumente zur Deutschlandpolitik, IV/4 (1960), S. 749–762.

156 Ebd., S. 761.

sche Formel des Klassenkampfes: friedliche Koexistenz. Auf der 11. Tagung des Zentralkomitees der SED im Dezember 1960 führte Ulbricht Folgendes aus: Die Politik der friedlichen Koexistenz müsse in Deutschland ihre Anwendung finden durch Herbeiführung einer Entspannung und Herstellung normaler friedlicher Beziehungen zwischen den beiden deutschen Staaten.[157] Und Mitte Juni 1962 unterbreitete die SED in einem *Nationalen Dokument,* in dem der Kampf um die Einheit Deutschlands beschworen wurde, eine neue Variation ihres Konföderationsvorschlags:

> »Unter den geschichtlichen Bedingungen, wie sie sich nun einmal auf dem Gebiete des früheren Deutschen Reiches und in dem gespaltenen Deutschland entwickelt haben, ist die geeignetste Form für die friedliche Koexistenz der beiden deutschen Staaten eine deutsche Konföderation. Westberlin, das auf dem Territorium der Deutschen Demokratischen Republik liegt, würde als entmilitarisierte freie und neutrale Stadt an einer deutschen Konföderation teilnehmen können.«[158]

Abgesehen von der Einbeziehung West-Berlins als Völkerrechtssubjekt in die deutsche Konföderation blieben sowohl im *Nationalen Dokument* als auch in dem neuen Entwurf für das zukünftige SED-Programm vom Ende November 1962 die anderen Aspekte der Konföderationskonzeption der SED unverändert: Hervorhebung der Voraussetzungen für die Konföderationsverhandlung wie die Überwindung des Imperialismus und Militarismus in Westdeutschland; Souveränität und Gleichberechtigung der beiden deutschen Staaten und West-Berlins in einer deutschen Konföderation und damit die völkerrechtliche Anerkennung der DDR; der Ausschluss der Schaffung einer über den beiden deutschen Regierungen stehenden Zentralgewalt und die Bildung von Konföderationsorganen nur für Beratung und Beschluss von Empfehlungen an die Parlamente und Regierungen der Konföderationsteilnehmer; Propagierung eines gemeinsamen Kampfes mit der westdeutschen Arbeiterklasse um die Wiedervereinigung unter sozialistischem Vorzeichen.

Weder die Vorstellungen von Ende 1958 bis 1959, die Konföderation mit dem Friedensvertrag zu verknüpfen, noch die Einbeziehung West-Berlins als freie Stadt in eine deutsche Konföderation ab 1962 verhalf den ostdeutschen Kommunisten zum deutschlandpolitischen Erfolg. Die beiden Varianten des Konföderationskonzepts verschafften der SED keine Aufwertung auf der inter-

157 Vgl. 15.–17. Dezember 1960: Bericht des Ersten Sekretärs des ZK der SED, Ulbricht, in: Dokumente zur Deutschlandpolitik IV/5 (1960), S. 597–643, hier S. 614.

158 17. Juni 1962: Aus dem Nationalen Dokument der Nationalen Front des demokratischen Deutschland: Die geschichtliche Aufgabe der Deutschen Demokratischen Republik und die Zukunft Deutschlands, in: Dokumente zur Deutschlandpolitik IV/8 (1962), S. 651–666, hier S. 662.

nationalen Bühne. Auch die erhoffte Resonanz der westdeutschen Arbeiter auf die modifizierten Konföderationspläne blieb aus.

In der Zeit von 1963 bis 1965 trat der Konföderationsgedanke mehr und mehr in den Hintergrund, wenngleich die SED-Führung bis zur Jahreswende 1966/67 offiziell nicht von der Konföderationsidee abrückte.[159] Das lässt sich nicht nur auf die strikte Ablehnung des SED-Konföderationsvorschlags durch die Bundesregierung zurückführen, sondern auch auf die innere Konsolidierung der DDR. Die DDR-Bevölkerung begann sich allmählich mit der Mauer abzufinden. Innenpolisch und innerdeutsch war nach Ansicht der SED-Führung keine weitere nationalpolitische Offensive notwendig.

3.3 »Schluß mit allen gesamtdeutschen Illusionen und Praktiken« – 1966/67 bis 1971

3.3.1 *Abschied von Vereinigungspropaganda und -illusion 1966/67*

In einer Festansprache zum 20. Jahrestag der Gründung der SED am 21. April 1966 in Berlin schrieb der Erste Sekretär des ZK Ulbricht seiner Partei aufs Neue eine deutsche Konföderation auf die Fahnen.[160] Über die Vorbereitung der deutschen Konföderation sowie deren weitere Entwicklung bis zur Vollendung der Einheit lieferte er eine ebenso ausführliche Darstellung wie ehedem. Charakteristisch war, dass Ulbricht neben schematischen und propagandistischen Formeln nicht zuletzt die Wichtigkeit einer wirtschaftlichen Kooperation zwischen den beiden deutschen Staaten im Rahmen einer nationalen Konföderation unterstrich. Trotz der vertraglich fixierten Bindung der DDR an den RGW zählte sein Konföderationsvorschlag über die gegensätzlichen Blocksysteme hinaus auf die Möglichkeit wirtschaftlicher deutsch-deutscher Vereinbarungen. Es liegt auf der Hand, dass Ulbricht von der Zusammenarbeit mit »westdeutschen Wirtschaftskreisen«, die den Erfordernissen der wissenschaftlich-technischen Revolution entsprachen, profitieren wollte. In einer

159 In vielen Erklärungen und Reden der SED-Führung in den Jahren 1963 und 1964 fand sich weiterhin die Konföderationsformel. Vgl. 15. Januar 1963: Aus dem Referat des Staatsratsvorsitzenden Ulbricht auf dem VI. Parteitag der SED, in: Dokumente zur Deutschlandpolitik IV/9 (1963), S. 22–37; 18. Aus der Rede Walter Ulbrichts in der Berliner Werner-Seelenbinder-Halle am 2. Juli 1963, in: Hofmann (Hg.): Es ging um Deutschland, S. 66 f.

160 Walter Ulbricht: Der Weg zum künftigen Vaterland der Deutschen, Festansprache zum 20. Jahrestag der Gründung der Sozialistischen Einheitspartei Deutschlands am 21. April 1966 in der Berliner Dynamo-Sporthalle, Berlin 1966.

Konföderation könne die DDR dafür, so Ulbricht, »der Bundesrepublik beträchtliche Hilfe leisten, um in den sozialistischen Staaten große neue Märkte für ihre Erzeugnisse, insbesondere für Industrieanlagen, zu erschließen«.[161]

Freilich kam ebenfalls ein Zusammenwachsen auf den Gebieten der Politik, Außenpolitik, Kultur in Betracht. Mit der Einbeziehung mehrerer neuer Aspekte, die den gesellschaftlichen Veränderungen in der Zeit der wissenschaftlich-technischen Revolution Rechung trugen, versuchte Ulbricht den Westdeutschen seine Konföderationskonzeption als eine werbekräftige und zugleich seriöse Diskussionsgrundlage vorzustellen, wobei er sein politisches Ziel, nämlich die Beseitigung der herrschenden Klasse in der Bundesrepublik, nicht aus den Augen verlor.

Dementsprechend fand sich diese Konföderationsformel in weiteren offiziellen Verlautbarungen und Publikationen der Partei- und Staatsführung der DDR durch das Jahr 1966 hindurch wieder, wie etwa in der *Geschichte der deutschen Arbeiterbewegung* sowie in verschiedenen Reden oder Interviews des Staatschefs der DDR.[162] Das setzte sich bis zum Jahreswechsel 1966/67 fort und floss zu guter Letzt in die Neujahrsbotschaft für das Jahr 1967 ein.

In Ulbrichts Zehn-Punkte-Katalog für den Weg zu einer deutschen Konföderation in jener Neujahrbotschaft kamen viel mehr die Anerkennung der DDR durch die Bundesrepublik und ihre gleichberechtigte Mitarbeit an der Sicherheit in Europa in Betracht als etwa die Schaffung greifbarer Rahmenbedingungen für die deutsch-deutsche Verständigung.[163] In diesem letzten Konföderationsvorschlag schimmerte bereits eine neue Denkrichtung durch die schablonenhafte Favorisierung deutsch-deutscher Verhandlungen über die friedliche Koexistenz im europäischen Rahmen: die Nichtrealisierbarkeit einer Vereinigung zwischen Sozialismus und monopolkapitalistischer Herrschaft in einem Staat.[164]

161 Ebd., S. 58.

162 Geschichte der deutschen Arbeiterbewegung in acht Bänden, hg. vom Institut für Marxismus-Leninismus beim ZK der SED, Berlin 1966, Bd. 8, S. 408; Herbert Häber: Fragen – Widersprüche – Wege, in: Staatssekretariat für gesamtdeutsche Fragen (Hg.): Wohin? Fragen, Widersprüche, Wege: Gedanken über eine demokratische Zukunft der Bundesrepublik, Berlin 1966, S. 13–48. Zu Reden und Ansprachen der DDR-Führung in jenen Tagen vgl. 21. Mai 1966: Aus der Rede des Mitglieds des Politbüros des ZK der SED, Hager, auf dem 1. Parteitag der SED-Westberlin; 1. Juni 1966: Schreiben des Staatsratsvorsitzenden Ulbricht an Professor Jaspers; 16. Juni 1966: Aus der Rede des Staatsratsvorsitzenden Ulbricht auf der Freundschaftskundgebung in Ost-Berlin anläßlich des Besuchs der Partei- und Regierungsdelegation der Ungarischen Volksrepublik; 1. September 1966: Erklärung des Ministers Winzer vor der Volkskammer der DDR; 22. September 1966: Interview des Staatsratsvorsitzenden Ulbricht für die Zeitung Asahi Shimbun, u. a., in: Dokumente zur Deutschlandpolitik IV/12 (1966), S. 794, 821, 915, 1274 f. und 1365.

163 Vgl. 31. Dezember 1966: Aus der Neujahrsansprache des Staatsratsvorsitzenden Ulbricht, in: Dokumente zur Deutschlandpolitik V/I (1966/67), S. 231–234.

164 Vgl. ebd., S. 232.

Bei Licht besehen gehörte diese neue Einsicht der »Unvereinbarkeit von Sozialismus und Imperialismus in einem Staat« zu den »grundlegenden Schlußfolgerungen«, die die Parteiführung bereits auf der 13. und 14. Tagung des Zentralkomitees der SED in der zweiten Hälfte des Jahres 1966 »aus dem Stand der Klassenauseinandersetzungen« gezogen hatte.[165] Dass die Vereinigung der beiden deutschen Staaten allein von »einer durchgreifenden demokratischen Umwälzung in Westdeutschland« abhängig sei, wiederholte die DDR-Führung in ihren deutschlandpolitischen Stellungnahmen.[166] Trotz dieser abermaligen Positions- und Akzentverschiebungen seit Herbst 1966 beharrte der Staatsratsvorsitzende der DDR zumindest offiziell bis zum Ende des Jahres auf der Konföderationsformel.

Unmittelbar nach Ulbrichts »zweideutigen Formulierungen«[167] zur Vereinigungsfrage an der Schwelle zum Jahr 1967 kündigte sich mit großer Deutlichkeit eine Wende an. Der Partei- und Staatschef zog letztlich aus der Nichtbeantwortung seiner Vorschläge durch die Bonner Regierung den Schluss, dass der Weg der Konföderation gegenwärtig nicht real sei.[168] Auf der Beratung des Komitees zur Vorbereitung des 50. Jahrestages der Großen Sozialistischen Oktoberrevolution am 9. Januar 1967 sowie auf der Sitzung des Autorenkollektivs der *Geschichte der deutschen Arbeiterbewegung* am 12. Januar 1967 sprach er unverblümt von der Belanglosigkeit des weiteren »Vereinigungsgeschwätzes« und einer unumgänglichen Wende in der nationalen Politik.[169] Die Vereini-

165 Aus dem Bericht des Politbüros an die 13. Tagung des Zentralkomitees der SED 15.–17. September 1966, Berichterstatter: Günter Mittag, Berlin 1966, S. 10 ff und 20 ff.; Bericht des Politbüros an die 14. Tagung des Zentralkomitees der SED: Diskussionsrede auf der 14. Tagung des ZK des SED, 15.–17. Dezember 1966, Berichterstatter: Gerhard Grüneberg, Berlin 1967, S. 33 f. Vgl. auch Klaus-Uwe Koch: Das Problem der Nation in der Strategie und Taktik der SED in der zweiten Hälfte der sechziger Jahre, Dissertation Akademie für Gesellschaftswissenschaften beim ZK der SED, Institut für Geschichte der deutschen Arbeiterbewegung, Forschungsbereich Sozialistische Nation und Geschichte, Berlin 1985, S. 44–58.

166 Vgl. 22. September 1966: Interview des Staatsratsvorsitzenden Ulbricht für die Zeitung Asahi Shimbun; 13. Oktober 1966: Aus der Erklärung des Staatsratsvorsitzenden Ulbricht vor der Volkskammer der DDR; 4. November 1966: Aus der Rede des Staatsratsvorsitzenden Ulbricht anläßlich des 20. Jahrestages der Wiedereröffnung der Technischen Universität Dresden, in: Dokumente zur Deutschlandpolitik IV/12 (1966), S. 1365, 1525 und 1646.

167 »Manche zweideutigen Formulierungen« hielt er aber für »in der Übergangszeit unvermeidlich und richtig«, vgl. Koch: Das Problem der Nation in der Strategie und Taktik der SED, S. 63.

168 5. Aus den einführenden Bemerkungen Walter Ulbrichts auf der Beratung des Komitees zur Vorbereitung des 50. Jahrestages der Großen Sozialistischen Oktoberrevolution am 9. Januar 1967, in: Gerhard Naumann/Eckhard Trümpler (Hg.): Der Flop mit der DDR-Nation 1971. Zwischen Abschied von der Idee der Konföderation und Illusion von der Herausbildung einer sozialistischern deutschen Nation, Berlin 1991, S. 113.

169 Vgl. ebd., S. 110–114; 6. Aus den Bemerkungen Walter Ulbrichts auf der Sitzung des Autorenkollektivs der »Geschichte der deutschen Arbeiterbewegung« am 12. Januar 1967, in: ebd., S. 114–117.

gungsfrage stand nicht mehr im Katalog der unmittelbar oder in überschaubarer Frist zu verwirklichenden Aufgaben. An die Stelle der »illusionären Propaganda über die Wiedervereinigung«[170] sollten zum einen Forderungen nach gleichberechtigten Beziehungen und der geregelten Koexistenz zwischen beiden deutschen Staaten und zum anderen jene nach dem gesellschaftlichen sowie politischen Systemwandel in der Bundesrepublik treten.

Auf den folgenden parteiinternen Versammlungen, vor allem auf einer Beratung des Zentralkomitees der SED mit den Sekretären für Agitation und Propaganda der Bezirksleitungen am 18. Januar 1967, verkündeten der frisch ernannte ZK-Sekretär für internationale Verbindungen, Hermann Axen, und der ebenfalls aufgestiegene Leiter der Kommission für Agitation und Propaganda, Werner Lamberz, die neuen Gedankengänge der Parteispitze zu den nationalen Entwicklungsprozessen.[171] Von einer neuen Ebene der Auseinandersetzungen zwischen den beiden deutschen Staaten ausgehend und zugleich die innenpolitischen Vorgänge in der Bundesrepublik in Misskredit bringend, zog Axen gegen die Konföderations- bzw. Wiedervereinigungsformel zu Felde: Unter diesen Bedingungen könne man nicht von Wiedervereinigung sprechen. Es sei Unsinn, von Wiedervereinigung zu reden; in Westdeutschland gebe es keine Partner für die Konföderation oder Wiedervereinigung.[172] Damit traf Axen trotz einiger undifferenzierter Bemerkungen[173] die Hauptpunkte der neuen parteiinternen Überlegungen.

Der langjährige Sachverständige für die »nationale Mission« in der SED Albert Norden äußerte sich ebenfalls in Richtung einer Abrechung mit der bisherigen »Vereinigungsillusion«. Auf einer Tagung des Präsidiums des Nationalrates der Nationalen Front am 20. Januar 1967 in Torgau beschrieb Ul-

170 Ebd., S. 116.

171 Vgl. 7. Aus den Notizen über die Beratung im Zentralkomitee mit den Sekretären für Agitation/Propaganda der Bezirksleitungen der SED am 18. Januar 1967, in: Naumann/Trümpler (Hg.): Der Flop mit der DDR-Nation, S. 117–122; Koch: Das Problem der Nation in der Strategie und Taktik der SED, S. 64 f. Zum weiteren Eingriff Ulbrichts im Januar und Februar 1967 vgl. Naumann/Trümpler (Hg.): Der Flop mit der DDR-Nation, S. 22 ff.

172 Ebd., S. 120. Diese Formulierung benutzte Ulbricht bereits am 9. Januar: »Es gibt keinen Partner in Westdeutschland, mit dem man sich wiedervereinigen kann«, vgl. 5. Aus den einführenden Bemerkungen Walter Ulbrichts auf der Beratung des Komitees zur Vorbereitung des 50. Jahrestages der Großen Sozialistischen Oktoberrevolution am 9. Januar 1967, in: ebd., S. 112.

173 Auffällig ist Axens Bemerkung, die auf noch bestehende Erwartungen hinsichtlich einer weiteren Entwicklung zur Konföderation verweist: »Es kann nur noch eine Vereinigung geben. Jetzt geht es darum, Schritte zu gehen, um Voraussetzungen zu schaffen für eine Konföderation«, ebd., S. 120. Sie lässt sich weniger als Signal »ihrer kritischen Distanz gegenüber bisher verfolgten Konföderationsplänen«, wie der DDR-Historiker Klaus-Uwe Koch einst urteilte, denn als Zeichen verbliebener Unklarheiten über die neuen Denkansätze der Parteiführung lesen. Vgl. Koch: Das Problem der Nation in der Strategie und Taktik der SED, S. 66.

brichts Gefolgsmann den nationalpolitischen Kurswechsel der SED mit folgenden Worten:

> »Das Problem der deutschen Nation ist in erster und letzter Instanz eine Klassenfrage. Drüben herrscht die großkapitalistische Verderbnis, bei uns herrschen die Arbeiter und Bauern im Bunde mit der Intelligenz und den anderen Werktätigen. Noch gibt es kein Naturgesetz, das die Vereinigung von Feuer und Wasser erlaubt. Und das Gesetz der Geschichte – das wir in der DDR erfüllten – befiehlt der deutschen Arbeiterklasse, sich selbst als Nation zu konstituieren, weil es keine Interesseneinheit zwischen ihr und der Großbourgeoisie gibt, sondern nur unüberbrückbare Gegensätze.«[174]

Es habe keinen Sinn, von Vereinigung zu sprechen, wenn die beiden deutschen Staaten noch nicht einmal zu einem vernünftigen Nebeneinander, geschweige denn einem Miteinander gekommen seien.[175] »Den Sozialismus mit dem Monopolkapitalismus vereinigen zu wollen«, bezeichnete Norden, der Autor des damals vielbeachteten Buches *Die Nation und wir*,[176] nunmehr sogar als Verrat am Frieden, am Sozialismus, am Volk und der Nation. Sein richtungweisendes, aber fatales Fazit lautete: Der Aufbau des Sozialismus in der DDR sei deutsche Nationalpolitik in Aktion.[177]

Im Bericht des Zentralkomitees an den 7. Parteitag im April 1967 in Berlin stellte die SED-Zentrale öffentlich fest, dass es unmöglich geworden sei, überhaupt Voraussetzungen für spätere Schritte zu einer Konföderation zu schaffen.[178]

> »Die allseitige Stärkung der DDR wird die Aussichtslosigkeit der Pläne des westdeutschen Monopolkapitals immer offensichtlicher werden lassen und andererseits die Anziehungskraft der DDR mit ihrer sozialistischen Gesellschaftsordnung erhöhen und die demokratischen Kräfte in ihrem Kampf gegen Militarismus, Neonazismus und Imperialismus ermutigen und stärken«,[179]

174 Albert Norden: Wir sind dabei – Eine neue Initiative zur Stärkung der DDR. Rede von Prof. Albert Norden auf der erweiterten Tagung des Präsidiums des Nationalrates am 20. Januar 1967 in Torgau und andere Materialien zur neuen Initiative der Nationalen Front, Berlin 1967, S. 32 f.

175 Vgl. Norden: Die nationale Politik der DDR und die europäische Sicherheit, in: Zwei deutsche Staaten. Die nationale Politik der DDR. Mit Beiträgen von Albert Norden, Hermann Matern und Friedrich Ebert und einer Dokumentation, Wien 1967, S. 39.

176 Vgl. Norden: Die Nation und wir, Berlin 1965.

177 Vgl. Norden: Wir sind dabei, S. 32 f.

178 Vgl. Protokoll der Verhandlungen des VII. Parteitages der SED 17. bis 22. April 1967 in der Werner-Seelenbinder-Halle zu Berlin, Bd. IV: Beschlüsse und Dokumente, Berlin 1967, S. 261.

179 Ebd., Bd. I: 1. bis 3. Beratungstag, Berlin 1967, S. 66.

sagte Ulbricht auf dem Parteitag. Eine Vereinigung käme nur in Frage, wenn in Westdeutschland grundlegende Veränderungen durchgeführt, das heißt eine sozialistischen Bedingungen entsprechende Lage geschaffen worden sei, so Ulbricht Mitte Juli 1967.[180]

Mit der Herausstellung der zunehmend gegensätzlichen Entwicklungen in den beiden deutschen Staaten verabschiedete sich die SED-Führungsspitze also nicht nur von ihren langjährigen Konföderationsgedanken, sondern sie schob mit Hilfe intensivierter ideologisch-politischer Arbeit für das DDR-spezifische Staats- und Nationalbewusstsein den bisherigen gesamtdeutschen Überlegungen entschieden einen Riegel vor, ohne jedoch die deutsche Nation abzuschreiben.

Der nationalpolitische Kurswechsel der DDR-Führung 1966/67 erklärt sich zunächst aus den Umständen, wie der unverändert starren Reaktion der Bonner Regierung auf die SED-Vorschläge, sowie deren unnachgiebiger Haltung in der Frage der DDR-Anerkennung. Trotz einiger deutschlandpolitischer »Geheimkonzepte« und Gedankenspiele im Bonner Kanzleramt 1958 bis 1962, wie Österreich-Lösung und Globke-Plan,[181] war die CDU-geführte Bundesregierung in keiner Weise auf die Konföderationsvorschläge der SED eingegangen. Auch durch die Teilnahme der Sozialdemokraten als kleiner Partner an der Großen Koalition seit Ende 1966 änderte sich dies kaum: In seiner Regierungserklärung am 13. Dezember 1966 bekräftigte der neu gewählte Bundeskanzler Kurt Georg Kiesinger den Alleinvertretungsanspruch und schloss eine Anerkennung der DDR kategorisch aus, obwohl er einen Gewaltverzichtsvertrag zwischen der Bundesrepublik und der DDR vorschlug und in einem Briefwechsel mit Willi Stoph seinen Entspannungswillen signalisierte.[182] Die starre Haltung der Bundesregierung veranlasste die SED-Zentrale, die Schuld an der ausgebliebenen deutsch-deutschen Verständigung auf die Bonner Politiker zu schieben und ihren nationalpolitischen Paradigmenwechsel mit der auf Alleinvertretungsanspruch gegründeten, »entspannungsfeindlichen« Bonner Politik zu erklären.

180 Vgl. Naumann/Trümpler (Hg.): Der Flop mit der DDR-Nation, S. 29.

181 Zu Adenauers deutschlandpolitischen »Geheimkonzepten« 1958 bis 1962 sind auch die Überlegungen zu Burgfriedensangebot und Stillhalteplan zu rechnen, vgl. dazu Volker Erhard: Adenauers deutschlandpolitische Geheimkonzepte während der zweiten Berlin-Krise 1958–1962. Eine Studie aus den Akten der westlichen Diplomatie, Hamburg 2003; Hans-Peter Schwarz (Hg.): Entstehung und Wiedervereinigung. Deutschlandpolitische Vorstellungen Konrad Adenauers 1955–1958. Rhöndorfer Gespräche, Stuttgart/Zürich 1979.

182 Vgl. 13. Dezember 1966: Bundeskanzler Kiesinger: Regierungserklärung, in: Texte zur Deutschlandpolitik, hg. vom Bundesministerium für gesamtdeutsche Fragen, Bd. 1, Bonn 1968, S. 7–27. Vgl. auch Oliver Bange: Kiesingers Ost- und Deutschlandpolitik von 1966–1969, in: Günter Buchstab/Philipp Gassert/Peter Thaddäus Lang (Hg.): Kurt Georg Kiesinger 1904–1988. Von Ebingen ins Kanzleramt, hg. im Auftrag der Konrad-Adenauer-Stiftung e. V., Freiburg/Basel/Wien 2005, S. 455–498, insbes. S. 466–471.

Noch entscheidender als die ablehnende Haltung der Bonner Regierung waren für den deutschlandpolitischen Schwenk der SED ab 1966/67 aber deren nüchterne Schlussfolgerungen aus dem geplatzten Redneraustausch mit der SPD 1966. Aus eigenen Beobachtungen vermochten zwar einige SED-Funktionäre zu glauben, dass die Konföderationsidee ungeachtet der strikten regierungsoffiziellen Ablehnung »in Westdeutschland sichtbar an Boden gewann«.[183] Gleichwohl wurde der SED-Zentrale vor Augen geführt, dass es in Westdeutschland keine bedeutsamen politischen Kräfte gab, die bereit wären, eine Wiedervereinigung oder Konföderation nach den Vorstellungen der SED anzustreben.

Die führenden Sozialdemokraten in der Bundesrepublik, in deren Händen die SED-Führung noch bis 1966 den Schlüssel zur Wiedervereinigung liegen gesehen hatte, ließen sich aufs Neue nicht vereinnahmen und bekannten sich zur parlamentarisch-demokratischen Ordnung in der BRD. Außerdem nahm die Staats- und Parteiführung der DDR wohl zur Kenntnis, dass sie sich viel mehr um die »Unklarheiten« in ihren eigenen Reihen, die angesichts des »nationalen Dialogs« zu Konzessionen gegenüber dem Bruderland geneigt waren, kümmern mussten als um die westdeutsche Arbeiterklasse und darum, die SPD für ihre »nationale Mission« zu gewinnen.[184] Unter diesen ungünstigen Umständen trat die SED-Spitze, die überhaupt nicht imstande war, über ideologische Dogmen hinweg flexibel zu handeln, von dem geplanten Redneraustausch zurück. Der Dialog wurde abgebrochen, und die SED-Spitzenpolitiker »waren erleichtert«.[185]

Nicht nur der Ausgang des zeitweiligen »nationalen Dialogs« zwischen der SED und der SPD, sondern vor allem der Eintritt der SPD in die Große Koalition mit der CDU/CSU am 1. Dezember 1966 stärkte die Zweifel der SED-Führung, ob der Weg einer Konföderation noch realistisch sei. Eine Regierungsgemeinschaft der CDU/CSU mit der SPD bedeutete für die SED nichts anderes als eine weitere Regierung des Übergangs nach rechts.[186] Die oben

183 16. Juni 1966: Erklärung des Gesandten Kegel auf der Tagung des Rates für gesamtdeutsche Fragen der DDR, in: Dokumente zur Deutschlandpolitik IV/12 (1966), S. 921. Zu einer ähnlichen Bestandsaufnahme vgl. auch Die Spaltung Deutschlands und der Weg zur Wiedervereinigung. Rede des Vizepräsidenten des Nationalrats der Nationalen Front Dr. Gerhard Dengler auf einer internationalen Pressekonferenz am 20. April 1966 in Berlin, in: BA-Ko, B 136/6779.

184 Vgl. Lemke: Der lange Weg zum »geregelten Nebeneinander« – Die Deutschlandpolitik der DDR Mitte der fünfziger bis Mitte der siebziger Jahre, in: Kleßmann/Misselwitz/Wichert (Hg.): Deutsche Vergangenheiten, S. 85; Naumann/Trümpler (Hg.): Der Flop mit der DDR-Nation, S. 17 f.

185 Zur Reaktion der SED-Führung auf das Scheitern des geplanten Austausches vgl. Hermann Axen: Ich war ein Diener der Partei. Autobiographische Gespräche mit Harald Neubert, Berlin 1996, S. 286.

186 Vgl. Friedrich Ebert: Der Weg zur Lösung der nationalen Frage, in: Zwei deutsche Staaten, S. 131.

angeführte Feststellung der SED-Führung »Es gibt keinen Partner in Westdeutschland für die Konföderation oder Wiedervereinigung« war Ausdruck ihrer Enttäuschung über den fehlgeschlagenen Versuch, ein Aktionsbündnis mit der SPD, also eine Einheit der deutschen Arbeiterklasse, herzustellen.[187] Nach Auffassung führender SED-Politiker war die Bundesrepublik nunmehr »weder konföderationsfähig noch konföderationswürdig«, wie Friedrich Ebert 1967 formulierte.[188] In Wirklichkeit erwies sich die SED mit ihrer illusionären nationalen Politik ebenfalls als konföderationsunfähig und -unwürdig.

3.3.2 *Die These von einer »sozialistischen deutschen Nation« 1970/71*

In der am 6. April 1968 durch Volksentscheid angenommenen neuen DDR-Verfassung stellte die SED-Führung sich noch auf die Überwindung der nationalen Spaltung Deutschlands, genauer genommen auf die Vereinigung in einer sozialistischen Gesellschaftsordnung in ferner Zukunft, ein.[189] Ungeachtet wiederholter Bekenntnisse der SED-Spitze zu einer deutschen Nation enthielten ihre öffentlichen Erklärungen und Stellungnahmen, wie etwa Ulbrichts Neujahrsansprache zum Jahr 1969, sein Referat auf der 12. Tagung des ZK der SED am 12./13. Dezember 1969 und auch die Erklärung des Vorsitzenden des Ministerrates der DDR Willi Stoph am 19. März 1970 in Erfurt,[190] weder eine Konzeption für Verhandlungen über den nationalen Zusammenschluss noch eine Vereinigungsformel als solche. Sie verwiesen stattdessen auf die gesellschaftliche Unvereinbarkeit von DDR und BRD in einem gemeinsamen nationalen Rahmen. Dabei wurde der Modell- und Vorbildcharakter der DDR für

187 Vgl. Albert Norden: Ruf an Westdeutschlands Arbeiterklasse, in: Institut für Marxismus-Leninismus beim ZK der SED (Hg.): In Aktion für das sozialistische Vaterland – Ausgewählte Aufsätze und Reden 1964–1969, Berlin 1969, S. 237; Walter Ulbricht: Der Offene Brief des ZK der SED und die Antwort der SPD – Referat auf der 12. Tagung des ZK der SED am 27./28. April 1966, Berlin 1966, S. 8 und 11 ff.

188 Friedrich Ebert: Der Weg zur Lösung der nationalen Frage, in: Zwei deutsche Staaten, S. 99. Zu den Begriffen »konföderationsfähig« und »konföderationswürdig« vgl. Hacker: Die »deutsche Konföderation«, S. 17 ff.

189 Vgl. Verfassung der DDR vom 6. April 1968, Berlin 1968, Artikel 8, Absatz 2, S. 13. Zur Verfassung vgl. Gottfried Zieger: Die Haltung von SED und DDR zur Einheit Deutschlands 1949–1987, Köln 1988, S. 118 ff.; Naumann/Trümpler (Hg.): Der Flop mit der DDR-Nation, S. 28–38, insbes. S. 35 ff. Von den über 12,2 Millionen Stimmberechtigten sprachen sich 94,49 Prozent für die neue Verfassung aus. Zum Problem des Referendums über die DDR-Verfassung von April 1968 vgl. Joanna McKay: The official Concept of the Nation in the former GDR, Ashgate 1998, S. 45.

190 15. Aus dem Referat Walter Ulbrichts »Grundlegende Aufgaben im Jahre 1970« auf der 12. Tagung des ZK der SED, 12./13. Dezember 1969; 21. Aus der Erklärung des Vorsitzenden des Ministerrates der DDR, Willi Stoph, am 19. März 1970 in Erfurt, in: Naumann/Trümpler (Hg.): Der Flop mit der DDR-Nation, S. 146 ff. und 167 f.

Gesamtdeutschland betont sowie auf die Herstellung eines geregelten friedlichen Nebeneinanders von DDR und BRD auf der Grundlage ihrer völligen Gleichberechtigung und gegenseitigen völkerrechtlichen Anerkennung Wert gelegt. Darüber hinaus zog die Staatspartei der DDR aus den Ereignissen in der ČSSR 1968 die Schlussfolgerung, dass die allseitige Stärkung des Sozialismus in der DDR und der Schutz seiner Errungenschaften im festen Bündnis mit der Sowjetunion und den anderen sozialistischen Staaten in den Mittelpunkt der gesamten Parteipolitik rücken sollten.[191] Aus dieser nationalen sowie internationalen Lagebeurteilung heraus gelangte der Agitationschef der SED, Albert Norden, vor dem Präsidium des Nationalrates der Nationalen Front am 30. August 1968 zu folgendem Ergebnis:

> »Jetzt muß auch dem Letzten klar werden: Wiedervereinigung zwischen sozialistischer DDR und imperialistischer Bundesrepublik ist niemals möglich. Es wird ein einheitliches Deutschland geben, wenn auch an Rhein und Ruhr das Volk regiert. Daraus alle Schlußfolgerungen bis zum Ende ziehen: Also Schluß mit allen gesamtdeutschen Illusionen und Praktiken, wo immer es sie geben mag.«[192]

Um tatsächlich »alle Schlußfolgerungen bis zum Ende ziehen« zu können, musste man noch einen Schritt weiter gehen. In der ersten Hälfte des Jahres 1970 zeichnete sich in der Nationenauffassung der SED über die bisherige Annahme der Gegensätzlichkeit und der Unvereinbarkeit beider deutscher Staaten hinaus eine radikale Schlussfolgerung ab: Die maßgeblichen SED-Politiker stellten nun eine weiterhin existierende »Einheit der Nation« in Abrede und sprachen vom »sozialistischen deutschen Nationalstaat« statt von der Formel der zweiten DDR-Verfassung 1968: »ein sozialistischer Staat deutscher Nation«.[193] Parallel dazu stellten sie bereits Überlegungen über weitergehende Schlussfolgerungen in der nationalen Frage an. Im März 1970 legte eine Arbeitsgruppe unter Leitung von Kurt Hager am Institut für Marxismus-Leninismus beim ZK der SED im Auftrag des Politbüros ein Grundsatzmaterial[194] vor, das – über die Formel vom sozialistischen deutschen Nationalstaat hinaus – einer neuen Nationendoktrin Bahn brach: eine sich im Rahmen des sozialisti-

191 Vgl. Koch: Das Problem der Nation in der Strategie und Taktik der SED, S. 125.
192 SAPMO-BArch, NL 217/68.
193 Vgl. 24. Aus den Ausführungen des Vorsitzenden des Ministerrates der DDR, Willi Stoph, zum Abschluß der Gespräche mit Willy Brandt am 21. Mai 1970 in Kassel; 26. Aus dem Bericht des Politbüros an die 13. Tagung des ZK der SED am 9. und 10. Juni 1970; 27. Aus der Rede Walter Ulbrichts auf der 13. Tagung des ZK der SED am 9. und 10. Juni 1970, in: Naumann/Trümpler (Hg.): Der Flop mit der DDR-Nation, S. 176, 182 und 187.
194 Zu diesem Dokument vgl. Walter Schmidt: Das Zwei-Nationen-Konzept der SED und sein Scheitern. Nationsdiskussionen in der DDR in den 70er und 80er Jahren, Berlin 1996, S. 8.

schen Nationalstaats DDR herausbildende sozialistische deutsche Nation, die sich von der bürgerlichen deutschen Nation unterscheiden sollte.[195]

Das Zwei-Nationen-Konzept der SED entstand jedoch nicht aus heiterem Himmel. Bereits zu Beginn der 1960er Jahre hatten einige Wissenschaftler ihr Augenmerk auf die »Wirkungen der sozialistischen Revolution auf das nationale Leben« gerichtet und »eine tiefgreifende Wandlung zu einer sozialistischen Nation« konstatiert.[196] In der Diskussion um die nationale Frage im Sozialismus 1961 und 1962 hatten sich also Denkansätze in Richtung einer eigenständigen Nationsbildung in der DDR entwickelt. Wie die DDR-Historiker hervorhoben, verwiesen Vordenker wie Karl Polak, Ernst Hoffmann, aber auch Kurt Hager auf die unterschiedlichen Entwicklungen in beiden Teilen Deutschlands sowie auf die »Umwandlung der bürgerlichen in eine sozialistische Nation«, ein Prozess, der in der DDR bereits begonnen habe.[197] Überdies wurde die früher geläufige Differenzierung zwischen bürgerlichen und sozialistischen Nationen[198] nunmehr unmittelbar auf die deutschen Verhältnisse übertragen. Die nationale Verbindung durch die Arbeiterklasse in beiden deutschen Staaten wurde ebenfalls bestritten.

Zu Ulbrichts Rolle bei der Hinwendung der SED zur Zwei-Nationen-These seien zwei – scheinbar widersprüchliche – Aspekte angemerkt. Auf der einen Seite lässt sich nicht daran zweifeln – insbesondere, wenn man ausschließlich auf öffentliche Verlautbarungen angewiesen ist –, dass es kein Geringerer als Ulbricht war, der die langjährig gültige Zwei-Staaten-Theorie schrittweise über Bord warf und ab Anfang 1970 mit der Formel von der »Herausbildung der sozialistischen Nation« der Zwei-Nationen-Lehre zum Durchbruch verhalf:[199] Nachdem er auf der 12. Tagung des ZK der SED am 12. Dezember 1969 eine neue nationale Denkrichtung propagiert hatte, bezeichnete er in einer internationalen Pressekonferenz am 19. Januar 1970 die »angeblich noch einheit-

195 Zur Entstehung und Entwicklung der Zwei-Nationen-Lehre der SED vgl. Peter Christian Ludz: Zum Begriff der »Nation« in der Sicht der SED – Wandlungen und politische Bedeutung, in: DA 5 (1972), S. 17–27; Jens Hacker: SED und nationale Frage, in: Ilse Spittmann (Hg.): Die SED in Geschichte und Gegenwart, Köln 1987, S. 43–64; McKay: The official Concept of the Nation in der former GDR, S. 67–105; Schmidt: Das Zwei-Nationen-Konzept der SED und sein Scheitern, S. 6–16.

196 Vgl. Dietmar Säuberlich: Die Diskussion der Gesellschaftswissenschaftler der DDR zum Verhältnis von Sozialismus, Imperialismus und nationaler Frage (1961–1962), in: Zur Formierung der sozialistischen deutschen Nation – Forschungsbeiträge, Berlin 1984, S. 91–98.

197 Vgl. Naumann/Trümpler (Hg.): Der Flop mit der DDR-Nation, S. 73.

198 Vgl. Kleines Politisches Wörterbuch, Berlin 1967, S. 427; Wörterbuch der marxistisch-leninistischen Soziologie, Berlin 1969, S. 305. Vgl. auch Peter Christian Ludz: Zum Begriff der »Nation« in der Sicht der SED. Wandlungen und politische Bedeutung, in: DA 5 (1972), S. 23 ff.

199 Vgl. Schmidt: Das Zwei-Nationen-Konzept der SED und sein Scheitern, S. 7 f.; Naumann/Trümpler (Hg.): Der Flop mit der DDR-Nation, S. 70 ff.; Hacker: SED und nationale Frage, S. 53 und 57.

liche Nation« als »Fiktion« und die DDR als »sozialistischen deutschen Nationalstaat«, während die Bundesrepublik ein »kapitalistischer NATO-Staat« mit beschränkter Souveränität sei.[200] Bei weiteren Gelegenheiten im Jahr 1970 legte er die Idee der einheitlichen deutschen Nation ad acta[201] und gelangte in seiner Rede auf der Sitzung der Kommission zur Vorbereitung des 25. Jahrestages der SED am 17. Dezember 1970 zu der Feststellung, dass die DDR ein sozialistischer deutscher Nationalstaat sei, aus dem sich eine sozialistische Nation entwickele, wogegen die Bundesrepublik den übriggebliebenen Teil der ehemaligen bürgerlichen deutschen Nation verkörpere.[202] Das war das erste öffentliche Bekenntnis eines führenden DDR-Politikers zur Existenz zweier Nationen in Deutschland.[203]

Dabei gilt es festzuhalten, dass Ulbricht nichts anderes tat, als die Auseinandersetzung mit der Nationenkonzeption des neu gewählten Bundeskanzlers Willy Brandt, der von »besonderen innerdeutschen Beziehungen« zwischen zwei Staaten einer Nation ausging, herauszufordern.[204] Als Staats- und Parteichef der DDR sah er sich vor die Notwendigkeit gestellt, der deutschlandpolitischen Offensive der neuen sozial-liberalen Koalition unter der Kuratel der nationalen Einheit, gepaart mit der De-facto-Anerkennung zweier deutscher

200 Vgl. 15. Aus dem Referat Walter Ulbrichts »Grundlegende Aufgaben im Jahre 1970« auf der 12. Tagung des ZK der SED, 12./13. Dezember 1969; 20. Aus dem Protokoll der Pressekonferenz des Vorsitzenden des Staatsrates der DDR und Ersten Sekretärs des ZK der SED, Walter Ulbricht, am 19. Januar 1970, in: Naumann/Trümpler (Hg.): Der Flop mit der DDR-Nation, S. 147 und 166. Es war also der Erste Sekretär des ZK der SED, Ulbricht, der erstmals die Formel »sozialistischer deutscher Nationalstaat« verwendete, vgl. Jürgen Hofmann: Studien zur Entwicklung der sozialistischen deutschen Nation und zur nationalen Politik der SED, Diss. Phil., Berlin 1983, S. 63.

201 Vgl. 27. Aus der Rede Walter Ulbrichts auf der 13. Tagung des ZK der SED am 9. und 10. Juni 1970, in: Naumann/Trümpler (Hg.): Der Flop mit der DDR-Nation, S. 187.

202 Vgl. 30. Aus dem Referat Walter Ulbrichts auf der Sitzung der Kommission zur Vorbereitung des 25. Jahrestages der SED am 17. Dezember 1970, in: Naumann/Trümpler (Hg.): Der Flop mit der DDR-Nation, S. 197.

203 Seiffert zufolge hatte der renommierte DDR-Wirtschaftshistoriker Jürgen Kuczynski bereits 1970 in einem Beitrag in der »Weltbühne« die Existenz zweier deutscher Nationen formuliert und damit die weitere Entwicklung beeinflusst, vgl. Wolfgang Seiffert: SED und nationale Frage. Eine aktuelle Bestandsaufnahme, in: Wolfgang Venohr (Hg.): Die deutsche Einheit kommt bestimmt, Bergisch Gladbach 1982, S. 170.

204 Vgl. McKay: The official Concept of the Nation in der former GDR, S. 48 ff.; Zieger: Die Haltung von SED und DDR zur Einheit Deutschlands, S. 123–134; Schmidt: Das Zwei-Nationen-Konzept der SED und sein Scheitern, S. 13 f.; Naumann/Trümpler (Hg.): Der Flop mit der DDR-Nation, S. 39–70; Hacker: SED und nationale Frage, S. 51 f. Zu seiner Stellungnahme zum von der neuen sozial-liberalen Koalition entwickelten deutschlandpolitischen Konzept vgl. 15. Aus dem Referat Walter Ulbrichts »Grundlegende Aufgaben im Jahre 1970« auf der 12. Tagung des ZK der SED, 12./13. Dezember 1969, in: Naumann/Trümpler (Hg.): Der Flop mit der DDR-Nation, S. 146 ff.

Staaten, entgegenzutreten. An Ulbrichts maßgeblicher Beteiligung an der Entstehung der Zwei-Nationen-Lehre ist also nicht zu zweifeln.[205]

Auf der anderen Seite sollte Ulbrichts Rolle bei der Verschärfung der Abgrenzungspolitik und der Entstehung der neuen Nationendoktrin in der SED nicht überbewertet werden. Die Wende in der nationalen Politik der DDR stand gerade zu jener Zeit, also 1969 bis 1971, nicht zuletzt im Zusammenhang mit dem Machtkampf und -wechsel in Ost-Berlin, worüber bereits viel geschrieben worden ist.[206] Im Gegensatz zu Honecker und dessen Anhängern im SED-Politbüro sah Ulbricht im Bonner Regierungswechsel im Herbst 1969 Anzeichen für eine Veränderung der politischen Lage in der Bundesrepublik wie »die demokratischen Massenkämpfe« oder die »Revolutionierung der Arbeiterklasse« und wollte abermals eine deutschlandpolitische Initiative, die auf die Zusammenarbeit von SED und SPD hinauslaufen sollte, ergreifen.[207] Beim Aufwärmen des alten Konzepts geriet er aber nicht nur in Konflikte mit anderen Politbüromitgliedern, vor allem mit seinem designierten Nachfolger Erich Honecker, sondern er stieß auch auf Widerwillen im Kreml, denn für die sowjetischen Machthaber hatten die eigenen Verhandlungen mit Bonn absoluten Vorrang, und Ulbrichts eigensinniger deutschlandpolitischer Vorstoß galt lediglich als Störmanöver. Honecker und seine Fronde vermochten einen Keil zwischen Ulbricht und Breschnew zu treiben und sich dessen Verstimmung für Ulbrichts Ablösung zunutze zu machen.[208]

Ulbrichts Interesse an einer Verständigung mit der SPD-geführten Bundesregierung 1969/70 hatte zunächst damit zu tun, dass er ungeachtet seiner öf-

205 Das bestätigte auch Hermann Axen rückblickend, vgl. ders.: Ich war ein Diener der Partei, S. 306 f.

206 Vgl. Jochen Staadt: Walter Ulbrichts letzter Machtkampf, in: DA 29 (1996), S. 687–700; Jochen Stelkens: Machtwechsel in Ost-Berlin. Der Sturz Walter Ulbrichts 1971, in: VfZ 45 (1997), S. 503–533; Kaiser: Machtwechsel von Ulbricht zu Honecker.

207 Zu Ulbrichts Beurteilung der Entstehung einer SPD-geführten Koalition in der Bundesrepublik sowie zu seinen Bemühungen um eine neue Westpolitik vgl. SAPMO-BArch, DY 30/3295, Bl. 12 und 370–377; SAPMO-BArch, DY 30/J IV 2/202/122; Konzeption für Verhandlungen mit der westdeutschen Koalitionsregierung Brandt/Scheel, in: SAPMO-BArch, DY 30, J IV 2/202/346; Kaiser: Machtwechsel von Ulbricht zu Honecker, S. 324–369; Stelkens: Machtwechsel in Ost-Berlin, S. 520–530; Staadt: Walter Ulbrichts letzter Machtkampf, S. 687 ff.; Peter Przybylski: Tatort Politbüro – Die Akte Honecker, Berlin 1991, S. 283 f. und 293–299. Bereits 1982 machte Hans-Joachim Spanger anhand seiner akribischen Analyse der in der DDR veröffentlichten Zeitschriften die unterschiedlichen Charakterisierungen und Wertungen innerhalb der SED-Führung zur Sozialdemokratie in jener Zeit deutlich und stellte fest, dass die von Honecker vertretene konservative Linie die Abgrenzung »erst nach beträchtlichen innerparteilichen Kontroversen durchzusetzen vermochte«. Vgl. Hans-Joachim Spanger: Die SED und der Sozialdemokratismus. Ideologische Abgrenzung in der DDR, Köln 1982, S. 150–161.

208 Vgl. Protokoll der Unterredung zwischen Breschnew und Honecker am 28. Juli 1970, in: SAPMO-BArch, DY 30 J IV A/158; Kaiser: Machtwechsel von Ulbricht zu Honecker, S. 371–391; Stelkens: Machtwechsel in Ost-Berlin, S. 528.

fentlichen Äußerungen gegen die »Vereinigungsillusion« ab 1966/67 in jenen Tagen noch nicht ganz auf seine Vision eines sozialistischen Gesamtdeutschlands verzichtete.[209] Zwar fanden sich bislang noch keine Dokumente, die die später wiederholten Hinweise von Zeitzeugen wie einem seiner ehemaligen Mitarbeiter, Wolfgang Berger, einem leitenden Mitarbeiter des MfAA, Siegfried Bock, und dem Spionagechef Markus Wolf, bestätigen würden: Ulbricht habe zu jener Zeit aufs Neue versucht, über die entspannungspolitische Verständigung hinaus »politische Wege zu einer Konföderation zwischen beiden deutschen Staaten zu erkunden«.[210] Aber zweifellos ist Jochen Stelkens These zuzustimmen, »daß Ulbricht eine (wirtschaftliche) Konföderation vorschwebte, die er nutzen wollte, um die Bundesrepublik schließlich doch noch wirtschaftlich hinter sich zu lassen«.[211] Es komme auf eine ökonomische sowie wissenschaftlich-technische Kooperation mit beiderseitigen Vorteilen im nationalen Rahmen einer deutschen Konföderation an, worauf Ulbricht in seiner Festrede noch im April 1966 nachdrücklich hingewiesen hatte.

Damit lässt sich abermals unterstreichen, dass Ulbrichts nationale Konzeptionen sich nicht nur aus politischer Propaganda oder taktischem Kalkül ergaben, sondern auf einer eigenen, konsequent nationalrevolutionären Zielvorstellung, gepaart mit wirtschaftlichen Interessen, basierten. Genauso wie Ulbricht 1966/67 aus Enttäuschung über die SPD auf eine harte Linie gesetzt hatte, war es doch auch *ernst* gemeint, als er 1969/70 – den neuen politischen Entwicklungen der BRD entsprechend – die nationale Politik der DDR auf eine Zusammenarbeit mit der sozial-liberalen Koalition in Bonn mit Blick auf einen nationalen Zusammenschluss unter sozialistischem Vorzeichen einzustellen suchte.

Alles in allem: Ulbricht startete parteiintern mit seiner Linie des »schnellen Eindringens in Westdeutschland« einen Versuchsballon, währenddessen er sich als Staats- und Parteichef vor der Öffentlichkeit mit der deutschlandpolitischen Offensive der Brandt-Scheel-Regierung auseinandersetzen musste. Nachdem Ulbricht erkannt hatte, dass sein Vorstoß angesichts der zunehmenden sowjetischen Missbilligung und der fehlenden Rückendeckung durch die anderen Politbüromitglieder gescheitert war, vollzog er eine Kehrtwende und setzte sich in der nationalen Frage an die Spitze einer neuen Bewegung.

209 Vgl. Kaiser: Machtwechsel von Ulbricht zu Honecker, S. 348; Stelkens: Machtwechsel in Ost-Berlin, S. 524 f. und 528; Rainer Weinert: Wirtschaftsführung unter dem Primat der Parteipolitik, in: Theo Pirker/M. Rainer Lepsius/Rainer Weinert/Hans-Hermann Hertle (Hg.): Der Plan als Befehl und Fiktion, Opladen 1995, S. 85.

210 Wolfgang Berger: Als Ulbricht an Breschnew vorbeiregierte, in: ND, 23./24. März 1991, S. 13; Wolf: Spionagechef im geheimen Krieg, S. 255. Vgl. auch Kaiser: Machtwechsel von Ulbricht zu Honecker, S. 368.

211 Stelkens: Machtwechsel in Ost-Berlin, S. 529.

Sowohl dem politisch angeschlagenen Staatsratsvorsitzenden Ulbricht als auch dem neuen Ersten Sekretär des ZK der SED Erich Honecker kam es allerdings letztendlich auf die Festigung und Stärkung des Sozialismus in der DDR an. Mit der neuen Nationenkonzeption sollte nicht der alte, sondern der neue Machthaber auftreten. Auf dem 8. Parteitag im Juni 1971 verkündete die SED-Führung ihren Abgrenzungskurs, wobei vor allem Erich Honecker, auf der 16. ZK-Tagung am 3. Mai 1971 einstimmig zu Ulbrichts Nachfolger gekürt, sich äußerte:

> »Im Gegensatz zur BRD, wo die bürgerliche Nation fortbesteht und wo die nationale Frage durch den unversöhnlichen Klassenwiderspruch zwischen Bourgeoisie und den werktätigen Massen bestimmt wird, [...] entwickelt sich bei und in der Deutschen Demokratischen Republik, im sozialistischen Staat, die sozialistische Nation.«[212]

Im Umfeld des Parteitages wurden gesamtdeutsche Bezüge – wie das Adjektiv »deutsch« oder das Substantiv »Deutschland« – aus dem öffentlichen Leben gestrichen.

Es bedurfte noch einer theoretischen Ausarbeitung, zumal diese von wenigen SED-Spitzenpolitikern eingeleitete Wende in der Nationenlehre nicht nur bei den verblüfften Parteimitgliedern an der Basis und den DDR-Bürgern Verwirrung auslöste, sondern auch bei Parteifunktionären und einigen ZK-Mitgliedern.[213] Neben Hermann Axen und Albert Norden widmeten sich vor allem Parteitheoretiker wie Alfred Kosing und Walter Schmidt der Aufgabe der wissenschaftlichen Verfeinerung und Legitimation der Zwei-Nationen-Theorie:[214] Die Herausbildung der sozialistischen Nation in der DDR und ihre Abgrenzung von der kapitalistischen deutschen Nation erklärten sie mit eigenen begrifflichen und historischen Ausarbeitungen wie Unterscheidung von

212 Bericht des Zentralkomitees an den VIII. Parteitag der SED, in: Protokoll der Verhandlungen des VIII. Parteitages der SED, 15. bis 19. Juni 1971 in der Werner-Seelenbinder-Halle zu Berlin, Bd. I: 1. bis 3. Beratungstag, Berlin 1971, S. 56. Zur Interpretation der Honecker-Rede vgl. Ludz: Zum Begriff der »Nation« in der Sicht der SED, S. 18 ff.

213 Vgl. Naumann/Trümpler (Hg.): Der Flop mit der DDR-Nation, S. 56 f. und 79 ff.; Seiffert: SED und nationale Frage, S. 171 ff.

214 Vgl. Hermann Axen: Zur Entwicklung der sozialistischen Nation in der DDR, Berlin 1973; Albert Norden: Zwei deutsche Nationalstaaten, in: DA 5 (1973), S. 416 f.; Alfred Kosing: Theoretische Probleme der Entwicklung der sozialistischen Nation in der DDR, in: Deutsche Zeitschrift für Philosophie 23 (1975), H. 2, S. 237–261; ders.: Nation in Geschichte und Gegenwart. Studie zur historisch-materialistischen Theorie der Nation, Berlin 1976; ders./Walter Schmidt: Zur Herausbildung der sozialistischen Nation in der DDR, in: Einheit 29 (1974), H. 2, S. 179–188; dies.: Nation und Nationalität in der DDR, in: DA 8 (1975), S. 1221–1228; dies.: Geburt und Gedeihen der sozialistischen deutschen Nation, in: Einheit 34 (1979), S. 1068–1075; Walter Schmidt: Nationalismus im Klassenkampf unserer Zeit, in: Einheit 30 (1975), H. 2, S. 196 ff.; ders.: Nation und deutsche Geschichte in der bürgerlichen Ideologie der BRD, Berlin 1980.

Nation und Nationalität, Verachtung der Gemeinsamkeit ethnischer Faktoren (»Nationalität«) in der Nationenbildung, Bestimmung der Nation durch soziale Grundlagen und Inhalte und schließlich Hervorhebung des Klassencharakters sowie des Klassenkampfes der unterschiedlichen Nationen.

Im Unterschied zu von einigen westdeutschen Wissenschaftlern und Intellektuellen anhand ihrer jeweiligen empirischen Studien vertretenen ähnlichen Schlussfolgerungen wie der These der »Bi-Nationalisierung«[215] handelte es sich bei der Zwei-Nationen-Theorie der SED nicht um auf gesellschaftlichen sowie wirtschaftlichen Ordnungen, Konsens und Verhalten basierende unterschiedliche Entwicklungen der nationalen Verselbständigung in den beiden Staaten Deutschlands, sondern um »zwei qualitativ verschiedene historische Typen der Nation«, unmittelbar gefolgert aus den »geschichtlichen Gesetzmäßigkeiten«,[216] wie die SED-Theoretiker meinten. Eine geschichtstheologische Nationenauffassung, wie etwa die Feststellung von Honecker: »Wir sind im Vergleich zur BRD schon eine historische Epoche weitergegangen«,[217] und methodologisch falsche Ansätze, wie die mechanische Unterscheidung von Nationalität und Nation sowie die Negation einer engen Verbundenheit und eines Aufeinander-angewiesen-Seins beider deutscher Staaten, verführten die SED-Führung nicht nur zur realitätsfernen Überbewertung der eigenen Identitätsbildung sowie der nationalen Eigenentwicklung in der DDR und zur Ausblendung gesellschaftlicher Probleme. Diese hinderten die SED-Führung wiederum daran, den dynamischen Zusammenhang zwischen politischen sowie sozialwirtschaftlichen Unzufriedenheiten der Mehrzahl der DDR-Bürger und ihrem gesamtdeutschen Nationenanspruch wahrzunehmen.[218]

Belanglos war für die SED-Zentrale nunmehr die Frage, ob in der Zukunft, wenn auch in der BRD die sozialistische Revolution gesiegt habe und eine sozi-

215 Vgl. Lutz Niethammer: Traditionen und Perspektiven der Nationalstaatlichkeit für die BRD, in: ders.: Deutschland danach. Postfaschistische Gesellschaft und nationales Gedächtnis, hg. von Ulrich Herbert/Dirk van Laak, Bonn 1999, S. 74–169, zuerst erschienen in: Deutsche Gesellschaft für auswärtige Politik (Hg.): Außenpolitische Perspektiven des westdeutschen Staates, Bd. 2: Das Vordringen neuer Kräfte, München/Wien 1971, S. 13–107. Vgl. auch Gebhard Schweigler: Nationalbewußtsein in der BRD und DDR, Düsseldorf 1973; Erich Kitzmüller/Heinz Kuby/Lutz Niethammer: Der Wandel der nationalen Frage in der Bundesrepublik Deutschland, in: APuZ, B 33/1973, S. 3–31, und ebd., B 34/1973, S. 3–31.

216 Kosing: Theoretische Probleme der Entwicklung der sozialistischen Nation in der DDR, S. 242; ders.: Nation in Geschichte und Gegenwart, S. 179. Unter dem Begriff Nation verstand Kosing etwa »eine gesetzmäßige Entwicklungs- und Strukturform der Gesellschaft in den beiden ökonomischen Gesellschaftsformationen des Kapitalismus und des Kommunismus«.

217 Zitat nach Kosing/Schmidt: Nation und Nationalität in der DDR, S. 1227.

218 Zur Kritik an der Zwei-Nationen-Lehre vgl. Seiffert: SED und nationale Frage, S. 178 f.; Jürgen Reuter: Die Abgrenzungspolitik der DDR von der Bundesrepublik Deutschland in den siebziger und frühen achtziger Jahren, Bonn 1991, S. 154–168. Zur Selbstkritik der ehemaligen DDR-Theoretiker und Historiker vgl. Schmidt: Das Zwei-Nationen-Konzept der SED und sein Scheitern, S. 30 ff.

alistische Nation entstanden sei, eine einheitliche sozialistische deutsche Nation entstehen könne. Ihre Antwort lautete nüchtern: »von den gegenwärtigen Voraussetzungen weder positiv noch negativ beantwortbar«; »von der Gesamtheit der konkreten geschichtlichen Bedingungen abhängig«.[219] Es habe keinen Sinn, zu spekulieren. Als Marxisten-Leninisten wollten die führenden Köpfe der SED sich lediglich mit »dem Wirklichen« beschäftigen, nicht mit »dem Möglichen«.[220] Die verhärtete Abgrenzungspolitik und die dogmatische Zwei-Nationen-Lehre der SED-Führung standen im Widerspruch zu den »im Alltagsleben der Menschen immer wieder aufbrechenden gemeinsamen Erfahrungen« und dem tiefsitzenden »Zusammengehörigkeitsgefühl des deutschen Volkes« (Willy Brandt).[221]

Freilich bleibt die Frage offen, inwieweit der endgültige Abschied der SED von »gesamtdeutschen Illusionen und Praktiken« ab 1971 sich auf die Annäherung sowie Zusammenarbeit der beiden Staaten Deutschlands erschwerend und hinderlich oder »notwendig und förderlich«[222] auswirkte. Festzustellen bleibt, dass eine sehr ungewöhnliche Entwicklung, mehr Annäherung und Kooperation der beiden deutschen Staaten und zugleich weniger Vereinigungsdiskussionen, das deutsch-deutsche Verhältnis in den 1970er Jahren kennzeichnen sollten.

3.4 Fazit

Zunächst gilt es zu konstatieren, dass die Rolle einiger westdeutscher Politiker maßgebend für die Entstehung einer Konföderationsidee in der SED war. Im kurzen Aufleben einer Konföderationsidee in der SED-Zentrale im späten Herbst 1954 lässt sich die Spur des repräsentativsten Nationalneutralisten Westdeutschlands, Ulrich Noack, finden. Noch deutlicher war die Anregung durch die geheime Initiative des Bundesministers Fritz Schäffer bei der Entstehung des Ulbricht-Konföderationsvorschlages Anfang 1957. In seinen zwei Besuchen in Ost-Berlin 1955/56, bei denen er weniger als Bundesminister denn

219 Kosing: Nation in Geschichte und Gegenwart, S. 306. Vgl. auch Schmidt: Nation und deutsche Geschichte in der bürgerlichen Ideologie der BRD, S. 88.

220 Ebd. Allerdings sei daran erinnert, dass die SED-Führung früher in derselben Frage doch gern über Möglichkeiten sprach. Noch im Jahr 1967 hieß es etwa: »Wenn Westdeutschland in ihrem [seinem; der Verfasser] Lande eines Tages solche Voraussetzungen geschaffen hat, können die beiden deutschen Staaten vereinigt werden.« Vgl. 8. Leitartikel des Neuen Deutschlands vom 27. Januar 1967, in: Naumann/Trümpler (Hg.): Der Flop mit der DDR-Nation, S. 124.

221 Vgl. Ludz: Zum Begriff der »Nation« in der Sicht der DDR, S. 27.

222 Naumann und Trümpler hielten die Abgrenzungspolitik der SED für »unerläßlich« als »Voraussetzung für das Zustandekommen vertraglicher Vereinbarungen zwischen sozialistischen und kapitalistischen Staaten«, vgl. dies.: Der Flop mit der DDR, S. 66.

als ein bayerischer Patriot oder deutscher Föderalist Verhandlungen zu einer deutsch-deutschen Konföderation sondierte, musste die SED-Führung allerdings ein Adenauer-Manöver sehen.

Das Einschwenken der Sowjetführung auf die Zwei-Staaten-Theorie und damit die Sicherung der ostdeutschen »Errungenschaften« seit 1955 ermöglichten indes der SED-Führung das Bekenntnis zu einem perspektivischen Nationalprogramm. Durch die zunehmende Republikflucht sowie die von einer entstalinisierten DDR ausgehenden Reformbefürworter innerhalb der SED wie die Gruppe um Wolfgang Harich waren Ulbricht und seine Anhänger innenpolitisch in Bedrängnis geraten und wollten nun die Einheitserwartungen der DDR-Bevölkerung mit einem offensiven Vereinigungsprogramm kanalisieren.

Die ostdeutschen Konföderationskonzepte von 1957 bis 1966/67 unterschieden sich von den Ideen Fritz Schäffers sowie der anderen Grenzgänger nicht nur in der Föderalismusfrage, sondern auch darin, dass sie die Schaffung eines Zentralorgans der Konföderation, das heißt eines Gesamtdeutschen Rates, vorsahen, in dem beide deutsche Staaten paritätisch vertreten sein sollten. Der präzisierten Konföderationskonzeption seit 1959 zufolge sollten diesem Gremium neben Abgeordneten der Parteien auch Vertreter der »Massenorganisationen« angehören. Während die SED-Führung auf diese Weise ein zentrales gesamtdeutsches Gremium auf einer breiten Basis schaffen wollte, sah sie die CDU-Bundesregierung von Anbeginn nicht als Verhandlungspartner an. Die SED-Konföderationsoffensive lief vielmehr mit ihrer klassenkämpferischen Propaganda auf die Absetzung der Adenauer-Regierung hinaus.

Diesen Charakter der Konföderationspläne als politisches Manöver unterstreicht auch die Tatsache, dass sie stets mit der Forderung, Veränderungen in der Bundesrepublik herbeizuführen, verbunden waren. Das hat sich in den Konföderationsplänen der SED von 1958 bis 1962, aber auch im letzten Angebot zur Jahreswende 1966/67 kaum geändert. Die Varianten der SED-Konföderationsidee zwischen 1958 und 1962, die im Zuge der internationalen Auseinandersetzungen um die Berlin-Frage sowie den Friedensvertrag entstanden, belasteten das deutsch-deutsche Verhältnis ebenfalls. Sowohl bei der Verzahnung der konföderativen Entwicklung mit einem Friedensvertrag als auch bei der Einbeziehung West-Berlins als »selbständige politische Einheit« in die deutsche Konföderation ging es um die internationale Anerkennung der DDR. In Westdeutschland brachte dies die SED-Konföderationsidee nur in Misskredit. In der Folgezeit galten Konföderationskonzepte in den ostdeutschen Farben stets als Täuschungsmanöver.[223]

223 Im Jahr 1984 brachte Stefan Heym sein Unbehagen über Ulbrichts Konföderationsidee folgendermaßen zum Ausdruck: »Der Genosse Ulbricht hat zuerst von der Föderation gespro-

Gleichwohl sind die Konföderationsvorschläge der SED nicht als propagandistische Aktionen abzutun. Die Annahme des gesamtnationalen Führungsanspruchs bzw. einer nationalen Führungsrolle der deutschen Arbeiterklasse schuf die Grundlage ihrer Zukunftsvorstellungen und -strategien in Richtung Sozialismus in Gesamtdeutschland. Die Ziele der SED-Konföderationspläne wurden durch Fehleinschätzungen der bundesdeutschen Verhältnisse und die Illusion von der Aktionsfront der Arbeiterklasse in den beiden deutschen Staaten bestimmt und beeinträchtigt. Aus der Überzeugung heraus, dass die DDR im wirtschaftlichen Systemwettstreit die BRD überholen würde, setzten die Spitzenpolitiker der SED auf wirtschaftliche Zusammenarbeit im Rahmen einer nationalen Konföderation.

Der Abschied der SED von der Konföderationsidee bzw. der »Vereinigungsillusion« ab 1967 lässt sich vor allem als Ausdruck ihrer Enttäuschung über den fehlgeschlagenen Versuch von 1966 betrachten, ein Aktionsbündnis mit der SPD bilden, also eine Einheit der deutschen Arbeiterklasse herstellen zu können. Ironischerweise vermochte die SED-Führung sich erst mit Hilfe einer anderen Illusion, das heißt ihres starren Denkansatzes von zwei Nationen in Deutschland, der realistischen Betrachtung der deutschen-deutschen Konstellation zu nähern und sich damit de facto das Ziel eines sozialistischen Gesamtdeutschlands aus dem Sinn zu schlagen. Immerhin brach mit der SED-Konföderationsoffensive von 1957 bis 1966/67 in Deutschland ein neuer Horizont der Einheitsvorstellungen auf, was durchaus als historische Bedeutung der Konföderationsvorschläge gelten darf. Nichtsdestotrotz belastete die Konföderationskonzeption der SED mit ihren verschiedenen klassenkämpferischen Prämissen die Atmosphäre der deutsch-deutschen Verständigung und brachte damit die Idee in Verruf.

chen, schon vor vielen, vielen Jahren, und es ist damals abgetan worden; wie sollte der etwas sagen, was für uns Gültigkeit hat. Vielleicht hat es damals auch gar keine Möglichkeit dafür gegeben, und Ulbricht hat es in die Diskussion geworfen, wie er es oft getan hat; wenn er es aufgreift, dann weiß er, es ist verloren, und darum macht er es, nicht? Er war ein sehr listiger Politiker.« Vgl. Nachdenken über Deutschland. Aus einem Gespräch mit Stefan Heym in Brüssel 1984, in: Günter Grass: Deutscher Lastenausgleich. Wider das dumpfe Einheitsgebot. Reden und Gespräche, Berlin 1990, S. 44.

4 »Fangen wir den Ball auf und spielen wir ihn zurück!« Westdeutsche Echos von 1957 bis 1967

4.1 Im Schlepptau der SED?

4.1.1 Konföderationsvorstellungen in der Zeitschrift »Blätter für deutsche und internationale Politik« und im Bund der Deutschen

Ein Konföderationsecho gab es in Westdeutschland zunächst nur am Rande der Öffentlichkeit. Das erste und lauteste Echo auf den SED-Konföderationsvorschlag von 1957 kam von Intellektuellen im Umkreis der Zeitschrift *Blätter für deutsche und internationale Politik (Blätter)* sowie von führenden Politikern des *Bundes der Deutschen* (BdD), kurzum, von Mitstreitern der beiden Urheber des Konföderationsgedankens Hermann Etzel und Wilhelm Elfes. Aus diesen Kreisen entstand Ende 1961 eine neue politische Organisation, die *Deutsche Friedensunion* (DFU), die sich in ihrem Programm zur Konföderation bekannte.

Ihre anfänglichen Reaktionen auf die Konföderationsvorschläge der SED zeichneten sich dadurch aus, dass die Repräsentanten der angeführten Gruppierungen die ostdeutschen Vorschläge als unmittelbare Übernahme der Konföderationskonzepte von Etzel und vor allem von Elfes betrachteten, die ihnen bereits vertraut waren oder die sich die meisten von ihnen zuvor selbst angeeignet hatten. Neben Elfes und Etzel[1] wiesen deren Mitstreiter wiederholt auf diesen Zusammenhang hin. Einer der maßgeblichen Mitherausgeber und Autoren der *Blätter,* Franz Paul Schneider,[2] Professor an der Universität Würzburg, kommentierte beispielsweise in der Ausgabe vom März 1957, dass Ulbricht den Gedanken einer deutschen Konföderation so übernommen habe, wie er von Wilhelm Elfes entwickelt wurde.[3] Als die *Deutsche Volkszeitung* in ihrer Ausgabe vom 3. August 1957 über den Konföderationsvorschlag der DDR-Regierung berichtete, verwies sie am Ende des Artikels darauf, dass »es vor allem Elfes war, der diesen Vorschlag bereits vor Jahresfrist auf dem Parteitag der CDU in Weimar entwickelt und im März 1957 diese Gedanken in

1 Vgl. dazu Abschnitte 2.3 und 2.4.
2 Zu seiner Person vgl. Spitzenkandidaten der DFU, in: Ausweg 4 (1965), H. 8/9, S. 30.
3 Franz Paul Schneider: Zum Problem einer Neutralisierung Deutschlands, in: Blätter 2 (1957), H. 3, S. 78.

seinem Vorwort zum Wahlprogramm des BdD« ausgesprochen habe.[4] Wenngleich ein ostdeutscher Völkerrechtler der Universität Halle, Prof. Gerhard Reintanz, Mitglied des Hauptvorstandes der Ost-CDU, im Dezember 1958 in seinem Artikel in den *Blättern* die Entstehung eines deutschen Staatenbundes unmittelbar auf Bonner Anregungen zurückführte, musste er zugleich von »sachlich ähnlichen Vorschlägen Dr. Hermann Etzels aus dem Jahre 1955 und des Oberbürgermeisters a. D. Elfes aus dem Jahre 1956« sprechen.[5]

Auch andere Vertreter linksbürgerlicher Kreise, die sich die Staatenbundidee von Etzel und Elfes zu eigen gemacht hatten, ergriffen das Wort.[6] Damit zeigt sich also, dass die positiven Reaktionen der Neutralisten um die *Blätter* und den BdD auf den Konföderationsvorschlag der SED nicht darauf zurückzuführen ist, dass sie bloß »osthörig«, »östlich infiziert« oder »Handlanger Pankows« gewesen wären, wie etablierte westdeutsche Parteien und auch Teile der Öffentlichkeit behaupteten. Vielmehr wussten sie ihrerseits den Konföderationsvorschlag der SED als Echo auf ihre vorangegangene Initiative gutzuheißen.

Unterdessen machten einige *Blätter*-Autoren auch aus ihrem Unbehagen gegenüber Ulbrichts Konföderationskonzept keinen Hehl. Neben einer gänzlich negativen Reaktion[7] beurteilte etwa Franz Paul Schneider, Mitherausgeber der *Blätter,* Ulbrichts Konföderationskonzeption kritisch, obschon er sie grundsätzlich befürwortete, denn der Ulbricht-Plan mache trotz des Verzichts auf sozialistische Voraussetzungen die Aufnahme der Konföderationsverhandlungen von gewissen westdeutschen Reformen abhängig. Die angestrebten Kontakte dürften unmöglich mit Bedingungen vorbelastet sein, kritisierte der Würzburger Professor Schneider.[8] Freilich bedauere er zugleich sehr, dass die Sozialdemokraten den Konföderationsvorschlag der SED bereits am 3. Februar 1957 abgelehnt hatten. Schneider betrachtete den Konföderationsgedanken immerhin als »eine wertvolle Ergänzung« zu den bisherigen SPD-Vorschlägen zu einem europäischen Sicherheitspakt, da Ersterer die deutsche Initiative nachdrücklich in den Mittelpunkt stelle.

4 Tauziehen um Deutschland, in: DVZ 5 (1957), 31, S. 2.

5 Gerhard Reintanz: Bemerkungen zur Deutschland-Frage und zum Berliner Problem, in: Blätter 3 (1958), H. 12, S. 930.

6 Vgl. Ein Gespräch mit Notar Dr. Friedrich Maase über die Frage der Wiedervereinigung, in: DVZ 33 (1959), 5, S. 4. Maase nannte sich selbst einen Vorreiter der Konföderationsidee.

7 Vgl. Botschafter a. D. Prof. Ernst Wilhelm Meyer, MdB: Das amerikanische und russische Interesse an der Wiedervereinigung, in: Blätter 3 (1958), H. 2, S. 95–99. Meyer sah in Konföderationen die »Ursache von Spannungen«, die »nicht etwa friedensfördernd« seien; S. 98. Ein anderer Mitherausgeber der Zeitschrift, Dr. Georg Groeninger, verlor in seinem ausführlichen Artikel, betitelt »Die Wiedervereinigung – der Angelpunkt der deutschen Politik«, kein Wort über die Staatenbundidee, vgl. ders. in: Blätter 2 (1957), H. 3, S. 83–87, und Blätter 2 (1957), H. 4, S. 130–136.

8 F. P. Schneider: Zum Problem einer Neutralisierung Deutschlands, in: Blätter 2 (1957), H. 3, S. 78.

Schneiders *kritische* Einschätzung des Ulbricht-Plans kam nicht von ungefähr. Die Zumutung von Verhandlungsbedingungen sah er als »großen Mangel« von Ulbrichts Vorschlag an.[9] Zudem wollte er die Frage, ob die Konföderation eine Übergangslösung sei oder nicht, noch offenlassen. Auf einer Arbeitstagung des *Deutschen Klubs 1954* am 6./7. Juli 1957 in Königstein im Taunus hielt Schneider ein Referat, in dem er seine Haltung zum Thema Wiedervereinigung zusammenfasste:

> »Die deutsche Wiedervereinigung kann zunächst überhaupt nur im Wege von Verhandlungen ohne irgendwelche Bedingungen und schließlich in Form eines Staatenbundes oder einer analogen völkerrechtlichen Konstruktion vollzogen werden, wobei die beiderseitige Wirtschafts- und Gesellschaftsordnung nicht berührt wird. Es ist im weiteren Verlauf der Auseinandersetzung eine Frage experimenteller Bemühungen, ob und in welchen Stadien eine Überführung des Staatenbundes in einen Bundesstaat möglich ist.«[10]

Seine Überlegungen deckten sich also eher mit Etzels ursprünglicher Konföderationskonzeption von 1954/55 als mit dem Ulbricht-Vorschlag, der in einem Staatenbund definitiv nur eine Übergangslösung sah. Ganz ähnlich wie Etzel fügte Schneider hinzu, dass »das – wenn auch noch so locker – wiedervereinigte Deutschland zwangsläufig zum Kristallisationspunkt der europäischen Einigung und der Errichtung eines europäischen Sicherheitssystems würde, wobei unserem ideologisch und institutionell polarisierten Lande automatisch die Vermittlerrolle zufallen würde«.[11] Mit solchen eigenen Akzenten reagierte der Mitherausgeber der *Blätter* bis auf weiteres auf den ostdeutschen Konföderationsvorschlag.

Es bleibt jedoch fraglich, ob die Mehrheit seines Gesinnungskreises Schneiders Vorstellungen teilte. Zu Recht kann man jedoch davon ausgehen, dass einige Intellektuelle aus dem Umfeld der *Blätter* bei der Aufnahme der SED-Konföderationskonzeption zunächst eigene Wege gehen wollten, wie die Überlegungen von Etzel und Schneider zeigen. Festzustellen ist aber auch, dass sich solche *reservierte* Zustimmung oder *kritische* Aufnahme im Laufe der Zeit in bedenkenlose Unterstützung umwandelte. Anstatt auf die in der Konföderationsdiskussion kontrovers diskutierten beiden Kernfragen, nämlich Verhandlungen mit oder ohne Bedingungen zum einen und zum anderen die Frage, ob eine Konföderation entweder als Übergangslösung oder Dauerform zu betrachten sei, näher einzugehen, mussten sie sich zunehmend damit beschäfti-

9 Ebd.
10 F. P. Schneider: Deutschland zwischen West und Ost, in: Blätter 2 (1957), H. 7, S. 245.
11 Ebd.

gen, ob und wie eine gesamtdeutsche Konföderation angesichts der politisch-militärischen Systemauseinandersetzungen völkerrechtlich sowie praktisch möglich sei und ob die Konföderationsvorschläge der SED überhaupt ernst gemeint oder nichts anderes als eine propagandistische Formel oder gar ein arglistiges Täuschungsmanöver seien. In zahlreichen Beiträgen der Kölner Monatszeitschrift rückten nun die Themen Neutralität Gesamtdeutschlands sowie Durchführung des Rapacki-Planes in den Mittelpunkt. Darüber hinaus wurde betont, dass eine gesamtdeutsche Konföderation nicht nur politische Koexistenz, will sagen, Nachbarschaft und Wettbewerb beider Teile Deutschlands, sondern auch wirtschaftliche Kooperation bedeutete. Die DDR könne es sich leisten, Bonn wirtschaftspolitische Angebote zu machen, die sich nicht einfach als »Propaganda« beiseite schieben ließen, weil sie die Lebensinteressen von Millionen westdeutscher Arbeiter beträfen.[12] Aus dieser Perspektive ließen die Autoren der *Blätter* keinen Zweifel an der Ernsthaftigkeit der SED-Konföderationsvorschläge. Nach ihrer Überzeugung bestand das Haupthindernis für die gesamtdeutsche Verständigung vielmehr in der mangelnden Verhandlungsbereitschaft der Bundesregierung. Die Frage »Verführung« bzw. »Köder«[13] betrachteten sie dagegen als zweitrangig.

Unmittelbar nach der ostdeutschen Enthüllung der früheren Unterredungen Fritz Schäffers mit DDR-Exponenten im Herbst 1958 traten die Publizisten und Wissenschaftler aus dem Umkreis der *Blätter* umso stärker für die Konföderationsidee ein. Renate Riemeck, Johannes Weidenheim, Achim von Borries, Karl Graf von Westphalen, Hermann Etzel, Hermann Rauschning, Helmut Dörr, Eberhard Menzel und Walter Hagemann äußerten ab Herbst 1958 in verschiedenen Artikeln regelmäßig ihre feste Überzeugung von der Richtigkeit einer Konföderationslösung der deutschen Frage.[14] Dabei setzten

12 Vgl. Achim von Borries: Das Ende einer Politik. Militärische Gefährlichkeit und politische Isolierung oder Friedensweg und Konföderation, in: Blätter 3 (1958), H. 11, S. 813.

13 Vgl. E. Dombrowski: Der Köder eines Staatenbundes, FAZ, 2. August 1957, in: Dokumente zur Deutschlandpolitik III/3 (1957), Anm. 5, S. 1490 f.

14 Vgl. Achim von Borries: Das Ende einer Politik. Militärische Gefährlichkeit und politische Isolierung oder Friedensweg und Konföderation, in: Blätter 3 (1958), H. 11; ders.: Berlin – Anfang oder Ende?, in: Blätter 3 (1958), H. 12; ders.: Die Stunde der Wahrheit, in: Blätter 4 (1959), H. 1; ders.: Bilanz des Vorspiels, in: Blätter (4/1959), H. 4; ders.: Die Lage, in: Blätter 5 (1960), H. 1; Renate Riemeck: Die Sache der Deutschen, in: Blätter 4 (1958), H. 11; Hermann Rauschning: Schritt für Schritt, in: Blätter 4 (1959), H. 2; ders.: Pessimismus und Optimismus, in: Blätter 4 (1959), H. 4; Karl Graf von Westphalen: Appell an alle, in: Blätter 3 (1958), H. 3; Hermann Etzel: Die Revision der US-Politik, ihre Anzeichen und ihre Gründe, in: Blätter 4 (1959), H. 2; Helmut Dörr: Mit neuen Konzeptionen nach Genf!, in: Blätter 3 (1958), H. 4; ders.: Genfer Konferenz und deutsche Politik, in: Blätter 4 (1959), H. 7; Eberhard Menzel: Falsche staats- und völkerrechtliche Thesen zur Wiedervereinigung 4 (1959), H. 9; Walter Hagemann: Das verlorene Vaterland, in: Blätter 3 (1958), H. 10; ders.: Die Fronten sind in Bewegung, in: Blätter 4 (1959), H. 3; ders.: Der Geist von Camp David, in: Blätter 4 (1959), H. 10; ders.: Die deutsche Spaltung, in: Blätter 5 (1960), H. 1.

sie nun dem SED-Konföderationskonzept keinen eigenen Vorschlag mehr entgegen. Die beiden ursprünglichen Initiatoren und repräsentativen Verfechter der Staatenbundidee in diesem Umfeld, Etzel und von Westphalen, setzten sich mit den Konföderationsvorschlägen der SED nicht kritisch auseinander. Auch Schneider, der 1957 einen anderen Ton angeschlagen hatte, wie oben dargestellt, äußerte sich zur Konföderation, abgesehen von seiner grundlegenden Zustimmung, nicht mehr in Einzelheiten. Die anderen Mitstreiter hoben ebenfalls einstimmig hervor: Die deutsche Konföderation solle nur eine Übergangslösung sein, um der inneren Entwicklung der Konföderation zu einem einheitlichen Staat den Weg zu ebnen.[15] Das wich immerhin von Etzels ursprünglichen Gedanken und auch Schneiders früheren Bemerkungen ab. Die kritische Auseinandersetzung mit dem ostdeutschen Angebot kam ihnen somit abhanden.

Das lässt sich ohne Zweifel auch für die »Zusammenarbeit« mit dem MfS sagen. Freilich steht fest, dass sich die westdeutschen Neutralisten nicht vor dessen Karren spannen lassen wollten. In ihren Ost-Kontakten vertraten sie des Öfteren eigensinnige Positionen. Noch Anfang September 1957 äußerte von Westphalen sich beispielsweise seinem MfS-Kontaktmann gegenüber, dass die Verhandlungen über die Bildung eines deutschen Staatenbundes »nicht von vorbelasteten Staatsfunktionären, sondern von repräsentativen Intellektuellen geführt werden« sollten.[16] Je intimer die Beziehungen zu dem SED-Apparat wurden,[17] desto weniger kritische Stimmen waren hinsichtlich der SED-Konföderationsvorstellungen von westdeutschen Intellektuellen aus dem Umkreis der *Blätter* zu hören. Dem Bericht eines MfS-Mitarbeiters zufolge, datiert vom 14. März 1959, kritisierte von Westphalen anfangs gemeinsam mit Pahl-Rugenstein bei einer Unterredung mit dem ostdeutschen Besucher die Forderung Ulbrichts nach Vorleistungen in der BRD: Man könne mit solchen Bedingungen nicht zur Bildung einer deutschen Konföderation kommen. Das sei ihre eigentliche Position. Im Verlauf der Diskussion aber hätten die beiden »das Falsche ihrer Auffassungen« erkannt, so der Bericht.[18] In der Tat war in den *Blättern* keine Kritik zu diesem Punkt mehr zu lesen.

Aber weder Etzel noch von Westphalen noch Mitherausgeber Schneider, sondern Walter Hagemann war bei der weiteren Konföderationsdiskussion in der Zeitschrift tonangebend. Walter Hagemann, geboren am 16. Januar 1900

15 Vgl. Hermann Rauschning: Schritt für Schritt, in: Blätter 4 (1959), H. 2, S. 101; Eberhard Menzel: Falsche staats- und völkerrechtliche Thesen zur Wiedervereinigung, in: Blätter 4 (1959), H. 9, S. 717.

16 Vgl. BStU, MfS AIM 5155/68, Bl. 39.

17 Zur Unterwanderung jener Gruppen durch die Stasi vgl. ebd., Bl. 50–78, 94–100, 105–109 und 135–149.

18 Vgl. ebd., Bl. 61.

in Euskirchen (Rheinland), Direktor des Instituts für Publizistik an der Universität Münster,[19] trat ab Juni 1957 als scharfer Kritiker der Bonner Deutschlandpolitik auf und befürwortete eindeutig die militärische Neutralisierung Deutschlands und Verhandlungen mit dem Osten. Ende Februar 1958 erregte Hagemann, katholischer Universitätsprofessor und CDU-Mitglied, beträchtliches Aufsehen, als er in einem Vortrag zum Thema Wiedervereinigung in Stuttgart das gängige Schlagwort umkehrte und lakonisch bekannte, er wäre »lieber rot als tot«.[20] Als er dann »nur als Deutscher« am 18. Oktober 1958 auf einer Tagung des Nationalrats der Nationalen Front in Ost-Berlin sprach und ein Gespräch mit Walter Ulbricht führte, rückte das Thema Konföderation in den Mittelpunkt. In seiner Rede legte der Gastreferent aus Münster fünf Fragen zu einer eventuellen Konföderation vor.[21] Der unerwartet auftretende neue Grenzgänger Walter Hagemann,[22] der von dem Gespräch mit Walter Ulbricht sehr beeindruckt war, befürwortete die Haltung der SED zur Wiedervereinigung bedenkenlos. Außerdem scheute er sich nicht, von der Bundesrepublik aus in der Nationalen Front mitzuarbeiten und zum Beispiel *Fragen-und-Antworten*-Texte von ihm und Ulbricht an alle Professoren und Hochschullehrer der 21 Universitäten in der Bundesrepublik zu versenden. Auf einer Pressekonferenz am 5. November 1958 in Bonn, organisiert vom Pahl-Rugenstein-Verlag im Auftrag Ost-Berlins, sprach Hagemann »frei vom Herzen« davon, dass der hier seit Jahr und Tag belästerte und als brutal hingestellte stellvertretende Ministerpräsident der DDR ihm Rede und Antwort in einer Art stand, wie sie unter Landsleuten üblich sei: freundlich, klar und ungeschminkt ehrlich. Der Text *Fragen und Antworten* schaffe die Basis für gesamtdeutsche Gespräche und Beratungen über Friedensvertrag und Wiedervereinigung, so Hagemann.[23] In der Folgezeit ging er intensiv auf das Thema Konföderation ein und trat als Sachkundiger auf.[24]

19 Zu seiner Person und seinen Aktivitäten vgl. Amos: Die Westpolitik der SED, S. 242–247; Auskunftsbericht über Walter Hagemann vom 6. Juli 1962, in: BStU MfS AP 21679/92, Bl. 1–15.

20 Ebd., Bl. 8.

21 Die Fragen lauteten sinngemäß, ob die DDR-Konföderationsvorschläge ernst gemeint seien; ob der DDR-Regierung daran gelegen sei, dass ein Friedensvertrag von zwei deutschen Staaten getrennt unterzeichnet werde, damit auf diese Weise die Unabhängigkeit der DDR international nochmals bestätigt würde; welche Fragen die DDR für vordringlich hält, wenn es zu Verhandlungen kommt; ob die Konföderation als eine Etappe der Wiedervereinigung oder als eine endgültige Form gedacht sei; und wenn es vorläufig nicht zu Verhandlungen zwischen den beiden Regierungen käme, ob es der DDR dann sinnvoll erscheine, wenn zunächst ein Gremium aus unabhängigen Persönlichkeiten beider Seiten mit Verhandlungen begänne. Vgl. DVZ 6 (1958), 44 Sonderbeilage.

22 Auf die Frage, warum er früher nicht für Verhandlungen mit der DDR eintrat, antwortete er kurz und bündig, dass er seinen Forschungen zuliebe elf Jahre lang geschwiegen habe, in: DVZ 6 (1958), 46, S. 4.

23 Vgl. ebd.

24 Vgl. W. Hagemann: Die Konföderation und ihre Kritiker, in: DVZ 7 (1959), 19, S. 7.

Dem Schäffer-Fall folgte der Hagemann-Fall. Hagemann zahlte, im Gegensatz zum Bundesfinanzminister Schäffer, einen hohen Preis. »Wegen parteischädigenden Verhaltens« wurde er bereits im November 1958 trotz seiner Einsprüche endgültig aus der CDU ausgeschlossen. Im April 1959 folgte die vorläufige Suspendierung als Direktor des Instituts für Publizistik an der Universität Münster; im Dezember des Jahres wurde er durch ein Urteil des Landesverwaltungsgerichts Münster wegen Dienstvergehens endgültig aus dem Dienst entfernt. Angesichts der weiteren Berufungsverhandlungen, eines Ehescheidungsverfahrens und einer Vaterschaftsklage sowie Ermittlungsverfahren wegen »landesverräterischer Beziehungen« und letzten Endes wegen eines drohenden Haftbefehls floh er 1961 nach Ost-Berlin, wo er bis zu seinem Tod im Mai 1964 an der Humboldt-Universität lehrte.

Nicht zuletzt die führenden Politiker des BdD bekundeten entschlossen ihre Solidarität mit Hagemann. In seinem Agieren sahen sie die Fortsetzung ihrer Arbeit, und mit dem Satz, jeder Schritt zur Lösung der deutschen Frage verlange höchste Achtung, lobte das BdD-Organ den neuen Grenzgänger Hagemann sowie Bundesfinanzminister Schäffer als mutige Männer.[25] Sie wurden damit in die Reihen Elfes' und der Seinen aufgenommen. Zu jenem Zeitpunkt war der BdD die einzige bundesdeutsche Partei, die sich konsequent für den Weg zur deutschen Einheit durch eine Konföderation einsetzte.

Im Unterschied zu den Mitherausgebern und Autoren der *Blätter* fand Ulbrichts Konföderationsvorschlag innerhalb des BdD von vornherein bedenkenlose Zustimmung. Der Grund dafür, dass der BdD vorbehaltlos und konsequent die Konföderationskonzeption der DDR befürwortete, bestand vor allem darin, dass sich seine Konföderationsvorstellungen grundsätzlich mit den SED-Vorschlägen deckten, wie der BdD-Vorsitzende Elfes hervorhob. Die BdD-Führung verstand die Bedeutung des föderativen Prinzips für die zukünftige Gestaltung eines vereinten Deutschlands nur zu gut. Nichtsdestoweniger stellte sie »eine Konföderation als Überganglösung« keineswegs in Frage, zumal sie einen nationalstaatlichen Einheitsstaat als endgültiges Ziel nicht aufgeben wollte. Dabei zog sie ins politische Kalkül, dass eine Konföderation als Übergangslösung sowohl für Anhänger als auch Gegner eines föderativen Staatsaufbaus annehmbar sei.[26] Im Wahlprogramm des BdD zur Bundestagswahl 1957 stand:

25 Elfes: Wiedervereinigung – eine deutsche Aufgabe, in: DVZ 6 (1958), 44, S. 1. Vgl. auch Ist Schäffer ein Landesverräter, in: DVZ 6 (1958), 47, S. 1; Klara Maria Faßbinder: Prof. Hagemann ist kein Einzelgänger, in: ebd., S. 6.

26 Vgl. Eßer: Wilhelm Elfes 1884–1969, S. 274.

»Der BdD will die beim Vollzug der Wiedervereinigung auftretenden Schwierigkeiten mit Hilfe eines föderativen Staatsaufbaus überwinden. Dieser Gedanke, der im Westen und Osten Deutschlands Zustimmung findet, trägt der inzwischen eingetretenen, unterschiedlichen Entwicklung in beiden Teilen Deutschlands Rechnung. Heute ist die Schaffung eines deutschen Einheitsstaates nur noch durch eine Übergangsperiode der Zusammenarbeit und des Zusammenwachsens denkbar, die schließlich durch gesamtdeutsche freie Wahlen abgeschlossen wird.«[27]

Die programmatische Erklärung vom Mai 1959 bemerkte ebenfalls, dass die Konföderation eine Übergangslösung sein sollte, die die schrittweise Zusammenführung der beiden deutschen Staaten erlaube.[28]

Bezüglich einiger anderer entscheidender Fragen, ob und inwieweit das Fernziel der SED einerseits, ganz Deutschland eine sozialistische Ordnung zu geben, und andererseits ein konkurrierendes Nebeneinander der beiden Gesellschaftssysteme in der Form der Konföderation als Übergangszeit zusammengehen könnten, oder welche »Vorbedingungen« für die Verhandlungen sie im Sinn habe, nahmen die führenden BdD-Politiker noch keine feste Position ein. Anstatt eigene Gedanken zu entwickeln und vorzulegen, erwarteten sie Konkretisierungen von der SED-Seite.

Der erfahrene Grenzgänger Elfes ging wieder nach »drüben«. Auf der Nationalratstagung am 1. Dezember 1958 fragte er konkret nach dem Ziel und dem Weg des DDR-Konföderationskonzepts.[29] Dabei ging er bescheiden davon aus, dass er und seine Mitstreiter nicht selber verhandeln würden, da sie dazu nicht legitimiert seien. Zu sondieren, zu erkunden und aufzuklären seien sie jedoch in der Lage, und das wollten sie weiterhin tun. Sie erachteten es als ihre Aufgabe, im Westen die »wahren Absichten« des Ostens, nämlich die Ernsthaftigkeit der ostdeutschen Konföderationsvorschläge und des Berlin-Ultimatums von Chruschtschow, zu vermitteln. In jedem Fall konnten sie sich erneut vergewissern, dass der Osten nicht die Absicht habe, dem Westen den Kommunismus aufzuzwingen.[30] Dabei verließen sie sich vor allem auf »viele wichtige und bedeutsame Gespräche« in Moskau wie in Ost-Berlin. Solange die beiden Staaten in einer Föderation

27 Wahlprogramm des Bundes der Deutschen von 1957, in: Dokumente zur parteipolitischen Entwicklung in Deutschland seit 1945, Bd. 2: Programmatik der deutschen Parteien, Erster Teil, Berlin 1963, S. 495–501, hier S. 500.

28 Vgl. Friedensvertrag und Konföderation. Reale Vorschläge zur Lösung der deutschen Frage, Erklärung des Bundes der Deutschen, beschlossen auf dem IV. Parteitag in Weinheim a. d. Bergstraße, in: DVZ 7 (1959), 19, S. 4 f.

29 Vgl. Elfes: Rede auf der Nationalratstagung am 1. Dezember 1958, in: StAMG 15/8/91, Bl. 22.

30 Vgl. ebd., Bl. 17; Elfes an Jakob Diel, 12. Februar 1960, in: StAMG 15/8/9, Bl. 159. Jakob Diel (1886–1969) war Mitglied des CDU-Landesvorstandes und Vorsitzender des Agrarausschusses der CDU Rheinland-Pfalz. Von 1957 bis 1961 war er Bundestagsabgeordneter; zu seiner Person vgl. BHMDB, Bd. 1, S. 146.

koexistierten, hätten die zwei auf deutschem Boden nun einmal bestehenden Systeme Gelegenheit, »sich in friedlichem Wettbewerb zu bewähren und einander anzugleichen«, so Elfes auf dem IV. Parteitag des BdD am 2. und 3. Mai 1959.[31]

Währenddessen musste Elfes bei verschiedenen Gelegenheiten seine politische Gesinnung erklären, um Missverständnisse auszuräumen. Auf der oben genannten Nationalratstagung am 1. Dezember 1958 in Ost-Berlin nahm er kein Blatt vor den Mund: »Wir, d. h. viele Bundesbürger [...] sind keine Kommunisten. Wir wünschen auch nicht, den Kommunismus zu begünstigen. Wir würden uns sogar zur Wehr setzen, wenn er uns aufgezwungen werden sollte.«[32] In einem Brief an einen alten Freund, Jakob Diel,[33] machte Elfes seine politischen Ziele in vier Punkten deutlich: ein Deutschland, gleichermaßen unabhängig von Ost und West; eine deutsche Regierung, dem Parlament verantwortlich, aus freien Wahlen hervorgehend; eine freie, demokratische und soziale Gesellschaftsordnung; ein friedliches Einvernehmen Deutschlands mit all seinen Nachbarn.[34]

Im Laufe der Zeit fiel bei seiner Diagnose der Weltlage die mögliche Veränderung oder Entwicklung des ostdeutschen Systems ins Gewicht. Elfes war zunehmend davon überzeugt, dass der Osten selbst zu einem geläuterten Wesen kommen und der menschlichen Gesellschaft nach und nach ein neues Gepräge vermitteln werde: das Gepräge einer sozialen Gemeinschaftsordnung, schrieb er in einem Brief.[35] Er führte weiter aus, dass diese Läuterung sich von innen vollziehe.[36] Sein Optimismus bezüglich einer inneren Reform des Ostens stützte sich allerdings ganz und gar nicht auf eine wissenschaftliche Gesellschaftsanalyse. Elfes setzte sich kaum mit den inneren politischen Problemen sowie gesellschaftlichen Spannungen in der DDR auseinander. Im Grunde kam es Elfes weniger auf eine politische Liberalisierung in der DDR als vielmehr auf die wirtschaftliche Entwicklung sowie die gesellschaftliche Erneuerung an. Die allgemeinen Entwicklungen des Ostens und insbesondere die veränderten Verhältnisse in der DDR empfand er als sehr bewundernswert,[37] als er Ende 1958 wieder in der DDR unterwegs war. Seiner Ansicht nach hatten

31 Friedensvertrag und Konföderation. Reale Vorschläge zur Lösung der deutschen Frage, Erklärung des Bundes der Deutschen, beschlossen auf dem IV. Parteitag in Weinheim a. d. Bergstraße, in: DVZ 7 (1959), 19, S. 4 f.

32 Elfes: Rede auf der Nationalratstagung am 1. Dezember 1958, in: StAMG 15/8/91, Bl. 22 f.

33 In seinem Brief hatte Diel Elfes die provokative Frage gestellt, ob Elfes denn für »die Wiedervereinigung eines einheitlichen freien demokratischen Deutschlands mit einer Hauptstadt und nur einer Regierung, die frei gewählt werden müsse, stehe oder nicht. Vgl. Jakob Diel an Elfes, 5. Februar 1960, in: StAMG 15/8/9, Bl. 158.

34 Vgl. Elfes an Jakob Diel, 12. Februar 1960, in: StAMG 15/8/9, Bl. 159.

35 Vgl. Elfes an Brockmöller, 18. Oktober 1956, in: StAMG 15/8/9, Bl. 149.

36 Vgl. Elfes an Bernhard Tacke, 25. Februar 1957, in: StAMG 15/8/9, Bl. 155.

37 Vgl. Elfes: Rede auf der Nationalratstagung am 1. Dezember 1958, in: StAMG 15/8/91, Bl. 17.

sich die weltwirtschaftlichen Gewichte verlagert und verschöben sich weiter Richtung Osten, und die wirtschaftlichen Verhältnisse der DDR hätten sich auch wesentlich verbessert. Die Gleichstellung des ostdeutschen Lebensstandards mit dem der Bundesrepublik, die die DDR-Regierung propagierte, hielt er für keine Illusion: Sie stehe bevor.[38]

Mit solch rosiger Zukunftsdiagnose für den Osten stand Elfes in jenen Tagen nicht allein. In einem Referat auf dem Bundesparteitag des BdD 1961 in Starnberg stellte er beispielsweise ein Buch von Fritz Baade, *Der Wettlauf zum Jahre 2000,*[39] vor. Den Bestseller schätzte er sehr und riet den anwesenden Delegierten nachdrücklich zur Lektüre. Denn Baade, SPD-Bundestagsabgeordneter und Direktor des weltwirtschaftlichen Instituts in Kiel, war zu derselben Einschätzung gekommen wie Elfes, nämlich dass das weltwirtschaftliche und damit auch das weltpolitische Gewicht sich nach Osten hin verlagern würden. Weder dem BdD-Vorsitzenden noch dem sozialdemokratischen Wissenschaftler ging es darum, den endgültigen Sieg des Sozialismus vorauszusagen. Es käme zum einen – Elfes zufolge – auf die Anerkennung der Entwicklung des Ostens an, da der Osten, ja die DDR in verschiedenen Bereichen vorankommen sollte und der Westen auch viele Probleme habe. Zum anderen sprach Elfes von der »Angleichung« beider Systeme, wenngleich er sich dabei nicht eingehend mit der Konvergenztheorie beschäftigte. In Anlehnung an das Christentum, genauer gesagt die christliche Soziallehre, stellte Elfes fest, dass in der Form der Konföderation eine gesellschaftliche und kulturelle Synthese zwischen Ost und West zum Durchbruch käme.[40] Eben darin hoben sich Elfes und Gleichgesinnte, obwohl sie die Konföderationskonzeption der SED kritiklos aufnahmen und im Westen propagierten, von den führenden SED-Politikern ab, die in keiner Weise am Sieg des Kommunismus zweifelten.

38 Vgl. ebd.

39 Vgl. Fritz Baade: Der Wettlauf zum Jahre 2000. Unsere Zukunft: Ein Paradies oder die Selbstvernichtung der Menschheit, Oldenburg/Hamburg 1960. Zu seiner Person vgl. BHMDB, Bd. 1, S. 27. Zu diesem Buch sowie seiner Resonanz vgl. Dirk van Laak: Ich will die Schrecken des Jahres 2000 sehen. Fritz Baades Prognose einer vergangenen Zukunft, in: FAZ, 12. Februar 2005, S. 40. Zu einer anderen Analyse Baades zu den Entwicklungen Europas und Gesamtdeutschlands vgl. Fritz Baade: Gesamtdeutschland und die Integration Europas, in: Arbeitsgemeinschaft für Forschung des Landes Nordrhein-Westfalen, H. 71, Köln/Opladen 1957, S. 7–37. Bereits im Jahr 1956 hatte Baade Kontakt mit der Deutschen Akademie der Wissenschaften sowie mit der Nationalen Front der DDR aufgenommen, vgl. SAPMO-BArch, DY 6/Vorl. 5607a, Bl. 4 f.

40 Eßer: Wilhelm Elfes 1884–1969, S. 293. Zum Schluss seines Buches hat Baade sich ebenfalls auf »die Kräfte des Herzens und die des Glaubens«, d. h. das Christentum berufen. Vgl. Baade: Der Wettlauf zum Jahre 2000, S. 283–290.

4.1.2 Konföderation als Parteiprogramm – die Deutsche Friedensunion

Ungeachtet der Grundorientierung auf einen Dritten Weg entwickelten sowohl die Nationalneutralisten im BdD als auch die Linksneutralisten um die *Blätter* ihre sozialen und wirtschaftlichen Programme nur sporadisch. Das eindeutige Eintreten für die deutsche Wiedervereinigung und zugleich die reservierte Haltung gegenüber wirtschaftlich-gesellschaftlichen Fragen waren Merkmale jener politischen Kräfte. Das änderte sich kaum, nachdem am 17. Dezember 1960 die Führenden der beiden Gruppierungen mit anderen oppositionellen Persönlichkeiten und Strömungen gemeinsam eine neue Oppositionspartei, die *Deutsche Friedens-Union* (DFU), ins Leben gerufen hatten.[41]

Initiatoren waren vor allem Karl Graf von Westphalen, Hermann Etzel, Viktor Agartz, Renate Riemeck, Wilhelm Elfes, Franz Paul Schneider und der katholische Schriftsteller Hans Wirtz. An der Formierung beteiligt waren auch einige aus der SPD ausgetretene Politiker wie Arno Behrisch[42] und Lorenz Knorr,[43] die in der DFU bald in Amt und Würden kamen. Im Vorfeld der Bundestagswahl 1961 wurde die DFU als Sammlung verschiedener oppositioneller Kräfte gegründet, als eine »Union« aller Kräfte, welche die Atomrüstung als Verderben betrachteten und von daher für eine Politik der Abrüstung und Verständigung eintraten. Für ein Bündnisprinzip unter der Bezeichnung »Union« standen Initiatoren sehr unterschiedlicher Herkunft. Das Bündnis sollte Kommunisten, Sozialisten, Christen, Liberale, Konservative, Nationalisten sowie Neutralisten in der deutschen Frage einigen.[44] Programmatisch trat

41 Zur Geschichte der DFU vgl. vor allem Rolf Schönfeldt: Die Deutsche Friedens-Union (DFU) in Niedersachsen. Assoziations- und Dissoziationsprozesse in der Frühphase des Landesverbandes in Niedersachsen. Diplomarbeit, Freie Universität Berlin, Fachbereich 15 – Politische Wissenschaft, 1977; ders.: Die Deutsche Friedens-Union, in: Richard Stöss (Hg.): Parteien-Handbuch. Die Parteien der Bundesrepublik Deutschland 1945–1980, Opladen 1986, Bd. 2: CSU–DSU, S. 848–876; 7. Ordentlicher Unionstag der Deutschen Friedens-Union am 29./30. November 1975 in Dortmund. Rechenschaftsbericht des Bundesvorstandes. Dokumentation, S. 7–45. Zur Entstehungsphase der DFU vgl. Renate Riemeck: Zur Entstehungsgeschichte der DFU, in: Heidi Beutin/Wolfgang Beutin/Bodo Brücher (Hg.): Nach Rückschlägen vorwärts. Im Streit für eine humane Welt. Lorenz Knorr zum 70. Geburtstag, Hamburg 1991, S. 43–47. Zur Gründungsversammlung der DFU vgl. BStU, MfS AIM 5155/68, Bl. 154–158.

42 Zu seiner Person vgl. BHMDB, Bd. 1, S. 52 f.

43 Zu seiner Person vgl. Spitzendkandidaten der DFU, in: Ausweg 4 (1965), H. 8/9, S. 31. Lorenz Knorr war von 1950 bis 1960 Bundessekretär der Sozialistischen Jugend.

44 »Deutsch« sollte sie heißen, um den Zusammenhalt zwischen Bürgern der Bundesrepublik und der DDR zu signalisieren. Zugleich sollte sich die Bezeichnung »Frieden« gegen die damalige Aufrüstungspolitik der herrschenden Bundestagsparteien, insbesondere der CDU/CSU, richten, und »eine Union sollte sie sein, um die weltanschauliche Breite ihrer Trägerschaft zum Ausdruck zu bringen«. Vgl. Riemeck: Zur Entstehungsgeschichte der DFU, S. 45. »Die Initiative zu dieser Unionsgründung ist von Menschen sehr unterschiedlicher Herkunft ausgegangen: Von Christen, denen ihr Glaubensgehorsam gebietet, Massenvernichtungsmit-

das Bündnis für »eine unabhängige deutsche Politik des Ausgleiches und der Verhandlungen sowohl mit dem Westen als auch mit dem Osten und damit für eine Politik des Friedens und der deutschen Neutralität« ein.[45]

Als ihr Hauptziel formulierte die DFU demzufolge die Wiederherstellung der nationalen und staatlichen Einheit Deutschlands.[46] Während die Kernforderungen – Ablehnung von Atomwaffen, militärisch verdünnte Zone in Mitteleuropa, Neutralisierung Deutschlands, Verhandlungen zwischen der Bundesrepublik und der DDR – unverändert blieben, verzichteten die DFU-Gründer unterdessen auf dezidierte sozialpolitische Programme und eine weltanschauliche Fundierung. Sie bekannten sich lediglich zu den Normen einer freiheitlichen demokratischen Grundordnung und zur Rechtsstaatlichkeit. Ihnen ging es nicht um die »Verfassung eines Landes«, sondern um »den demokratischen Geist in seinen Institutionen und die lebendige Anteilnahme möglichst aller Bürger am öffentlichen Geschehen«, da sie »›einsame Entschlüsse‹ und autoritäre Entscheidungen mit den Grundsätzen der Demokratie unvereinbar« fanden.[47] Alle Verantwortlichen in Staat und Öffentlichkeit sollten dem Bürger zur Bildung einer eigenen Meinung verhelfen, nicht aber ihn zum Meinungskonsum, zur bloßen Auswahl unter vorgefertigten Meinungen verleiten. In den allgemeinen westdeutschen innenpolitischen Entwicklungen sahen sie eher einen Demokratiemangel als in Erfüllung gegangene Demokratie. Vor allem die geplante Notstandsgesetzgebung gefährde die Freiheit, die sie zu schützen vorgebe, so die führenden DFU-Politiker. Anstatt alternative innenpolitische Forderungen zu entwickeln, konzentrierten sie sich also auf ein Minimalprogramm, nämlich »die Verhinderung einer dem Geist des Grund-

tel als Sünde gegen Gottes Gebot zu erklären; von Marxisten, die aus Gründen der Vernunft die Anwendung militärischer Gewalt verwerfen; von liberal denkenden Menschen, die wissen, daß Freiheit und Demokratie nur im Frieden gedeihen kann, und von Konservativen, die das gute Erbe unserer Vergangenheit nicht erneut gefährden lassen wollen.« Vgl. Erklärung am 2. November 1960, in: StAMG 15/8/86, Bl. 51. Diese Sätze fanden sich auch im DFU-Gründungsaufruf, vgl. Schönfeldt: Die Deutsche Friedens-Union, S. 852. Eine ähnliche Selbstdarstellung von Karl Graf von Westphalen: An alle Unterzeichner des Aufrufes zur Gründung einer Unions-Partei, in: StAMG 15/8/86, Bl. 108. Zu den an der Gründung der DFU beteiligten Organisationen vgl. Schönfeldt: Die Deutsche Friedens-Union in Niedersachsen, S. 29 ff.; zu verschiedenen Strömungen innerhalb der DFU vgl. ders.: Die Deutsche Friedens-Union, S. 852–859.

45 DFU: Gründungsaufruf vom Dezember 1960, in: Dokumente zur parteipolitischen Entwicklung in Deutschland seit 1945, Bd. 2: Programmatik der deutschen Parteien, Erster Teil, S. 502–504, hier S. 504.

46 In den drei verschiedenen Entwicklungsphasen der DFU gab es in diesem Punkt Akzentverschiebungen. Vgl. Schönfeldt: Die Deutsche Friedens-Union, S. 860–863.

47 Vgl. Erster Entwurf der Grundsätze für eine deutsche Politik der Mitte und der Verständigung, vorgelegt von der DFU, in: StAMG 15/8/86, Bl. 128; DFU: Gründungaufruf vom Dezember 1960, in: Dokumente zur parteipolitischen Entwicklung in Deutschland seit 1945, Bd. 2: Programmatik der deutschen Parteien, Erster Teil, S. 503

gesetzes widersprechenden Notstandsgesetzgebung und aller den Frieden, die Demokratie und die Freiheit gefährdenden Maßnahmen«.[48]

Charakteristisch für das DFU-Demokratieverständnis war, dass sie konsequent auf die Inkompatibilität von Demokratie und Kaltem Krieg hinwiesen. Sie sahen die demokratische Grundordnung der Bundesrepublik nicht von außen bedroht, sondern durch die Zielsetzung und das Zusammenspiel jener Politiker in der Regierung und den Parteien, die im Irrtum des Kalten Krieges verharren wollten. Der Geist des Kalten Krieges führe in der Bundesrepublik bereits zu einer Verkümmerung des demokratischen Lebens, zum lautlosen Wiederaufstieg der einstigen Totengräber der Demokratie in staatliche Schlüsselstellungen und zu einer weitverbreiteten Atmosphäre provinzieller Ängstlichkeit und gleichmacherischer Intoleranz, so die DFU.[49] Sie betrachtete die Entschlossenheit jener Politiker, die »den Kalten Krieg auch in der Zeit weltweiter Entspannung fortsetzen und sich die innenpolitischen Voraussetzungen für diese unzeitgemäße Politik durch Ausnahmerechte verschaffen«[50] wollten, als eine offene und unmittelbare Herausforderung.

Zwar hatte man früher auch diesen Zusammenhang von einer auf Aufrüstung und Konfrontation gerichteten Außenpolitik und einer undemokratischer Innenpolitik nicht unter den Tisch fallen lassen. Angesichts der neuen politischen Lage der Bundesrepublik in den 1960er Jahren setzten die maßgeblichen DFU-Politiker neue Akzente bezüglich des Themas Wechselwirkungen von konfrontationsorientierter Außenpolitik und Sklerose des demokratischen Systems. Die Umorientierung der bundesdeutschen Politik auf den Weg der Entspannung und Abrüstung sei ihrem Verständnis nach nicht nur für die Koexistenz der beiden deutschen Staaten sowie die Wiederherstellung der deutschen Einheit unumgänglich, sondern auch »im Interesse der uneingeschränkten Erhaltung des Grundgesetzes und der Zukunft der Demokratie in Deutschland eine unabdingbare Notwendigkeit«.[51]

Die Strömungen innerhalb der DFU, die entweder pazifistisch-neutralistisch oder sozialistisch-neutralistisch eingestellt waren, setzten den Grundkonsens

48 Erster Entwurf der Grundsätze für eine deutsche Politik der Mitte und der Verständigung, vorgelegt von der DFU, in: StAMG 15/8/86, Bl. 128; Aufruf an die deutsche Öffentlichkeit, in: StAMG 15/8/86, Bl. 48. Die Unterzeichner schlugen vor, sich auf die drei folgenden Minimalprogramme zu einigen: Stopp der atomaren Bewaffnung und Schaffung einer atomfreien Zone in Mitteleuropa, die beide deutsche Teilstaaten einschließt; Verhandlungen zwischen beiden deutschen Teilstaaten über Rüstungsverminderungen und über militärische Neutralität sowie über eine gegenseitige vertragliche Verpflichtung, bei der Wiedervereinigung auf Gewaltanwendung zu verzichten; Wahrung der Normen einer freiheitlichen demokratischen Grundordnung.

49 Vgl. ebd.

50 Ebd.

51 Erster Entwurf der Grundsätze für eine deutsche Politik der Mitte und der Verständigung, vorgelegt von der DFU, in: StAMG 15/8/86, Bl. 126.

der Ablehnung des Antikommunismus und die Option der Zusammenarbeit mit den Kommunisten durch. Das veranlasste die politischen Gegner, vor allem die SPD, dazu, die selbst nicht selten antikommunistischer Hetzte oder Verleumdungsfeldzügen ausgesetzt waren, nun die Initialen der DFU spöttisch als »Die Freunde Ulbrichts« zu verballhornen.[52] Die SPD versuchte den damaligen Bundesinnenminister Gerhard Schröder (CDU) zu überzeugen, dass ein Verbot der DFU geboten sei.[53] Zwar verkündete die DFU in ihrem Programm unmissverständlich, dass sie eine »nicht-kommunistische Partei« sei und keinen Kommunismus wolle. Das reichte aber nicht aus, um derartige Verunglimpfungen zu verhindern. Anlehnend an ihr Demokratieverständnis, das vom Schutz der Individualrechte und der Verteidigung der bürgerlichen Rechte ausging, sagten die DFU-Politiker dem Antikommunismus als »eine[r] durch die jüngste deutsche Geschichte in schrecklicher Weise belegte[n] antihumane[n] Ideologie« den Kampf an. Die antikommunistische Kampagne gegen die DFU durch die Medien, Parteien und Staatsorgane schränkte aber nicht nur die politische Wirkung der DFU ein, sondern sorgte unmittelbar für innerparteiliche Konflikte, wie Rolf Schönfeldt am Beispiel Niedersachsens gezeigt hat.[54]

Der heftige Streit um die Haltung gegenüber den Kommunisten hatte den Parteiaustritt vieler über die »pro-kommunistische« Parteizentrale enttäuschter Mitglieder zur Folge. Bei parteiinternen Diskussionen um die Sowjetintervention in der ČSSR 1968 sowie über ein Wahlbündnis mit der DKP im Vorfeld der Bundestagswahl 1969 stellten sich abermals Spannungen innerhalb der Partei heraus.[55] Es liegt auf der Hand, dass die »geschulten Kommunisten [...] mit fertigen, der Linie Pankows entsprechenden Entwürfen zu den Sitzungen«[56] kamen, wie der Landesgeschäftsführer und stellvertretende Landesvorsitzende der DFU in Nordrhein-Westfalen Viktor Wynands in einem *Offenen Brief* anlässlich seines Parteiaustritts kritisierte und wie später einige Studien anhand von SED-Akten über die Westarbeit der SED in der Bundesrepublik bestätigt haben.[57] Einer pauschalen Beurteilung der DFU, nämlich dass die Infiltrationsarbeit und Fernsteuerung durch die SED sich bei ihren politischen Aktivitäten und Haltungen von A bis Z durchgesetzt habe, ist aber ent-

52 Vgl. 7. Ordentlicher Unionstag der Deutschen Friedens-Union am 29./30. November 1975 in Dortmund, S. 14.
53 Vgl. Schönfeldt: Die Deutsche Friedens-Union in Niedersachsen, S. 40.
54 Vgl. ebd., S. 66–89.
55 Vgl. Dokumente zur parteipolitischen Entwicklung in Deutschland seit 1945, Bd. 7: Innerparteiliche Auseinandersetzungen, Zweiter Teil, Berlin 1969, S. 471–481.
56 Viktor Wynands: Offener Brief, in: ebd., S. 469.
57 Vgl. Staadt: Die geheime Westpolitik der SED 1960–1970, S. 38; Amos: Die Westpolitik der SED, S. 310; Gallus: Die Neutralisten, S. 284 ff.

gegenzutreten. Denn die Tatsache der unbestreitbaren Ostinfiltration der DFU muss nicht bedeuten, dass alle Programme und Stellungnahmen der DFU aus den Federn genuiner »Freunde Ulbrichts« innerhalb der DFU stammten.

Das gilt insbesondere für die Konföderationskonzeption der DFU. In ihren verschiedenen Stellungnahmen und Erklärungen von 1965 war die Wiedervereinigung noch durch eine Zwischenstufe der Konföderation beider deutscher Staaten formuliert. In ihrem *Duisburger Aufruf* vor der Bundestagswahl 1965 hieß es: »Die Koexistenz der Weltmächte verlangt und ermöglicht die Koexistenz in Deutschland. Die deutsche Frage ist nur durch gesamtdeutsche Kommissionen, schrittweise Wiederannäherung und auf konföderativer Basis lösbar.«[58]

Ein konkretisierter Gedanke fand sich im *Deutschlandplan* der DFU, der im Juni 1965 auf dem Bundeswahlkongress in Mainz verlesen wurde.[59] Dem Deutschlandplan folgend könne die Wiedervereinigung in drei Phasen erreicht werden. In der ersten Phase gehe es um Intensivierung und Ausbau der angebahnten innerdeutschen Kontakte und Verbindungen. Es sollten gesamtdeutsche Kommissionen gebildet werden, die über einen deutschen Beitrag zur Entspannung und Rüstungsbegrenzung sowie über wirtschaftliche, kulturelle, sportliche und wissenschaftliche Zusammenarbeit verhandeln. In der zweiten Phase wäre ein gesamtdeutscher Rat auf paritätischer Grundlage zu schaffen, in dem legitimierte Vertreter der beiden Parlamente und Regierungen wirken. Eine wichtige Aufgabe des gesamtdeutschen Rates sollte in dieser Phase die Vorbereitung einer »konföderativen Form der Wiedervereinigung« sein. Dazu zählte dem Deutschlandplan zufolge nicht zuletzt ein deutscher Friedensvertrag, an dessen Verhandlungen alle am Zweiten Weltkrieg beteiligten Staaten teilnehmen sollten. Darüber wurde in diesem Deutschlandplan neben der militärischen Neutralität Deutschlands die zunehmende wirtschaftliche Zusammenarbeit zwischen der EWG und COMECON im Sinne der begonnenen Überwindung des wirtschaftlichen Blockdenkens hervorgehoben: Eine solche Entwicklung ermögliche den beiden deutschen Staaten, trotz unterschiedlicher Wirtschaftsformen ihre Beziehungen und den innerdeutschen Handel im beiderseitigen Interesse auszubauen. Die Schaffung einer deutschen Föderation sei nur im Rahmen eines gesamteuropäischen Staatensystems möglich. Eine nationalistische Entwicklung, wie die einseitige deutsch-deutsche Verständigung für die Wiederherstellung der deutschen Einheit, sei damit ausgeklammert. In einem solchen Prozess des Abschlusses eines deutschen Friedensvertrags und der gesamteuropäischen, aber auch weltpolitischen Annäherung könnte »die dritte Phase des langwierigen Prozesses der deutschen

58 Duisburger Aufruf der DFU, in: Ausweg 4 (1965), H. 4, S. 31.
59 Vgl. Entwurf des Deutschlandplans, in: ebd., H. 7, S. 8–10.

Wiedervereinigung eintreten«, die mit der Bildung einer Deutschen Föderation beginnen sollte. Die Deutsche Föderation hätte die Aufgabe, gesamtdeutsche Wahlen mit dem Ziel einer gesamtdeutschen Verfassung vorzubereiten, so der Deutschlandplan der DFU 1965.[60]

In einigen Punkten deckte sich diese Konzeption also nicht mit den SED-Konföderationsvorschlägen. Dies betraf insbesondere die Reihenfolge des vorgesehenen Wiedervereinigungsprozesses, die Einbeziehung der vielen Nachbarländer in die Verhandlungen über den Friedensvertrag und die Hervorhebung des gesamteuropäischen Rahmens als Voraussetzung für die deutsche Konföderation.

Eine sachliche Diskussion, bei der die DFU sich mit den SED-Konföderationsvorschlägen hätte auseinandersetzen können, fiel allerdings aus, sowohl innerparteilich als auch bei den verschiedenen Veranstaltungen der DFU und des BdD, wie etwa dem *Gesamtdeutschen Forum* oder dem *Deutschen Gespräch 1966,* wobei die eingeladenen DDR-Vertreter ihre deutschlandpolitische Position zu propagieren vermochten.[61] Der DFU ging es um einen gemeinsamen Kampf mit der SED gegen die Bonner Politik des Alleinvertretungsanspruchs und der Nichtanerkennung der Ostgrenze, der Aufrüstung usw. Deutlich wird dies auch am abrupten Abschied der DFU von der Konföderationsidee, der gleichzeitig ihre Einbindung in die SED-Strategie vor Augen führte, worauf Gallus zu Recht hingewiesen hat.[62] Sobald die SED von der Konföderationsidee abrückte, ging die DFU denselben Weg. In ihrem Periodikum *argumente* verkündete sie Ende April 1967, anknüpfend an den Wandel der SED-Nationalpolitik, einen radikalen Wechsel ihrer Wiedervereinigungskonzeption:

> »Nach diesem Parteitag, der in den deutschen Dingen noch einmal klar und unmißverständlich die Realitäten gezeigt hat, muß jeder wissen: Der Zug der Wiedervereinigung ist für eine wahrscheinlich lange Zeit abgefahren. Es kann jetzt nur noch darum gehen, die Beziehung zwischen beiden deutschen Staaten friedlich und normal zu gestalten. Die den Tatsachen innewohnende Logik gebietet, mit dem ersten Schritt zu beginnen, d. h. den Frieden zu sichern.«[63]

Auch im Hanauer Programm 1968 bekräftigte die DFU mit der Anerkennung der Existenz zweier deutscher Staaten als endgültigem Zustand eine Wende ih-

60 Vgl. ebd., S. 9.
61 Zu dem vom BdD arrangierten Deutschen Gespräch 1966 vgl. SAPMO-BArch DY 6/Vorl. 5285.
62 Vgl. Gallus: Die Neutralisten, S. 285 f.
63 Die Entspannung mit dem ersten Schritt beginnen!, in: argumente, hg. vom Pressereferat des Bundesvorstands der Deutschen Friedensunion, 4/67, 2. Aprilhälfte, Köln 1967, S. 3.

rer Deutschlandpolitik, was der BdD schon ein Jahr zuvor hinter sich gebracht und dann von der DFU gefordert hatte.[64]

Bei den Bundestags- und Landtagswahlen vermochte die DFU die 1960er Jahre hindurch keinen Erfolg zu verbuchen, und sie verfügte über keine Parlamentsmandate.[65] Wenngleich nicht wenige deutsche und ausländische Persönlichkeiten wie Bertrand Russell ihre Unterstützung für die DFU bekundeten,[66] konnte sie die ständige Diffamierung in der westdeutschen Öffentlichkeit als »kommunistische Tarnorganisation« und »verlängerter Arm Ulbrichts«[67] nicht überwinden.

Zwar bemühte sie sich, mit der »Neuen Linken« zusammenzuarbeiten, zum Beispiel in verschiedenen Friedensinitiativen, doch ihr politischer Einfluss blieb gering und darf – auch wenn dies die Selbstdarstellungen implizierten – nicht überschätzt werden.[68] Die DFU setzte sich allerdings als außerparlamentarische Gruppe konsequent für die neue Ostpolitik der Brandt/Scheel-Regierung ein und brachte als »Vorläufer der Grünen« in der Folgezeit die entscheidenden politischen Fragen wie Frieden, Sicherheit, Zusammenarbeit, Koexistenz und Abrüstung auf die politische Bühne. Dennoch stellte sie keinen »Motor der politischen Entwicklung« in der Bundesrepublik dar. In diesem Sinne urteilte auch die SED: »Die DFU blieb eine fast wirkungslose Minderheit, die nicht fähig wurde, in irgendeiner Klasse oder Schicht, geschweige denn im ganzen Volk der Bundesrepublik nennenswerten Einfluß zu erreichen.«[69] Ebenfalls in der Diskussion um die Konföderationsidee verließen die Linksneutralisten ab diesem Zeitpunkt die Bühne. Sie wollten nun nicht mehr »zwischen den gegensätzlichen Welten wandern«, wie sie es in den 1950er Jahren getan hatten, sowohl in ihrer politischen Praxis als auch in ihren Gedankengängen, sondern sie fanden sich mit der Zweistaatlichkeit in Deutschland ab.

64 Vgl. Schönfeldt: Die Deutsche Friedens-Union, S. 865.

65 Bei der Bundestagwahl 1965 erlangte sie nur 1,3 % der Stimmen. Zu den Wahlergebnissen der DFU vgl. ebd., S. 868.

66 Zu den von der DFU gesammelten unterstützenden Stimmen aus dem Ausland vgl. Vertrauen in unsere Arbeit, in: Ausweg 4 (1965), H. 3, S. 48 f.

67 Zu Diffamierungen der DFU vgl. Schönfeldt: Die Deutsche Friedens-Union in Niedersachsen, S. 18 f.

68 Vgl. dazu H. Beutin/W. Beutin/Brücher (Hg.): Nach Rückschlägen vorwärts, S. 15 f.; 7. Ordentlicher Unionstag der Deutschen Friedens-Union am 29./30. November 1975 in Dortmund, S. 16–21.

69 Zitat nach Gallus: Die Neutralisten, S. 285.

4.2 Konföderation und Dritter Weg

4.2.1 Wolf Schenkes Zeitdiagnose und Teilungsanalyse

In der gesamten Nachkriegszeit vertrat keiner so konsequent die Idee eines neutralisierten vereinten Deutschlands wie Wolf Schenke. Der 1914 in Arnstadt in Thüringen geborene Publizist engagierte sich als führender Kopf des deutschen Neutralismus bis zu seinem Tod 1989 unbeirrt für die Wiederherstellung der deutschen Einheit und hinterließ bei den Nationalneutralisten deutliche Spuren. In bisherigen Studien über die bundesdeutschen Neutralisten wurden seine politischen Gedanken und Aktivitäten näher beleuchtet.[70] Sein verschlungener Lebenslauf verdient ebenfalls Aufmerksamkeit: Funktionär der Hitlerjugend, Studium der Journalistik in Berlin, 1935/36 Studienreise in China, bis 1945 freier Journalist und Korrespondent für den *Völkischen Beobachter* in China, von den USA angeklagt und freigesprochen im Shanghaier Kriegsverbrecherprozess, 1949 Gründung der Pressekorrespondenz *Realpolitik* in Hamburg, Buchautor über China sowie Befürworter der nationalen Befreiung der »Dritten Welt«, 1956 Chinareise und -berichte, 1957 Gründung der *Deutschen China-Gesellschaft* und deren langjähriger Vorsitzender, in den 1960er Jahren Sympathisant der Studentenbewegung und Eintritt in die Partei Die Grünen.[71]

Der nationalneutralistische Publizist Schenke spielte im Hinblick auf die Entwicklungsgeschichte der Konföderationsidee in der Bundesrepublik eine besondere Rolle. Bis zum SED-Vorstoß mit dem Konföderationsvorschlag Anfang 1957 wollten er und seine Gleichgesinnten nichts von dieser Idee wissen, sie reagierten zunächst abwartend, wenn nicht argwöhnisch und schwangen sich dann mit einem Schlag zu vehementen Verfechtern der Konföderationsidee auf. Schenkes Konföderationskonzept unterschied sich von dem der pazifistischen Neutralisten um die *Blätter* und den BdD sowohl in den Motiven der Aufnahme bzw. Aneignung der Idee als auch inhaltlich sowie wirkungsgeschichtlich.

Bereits in der ersten Hälfte der 1950er Jahre nahm Schenke bei den Neutralisten in der Bundesrepublik eine besondere Stellung ein. Das hatte nicht

70 Vgl. Dohse: Der Dritte Weg, S. 84–99; Gallus: Die Neutralisten, S. 195–203 und 287–295. Eine denunzierende Kritik an Schenkes »neofaschistischer« Gesinnung und seinen Kontakten ist bei Peter Kratz: Rechte Genossen. Neokonservatismus in der SPD, Berlin 1995, S. 207–214, zu lesen.

71 Vgl. seine Selbstdarstellung: Schenke: Siegerwille und Unterwerfung. Auf dem Irrweg zur Teilung. Erinnerungen 1945–1955, München 1988. Vgl. auch Dohse: Der Dritte Weg, S. 84 ff.; Gallus: Die Neutralisten, S. 195 f.

zuletzt damit zu tun, dass er als vermittelnder Organisator ab 1949 mehrmals versucht hatte, heterogene neutralistische Oppositionsgruppen zusammenzuführen, wie seine Initiative zum *Deutschen Kongress* 1951, der Versuch der Gründung einer *Unabhängigen Deutschen Sammlung* im August 1952, seine Einladung und der Sammlungsversuch der neutralistischen Opposition angesichts der Bundestagswahl 1953 und seine Initiative zu Protestaktivitäten gegen die Ratifizierung der Pariser Verträge zur Jahreswende 1954/1955. Allerdings misslangen diese Versuche letztendlich.[72]

Nach solch wiederholten Fehlschlägen zog Schenke sich aus der Politik zurück und widmete sich zwischen 1956 und 1983 überwiegend der von ihm gegründeten Zeitschrift *Neue Politik (NP)*.[73] Diese Wochenzeitschrift, die ab April 1973 monatlich erschien, galt als zentrales Forum des westdeutschen Neutralismus, für das neben Schenkes engsten Mitarbeitern wie Bruno Kray, Alexander Andrae und Wolfgang Venohr[74] Nationalneutralisten wie Theodor Kögler,[75] Hermann Rauschning[76] und Hermann Schwann[77] schrieben, aber auch Ulrich Noack, Wolf Christian von Harling, Bogislaw von Bonin und Ulrike Meinhof. Ab Ende der 1960er Jahre, in denen die *NP* einen Linksruck vollzog, äußerten sich zunehmend Linke wie Ossip Flechtheim und ab Anfang der achtziger Jahre auch Autoren aus der Friedensbewegung wie Petra Kelly, Dieter S. Lutz, der spätere Mitarbeiter von Egon Bahr, und Alfred Mechtersheimer.[78]

In den 1950er Jahren hatte Schenke sich wohl schon mit seiner anregenden Neutralitätsvorstellung von den anderen Neutralisten abgesondert. Dies hatte zweifellos mit seinem grundlegenden, auf »die dritte Lösung« gerichteten Denkansatz zu tun, der auf dritte Wege in allen Bereichen, das heißt nicht

72 Vgl. Schenke: Siegeswille und Unterwerfung, S. 299–418; Dohse: Der Dritte Weg, S. 88–97; Gallus: Die Neutralisten, S. 197–203.

73 Vgl. Gallus: Die Neutralisten, S. 287 ff.

74 Zu den Mitarbeitern der NP vgl. Kratz: Rechte Genossen, S. 209–211. Zu Alexander Andrae vgl. Horst W. Schmollinger: Die Deutsche Reichspartei, in: Stöss (Hg.): Parteien-Handbuch, Bd. 2, S. 1146. Zu Wolfgang Venohr vgl. Venohr: Die Abwehrschlacht. Jugenderinnerungen 1940–1955, Berlin 2002.

75 Theodor Kögler (1901–1967), politischer Sekretär der KPD-Reichstagsabgeordneten Ruth Fischer und SAP-Mitglied, Gründer des »Freiheitsbundes«. Zu seiner Person und politischen Biographie vgl. Dohse: Der Dritte Weg, S. 71–83.

76 Hermann Rauschning (1887–1982), Politiker und Publizist, Senatspräsident der Stadt Danzig, deutsch-amerikanischer Musikwissenschaftler. Vgl. Jürgen Hensel/Pia Nordblom (Hg.): Hermann Rauschning. Materialien und Beiträge zu einer politischen Biographie, Osnabrück 2003.

77 Hermann Schwann (1898–1977), FDP-Politiker und Gründer der AUD (Aktionsgemeinschaft Unabhängiger Deutscher), war von 1947 bis 1953 Landtagsabgeordneter in Nordrhein-Westfalen und von 1953 bis 1957 Bundestagsabgeordneter. Zu seiner Person vgl. BHMDB, Bd. 2, S. 803.

78 Zur Namensliste der NP-Autoren vgl. NP 11 (1966), H. 10, S. 14.

nur in der Außenpolitik, sondern auch auf politischem, sozialem, wirtschaftlichem und kulturellem Gebiet zielte. Sein Neutralitätskonzept zeichnete sich dennoch insbesondere durch eine eigene Zeitdiagnose und Wahrnehmung der deutschen Teilungsverhältnisse aus.

Dass der Ost-West-Gegensatz als der entscheidende Faktor für die Weltpolitik des 20. Jahrhunderts gelten sollte, das heißt Deutschland als eine geteilte Nation im geteilten Europa, im Brennpunkt dieses ideologischen Konflikts lag, stand bei den meisten westdeutschen Neutralisten außer Frage. Schenke sah das von Grund auf anders. Nicht der Ost-West-Konflikt, sondern die weltweiten Spannungen von Kolonialisierung und Entkolonialisierung seien Bestimmungsfaktoren für die weltpolitische Entwicklung im 20. Jahrhundert. Die Formel der Ost-West-Auseinandersetzung zwischen »freier Welt« und »Kommunismus« fand Schenke abwegig und verzerrend. In seiner Schrift *Die Stunde Asiens. Deutschland und die Revolution des 20. Jahrhunderts* aus dem Jahre 1955 erläuterte er eingehend die historische Bedeutung der antikolonialen nationalen Bewegungen und Unabhängigkeitsbewegungen in Asien und Afrika.[79] Den Kampf der unterdrückten Völker gegen die Kolonialherrschaft hielt Schenke für die wichtigsten Vorgänge der Weltpolitik. Nachdem er die »Ausdehnung der europäischen Zivilisation über die ganze Erde« als »den beherrschenden Zug der Entwicklung im 19. Jahrhundert« bezeichnet hatte, führte er weiter aus:

> »Aber von geringfügigen Ausnahmen abgesehen, kann man sagen, daß sie [die Bewegung der europäischen Ausdehnung; der Verfasser] mit dem ersten Weltkrieg bereits abgeschlossen war und schon die Gegenbewegung einsetzte, die heute, nur vier Jahrzehnte später, zum bedeutendsten Charakterzug der Weltentwicklung geworden ist, weit wichtiger als etwa der berühmte – oberflächlich so genannte – Ost-West-Gegensatz, der nach Meinung vieler unser Schicksal sei.«[80]

Die Entkolonialisierung bezeichnete Schenke als »die Weltrevolution des 20. Jahrhunderts«, verglichen mit der industriellen Revolution und Expansion

79 Vgl. Schenke: Die Stunde Asiens. Deutschland und die Revolution des 20. Jahrhunderts, Hamburg 1955. In dieser Schrift geht es wie in seinen früheren Veröffentlichungen um China: Kampfplatz Ostasien (1937); Reise an der Gelben Front (1940); China im Sturm (1955). Vgl. auch ders.: Neue Weltmacht China, Hamburg 1958. Schenke ging davon aus, dass der Charakter der Bewegung, die ganz Asien und große Teile Afrikas erfasst habe, sehr gut am Beispiel Chinas gezeigt werden könne. China stehe in der vordersten Front des Kampfes gegen den Kolonialismus. Vgl. ders.: Die Stunde Asiens, S. 8. China war aber nie eine Kolonie gewesen wie die anderen Länder in Asien und Afrika, wie Schenke auch feststellen musste. Die Frage, inwiefern China eigentlich als repräsentatives Beispiel für die gegen den Kolonialismus kämpfenden Länder gelten konnte, hat Schenke nicht beantwortet.

80 Ebd., S. 8.

im 19. Jahrhundert. Die »Weltstunde« sei angebrochen, und vor allem in Asien seien die Völker, über die Befreiung und Unabhängigkeit von den alten imperialen Mächten hinaus, »in einem großen Aufbruch, mit Aufgaben vor sich, die sie jahrzehntelang ausfüllen werden, am Beginn einer Aufwärtsentwicklung, die ihren Wohlstand und ihre Macht unvergleichlich anwachsen lassen wird«.[81]

Im Anschluss an die bekannte Vorhersage de Tocquevilles über den Aufstieg Russlands und Amerikas machte Schenke auf den Aufstieg der beiden asiatischen Giganten, China sowie Indien, aufmerksam, die als zukünftige Weltmächte diese Weltentwicklung anleiten würden. Es werde keine hundert, sondern wahrscheinlich nur fünfzig Jahre dauern, bis sie an der Spitze seien, so 1955 Schenkes Vorhersage.[82] Als »eine neue und zeitgemäße deutsche Außenpolitik« schlug er Folgendes vor: die politische und moralische Unterstützung aller Unabhängigkeitsbewegungen und Aufbaubestrebungen in den kolonialisierten und entkolonialisierten Ländern und den engsten Austausch und Solidarität mit Asien und Afrika.[83]

In seiner Zeitdiagnose vermengte Schenke die zwar teils zutreffende, aber übertriebene Sinnzuschreibung der Unabhängigkeitsbewegung der asiatischen und afrikanischen Länder für die Weltpolitik des 20. Jahrhunderts mit einem okzidentalistischen Blick. Dass die nationalen Unabhängigkeits- und Solidaritätsbewegungen sowie Aufbaubestrebungen der »Dritten Kräfte« angesichts der Einmischung der Weltmächte des sogenannten Kalten Krieges, USA und Sowjetunion, sowie der inneren Zerwürfnisse auf keinen grünen Zweig kommen konnten, ließ er außer Betracht. Es wäre sinnvoller gewesen, das komplexe Verhältnis zwischen der weltumspannenden Ost-West-Konfrontation und der weltweiten Entkolonialisierung nüchtern zu erörtern, anstatt Letztere zu verherrlichen. Schenkes Begeisterung für die alte chinesische Kultur und die Idealisierung der chinesischen Entwicklung in der Nachkriegszeit machten es ihm ebenfalls schwer, die realen Vorgänge der chinesischen Politik sachlich zu verfolgen, wie es sich in seinen verzerrten Berichten über die chinesische Industrieentwicklung und die Kulturrevolution zeigte.[84] An die Stelle einer nüchternen Analyse trat der blinde Glaube an das bevölkerungsstärkste, kulturreiche große Land: Chinas Aufstieg sei Schicksal.[85]

81 Ebd., S. 61.

82 Vgl. ebd., S. 62. Elf Jahre später, also Anfang 1966, sah Schenke seine Voraussage von 1955 bestätigt. Vgl. Schenke: Du wirst dabei sein. Ein Ausblick auf die Welt von morgen, in: NP 11 (1966), H. 1–2, S. 4 f. China sei schon jetzt der entscheidende Faktor der Weltentwicklung. Vgl. auch Schenke: Siegeswille und Unterwerfung, S. 241–253.

83 Vgl. Schenke: Deutschland und die Weltrevolution, in: NP 1 (1956), H. 3, S. 8.

84 Vgl. Sonderberichte der NP über die politische und wirtschaftliche Lage Chinas in: NP 4 (1959), H. 23, S. 1–28; Schenke: Neue Weltmacht China, S. 113–240.

85 Vgl. Schenke: Die neue Weltmacht, in: NP 1 (1956), H. 42, S. 11; ders.: Neue Weltmacht China, S. 303–312.

Gleichwohl bestand das größte Problem seiner Zeitdiagnose eher darin, dass Schenke seine Analyse der Weltlage unmittelbar auf die europäische und insbesondere die deutsche Situation anwandte: Er blendete die fundamentalen Unterschiede zwischen den entkolonialisierten afroasiatischen Ländern und den postfaschistischen deutschen und europäischen Staaten aus. Den Deutschen ging es zu jener Zeit nicht zuletzt um den demokratischen Wiederaufbau und die innen- sowie außenpolitische Neugestaltung, aber nicht um nationalistische Ressentiments gegen die Großmächte oder den nationalen Befreiungskampf gegen die Kolonialmächte.

Schenkes Ansicht nach war die Entkolonialisierung für die deutsche Politik von entscheidender Bedeutung, denn Deutschland sei ebenfalls ein unterdrücktes Land, das sich, »rein außenpolitisch gesehen«, in einer ähnlichen Lage befinde wie die meisten Völker in Asien. Die nationale Teilung Deutschlands betrachtete Schenke also nicht aus der Perspektive der politisch-ideologischen Konfrontation, sondern durchweg im Zusammenhang mit der weltweiten Entkolonialisierung. Auch Deutschland sei als besetztes Land »ein Teil des großen Gürtels von Ländern, der sich vom Fernen Osten über Südost-, Mittelasien und den Nahen Osten bis nach Frankreich hinzieht, zwischen den beiden Hauptsiegern des letzten Weltkrieges und den Hauptgegnern der Nachkriegszeit, den Vereinigten Staaten von Amerika und der Sowjetunion«.[86] Die Teilung Deutschlands als solche sei laut Schenke schon eine revolutionäre Situation. Der Kampf um Deutschland, das heißt ein nationaler Kampf um die Wiedervereinigung, so kündigte Schenke in der ersten Ausgabe seiner Zeitschrift *NP* an, solle nun richtig beginnen.[87]

In diesem Zusammenhang hob der Chefredakteur der *NP* hervor, dass Deutschland sich dem »Dritten Machtblock« anschließen sollte. Er meinte damit, dass die Deutschen dem asiatischen Weg der »Weltrevolution des 20. Jahrhunderts« folgen sollten. Sie sollten »endlich einmal mit der Zeit gehen«. Dies hieß: Überwindung des »vollkommen irrealen Zwei-Welten-Schemas« und Zusammengehen mit Neu-Delhi, Peking, Djakarta, Tokio usw. Für Deutschland sei das Aufkommen dritter Mächte, die weite Bereiche der Welt aus dem amerikanisch-russischen Gegensatz herausnähmen und damit die Macht, den Einfluss und die Kriegsbereitschaft Moskaus und Washingtons beschränkten, wegen der Zweiteilung des Landes von besonderer Bedeutung.[88] Den Deutschen wurde in Schenkes Analyse dabei keine führende Rolle zuteil, denn die »Weltrevolution« ginge von Asien aus. Besondere Aufmerksamkeit schenkte er aber der Wechselbeziehung zwischen einer deutschen Wiedervereinigung

86 Vgl. Schenke: Schluckt uns der Osten?, in: NP 1 (1956), H. 1, S. 2.
87 Ebd.
88 Vgl. Schenke: Die Stunde Asiens, S. 76 ff.

durch die Herauslösung aus den Blocksystemen und der weltweiten Entkolonialisierung sowie Friedenssicherung: Eine friedliche Wiedervereinigung Deutschlands sei nur denkbar, wenn beide Parteien auf ihre Teile verzichteten und die Schaffung eines ebenfalls außerhalb der militärischen Mächtegruppierungen stehenden Gesamtdeutschlands zuließen.

> »Die Verhältnisse wirken natürlich auch umgekehrt aufeinander ein: Wenn die Wiedervereinigung Deutschlands erreicht werden könnte und dieses wiedervereinigte Deutschland zusammen mit Finnland, Schweden, Österreich und Jugoslawien einen ›Friedensbereich‹ in Europa bildete, so würde damit ohne Zweifel die Lösung noch offener Ost-West-Probleme auch in anderen Teilen der Welt erleichtert«,[89]

so Schenkes Fazit. Hierin stimmte er mit anderen Neutralisten wie Noack, Elfes und den DFU-Politikern überein, da sie alle für einen »neutralen Gürtel Europas« zur Friedensgestaltung eintraten. Mit seiner Wahrnehmung der Weltentwicklung und der Hervorhebung der Rolle Chinas für die deutsche und europäische Politik unterschied Schenke sich dennoch nicht nur von den pazifistischen Linksneutralisten, sondern auch von anderen rechtsradikalen und nationalneutralistischen Gruppierungen wie der *Deutschen Gemeinschaft* (DG) und der *Deutsch-Sozialen Union* (DSU), die zwar ebenfalls ihre jeweiligen nationalistischen Argumentationen an die antiimperialistischen Kämpfe in der Dritten Welt anlehnten, für die die Welt aber immer noch um Deutschland kreiste.[90]

Als charakteristisch lässt sich eher die weitere Analyse der deutschen Teilungssituation betrachten. In Schenkes Beurteilung bestand ebenso wenig ein grundsätzlicher Unterschied zwischen den politischen Führungen der beiden deutschen Staaten wie zwischen den beiden imperialistischen Weltmächten, den USA und der Sowjetunion. Sie ständen unter fremdem Einfluss der jeweiligen Großmächte und seien ihnen zu Diensten. »Deutsche standen mit fremden Siegern gegen Deutsche mit anderen fremden Siegern«, formulierte Schenke Mitte Mai 1956 in der *NP*.[91]

89 Ebd., S. 77.
90 Vgl. Stöss: Die Deutsche Gemeinschaft, in: ders. (Hg.): Parteien-Handbuch, Bd. 2, S. 883 f.; ders.: Die Deutsch-Soziale Union, in: ebd., S. 1254–1259.
91 Schenke: Ganz Deutschland wird aufatmen: Es geht zu Ende mit A und U, in: NP 1 (1956), H. 11, S. 1. Zehn Jahre später, im Mai 1966, wies Schenke zwar darauf hin, dass der Satellitenstatus der beiden deutschen Staaten angesichts des »Auflösungsprozesses der Blöcke« nicht mehr erzwungen sei. Er beteuerte aber, dass noch keine grundlegende Änderung der Verhältnisse hüben und drüben eingetreten sei. Vgl. Schenke: Du wirst dabei sein (XIII). Dritter Weg nach Deutschland, in: NP 11 (1966), H. 22, S. 8 f.; »BRD und DDR gleichen sich darin, daß sie Satelliten sind«, ebd., S. 9.

Über den Hinweis auf den gemeinsamen Charakter der beiden Staaten hinaus verwies Schenkes kritische Teilungsanalyse auf die aktive und kooperative Rolle der beiden Regierungen für die nationale Teilung. Ulbricht und Adenauer seien jeder in seiner Hälfte Deutschlands natürliche Ergebnisse einer Zeit, in der die Gewalt nicht vom Volke, sondern von das Land besetzt haltenden Mächten ausginge. Die beiden Staatschefs als Marionetten der Großmächte hielt Schenke für aktive Mitgestalter der Teilung. Die politischen Kräfte diesseits und jenseits der Trennungslinie, die sich in den Namen Adenauer und Ulbricht verkörperten, seien sogar noch vor den Siegern hergelaufen und hätten sich hier westlicher als der Westen und drüben östlicher als der Osten gebärdet, stellte Schenke 1959 in seiner Zeitschrift fest.[92] Beide politischen Führungen machte er für die Entstehung und Verfestigung der deutschen Zweistaatlichkeit verantwortlich. Die zwei deutschen Staaten konnten Schenke zufolge nicht ohne die Mitwirkung der Deutschen hüben und drüben entstehen.[93] Weder Hitler, zu dessen Erbe die staatliche Teilung nicht gehöre, wie Schenke feststellte, noch die Sieger, die in Potsdam die staatliche Einheit Deutschlands bekräftigt hatten, sondern eben die Spitzenpolitiker der jeweiligen deutschen Regime seien die Hauptverantwortlichen für das deutsche Schicksal der Teilung.[94]

Diese Wahrnehmung der deutschen Teilungsverhältnisse schuf einen ganz anderen Ausgangspunkt für die nationale Orientierung als bei den Linksneutralisten der DFU. Basierend auf dieser Analyse waren also die Nationalneutralisten um Schenke genauso kritisch gegenüber »Pankow« wie Bonn gegenüber eingestellt. Auf eine Verhandlung mit den »Ulbricht-Leuten«, geschweige denn auf eine Zusammenarbeit mit ihnen, welche aber für den BdD sowie die DFU eine Selbstverständlichkeit darstellte, wollten Schenke und seine Mitstreiter sich zu jener Zeit auf keinen Fall einlassen.

Außerdem machten sie auf die enge Interessenverflechtung der politischen Führungen beider deutscher Staaten aufmerksam. Die beiden Seiten hätten durchweg am selben Strang gezogen: dem Status quo. Im März 1957 hieß es beispielsweise in der *NP:*

> »Adenauer bedingt Ulbricht und Ulbricht bedingt Adenauer, und beide zusammen sind für die Männer im Kreml in ihrer heutigen Geistesverfassung die beste Garantie dafür, daß nicht gar das eintrete, was die Dinge im ganzen mittel-osteuropäischen Raum noch mehr in Fluß bringen könnte: die deutsche Wiedervereinigung.«[95]

92 Vgl. Schenke: Die Schuld steht fest, in: NP 4 (1959), H. 43, S. 3 f.
93 Ebd., S. 3.
94 Ebd.
95 C. C.: Russen für Adenauer, in: NP 2 (1957), H. 10, S. 6.

Adenauer und Ulbricht seien als Gegner der Wiedervereinigung von Anfang an aufeinander angewiesen gewesen, wobei die Existenz des Gegenparts die jeweils eigene Existenz garantierte. Die von Schenke öfters vorgetragene Formel lautete: Adenauer bestimme Ulbricht, Ulbricht bestimme Adenauer;[96] die beiden ergänzen sich und leben voneinander.[97]

Diese Perspektive der *feindseligen Abhängigkeit* zog sich als roter Faden durch die weitere *NP*-Analyse der politischen Lage beider deutscher Staaten. Auch Anfang 1963, als das Ende der Adenauer-Regierung bevorstand, wies Schenke auf diesen Aspekt hin: Das Ende der Adenauer-Ära werde nicht die *eine* Gefahr mit sich bringen, dass etwa Ulbricht das Erbe antrete. Der hätte schon vorher abgewirtschaftet, und nur eine einzige Tatsache erlaube ihm, die Fassade aufrechtzuerhalten: dass Adenauer noch existiert. Jeder sei mit seiner Politik der Popanz, mit dessen Hilfe man jeden Ansatz zur deutschen Wiedervereinigung verhindern könne, die für beide die Abgabe der Macht bedeutet hätte, so Schenke.[98]

Im Grunde lässt diese Perspektive sich als anregender Beitrag zur Beleuchtung der nationalen Teilungssituation betrachten. Zwar hatte sie in der damaligen wissenschaftlichen Forschung über die deutsche Teilung keinen Platz, sie sollte aber in den 1980er Jahren sowohl bei den Nationalneutralisten aus dem rechten Spektrum als auch bei den Linksnationalen wieder auftauchen.[99]

Das Grundproblem dieser Perspektive liegt darin, dass sich die politischen Entwicklungen in den beiden deutschen Teilstaaten, die sich doch aus der jeweiligen inneren politischen und gesellschaftlichen Dynamik und den dortigen Spannungen ergeben hatten, mit dem Teilungsproblem nicht ganz erklären lassen. In der Tat waren Schenkes Augen nicht selten ausschließlich auf die Gemeinsamkeiten und Ähnlichkeiten der beiden deutschen Teilstaaten gerichtet: den »Satellitenstatus«; die Verantwortung der beiden deutschen Führungen für die Entstehung und Verfestigung der deutschen Teilung; die Unterdrückung eines deutschen Dritten Weges jenseits der beiden Blocksysteme usw. Ausgeblendet waren dabei die unterschiedlichen Grundlagen und Rahmenbedingungen der beiden politischen Systeme und die Veränderungsmöglichkeiten sowie Handlungsspielräume in den jeweiligen Gesellschaften. Es wäre zu kurz gegriffen, wollte man die jeweiligen inneren politischen Veränderungen bzw. Unveränderlichkeiten auf die »Partnerschaft« der beiden Spitzenpolitiker zurückführen.

96 Vgl. Schenke: Deutsche zueinander!, in: NP 2 (1957), H. 12, S. 3 f.
97 Vgl. Schenke: Wie wird Deutschland aussehen?, in: NP 7 (1962), H. 15, S. 3.
98 Vgl. Schenke: Das Krisenjahr, in: NP 8 (1963), H. 1, S. 4.
99 Vgl. dazu Abschnitt 5.2.

Von keinen etablierten politischen Kräften in BRD und DDR war der *NP* zufolge eine »neue Politik« zur deutschen Wiedervereinigung zu erwarten, sondern nur von den »Dritten Kräften«.[100] Die »deutsche Realpolitik«, wie Schenke seine politischen Gedankengänge gern nannte,[101] sollte von daher auf den gemeinsamen Abgang der beiden Machthaber zielen. Bereits Mitte April 1956 machte Schenke in seiner Zeitschrift dieses Ziel deutlich:

> »Die Arbeit an der deutschen Wiedervereinigung ist deshalb in der heutigen Situation und wahrscheinlich auf Jahre hinaus zum wesentlichsten Teil eine *innenpolitische* Aufgabe. Denn sowohl, was wir hier als die gegenüber Ost wie West einzunehmende deutsche Haltung als notwendig bezeichnet haben, als auch der Aufbau einer nicht mehr anfälligen und von Osten her nicht aufzuweichenden Ordnung kann von den bisher führenden Kräften in Bonn nicht verwirklicht werden. Ihre Ablösung aus der politischen Verantwortung ist eine unumgängliche Voraussetzung für alles Weitere.«[102]

Als Schenke erneut, von der Verflechtung der beiden Teilungsregime ausgehend, auf den komplexen und dynamischen Zusammenhang einer nationalen Wiedervereinigung mit inneren Veränderungen in beiden deutschen Staaten hinwies, fasste er allerdings nicht nur den doppelten bevorstehenden Machtwechsel der beiden politischen Führungen ins Auge, sondern sein Blick richtete sich auch auf eine langfristige neue Entwicklung Gesamtdeutschlands: einen dritten Weg auf allen Ebenen. Das kommende Deutschland werde sich von der Bundesrepublik ebenso sehr unterscheiden wie von der DDR. Schenke sprach von »einem deutschen Deutschland«, da die beiden etablierten Systeme von außen eingeführt bzw. erzwungen wurden. Weder der »Monopolkapitalismus« werde da einen Platz haben noch die zu jämmerlichen Ergebnissen führende Superbürokratie der Parteifunktionäre, so lautete Schenkes Dritte-Weg-Konzeption.[103]

Eng verbunden waren bei Schenke also die Frage der nationalen Wiedervereinigung und eine neue politische und soziale Zukunftsvorstellung. Eine solche Perspektive regte ihn und seine Gleichgesinnten dazu an, sich der Idee einer nationalen Konföderation zuzuwenden, wobei ihre Aneignung der Kon-

100 Vgl. Schenke: Du wirst dabei sein (XII). Hinter dem deutschen Bruderzwist, in: NP 11 (1966), H. 19, S. 9.
101 Vgl. Schenke: Eine deutsche Realpolitik, in: NP 10 (1965), H. 27, S. 3 f.
102 Schenke: Wie kommen wir zur Wiedervereinigung?, in: NP 1 (1956), H. 7, S. 5.
103 Vgl. Schenke: Wie wird Deutschland aussehen, in: NP 7 (1962), H. 15, S. 3. Noch genauer führte er seine Dritte-Weg-Konzeption aus in Leitsätze einer neuen Politik I–IV, in: NP 5 (1960), H. 16–19; vgl. Schenkes Artikelserie »Du wirst dabei sein« (XIII–XVII), in: NP 11 (1966), H. 22–26.

föderationsidee nicht zuletzt darauf hinauslief, die beiden »Exponenten der deutschen Spaltung«, Adenauer und Ulbricht, zum Abtreten zu bewegen.

4.2.2 *Konföderationsdiskussionen in der Zeitschrift »Neue Politik«*

Nicht von ungefähr hatten Schenke und seine engsten Mitarbeiter der *Neuen Politik (NP)* auf den Anfang Januar 1957 in der SED-Zeitung *Neues Deutschland* ausgeführten Konföderationsvorschlag Ulbrichts, im Gegensatz zu den Gruppierungen um die *Blätter* und den BdD, zunächst vorsichtig, wenn nicht kritisch und argwöhnisch reagiert. Es überraschte sie, dass »der bärtige Sachse«, wie man Ulbricht zu jener Zeit abschätzig nannte, »eine beachtliche Schwenkung vollzogen« hätte.[104] Denn vom »Chef des Machtapparates der mitteldeutschen Staatspartei« erwarteten die Nationalneutralisten der *NP* bisher keinen konstruktiven, realisierbaren Vorschlag für die deutsche Wiedervereinigung. Sich dessen bewusst, dass der Erste Sekretär des ZK der SED nach der Genfer Konferenz 1955 konsequent einen kompromisslosen Ton angeschlagen hatte, sahen sie in seinem neuen Vorstoß mit dem Konföderationsvorschlag weniger eine eigene Initiative aus »Pankow« als »einen Wink aus Moskau«.

Ungeachtet dessen blieb der Vorschlag ihnen ein Rätsel. Denn ein solches Anzeichen für einen Wandel im Osten entsprach keinesfalls ihrem bisherigen Bild von den Machthabern in Ost-Berlin und Moskau. Schenke und seine Anhänger wollten sich zunächst Zeit nehmen, um die wahren Motive hinter dem neuen Vorstoß des Ostens zu sondieren. Sich mit dem Ulbricht-Vorschlag im Einzelnen auseinanderzusetzen, sei vielleicht noch etwas zu früh, so die *NP* Anfang Januar 1957.[105]

Mit der Zeit wurde jedoch die Lageanalyse so nüchtern, dass die *NP* sich mit »einem Wink aus Moskau« von ihrer bisherigen These der Interessendeckung zwischen Bonner Regierung und sowjetischen bzw. ostdeutschen Machthabern hätte befreien können. In mehreren Beiträgen in der folgenden *NP*-Ausgabe hegten sie nunmehr den Verdacht, dass sich die »Einheitspropaganda der SED-Spitze« auf eine Wahlhilfe für Adenauer richte.[106] Im Wahljahr in der Bundesrepublik wollten die Russen und die SED mit ihrer taktischen Deutschlandpolitik Adenauer unterstützen, so die Lageanalyse der *NP*, weil die

104 W. M. Beutel: Gesamtdeutsche Illusionen; S. T.: Ein Wink aus Moskau, in: NP 2 (1957), H. 1, S. 8 f.

105 Vgl. ebd., S. 9. Dabei verließen sie sich auf den »good will« der »noch realistischeren Genossen« in Moskau.

106 C. C.: Russen für Adenauer, in: NP 2 (1957), H. 10, S. 6; Emil Hoffmann: Deutsche bleiben Deutsche, in: NP 2 (1957), H. 11, S. 3 f.; Schenke: Deutsche zueinander!, in: NP 2 (1957), H. 12, S. 3 f.

Kommunisten im Osten und der Kanzler in Bonn in dieselbe Kerbe schlugen: »Beim alten bleiben.«[107] Auch in seinem *Offenen Brief* an die Mitglieder der SED Ende März 1957 wies Schenke auf die feindselige Abhängigkeit der beiden deutschen Spitzenpolitiker hin: Ulbricht ziehe gegen Adenauer nur deshalb so scharf zu Felde, weil er wisse, dass er ihm damit die beste Wahlhilfe gebe, und »Adenauerfreunde« täten das Gleiche mit umgekehrtem Vorzeichen.[108] Ulbrichts Konföderationsvorschlag betrachtete er im Zusammenhang mit der Partnerschaft der beiden Spitzenpolitiker. Deswegen zweifelte Schenke an Ulbrichts Ernsthaftigkeit, die deutsche Teilung überwinden zu wollen.

Darin lag der Grund dafür, dass Schenke und seine Mitstreiter in den folgenden Monaten des Jahres 1957 die SED-Konföderationsidee kaum behandelten, wenngleich ihnen ihre Bedeutung und Sprengkraft nicht verborgen blieb. Bis Sommer 1957 gingen die *NP*-Autoren also lediglich auf die allgemeine Frage ein, was für eine »neue Politik« angesichts der Herausbildung und Festigung der politisch-militärischen Blöcke und ihrer Aufrüstung entwickelt werden sollte. Während sie noch kein Wort über die Konföderationsidee verloren, schwankten sie zwischen einer Konzeption zur Lösung der militärisch-außenpolitischen Fragen und einer anderen.[109]

Erst Ende Juli 1957 war in der *NP* unzweifelhaft eine modifizierte Beurteilung der realen Verhältnisse im Osten zu erkennen. Seit Stalins Tod habe sich die Welt des Ostens in einem unbeschreiblichen Ausmaß verändert, stellte Schenke in einem Artikel vom 20. Juli 1957, was man »jetzt wenigstens, allerdings schon sehr spät, erkennen« müsse. Eine freiheitlichere Entwicklung habe seiner neuen Erkenntnis zufolge im Osten begonnen und gehe unaufhaltsam weiter.[110]

Von der Wandlung im Osten ausgehend, hielt Schenke nun die Konföderationskonzeption der DDR für diskutabel und machbar. Auch in seinem Artikel »Staatenbund als erster Schritt« vom 3. August 1957,[111] also unmittelbar nach der Vorlage von Grotewohls Konföderationsvorschlag am 24. Juli, wies er darauf hin, dass der gesamte Osten sich angesichts der inneren Krise »von sich aus

107 C. C.: Russen für Adenauer, in: NP 2 (1957), H. 10, S. 6. »Eine sozialdemokratische Regierung in der Bundesrepublik würde allein durch die Tatsache ihrer Existenz eine erhebliche Ausstrahlung nicht nur auf die DDR, sondern auch auf Polen und andere Länder des Ostblockes ausüben. Der Kreml scheint vor allem das in der gegenwärtigen, ungeklärten Situation zu fürchten. So soll erst einmal besser alles beim alten bleiben […].«

108 Vgl. Schenke: Deutsche zueinander!, in: NP 2 (1957), H. 12, S. 3.

109 Zu den verschiedenen Vorschlägen der NP vgl. Schenke: Deutschland gleichzeitig in NATO und Warschauer Pakt?, in: NP 2 (1957), H. 8, S. 7; Schenke: Atomkanzler Adenauer spricht: »Denn sie sind nicht zu mir gekommen«, in: NP 2 (1957), H. 16, S. 4 f.; Alexander Andrae: Der Eintrittspreis, in: NP 2 (1957), H. 23, S. 9 f.; Hubert Spicker: Wiedervereinigung in zwei Phasen, in: ebd., S. 7–9.

110 Vgl. Schenke: Wir und die Wandlung im Osten, in: NP 2 (1957), H. 29, S. 3.

111 Schenke: Staatenbund als erster Schritt?, in: NP 2 (1957), H. 31, S. 3 f.

umstellt und wandelt«. Indem er »das sterile Nein Bonns« zu Grotewohls Konföderationsvorschlag als das absolute Versagen von Regierungsparteien und Opposition vor der Lebensfrage des deutschen Volkes, der deutschen Wiedervereinigung, verurteilte, rief er dazu auf, »die diplomatische Gegenoffensive« zu eröffnen und mit den DDR-Politikern zu verhandeln.

Als Kritiker des DDR-Systems machte Schenke allerdings deutlich, dass er selbst mit dem SED-Konföderationsvorschlag auch nicht einverstanden sei, aber dass man diesem durch einen weitergehenden Gegenvorschlag begegnen könne.[112] Seiner Ansicht nach sollte er neben dem Ausscheiden der beiden deutschen Staaten aus ihren jeweiligen Militärbündnissen Folgendes umfassen: erstens die Bildung eines unauflöslichen Bundes als Vorstufe eines einheitlichen deutschen Staates; zweitens ein neutraler, direkt vom Volk gewählter Bundespräsident als Verkörperung der unauflöslichen Einheit des Bundes; drittens die Schaffung von ständig tagenden Körperschaften zur Einführung einer einheitlichen Verfassungsordnung für das ganze Bundesgebiet, zur Angleichung der inneren Verhältnisse auf rechtlichem, wirtschaftlichem, sozialem, militärischem und kulturellem Gebiet und zur Durchführung einer gemeinsamen Außenpolitik.[113]

Neu an Schenkes Konföderationsgedanken war zunächst der Verweis auf die Repräsentation der unauflöslichen Einheit des Bundes durch einen Bundespräsidenten. Das Amt des Bundespräsidenten, dessen erster Amtsträger weder in der Bundesrepublik noch in der DDR Abgeordneter oder Minister gewesen sein sollte, könne als Bestärkung der nationalen Integration dienen, es sei denn, der Amtsträger wäre parteiisch. Diese Forderung nach Errichtung eines Bundespräsidiums deutete aber viel mehr auf die eindeutig zentralistische Orientierung Schenkes auf einen Einheitsstaat hin als auf einen machbaren Ausgangspunkt für Verhandlungen der beiden Seiten.

Vom föderalistischen Prinzip, das für manchen pazifistischen Neutralisten wie Noack, Etzel, Schneider von großer Bedeutung war, hielt Schenke allerdings zu jenem Zeitpunkt noch wenig, und er sprach sich eher für die Vereinheitlichung des ganzen Systems aus als für die Anerkennung der Andersartigkeiten. Was aber notgedrungen die »friedliche Koexistenz« oder den Wettbewerb zwischen den verschiedenen politischen und gesellschaftlichen Systemen im Rahmen einer Konföderation betraf,[114] verwiesen Schenke und

112 Ebd.

113 Ebd., S. 3 f. Als die NP am 16. Mai 1959 die Berliner Erklärung an die Außenminister der vier Großmächte veröffentlichte, waren im ersten Teil, »Vorschlag zur Wiedervereinigung«, diese drei Punkte ohne Modifikation enthalten. Vgl. Berliner Erklärung. An die Außenminister Frankreichs, Großbritanniens, der UdSSR und der Vereinigten Staaten von Amerika, in: NP 4 (1959), H. 20, S. 6 f.

114 Bemerkenswert ist dabei, dass die Nationalneutralisten um die NP im Grunde mit dem

seine Mitstreiter nicht auf die zwei in den beiden Staaten verwirklichten gegensätzlichen Systeme, sondern sprachen von »drei Ansprüchen auf Deutschland«: Neben beiden Staatsgebilden sollte »die dritte Gestalt« auch als Alternative zur Diskussion gestellt werden.[115] Sie wollten in der Konföderation ebenso wenig auf ihr Ziel verzichten, ganz Deutschland nach ihrem Bilde zu gestalten, wie die SED auf ihr Ziel einer Umgestaltung nach eigenem Bilde. Als die SED in ihrem *Nationalen Dokument* den »Wanderern zwischen zwei Welten« keine Zukunft gab,[116] fühlten sich die Nationalneutralisten der *NP* angesprochen und wehrten sich geradewegs gegen die Offensive des Nationalrates der Nationalen Front der DDR: Während dessen Präsident Prof. Correns in seiner Antwort auf den *Offenen Brief* des *Deutschland-Rats* noch einmal einen Dritten Weg als unrealistisch und abwegig bezeichnete,[117] befand der *Deutschland-Rat*, also der Kreis der Nationalneutralisten um Schenke, eine solche Zurückweisung als intolerant und auch gefährlich, weil solche Dichotomie, entweder Kommunismus oder Kapitalismus, sowie eine erzwungene Freund-Feind-Entscheidung zwischen beiden Systemen geradezu Hass und Entfremdung zwischen den beiden Teilen des deutschen Volkes provozierten.[118]

Obendrein argwöhnte Schenke, dass die DDR sich mit dem Weiterbestehen der Zustände in der BRD und in der DDR unter dem »durch einen papiernen Konföderationsvertrag« geregelten Nebeneinander zufriedengebe, es sei denn, sie sei sicher, dass in ganz Deutschland das ostdeutsche System Einzug halten würde.[119] Den Nationalneutralisten ging es mehr um die dynamische Umwandlung innerhalb der jeweiligen Systeme unter dem Dach einer deutschen Konföderation als um ihre friedliche Koexistenz als solche.

Freilich waren sie der festen Überzeugung, dass der Endpunkt der Entwicklung, die durch die Konföderation eingeleitet werden sollte, ein neuer deutscher Staat sei, in dem das deutsche Volk in freier Selbstbestimmung, ohne Eingriff von außen, sich seine Verfassung geben sollte – die dritte Gestalt Deutschlands. Schenkes nüchterne Beurteilung der rosigen Zukunftsvorstellung des *Nationalen*

Begriff »friedliche Koexistenz« nicht glücklich waren. Vgl. Wie die SED Deutschlands Zukunft sieht. »Nationalkongreß« in Ostberlin, in: NP 7 (1962), H. 24, S. 7 f.

115 Schenke: Drei Ansprüche auf Deutschland, in: NP 7 (1962), H. 27, S. 3 f. Vgl. auch ders.: Wie wird Deutschland aussehen?, in: NP 7 (1962), H. 15, S. 3 f.

116 Vgl. 17. Juni 1962: Aus dem Nationalen Dokument der Nationalen Front des demokratischen Deutschland: Die geschichtliche Aufgabe der Deutschen Demokratischen Republik und die Zukunft Deutschlands, in: Dokumente zur Deutschlandpolitik IV/8 (1962), S. 654; Schenke: Wie die SED Deutschlands Zukunft sieht. »Nationalkongreß« in Ostberlin, in: NP 7 (1962), H. 24, S. 8.

117 Vgl. Briefwechsel Deutschland-Rat – Nationalrat, in: NP 7 (1962), H. 35, S. 8.

118 Vgl. Der Deutschland-Rat zum »Nationalen Dokument«. Offener Brief an den Nationalrat der DDR, in: NP 7 (1962), H. 28, S. 12 f.

119 Vgl. Briefwechsel Deutschland-Rat – Nationalrat, in: NP 7 (1962), H. 35, S. 10.

Dokuments, nämlich dass dieser Optimismus mit einer »realen Einschätzung« der Lage in Deutschland wenig zu tun habe,[120] traf genauso für ihn selbst zu.

Im Übrigen hoben die *NP*-Autoren hervor, dass die beiden Staaten auf deutschem Boden nur »Teilstaaten« seien, der einzelne also kein »Vollstaat«, kein »Gesamtstaat«, kein »fertiger Staat«.[121] Dass auch der Deutsche Bund nur eine Übergangsphase sei, stand in Schenkes Konföderationskonzeption außer Frage. Die beiden Teilstaaten sollten sich in dieser Übergangsphase verpflichten, ihre bisherige Staatsorganisation als vorübergehend anzusehen und gemeinsam an der Einführung einer einheitlichen Verfassungsordnung für das ganze Bundesgebiet zu arbeiten. Es ging in der Konsequenz darum, die »Vollstaatlichkeit« Deutschlands wieder herzustellen, wobei das entscheidende Ziel war, dem Gesamtstaat Deutschland eine Verfassung zu geben, die an die Stelle der beiden Teilordnungen trete.[122] Anstatt sich der Frage zu widmen, wie man die beiden Staaten angesichts der andauernden Systemauseinandersetzungen überhaupt zur Konföderation bringen könne und wie die komplexen Probleme der verschiedenen außenpolitischen Voraussetzungen und der innerdeutschen Rahmenbedingungen zu lösen seien,[123] gingen Schenke und seine Mitstreiter bei der

120 Vgl. Schenke: Wie die SED Deutschlands Zukunft sieht. »Nationalkongreß« in Ostberlin, in: NP 7 (1962), H. 24, S. 8.

121 Der Hinweis der NP-Autoren auf die »Vollstaatlichkeit« Deutschlands oder »Gesamtdeutschland« zu jenem Zeitpunkt kam zustande als Kritik an Jaspers These »Keine deutsche Einheit, sondern mehr Freiheit in der DDR«, vgl. Schenke: Gesamtdeutschland lebt, in: NP 6 (1961), H. 3, S. 3 f.; Werner Jerosch: Wer spricht für Gesamtdeutschland?, in: NP 6 (1961), H. 2, S. 7–10; ders.: Untergang durch endgültige Teilung?, in: NP 6 (1961), H. 8, S. 9 f. Die Bezeichnung »unfertiger Staat« kam von dem nationalneutralistischen Journalisten Eberhard Rottmann. Ab 1967 beschäftigte er sich als stellvertretender Chefredakteur des Weser-Kuriers intensiv mit der »Unvollkommenheit« und »Unvollständigkeit« der Bundesrepublik, vgl. ders.: Der unfertige Staat. Analyse, Bilanz und Perspektive der Deutschlandpolitik, Hamburg 1970, S. 187 f.

122 Vgl. W. Jerosch: Untergang durch endgültige Teilung, in: NP 6 (1961), H. 8, S. 10.

123 Hinsichtlich der außenpolitischen Bedingungen erhob Schenke in seiner Konzeption der deutschen Einheit nur Anspruch auf Neutralität und den Verzicht auf Atomwaffen. Über andere Probleme wie die Grenzfrage, einen Friedensvertrag, den Berlin-Status und die Rolle der vier Mächte, das Europaproblem bildeten sich Schenke und seine Weggefährten zwar eigene Meinungen, die nicht ganz einheitlich waren, sie behandelten sie aber in der Konföderationsdiskussion nur am Rande. Vgl. Schenke: Wenn Bonn sich nicht ändert, in: NP 4 (1959), H. 13; Claus Weiß: Wider die Dogmen in der Außenpolitik, in: NP 3 (1958), H. 14; Schenke: Bericht von einer Reise nach Warschau (II): Der Rapackiplan bleibt aktuell, in: NP 5 (1960), H. 25; Wolfgang Venohr: Friedensvertrag, aber nicht Friedensdiktat!, in: NP 6 (1961), H. 45; Schenke: Kein Frieden ohne Vertrag – Aber: Friedensvertrag nur mit einem Deutschland, in: NP 6 (1961), H. 46; Schenke: Eine neue Deutschland-Politik. Möglich und aussichtsreich, in: NP 10 (1965), H. 3. Über die deutsche Bündnisfreiheit als Voraussetzung der Wiedervereinigung geriet Schenke selbst ins Schwanken. Im Februar 1957 und Februar 1966 vertrat er eine abwegige außenpolitische Lösung, d. h. ein vereinigtes Deutschland bei gleichzeitiger Mitgliedschaft in NATO und Warschauer Pakt, wogegen er ansonsten die militärische Neutralität Deutschlands befürwortete. Vgl. Schenke: Gleichzeitig in NATO und Warschauer Pakt?, in: NP 2 (1957), H. 8, S. 3 f.; ders.: Das Ende der NATO, in: NP 11 (1966), H. 11, S. 12.

NP zu jenem Zeitpunkt hauptsächlich auf die Möglichkeit ein, »die verfassungsgebende Nationalversammlung als gesamtstaatliches, selbständiges Organ ins Leben zu rufen, das unabhängig von der Politik der beiden Teilstaatsordnungen, gestützt auf die Legitimation durch den Wahlakt des Staatsvolkes, zu operieren in der Lage ist«.[124] Die beiden Teilordnungen sollten dabei unangetastet bleiben, bis eine neue gesamtdeutsche Verfassung oder eine davorzuschaltende Übergangsregelung in Kraft trete. Die Nationalneutralisten um Schenke verließen sich, wenn es um die weitere Entwicklung der Übergangsregelung zum Einheitsstaat ging, nicht auf die Verhandlungen zwischen beiden deutschen Regierungen, sondern ausschließlich auf den »Zusammenschluß aktiver, bisher oder in Zukunft nicht mehr einseitig engagierter Kräfte«, die selbständig und unabhängig von »den politischen Stellen und staatlichen Organen der beiden Teilordnungen« für eine »Gesamtstaatspolitik«[125] kämpfen sollten.

Sowohl die eindeutige Einbeziehung der inneren politischen und gesellschaftlichen Verhältnisse in die Konföderationsdiskussion als auch nationalrevolutionäre Gedanken, die sich auf den realitätsfernen »Weg zur Nationalversammlung« der neuen politischen Willensträger stützten, erschwerten die Zusammenarbeit mit anderen Gruppen und Persönlichkeiten, die wohl für die Idee einer deutschen Konföderation oder der Neutralität Deutschlands eintraten, sich aber solchen nationalrevolutionären Zukunftsvorstellungen wenig verbunden fühlten. Anfang der 1960er Jahre lehnten die Nationalneutralisten um Schenke eine Zusammenarbeit oder einen Zusammenschluss mit anderen neutralistischen oder nationalistischen Parteien wie der DFU oder der *Deutschen Reichspartei* (DRP) konsequent ab und versuchten mit eigenen Organisationen, Anhänger eines neutralen Deutschlands um sich zu scharen. Einer Zusammenarbeit mit der DFU bei der bevorstehenden Bundestagswahl 1961 erteilte Schenke mit folgenden Worten eine klare Absage:

> »Eine durchgreifende Änderung der politischen Machtverhältnisse in der Bundesrepublik als Voraussetzung für das Wiedererstehen eines freien und vereinten Deutschland ist nicht durch die heutige Beteiligung am Spiel der parlamentarischen Parteien möglich. Es bedarf dazu zuerst einmal der Herausbildung einer klaren Konzeption vom vereinten Deutschland auf allen Gebieten, wie sie mit den ›Leitsätzen der Neuen Politik‹ im Entstehen begriffen ist, und der Schaffung einer geschlossenen Führungsmannschaft, die sich für diese Konzeption entschlossen einsetzt, durch Auslese aus den Leserkreisen über die Arbeitsgemeinschaften der NP.«[126]

124 W. Jerosch: Der Weg zur deutschen Nationalversammlung, in: NP 6 (1960), H. 12, S. 6.
125 Ebd.
126 Schenke: Soll man jetzt eine Partei gründen? Der Zeitpunkt und die Wahl der Mittel, in: NP 5 (1960), H. 53, S. 6. Die Gründung der DFU und ihre Wahlbeteiligung hielt Schenke

Unterdessen hatte sich am 16. Oktober 1960 aus dem Mitarbeiter- und Leserkreis der *NP*[127] ein Aktivistenkreis, der sogenannte *Deutschland-Rat,* konstituiert, der im Januar 1961 aus 25 Personen bestand.[128] Zudem entstand am 30. April 1961 im Wirkungsbereich der *NP* auch eine Vereinigung zur Mobilisierung einer überparteilichen Volksbewegung für die Herbeiführung der deutschen Einheit: der *Verein Deutsche Nationalversammlung e. V.* (VDNV).[129] Der *Deutschland-Rat,* der sich als Führungsorgan im Kampf für die Einheit und Freiheit des deutschen Volkes betrachtete, sowie der VDNV als überparteiliches Instrument des Nationalneutralismus gaben in den 1960er Jahren mehrere Stellungnahmen und Vorschläge zur deutschen Frage ab, in denen der Konföderationsgedanke als Grundforderung enthalten war. Insbesondere nachdem die *NP* am 19. Januar 1963 als Diskussionsgrundlage einen auf mehreren Arbeitstagungen des Deutschland-Rates ausgearbeiteten Vertragsentwurf für eine Konföderation zwischen den beiden deutschen Teilstaaten veröffentlicht hatte,[130] folgte eine intensive Diskussion über die konkrete Form und Inhalte der Konföderation.[131]

Diese von Anfang 1963 bis 1964 dauernde Konföderationsdiskussion in der *NP,* in welche einige ostdeutsche Ausführungen über den Konföderati-

für einen falschen Weg zum falschen Zeitpunkt. Die Absage der NP-Redaktion löste eine heftige Leserdiskussion aus. Vgl. Hans Wittmack: Was können wir tun?, in: NP 6 (1961), H. 2, S. 9 f.; Schenke: Noch einmal: Deutsche Friedensunion, in: NP 6 (1961), H. 3, S. 14; Zum Thema »Nicht wählen heißt die Parole!«. Offener Brief an Hermann Schwann, in: NP 6 (1961), H. 31, S. 12 f.; Noch einmal zum Thema »Wohin geht die DFU?«, in: ebd., S. 13–15; Die Redaktion Neue Politik: Die Neue Politik zur Bundestagswahl: Was tun – am 17. September?, in: NP 6 (1961), H. 36, S. 7 ff. In der mangelnden Auseinandersetzung der DFU mit dem DDR-System sah die NP sowohl den Hauptgrund für ihren Misserfolg bei der Bundestagswahl 1961 als auch einen Verhinderungsfaktor für ihre Zusammenarbeit mit der DFU. Vgl. »Bund der Deutschen« in Neuauflage? Die DFU will weitermachen, in: NP 6 (1961), H. 39, S. 14. Nicht nur der politischen Zusammenarbeit mit der DFU, sondern auch der mit der DRP stand die NP reserviert gegenüber. Angesichts der damaligen Kräfteverhältnisse sah sie den »Parteiweg« pauschal als verkehrt an; zur Haltung der NP zur DRP vgl. Partei oder Nichtpartei, in: NP 7 (1962), H. 2, S. 11 f.

127 Zu Abonnenten und Auflagenhöhe der NP vgl. Gallus: Die Neutralisten, S. 288.

128 Zu Entstehung sowie Statut des Deutschland-Rates vgl. Der Deutschland-Rat, in: NP 6 (1961), H. 2, S. 7 f. Zu den Mitgliedern gehörten Bogislav von Bonin (Oberst a. D.), Werner-Otto v. Hentig (Botschafter a. D.), Heinz W. Hass (Leiter des Holstein-Verlages), Theodor Kögler (Gründer des »Freiheitsbunds«), Alexander Andrae (General a. D.), Hermann Schwann (FDP-Bundestagsabgeordneter), Cornelius van der Horst (Schriftsteller), Wolf Schenke u. a.

129 Vgl. Gallus: Die Neutralisten, S. 271 ff. Zur Deutschlandtagung in Hamburg: Verein Deutsche Nationalversammlung e. V., in: NP 6 (1961), H. 18, S. 7–10; Deutschland-Treffen der Vereinigung Deutsche Nationalversammlung: Marburg, 11. November 1961, in: NP 6 (1961), H. 46, S. 9 f.

130 Vgl. Eine Diskussionsgrundlage. Konföderation Deutschland, in: NP 8 (1963), H. 3, S. 5 f.

131 Vgl. Zur Einführung der Diskussion: Konföderation Deutschland, in: NP 8 (1963), H. 4, S. 6 f.; Das Forum. Konföderation Deutschland?, in: NP 8 (1963), H. 5, S. 16 f.; Das Forum. Konföderation Deutschland?, in: NP 8 (1963), H. 9, S. 10 f.

onsgedanken, wie das *Nationale Dokument* und ein Artikel von Kertzscher im SED-Zentralorgan *Neues Deutschland*, einbezogen wurden, reichte über das Namensproblem – entweder »Konföderation Deutschland« oder »Deutscher Bund«[132] – sowie das föderalistische oder unitarische Prinzip zur inneren Gestaltung eines gesamten Deutschlands[133] bis zur detaillierten Konstituierung und Bestimmung der Konföderationsorgane. Schon im eigentlichen Entwurf des Deutschland-Rates fand der Anspruch auf ein gemeinsames Staatsoberhaupt keinen Niederschlag mehr, an dessen Stelle ein Generalsekretariat vorgesehen war, das von zwei Generalsekretären, je einer von der jeweiligen Volksvertretung der beiden deutschen Staaten gewählt, geleitet werden sollte. Als weitere Organe der »Konföderation Deutschland« schlug der Entwurf technische Ausschüsse für fünf Bereiche vor, wie außenpolitische Fragen, militärische Sicherheit, innere Fragen, Wirtschafts- und Währungsfragen, deren Mitglieder von beiden Mitgliedstaaten paritätisch gestellt werden sollten, und ein Schiedsgericht, das aus sieben Richtern bestehen sollte: je drei aus beiden Seiten und ein von beiden Regierungen gemeinsam zu ernennender Präsident. Der nach fünf Jahren zu bildende »Gesamtdeutsche Rat«, dem die entscheidende Aufgabe obläge, innerhalb von vier Jahren einen Verfassungsentwurf auszuarbeiten und dem deutschen Volk zur Volksabstimmung vorzulegen, sollte aus 60 Mitgliedern bestehen, 40 aus dem Parlament der Bundesrepublik und 20 von der Volksvertretung der DDR.[134]

Für die DDR-Seite und die Sowjetunion schwer anzunehmen wären nicht nur diese unparitätische Besetzung des Gesamtdeutschen Rates, sondern auch die Bestimmungen über den Berlin-Status: Die DDR sollte West-Berlin als Gebietsstand der Bundesrepublik anerkennen. Ob sich das seit Jahren angeheizte Berlin-Problem mit der naiven Lösung »Eingliederung Westberlins in die Bundesrepublik unter der Voraussetzung der Konföderation« hätte lösen lassen, ist sehr fraglich.[135] Zudem berücksichtigte eine solche Lösung keines-

132 Schenke und einige andere zogen den Namen »Deutscher Bund« gegenüber Konföderation vor, wogegen Venohr für den letzteren plädierte. Es ging bei dieser Debatte darum, ob die Bezeichnung »Konföderation« ungeläufig und missverständlich sei. Vgl. Das Forum. Konföderation Deutschland?, in: NP 8 (1963), H. 5, S. 17.

133 Auffällig ist, dass selbst eine sehr anregende föderalistische Position, von einem Österreicher vorgestellt, die an Etzels Konföderationsgedanken erinnerte, bei den nationalstaatlichen oder nationalistischen Gedanken anhängenden Lesern für Verwirrung sorgte. Offensichtlich spielte dabei eine entscheidende Rolle, dass sich ab diesem Zeitpunkt bei den Nationalneutralisten der NP die hartnäckige zentristische Haltung in eine gemäßigte umwandelte. Vgl. Jacques Otto Grézer: »Deutscher Bund« in entspanntem Mitteleuropa, in: NP 8 (1963), H. 51 f., S. 11–14; Leserbriefe zum Vorschlag »Deutscher Bund«, in: NP 9 (1964), H. 2, S. 13 f.; Konföderation statt Wiedervereinigung?, in: NP 9 (1964), H. 3, S. 11.

134 Vgl. Eine Diskussionsgrundlage. Konföderation Deutschland, in: NP 8 (1963), H. 3, S. 5–8.

135 Darin sah Venohr aber eine Chance, besonders wenn ein solcher Vorschlag von der Sowjetunion käme. Vgl. Das Forum. Konföderation Deutschland?, in: NP 8 (1963), H. 5, S. 17.

wegs die Rechte der vier Mächte auf Berlin. Darüber hinaus könnte Artikel 4 Stein des Anstoßes gewesen sein:

> »Die Bundesrepublik Deutschland und die Deutsche Demokratische Republik erkennen die Universelle Erklärung der Menschenrechte, die von der Allgemeinen Versammlung der Vereinten Nationen am 10. Dezember 1948 verkündet wurde, an und verpflichten sich, die in ihr enthaltenen Grundsätze als bindendes innerstaatliches Recht zu setzen.«[136]

Das hätte, zu Recht oder Unrecht, geradewegs zum Vorwand der westdeutschen Einmischung in die inneren Angelegenheiten der DDR genommen werden können, was der Konföderation das Wasser abgegraben hätte.

Nichtsdestotrotz hatte der Entwurf des Deutschland-Rates mit den Konföderationsvorschlägen der SED nicht wenige entscheidende Punkte gemeinsam: gegenseitige Anerkennung der DDR und BRD als Staat, Abzug der fremden Truppen aus Deutschland und Bündnisfreiheit, freie Selbstbestimmung der Deutschen in der deutschen Frage, wirtschaftliche Zusammenarbeit und gegenseitige Hilfe.[137] Trotz unterschiedlicher Zukunftsvorstellungen und komplexer Einzelheiten der jeweiligen Konzeptionen gilt es festzustellen, dass der Konföderationsgedanke der SED für die Nationalneutralisten aus dem Umfeld der *NP* mehr als verhandlungsfähig war. Umgekehrt galt dies auch für die DDR-Führung, wie der Briefwechsel zwischen beiden Seiten schon zeigte.[138]

Es gilt auch festzustellen, dass *NP*-Autoren wie Wolfgang Venohr ab Ende 1962 mehrmals auf die Verhandlungsbereitschaft der DDR hinwiesen.[139] Auch

Bereits im Februar 1960 hatte Schenkes engster Mitarbeiter Alexander Andrae in der NP einen eigenen Vorschlag zur Lösung der Berlin-Krise veröffentlicht, der neben »Entmilitarisierung von Ost- und Westberlin«, Beendigung des Viermächtestatus, Errichtung einer UNO-Ordnungsmacht in Gesamtberlin die Zuordnung Ost- und West-Berlins zu den jeweiligen Teilstaaten vorsah. Vgl. ders.: Ein deutscher Vorschlag für Berlin, in: NP 5 (1960), H. 7, S. 5 f. Dieser »Andrae-Plan« wurde, der NP zufolge, in den USA von Senator Mike Mansfield aufgegriffen und im »Observer« positiv bewertet. Vgl. US-Senator griff Berlin-Vorschlag auf: Ein schöner Erfolg, in: NP 5 (1960), H. 14, S. 4; Alexander Andrae: Berlin – unsere Liebe, unsere Gefahr, in: NP 5 (1960), H. 34, S. 8–11.

136 Eine Diskussionsgrundlage. Konföderation Deutschland, in: NP 8 (1963), H. 3, S. 5.

137 In den Kreditwünschen der DDR an die BRD sah Schenke eine günstige Gelegenheit, den Hebel zur »schrittweisen Wiederherstellung eines einheitlichen deutschen Wirtschaftsgebietes als einer wesentlichen Stufe einer späteren politischen Wiedervereinigung« anzusetzen. Von »einer Gesamtdeutschen Wirtschaftsgemeinschaft« war die Rede. Vgl. Schenke: Gesamtdeutsche Wirtschaftsgemeinschaft, in: NP 7 (1962), H. 22, S. 3 f.

138 Vgl. Briefwechsel Deutschland-Rat – Nationalrat, in: NP 7 (1962), H. 35, S. 10.

139 Vgl. Venohr: Verhandlungsbereitschaft in Ostberlin als Folge der Kuba-Entspannung. Appell an die Vernunft, in: NP 7 (1962), H. 45, S. 11 f.; ders.: Klimawandel in Ostberlin: Verhandlungen vor der Tür, in: NP 7 (1962), H. 46, S. 7 f.; Neuer Programmentwurf der SED, in: ebd., S. 13; Schenke: Tage der Besinnung, in: NP 7 (1962), H. 51–52, S. 3 f.; Venohr: Herausforderung in Sachen Konföderation, in: NP 8 (1963), H. 2, S. 5 f.

wenn der vielfach vorausgesagte »Klimawandel im Osten« ausblieb, sprachen sie sich ab jenem Zeitpunkt in zahlreichen Artikeln in der *NP* nachdrücklicher für Verhandlungen der beiden Teilregierungen aus als zuvor: Die beiden Regierungen müssten sich in allernächster Zeit an den Verhandlungstisch setzen.[140]

Zweifellos galt die DDR in der Beurteilung der *NP* als gleichberechtigter Gesprächs- und Verhandlungspartner der BRD, was die Neutralisten um Schenke unter den verschiedenen neutralistischen Organisationen in der Bundesrepublik nur mit der DFU gemein hatten.[141] Im Unterschied zur DG, die vor allem auf den Dialog zwischen den USA und der Sowjetunion setzte,[142] oder der DRP, die Ende 1961 dem Nationalneutralismus den Rücken kehrte und dabei einen westdeutsch-sowjetischen Ausgleich unter der Bedingung der Liquidation der DDR ins Auge fasste,[143] teilten die DFU und der VDNV also die Ansicht, dass der erste und wichtigste Schritt zur Wiedervereinigung das Gespräch zwischen den Regierungen der beiden deutschen Staaten sei. Zur Gretchenfrage, wie man Ulbricht und seinen Genossen begegnen sollte, sagte Schenke, dass »wir in der beginnenden Auseinandersetzung auch in Ulbricht den deutschen Bruder sehen sollten«.[144] Seine Taten könne er missbilligen, ja verabscheuen, das brüderliche Band aber könne er nicht zerreißen, so Schenke 1966.

Währenddessen nahmen Schenke und seine Weggefährten jedoch kein Blatt vor den Mund, dass sie dabei weiterhin auf die »Liberalisierung« der DDR durch die Einführung der deutschen Konföderation setzten. Schon mit ihrer ersten Zusammenkunft würden die Spitzenpolitiker der beiden deutschen Staaten unter großen Druck gesetzt. Der in der bundesdeutschen Öf-

140 Vgl. Schenke: Du wirst dabei sein (VII). Die innerdeutsche Auseinandersetzung, in: NP 11 (1966), H. 10, S. 22. Vgl. auch Bruno Kray: Ausbruch aus der Sackgasse, in: NP 10 (1965), H. 13, S. 3 f.; Schenke: Schritte zur deutschen Einheit – Jetzt und hier, in: NP 10 (1965), H. 26, S. 3 f.; Schenke: Eine deutsche Realpolitik, in: NP 10 (1965), H. 27, S. 3 ff.; Schenke: Die Stunde fordert: Nationale Politik!, in: NP 12 (1967), H. 21, S. 3 f.

141 Vgl. Gallus: Die Neutralisten, S. 272.

142 Vgl. Richard Stöss: Vom Nationalismus zum Umweltschutz. Die Deutsche Gemeinschaft/Aktionsgemeinschaft Unabhängiger Deutscher im Parteiensystem der Bundesrepublik, Opladen 1980, S. 209; ders.: Die Deutsche Gemeinschaft, in: ders. (Hg.): Parteien-Handbuch, Bd. 2, S. 884; ders.: Die Aktionsgemeinschaft Unabhängiger Deutscher, in: ders. (Hg.): Parteien-Handbuch, Bd. 1, S. 311.

143 Vgl. Schmollinger: Die Deutsche Reichspartei, in: Stöss (Hg.): Parteien-Handbuch, Bd. 2, S. 1132 ff.; Oliver Sowinski: Die Deutsche Reichspartei 1950–1965. Organisation und Ideologie einer rechtsradikalen Partei, Frankfurt a. M. 1998, S. 268 ff. Zur außen- und deutschlandpolitischen Modifikation der rechtsradikalen Szene in den 1960er Jahren vgl. auch Peter Graf v. Kielmansegg: Vom Nationalneutralismus zum Konzept des »blockfreien« Europas, in: Carl-Christoph Schweitzer (Hg.): Eiserne Illusionen. Wehr- und Bündnisfragen in den Vorstellungen der extremen Rechten nach 1945, Köln 1969, S. 85–136, hier S. 113 ff.

144 Schenke: Die Umkehr der Entwicklung hat eingesetzt. In Richtung Gesamtdeutschland, in: NP 11 (1966), H. 24, S. 3.

fentlichkeit verbreiteten Befürchtung, dass alles am Veto der nicht frei gewählten Vertreter der DDR in den gemeinsamen Kommissionen scheitern würde, begegnete Schenke mit dem Argument, dass das nicht passiere, »denn diese Kommissionen würden, erst einmal gebildet, nach allem bisher hoffnungslosen Hoffen der Deutschen in Ost und West auf ein Wiederzusammenkommen einem ungeheuren dynamischen Druck unterliegen«.[145] Entweder die DDR-Regierung gäbe dem Druck von unten, das heißt nicht nur von der Mehrheit der Bevölkerung, sondern auch von reformorientierten Kräften innerhalb der SED, nach, oder sie müsse, wenn sie nicht kompromissbereit wäre, abtreten. Schon längst berichtete die *NP* regelmäßig über kritische Stimmen innerhalb der SED, wobei sie sich insbesondere auf die nationale Orientierung der SED-Opposition stützte.[146]

Das zunehmende Interesse der Nationalneutralisten an der SED-Opposition leitete sich allerdings von ihrem nationalrevolutionären Grundgedanken ab: Die Wiedervereinigung Deutschlands werde durch das Zusammenwirken von Kräften hüben und drüben entstehen.

> »Nicht die mit den Namen Ulbricht und Adenauer oder dessen Nachfolgern Erhard, Wehner und Erler umrissenen Kreise werden jeweils den anderen Teil Deutschlands gleichschalten, sondern heute weithin unbekannte, in den Bundestagsparteien jetzt nicht vertretene und im SED-Apparat drüben in der inneren Opposition stehende Männer und Frauen werden aus beiden Teilen Deutschlands eine Ordnung heraufführen, die anders sein wird als die der BRD oder der DDR heute.«[147]

Kurzum: zuerst Verhandlungen der beiden Regierungen ohne Voraussetzungen, dann die parallelen inneren Umwandlungen durch das Zusammenwirken der Dritte-Weg-Kräfte in der Übergangszeit der Konföderation und letztlich die Wiedervereinigung als Vollendung dieser Neugestaltung.

Die »zurückhaltende Kritik« der *NP* an der DDR, »die zuweilen sogar in Lob an deren ›sozialen Errungenschaften‹ umschlug«, lässt sich dabei – anders als Gallus' Studie angenommen hat – mehr auf die doppelte Strategie gegenüber der SED, die mit der Reihenfolge der Aufgaben im Wiedervereinigungs-

145 Schenke: Staatenbund als erster Schritt, in: NP 2 (1957), H. 31, S. 4.
146 Vgl. Venohr: Und die Wiedervereinigung?, in: NP 6 (1961), H. 7, S. 11 f.; ders.: Was denken die Funktionäre?, in: NP 6 (1961), H. 38, S. 9 f.; ders.: Gespräch mit einem Funktionär, in: NP 6 (1961), H. 46, S. 7 f.; ders.: Vorstellung der SED-Opposition, in: NP 7 (1962), H. 37, S. 11 f.; ders.: Was ist drüben der dritte Weg?, in: NP 7 (1962), H. 33, S. 8 f.; Jacques Otto Grézer: Ulbrichts »nationale Mission«, in: NP 10 (1965), H. 23, S. 9 f.; Schenke: Ein Licht in der Finsternis, in: NP 10 (1965), H. 52, S. 3 f.
147 Schenke: Ein Licht in der Finsternis, in: NP 10 (1965), H. 52, S. 4.

prozess über die Konföderation zu tun hatte, zurückführen, als auf ihre politische Taktik, »linke Kräfte, vor allem Anhänger der DFU, in die überparteiliche VDNV einzubinden«.[148]

Im Hinblick auf die Konföderationsdiskussion in der *NP* Ende der 1960er Jahre bis hinein in die 1970er Jahre sind noch zwei wichtige Aspekte anzumerken: erstens eine teilweise Aufnahme des föderalistischen Gedankens und zweitens das Festhalten an der Konföderationskonzeption auch nach der Abkehr der SED von derselben. Noch im Entwurf des Deutschland-Rates 1963 kam der Föderalismus als politisches Prinzip zur Neugestaltung eines vereinten Deutschlands ebenso wenig in Frage wie in Schenkes ursprünglicher Konföderationskonzeption von 1959. Der föderalistische Gedanke passte den Nationalneutralisten wie der »Igel zum Handtuch«.[149] Ab 1965 waren aber deutliche Modifikationen in der zentralistischen Orientierung bezüglich der Neuordnung Deutschlands zu verzeichnen. In einem Artikel vom Juli 1965 stellte Schenke beispielsweise fest, dass kein streng zentralistisch regiertes Staatswesen entstehen sollte, was er sogar mitsamt der Herauslösung Deutschlands aus den beiden militärischen Blocksystemen und der Begrenzung der deutschen Aufrüstung zu den drei Bedingungen für die Wiederherstellung der deutschen Einheit rechnete.[150] In der *Essener Erklärung* der VDNV vom 18./19. Juni 1966 war eine noch deutlichere föderalistische Stimme zu lesen: »Der künftige deutsche Staat sichert Gemeinden und Ländern die Selbstverwaltung zu. Die neue staatliche Einheit Deutschlands muß der Vielfalt geschichtlicher, kultureller, wirtschaftlicher und gesellschaftlicher Besonderheiten gerecht werden.«[151] Neben derartigen Stellungnahmen folgten ab 1966 weiterhin politische Analysen und Ideen, die Kritik am zentralistisch organisierten Einheitsstaat übten.[152] Im Jahre 1970 waren im Forum in der *NP* sogar klare Bekenntnisse zum Föderalismus zu lesen, wobei die deutsche Frage durchweg in den Zusammenhang eines föderalistischen Neubaus Europas eingebunden wurde:[153] Nur in einem föderalistischen »Europa der Regionen«, das auch eine bündische Regelung der Deutschen in Mitteleuropa ermögliche, hätten endlich alle antibürokra-

148 Gallus: Die Neutralisten, S. 272.
149 In der NP war des Öfteren von kritischen Auseinandersetzungen mit föderalistischen Gedanken und Politik zu lesen. Vgl. Venohr: Überspitzter Föderalismus, in: NP 2 (1957), H. 14, S. 8 ff.
150 Vgl. Schenke: Eine deutsche Realpolitik, in: NP 10 (1965), H. 27, S. 4.
151 Essener Erklärung der VDNV. Über die Aufgabe der Neuordnung Deutschlands, in: NP 11 (1966), H. 27, S. 9.
152 Vgl. Felix Glogau: Ergebnisse einer DDR-Reise (I–III). Deutschlands Einheit wächst im Verborgenen, in: NP 11 (1966), H. 32, S. 8–11.
153 Vgl. Helmut Grassmann: Plädoyer für mehr Föderalismus, in: NP 15 (1970), H. 36, S. 9–12; ders.: Plädoyer für mehr Föderalismus (II), in: NP 15 (1970), H. 37, S. 11–13; Helmut Kalkbrenner: Einigung aller freiheitlich-demokratischen Kräfte ist das Gebot der Stunde, in: NP 15 (1970), H. 43, S. 10–13.

tischen und antietatistischen Kräfte die echte Alternative eines gemeinsamen Nenners für etwas, das es noch nirgends wirklich gebe: einen menschenwürdigen und freien Sozialismus ohne diktatorische und hegemoniale Zwänge.[154]

Es liegt zwar noch im Dunkeln, inwiefern sich dieser föderalistische Denkansatz damals bei den Nationalneutralisten der *NP* behauptete, doch bleibt festzuhalten, dass der föderalistische Gedanke als neue Anregung positiv aufgegriffen wurde. Die Aufnahme des Gedankens lässt sich freilich nicht allein durch das aktive Eintreten eines neuen Mitarbeiters, Jacques Otto Grézer,[155] für das föderalistische Anliegen erklären, sondern sie stand nicht zuletzt im Zusammenhang mit dem wachsenden Interesse der Nationalneutralisten aus dem Umkreis der *NP* an alternativen politischen Ideen, wie der direkten Demokratie, der Selbstverwaltung und der Rätedemokratie.

Damit zeichnete sich bei den westdeutschen Verfechtern der Konföderationsidee eine ironische Entwicklung ab: Die zentralistisch eingestellten Nationalneutralisten um die *NP* interessierten sich nunmehr für die föderative Neuordnung Deutschlands in einem föderativen Europa, während die anfangs föderalistisch orientierten Linksneutralisten um die *Blätter* die 1960er Jahre hindurch nicht mehr von »Föderalismus« sprachen. Anders als die Letzteren, die auf die kritische Auseinandersetzung mit den SED-Konföderationsvorschlägen schon ehedem verzichtet hatten, waren die Nationalneutralisten um Schenke immer bereit, sich der missionarischen DDR-Propaganda mit eigenen Ideen entgegenzustellen, ohne dem »Antikommunismus mit kommunistischem Antlitz« zu verfallen.[156] Dabei stießen sie zum von ihnen bislang wenig geschätzten Föderalismus.

Diese politische Selbständigkeit der Nationalneutralisten zeigte sich wiederum in ihrem unentwegten Festhalten an der konföderativen Perspektive. Ab 1967 sprachen sich, wie schon dargestellt, weder die ostdeutschen Kommunisten noch die westdeutschen Linksneutralisten für eine Konföderationslösung aus, sondern Schenke und seine Gefolgschaft wurden zu deren Sachwaltern. Selbst nachdem die SED-Führung sich von ihrem Konföderationskonzept verabschiedet hatte, vertraten die *NP*-Autoren die Konföderationslösung weiterhin, im Unterschied zu den Linksneutralisten der DFU, wobei sie sich mit aktuellen deutschlandpolitischen Problemen wie dem Streit um die »Anerkennung der DDR« in der Bundesrepublik sowie der neuen Zwei-Nationen-These der DDR intensiv auseinandersetzten.[157] Obgleich sie zu Beginn der 1970er

154 Vgl. H. Grassmann: Plädoyer für mehr Föderalismus (II), in: NP 15 (1970), H. 37, S. 13.

155 Unmittelbar nach der Konföderationsdiskussion in der NP 1963 bis 1964, in der er eine starke föderalistische Position vertreten hatte, schrieb Grézer regelmäßig für die NP.

156 Vgl. Schenke: Der Anti-Schlamm oder wie begegnet man dem Kommunismus?, Hamburg 1959.

157 Vgl. Uwe Greve: Zum Problem der Anerkennung der DDR, in: NP 14 (1969), H. 1; Schenke: Schluß mit dem Staat um die Worte!, in: NP 14 (1969), H. 46, S. 3 f.; ders.: Stunde der Wahr-

Jahre langsam zur Kenntnis nehmen mussten, dass die Wiedervereinigung über die Konföderation von der nationalen sowie internationalen Tagesordnung verschwunden war, blieben sie ihren alten Überzeugungen, Lageanalysen und Konzeptionen treu.[158]

Schenkes Kritik am gängigen Denkschema »Ost-West-Konflikt«, die überspannte Beachtung des Aufstiegs Chinas zur Weltmacht sowie dessen Bedeutung für die Weltpolitik fanden zwar bei seinen Mitstreitern gewissen Widerhall,[159] ihre Wirksamkeit aber scheint sehr begrenzt gewesen zu sein.[160] Hingegen stießen Schenkes Analyse der deutschen »Teilordnungen« und die konkreten Konzeptionen zur deutschen Wiedervereinigung, obschon im Verlauf der Diskussion mit verschiedenen Akzenten, wie oben dargestellt, bei den anderen nationalneutralistischen Organisationen auf viel Interesse und Zustimmung: Am 5. August 1965, kurz vor der Bundestagswahl, als der Bundesvorstand der *Aktionsgemeinschaft Unabhängiger Deutscher* (AUD), die sich im Vorfeld der Bundestagswahl 1965 aus drei Gruppierungen, DG, DFP und VDNV gebildet hatte,[161] einen *Sechs-Stufen-Plan* zur Wiederherstellung der deutschen Einheit vorlegte, fanden darin vor allem die Grundideen der Wiedervereinigungskonzeption der *NP* ihren Niederschlag: Abzug der fremden Truppen aus Deutschland, Herauslösung aus den Militärpakten, gesamtdeutsche Ausschüsse, föderativer Zusammenschluss der beiden Teile Deutschlands.[162] Im *Programm für Deutschland* auf dem Bochumer Parteitag der AUD im Mai 1967, dessen erster Entwurf aus Schenkes Feder stammte, lautete die Grundforderung »Konföderation der deutschen Teilstaaten als erster Schritt zum Neubau Deutschlands«.[163] Auch wenn die DG unter Führung von August Haußleiter schon zu jenem Zeitpunkt in der AUD den Ton angab und Schenke bald von seinen Parteiaktivitäten zur publizistischen Arbeit zurückkehrte, rückte die deutschlandpolitische Konzeption der AUD grundsätzlich kaum von dieser Grundforderung ab. Allerdings richtete sich ihr programmatisches

heit. Die deutsche Nation bleibt, in: NP 15 (1970), H. 2, S. 3 f.; Helmut R. Külz: »Anerkennung« und kein Ende (I–III), in: NP 15 (1970), H. 22–24. Zur Auseinandersetzung der NP mit der Zwei-Nationen-These der SED vgl. Ernst Friedrich: Absage an die Nation – Irrweg in die Geschichtslosigkeit?, in: NP 19 (1974), Oktober, S. 5 ff.

158 Vgl. Schenke: Gesamtdeutsche Problematik 1974, in: NP 19 (1974), Juli, S. 16–25.

159 Vgl. z. B. Venohrs Begeisterung für Schenkes Chinabild. Venohr: Die Abwehrschlacht, S. 288 ff.

160 Nur selten gab es in der NP, außer in Schenkes Beiträgen, eine Kritik an den Begriffen »Ost« und »West«. Vgl. Anton Zischka: Ungereimtes in Ost und West, in: NP 3 (1958), H. 34, S. 9–11.

161 Vgl. Stöss: Vom Nationalismus zum Unweltschutz, S. 182–204; ders.: Die Aktionsgemeinschaft Unabhängiger Deutscher, S. 312 ff.

162 Vgl. 6-Stufen-Plan der AUD, in: NP 10 (1965), H. 33, S. 10 f.

163 Stöss: Vom Nationalismus zum Unweltschutz, S. 213.

Interesse seit Anfang der 1970er Jahre mehr auf ökologische Probleme als auf die nationale Frage.[164]

Ein wichtiger Grund dafür, dass der AUD bei der Wahl 1965, im Kontrast zur konkurrierenden NPD, die bei den Wahlen 1966 bis 1969 einerseits mit ihrem dehnbaren Programm ohne eine Gesamtkonzeption, andererseits an die antikommunistische, entspannungsfeindliche Haltung anknüpfend, wiederholt Wahlerfolge verbuchen konnte,[165] der Zuspruch versagt blieb, lag allerdings darin, dass ihr »neuer Nationalismus«[166] bei den Wählern eher Unsicherheit verbreitete, denn eine alternative Option bot. Ihr nationalneutralistischer Konföderationsgedanke, der von der unmittelbaren Verhandlung mit der DDR als gleichberechtigtem und anerkanntem Partner ausging und sich auf eine radikale Umwälzung des bundesdeutschen Systems richtete, vermochte zu jener Zeit kaum öffentliche Beachtung zu finden, geschweige denn zum Wahlerfolg zu führen. Erst Anfang der achtziger Jahre sollten die gewandelte internationale Konstellation, die sich annähernden innerdeutschen Beziehungen und das neue parteipolitische Klima in der Bundesrepublik den Nationalneutralisten der AUD und der *NP*, die mittlerweile zum größten Teil den Grünen beigetreten waren,[167] neue Gelegenheiten bieten, ihre alten Gedanken zu reaktivieren. Schenke, jetzt auch ein Grüner, sah in den Reihen der Verfechter der Neutralität, einer atomwaffenfreien Zone und einer deutschen Konföderation nicht nur seine alten Mitkämpfer, sondern viele neue Gesichter: Der mit einer Dritte-Weg-Orientierung – unmittelbar oder mittelbar – verbundene Konföderationsgedanke wurde also in den 1980er Jahren über die alten Kreise des Nationalneutralismus hinaus vor allem von der jüngeren Generation der Linksneutralisten vertreten.

164 Vgl. Stöss: Die Aktionsgemeinschaft Unabhängiger Deutscher, S. 316–320.

165 Vgl. Lutz Niethammer: Angepaßter Faschismus. Politische Praxis der NPD, Frankfurt a. M. 1969, S. 260–272.

166 Zu den Begriffen alter Nationalismus und neuer Nationalismus vgl. Stöss: Väter und Enkel: Alter und Neuer Nationalismus in der Bundesrepublik, in: Ästhetik und Kommunikation (1978), H. 3, S. 35 ff.

167 Vgl. Stöss: Vom Nationalismus zum Unweltschutz, S. 266–285.

4.3 »Ein Gespenst ging um in Deutschland«?

4.3.1 Konföderationspalaver in der FDP

Udo Wengst ist zuzustimmen, dass er Gallus' Feststellung bezüglich der Entwicklung des deutschen Neutralismus in der Nachkriegszeit, die Phase vom Ende der 1940er Jahre bis zum Ausklang der 1950er Jahre sei eine »Zeit der Solisten« gewesen, mit dem Verweis redivierte, dass es in den etablierten konservativ-liberalen Parteien neben renommierten Solisten wie Jakob Kaiser, Gustav Heinemann, Karl Georg Pfleiderer und Thomas Dehler auch bestimmte Strömungen gab.[168] In der CDU handelte es sich dabei um Vertreter der Berliner Landesgruppe, der Exil-CDU und des evangelischen Flügels und in der FDP um die Arbeitsgruppe der FDP-Fraktion unter dem Vorsitz von Erich Mende und die nordrhein-westfälische FDP-Führung um Willi Weyer[169] und Wolfgang Döring.[170] Während seit Mitte der 1950er Jahre die neutralistische Stimme in der konservativen Regierungspartei infolge von Parteiaustritten oder mangelnden Engagements nachließ, vermehrte sich im liberalen Lager die Kritik an der Westintegrationspolitik und Adenauers »Politik der Stärke«.

Seitdem die FDP in ihrem *Berliner Programm* vom Januar 1957 erstmals für die Entspannungspolitik eingetreten war, fand der Gedanke eines bündnisfreien vereinigten Deutschlands und einer atomwaffenfreien Zone in Mitteleuropa in der Partei immer mehr Zustimmung und wurde letztendlich Grundlage ihres *Deutschlandplans* vom 27. Januar 1959.[171] Wenngleich sich

168 Vgl. Udo Wengst: Neutralistische Positionen in der CDU und in der FDP in den 1950er Jahren, in: Dominik Geppert/Udo Wengst (Hg.): Neutralität – Chance oder Chimäre? Konzepte des Dritten Weges für Deutschland und die Welt 1945–1990, München 2005, S. 33 f.

169 Zu seiner Person vgl. BHMDB, Bd. 2, S. 947 f. Von 1956 bis 1972 war Willi Weyer Vorsitzender der FDP in Nordrhein-Westfalen und 1963 bis 1968 stellvertretender Bundesvorsitzender der FDP.

170 Zu seiner Person vgl. BHMDB, Bd. 1, S. 150 f. In der 3. und 4. Wahlperiode (1957–65) war Wolfgang Döring mit einem Mandat der Landesliste Nordrhein-Westfalen Mitglied des Bundestages. 1961 wurde er stellvertretender Vorsitzender der FDP-Bundestagsfraktion. Vgl. Wolfram Dorn/Wolfgang Wiedner: Der Freiheit gehört die Zukunft. Wolfgang Döring. Eine politische Biographie, Bonn 1974.

171 Vgl. Peter Juling: Programmatische Entwicklung der FDP 1946 bis 1969. Einführung und Dokumente, Meisenheim am Glan 1977, S. 145–154 und 158–162. Im Deutschlandplan wurden die im Pfleider- und Mende-Plan sowie im Berliner Programm aufgestellten deutschlandpolitischen Grundsätze ebenso aufgegriffen wie der Rapacki-Plan. Zur deutschlandpolitischen Entwicklung der FDP von 1957 bis 1959 vgl. Sebastian J. Glatzeder: Die Deutschlandpolitik der FDP in der Ära Adenauer. Konzeptionen in Entstehung und Praxis, Baden-Baden 1980, S. 82–94; Christof Brauers: Liberale Deutschlandpolitik 1949–1969. Positionen der FDP zwischen nationaler und europäischer Orientierung, mit einem Vorwort von Hans-Dietrich Genscher, Hamburg 1993, S. 97–123.

diese neutralistisch orientierte Außen- und Deutschlandpolitik in jenen Tagen in der FDP hielt, blieb eine offizielle positive Reaktion der FDP-Parteizentrale auf die SED-Konföderationsvorschläge aus. Zwischen der Bejahung eines bündnisfreien Gesamtdeutschlands und der Befürwortung einer Konföderation der beiden deutschen Staaten lagen noch Welten. Selbst die neutralistisch gesinnten liberalen Politiker dachten nicht an die Anerkennung des ostdeutschen Staates, die der Konföderationsgedanke von Grund auf voraussetzte. Die Existenz eines kommunistischen Systems unter dem Dach eines deutschen Staatenbundes war für sie sowohl theoretisch unvorstellbar als auch praktisch unerträglich. Gleichwohl meldeten sich einige maßgebliche FDP-Politiker zu Wort und sprachen sich für Verhandlungen mit der DDR über eine deutsch-deutsche Konföderation aus. Ihnen ging es weniger darum, der in der SED-Konföderationskonzeption enthaltenen völkerrechtlichen Zumutung entgegenzukommen, als um die Anerkennung der DDR als Verhandlungspartner sowie die Stärkung der verschiedenen innerdeutschen Kontakte.

In der anfänglichen Oppositionszeit 1956 bis 1958 bestanden zwischen den innerparteilichen Strömungen der FDP trotz des allgemeinen Konsenses einer neuen Entspannungspolitik entscheidende Unstimmigkeiten in der Haltung zu deutsch-deutschen Kontakten. Diejenigen Kräfte in der Partei, die sich für Verhandlungen mit der DDR ausgesprochen hatten, also die Gruppen um Dehler, Döring, Weyer und Walter Scheel, hielten neben den internationalen Sicherheitsmaßnahmen wie Abrüstung und einer militärisch verdünnten Zone in Mitteleuropa eine unmittelbare deutsch-deutsche Verständigung für einen unumgänglichen Weg zur Wiederherstellung der deutschen Einheit, während die »Gemäßigten«,[172] das heißt die Kräfte um den Parteivorsitzenden Reinhold Maier und den Fraktionsvorsitzenden Max Becker,[173] in Anlehnung an den Alleinvertretungsanspruch, die DDR als Verhandlungspartner nicht anerkannten.

Als der Hamburger Wirtschaftssenator Ernst Plate unmittelbar nach der Bundestagswahl 1957 mit einem Gegenvorschlag zur SED-Konföderationskonzeption in der bundesdeutschen Öffentlichkeit hervortrat, gehörte er nicht nur zu den liberalen Befürwortern von Verhandlungen mit der DDR, sondern auch zu den Personen in der FDP, die mit der DDR wohl schon Kontakt aufgenommen hatten.[174] In seinem Artikel in der *Welt* vom 21. September 1957, be-

172 Zu den unterschiedlichen Positionen innerhalb der FDP vgl. Brauers: Liberale Deutschlandpolitik, S. 103–118. Er teilte die politischen Strömungen in »entschiedene Opposition« und »gemäßigte Opposition« ein.

173 Zu seiner Person vgl. BHMDB, Bd. 1, S. 50 f. 1956/57 war Max Becker stellvertretender Vorsitzender, seit 1957 Vorsitzender der FDP-Fraktion.

174 Zu den Kontakten zwischen FDP und LDPD vor 1957 vgl. Glatzeder: Die Deutschlandpolitik der FDP in der Ära Adenauer, S. 77–81; Wolfgang Benz/Günter Plum/Werner Röder:

titelt »Wiedervereinigung, aber wie?«,[175] lehnte der Hamburger Senator zuerst den Staatenbundplan des Ministerpräsidenten Grotewohl ab und begründete dies damit, dass das Verhältnis der beiden deutschen Teilstaaten kein völkerrechtliches, sondern ein staatliches sei. Dennoch ging er davon aus, dass der Grotewohl-Vorschlag mit einem positiven Gegenvorschlag zu beantworten sei. Als Grundlage seines Vorstoßes verwies er darauf, dass »ein die Grotewohl-Vorschläge aufgreifender Appell der Länderkammer der ›Deutschen Demokratischen Republik‹ sich am 9. August dieses Jahres an den Bundesrat, also an unsere bundesdeutsche Ländervertretung richtete, woraus sich die (uns somit angebotene) Möglichkeit ergibt, auf föderalistisch-bundesstaatlicher Basis (auf Länderebene) Gespräche zu führen«.[176] Die Tatsache, dass die DDR bereits im Jahre 1952 die Länderverwaltungen in Bezirks- und Kreisverwaltungen umgewandelt hatte, schlug er in den Wind. Damit seien die Länder in der DDR als Verfassungsgebilde nicht untergegangen, da ja auch die Länderkammer fortbestünde. Er schlug also einen gesamtdeutschen Rat vor, bestehend aus Vertretungen der Länder, ähnlich dem Parlamentarischen Rat, der das Grundgesetz der Bundesrepublik ausgearbeitet hatte. Dieser Rat sollte die Aufgabe haben, eine gesamtdeutsche demokratische Verfassung zu entwerfen. Als zweite Aufgabe sollte er ähnlich wie der von Grotewohl vorgeschlagene »Gesamtdeutsche Rat« sich bereits mit Maßnahmen zur Angleichung der Verhältnisse in den beiden deutschen Teilstaaten befassen.

Mit einer Ausnahme äußerten sich die westdeutschen Ministerpräsidenten und Politiker, die sich angesprochen fühlten, dem von Plate vorgestellten Plan gegenüber sehr skeptisch oder abweisend.[177] Der überzogene Anspruch, »aus dem eigenen Recht der von ihnen vertretenen Länder« Verhandlungen mit der DDR-Länderkammer über die Wiedervereinigung zu führen, entspreche we-

Einheit der Nation. Diskussionen und Konzeptionen zur Deutschlandpolitik der großen Parteien seit 1945, Stuttgart/Bad Cannstatt 1978, S. 62 f.; Hübsch: »Dieckmann raus – Hängt ihn auf!«, S. 26 ff. Vor allem Mende, Döring und Scheel waren aktiv beteiligt. Vor 1957 stand Plate auch als Hamburger Senator für Wirtschaft und Verkehr im engen Kontakt mit der DDR; vgl. Roger Engelmann: Brüchige Verbindungen. Die Beziehungen zwischen FDP und LDPD 1956–1966, in: ders./Paul Erker: Annäherung und Abgrenzung. Aspekte deutsch-deutscher Beziehungen 1956–1969, München 1993, S. 59. Um die Hintergründe seines Vorstoßes zu begreifen, ist dem Zusammenhang zwischen seinen beruflichen Aktivitäten und einer gesamtdeutschen Initiative nachzugehen.

175 Vgl. 21. September 1957: Vorschlag des Senators Plate: Wiedervereinigung – aber wie?, in: Dokumente zur Deutschlandpolitik III/3 (1957), S. 1628–1634.

176 Ebd., S. 1629.

177 Vgl. Stellungnahmen des Staatssekretärs im Ministerium für gesamtdeutsche Fragen, Franz Thedieck (CDU), des Senatspräsidenten von Bremen, Wilhelm Kaisen (SPD), des Ministerpräsidenten von Niedersachsen, Heinrich Hellwege (DP) und des Ministerpräsidenten von Rheinland-Pfalz, Peter Altmeier. Der Ministerpräsident von Hessen, Georg-August Zinn (SPD), äußerte sich zwar positiv, aber sehr zurückhaltend. Vgl. Dokumente zur Deutschlandpolitik III/3 (1957), S. 1660–1665.

der der verfassungsmäßigen Zuständigkeitsordnung der Bundesrepublik noch der politischen Realität der beiden deutschen Staaten, so lautete die Hauptkritik in der *Welt* vom 28. September 1957. In der Tat wirkte die Bezugnahme auf die Länder anachronistisch und unangebracht, zumal die Bundesregierung, nicht die Länder, seit langem für die Lösung der deutschen Frage und die Außenpolitik zuständig war. Abgesehen von einem gewissen Interesse am Plate-Plan im nationalneutralistischen Umfeld,[178] blieb die Diskussion in der westdeutschen Öffentlichkeit aus. Zwar war der Konföderationsvorstoß eines liberalen Senators nicht belanglos, es gab dennoch selbst innerhalb der FDP keine bedeutsame Diskussion um die Initiative aus dem Hamburger Wirtschaftssenat.[179]

Anlass für eine parteiinterne Auseinandersetzung gab vielmehr die Düsseldorfer FDP. Auf dem Landesparteitag der nordrhein-westfälischen FDP im Februar 1958 warben der Landesvorsitzende Willi Weyer und Wolfgang Döring für deutsch-deutsche Verhandlungen über den Konföderationsvorschlag der SED.[180] In seinem Vortrag über gesamtdeutsche Probleme führte der nun zum Bundestagswahlkampfleiter ernannte Döring zunächst den Indizienbeweis für den Mangel am Willen zur deutschen Einheit in Bonn und Ost-Berlin und forderte »eine gemeinsame Deutschlandpolitik aller staatstragenden Parteien in der Bundesrepublik«.[181] Ziel einer gemeinsamen Deutschlandpolitik müsse die Förderung aller Bestrebungen sein, im mitteleuropäischen und im deutschen Raum konkrete Maßnahmen zu ergreifen, wie die Schaffung einer militärisch entschärften Zone und der Abzug aller auswärtigen Streitkräfte aus ganz Deutschland. Hier lägen Ansätze für deutsch-deutsche Verhandlungen. Allerdings sprach Döring sich keineswegs für das Konföderationskonzept der SED als solches aus.

Dörings Konzeption für die deutsche Wiedervereinigung wich deutlich von den Konföderationsvorschlägen der SED und der Neutralisten ab. Sie ging in keiner Weise von der Koexistenz der unterschiedlichen Systeme aus, sondern zielte schon in der ersten Etappe darauf, »die durch die über ein Jahrzehnt währende Trennung der beiden Teile Deutschlands entstandenen strukturellen Unterschiede im Rahmen der von den vier Mächten getroffenen und vom deutschen Volke bestätigten Vereinbarung aufzuheben«.[182] Gleichwohl

178 Vgl. NP 2 (1957), H. 40; Sethe: Die großen Entscheidungen, S. 109.
179 Es finden sich keine Dokumente oder Erinnerungen, die auf eine Auseinandersetzung mit Plates Konzeption hinweisen, wie Roger Engelmann festgestellt hat. Vgl. Engelmann/Erker: Annäherung und Abgrenzung, S. 59.
180 Vgl. Brauers: Liberale Deutschlandpolitik, S. 114; Dorn/Wiedner: Der Freiheit gehört die Zukunft, S. 89–92.
181 Zitat nach ebd., S. 90 f.
182 Zitat nach ebd., S. 92.

begrüßte Döring »jeden Fortschritt im unmittelbaren Gespräch«[183] zwischen Washington und Moskau sowie zwischen Bonn und Ost-Berlin. Auch in ihrer Bundestagsfraktion versuchten die nordrhein-westfälischen FDP-Politiker, sich mit der Forderung nach Konföderationsverhandlungen mit der DDR durchzusetzen, wogegen sich nicht nur die Parteizentralen um Maier, sondern auch die anderen Landesvorsitzenden mit allen Mitteln sträubten.[184] In seinen Aufzeichnungen, datiert vom 12. Februar 1958, brachte Wolfgang Schollwer, der damalige Leiter des Ostbüros der FDP, die parteiinternen Auseinandersetzungen um Konföderationsverhandlungen zur Sprache:

> »Am Wochenanfang kam es im Arbeitskreis Außenpolitik wie in der Fraktion zu lebhaften Auseinandersetzungen über Sinn und Unsinn von Wiedervereinigungsgesprächen mit Pankow. Insbesondere einige Fraktionsmitglieder aus Nordrhein-Westfalen scheinen der absurden Vorstellung nachzuhängen, angesichts der offensichtlich gescheiterten Deutschlandpolitik Adenauers den Weg zur deutschen Einheit über Konföderationsverhandlungen mit dem Zonenregime freimachen zu können. Diesen Bestrebungen trat Reinhold Maier gestern in der Fraktionssitzung entschieden entgegen. Er drohte für den Fall, daß die Fraktion seiner außenpolitischen Linie nicht folge, mit seinem Rücktritt als Parteivorsitzender. Mein Eindruck gestern abend: Mit diesem Schreckschuß hat Maier dem Konföderationspalaver in der Fraktion endgültig ein Ende gesetzt.«[185]

Trotz des Widerstands der »Düsseldorfer« Thomas Dehler[186] und Josef Ungeheuer, des FDP-Pressechefs, vermochte sich die FDP-Parteiführung um Maier und Becker mit ihrem »Kurs der Mitte« zu behaupten. »Der Vorstand hält nach wie vor zweiseitige Gespräche mit Pankow für sinnlos und lehnt sie daher ab«, so erinnerte sich Schollwer in seinen Aufzeichnungen vom 3. März 1958.[187] Diesbezüglich stimmten auch Mende, Scheel und Achenbach mit dem Parteivorsitzenden Maier überein.[188]

183 Ebd.
184 Vgl. Jörg Michael Gutscher: Die Entwicklung der FDP von ihren Anfängen bis 1961, überarbeitete und erweiterte Neuausgabe, Hain 1984, S. 202. Die Landesvorsitzenden von Bayern und Rheinland-Pfalz nahmen die Parteifreunde aus Nordrhein-Westfalen aufs Korn und forderten den Bundesvorstand auf, unverzüglich etwas gegen diesen Vorstoß Nordrhein-Westfalens zu unternehmen.
185 Wolfgang Schollwer: Liberale Opposition gegen Adenauer. Aufzeichnungen 1957–1961, hg. von Monika Fassbender, München 1990, S. 41.
186 Dehlers Kritik an Maier nahm besonders harte Formen an. Vgl. Udo Wengst: Thomas Dehler 1897–1967. Eine politische Biographie, München 1997, S. 311–317.
187 Schollwer: Liberale Opposition gegen Adenauer, S. 42.
188 Vgl. Gutscher: Die Entwicklung der FDP von ihren Anfängen bis 1961, S. 202.

Zu jener Zeit war die Mehrheit der FDP-Fraktion noch der Ansicht, dass »die Wiederherstellung der staatlichen Einheit Deutschlands nicht von einem zwischen den beiden Teilstaaten ausgehandelten Staatsvertrag, sondern unmittelbar von einem freien Willensentschluß des gesamten deutschen Volkes in seinen heute noch getrennten Teilen«[189] erreicht werden könne. Gesamtdeutsche freie Wahlen seien für die Liberalen ein unverzichtbarer Bestandteil ihrer Deutschlandpolitik. Bei einem Gespräch mit SED-Funktionären wie Kegel, Meißner und Rehahn am 12. Mai 1959 in Genf sprachen sich die FDP-Vertreter Dehler, Döring, Achenbach und Mende[190] »für ein erstes gesamtdeutsches Organ aus, bestanden dabei aber auf der Koppelung der Lösung all dieser Fragen mit einem festen Terminplan für weitere Schritte zur Wiedervereinigung, insbesondere für die Durchführung freier Wahlen in ganz Deutschland«.[191] Ihre bedenkliche Haltung zur Konföderation fasste ein SED-Bericht über die FDP mit folgenden Worten zusammen:

> »Sie sprachen sich gegen die Verwendung des Begriffes Konföderation aus und betonten mehrfach, daß es ihnen um die Beseitigung der Trennungslinie in Deutschland gehe. Sie fragten mehrfach, ob dies auch unser Ziel sei, wenn wir die Konföderation vorschlagen; denn zunächst sei eine Konföderation noch kein einheitlicher deutscher Staat. Offenbar bestanden bei ihnen starke Bedenken, daß die Konföderation nur zum Zweck der Anerkennung der DDR vorgeschlagen werde und daß ihr von unserer Seite keine weiteren Schritte in Richtung Wiedervereinigung folgen würden.«[192]

Zudem maßen die Liberalen einem neuen europäischen Sicherheitssystem als Voraussetzung für die deutsche Wiedervereinigung größeres Gewicht bei. Bei ihren weiteren deutschlandpolitischen Überlegungen und Programmentwürfen ab 1959 spielte der Konföderationsgedanke keine Rolle.[193] Ungeachtet der zeitweiligen Erwähnung der Anerkennung der DDR und der Aufgabe des Alleinvertretungsanspruchs in ihren parteiinternen Konzepten musste die FDP ab 1961 wieder auf ihren Koalitionspartner Rücksicht nehmen und sich somit bis 1966 mit einem deutschlandpolitischen Vorstoß zurückhalten.

189 Erich Mende: Die neue Freiheit. Zeuge der Zeit 1945–1961, Bergisch Gladbach 1984, S. 545.
190 Zu dem Zusammentreffen in Genf, auf das Döring und Kegel sich vorbereitet hatten, vgl. Aufzeichnungen und Ausführlicher Bericht, in: SAPMO-BArch, DY 30/3380, Bl. 54–59 und 77–82.
191 Ebd., Bl. 78.
192 Ebd.
193 Zu den deutschlandpolitischen Konzepten der FDP von 1959 bis 1966 vgl. Brauers: Liberale Deutschlandpolitik, S. 119–148; Glatzeder: Die Deutschlandpolitik der FDP in der Ära Adenauer, S. 89–106; Benz/Plum/Röder: Einheit der Nation, S. 63–71.

4.3.2 *Kapitulation der SPD vor der Konföderationsidee?*

In ihren offiziellen Verlautbarungen vertrat die SPD-Führung ebenso eine ablehnende Haltung zum SED-Konföderationsvorschlag wie die FDP-Zentrale, indem sie stets vom Selbstbestimmungsrecht ausging.[194] Zwar traten die führenden SPD-Politiker spätestens ab Ende 1957 konsequent für direkte Kontakte zwischen der Bundesrepublik und der DDR ein – im Unterschied zu Schumacher, dessen Antikommunismus jedem Versuch, durch direkte Kontakte mit der DDR-Regierung Einheitsmöglichkeiten auszuloten, einen Riegel vorschob.[195] Gleichwohl beharrten sie darauf, dass eine Kontaktaufnahme keine Aufwertung der DDR bedeute. Sie machten keinen Hehl aus ihrer Grundüberzeugung, dass die Wiederherstellung der deutschen Einheit das Ende der kommunistischen Herrschaft bedeuten müsse. Hinsichtlich konkreter Fragen waren die Haltungen innerhalb der SPD, vor allem unter den SPD-Funktionären, doch »auffallend widerspruchsvoll«,[196] wie die SED mit großem Interesse verfolgte.

In der SPD erhoben sich bald mehr positive Stimmen für den SED-Konföderationsvorschlag als in der FDP. Bei Gesprächen mit den Gastgebern in Ost-Berlin zeigten nicht wenige SPD-Bundestagsabgeordnete sowie SPD-Landespolitiker und Bezirksleiter ihre Sympathie für das Konföderationskonzept der SED.[197] Aus ihren vertraulichen Äußerungen wurden allerdings keine Ta-

194 Zur ablehnenden Haltung der SPD gegenüber dem SED-Konföderationskonzept vgl. Edwin Czerwick: Oppositionstheorien und Außenpolitik. Eine Analyse sozialdemokratischer Deutschlandpolitik 1955 bis 1966, Königstein/Ts. 1981, S. 66–69.

195 Unter der im Oktober 1957 neu gewählten politischen Führung – Fritz Erler, Carlo Schmidt und Herbert Wehner – entstand eine gemeinsame befürwortende Position für die Einbeziehung der DDR in die Verhandlungen über die deutsche Frage. Vgl. Hartmut Soell: Die deutschlandpolitischen Konzeptionen der SPD-Opposition 1949–1961, in: Erich Kosthorst/Klaus Gotto/Hartmut Soell (Hg.): Deutschlandpolitik der Nachkriegsjahre. Zeitgeschichtliche und didaktische Ortsbestimmung, Paderborn 1976, S. 54 f. Schumacher ging davon aus, wie Freudenhammer und Kater festgestellt haben, dass man die angelsächsischen Alliierten dazu bewegen könne, Druck auf Moskau auszuüben und dadurch die Zustimmung der Sowjets zur Wiedervereinigung zu erlangen. Vgl. Alfred Freudenhammer/Karlheinz Vater: Herbert Wehner. Ein Leben mit der Deutschen Frage, München 1978, S. 159. Schumacher lehnte alle innerdeutschen Aktivitäten strikt ab. Für ihn waren die deutschen Kommunisten das »bloße Instrument einer fremden Außenpolitik« und »Agenten des roten Imperialismus«. Zu Schumachers Antikommunismus vgl. Zitelmann: Adenauers Gegner, S. 55–61; Peter Merseburger: Der schwierige Deutsche. Kurt Schumacher. Eine Biographie, Stuttgart 1995, S. 517 f.

196 Zusammenfassung der wichtigsten Argumente und Meinungen aus Gesprächen mit Funktionären der SPD und anderen politischen Persönlichkeiten Westdeutschlands, 18. Dezember 1958, in: SAPMO-BArch, DY 30/3583, Bl. 2.

197 Der Nationalrat der Nationalen Front führte Gespräche mit SPD-Politikern und anderen Persönlichkeiten und machte dabei auf die sozialdemokratischen Politiker aufmerksam, die sich ihm gegenüber für die Konföderationskonzeption ausgesprochen hatten. Vgl. ebd., Bl. 7–34.

ten. Sie spiegelten lediglich die zunehmend positive Stimmung für deutsch-deutsche Verhandlungen innerhalb der Partei wider, wobei sich der DDR-Geheimdienst zugutehielt, seine Hand im Spiel zu haben.[198]

Einige SPD-Politiker sprachen sich öffentlich, zum Beispiel in ihren Parteiorganen, für Konföderationsverhandlungen mit der DDR aus. Im *Vorwärts* befürworteten zwischen 1958 und April 1959 einige Bundestagabgeordnete wie Helmut Kalbitzer und Ernst Wilhelm Meyer sowie Jesco von Puttkamer Verhandlungen mit der DDR über den Rapacki-Plan und den Konföderationsvorschlag oder »einen besseren Plan«.[199] Dieser parteiinternen Stimmung für Verhandlungen mit der DDR folgte die Darlegung eines solchen »besseren Plans« durch die SPD, des *Deutschlandplans* vom März 1959.[200]

Als Gegenvorschlag zur SED-Konföderationskonzeption stellte die SPD nun einen detaillierten Wiedervereinigungsplan vor. Darin ging sie von der Notwendigkeit einer militärischen Entspannung in Europa als Bedingung für die Aufhebung der doppelten Teilung Europas und Deutschlands aus. Der Deutschlandplan enthielt mehrere entscheidende Punkte, die von der SPD und SED gemeinsam weiterzuentwickeln gewesen wären, wie die DDR selbst feststellte:[201] Rüstungsstopp, atomwaffenfreie Zone, Abzug der fremden Truppen, Austritt beider deutscher Staaten aus den Militärblöcken, kollektives Sicherheitssystem, gesamtdeutsche Konferenz usw.

Von entscheidender Bedeutung war, dass der Plan bezüglich der politischen und wirtschaftlichen Zusammenführung Deutschlands nicht zuletzt eine stufenweise Annäherung im Interesse der deutsch-deutschen Verständigung im Auge hatte. Ein gesamtdeutscher paritätischer Rat sollte in den beiden ersten Stufen des Wiedervereinigungsprozesses wirken. Keine Seite dürfe der anderen ihr gegenwärtiges politisches und wirtschaftliches System aufzwingen, fügte der eigentliche Initiator des Papiers, Herbert Wehner, hinzu.[202] Dass sich die

198 Der Chef der DDR-Auslandsspionage Markus Wolf verwies auf einen großen Erfolg seiner Unterwanderungsarbeit in der SPD. Es gäbe in der SED Überlegungen, »die SPD mit Hilfe uns nahestehender Leute zu spalten und auf diesem Weg eine Art neue USPD zu etablieren«. Die Zahl der mit der DDR auf verschiedene Weise verbündeten SPD-Bundestagsabgeordneten und leitenden Partei- und Gewerkschaftsfunktionäre erreiche bald Fraktionsstärke, so Wolf. Vgl. ders.: Spionagechef im geheimen Krieg, S. 208.

199 Vgl. Helmut Kalbitzer: Alte und neue Konzepte, in: Vorwärts, 12. Dezember 1958, S. 4; Ernst Wilhelm Meyer: Deutschland und die Sowjetunion, in: Vorwärts, 4. September 1959, S. 5; Jesco von Puttkamer: Bonn am Scheidewege. Wenn jetzt nicht verhandelt wird, ist die letzte Chance vertan, in: Vorwärts, 16. Januar 1959, S. 1.

200 Vgl. Deutschlandplan der SPD. Kommentare, Argumente, Begründungen, hg. vom Vorstand der SPD, April 1959.

201 Vgl. 2. April 1959: Schreiben des ZK des SED an die SPD, in: Dokumente zur Deutschlandpolitik IV/1 (1959), S. 1299–1307. Vgl. auch Lemke: Kampagnen gegen Bonn. Die Systemkrise der DDR und die West-Propaganda der SED 1960–1963, in: VfZ 41 (1993), S. 156.

202 Vgl. Vorwärts, 17. April 1959, S. 2.

Deutschen auf der Grundlage gegenseitiger Anerkennung über die deutsche Einheit verständigen sollten, machte zu jener Zeit eben das deutschlandpolitische Gebot der ostdeutschen sowie sowjetischen Kommunisten aus, obschon diesbezüglich ein wichtiger Unterschied zwischen den beiden Standpunkten nicht aus den Augen verloren werden sollte, wie Wehner in einem Interview Mitte April 1959 unterstrich: Die SPD stand für die Verknüpfung der deutsch-deutschen Verhandlungen mit den Vereinbarungen der vier Mächte.[203]

Dass der Deutschlandplan der SPD nicht zum Zuge kam, lag weniger an der ablehnenden Haltung der SED gegenüber den ihrerseits schwer anzunehmenden Punkten des Deutschlandplans wie freie Wahlen und Selbstbestimmung oder den propagandistischen Aktionen der SED, wie ihrer Forderung an die SPD nach Teilnahme an einer »antimilitärischen, anti-antisemitischen und antirevanchistischen« Aktionseinheit,[204] als an den angeheizten internationalen Gegensätzen der Großmächte sowie am für die Sozialdemokraten ungünstigen politischen Klima in der Bundesrepublik.[205] In der Öffentlichkeit der Bundesrepublik, anders als in der DDR und der Sowjetunion,[206] stieß der Plan nur auf Kritik.[207]

203 Vgl. »Mit Wehner in den Abgrund?« Spiegel-Interview über den Deutschlandplan der SPD, 15. April 1959, in: Herbert Wehner: Wandel und Bewährung. Ausgewählte Reden und Schriften 1930–1967, hg. von Hans-Werner Graf Finckenstein/Gerhard Jahn, Frankfurt a. M. 1968, S. 194.

204 2. April 1959: Schreiben des ZK der SED an die SPD, in: Dokumente zur Deutschlandpolitik IV/1 (1959), S. 1306. Zur Ablehnung der SPD vgl. Vorwärts, 17. April 1959, S. 1 f.; Deutschlandplan der SPD, S. 56 f. Zwischen der SPD und der SED gebe es keine Gemeinsamkeiten und werde es keine Aktionseinheit geben. Gespräche mit der SED fänden höchstens mittelbar, d. h. auf staatlicher Ebene in gesamtdeutschen Körperschaften statt, die entsprechend dem Deutschlandplan der SPD die Wiedervereinigung vorbereiten, lautete die Antwort der SPD. Zur inhaltlichen Auseinandersetzung zwischen SPD und SED über den Deutschlandplan vgl. ebd., S. 56–59; Staadt: Die geheime Westpolitik der SED 1960–1970, S. 40 ff.

205 Vgl. Christoph Meyer: Herbert Wehner. Biographie, München 2006, S. 229.

206 Zu positiven und ambivalenten Reaktionen der Sowjetunion und der SED vgl. Czerwick: Oppositionstheorien und Außenpolitik, S. 74 f.; Deutschlandplan der SPD, S. 56 f.

207 Zu kritischen Stellungnahmen der Bundesregierung und der FDP zum Deutschlandplan der SPD vgl. Czerwick: Oppositionstheorien und Außenpolitik, S. 75; 20. März 1959: Erklärung der Regierung der Bundesrepublik Deutschland zum Deutschlandplan der SPD, in: Dokumente der Deutschlandpolitik IV/I (1959), S. 1241; 20. März 1959: Kommentar der »Freien Demokratischen Korrespondenz«: Zu wenig Vertrauen in die eigene Position. Zu dem Deutschlandplan der Sozialdemokraten, in: ebd., S. 1242 f. Während die Bundesregierung beispielsweise in mehreren Punkten des Plans eine Gefährdung der demokratischen Zukunft des gesamten vereinten Deutschlands sah, warf die FDP der SPD vor, dass der Deutschlandplan vor der Idee der Konföderation kapituliere, obschon sie sich im Grunde ebenso für die Verhandlung mit »Pankow« aussprach wie die SPD. Zu einer noch härteren und umfassenderen Kritik am Deutschlandplan der SPD vgl. Ernest Salter/Otto Stolz: Wehner – ante portas. Ein Beitrag zur Politik der deutschen Sozialdemokratie, Würzburg 1959, S. 75–86. Zu einer sachlichen Auseinandersetzung mit dem SPD-Plan vgl. auch Theodor Eschenburg: Die Deutsche Frage. Die Verfassungsprobleme der Wiedervereinigung, München 1960, S. 53–56.

Bereits im Frühjahr 1960, kurz nachdem der Deutschlandpan auf der Außenministerkonferenz im Dezember 1959 völlig ignoriert worden war, legte die SPD ihn ad acta. Nicht ganz verschwunden waren allerdings Denkansätze zur Entspannung und Annäherung, die dann der Grundstein der neuen Ostpolitik ab 1966 sein sollten. Nach der strategischen Wende der Deutschland- und Außenpolitik durch die Wehner-Rede am 30. Juni 1960 ging es der SPD immer mehr darum, eine neue Ostpolitik auf der Basis der Anerkennung der Realitäten in Europa mit zu gestalten, womit die SPD die deutschlandpolitische Grundlegung der Großen Koalition schuf.[208] Sowohl in der Grundfrage, wie man überhaupt zur Wiederherstellung der deutschen Einheit kommen sollte, als auch in der Haltung zur deutschen Konföderation bildete sich bei genauerer Betrachtung dennoch keine einheitliche Position unter den führenden SPD-Politikern. Das zeigte sich nicht zuletzt bei den beiden deutschlandpolitischen Denkern und Praktikern der SPD: Egon Bahr und Herbert Wehner.

Zunächst ging der Berliner Senatspressechef Bahr davon aus, dass die Wiedervereinigung nicht als historischer Akt, sondern als historischer Prozess begriffen werden müsse.[209] Ihm war wohl auch bewusst, dass zur deutschen Einheit neben der Ost-West-Entspannung sowie eines gesamteuropäischen Sicherheitssystems Kontakte und Zusammenarbeit zwischen beiden Seiten im geteilten Deutschland nötig waren. Aus verschiedenen Gründen lehnte Bahr jedoch die Konföderationskonzeption der SED ab: Erstens hatte der Ostpolitiker sich noch nicht von der selbst von den meisten Entspannungspolitikern geteilten Befürchtung, dass die Anerkennung der DDR als Staat durch Konföderationsverhandlungen mit der DDR letztendlich zur Verfestigung der deutschen Teilung führe, befreit.[210] Bei einem Montagsgespräch der IG Metall am 2. Dezember 1963 äußerte Bahr, das Wort Konföderation sei ein antiquiertes Wort, das jetzt nur noch als Ulbricht-Wort betrachtet werden könne. Die Konföderation zementiere die Zwei-Staaten-Theorie. Der Trick dabei sei, dass Ulbricht die Konföderation als permanenten Zustand anstrebe und so die Spaltung versteinern wolle.[211] Stattdessen fasste er einen westlichen Stufenplan ins Auge. Als Beispiel brachte er an, dass auf diesem Wege die DDR so einverleibt werden könne, wie seinerzeit das Saargebiet in das Währungsgebiet der DM-

208 Vgl. Christoph Meyer: Die deutschlandpolitische Grundlegung der Großen Koalition. Herbert Wehners Bundestagsrede vom 30. Juni 1960, in: DA 39 (2006), S. 439–447.

209 Vgl. Andreas Vogtmeier: Egon Bahr und die deutsche Frage. Zur Entwicklung der sozialdemokratischen Ost- und Deutschlandpolitik vom Kriegsende bis zur Vereinigung, Bonn 1996, S. 76.

210 Vgl. ebd., S. 78.

211 Information über das Monatsgespräch der IG Metall am 2. Dezember 1963 in der Alten Jakobstraße, in: SAPMO-BArch, DY 30/3543, Bl. 104.

West. In einem unveröffentlichten Manuskript[212] von 1965/66 legte Bahr einen eigenen Stufenplan zur Herstellung der deutschen Einheit dar: eine seiner Meinung denkbare Reihenfolge der Umsetzung der »nationalen und internationalen Voraussetzungen« der deutschen Einheit. Bahrs Acht-Stufen-Modell hatte mit der konföderativen Perspektive kaum etwas zu tun. Es sah eine parallele Entwicklung der innenpolitischen Vereinigung über die gesamtdeutsche Wahl und die Konstitution der Nationalversammlung einerseits und der Verhandlungen und Verständigung über ein europäisches Sicherheitssystem und einen Friedensvertrag für Deutschland andererseits vor.[213]

Ein weiterer Grund für Bahrs Ablehnung der SED-Konföderationsvorschläge lag darin, dass er den Schlüssel zur deutschen Einheit schließlich in Moskau sah. Trotz seiner Einsicht in die wachsende Selbständigkeit der DDR war Bahr noch immer der Ansicht, dass deren existentielle Abhängigkeit von der Sowjetunion bestehen bleibe, so dass die Voraussetzungen für die Wiedervereinigung nicht in Ost-Berlin zu bekommen seien, nicht gegen die Sowjetunion, nicht ohne sie.[214] Aus Bahrs Sicht ging es bei den Konföderationsverhandlungen weniger um die Berücksichtigung der politischen Interessen der SED als um die der militärischen Interessen der Sowjetunion durch Errichtung eines europäischen Sicherheitssystems. Deshalb hielt er die Verständigung über die militärische Entspannung und Abrüstung in Deutschland und Europa für den Schlüssel zur Lösung der deutschen Frage. Bahrs Bilanz lautete:

> »Ein Abzug der sowjetischen Armee würde mit großer Wahrscheinlichkeit zum Zusammenbruch des Regimes führen. Man könnte die Aufgabe der deutschen Einheit auch definieren als die Aufgabe, die sowjetischen Truppen aus dem von ihnen besetzten Gebiet Deutschlands zum Abzug bringen.«[215]

In diesem Zusammenhang stand Bahr stellvertretend für die Erler-Linie, wonach der Draht nach Moskau wichtiger sei als der nach »Pankow«.[216]

212 Dieses Manuskript, betitelt »Was nun«, war die bis dahin umfangreichste und ausführlichste Darstellung von Bahrs Deutschlandkonzeption. Vgl. Vogtmeier: Egon Bahr und die deutsche Frage, S. 80–95. Zu dessen Nichtveröffentlichung und Brandts Einwänden gegenüber Bahrs Manuskript vgl. ebd., S. 90 f.; Egon Bahr: Zu meiner Zeit, München 1996, S. 181–186.

213 Vgl. Vogtmeier: Egon Bahr und die deutsche Frage, S. 86 ff.

214 Vgl. ebd., S. 82 f.; Bahr: Zu meiner Zeit, S. 183.

215 Zitat nach Vogtmeier: Egon Bahr und die deutsche Frage, S. 82.

216 Vgl. Soell: Die deutschlandpolitischen Konzeptionen der SPD-Opposition, S. 50. Die deutschlandpolitische Entwicklung der SPD von 1955 bis 1961 betrachtete er unter dem Gesichtpunkt der Auseinandersetzungen sowie der Kompromisse der beiden Führungsgruppen, nämlich der Erler-Linie und Wehner-Linie; vgl. ebd., S. 49–60.

Im Unterschied zu Erler und Bahr setzte der Vorsitzende des gesamtdeutschen Ausschusses, Herbert Wehner, in seinen deutschlandpolitischen Überlegungen und Aktivitäten nicht zuletzt auf deutsch-deutsche Vereinbarungen. Bereits unmittelbar nach dem Tod seines Gönners Kurt Schumacher im August 1952 hatte Wehner seine gegenüber dem Verstorbenen abweichende Haltung zu direkten deutsch-deutschen Kontakten offenbart.[217] Ab 1956 machte er seine Absichten noch deutlicher, und der DDR-Regierung als Verhandlungspartner maß er sehr große Bedeutung bei, denn ohne sie ginge die gesamtdeutsche Rechnung nicht auf. Jede Gelegenheit, die Spannungen in Deutschland zu vermindern, sollte ergriffen werden, so Wehner.[218] Das hing auch mit seiner nüchternen Beurteilung der Deutschlandpolitik der Westmächte zusammen, die er nach der Enttäuschung über die Ergebnisse bezüglich der deutschen Frage in beiden Viermächteverhandlungen, der Berliner Außenministerkonferenz 1954 und der Genfer Konferenz 1955, bestärkte.[219] Bereits vor 1957 machte der deutschlandpolitische Experte der SPD nicht nur mehrere Vorstöße zur direkten Kontaktaufnahme zwischen Bonn und Ost-Berlin,[220] sondern er nahm persönlich trotz großer politischer Gefahr – belastet durch seine kommunistische Vergangenheit – Kontakte zu ostdeutschen Repräsentanten sowie oppositionellen SED-Funktionären auf, wie verschiedene Wehner-Studien belegen.[221] »Wehners spezieller Beitrag« lag also darin, wie Peter Bender zu Recht festgestellt hat, dass »er die innerdeutsche Seite früh und scharf erkannte und daraus die Folgerungen zog«.[222]

Indessen wusste der erfahrene Exkommunist den ostdeutschen Kommunisten gegenüber eine doppelte Strategie zu entwickeln: kompromisslose Ablehnung des Ulbricht-Regimes und Zusammenarbeit mit und Verbindung zu den DDR-Vertretern zugleich. Im Jahr 1956 formulierte er beispielsweise, auf die Notwendigkeit von »technischen Abkommen« zwischen den beiden deutschen Staaten hinweisend, eine »Politik der kleinen Schritte« als Antwort auf die Ze-

217 Vgl. Freudenhammer/Vater: Herbert Wehner, S. 159.

218 Vgl. Wehner: Wandel und Bewährung, S. 126 ff.

219 Zu Wehners Kritik an der Haltung der Westmächte in den beiden Konferenzen und seiner eigenen Initiative vgl. August H. Leugers-Scherzberg: Die Wandlungen des Herbert Wehner. Von der Volksfront zur Großen Koalition, Berlin 2002, S. 150–164.

220 Zu seinen verschiedenen Initiativen für deutsch-deutsche Kontakte vor 1957 vgl. Leugers-Scherzberg: Die Wandlungen des Herbert Wehner, S. 153 f., 163 und 169–173; Freudenhammer/Vater: Herbert Wehner, S. 168–182.

221 Zu Wehners umstrittenen Ost-Kontakten vgl. Leugers-Scherzberg: Die Wandlungen des Herbert Wehner, S. 171 ff.; Michael F. Scholz: Herbert Wehner in Schweden 1941–1946, München 1995, S. 158–167; Wolf: Spionagechef im geheimen Krieg, S. 195–219; Meyer: Herbert Wehner, S. 193 f.

222 Peter Bender: Herbert Wehner und die Deutschlandpolitik, in: Herbert Wehner. Beiträge zu einer Biographie, hg. von Gerhard Jahn unter Mitwirkung von Reinhard Appel/Sven Backlund/Klaus Bölling/Günter Gaus, Köln 1976, S. 43.

mentierung der Spaltung, während er sich im selben Jahr eine harte politische und ideologische Auseinandersetzung mit der SED-Führung nicht ersparte.[223]

Dementsprechend versuchte Wehner ebenso wie der Hamburger Senator Plate, den SED-Konföderationsvorschlag zum Anlass für weitere deutsch-deutsche Verhandlungen zu nutzen. Trotz seiner harschen Kritik an Ulbrichts »antinationaler Haltung«[224] 1957/58 wollte Wehner den Gedanken einer deutschen Konföderation nicht verwerfen, auch wenn er von Ulbricht kam.[225] Da es ihm darauf ankam, dass die Deutschen ihrerseits versuchten, »durch Vorschläge und Schritte zur inneren deutschen Entspannung« den deutschen Zusammenschluss durchzubringen, setzte Wehner dem SED-Konföderationsvorschlag gern einen Vorschlag entgegen: *eine deutsche Wirtschaftsgemeinschaft*.

In einem Vier-Etappen-Plan, der zwölf bis fünfzehn Jahre veranschlagen sollte, wie er in einem Interview mit der *Süddeutschen Zeitung* ausführte, sei zuerst eine deutsche Wirtschaftsgemeinschaft anzustreben. In der ersten Etappe zu solchem wirtschaftlichen Zusammenschluss sollte ein Verrechnungssystem zwischen den beiden Währungsgebieten eingeführt werden, wodurch es Erleichterungen in den wissenschaftlichen, menschlichen und sonstigen Beziehungen gebe. Danach werde ein gemeinsamer Investitionsfonds – nach Möglichkeit von den USA und der Sowjetunion mitfinanziert – gebildet, den man für gemeinsamen Interessen dienende Projekte nutzen könne. Vorschläge hierfür waren der Elbe-Ausbau, der Mittellandkanal, die Energiewirtschaft, die Energieversorgung usw. Nach der Angleichung der beiden Währungen sollte als vierte Etappe die staatliche Einheit Deutschlands im Rahmen des internationalen Entspannungsprozesses erreicht werden. Dabei knüpfte Wehner an den Rapacki-Plan an und sprach sich für eine atomwaffenfreie Zone, den schrittweisen Abzug ausländischer Truppen aus Deutschland und die Festsetzung einer gleichwertigen Höchstzahl der Truppenstärken in dem militärisch kontrollierten Raum aus.[226]

Im Vergleich zu Bahrs Modell ging Wehner auf die innenpolitischen Prozesse zur Wiedervereinigung kaum ein. Eine Forderung nach freien Wahlen sowie der Zulassung aller Parteien in ganz Deutschland und Konstituierung einer Nationalversammlung fanden darin keine Erwähnung. Auch an der

223 Vgl. Meyer: Herbert Wehner, S. 190–193; Leugers-Scherzberg: Die Wandlungen des Herbert Wehner, S. 168–173. Zur Formulierung »Politik der kleinen Schritte« vgl. Wehner: Voraussetzungen der Wiedervereinigung Deutschlands, Sonderdruck aus Neue Gesellschaft, Januar 1956, S. 6 ff. und 18.

224 Herbert Wehner: Die Grundlinie Ulbrichts. Die gesamtdeutsche Aufgabe der deutschen Arbeiterklasse völlig verkannt, in: Vorwärts, 15. Februar 1957, S. 3. Zu Wehners Kritik an Ulbricht vgl. Leugers-Scherzberg: Die Wandlungen des Herbert Wehner, S. 211.

225 Vgl. 24. Februar 1958: Interview des Abg. Wehner (SPD) für die Süddeutsche Zeitung, in: Dokumente zur Deutschlandpolitik III/4 (1958), S. 583.

226 Vgl. ebd., S. 584 ff.; Freudenhammer/Vater: Herbert Wehner, S. 190 f.

»friedlichen Koexistenz« oder dem Konkurrenzkampf der unterschiedlichen Systeme hatte der ehemalige Kommunist, der mit kommunistischen Taktiken gut vertraut war, kaum Interesse. Er beschäftigte sich ausschließlich damit, wie die wirtschaftliche Kooperation der beiden deutschen Staaten in Stufen zu einer praktischen Annäherung und zu einem Zusammenschluss der Deutschen führen konnte.

Ebenfalls undogmatisch und pragmatisch äußerte er sich zur Frage der DDR-Anerkennung, mit der Bemerkung, dass die Bundesregierung von der Existenz der Behörden in der DDR Notiz nehmen müsse, weil diese Anerkennung kein die Spaltung vertiefendes, sondern ein diese allmählich überwindendes Moment sei.[227] Wenngleich Wehners Vorschlag in der Bundesrepublik kaum Anklang fand, setzte der Ende Mai 1958 zum stellvertretenden Parteivorsitzenden avancierte Sozialdemokrat seine Deutschlandpolitik zumindest in der SPD durch, wie sich im *Deutschland-Plan* zeigte.

Ungeachtet des nachträglichen Bekenntnisses zur Westbindung der Bundesrepublik am 30. Juni 1960 ließ Wehner sich nicht von seiner Überzeugung der Wichtigkeit deutsch-deutscher Kontakte abbringen. Im Gegenteil: Als er im Jahre 1966 erneut von einer deutschen Wirtschaftsgemeinschaft sprach, hielt er eine deutsche Konföderation als weiteren Weg nicht für unmöglich. Im Gespräch mit Günter Gaus sagte er ungeniert:

> »Aber ich persönlich halte es für notwendig, den Gedanken einer Deutschen Wirtschaftsgemeinschaft oder auch eines Deutschen Bundes als eines noch weitergehenden Aufeinanderzukommens nicht dadurch unbrauchbar zu machen, daß man ihn einfach identifizieren läßt mit der Ulbrichtschen Vorstellung von der Konföderation.«[228]

Nicht nur möglich, sondern auch unumgänglich fand Wehner das Nebeneinander von zwei unterschiedlichen Systemen, das als eine Form des Zusammenlebens oder noch wahrscheinlicher als eine Vorform des Nationalstaates »das erreichbare Höchstmaß innerdeutscher Regelungen«[229] zustande bringen sollte. Einen »Deutschen Bund« stellte er sich eher als Übergangslösung zur nationalstaatlichen deutschen Einheit vor denn als die Endstufe der Wiedervereinigung. Der Orientierung auf die Verbindung mit anderen zu einer über den Nationalstaat hinausgehenden Völker- und Staatengemeinschaft stand

227 Vgl. 24. Februar 1958: Interview des Abg. Wehner (SPD) für die Süddeutsche Zeitung, in: Dokumente zur Deutschlandpolitik III/4 (1958), S. 584 und 587.

228 Günter Gaus: Staatserhaltende Opposition oder Hat die SPD kapituliert? Gespräche mit Herbert Wehner, Hamburg 1966, S. 81.

229 Ebd., S. 82 f.

Wehner zwar im Grunde aufgeschlossen gegenüber. Die Wiederherstellung eines demokratischen deutschen Nationalstaats aber war für ihn die vordringliche Aufgabe der Deutschen.

Drei Jahre später, also 1969, bestätigte der Bundesminister für gesamtdeutsche Fragen Wehner aufs Neue vorbehaltlos seine Überzeugung, dass eine »Deutsche Wirtschaftsgemeinschaft« oder ein »Deutscher Bund« eingeführt werden könne. Eine Regelung des Zusammen-, Nebeneinander- oder Miteinanderlebens der Deutschen werde nach menschlichem Ermessen zweifellos über koordinierende oder konföderierende oder die Teile zueinander in ein Verhältnis bringende Formen notwendig und möglich sein, so Wehner in einem Interview 1969.[230]

Überraschend war allerdings, dass kein anderer als Wehner, der mit seiner sensationellen Bundestagsrede vom 30. Juni 1960 die historische Wende der sozialdemokratischen Deutschland- sowie Europapolitik eingeleitet hatte,[231] konsequent für eine neue, offene Form der deutsch-deutschen Verständigung eintrat. Schließlich hatte der dem linken Flügel angehörende ehemalige Volksfrontpolitiker schon seit Anfang der 1960er Jahre in aller Stille an einer Großen Koalition gearbeitet und ihr letztendlich 1966 zum Durchbruch verholfen. Wer in ihm nicht bloß einen »gewieften Taktiker aus Lenins Schule«[232] sehen möchte, muss seine unverändert verfolgte politische Strategie und Grundannahme, die er entsprechend den internationalen sowie innenpolitischen Rahmenbedingungen variierte, sichten und nachzeichnen.[233] In diesem Sinne versuchten ihn Freudenhammer und Kater als einen Dritte-Weg-Verfechter zu zeigen,[234] während Leugers-Scherzberg als Wehners »zentralen Gedanken« nicht zuletzt den »Rechtsgedanken in der dreifachen Ausformung, nämlich Recht des Individuums, Recht der Nation und Recht der Menschheit« herausstellte und seine politische Wandlung auf einen bloßen Wechsel seiner Prioritäten – den jeweiligen politischen Rahmenbedingungen angepasst – zurückführte.[235] Sein Konzept einer *Deutschen Wirtschaftsgemeinschaft* als politische

230 Vgl. Reinhard Appel: Gefragt. Herbert Wehner, Bonn 1969, S. 61.

231 Vgl. Meyer: Die deutschlandpolitische Grundlage der Großen Koalition, S. 439.

232 Wolfgang Dau/Helmut Bärwald/Robert Becker: Herbert Wehner. Zeit seines Lebens, Eschau 1986, S. 135.

233 Zu verschiedenen Positionen vgl. Dieter Dowe (Hg.): Herbert Wehner (1906–1990) und die deutsche Sozialdemokratie. Referat und Podiumsdiskussion eines Kolloquiums des Gesprächskreises Geschichte der Friedrich-Ebert-Stiftung in Bonn am 23. September 1996, Bonn 1996, S. 43–71.

234 Vgl. Freudenhammer/Vater: Herbert Wehner, S. 265–273.

235 Vgl. Leugers-Scherzberg: Die Wandlungen des Herbert Wehner, S. 340–344. In ähnlichem Ton sprach Wehner von »Selbstbestimmungsrecht«, vgl. auch Dowe (Hg.): Herbert Wehner (1906–1990) und die deutsche Sozialdemokratie, S. 46 f. Seit langem existierten unterschiedliche Wehner-Bilder. Während der Historiker Michael F. Scholz in dem ehemaligen Kommunisten immerhin »einen Feind des totalitären SED-Regimes« sah, bestätigte Mar-

Strategie ist mit dem Hinweis der beiden Wehner-Studien auf seine Unterstützung für die reformorientierten Kräfte innerhalb der SED zu jenem Zeitpunkt besser zu verstehen: Bei seinem Vorschlag für eine *Deutsche Wirtschaftsgemeinschaft* von 1958 setzte der Bonner Sozialdemokrat Wehner Freudenhammer/Kater zufolge auf die gesamtdeutsch orientierte SED-Opposition.[236]

Dennoch lag ein sehr schlüssiges Motiv für Wehners Vorschlag in der festen Überzeugung, mit der Intensivierung deutsch-deutscher Wirtschaftsbeziehungen über Blockgrenzen hinweg den Entspannungsprozess zu fördern und damit die erneuerte nationale DDR, unabhängig von der Hegemonialmacht des Ostblocks, zu stabilisieren und letztendlich auf diesem Weg die Annäherung bis zur Einheit der beiden deutschen Staaten zustande zu bringen – eine Art »nationale Befreiungspolitik«, wie Leugers-Scherzberg es formuliert hat.[237] Damit lässt sich auch erklären, warum Wehner noch in den 1970er Jahren, als er sich nicht mehr für die DDR-Opposition, sondern für ein »stabiles, anerkanntes DDR-Regime interessierte«,[238] unverändert seine deutschlandpolitische Strategie der Voranstellung deutsch-deutscher Verhandlungen im Visier einer Konföderation oder Wirtschaftsgemeinschaft vertrat und in die Tat umzusetzen versuchte.[239]

kus Wolf zwar Wehners entschiedene Absage an jede Form der Diktatur, aber er vermittelte zugleich den Eindruck, dass Wehner sich 1981 voll mit der Sache des »real existierenden Sozialismus« identifizierte. Vgl. Scholz: Herbert Wehner in Schweden, S. 187; Wolf: Spionagechef im geheimen Krieg, S. 214 und 218 f. Für den SPD-Bundestagsabgeordneten und alten Freund Wehners Peter Blachstein war Wehner »eher ein nationaler Sozialist«, wogegen der Historiker Bernd Faulenbach ihn für einen Repräsentanten der traditionellen Arbeiterbewegung, darüber hinaus für einen Realisten sowie einen Mann des sozialen Engagements hielt. Vgl. »Die Zeit, die mir bleibt ...« Was Wehner wirklich will (1) – Der deutsche Sozialismus, in: Der Spiegel, 4. Juli 1977, S. 36; B. Faulenbach in: Dowe (Hg.): Herbert Wehner (1906–1990) und die deutsche Sozialdemokratie, S. 71.

236 Vgl. Freudenhammer/Vater: Herbert Wehner, S. 191 ff. Leugers-Scherzberg hat ebenfalls festgestellt, dass Wehner in seiner Deutschlandpolitik bis 1959 das Ziel verfolgte, den Sieg der »demokratischen Kräfte in Deutschland im Zuge eines Wiedervereinigungsprozesses zu erlangen«; vgl. Leugers-Scherzberg: Die Wandlungen des Herbert Wehner, S. 228.

237 Vgl. ebd., S. 111–127 und 341 f.

238 Im Jahre 1973 hob Wehner in Anlehnung an den Kölner Staatsrechtler Martin Kriele hervor, dass ein stabiles, anerkanntes DDR-Regime eher das Selbstbewusstsein aufbringen werde, aus Provinzialismus und Verkrampftheit hinaus zur Gelassenheit zu finden, die Voraussetzung für eine Liberalisierung sei. Zitat nach Meyer: Herbert Wehner, S. 395. Zu Wehners umstrittener Haltung zur polnischen Solidarność-Bewegung vgl. Wolf: Spionagechef im geheimen Krieg, S. 419. Zu Wehners kritischer Reaktion auf die Veröffentlichung des Manifestes einer oppositionellen Gruppe innerhalb der SED vgl. DDR – Das Manifest der Opposition. Eine Dokumentation. Fakten, Analysen, Berichte, hg. von Der Spiegel, München 1978, S. 123–127.

239 In einem Interview im Norddeutschen Rundfunk vom 16. April 1979 führte Wehner, indem er sich gegen die Vorstellung einer »Hokus-Pokus-Wiedervereinigung« wandte, deutlich aus, dass »das Optimum, das in ferner Zukunft erreichbar erscheine, eine Konföderation oder eine Wirtschaftsgemeinschaft« sei, »ein Partnerschaftsverhältnis, vertraglich, einschließlich also weitergehender Möglichkeiten, als es der jetzige Vertrag über die Grund-

Wehners Vorstoß für eine deutsche Wirtschaftsgemeinschaft hatte jedoch mehr mit seinem unveränderten Interesse an praktischen Ergebnissen durch die deutsch-deutschen Kontakte zu tun als mit irgendwelchen politisch kalkulierten Motiven oder ideologisch begründeten Zielvorstellungen. Als »politische[m] und parlamentarische[m] Praktiker«, wie er sich selbst gern nannte, kam es Wehner nicht auf Ideologien an, wie er in dem Interview 1969 bekundete, sondern auf »präzise, nachrechenbare und auch diskutable und damit also bestreitbare Programme«.[240] Bevor er als Bundesminister für gesamtdeutsche Fragen ab Ende 1966 seine Pläne für »menschliche Erleichterungen« in die Tat umsetzen konnte, hatte er bereits Mitte der 1950er Jahre, also viel früher als die meisten späteren westdeutschen Entspannungspolitiker, eigene Initiativen zu humanistischen und praktischen Notwendigkeiten dargelegt, so eine »Nahrungsmittelhilfe in jeder erdenklichen Form« bis zu Speisungen in Schulen und Altersheimen durch Vermittlung internationaler Hilfsorganisationen 1953, die Erwägung von Unterhaltszahlungen zwischen Verwandten auf beiden Seiten und Rückfahrgeld für ostdeutsche Besucher, 1955 den Vorschlag, Behördenkontakte zwischen beiden Seiten für humanitäre Erleichterungen einzurichten, oder den Einsatz für politische Gefangene in der DDR 1956.[241] Als sozialdemokratischer Bundesminister für gesamtdeutsche Fragen (1966 bis 1969) kümmerte Wehner sich um diesen Bereich besonders intensiv und persönlich.[242] Die Bedeutung der humanitären und wirtschaftlichen Hilfe für die deutsch-deutsche Annäherung und Wiedervereinigung verstand keiner so früh und treffend wie Wehner. Sein Motto lautete: »Große Schritte ja, aber um Himmels willen, wenn man nur mit kleinen Schritten weiterkommt, dann sich die Mühe nicht verdrießen lassen [...]. Kleine Schritte ja, immer besser als stillstehen.«[243] Die Richtung war klar. Möglichst viele Verbindungen mit den Deutschen »drüben«, ohne in Routine zu verfallen.

lagen der Beziehungen zwischen diesen Staaten im getrennten Deutschland ist«. Zitat nach Werner Link: Zwei Staaten – Eine Nation, in: Otto Dann (Hg.): Die deutsche Nation. Geschichte – Probleme – Perspektiven, Vierow 1994, S. 119. Vgl. auch Heinrich Potthoff, in: Dowe (Hg.): Herbert Wehner (1906–1990) und die deutsche Sozialdemokratie, S. 62–65. Zu einer ähnlichen Aussage Wehners über die Konföderationsidee Anfang 1979 vgl. Florian Roth: Die Idee der Nation im politischen Diskurs. Die Bundesrepublik Deutschland zwischen neuer Ostpolitik und Wiedervereinigung (1969–1990), Baden-Baden 1995, S. 168.

240 Appel: Gefragt. Herbert Wehner, S. 16; »Die Zeit, die mir bleibt ...« Was Wehner wirklich will (1) – Der deutsche Sozialismus, in: Der Spiegel, 4. Juli 1977, S. 36.

241 Vgl. Verzweiflung, Kühnheit, Hoffnung. Rede vor dem Deutschen Bundestag nach dem Volksaufstand am 17. Juni 1953 in Mitteldeutschland, 1. Juli 1953; Die Opfer des Kalten Krieges. Rede vor dem Deutschen Bundestag zur Situation der politischen Gefangenen in der sowjetischen Besatzungszone, 30. März 1956, in: Herbert Wehner: Wandel und Bewährung, 1968, S. 105 ff. und 126–136; Meyer: Herbert Wehner, S. 175 und 197 f.; Freudenhammer/Vater: Herbert Wehner, S. 168–173.

242 Vgl. Meyer: Herbert Wehner, S. 314–323.

243 »Die Zeit, die mir bleibt ...« (IV) Der Kampf um die Einheit, in: Der Spiegel, 25. Juli 1977, S. 44

Wehners Deutschlandpolitik enthielt somit nicht wenige neue Gedanken einer Konföderationskonzeption, die allerdings in bisherigen völkerrechtlichen Lehrbüchern keinen Niederschlag fanden.

Rückblickend war dem Bundesminister schließlich Vertrauen zu schenken, als er in einem Interview 1969 seine deutschlandpolitische Grundhaltung wie folgt formulierte: Er sei gegen die Ideologisierung der Spaltung und der Versuche, aus der Spaltung herauszukommen.[244] Im Vergleich zu anderen Konföderationskonzepten, wie dem der SED oder dem der westdeutschen Nationalneutralisten, war Wehners *Deutsche Wirtschaftsgemeinschaft* ein entideologisierter Vorschlag. Mit dem nicht zuletzt auf die praktischen Notwendigkeiten sowie auf machbare gesamtdeutsche Projekte gerichteten deutschlandpolitischen Konzept brach Wehner neuen Überlegungen über die »konföderative Struktur« zwischen den beiden deutschen Staaten Bahn. Zwar blieb eine intensivere Diskussion über seinen Vorschlag aus, die Nachwirkungen für Gesamtdeutschland waren jedoch beträchtlich: Nicht nur die oppositionellen Kräfte in beiden deutschen Staaten, nämlich der Nationalneutralist Schenke und seine Mitstreiter in der Bundesrepublik[245] sowie Teile der Opposition[246] in der DDR, entwickelten Wehners *Deutscher Wirtschaftsgemeinschaft* stark ähnelnde Denkansätze und stellten sie zur Diskussion, ohne dabei deren Urheber anzuführen. Auch auf dem innerdeutschen Verhandlungstisch der Unterhändler in den 1980er Jahren tauchte der Gedanke auf, dass man die marode Wirtschaft der DDR mit der D-Mark aus einem gesamtdeutschen Investitionsfonds ankurbeln und eine daraus folgende Intensivierung der deutsch-deutschen Zusammenarbeit bis zum Eintritt in eine deutsche Konföderation verfolgen sollte. Basierend auf den von Wehners Vertrautem Karl Wienand[247] und seinem ostdeutschen Verbindungsmann Wolfgang Vogel[248] aufgebauten Kontakten, fand eine ähnliche Konzeption Eingang in die deutsch-deutschen Beziehungen. Mitte der 1980er

244 Vgl. Appel: Gefragt. Herbert Wehner, S. 62.

245 Vgl. Schenke: Gesamtdeutsche Wirtschaftsgemeinschaft, in: NP 7 (1962), H. 22, S. 3 f. Schenke verließ sich auf einen Mitstreiter aus seinem Kreis, Prof. Plassmann, der Ost-Berlins Kreditersuchen bei der Bundesregierung zum Anstoß für seine Überlegungen nahm und einen Vorschlag zur Bildung einer Gesamtdeutschen Gemeinschaft durch den großzügigen Ausbau des innerdeutschen Handels machte.

246 Vgl. DDR – Das Manifest der Opposition, S. 22 f.; Dominik Geppert: Störmanöver. Das »Manifest der Opposition« und die Schließung des Ost-Berliner »Spiegel«-Büros im Januar 1978, Berlin 1996, S. 51 f.

247 Zu seiner Person vgl. BHMDB, Bd. 2, S. 952 f.; Gerd Lotze: Karl Wienand: der Drahtzieher, Köln 1995. Von 1953 bis 1974 war Wienand Bundestagsmitglied der SPD, 1967 Hauptamtlicher Parlamentarischer Geschäftsführer der SPD-Bundestagsfraktion. Vgl. auch Meyer: Herbert Wehner, S. 381–384.

248 Vgl. Craig R. Whitney: Advocatus Diaboli. Wolfgang Vogel – Anwalt zwischen Ost und West, Berlin 1993; Meyer: Herbert Wehner, S. 315–318 und 396–404.

Jahre, als der »gesamtdeutsche Politiker« Wehner sich von der politischen Bühne verabschiedete, wurde eine ähnliche gesamtdeutsche Konzeption auf der deutsch-deutschen Kontaktschiene wiederbelebt.

4.3.3 *Publizistische und wissenschaftliche Rückendeckung*

In den Jahren von 1957 bis Anfang 1967, in denen sich die SED eine deutsche Konföderation auf ihre Fahnen schrieb, gab es in der Bundesrepublik nicht wenige positive Wortmeldungen aus verschiedenen Lagern. Nicht nur die neutralistischen Splittergruppen am Rande, ob links und pazifistisch motiviert oder rechts und nationalistisch geprägt, auch Einzelgänger und kleine Gruppen in der FDP und SPD meldeten sich zu Wort, um sich für eine Konföderationskonzeption oder zumindest für deutsch-deutsche Verhandlungen auszusprechen.

Im konservativen Lager jedoch wurde es, von einigen Ausnahmefällen abgesehen,[249] still um die Idee einer nationalen Konföderation zur Wiedervereinigung. Aus den Reihen der CDU/CSU gab es kaum positive Reaktionen auf die Konföderationsdiskussion. Unter diesen Umständen erregte der prominente CDU-nahe Journalist Paul Wilhelm Wenger, der seit 1948 als Bonner Redakteur des *Rheinischen Merkur* in einem gewissen Maße Einfluss auf die Regierungspolitik ausgeübt hatte, mit seiner Tauberbischofsheimer Rede, die er am 20. April 1958 vor dem Bezirksparteitag der nordbadischen CDU hielt, großes Aufsehen. Der scharfzüngige Journalist des »Leib-und-Magen-Blatts« Adenauers erteilte der Nationalstaatsidee eine klare Absage, indem er die Schaffung von Regionalföderationen in Europa als einzige Lösung der deutschen Frage darlegte. Seine Formel lautete: Im Rahmen einer gesamteuropäischen, in Regionalföderationen gegliederten Friedensordnung solle »ein gemeinsames, elastisch gegliedertes deutsches Staatswesen auf der Basis der Allgemeingültigkeit unabdingbarer Freiheits- und Grundrechte aller Völker« entstehen.[250] Die deutsche Teilung könne erst überwunden werden, wenn konkrete Entspannungskontakte zwischen der NATO und dem Warschauer Pakt sowie Kooperationenkontakte zwischen der EWG und dem Comecon auf die

249 Neben dem schon angeführten Hagemann-Fall ist der »Fall Nellen« zu erwähnen. Der CDU-Bundestagsabgeordnete Peter Nellen sprach sich im Dezember 1957 in einem Artikel in den »Blättern« für den Rückzug der fremden Streitkräfte hinter ihre »legitime« Grenze aus, weshalb er vor ein Parteitribunal gestellt wurde. Zu seiner Person vgl. Vorwärts, 17. Januar 1958, S. 1; BHMDB, Bd. 1, S. 596. Von 1949 bis 1969 war Nellen Bundestagsmitglied, am 8. November 1960 trat er aus der CDU aus und wechselte zur SPD.

250 Vgl. Paul Wilhelm Wenger: Wer gewinnt Deutschland? Kleinpreußische Selbstisolierung oder mitteleuropäische Föderation, Stuttgart-Degerloch 1959, S. 33–36 und 87.

Ost-West-Tagesordnung gesetzt würden, betonte Wenger im Jahre 1962.[251] Damit stand er jedoch nicht »nahe bei Grotewohl«,[252] wo ihn einige Kritiker sahen, sondern setzte sich im Anschluss an verschiedene föderalistische und übernationale Gedanken in der deutschen Geschichte sowie die Vision der europäischen Konföderation des französischen Staatschefs de Gaulle für eine föderalistische und europäische Lösung der deutschen Frage, das heißt für die innere Föderalisierung Deutschlands und eine föderalistische Verflechtung Deutschlands mit seinen Nachbarn ein.

In dieser Hinsicht lässt sich Wengers föderalistischer Europagedanke weder als originell noch als abwegig betrachten. Seine unkonventionelle europäische Deutschlandformel »Zuerst die europäische Föderation, dann Überwindung der deutschen Teilung« konnten die meisten Verfechter einer deutschen Konföderation ebenso schwer nachvollziehen wie sonstige etablierte Politiker. Für Erstere kam lediglich eine nationale Konföderation zur Wiederherstellung der deutschen Einheit in Frage. Zu jener Zeit, anders als in der Entstehungsphase in der ersten Hälfte der 1950er Jahre, spielten für sie weder der Föderalismus noch Europa eine große Rolle. Sie beschäftigten sich in der Regel, obschon nicht ausschließlich, mit grundlegenden und konkreten Fragen einer nationalen Konföderation.

Zu den renommierten Publizisten oder Intellektuellen, die sich als Einzelgänger in der Öffentlichkeit jenseits der oben angeführten neutralistischen Organisationen oder Gruppierungen für Verhandlungen über eine nationale Konföderation zur deutschen Wiedervereinigung aussprachen oder darüber hinaus eigene Konföderationskonzepte entwickelten, gehörten vor allem der konservative Publizist Paul Sethe, der liberale Geschichtsprofessor Ulrich Noack, der Senatspräsident am Bundesverwaltungsgericht Helmut R. Külz, der liberale Völkerrechtler Eberhard Menzel, der führende Kenner des Kommunismus Wolfgang Leonhard, der sozialdemokratische Staatsrechtswissenschaftler Erich Küchenhoff und andere.[253]

251 Vgl. Paul Wilhelm Wenger: Die deutsche Frage 1962. Legende, Illusion und Wirklichkeit, in: Ansgar Skriver (Hg.): Berlin und keine Illusion. 13 Beiträge zur Deutschlandpolitik, Hamburg 1962, S. 99. Ab 1962 sprach Wenger von einer parallele Entwicklung der gesamteuropäischen sowie gesamtdeutschen Konföderation in Richtung auf die Föderation, ebd., S. 101. Vgl. auch ders.: Hitlers Konkursmasse: Die vier Deutschland, in: Helmut Hammerschmidt (Hg.): Zwanzig Jahre danach. Eine deutsche Bilanz 1945–1965, München 1965, S. 11–19.

252 In seinem Artikel von 1962 äußerte Wenger über das SED-Regime unumwunden: In der »ersten konföderativen Phase […] könnte es dem Kreml leicht werden, den Typus Ulbricht, der auch Moskau schwer belastet, fallen zu lassen und in der Sowjetzone die von Ulbricht ausgelassenen Länder wiederherzustellen […]«. Vgl. Wenger: Die deutsche Frage 1962, S. 101. Zu Diffamierungen gegen ihn vgl. Wenger: Wer gewinnt Deutschland?, S. 9 f. und 360 ff.

253 Vgl. Sethe: Die großen Entscheidungen, S. 102; ders.: Öffnung nach Osten. Weltpolitische Realitäten zwischen Bonn, Paris und Moskau, Frankfurt a. M. 1966, S. 190; Eberhard Menzel: Die staats- und völkerrechtlichen Probleme der Wiedervereinigung Deutschlands, in:

So verschieden ihre politischen Einstellungen und ihre Konföderationsvorstellungen waren, so einig waren sie sich in der Überzeugung, dass die Bundesregierung auf den Konföderationsvorschlag der DDR bzw. der Sowjetunion eingehen sollte: »Chruschtschow hat uns einen Ball zugeworfen. Fangen wir ihn auf und spielen wir ihn zurück!«[254] Dabei sprachen sie keineswegs die gleiche Sprache wie die SED und setzten in ihrer Auseinandersetzung mit Kernproblemen der Konföderationsidee jeweils eigene Akzente.

Die in der Öffentlichkeit am meisten debattierte Frage lautete, wie zwischen einer freiheitlich-demokratischen, marktwirtschaftlich orientierten und einer kommunistischen, planwirtschaftlich fundierten Gesellschaftsordnung eine Staatenföderation zustande kommen könne. Die Skeptiker und Gegner der Konföderation in der Bundesrepublik argumentierten in der Regel, dass eine Konföderation nur zwischen zwei Staaten gleicher oder ähnlicher Art möglich sei, wie es Theodor Eschenburg 1959 formulierte.[255]

In seiner kritischen Auseinandersetzung mit Theodor Eschenburgs Schrift *Die Deutsche Frage. Die Verfassungsprobleme der Wiedervereinigung* widerlegte Eberhard Menzel, Professor für Staats- und Völkerrecht an der Universität Kiel und Direktor des Instituts für Internationales Recht, dessen These der Unmöglichkeit einer Mischform zwischen dem westlichen und dem östlichen Herrschaftssystem.[256] Wer vor die Wahl zwischen Freiheit und Unfreiheit gestellt werde, wähle die Freiheit, so Menzel. Wenn es aber um die Wirtschafts- und Sozialordnung gehe, verhalte es sich anders. Dabei wies er nicht nur darauf hin, dass auch das Grundgesetz keine Entscheidung zugunsten einer bestimmten Wirtschaftsordnung getroffen habe. Seine Argumentation stützte sich auf »echte Alternativen und latente Spannungsverhältnisse« selbst in westlich-demokratischen Staaten sowie historische Präzedenzfälle.[257]

Europa-Archiv 13 (1958), S. 11051–11062; Wolfgang Leonhard: Ein Vorschlag für Deutschland, Die Zeit, 16. Jg. 1961, Nr. 33 vom 11. August 1961, in: Dokumente zur Deutschlandpolitik IV/7 (1961), S. 107 f., Anm. 1; Erich Küchenhoff: Wiedervereinigung durch Transföderation, in: Vorwärts, 20. Februar 1959, S. 6. Mit Walter Hagemann und Klara Maria Faßbinder bekannten sich mehr als 50 westdeutsche Professoren und Intellektuelle zum Konföderationskonzept, vgl. 30. Januar 1959: Erklärung westdeutscher Intellektueller, in: Dokumente zur Deutschlandpolitik IV/1 (1959), S. 750 f.

254 Wilhelm Kuhn: Berlin, Deutschland und die Konföderation. Ein Diskussionsbeitrag zur Deutschen Frage, Nürnberg 1961, S. 16.

255 Vgl. Theodor Eschenburg: Die Deutsche Frage. Die Verfassungsprobleme der Wiedervereinigung, München 1959, S. 42 f.; ders.: Zweimal Deutschland. Freiheit der Zone durch Verzicht auf Wiedervereinigung?, in: ders.: Institutionelle Sorgen in der Bundesrepublik. Politische Aufsätze 1957–1961, Stuttgart 1961, S. 85–89, hier S. 89. Zu einer ähnlichen wissenschaftlichen Begründung vgl. Heinrich Strutthof: Unrealistische Deutschland-Parolen, in: Außenpolitik X (1959), II. Halbjahr, S. 431–437.

256 Vgl. Eberhard Menzel: Falsche staats- und völkerrechtliche Thesen zur Wiedervereinigung, in: Blätter 4 (1959), H. 9, S. 707–725.

257 Vgl. ebd., S. 717 f.

Die Möglichkeit, wenn nicht Notwendigkeit einer gesellschaftlichen Mischform stellte den gemeinsamen Nenner für die Befürworter der Konföderationsidee dar. Hinsichtlich der Frage der freien Wahlen, anders als in der Diskussion um die Möglichkeit der Koexistenz der verschiedenen Gesellschaftssysteme unter einem Dach, herrschten unter den westdeutschen Protagonisten der Konföderationsidee deutliche Meinungsverschiedenheiten. Der politische Publizist Wolfgang Leonhard sprach sich beispielsweise für die Annahme des SED-Konföderationsvorschlags nur unter der Voraussetzung der Wiederherstellung der politischen Freiheit sowie der Abhaltung freier Wahlen in der DDR aus. Der Westen solle in allen anderen Fragen Konzessionsbereitschaft zeigen und dann als Gegenleistung nur eines verlangen: freie Wahlen. Damit könne der Westen vom stets negierenden Zuschauer zum aktiv Handelnden werden, so Leonhard.[258] Demgegenüber führte der Kieler Völkerrechtler Menzel aus, dass die Frage des Wahlrechts zunächst keine bedeutsame Rolle spiele und der Entscheidung durch die später zu bildenden gesamtdeutschen Gremien vorbehalten bleiben solle. Seiner Zurückhaltung bezüglich freier Wahlen lag die Annahme zugrunde, dass im Grundgesetz freie Wahlen keineswegs als Voraussetzung für gesamtdeutsche Organe vorgeschrieben seien. Eine gemeinsame Legislative wäre allenfalls im zweiten oder dritten Stadium möglich, so Menzel.[259]

Während er sich auf die wissenschaftliche Begründung der rechtlichen Angemessenheit einer deutschen Konföderation beschränkte, legte der Würzburger Geschichtsprofessor Ulrich Noack eine konkrete Konföderationskonzeption für die Wiedervereinigung vor, die Menzels Interpretation des Zusammenhangs von freien Wahlen und Konföderation entsprach. In der November/Dezember-Ausgabe seiner Zeitschrift *Welt ohne Krieg* stellte Noack 1957 einen Wiedervereinigungsplan mit drei Entwicklungsstadien vor, der einen Zeitraum von insgesamt zwölf Jahren (1958 bis 1970) vorsah.[260] Zunächst werde die DDR dem Plan zufolge mit der Bundesrepublik zu einem »Staatenbund« und einer militärisch »bündnisfreien« oder »verdünnten Zone« im Rahmen der West-Europa-Union zusammengeführt. In der Zeit von 1958 bis 1962 sollte es mit einer »Zoll- und Währungsunion« sowie einem gemeinsamen außenpolitischen Ausschuss der beiden Regierungen beginnen und dann im zweiten Zeitabschnitt 1962 bis 1966 nach Länderwahlen auch in der DDR in ihren frü-

258 Vgl. W. Leonhard: Ein Vorschlag für Deutschland, in: Dokumente zur Deutschlandpolitik IV/7 (1961), S. 108, Anm. 1.

259 Vgl. E. Menzel: Die staats- und völkerrechtlichen Probleme der Wiedervereinigung Deutschlands, in: Europa-Archiv 13 (1958), S. 11057.

260 Vgl. Die NATO am Scheideweg, in: Welt ohne Krieg 6 (1957), Nr. 6, S. 1. In ihrer Januar/Februar-Ausgabe 1957 hatte die Zeitschrift bereits von »einer Art freier Föderation« gesprochen. Vgl. Welt ohne Krieg 6 (1957), Nr. 1, S. 5.

heren fünf Ländern ein gemeinsamer Bundesrat berufen werden, wobei die Wahl mit getrennten Listen ohne Beteiligung der SPD im Osten und der KPD im Westen durchgeführt werden solle. In der Schlussphase der Wiedervereinigung bis 1970 sollte eine gemeinsame Bundestagswahl nach getrennten Listen und nach dem Proportionalwahlsystem mit Einschluss der SPD im Osten und der KPD im Westen stattfinden. Damit lief Noacks Plan auf einen langsamen Weg über den Staatenbund mit dem Ziel eines Bundesstaates hinaus, wobei die Wahlsysteme in den jeweiligen Entwicklungsstadien eine entscheidende Rolle spielen sollten.

In einem Interview mit einem Journalisten aus der DDR Anfang 1959 gab der Würzburger Neutralist eine Stellungnahme zum sowjetischen Friedensvorschlag ab:[261] Man könne in dem sowjetischen Vorschlag für einen Friedenvertrag, »einen praktischen Ausgangspunkt für weitere Verhandlungen« sehen, wenn die DDR sich grundsätzlich bereit erkläre, ihr Wahlsystem in der Übergangszeit schrittweise aufzugeben. Innerhalb der siebenjährigen Übergangszeit (1959 bis 1966) sollten sich die beiden Teilstaaten angleichen, wobei »freiheitliche und soziale Errungenschaften auf beiden Seiten« berücksichtigt werden sollten. Noacks Vorstellungen zufolge sollte die Ausgangssituation als »Konföderation«, die Übergangszeit als »Transföderation« und das Endergebnis als »Union« bezeichnet werden. Die Unterscheidung zwischen anfänglicher »Konföderation« und »Transföderation« als Übergangszeit führte er in einem erneuerten Wiedervereinigungsplan ein, nicht zuletzt wegen der weitverbreiteten Befürchtung, dass man unter dem Wort »Konföderation« eine »statisch-dauerhafte Verbindung zweier souveräner Staaten in einem Staatenbund« verstehen könne.[262]

Der Begriff »Transföderation« stammte von dem Rechtswissenschaftler Erich Küchenhoff. In einem *Vorwärts*-Artikel vom Februar 1959 sowie in einem weiteren Zeitungsartikel 1963[263] hob er jedoch, anders als Noack, »Transföderation« und »Konföderation« gänzlich voneinander ab und betrachtete nur Erstere als eine ernstzunehmende Entwicklungsmöglichkeit zur deutschen Wiedervereinigung, weil die Anerkennung einer Konföderation in seiner Fassung auf die Anerkennung einer Fortdauer der deutschen Spaltung hinauslaufe und der statische Zusammenschluss zweier völkerrechtlich selbständig bleibender Staaten sei. Zudem sah Küchenhoff in einer deutschen Konföderation als »dauerhafte Verbindung durch und durch inhomogener Staaten« viel-

261 Vgl. Noack: Deutschlands Wiedervereinigung wurde bisher weggerüstet, in: Welt ohne Krieg 8 (1959), Nr. 1, S. 1.

262 Vgl. ebd.

263 Vgl. E. Küchenhoff: Wiedervereinigung durch Transföderation, in: Vorwärts, 20. Februar 1959, S. 6; 9. August 1963: Artikel von Erich Küchenhoff: »Transföderation« als Weg zur deutschen Einheit, in: Dokumente zur Deutschlandpolitik, IV/9 (1963), S. 613–615.

mehr »ständig schwerwiegendste Auseinandersetzungen bis hin zur Gefahr des Bürgerkrieges«.[264] Demgegenüber verstand er unter dem Begriff »Transföderation« das Zusammenwachsen beider Teile Deutschlands unter Aufgabe ihrer gegenwärtigen staatsrechtlichen Existenz, mit anderen Worten: eine dynamische Überleitung zur Einheit Deutschlands.

Damit zeigt sich zunächst, dass Noack und Küchenhoff trotz Differenzen bei ihrer neuen Begriffsverwendung am deutlichsten zum Ausdruck brachten, was den meisten Befürwortern der Konföderationsidee zu jener Zeit am Herzen lag: Die deutsche Konföderation sollte keine endgültige Form sein, sondern eine Übergangslösung zur Wiederherstellung der deutschen Einheit.[265]

Obendrein war es charakteristisch für Noacks und Küchenhoffs Wiedervereinigungsvorstellungen, dass sie eine deutsche Konföderation, unter welcher Bezeichnung auch immer, im Kern nicht als konventionellen völkerrechtlichen Zustand, sondern als »ein[en] dynamische[n] Vorgang«, das heißt als Prozess des Zusammenwachsens der beiden Teilstaaten begriffen. Ihrer Auffassung nach hatte dieser Prozess weder mit der »friedlichen Koexistenz« unter der ideologischen Parole der SED noch mit »dynamischer Umwandlung« der beiden Gesellschaftssysteme unter dem Vorzeichen eines Dritten Weges zu tun, sondern mit einem Nebeneinander, das auf einen Zusammenschluss der beiden Teile Deutschlands abzielte. Die Konföderationspläne der beiden Wissenschaftler unterschieden sich von der *Deutschen Wirtschaftsgemeinschaft* Herbert Wehners darin, dass es ihnen nicht zuletzt um die politische sowie rechtliche Gestaltung und Entwicklung einer Konföderation ging, die die endgültige Wiederherstellung der nationalen Einheit der Deutschen garantieren sollten. Auch in den detaillierten Wiedervereinigungsplänen von Prof. Walter Meder[266] sowie Prof. Helmut R. Külz[267] zeichnete sich diese Tendenz deutlich ab.

Als »bestimmte gesamtdeutsche Organe«, die über die Verhandlungen und den Abschluss eines gemeinsamen Friedensvertrages hinaus von Anbeginn der Vorbereitung der endgültigen Wiedervereinigung dienen sollten, schlug der Senatspräsident beim Bundesverwaltungsgericht Helmut R. Külz beispielsweise einen vorläufigen Ministerrat und zugleich einen vorläufigen Parlamentarischen Rat vor. Hingegen sah der *Berliner Plan* vom Ordinarius für Osteuropäisches Recht an der Freien Universität, Walter Meder, lediglich einen gesamt-

264 Ebd., S. 614.

265 Als Ausnahme ist vor allem Wilhelm Kuhn zu nennen. Die deutsche Konföderation sollte seiner Ansicht nach die erste Stufe zur Bildung eines mitteleuropäischen Bundes sein. Vgl. Kuhn: Berlin, Deutschland und die Konföderation, S. 83 f.

266 Vgl. 22. Februar 1958: Der »Berliner Plan« von Professor Meder, in: Dokumente zur Deutschlandpolitik III/4 (1958), S. 578–580.

267 Vgl. Helmut R. Külz: Möglichkeiten einer deutschen Konföderation, in: NP 13 (1959), H. 4, S. 5–8.

deutschen Parlamentarischen Rat vor, dem eine doppelte Aufgabe zugewiesen werden sollte: Verhandlung und Abschluss des Friedensvertrags sowie Ausarbeitung der gesamtdeutschen Verfassung und Vorbereitung der gesamtdeutschen freien Wahlen. Nicht zuletzt mit der Hervorhebung der unparitätischen Zusammensetzung des vorgeschlagenen Parlamentarischen Rates grenzten sich die beiden Konzepte grundsätzlich von den SED-Konföderationsvorstellungen ab. Külz und Meder gingen davon aus, dass der Rat sich entsprechend der Bevölkerungsstärke zusammensetzen sollte, das heißt, im Meder-Plan kam ein Delegierter auf rund 700 000 Einwohner, wonach 73 % der Sitze Westdeutschland und 27 % der Sitze der DDR zustehen sollten.[268] Dem Külz-Plan zufolge sollte der Rat aus 140 Abgeordneten, 100 aus der BRD mit West-Berlin und 40 aus der DDR mit Ost-Berlin bestehen.[269] Darüber hinaus hatte Külz durch die Bezeichnung dieser gesamten Übergangsphase als »Vorläufige Deutsche Union«[270] abermals Berührungspunkte mit einigen oben genannten Verfechtern der Konföderationsidee. Indem Menzel auf die Unbestimmtheit der Begriffe »Konföderation« und »Föderation« in den sowjetischen Erklärungen sowie auf die Antiquiertheit des Terminus »Staatenbund« verwies, bevorzugte er den »neutralen« Begriff »Union«,[271] den auch Noack für das Endergebnis des Zusammenwachsens gebraucht hatte. Damit wollten sie dem damals verbreiteten Eindruck, Konföderation sei ein Ulbricht-Wort, entgegentreten.

Angesichts einer gewissen politischen Konsolidierung innerhalb der DDR seit Errichtung der Berliner Mauer im Sommer 1961 setzte eine kritische Reflexion über die bisherige Deutschlandpolitik in der westdeutschen Öffentlichkeit, vor allem bei vielen Journalisten und Intellektuellen, ein. Von 1962 bis 1967 erschienen zahlreiche Publikationen, die die bundesdeutsche Regierung zu einer aktiven Entspannungs- und Annäherungspolitik bewegen wollten,[272] wobei nicht wenige westdeutsche Intellektuelle und Publizisten der

268 Vgl. 22. Februar 1958: Der »Berliner Plan« von Professor Meder, in: Dokumente zur Deutschlandpolitik III/4 (1958), S. 579.

269 Vgl. H. R. Külz: Möglichkeiten einer deutschen Konföderation, in: NP 13 (1959), H. 4, S. 7.

270 Vgl. ebd., S. 5.

271 Vgl. E. Menzel: Die staats- und völkerrechtlichen Probleme der Wiedervereinigung Deutschlands, in: Europa-Archiv 13 (1958), S. 11056.

272 Vgl. Ansgar Skriver (Hg.): Berlin und keine Illusion, Hamburg 1962; Wolf Christian von Harling: Deutschland zwischen den Mächten – Grundlage einer aktiven Außenpolitik, Hamburg 1962; ders.: Die deutsche Alternative – Grundlagen einer gesamten Politik, Hamburg 1963; Fritz R. Allemann: Zwischen Stabilität und Krise. Etappen der deutschen Politik 1955–1963, München 1963; Gottfried Griesmayr: Ist Wiedervereinigung überhaupt noch möglich? Stuttgart 1962; ders.: Weltrevolution und deutsche Frage, Stuttgart 1964; Januar 1963: 30 Thesen des Göttinger Arbeitskreises zur Wiedervereinigung Deutschlands, insbesondere zum Oder-Neiße-Problem, in: Dokumente zur Deutschlandpolitik IV/9 (1963), S. 74–81; Christian W. Hauck: Endlösung Deutschland, München 1963; Johannes W. Klefisch: Schluß mit Deutschland?, Köln 1963; Hermann Schwann: Wir müssen umdenken – Innerdeutsche Kontakte oder Verzicht auf die deutsche Einheit, Hamburg 1965; »Die Lage

Konföderationslösung das Wort redeten.[273] In der Bundesrepublik, aber auch im westlichen Ausland[274] nahm also die Zahl derjenigen deutlich zu, die die einzige noch verbleibende Möglichkeit der Wiedervereinigung im Rahmen einer Konföderation sahen, nachdem ihre Hoffnungen auf den »Anschluss« enttäuscht worden waren.[275]

Charakteristisch für jenen Zeitabschnitt war, abgesehen vom ungebrochenen Interesse Intellektueller wie Günter Grass an den übernationalen und föderalistischen Elementen der Konföderationsidee,[276] dass grundlegende Überlegungen angestellt wurden, an die Stelle starrer Kodifikationen die Erfahrungen der praktischen Kooperation treten zu lassen. Dieser Position, die vor allem drei Politikwissenschaftler und zugleich Verfasser des *Katechismus zur deutschen Frage* im *Kursbuch* im Jahre 1966 vertraten, lag die Annahme zugrunde, dass erst die praktischen Erfahrungen mit den ersten gemeinsamen Schritten zeigen könnten, welche Gefahren und Möglichkeiten die folgenden versprächen. Zu den auf vertragliche Festlegungen ausgerichteten bisherigen Konföderationskonzeptionen äußerten die *Kursbuch*-Katecheten, dass es

der Vertriebenen und das Verhältnis des deutschen Volkes zu seinen östlichen Nachbarn«. Eine evangelische Denkschrift, Hannover 1965; Wilhelm Wolfgang Schütz: Reform der Deutschlandpolitik, Köln 1965; Gustav Heinemann: Verfehlte Deutschlandpolitik – Irreführung und Selbsttäuschung, Frankfurt a. M. 1966; Theo Sommer (Hg.): Denken an Deutschland. Zum Problem der Wiedervereinigung – Ansichten und Einsichten, Hamburg 1966. Vgl. außerdem zahlreiche Artikel in der Zeit und im Spiegel, u. a. Zu den Diskussions- bzw. Literaturberichten über die neuen Überlegungen der Deutschlandpolitik in der westdeutschen Öffentlichkeit; vgl. Theo Sommer: Denken an Deutschland, in: ders. (Hg.): Denken an Deutschland, S. 11–34; Hans Apel: Spaltung. Deutschland zwischen Vernunft und Vernichtung, Berlin 1966, insbes. S. 197–293; Nae-sik Pak: Die Ost- und Deutschlandpolitik der Bundesrepublik Deutschland 1958–1966 im Spiegel der Wochenzeitung »Die Zeit«, Münster 1998, S. 227–305.

273 Vgl. Peter Bender: Offensive Entspannung. Möglichkeiten für Deutschland, Köln/Berlin 1964; Harold Rasch: Die Bundesrepublik und Osteuropa. Grundlagen einer künftigen deutschen Ostpolitik, Köln 1965; ders.: Bonn und Moskau. Von der Notwendigkeit deutsch-sowjetischer Freundschaft, Stuttgart 1969; Erich Müller-Gangloff: Mit der Teilung leben. Eine gemeindeutsche Aufgabe, München 1965; Walter Euchner/Gert Schäfer/Dieter Senghaas: Katechismus zur deutschen Frage, in: Kursbuch 4, 1966, S. 1–40; Apel: Spaltung; Rüdiger Altmann: Der deutsche Bund, in: Theo Sommer (Hg.): Denken an Deutschland, S. 185–195; Ludwig Eberlein: Experiment Berlin. Plädoyer für eine deutsche Konföderation, Köln/Berlin 1967; 29. Mai 1967: Vortrag von G. Grass vor dem Bonner Presseclub: Die Deutschen – eine Nation?, in: Dokumente zur Deutschlandpolitik V/1 (1967), S. 1208–1212.

274 Zu den ausländischen Befürwortern der Konföderationsidee gehörten vor allem eine Gruppe der Labour-Abgeordneten in Großbritannien und de Gaulle. Vgl. SAPMO-BArch DY 6/4016, Bl. 12; Ernst Weisenfeld: Welches Deutschland soll es sein? Frankreich und die deutsche Einheit seit 1945, München 1986, S. 95 ff.

275 Vgl. Apel: Spaltung, S. 208 f.; Müller-Gangloff: Mit der Teilung leben, S. 158.

276 Vgl. 29. Mai 1967: G. Grass vor dem Bonner Presseclub: Die Deutschen – eine Nation?, in: Dokumente zur Deutschlandpolitik V/1 (1967), S. 1212; Müller-Gangloff: Mit der Teilung leben, S. 36 ff. und 157–160; Hermann Proebst: Foedus, der Bund, in: Hammerschmidt (Hg.): Zwanzig Jahre danach, S. 47–58.

keine staatsrechtliche Zauberformel zur deutschen Einheit gebe. »Eine verfrühte föderative Konstruktion ohne politischen Inhalt könnte mehr schaden als nützen. Brauchbar wäre eine Konföderation nicht zur Herbeiführung des Erwünschten, sondern zur Sanktionierung des Erreichten.«[277]

Es lässt sich mit Gewissheit behaupten, dass die drei Politikwissenschaftler vor allem Herbert Wehner das Rückgrat gestärkt hätten, zumal ihre Konföderationsüberlegungen sich in vielen wichtigen Aspekten mit seinem Konzept der *Deutschen Wirtschaftsgemeinschaft* in Richtung auf ein Konzept »Deutscher Bund« überschnitten: unter anderem die praktische und pragmatische Herangehensweise an die deutsch-deutsche Annäherung bis zum Zusammenschluss; die schrittweise Erweiterung der Kontakte in den technischen Bereichen und die allmähliche Bildung gesamtdeutscher Kommissionen; die Hervorhebung der wirtschaftlichen und finanziellen Hilfe der Bundesrepublik für die DDR sowie die Voranstellung eines deutschen Investitionsfonds als erste gemeinsame Institution.[278]

Parallel zu dieser erneuten wissenschaftlichen Diskussion um die Konföderationsidee förderte ein Fernsehbeitrag, nämlich *Der Deutsche Bund* von Rüdiger Altmann, der am 20. April 1966 in der ARD bundesweit ausgestrahlt wurde,[279] das Interesse der Öffentlichkeit. Der renommierte konservative Publizist, der sich viele in den letzten Jahren zum Ausdruck gebrachte deutschlandpolitische Denkansätze zu eigen gemacht hatte, ging wie einige der oben angeführten Verfechter der Konföderationsidee davon aus, dass »die Wiedervereinigung durch politisches Handeln eingeleitet werden« müsse, das heißt »nicht durch eine große Konzeption« oder »Juristerei«, sondern durch einen Prozess, »der den Status quo zunächst psychologisch verschiebt, aber mit sehr weitgehenden realen Folgen«.[280] Der Film zählte somit weniger auf die Diplomatie der vier Mächte als auf die gesamtdeutsche Willensbildung der Deutschen. In der an die Ausstrahlung des Films sich anschließenden Diskussion[281]

277 Euchner/Schäfer/Senghaas: Katechismus zur deutschen Frage, S. 39.

278 Vgl. ebd., S. 26–40.

279 Rüdiger Altmann (1922–2000), politischer Publizist, Geschäftsführer des Deutschen Industrie- und Handelstages, Berater des Bundeskanzlers Ludwig Erhard. Seine Fernsehfiktion »Der deutsche Bund« entstand im Auftrag der Sendung »Forum« im Norddeutschen Rundfunk (NDR), dem Dritten Programm der ARD. Sie wurde am 1. März 1966 vom NDR und am 20. April 1966 von der ARD ausgestrahlt. Vgl. Altmann: Der deutsche Bund, S. 185–195. Zu seiner früheren kritischen Auseinandersetzung mit der bundesdeutschen Deutschlandpolitik vgl. ders.: Das deutsche Risiko. Außenpolitische Perspektiven, Stuttgart-Degerloch 1962; ders.: Das Erbe Adenauers. Eine Bilanz, München 1963.

280 Altmann: Der deutsche Bund, S. 193 f.

281 Beteiligt an der Diskussion waren Egon Bahr, der Pressechef des Berliner Senats, Johannes Gross vom Deutschlandfunk und Karl-Hermann Flach von der Frankfurter Rundschau. Das Gespräch führte Theo Sommer. Die Diskussion ist abgedruckt in: Sommer (Hg.): Denken an Deutschland, S. 196–213.

sprach der Filmemacher Altmann abermals vom »Loslösen einer psychologischen Lawine«. Der Film begann mit einer Initiative der Bundesregierung im November 1966, die nach ihrer Absprache mit den westlichen Verbündeten über die Friedenssicherung Europas, vor allem über die Unverletzlichkeit der Grenzen Polens und der Tschechoslowakei sowie den wirtschaftlichen Aufbau der osteuropäischen Länder, auf die bisherigen Vorschläge der Sowjetunion und der DDR einging. Ihre offensiven Vorschläge lauteten: Bildung eines deutschen Bundes, Verzicht auf die Voraussetzungen gesamtdeutscher freier Wahlen und auf die Forderung des Abbaus der Berliner Mauer als Vorleistungen sowie Beratung über die Bildung einer gesamtdeutschen Kommission nach dem Prinzip der paritätischen Zusammensetzung. Die politische Fiktion des Ex-Kanzlerberaters schilderte wie die meisten westdeutschen Konföderationsvorstellungen, dass die Kontakte und Verhandlungen zwischen den beiden deutschen Regierungen in der Kommission, trotz Stagnation durch die provozierende Verzögerungstaktik der Ulbricht- und Honecker-Regierung, letztendlich eine Bewegung der DDR-Bevölkerung sowie eine Stimmungsänderung innerhalb der SED mit sich brächten. Am Ende der politischen Veränderungen in der DDR trat Willi Stoph als Repräsentant einer gesamtdeutschen Fraktion innerhalb der SED an die Stelle des Staatsratsvorsitzenden der DDR und verkündete seine Bereitschaft zur Bildung eines deutschen Bundes. Das erinnert an die damals in der bundesdeutschen Öffentlichkeit stark verbreitete Erwartung der Ablösung der Ulbricht-Mannschaft durch eine jüngere, noch pragmatischere Führungsgruppe, was Wolf Schenke und Wolfgang Venohr bereits seit Anfang der 1960er Jahre unentwegt propagierten und Peter Christian Ludz im Jahre 1967 mit dem Begriff »Gegenelite« zum Ausdruck brachte.[282]

Am 18. Januar 1975 werde dem Film zufolge ein Präsident des Bundes gewählt, und nachdem am 1. November 1976 die Viermächtekonferenz diese gesamtdeutsche Entwicklung zur Wiedervereinigung gebilligt habe, endete der Film mit Jubel und Begeisterung in ganz Deutschland.

In der an die Ausstrahlung anknüpfenden Diskussion wurden vor allem zwei Punkte kritisiert: zum einen die Unterschätzung der Rolle der vier Mächte und zum anderen die Aussparung der Bündnisfrage und der politischen Orientierung des wiedervereinigten Deutschlands. In Bezug auf die Defacto-Anerkennung der zwei Staaten sowie die Nichtvoranstellung der freien Wahlen hingegen hatten die Diskussionsteilnehmer nichts zu beanstanden. Bemerkenswert daran ist, dass die beiden Repräsentanten der Entspannungs- und Annäherungspolitik, der liberale Publizist Theo Sommer und vor allem der sozialdemokratische Berliner Senator Egon Bahr, der sich zuvor skeptisch

282 Vgl. Peter Christian Ludz: Parteielite im Wandel. Funktionsaufbau, Sozialstruktur und Ideologie der SED-Führung, Köln 1967.

zum Konföderationsgedanken geäußert hatte, nunmehr die Lösung eines deutschen Staatenbundes zur Wiedervereinigung vorstellbar bzw. diskutabel fanden. Das verweist auf einen Stimmungswandel in der deutschen Öffentlichkeit hinsichtlich der Konföderationsidee. Ironischerweise erlebte der Konföderationsgedanke in der Bundesrepublik gerade zu jenem Zeitpunkt, etwa 1966/67, einen gewissen Aufschwung, als die SED Abschied von ihrer Konföderationskonzeption nahm.

Auf der einen Seite begünstigte die langsame, aber erkennbare Abkehr von der »Politik der Stärke« und »Nicht-Anerkennung des Zonenstaats« in der zweiten Hälfte der 1960er Jahre die Konföderationsdiskussion so sehr, dass immer mehr maßgebliche Politiker und Persönlichkeiten eine deutsche Konföderation in ihre Überlegungen der deutsch-deutschen Annäherung einbezogen. Auf der anderen Seite führte sie dazu, dass die Konföderationsvorstellungen mit anderen entspannungsorientierten Vorschlägen konkurrieren mussten. Die deutschlandpolitischen Konzeptionen und Wiedervereinigungsvorschläge der verschiedenen politischen Gruppen unterschieden sich, wie ein amerikanischer Beobachter 1970 festgestellt hat,[283] vor allem in der Frage, wie weit Bonn auf die Forderungen Ostdeutschlands eingehen sollte, beträchtlich. Im Vergleich zu anderen Entspannungspolitikern setzten die meisten Konföderationsverfechter in der Bundesrepublik nicht zuletzt darauf, dass die Bonner Politiker den aus Ost-Berlin eingeworfenen Ball zurückspielen sollten, in der Erwartung, dass die eigentlichen ostdeutschen Gegenspieler schon im Laufe dieses Länderspiels ausgewechselt würden. Die Bundesregierung spielte jedoch den Ball nicht zurück. Weder die Große Koalition noch die spätere kleine griff die Konföderationsidee auf.

4.4 Fazit

Im Zeitabschnitt von 1957 bis 1960/61 warfen zahlreiche kritische Intellektuelle sowie oppositionelle Politiker ihre Konföderationskonzepte in die deutschlandpolitische Diskussion, wobei sie vor einer doppelten Front standen: Zum einen hatten sie sich mit den in der westdeutschen Öffentlichkeit gehegten verschiedenen Bedenken und Einwänden gegen die Konföderationslösung auseinanderzusetzen, zum anderen standen sie mit ihren kühnen, wenn nicht gar phantasievollen Denkmodellen der SED gegenüber. Während

283 Vgl. Wolfram F. Hanrieder: Die stabile Krise. Ziele und Entscheidungen der bundesrepublikanischen Außenpolitik 1949–1969, Düsseldorf 1971, S. 171.

der Bund der Deutschen um Wilhelm Elfes und die Intellektuellen um die Zeitschrift *Blätter für deutsche und internationale Politik* trotz ihrer eigenen konföderativen Denkansätze bald mit fliegenden Fahnen zum Konföderationskonzept der SED übergingen, entwickelten einige Freidemokraten und Sozialdemokraten Gegenkonzepte, die immerhin der westdeutschen Politik zu einer späteren Wende in der Haltung zur deutschen Frage verhelfen sollten. Nichtsdestoweniger fanden diese Konzeptionen in der westdeutschen Öffentlichkeit zu jenem Zeitpunkt noch keine Zustimmung. Es bedurfte einer Änderung und Umwandlung der herrschenden deutschlandpolitischen Doktrin, die als Grundlage einer gesamtdeutschen Politik die breite Öffentlichkeit zu einer beachtenswerten Konföderationsdiskussion leiten sollte.

Im Verlauf dieser Phase des Umdenkens für eine konstruktive Deutschlandpolitik in der westdeutschen Öffentlichkeit seit 1962/63 sprachen sich nicht wenige Publizisten und Intellektuelle für Konföderationsverhandlungen mit der DDR aus, die weniger auf starren Kodifikationen denn auf der praktischen Kooperation beider deutscher Staaten basieren sollten. Dabei traten nicht zuletzt zwei neue Strömungen hervor: zum einen die mit der Dritte-Weg-These eng verbundene Konföderationskonzeption der Nationalneutralisten à la Wolf Schenke, zum anderen eine entideologisierte, auf machbare gemeinsame Projekte ausgerichtete Konföderationsidee wie Herbert Wehners Konzept der *Deutschen Wirtschaftsgemeinschaft.* Als die Konföderationsidee im Zusammenhang mit einer neuen internationalen sowie innerdeutschen Konstellation in den 1980er Jahren wieder zum Vorschein kam, nahm sie zunächst eine dieser beiden Gestalten an, und zwar vor einem sehr veränderten historischen Hintergrund.

5 Ein »großer nationaler Kompromiß«: Konföderationskonzepte in den 1980er Jahren

5.1 Bedingungen einer neuen Vereinigungsdiskussion

Die deutsch-deutschen Beziehungen der 1970er Jahre waren von widersprüchlichen Entwicklungen gekennzeichnet: Die ost- wie entspannungspolitischen Erfolge der sozialliberalen Bundesregierung und die Annäherung beider deutschen Staaten wurden überschattet vom Zurückdrängen und Verschwinden des Einheitsgedankens. Im Hinblick auf die Vereinigungsdiskussion sorgten die deutschlandpolitische Grundhaltung der sozialliberalen Koalition, das heißt die Stabilisierung des Status quo zugunsten von Friedenssicherung und Annäherung, und die ideologische Abgrenzungspolitik der SED-Führung für »politische Windstille von 1969 bis 1979«.[1] In der *Rede zur Lage der Nation* vor dem Bundestag am 17. Mai 1979 schob Bundeskanzler Helmut Schmidt beispielsweise der »illusionistische[n] Wiedervereinigungsdebatte« einen Riegel vor, indem er die »realistische Friedenspolitik« hervorhob.[2] Auf die ambivalenten Jahre der ost- wie entspannungspolitischen Euphorie und zugleich deutschlandpolitischer Ernüchterungen folgte eine Phase heißer Diskussionen um die deutsche Frage. So wurden etwa 1979 bis 1983 verschiedenste Überlegungen und Statements über die deutsch-deutsche Gegenwart und Zukunft in die westdeutsche Öffentlichkeit gebracht. Den einen Pol des politischen Spektrums markierte nunmehr ein nationalistischer respektive machtpolitisch beladener gesamtdeutscher Anspruch.[3] Am anderen Pol war die Rede von der Überwindung des nationalstaatlichen Denkgefüges und der Überwindung der Spaltung Europas wie etwa »ein System der europäischen Sicherheit« (Egon Bahr) oder der »Europäisierung Europas«

1 Wolfgang Venohr: Konföderation Deutschland, in: ders. (Hg.): Die deutsche Einheit kommt bestimmt, S. 184.

2 Rede Schmidts: Bericht zur Lage der Nation am 17. Mai 1979, in: Texte zur Deutschlandpolitik, II/7, S. 251–279, hier S. 276.

3 Vgl. Hans-Dietrich Sander: Der nationale Imperativ. Ideengänge und Werkstücke zur Wiederherstellung Deutschlands, Krefeld 1980; Henning Eichberg: Nationale Identität. Entfremdung und nationale Frage in der Industriegesellschaft, München 1978; ders.: Balkanisierung für jedermann? Nation, Identität und Entfremdung in der Industriegesellschaft, in: Befreiung, Nr. 19/20 (1980), S. 46–69; ders.: Abkoppelung. Nachdenken über die neue deutsche Frage, Koblenz 1987; Caspar von Schrenck-Notzing/Armin Mohler (Hg.): Deutsche Identität, Krefeld 1982.

(Peter Bender).[4] Währenddessen verwiesen die Verfechter einer nationalen Wieder- (oder Neu-)Vereinigung auf die ihrer Ansicht nach erkennbare Renaissance des Nationalgefühls, sie bekannten sich zur deutschen Nation als »eine[r] historisch gewachsene[n], Staaten und Systeme übergreifende[n], überdauernde[n] und überlebende[n] Schicksalsgemeinschaft« (Wolfgang Seiffert) und warfen den vermeintlichen Status-quo-Politikern und »Nationalallergetikern« (Theodor Schweisfurth) Mangel an Mut und Verstand, also »geistige Erstarrung« (Ansgar Skriver) vor.[5] Demgegenüber bestätigten nicht wenige Intellektuelle anhand eigener Beobachtungen die Tendenz einer »Bi-Nationalisierung« und diagnostizieren einen Abschied vom gesamtdeutschen bzw. nationalstaatlichen Anspruch.[6] »Die propagandistische Forcierung eines gesamtdeutschen Bewußtseins« werde, so Lutz Niethammer schon 1977, »ein ideologisches Potential schaffen, das wenig mit der Lebenswirklichkeit in der Bundesrepublik und mit den internationalen (vor allem den militärischen) Gegebenheiten zu tun hat, vielmehr beinahe notwendig an das traditionelle autoritär-nationalistische Syndrom des deutschen Nationalismus anknüpfen müsste«.[7]

4 Vgl. Günter Gaus: Die Elbe – ein deutscher Strom, nicht Deutschlands Grenze (Interview mit Gaus, in: Die Zeit vom 30. Januar 1981), in: ders.: Texte zur deutschen Frage. Mit den wichtigsten Dokumenten zum Verhältnis der beiden deutschen Staaten, Darmstadt 1981, S. 45–71, hier S. 54–57; ders.: Wo Deutschland liegt. Eine Ortsbestimmung, Hamburg 1983. Vgl. Peter Bender: Das Ende des ideologischen Zeitalters. Die Europäisierung Europas, Berlin 1981; Egon Bahr: Was wird aus den Deutschen? Fragen und Antworten, Reinbek 1982; Egon Bahr: Gemeinsame Sicherheit. Gedanken zur Entschärfung der nuklearen Konfrontation in Europa, in: Europa-Archiv 37 (1982), S. 421–430; Arno Klönne: Vorsicht, nationale Sozialisten, November 1978 (Auszug), nach: das da – avanti Nr. 11. November 1978, in: Herbert Ammon/Peter Brandt (Hg.): Die Linke und die nationale Frage. Dokumente zur deutschen Einheit seit 1945, Reinbek 1981, S. 352 ff. Zu Bahrs Voranstellung eines europäischen Sicherheitssystems und der Zurückstufung der »deutschen Frage« sowie Benders Begriff »Europäisierung Europas« vgl. auch Vogtmeier: Egon Bahr und die deutsche Frage, S. 222–264 und 333–357.

5 Vgl. Wolfgang Seiffert: Eine Nummer zu klein, in: Der Spiegel, 9. Februar 1981, S. 46 f.; Theodor Schweisfurth: Das Ziel Blockfreiheit. Ein Beitrag zur Friedensstrategie, in: Venohr (Hg.): Die deutsche Einheit kommt bestimmt, S. 82; Ansgar Skriver: Welche Einheit der Nation?, in: Lutherische Monatshefte 20 (1981), S. 117 f. Zur theoretischen Begründung dieser Position vgl. Tilman Mayer: Prinzip. Dimension der nationalen Frage, dargestellt am Beispiel Deutschlands, Opladen 1987.

6 Vgl. Lutz Niethammer: Bundesrepublik und Nation, in: Politik und Kultur, 4/1977, S. 26–36; Hans Mommsen: Auf der Suche nach der Nation. Zur Geschichte des deutschen Nationalbewußtseins, in: Evangelische Kommentare 12 (1979), Nr. 10, S. 565 ff.; ders.: Nationalismus und transnationale Integrationsprozesse in der Gegenwart, in: APuZ, B 9/1980, S. 3–14, hier S. 8 f.; ders.: »Aus Eins mach Zwei«. Die Bi-Nationalisierung Rest-Deutschlands, in: Die Zeit, 6. Februar 1981, S. 4; Jürgen Kocka: Nation und Gesellschaft. Historische Überlegungen zur »deutschen Frage«, in: Politik und Kultur, 1/1981, S. 3–25. Zur Kritik an der Bi-Nationalisierungsthese vgl. Heinrich August Winkler: Nation – ja, Nationalstaat – nein, in: Die Zeit, 13. Februar 1981, S. 5 f. Zwar sah Winkler in der These der Bi-Nationalisierung nichts als eine Verwechselung der kollektiven Verdrängung mit der Wirklichkeit, er hielt aber immerhin die nationalstaatliche Wiedervereinigung Deutschlands für kein realistisches politisches Ziel.

7 Niethammer: Bundesrepublik und Nation, S. 30. Vgl. auch Mommsen: Nationalismus und transnationale Integrationsprozesse in der Gegenwart, S. 4.

Die Kontroversen um die deutsche Frage in der Bundesrepublik von den späten 1970er Jahren bis in die frühen 1980er Jahre zeichneten sich im Vergleich zu denen in den 1950er und 1960er Jahren – abgesehen von dem äußerst breiten Spektrum – vor allem dadurch aus, dass sie nicht nur im Zusammenhang mit der angesichts des NATO-Doppelbeschlusses aufs Neue entfachten entspannungs- und sicherheitspolitischen Debatte standen, sondern dass auch das Selbstverständnis der bundesdeutschen Gesellschaft behandelt wurde.[8] Die neue Identitätssuche anlässlich des 30-jährigen Jubiläums der Gründung der Bundesrepublik bildete die Grundlage für den »Geisterkampf um die Heiligkeit der Nation«.[9]

Es versteht sich von selbst, dass sich der Großteil der zu Beginn der 1980er Jahre aufgetauchten Protagonisten einer deutschen Konföderation bei der Debatte um die neue (post)nationale Identität in der Bundesrepublik in stärkerem Maße für die Bewahrung und Festigung eines gesamtdeutschen Nationalbewusstseins einsetzte. Bereits in den ausgehenden 1950er und in den 1960er Jahren hatte sich diese Tendenz abgezeichnet, wie in Kapitel 4 dargestellt wurde. Im Laufe der Zeit hatte der föderalistische Gedanke bei der Diskussion um die deutsche Frage immer mehr an Bedeutung verloren, und die Ende der 1970er Jahre erfolgte Verhärtung der Ost-West-Konfrontation schien der Chance, die deutsche Teilung durch die »Europäisierung Europas« überwinden zu können, den Boden zu entziehen. In den 1980er Jahren wurde daraufhin einer mehr transnationalen als nationalen Konzeption, wie sie etwa Günter Gaus vorgestellt hatte,[10] oder der auf den Begriffen Kulturnation und

8 Vgl. dazu Jürgen C. Heß: Die Bundesrepublik auf dem Wege zur Nation?, in: Neue Politische Literatur 26 (1981), H. 3, S. 292–324; ders.: Westdeutsche Suche nach nationaler Identität, in: Die Deutsche Frage in der Weltpolitik. Neue Politische Literatur, Beihefte, hg. von Wolfgang Michalka, Stuttgart 1986, S. 9–50; Eckhard Jesse: Die (Pseudo-)Aktualität der deutschen Frage – ein publizistisches, kein politisches Phänomen, in: ebd., S. 51–68; Werner Weidenfeld (Hg.): Die Identität der Deutschen, Bonn 1983; Heimat und Nation. Zur Geschichte und Identität der Deutschen, hg. von der Konrad-Adenauer-Stiftung, Mainz 1984; Roth: Die Idee der Nation im politischen Diskurs, S. 109–145. Den Anstoß stellte eine Tagungsrede des Politologen Hermann Lübbe mit dem Titel »Zur Identitätspräsentationsfunktion von Historie« im September 1976 dar, vgl. ders.: Zur Identitätspräsentationsfunktion von Historie, in: Odo Marquard/Karlheinz Stierle (Hg.): Identität, München 1979, S. 277–292. Die Debatte um die Identität wurde zudem durch die Rahmenempfehlungen der Ständigen Konferenz der Kultusminister am 23. November 1978 für die Behandlung der »deutschen Frage« im Unterricht ausgelöst, vgl. Die deutsche Frage im Unterricht. Beschluß der Kultusministerkonferenz vom 23. November 1978, in: GWU 30 (1979), S. 343–356. Zu deren Kritik vgl. Karl-Heinz Janssen: Chauvinismus in der Schule. Die deutsche Frage im Unterricht: Schablonen aus Bonn, in: Die Zeit, 8. Dezember 1978, S. 5; Mommsen: Nationalismus und transnationale Prozesse in der Gegenwart.

9 Peter Bender: Geisterkampf um die Nation, in: Der Spiegel, 23. Februar 1981, S. 48 f.

10 Vgl. Gaus: Wo Deutschland liegt, S. 287 f.

Föderalismus basierenden Konföderationsidee von Günter Grass[11] nur geringe Beachtung zuteil.

Darüber hinaus legten die nationalstaatlich ausgerichteten Konföderationsverfechter nicht nur jeweils eigene Vereinigungskonzepte dar, sie traten auch geschlossen in der politischen Öffentlichkeit auf und konnten sich trotz unterschiedlicher politischer Grundeinstellungen auf gegenseitige Unterstützung verlassen. Es sei jedoch angemerkt, dass es sich dabei lediglich um »eine gewichtige – heterogene – Minderheit«[12] in der Bundesrepublik handelte, also in keiner Weise um das Zentrum der Politik. Das Gros der politischen Elite in Bonn über die Parteigrenzen hinweg, einschließlich der beiden Bundeskanzler Helmut Schmidt und Helmut Kohl, traute sich seinerzeit noch nicht, aus dem Konsens des Status quo herauszutreten. Vor diesem Hintergrund mussten sich die Verfechter einer nationalen Konföderation in der Öffentlichkeit auf der einen Seite mit der immer stärkeren postnationalen Orientierung der kritischen Intellektuellen wie Politiker aus dem linken Umfeld auseinandersetzen und auf der anderen Seite versuchen, die bundesdeutschen Politiker der etablierten Parteien, die sich mittlerweile meist mit einer Verbesserung der deutsch-deutschen Beziehungen durch die Entspannungspolitik begnügten, zu einer offensiven Vereinigungspolitik zu drängen. Dabei setzten sich die Befürworter der Konföderationslösung beständig mit der bisherigen Entspannungspolitik auseinander und erhoben den Anspruch, Hüter des deutschen Nationalbewusstseins zu sein.

Freilich gilt es hierbei in Erinnerung zu behalten, dass sich Ende der 1970er Jahre eine neue Anspannung des Ost-West-Verhältnisses abzeichnete und sich die internationalen Rahmenbedingungen für die innerdeutsche Zusammenarbeit und Annäherung in höchstem Maße verschlechterten: Zu nennen sind die Auseinandersetzung um die Nachrüstungsfrage, der Einmarsch sowjetischer Truppen in Afghanistan und eine neue Eindämmungspolitik der USA sowie das Einfrieren des kulturellen und wirtschaftlichen Austausches zwischen den USA und der Sowjetunion, die offensiven Aufrüstungsmaßnahmen der USA unter der Reagan-Administration und die Polen-Krise.[13] Die politische Groß-

11 Vgl. Günter Grass: Diskussionsbeiträge in einem kulturpolitischen Streitgespräch, veröffentlicht am 22. August 1980 (Auszug), nach Die Zeit, 22. August 1980, in: Ammon/Brandt: Die Linke und die nationale Frage, S. 365 f.; ders.: Kulturelle Arbeit im Ausland. Nationsbegriff aus der Kultur, in: Politik und Kultur, 4/1980, S. 3–12, hier S. 9 f.; Nachdenken über Deutschland, Stefan Heym und Günter Grass, in: Grass: Deutscher Lastenausgleich. Wider das dumpfe Einheitsgebot. Reden und Gespräche, Berlin 1990, S. 33–47 und 89–107.

12 Wilfried von Bredow: Nach dem Ende der Deutschlandpolitik, in: Clemens Burrichter (Hg.): Deutschlandpolitik und Systemauseinandersetzung, Erlangen 1982, S. 17.

13 Vgl. dazu Wilfried Loth: Helsinki, 1. August 1975. Entspannung und Abrüstung, München 1998, S. 199–231; Bernd Stöver: Der Kalte Krieg. Geschichte eines radikalen Zeitalters 1947–1991, München 2007, S. 410–429.

wetterlage verschlechterte sich also, was nicht nur die Konfrontation zwischen Ost- und Westblock verschärfte, sondern auch die Beziehungen zwischen den Führungsmächten der jeweiligen Bündnisse wie den USA sowie der Sowjetunion und ihren »Vasallenstaaten«, vor allem BRD und DDR, belastete.[14] Die beiden Supermächte verfolgten mit Argwohn die Bemühungen ihrer jeweiligen Verbündeten auf deutschen Boden um Annäherung und Zusammenarbeit. Bei den Beratern des amerikanischen Präsidenten Jimmy Carter sowie verschiedenen Regierungsstellen in Washington wuchsen Zweifel an der Verlässlichkeit der Bonner Westbindung sowie die Befürchtung, dass Westeuropa und vor allem die Bundesrepublik sich immer mehr für die »Selbst-Finnlandisierung« interessieren könnten.[15] Währenddessen wollte die Kremlführung unter Breschnew nun dessen Ziehsohn Honecker, der mittlerweile zwischen Abgrenzungsrhetorik und pragmatischer »Westorientierung« lavierte, im Zaum halten und versuchte, »die Gestaltung der deutsch-deutschen Beziehungen vollständig der sowjetischen Außenpolitik unterzuordnen und sie als Hauptwaffe im Kampf gegen die Umsetzung des NATO-Doppelbeschlusses einzusetzen«.[16]

Hingegen lag den Spitzenpolitikern beider deutschen Staaten trotz zeitweiliger konfrontativer Auseinandersetzungen die Verständigung und Zusammenarbeit am Herzen.[17] Sie waren nicht mehr Scharfmacher oder Hardliner in den jeweiligen Blocklagern, wie in den 1950er Jahren, sondern nunmehr »Dämpfer der Ost-West-Auseinandersetzung« oder »für die beiden Weltmächte Dolmetscher, Zuhörer, und Interpret«, wie sich der damalige Bundeskanzler Helmut

14 Vgl. dazu Hans-Hermann Hertle/Konrad H. Jarausch (Hg.): Risse im Bruderbund. Die Gespräche Honecker – Breshnew 1974 bis 1982, Berlin 2006. Zu den angespannten Beziehungen zwischen der Bundesregierung unter der Kanzlerschaft Helmut Schmidts und der amerikanischen Regierung Jimmy Carters vgl. Klaus Wiegrefe: Das Zerwürfnis. Helmut Schmidt, Jimmy Carter und die Krise der deutsch-amerikanischen Beziehungen, Berlin 2005; Thomas Paes: Die Carter-Administration und die Regierung Schmidt. Konsens und Dissens über die Sowjetunion-Politik 1977–1981, Berlin 1991.

15 Vgl. Wiegrefe: Das Zerwürfnis, S. 233 ff.

16 Hertle/Jarausch: Risse im Bruderbund, S. 46–52, hier S. 47.

17 Vgl. dazu Heinrich Potthoff: Im Schatten der Mauer. Deutschlandpolitik 1961 bis 1990, Berlin 1999, S. 155–201; ders.: Bonn und Ost-Berlin 1969–1982. Dialog auf höchster Ebene und vertrauliche Kanäle. Darstellung und Dokumente, Bonn 1997, S. 60–90; ders.: Die »Koalition der Vernunft«. Deutschlandpolitik in den 1980er Jahren, München 1995: Detlef Nakath: Deutsch-deutsche Grundlagen. Zur Geschichte der politischen und wirtschaftlichen Beziehungen zwischen der DDR und der Bundesrepublik in den Jahren von 1969 bis 1982, Schkeuditz 2002, S. 232–274. Als Beispiele für den Konfrontationskurs der SED seien die Erhöhung des Zwangsumtausches sowie Honeckers Geraer Rede angeführt. Vgl. dazu Potthoff: Im Schatten der Mauer, S. 173 ff.; ders.: Bonn und Ost-Berlin 1969–1982, S. 72 ff.; Nakath: Deutsch-deutsche Grundlagen, S. 259–268. Zu einer internen Beobachtung über die Möglichkeiten und Grenzen der damaligen deutsch-deutschen Beziehungen vgl. Gaus: Wo Deutschland liegt, S. 234–275; Karl Seidel: Berlin-Bonner Balance. 20 Jahre deutsch-deutsche Beziehungen. Erinnerungen und Erkenntnisse eines Beteiligten, Berlin 2002.

Schmidt gern bezeichnete,[18] auch wenn das angespannte Verhältnis zwischen beiden Führungsmächten in den gegensätzlichen Bündnissen noch immer auf das der beiden deutschen Staaten drückte. Mit folgenden Worten beschrieb der Leiter der Ständigen Vertretung der Bundesregierung in Ost-Berlin Günter Gaus, 1981 pointiert die veränderte Interessenlage der Deutschen:

> »Die bisherige Bonner Deutschlandpolitik [...] war davon gekennzeichnet, daß sie hineinpaßte in die seinerzeitige Ostpolitik des westlichen Blocks. Sie gehörte zu den allgemeinen Bemühungen, entspanntere Verhältnisse in Europa zu schaffen. Das sind vergangene Zeiten. In den kommenden Jahren wird die auf die DDR gerichtete Politik der Bundesrepublik sich zu entfalten haben gegen den Konfrontationskurs der Blöcke. Damit gewinnt die propagandistische Floskel: *Deutschlandpolitik ist Friedenspolitik* eine sehr reale Bedeutung.«[19]

In der Tat konnten sich die beiden Staatsführungen Anfang der 1980er Jahre auf ihre nationalen Partner verlassen und versuchten ein offizielles Gipfeltreffen zu arrangieren, was trotz ungünstiger Großwetterlage letztendlich zustande kam.[20] Es war jedoch nicht nur jene »gewichtige Minderheit« aus den »heterogenen« Gruppierungen, die von der Tendenz der innerdeutschen Annäherung im internationalen Gegenwind aufgemuntert wurde und darüber hinaus Gedanken an einen weiteren Schritt – den nationalen Zusammenschluss durch eine deutsche Konföderation – entwickelte, sondern auch Unterhändler aus den Verhandlungsprozessen auf Regierungsebene beider deutschen Staaten. Mitte der 1970er Jahre bis in die 1980er Jahre hinein bildete sich eine neue Art Grenzgänger, die als Vermittler zwischen beiden deutschen Staaten – angesichts der sich zuspitzenden Weltlage oder des nicht ganz aus dem Weg geräumten gegenseitigen Misstrauens zwischen beiden deutschen Staaten – direkte Kontakte und Gespräche führten und damit die wahren Absichten der anderen Seite auskundschafteten: Fachleute innerhalb des Regierungsapparates. Mitte der 1980er Jahre erwuchs aus diesen Gesprächen ein Modell für die Entwicklung der deutsch-deutschen Beziehungen bis hin zu einer nationalen Konföderation.

18 Zitat nach Potthoff: Im Schatten der Mauer, S. 186. Vgl. auch ders.: Bonn und Ost-Berlin 1969–1982, S. 319 ff.

19 Gaus: Wo Deutschland liegt, S. 236.

20 Zu den Beziehungen der beiden deutschen Spitzenpolitiker in den frühen 1980er Jahren und zum Gipfeltreffen am Werbellinsee/Döllnsee vom 11. bis 13. Dezember 1981 vgl. Nakath: Deutsch-deutsche Grundlagen, S. 232–274; Potthof: Bonn und Ost-Berlin 1969–1982, S. 72–90 und 652–697; D. Nakath/Gerd-Rüdiger Stephan: Von Hubertusstock nach Bonn. Eine dokumentierte Geschichte der deutsch-deutschen Beziehungen auf höchster Ebene 1980–1987, Berlin 1995, S. 57 ff.; Seidel: Berlin-Bonner Balance, S. 237–272.

Im Folgenden geht es nicht zuletzt darum, inwieweit die verschiedenen Konföderationskonzepte der »gewichtigen – heterogenen – Minderheit« sowie die der Unterhändler an die früheren Diskussionen anknüpften. Außerdem wird zu untersuchen sein, welche neuen Denkansätze angesichts der verhärteten internationalen Rahmenbedingungen sowie der inzwischen veränderten innerdeutschen Konstellation die Konföderationsvorstellungen prägten.

5.2 Bemühungen einer »heterogenen Minderheit« um den »großen nationalen Kompromiß«

5.2.1 Konföderationsvorstoß aus dem linken Spektrum

Bestimmend für die Entwicklung der deutsch-deutschen Beziehungen in der ersten Hälfte der 1980er Jahre war nicht nur das grundsätzliche Beharren der Spitzenpolitiker in den beiden Teilen Deutschlands auf Annäherung und Zusammenarbeit, sondern auch der Umstand, dass sich in den beiden deutschen Staaten Friedensbewegungen formierten, die in regem Austausch standen und sich zunehmend aufeinander verlassen konnten. Das stellte sich insbesondere bei der Entstehung und Entwicklung der »nationalen Frage« in der Friedensbewegung heraus.[21]

Diese Aufeinanderbezogenheit bei der Diskussion um die deutsche Frage war schon in dem im Januar 1978 im Wochenmagazin *Der Spiegel* veröffentlichten *Manifest des Bundes Demokratischer Kommunisten Deutschlands*[22] festzustellen. Das »Manifest für die erste organisierte Opposition in der DDR«, wie es die *Spiegel*-Redaktion damals bezeichnete, sorgte für ein erhebliches Echo in der Öffentlichkeit der Bundesrepublik.[23] Vor allem der gesamtdeutsche Aspekt des umstrittenen Texts verdient Beachtung, da er mit der Forderung nach einer offensiven Vereinigungspolitik nicht nur die bisherige »antinationale« Abgrenzungspolitik der SED von Grund auf hinterfragte, sondern auch die

21 Zu den Hintergründen der Entstehung einer nationalen Stimme in der Friedensbewegung vgl. Dan Diner: Die »nationale Frage« in der Friedensbewegung. Ursprünge und Tendenzen, in: Reiner Steinweg (Red.): Die neue Friedensbewegung. Analysen aus der Friedensforschung, Frankfurt a. M. 1982, S. 86–112.

22 DDR – Das Manifest der Opposition. Eine Dokumentation. Fakten, Analysen, Berichte, hg. von Der Spiegel, München 1978.

23 Zu Reaktionen auf die Streitschrift vgl. Dominik Geppert: Störmanöver. Das »Manifest der Opposition« und die Schließung des Ost-Berliner »Spiegel«-Büros im Januar 1978, Berlin 1996, S. 92–113. Zum Verfasser Hermann von Berg vgl. ebd., S. 114–130.

auf dem Status quo beruhende Entspannungspolitik der sozialliberalen Bundesregierung auf die Probe stellte. »Wir sind für eine offensive nationale Politik, für ein Konzept, das auf die Wiedervereinigung Deutschlands zielt [...]. Dieses Deutschland kann und muß eine Brücke zwischen Ost und West, ein friedensstabilisierender Faktor werden«, kündigte die Streitschrift an.[24] Die Stichworte dazu lauteten: Abzug aller fremden Truppen im Zusammenhang mit der Entspannung, Austritt aus den Militärpakten, Friedensverträge mit beiden deutschen Staaten, Neutralitätsgarantie durch den Sicherheitsrat der UNO, Zulassung aller DDR- und BRD-Parteien in ganz Deutschland, freie geheime Wahlen zu einer Nationalversammlung zur Ausarbeitung einer Verfassung, stufenweise Rechtsangleichung in allen gesellschaftlichen Bereichen.

Dabei zeigte sich, wie Dominik Geppert festgestellt hat,[25] dass die Verfasser des Manifests im Teil »Deutschlandpolitik« auf die ältere deutschlandpolitische Idee der SPD aus den ausgehenden 1950er Jahren, vor allem auf Herbert Wehners Konzept, zurückgriffen. Die sozialdemokratische Reaktion aber war nunmehr eher argwöhnisch und ablehnend als entgegenkommend: Die für die Deutschlandpolitik Verantwortlichen in der SPD-Führung, vor allem der Deutschlandpolitiker Wehner, sahen darin nichts als eine Gefährdung eines – noch nicht einmal vereinbarten – Gipfeltreffens, wenn nicht eine Störung des Fortgangs der deutsch-deutschen Entspannung.[26] Demgegenüber hatte das Manifest eine beachtliche Wirkung auf Teile der westdeutschen Linken respektive der aufkommenden Friedensbewegung.[27] Der Umstand, dass die deutsche Frage in den ausgehenden 1970er Jahren bei Oppositionellen in der DDR weiterhin als offen galt, war für etliche westdeutsche linke Gruppen Anlass, wieder Überlegungen über das Thema Nation anzustellen.

Überdies sollten die im Manifest ausgeführten nationalpolitischen Gedanken bald zu den Grundlagen der öffentlichen Vereinigungsdiskussion in der Bundesrepublik zählen, zumal sie über den hergebrachten neutralistischen Anspruch hinaus einen konkreten Weg der Vorbereitung auf die Entwicklung zur Wiedervereinigung darlegten. Hingewiesen sei auf Übergangsmaßnahmen, etwa die Mitgliedschaft der DDR im GATT, die Zusammenarbeit mit der Weltbank, die Konvertierbarkeit der DDR-Mark und die Herstellung *einer* deutschen Währung sowie die Einführung des ungehinderten Reiseverkehrs zwischen der DDR und der BRD bei Abschaffung aller überflüssigen Zoll- und Kontrollformalitäten.[28]

24 DDR – Das Manifest der Opposition, S. 21.
25 Vgl. Geppert: Störmanöver, S. 92–98.
26 Vgl. ebd., S. 95 ff. Wehner sprach von »Provokation« und einem »komischen Findling«, S. 106.
27 Vgl. dazu Roth: Die Idee der Nation im politischen Diskurs, S. 166; Lutz Haarmann: »Die deutsche Einheit kommt bestimmt!« Zum Spannungsverhältnis von Deutscher Frage, Geschichtspolitik und westlicher Dissidenz in den 1980er Jahren, Berlin 2005, S. 22 f.
28 Vgl. Geppert: Störmanöver, S. 170 f.

Weder in der Streitschrift noch in anderen von der DDR-Opposition verfassten Stellungnahmen wie dem *Offenen Brief an Leonid Breshnew* von Robert Havemann und dem *Berliner Appell* von Rainer Eppelmann Anfang Februar 1982 wurde eine deutsch-deutsche Konföderation erwähnt.[29]

Nicht zu vergessen ist, dass die Wiederentdeckung der Nation durch Teile der Neuen Linken ihre ideologischen Vorläufer in der national gefärbten Sozialismusoption Rudi Dutschkes[30] und in den nationalpolitischen Positionen der beiden kommunistischen Kleinparteien KPD und KPD/ML in den 1970er Jahren hatte.[31] Insbesondere in der Argumentation der maoistisch orientierten K-Gruppen fanden sich verschiedene Denkansätze, die später, also in den 1980er Jahren, bei der nationalen Linken wieder eine große Rolle spielen sollten, wie ein Bekenntnis zur deutschen Einheit, die Einreihung beider deutschen Staaten in die Rubrik der kolonisierten Länder, die Hervorhebung der Souveränitätsfrage in den deutschlandpolitischen Vorstellungen, die Verknüpfung der nationalen mit der sozialen Befreiung, die Verbindung des Kampfes gegen die Fremdbestimmung mit dem Kampf gegen die jeweils Herrschenden in den beiden deutschen Staaten etc. Diesen Gedanken lag jedoch folgende Annahme zugrunde: Die Erlangung nationaler Einheit und Unabhängigkeit führt zur Schwächung der imperialistischen Hauptmächte und erleichtert die sozialistische Revolution in Gesamtdeutschland. Auf einem Plakat der KPD/ML-Demonstranten 1972 hieß es: »Für ein vereintes unabhängiges sozialistisches Deutschland«.[32] Dementsprechend lautete eine Losung der KPD 1978: »Hören wir auf, die Forderung nach der Einheit Deutschlands ›dem schwarzen Pack‹ zu überlassen!«[33]

29 Offener Brief an den Vorsitzenden des Präsidiums des Obersten Sowjets der UdSSR, Leonid Breshnew; Rainer Eppelmann: Berliner Appell, in: Paktfreiheit für beide deutsche Staaten oder bis daß der Tod uns eint?, hg. von Alternative Liste für Demokratie und Umweltschutz, Berlin 1982, S. 139–143.

30 Zur heftigen Debatte um Dutschkes Idee einer »sozialistischen Wiedervereinigung« vgl. Michaela Karl: Rudi Dutschke. Revolutionär ohne Revolution, Frankfurt a. M. 2003, S. 150–153 und 404–413; Rüdiger Henschel: Zwischen Berliner Kommune und Berliner Republik. Deutschlandpolitische Konzepte bei Rudi Dutschke, in: Richard Faber/Erhard Stölting (Hg.): Die Phantasie an die Macht? 1968 – Versuch einer Bilanz, Berlin/Wien 2002, S. 50–81; Bernd Rabehl: Rudi Dutschke – Revolutionär im geteilten Deutschland, Dresden 2002, S. 106–114; Gretchen Klotz-Dutschke: Rudi Dutschke – ein deutscher Sozialist, in: Mittelweg 36, 2/1992, S. 53–56; Wolfgang Kraushaar: Rudi Dutschke und die Wiedervereinigung. Zur heimlichen Dialektik von Internationalismus und Nationalismus, in: ebd., S. 12–48.

31 Vgl. Andrea Ludwig: Neue oder Deutsche Linke? Nation und Nationalismus im Denken von Linken und Grünen, Opladen 1995, S. 46–50; Andreas Kühn: Stalins Enkel, Maos Söhne. Die Lebenswelt der K-Gruppen in der Bundesrepublik der 70er Jahre, Frankfurt a. M./New York 2005, S. 126 ff.; Diner: Die »nationale Frage« in der Friedensbewegung, S. 96 f.

32 Zitat nach Kühn: Stalins Enkel, Maos Söhne, S. 127. Zur Ideologie der KPD/ML vgl. ders.: Neue Revisionisten und Sozialimperialisten. Die KPD/ML und ihre Fundamentalkritik am sowjetischen Sozialismusmodell, in: Jahrbuch Extremismus & Demokratie 17 (2005), S. 73–92.

33 Zitat nach Ludwig: Neue oder Deutsche Linke?, S. 47. Vgl. auch Christian Semler: 1968 im Westen – was ging uns die DDR an?, in: APuZ, B 45/2003, S. 3–5.

Der immer stärker werdenden Forderung der K-Gruppen seit Mitte der 1970er Jahre, das Thema Nation von links zu besetzen, folgten vor allem Teile der West-Berliner Linken und der Friedensbewegung, die wegen des Berlin-Status besonders sensibilisiert gegenüber der nationalen Teilung waren, und sie schlossen sich der gesamtdeutschen Grundorientierung der DDR-Opposition an. In der *Arbeitsgruppe Berlin- und Deutschlandpolitik* der Alternativen Liste fanden sich im Januar 1980 Angehörige der *Wählergemeinschaft Unabhängiger Bürger*, der *Alternativen Liste für Demokratie und Umweltschutz*, des *Sozialistischen Büros* und der *Aktion 18. März* zusammen.[34] Ihre erste Publikation trug den programmatischen Titel: *Paktfreiheit für beide deutsche Staaten. Atomwaffenfreies Europa vom Atlantik zum Ural. Einheit für Deutschland.*[35]

Als Repräsentanten eines solchen »linken Patriotismus« traten bald Peter Brandt, Ex-Trotzkist und Sohn Willy Brandts, und Herbert Ammon, Studienrat am Studienkolleg für ausländische Studierende an der FU Berlin, hervor.[36] Sowohl in ihrem vielbeachteten Dokumentensammelband *Die Linke und die nationale Frage* als auch in weiteren – gemeinsam sowie einzeln verfassten – publizistischen Aktivitäten bis 1985[37] legten sie besonderen

34 Zur Wählergemeinschaft Unabhängiger Bürger vgl. Lilian Klotzsch: Wählergemeinschaften II: Wählergemeinschaft Unabhängiger Bürger, in: Stöss (Hg.): Parteien-Handbuch, Bd. 4, S. 2429–2457. Zur Alternativen Liste vgl.: Michael Brünnemann/Michael Wendt (Hg.): Die Alternative Liste, Berlin. Entstehung, Entwicklung, Position, Berlin 1984. Zum Sozialistischen Büro vgl. Gerd Langguth: Protestbewegung. Entwicklung, Niedergang, Renaissance. Die Linke seit 1968, Köln 1983, S. 195–200. Zur Aktion 18. März vgl. Gallus: Die Neutralisten, S. 430 ff. Zur Alternativen Liste in Berlin vgl. Gerd Langguth: Die Deutschlandpolitik der Grünen, in: Manfred Langner (Hg.): Die Grünen auf dem Prüfstand, Bergisch Gladbach 1987, S. 447–454.

35 Paktfreiheit für beide deutsche Staaten. Atomwaffenfreies Europa vom Atlantik zum Ural. Einheit für Deutschland, hg. von der Alternativen Liste für Demokratie und Umweltschutz, Arbeitsgruppe Berlin- und Deutschlandpolitik, Berlin 1981, und die überarbeitete zweite Ausgabe: Paktfreiheit für beide deutsche Staaten oder bis daß der Tod uns eint?

36 Zu den beiden »linken Patrioten« vgl. Gallus: Die Neutralisten, S. 340–358. Zum politischen Lebenslauf Peter Brandts vgl. seine Selbstdarstellung: Brandt: Politischer Lebenslauf, in: ders.: Schwieriges Vaterland, Berlin 1999, S. 17–30. Zu Herbert Ammon vgl. ders.: Mehr als zwanzig Jahre danach: Ein Rückblick, in: Ein Leben für Deutschland. Gedenkschrift für Wolfgang Venohr 1925–2005, Berlin 2005, S. 70 f.

37 Vgl. Ammon/Brandt: Die Linke und die nationale Frage. Einleitung zu dies. (Hg.): Die Linke und die nationale Frage, S. 9–28; dies.: Wege zur Lösung der »Deutschen Frage«, in: Befreiung 21/1981, S. 39–78; dies.: Patriotismus von links, in: Venohr (Hg.): Die deutsche Einheit kommt bestimmt, S. 119–159; P. Brandt/Günter Minnerup: Die »Deutsche Frage« – Problemskizze und Thesen, in: Probleme des Klassenkampfs 47 (1982), S. 91–118; Brandt/R. Ascheberg: Für eine neue Mehrheit, in: taz, 1. Oktober 1982; Brandt: Mármoras Nation-Theorie und die nationale Frage in Deutschland. Einleitung zu L. Mármora: Nation und Internationalismus. Probleme und Perspektiven eines sozialistischen Nationsbegriffs, Bremen 1983, S. 8–14; Brandt: Patriotismus für den Frieden. Zu Heinrich Albertz' Wort vom »besetzten Land«, in: Reinhard Henkys u. a. (Hg.): Und niemandem Untertan. Heinrich Albertz zum Geburtstag, Reinbek 1985, S. 122–131. Alle angeführten Quellen sind wieder abgedruckt in Brandt: Schwieriges Vaterland. Vgl. dazu auch Ammon: Plädoyer für die Deutsche Einheit durch die Blockfreiheit, in: DA 16 (1983), S. 820–833; ders.: Politische Kultur und nationale Identität in Deutschland, in: wir selbst

Wert auf die Enttabuisierung der nationalen Frage respektive des Themas Wieder- oder Neuvereinigung Deutschlands in der westdeutschen Politik im Allgemeinen und bei den »emanzipatorischen Linken« im Besonderen. Die »Überwindung der deutschen Misere« galt als »ein Gebot moralischer Selbstachtung« und vor allem als die historische Aufgabe der deutschen patriotischen Linken.[38]

Wie zu erwarten war, setzten sich die beiden »linken Patrioten« und ihre Gleichgesinnten in West-Berlin vehement für den Austritt aus den jeweiligen Militärbündnissen, die Bildung einer atomwaffenfreien Zone, eine vertragliche Friedensgestaltung, den Truppenabzug und für eine europäische Friedensordnung ein. Ihnen ging es jedoch weder um die Friedenssicherung auf der Grundlage der Zweistaatlichkeit in Deutschland noch um die heimliche Priorisierung nationaler Ziele, sondern um eine Verknüpfung der Friedensfrage mit der deutschen Problematik. Der Blockgegensatz könne ihrer Ansicht nach nicht ohne Verbesserungen in den Beziehungen zwischen der Bundesrepublik und der DDR aufgelöst werden.[39] Aus der Überzeugung heraus, dass man weder die Blockkonfrontation noch die Teilung Europas überwinden könne, ohne die Teilung Deutschlands in Frage zu stellen, beschäftigte sich die nationale Linke in West-Berlin nicht zuletzt mit der Analyse der deutsch-deutschen Beziehungen und der Teilungssituation.

In erster Linie ging sie von der Annahme aus, dass die beiden deutschen Staaten als Spaltungsprodukte unmittelbar aufeinander bezogen seien.[40] Zum Zusammenhang zwischen der nationalen Teilung und der innenpolitischen Entwicklung in den beiden Teilstaaten Deutschlands äußerte Peter Brandt beispielsweise 1983: Die Teilung Deutschlands und ihre Umstände und Formen hätten zur Stabilisierung der bürgerlichen Ordnung in der Bundesrepublik, zur Rechtsentwicklung der SPD und des DGB und zur Marginalisierung der Linken nach 1945 mindestens so viel beigetragen wie der Wirtschaftsaufschwung der Rekonstruktionsperiode; andererseits hätte der »real existierende Sozialismus« in der DDR nicht trotz, sondern wegen der besonderen Proble-

3/1984, S. 48 ff.; ders.: Europäischer Frieden und Deutsche Frage, in: NG 31 (1984), S. 703–711; ders.: Alternative Friedenspolitik – Aktive Deutschlandpolitik, in: Kommune 3/1986, S. 61–63.

38 Vgl. Ammon: Plädoyer für die Deutsche Einheit durch die Blockfreiheit, S. 822. Ammon und Brandt verließen sich dabei auf die vorangegangene Kritik Rudi Dutschkes an der linken Blindheit in Bezug auf die deutsche Frage, vgl. Brandt/Ammon: Patriotismus von links. Rückblick und Zustandsbeschreibung, in: Brandt: Schwieriges Vaterland, S. 156.

39 Vgl. Paktfreiheit für beide deutsche Staaten oder bis daß der Tod uns eint?, S. 72. An verschiedenen Stellen thematisierten Brandt und Ammon den Zusammenhang zwischen Friedenssicherung und Überwindung der deutschen Teilung, vgl. Brandt: Schwieriges Vaterland, S. 50 f., 158 ff. und 201 f.

40 Vgl. Brandt/Minnerup: Die »Deutsche Frage«. Problemskizze und Thesen, in: Brandt: Schwieriges Vaterland, S. 174–183; Paktfreiheit für beide deutsche Staaten oder bis daß der Tod uns eint?, S. 101–104.

matik der Beziehungen zur BRD so wenig Spielraum für die Herausbildung sozialer Emanzipationsbewegungen und SED-interner Demokratisierungsansätze gelassen.[41]

Peter Brandt sprach von einem »Verhältnis der gegenseitigen Fixierung aufeinander, das nur bei bewußter Bezugnahme auf die nationale Frage ihre innere politische Entwicklung überhaupt richtig interpretierbar macht«.[42] Bedeutsame Veränderungen in einem deutschen Teilstaat hätten unmittelbar Auswirkungen auf den anderen, so Peter Brandt.[43] Kritik am bundesrepublikanischen System formulierte ebenfalls die *Arbeitsgemeinschaft (AG) Berlin- und Deutschlandpolitik* in ihrer Broschüre: »So, wie sich die Überdeckung des bundesrepublikanischen Legitimationsdefizits wesentlich aus der Konfrontation mit der DDR speiste und speist, so bleibt die DDR auf die Bundesrepublik fixiert.«[44] Nicht nur in der Deutschlandpolitik, sondern auch innenpolitisch seien also zwei feindliche Teilstaaten aneinandergekettet.

Geht man weiteren Aspekten ihrer Teilungsdiagnose nach, trifft man auf Wolf Schenkes Lageanalyse aus den späten 1950er und den 1960er Jahren.[45] Mit dem langjährigen Kopf der nationalneutralistischen Bestrebungen in der Bundesrepublik stimmten die Linksnationalen in West-Berlin in der Wahrnehmung des Sonderverhältnisses der beiden deutschen Staaten im Großen und Ganzen überein. Affinitäten bestanden über den Anhaltspunkt der Aufeinanderbezogenheit beider deutscher Staaten hinaus in der Entfremdungsthese sowie der sozialemanzipatorischen Orientierung jenseits der beiden gegensätzlichen Systeme.

Von der Äquidistanz zu den beiden Supermächten USA und Sowjetunion ausgehend, hielten die West-Berliner Linksnationalen Europa und vor allem Deutschland für fremdbestimmt und entfremdet. Nicht von ungefähr bereitete ihnen das Wort »besetztes Land« keine Schwierigkeiten. Beiden deutschen Staaten sei zwar 1954/55 von ihren jeweiligen Besatzungsmächten die Souveränität zugesprochen worden, aber vor allem bezüglich der Anwesenheit, Stärke und Ausrüstung der ausländischen Truppen sowie aller »Deutschland als Ganzes« betreffenden Angelegenheiten unterliege sie nach wie vor wichtigen Einschränkungen, so die Linksnationalen.[46] Die deutsche Frage stellte für sie

41 Vgl. Brandt: Mármoras Nation-Theorie und die nationale Frage in Deutschland, in: ders.: Schwieriges Vaterland, S. 240.

42 Brandt/Minnerup: Die »Deutsche Frage«, in: Brandt: Schwieriges Vaterland, S. 175. Als Beleg wurden die historischen Entwicklungen wie Barzels versuchter Regierungssturz und die bisher einzige vorzeitige Parlamentsauflösung in der BRD, die Ablösung Ulbrichts und die deutschlandpolitische Umorientierung der SED 1971 angeführt.

43 Vgl. Brandt: Patriotismus für den Frieden, in: ders.: Schwieriges Vaterland, S. 243.

44 Paktfreiheit für beide deutsche Staaten oder bis daß der Tod uns eint?, S. 102.

45 Vgl. dazu Abschnitt 4.2.1.

46 Vgl. Brandt: Patriotismus für den Frieden, in: ders.: Schwieriges Vaterland, S. 242–253, ins-

zuallererst eine Souveränitätsfrage dar. Mittels der Forderungen nach Volkssouveränität und Selbstbestimmungsrecht entdeckten sie die nationale Identität der Deutschen und näherten sich damit dem Anspruch des rechtsradikalen Befreiungsnationalismus gegen die Alliierten als »Besatzer«.[47]

Die von Brandt und Ammon dargelegte Parole lautete also »›Befreiung‹ des deutschen Volkes von Fremdbestimmung durch den westdeutschen Kapitalismus und die ostdeutsche Bürokratie und ihren jeweiligen Hegemonialmächten, die den Deutschen qua Siegerrechte diese Strukturen verordnet haben«.[48] Eben daraus entwickelte sich ein weiterer wichtiger Denkansatz, nämlich dass die nationale Frage und die soziale Emanzipation unmittelbar zusammenhängen.[49] Mit dem pointierten Hinweis auf den »konterrevolutionären und konterreformatorischen« Charakter der nationalen Teilung sowie die gegenseitige Dependenz der Herrschaftseliten der zwei feindlichen Staaten schlossen sich die Linksnationalen allerdings der früheren Einsicht Rudi Dutschkes bezüglich des Zusammenhangs der nationalen und der gesellschaftlichen Frage sowie der radikalen Kritik der maoistischen respektive trotzkistischen Gruppierungen an den beiden Herrschaftssystemen in den 1970er Jahren an.[50]

Kennzeichnend war, dass die West-Berliner nationale Linke in den frühen 1980er Jahren zudem einen möglichen dynamischen und »dialektischen« Entwicklungsprozess ins Auge fasste: Den beiden »mechanischen Vorstellungen« – entweder »erst innere Veränderungen in beiden deutschen Staaten, dann eventuell Vereinigung« oder »erst Wiedervereinigung, dann Emanzipationsprozesse im Inneren« – setzte die nationale Linke eine »Etappenlösung« entgegen.[51] Als eine »massenwirksame strategische Lösung« boten sich also Paktfreiheit und Konföderation an, da dieses Übergangsmodell »der Bevölke-

bes. S. 245; P. Brandt/Rolf Stolz: Deutschland- und sicherheitspolitische Optionen der Grünen, in: Mediatus, 7–8/1988, S. 18–25, hier S. 18 f. Die Arbeitsgruppe Berlin- und Deutschlandpolitik sprach ohne weiteres vom »besetzten Land«. Vgl. Paktfreiheit für beide deutsche Staaten oder bis daß der Tod uns eint?, S. 81.

47 Vgl. Peter Fleischmann: Nation und Demokratie bei den Grünen. Eine Untersuchung der politischen Konzeptionen und Strategien der Partei Die Grünen von ihrer Gründung 1980 bis zur Wiedervereinigung Deutschlands 1990, Berlin 1995, S. 100 ff.; Gallus: Die Neutralisten, S. 351–356; Arno Klönne: Links wie rechts – auf der Suche nach nationaler Identität?, in: NG 29 (1982), S. 731.

48 Brandt/Ammon: Wege zur Lösung der »Deutschen Frage«. Der emanzipatorische Anspruch der Linken unter dem Zwang zur Realpolitik, in: Brandt: Schwieriges Vaterland, S. 59 f.

49 Vgl. Fleischmann: Nation und Demokratie bei den Grünen, S. 103 f.

50 Vgl. Brandt/Ammon: Wege zur Lösung der »Deutschen Frage«, in: Brandt: Schwieriges Vaterland, S. 57; dies.: Patriotismus von links. Rückblick und Zustandsbeschreibung, in: ebd., S. 152 f. und 155 f.; Brandt: Politischer Lebenslauf, in: ebd., S. 19 f.; Brandt/Minnerup: Die »Deutsche Frage«, in: ebd., S. 194; Paktfreiheit für beide deutsche Staaten oder bis daß der Tod uns eint?, S. 106.

51 Brandt/Ammon: Wege zur Lösung der »Deutschen Frage«, in: Brandt: Schwieriges Vaterland, S. 93; Paktfreiheit für beide deutsche Staaten oder bis daß der Tod uns eint?, S. 112.

rung den Bruch mit dem Status quo erleichtert und zugleich eine breitestmögliche Koalition politischer und sozialer Kräfte vereinen könnte«.[52]

In einem Artikel in der Zeitschrift *Befreiung* im Frühjahr 1981 schlugen die beiden Wortführer der nationalen Linken aus West-Berlin, Brandt und Ammon, einen konkreten Weg für die Etappenlösung der deutschen Frage vor,[53] wonach beide deutsche Staaten sich in einem ersten Schritt aus ihren jeweiligen Pakten lösen sollten. Im Anschluss an weitere »Veränderungen des militärischen Status quo«, wie etwa den Abzug der Siegermächte aus ganz Deutschland und die Umrüstung von Bundeswehr und Nationaler Volksarmee auf rein defensive Aufgaben der Territorialverteidigung, sollte in einem zweiten Schritt der politische Status quo dahingehend verändert werden, dass die beiden Teilstaaten eine vertraglich festgelegte *Deutsche Gemeinschaft* – in Form einer konföderativen Verknüpfung – mit Sitz in (Ost- und West-)Berlin bilden sollten. Als Organe der *Deutschen Gemeinschaft* kämen ein gesamtdeutscher Abgeordnetenrat aus Vertretern beider Parlamente und ein gesamtdeutsches Koordinationsbüro in Frage, das von je einem Sonderbeauftragten der beiden Regierungschefs geleitet werde und die praktische Zusammenarbeit koordiniere. Die *Deutsche Gemeinschaft* träte an die Stelle des *Grundlagenvertrags* von 1972. Zudem sollten Reisefreiheit und eine umfassende Freizügigkeitsregelung eingeführt werden, zunächst nur stufenweise, als Resultat eines längeren Annäherungsprozesses, im Prinzip aber vollständig. Dieser realistischen Vorgehensweise zumindest in Bezug auf die möglichen politischen Veränderungen folgte der dritte Schritt der Etappenlösung für die Veränderung des ökonomischen Status quo. Während die beiden Autoren Elemente einer *Deutschen Wirtschaftsgemeinschaft* wie die im Manifest oppositioneller SED-Mitglieder 1978 vorgeschlagene Mitgliedschaft der DDR im GATT und die Konvertierbarkeit der DDR-Mark möglich und vereinbar fanden, wäre eine Aufhebung der Integration beider Staaten im Rat für gegenseitige Wirtschaftshilfe (RGW) bzw. in der EG in ihren Augen »nicht erforderlich«. Es war ihnen wohl bewusst, dass der Spielraum für die gesamtdeutschen politischen Regelungen sowie die wirtschaftlichen Verflechtungen bei einer konföderativen Lösung noch begrenzt wäre. Erst im vierten Schritt könnten die beiden deutschen Staaten und die *Deutsche Gemeinschaft* umfassende juristische Regelungen und Vereinbarungen mit den Siegerstaaten abschließen, wie einen Friedensvertrag, ein Viermächteabkommen über Berlin und die Oder-Neiße-Grenze, einen Verzicht

52 Ebd., S. 113. Vgl. Brandt: Patriotismus für den Frieden, in: ders.: Schwieriges Vaterland, S. 251.

53 Vgl. Brandt/Ammon: Wege zur Lösung der »Deutschen Frage«, in: Brandt: Schwieriges Vaterland, S. 93–98.

auf Reparationen und die vorgezogene Zustimmung zu einer potentiellen Wiedervereinigung der Deutschen.

Es steht zunächst außer Zweifel, dass das Konzept von Brandt und Ammon auf die parallele respektive wechselseitige Entwicklung der deutschen Vereinigung und des europäischen Prozesses hinauslief. Im Vordergrund stand der Zusammenhang der deutsch-deutschen Anbindung in Form der Konföderation mit der Herstellung einer neuen europäischen Friedensordnung. In der Schlussbemerkung des Konzepts, dass die *Deutsche Gemeinschaft* nicht ohne eine »massive Bewegung von unten«[54] zu verwirklichen sei, lässt sich ein weiterer wichtiger Denkansatz ablesen. Wie oben angeführt, kam es den Autoren auf »den sachlichen Zusammenhang der nationalen Frage mit der Entfesselung einer emanzipatorischen Bewegung«[55] im Osten sowie im Westen an, wie auch Peter Brandt im Rückblick unterstrichen hat. Das Modell der Paktfreiheit und Konföderation würde also durch den Wegfall der gegenseitigen Feindbilder die Chancen für innere Strukturreformen in West wie Ost verbessern. Brandts und Ammons Ansicht nach galt aber eben auch das Umgekehrte: Ohne Veränderungen gesellschaftlich-politischer Art und ohne Stärkung der sozialen Emanzipationsbewegungen in beiden deutschen Staaten seien Paktfreiheit und Konföderation nicht zu verwirklichen, so die *AG Berlin- und Deutschlandpolitik* 1984.[56] Mit diesem Konföderationskonzept glaubten sie, »die gegenseitige Blockierung von nationaler und sozialer Fortentwicklung« zu durchbrechen.[57] Ansätze dazu sahen die West-Berliner Linksnationalen in der sich neu formierenden Friedensbewegung in beiden deutschen Staaten.

Sehr bezeichnend ist, dass weder die beiden West-Berliner Protagonisten der Konföderationsidee noch ihre Gleichgesinnten in der *AG Berlin- und Deutschlandpolitik* auf Konfrontationskurs mit den Herrschaftseliten der beiden deutschen Staaten gingen. Um ihre deutschlandpolitischen Ziele ins Werk zu setzen, benötige die neue deutsche Friedensbewegung Ansprech- und Bündnispartner innerhalb der politischen Eliten Ost- und Westdeutschlands. Die Berücksichtigung traditioneller »realpolitischer« Kriterien stehe nicht im Widerspruch zum emanzipatorischen Ansatz, sondern schaffe weitgehend erst die Voraussetzungen, um die Fesseln der Machtpolitik abzustreifen, so die Linksnationalen.[58] Atomwaffenfreiheit, Blockunabhängigkeit, Umrüstung und

54 Ebd., S. 98.

55 Brandt: Politischer Lebenslauf, in: ders.: Schwieriges Vaterland, S. 24.

56 AG Deutschlandpolitik in der AL Berlin: 25 Thesen für eine grüne Deutschlandpolitik, in: Rolf Stolz (Hg.): Ein anderes Deutschland. Grün-alternative Bewegung und neue Antworten auf die Deutsche Frage, Berlin 1985, S. 52.

57 Paktfreiheit für beide deutsche Staaten oder bis daß der Tod uns eint?, S. 112.

58 Vgl. ebd.; Brandt/Ammon: Wege zur Lösung der »Deutschen Frage«, in: Brandt: Schwieriges Vaterland, S. 99.

Konföderation seien nur denkbar als Etappen eines elementaren politischen Prozesses, in dem die Kooperation unterschiedlicher sozialer und politischer Kräfte bis in die Regierungen hinein einen zentralen und unabdingbaren Stellenwert besitze.[59] In dieser Hinsicht bezeichneten sie ihre »Etappenlösung« als »historischen Kompromiß«, denn ohne taktische und »historische Kompromisse« gebe es keine Veränderung!

Unterdessen unterschied sich die Konföderationsidee der nationalen Linken in West-Berlin Anfang der 1980er Jahre in eben jenem Punkt von Wolf Schenkes Konföderationskonzept aus den 1960er Jahren. Sie rückte nunmehr ab von dem auf einer Dritte-Weg-Orientierung basierenden »frontalen Angriff gegen alle in Deutschland etablierten politischen und sozialen Kräfte«,[60] welcher der Konföderationsidee Wolf Schenkes zugrunde lag. Die Hinwendung der nationalen Linken in West-Berlin zu einer doppelten Strategie – einer sozialemanzipatorischen Massenbewegung von unten und zugleich einer breitestmöglichen Koalition politischer und sozialer Kräfte bis in die Regierungen hinein – lässt sich vor allem auf die ambivalente Haltung zur sozialdemokratischen Ostpolitik zurückführen. Trotz der abermaligen kritischen Bemerkung zur »konservativen Dimension« und zum »Dilemma« der sozialliberalen Entspannungspolitik in den 1970er Jahren[61] machten Peter Brandt und Gleichgesinnte nicht nur auf die unbestrittenen »Verdienste ihrer Protagonisten« aufmerksam, sondern hoben vor allem »die auf eine gesamtdeutsche Zukunft gerichteten Intentionen der Ostpolitik« hervor, welche die maßgebenden Ostpolitiker der SPD sowie ihre linksliberalen Wegbegleiter im akademisch-publizistischen Umfeld doch mittlerweile aus den Augen verloren.[62] Angesicht des erneuten globalen Antagonismus der beiden Supermächte seit Ende der 1970er Jahre, der die Konstruktion der bisherigen deutschen Entspannungspolitik in Gefahr brachte, sollte eine »neue Mehrheit« in der bundesdeutschen Politik, nämlich eine »Kooperation zwischen SPD und Grün-Alternativen«, zustande kommen.[63] Sie sollte sich neben ökologisch-sozialen Forderungen vor allem auf die Reaktivierung

59 Vgl. ebd.

60 Ebd., S. 58.

61 Das Grundproblem der sozialdemokratischen Ost- und Deutschlandpolitik bis 1982 lag Peter Brandt zufolge darin, dass sie einerseits stets der »Sensibilität der SED-Führung in der Machtfrage« Rechnung trüge, andererseits mit der »Kontrollierbarkeit der Bewegung zwischen den Blöcken« rechne. Vgl. Brandt/Ammon: Wege zur Lösung der »Deutschen Frage«, in: Brandt: Schwieriges Vaterland, S. 55 f., 61 ff. und 72 f.; Brandt/Ammon: Patriotismus von links. Rückblick und Zustandsbeschreibung, in: Brandt: Schwieriges Vaterland, S. 146 f.; Ammon: Plädoyer für die Deutsche Einheit durch Blockfreiheit, S. 824.

62 Vgl. Brandt: Schwieriges Vaterland, S. 149; Brandt/Minnerup: Die »Deutsche Frage«, in: ebd., S. 189 f.

63 Vgl. Brandt/Rolf Ascheberg: Für eine neue Mehrheit, in: Brandt: Schwieriges Vaterland, S. 215–230; Brandt/Minnerup: Osteuropa und die Deutsche Frage, in: ebd., S. 254–272, hier S. 268.

des eigentlichen Grundmotivs der sozialliberalen Deutschland- und Ostpolitik, die Wiedergewinnung der deutschen Einheit, richten. Peter Brandt und seine Mitstreiter plädierten die 1980er Jahre hindurch also für eine »rot-grüne Koalition«, deren deutschlandpolitische Grundsätze nicht mehr auf der Verbindung von Westintegration und Entspannungspolitik basieren sollten. Die Weiterentwicklung der neuen Deutschland- und Ostpolitik unter der Regie einer rot-grünen Koalition, welche sich jeweils gegen erhebliche Widerstände innerhalb der beiden Linksparteien durchsetzen könne, sei Brandt und seinen Mitstreitern zufolge nur im Widerspruch zu den Vereinigten Staaten – und von Souveränität und Selbstbestimmungsrecht der Deutschen ausgehend – möglich.

Zu jener Zeit waren weder die SPD noch die Grünen als Gesamtpartei gewillt, aktiv dem Wunsch der nationalen Linken Rechnung zu tragen und Schritte in Richtung Truppenabzug, Blockfreiheit, Konföderation und schließlich nationale Vereinigung einzuleiten. Die meisten prominenten Politiker der beiden Linksparteien neigten dazu, sich mit der deutschen Zweitstaatlichkeit abzufinden.[64] Wenngleich es nennenswerte Persönlichkeiten und Initiativen aus dem linksalternativen Spektrum gab, die sich den deutschlandpolitischen Grundvorstellungen der West-Berliner nationalen Linken anschlossen, wie etwa zahlreiche Friedensvertragsinitiativen Mitte der 1980er Jahre,[65] blieb die nationale Konföderation, im Gegensatz zu anderen Themen wie Friedensvertrag und Paktfreiheit, bei ihnen noch eine Streitfrage.[66]

64 Zu den deutschlandpolitischen Haltungen der führenden sozialdemokratischen Politiker in der Opposition 1982 bis 1989 vgl. Wilfried von Bredow/Rudolf Horst Brocke: Das deutschlandpolitische Konzept der SPD. Darstellung, Hintergründe und Problembereiche der Deutschlandpolitik der SPD Mitte der achtziger Jahre, Erlangen 1986; Klaus Moseleit: Die »Zweite« Phase der Entspannungspolitik der SPD 1983–1989. Eine Analyse ihrer Entstehungsgeschichte, Entwicklung und der konzeptionellen Ansätze, Frankfurt a. M. 1991; Dieter Groh/P. Brandt: »Vaterlandslose Gesellen«. Sozialdemokratie und Nation 1860–1990, München 1992, S. 311–334; Die Ost- und Deutschlandpolitik der SPD in der Opposition 1982–1989. Papiere eines Kongresses der Friedrich-Ebert-Stiftung am 14. und 15. September 1993 in Bonn, hg. von Dieter Dowe, Bonn 1993; Timothy Garton Ash: Im Namen Europas. Deutschland und der geteilte Kontinent, München/Wien 1993, S. 457–501; Daniel Friedrich Sturm: Uneinig in die Einheit. Die Sozialdemokratie und die Vereinigung Deutschlands 1989/90, Bonn 2006, S. 63–115. Zur Deutschlandpolitik der Grünen in den 1980er Jahren vgl. Gerd Langguth: Die Deutschlandpolitik der Grünen, in: Manfred Langner (Hg.): Die Grünen auf dem Prüfstand – Analyse einer Partei, Bergisch Gladbach 1987, S. 423–480; Annette von der Heyde: Deutschlandpolitik der Grünen, in: Werner Weidenfeld/Karl Rudolf Korte (Hg.): Handbuch zur deutschen Einheit, Frankfurt a. M. 1992, S. 209–216; Hubert Kleinert: Aufstieg und Fall der Grünen. Analyse einer alternativen Partei, Bonn 1992, S. 135–142; Ludger Volmer: Die Grünen und die Außenpolitik – ein schwieriges Verhältnis. Eine Ideen-, Programm- und Ereignisgeschichte grüner Außenpolitik, Münster 1998, S. 222–240

65 Vgl. Gallus: Die Neutralisten, S. 369–378.

66 Vgl. ebd., S. 372.

Zu den grün-alternativen Konföderationsbefürwortern in den 1980er Jahren gehörten neben der West-Berliner nationalen Linken vor allem August Haußleiter und seine Anhänger aus der *Aktionsgemeinschaft Unabhängiger Deutscher* (AUD), die 1980 den Grünen beigetreten waren.[67] Gemeinsam mit dem langjährigen Anführer der AUD, Haußleiter, personifizierte kein anderer als Wolf Schenke die Kontinuität sowohl der Neutralitätsbewegung als auch der Konföderationsidee.[68] Ihr altes deutschlandpolitisches Gedankengut vertraten bei den Grünen und in ihrem Umfeld vor allem Rolf Stolz und der *Initiativkreis Linke Deutschlanddiskussion* (LDD) noch vehementer und konsequenter als die beiden Stammväter des westdeutschen Nationalneutralismus.[69]

Die Entstehung des Initiativkreises LDD ging zurück auf die Kölner Konferenz, den ersten deutschlandpolitischen Kongress der Grünen im November 1983. Aus der Idee heraus, einen Arbeitskreis *Linke und deutsche Frage* zu gründen, entstand am 21. Oktober 1984 in Oberfell bei Koblenz der Initiativkreis LDD.[70] Der Initiativkreis verstand sich von Anfang an als links und wirkte zumeist im grün-alternativen Umfeld,[71] obwohl er organisatorisch nicht in die Partei der Grünen eingebunden war. Als dessen Sprecher und Motor versuchte Rolf Stolz, der Gründungsmitglied der Grünen und 1980/81 Mitglied des Bundesvorstandes gewesen war, innerhalb der Grünen Mehrheiten für seine deutschlandpolitischen Zielsetzungen zu gewinnen, wobei die ab

67 Vgl. Stöss: Vom Nationalismus zum Umweltschutz, S. 277 f.; Rolf Meyer/Günther Handlögten: Die Grünen vor der Wahl, in: APuZ, B 36/1980, S. 3–21, insbes. S. 14 ff.

68 Als Zeitzeugen und zugleich Vorkämpfer für ein neutrales vereintes oder konföderierendes Deutschland sprachen sie bei verschiedenen Gelegenheiten, wie etwa beim deutschlandpolitischen Kongress vom 9. bis 11. März 1984 in Karlsruhe, gern über die 1940er und 1950 Jahre. Vgl. August Haußleiter: Die Situation der beiden deutschen Staaten im jeweiligen Blocksystem – unter Berücksichtigung der historischen Genese, in: Die Grünen Baden-Württemberg (Hg.): Friedensvertrag – Blockfreiheit – Neutralität. Deutschlandpolitischer Kongress, 9.–11. März 1984, Karlsruhe 1984, in: AGG 1998/D0023, S. 4–20. Auf einer Tagung der Koordinationsgruppe Friedensvertrag am 18. Januar 1986 in Bonn hielt Schenke das Eingangsreferat, wobei er auch über die Adenauer-Zeit sprach. Vgl. Gallus: Die Neutralisten, S. 370.

69 Schenke brachte nun nicht mehr die eigene Neutralitäts- und Konföderationskonzeption zur Diskussion, wie in den 1950er und 60er Jahren, Haußleiter tendierte sogar zur Absage an eine nationalstaatliche Lösung der deutschen Frage. Vgl. Die Grünen Baden-Württemberg (Hg.): Friedensvertrag – Blockfreiheit – Neutralität. Deutschlandpolitischer Kongress, 9.–11. März 1984, Karlsruhe 1984, in: AGG 1998/D0023, S. 18.

70 Zur Entstehung und Entwicklung des Initiativkreises Linke Deutschland-Diskussion vgl. Rolf Stolz: Initiativkreis Linke Deutschland-Diskussion gegründet!, in: Materialbrief Deutsche Probleme – Probleme mit Deutschland (MDP) 1 (1984), Nr. 2; Jürgen Kraus: Entstehung und bisherige Arbeit des Initiativkreises Linke Deutschland-Diskussion, in: MDP 2 (1985), Nr. 4, in: AGG BII 1-2090. Vgl. auch Stolz: Die nationale Linke – Phantom, Faktum, Utopie?, in: Ein Leben für Deutschland, S. 454 f.; Gallus: Die Neutralisten, S. 359 f.

71 Vgl. Stolz: Die Linke und die deutschen Fragen, in: MDP 2 (1985), Nr. 4, in: AGG BII 1-2090. 1985 waren 30 Personen der LDD beigetreten, mehr als zwei Drittel aller Mitglieder gehörten den Grünen an.

Anfang 1984 von ihm herausgegebene Zeitschrift *Materialbrief Deutsche Probleme – Probleme mit Deutschland* (MDP) als Forum linksnationaler Aktivisten eine wichtige Rolle spielte.

Das frühere Kölner SDS-Mitglied Rolf Stolz, der vor allem von Rudi Dutschke beeinflusst war und während eines kurzen Intermezzos bei der KPD/ML 1969 laut eigenen Aussagen den Zusammenhang zwischen sozialer und nationaler Bewegung erkannt hatte,[72] ging in erster Linie ebenso wie die Linksnationalen in West-Berlin davon aus, dass die deutsche Frage nicht der Rechten überlassen werden dürfe; die Linke müsse ein Konzept der Blockfreiheit und der Herauslösung aus den Blöcken erarbeiten.[73] Wie sich in verschiedenen Erklärungen und Stellungnahmen, etwa in der auf der Gründungstagung am 20./21. Oktober 1984 beschlossenen Erklärung *Anstoß für deutsch-deutsche Alternative* und *Wahlprüfsteine des Initiativkreises Linke Deutschland-Diskussion* (LDD) 1987, deutlich zeigte, waren die Ziele: Truppenabzug und Entmilitarisierung, Selbstbestimmung, Abrüstung und Blockfreiheit, eine Konföderation und Vereinigung, ein Deutschland der Volkssouveränität und der sozialistischen Demokratie in einem Gesamteuropa, und Deutschland als Brücke und Mittler zwischen dem Westen und dem Osten Europas sowie als Partner der sogenannten Dritten Welt.[74] In vielen Aspekten ähnelten die deutschlandpolitische Gegenwartsanalyse und die Zukunftsorientierung des LDD denen anderer grüner und linksalternativer Nationalneutralisten in den 1980er Jahren. Hingewiesen sei auf die Beanstandung des »Besatzungszustands Deutschlands« und die politische, wirtschaftliche und kulturelle »Fremdbestimmung« und »Entfremdung«, die Forderung nach Selbstbestimmung als nationale Befreiung, die Verknüpfung der Vereinigungsfrage mit der innen- und gesellschaftspolitischen Neugestaltung und die Orientierung auf einen Dritten Weg.

Stolz bezog in seiner Argumentation eine im Vergleich zu den West-Berliner Linksnationalen noch radikalere Position. Abgesehen von seiner schar-

72 Zur autobiographischen Darstellung über seine politische Laufbahn vgl. Rolf Stolz: 1967 bis heute. Blicke zurück auf einige Bewegungen, in: Claus-M. Wolfschlag (Hg.): Bye-Bye '68 … Renegaten der Linken, Apo-Abweichler und allerlei Querdenker berichten, Graz/Stuttgart 1998, S. 209–220, insbes. S. 211 f. Vgl. auch ders.: Der deutsche Komplex. Alternativen zur Selbstverleugnung, Erlangen/Bonn/Wien 1990, S. 8 f.; ders.: Die nationale Linke – Phantom, Faktum, Utopie?, in: Ein Leben für Deutschland, S. 453 f.

73 Vgl. Einladung zu einem Diskussionswochenende vom 19. bis 21. Oktober 1984 in Oberfell zwischen Cochem und Koblenz in Moselfranken, in: MDP 1 (1984), Nr. 2, in: AGG BII 1-2291.

74 Vgl. Anstoß für deutsch-deutsche Alternative, in: MDP 1 (1984), Nr. 2, in: AGG BII I-2090; Stolz: Zwölf Thesen. Rundbrief LDD, in: MDP 2 (1985), Nr. 4, in: AGG BII 1-2291; Wahlprüfsteine des Initiativkreises Linke Deutschland-Diskussion (LDD) zur Bundestagswahl 1987, in: AGG BII 1-2696. Vgl. auch Stolz: Souveränität – Truppenabzug – Abkopplung, in: ders. (Hg.): Ein anderes Deutschland, S. 97–115.

fen, wenn nicht überspitzten Formulierung[75] ist vor allem auf drei polemische Gedanken hinzuweisen: auf das ungenierte Bekenntnis zum »deutschen Sonderweg«, die antiwestliche bzw. antiamerikanische Grundhaltung sowie den radikal basisdemokratischen Anspruch.[76] Während die West-Berliner nationale Linke trotz ihrer prinzipiellen Orientierung auf einen Dritten Weg weder einen »deutschen Sonderweg« noch einen Konfrontationskurs gegen die Herrschaftseliten propagierte,[77] sprachen Stolz und seine Mitstreiter sich bewusst und offensiv für einen »deutschen Sonderweg« aus – sowohl außen- und sicherheitspolitisch als auch in Bezug auf gesellschaftliche Probleme.[78]

Außerdem hielt sich Stolz in den programmatischen Forderungen des LDD in keiner Weise an die Äquidistanz zu den beiden Supermächten und gegensätzlichen Systemen, sondern richtete sich feindselig – nicht zuletzt mit grober Wortwahl – gegen die Vereinigten Staaten und das westliche Gesellschaftssystem. Dagegen brachte er sein Unbehagen mit der sowjetischen und der ostdeutschen Politik in milder Form zum Ausdruck.

Zuletzt distanzierte sich der Wortführer des LDD von den demokratischen Grundsätzen der Bundesrepublik, indem er seinen Demokratiebegriff nicht auf dem parlamentarischen Mehrheitsprinzip aufbaute und das westliche liberale Demokratiemodell diskreditierte: Der Staat sei im günstigsten (bisher aber ausgesprochen selten eingetretenen) Fall eine politische Maschinerie zur Verwirklichung von Mehrheitsentscheidungen gegen eine widerstrebende Minderheit, im ungünstigsten und wahrscheinlicheren Fall ein sozial verbrämter Gewaltapparat in der Hand der herrschenden Minderheit.[79] Zudem wurde nicht dem Staat, sondern dem Volk allein die entscheidende Rolle für die innen- sowie außenpolitische (Neu-)Gestaltung zugesprochen. Als Alternativmodell zur parlamentarisch-demokratischen plädierte Stolz für eine basisdemokratische, entstaatlichte und rätesozialistische Ordnung.[80]

75 Stolz sprach beispielsweise von »zwei parasitären Satrapenstaaten«, »amerikahöriger Kriecherei«, »Jalta-Diktat«, »Kolonialvolkmentalität«.

76 Vgl. Gallus: Die Neutralisten, S. 362 ff.

77 Vgl. AG Deutschlandpolitik in der AL Berlin: 25 Thesen für eine grüne Deutschlandpolitik, in: Stolz (Hg.): Ein anderes Deutschland, S. 52.

78 Vgl. Stolz: Plädoyer für einen besonderen deutschen Weg – für Entmilitarisierung, Abkopplung, Blockfreiheit und Konföderation, in: MDP 2 (1985), Nr. 4, in: AGG BII 1-2090; ders.: Ein deutscher Sonderweg außerhalb der Blöcke, in: ders. (Hg.): Ein anderes Deutschland, S. 20–35.

79 Vgl. Stolz: Souveränität – Truppenabzug – Abkopplung, in: ders. (Hg.): Ein anderes Deutschland, S. 97 f.

80 Eine entstaatlichte Rätedemokratie sei immer sein Traum gewesen, so Stolz 1990. Vgl. ders.: Der deutsche Komplex, S. 8; ders.: Chances of a Fundamentally Democratic »Rätesozialismus« in Germany – Could a Third Way be a Solution of the German Problems?, in: Hans Köchler (Hg.): The Crisis of Representative Democracy, Frankfurt a. M. u. a. 1987, S. 243–253.

In dieser Hinsicht setzte er dann auf »eine fortschrittliche deutsche Emanzipationsbewegung«, die mit ganzer Kraft auf das »langfristige Ziel der uneingeschränkten Selbstbestimmung des deutschen Volkes« zusteuern sollte.

> »Dieses Ziel ist nur mit dem langen Atem einer Bewegung zu erreichen, die unablässig und unbestechlich auf Veränderungen pocht und niemals vergißt, daß revolutionärer Elan und eine gehörige Portion Geduld zusammengehören, wenn man weder die stürmischen Zeiten verschlafen, noch in den Zeiten langsamer und fast unmerklicher Veränderung die Nerven verlieren will. Wer nur bei den nächstliegenden kleinen Schritten hängen bleibt, der bleibt auch im Reformismus stecken – wer die Einbeziehung solcher Tagesforderung und konkreter Aktivitäten in eine langfristige Konzeption hochmütig ablehnt, der landet mit bodenlosen, irrealen Zukunftsplänen im Wolkenkuckucksheim.«[81]

Es wird deutlich, dass Rolf Stolzes Konföderationsidee Wolf Schenkes früherem Konzept aus den 1960er Jahren viel näher kam als die Vorstellungen der West-Berliner Linksnationalen.

Ebenso wie der frühere Ziehvater des nationalneutralistischen Lagers, Schenke, und seine Anhänger »neue politische Willenträger« um sich scharten, versuchte der »sozialistische Selbstbestimmungsneutralist«, wie Stolz sich selbst bezeichnete,[82] »einen handlungsfähigen Kern von Leuten zusammenzubringen, die Deutschland noch nicht verloren geben«, und auf Konfrontationskurs mit den herrschenden »Reaktionären« zu gehen. In der ersten Hälfte der 1980er Jahre sahen Stolz, aber auch Brandt und Ammon, die trotz ihrer realistisch orientierten Wendung hin zu »historischen Kompromissen« immerhin auf eine emanzipatorische Massenbewegung von unten angewiesen waren, noch die Chance, mit den Grünen eine Art Sammlungsbewegung zu schaffen. Wie nach dem Höhepunkt des nationalneutralistischen Diskurses 1984 deutlich wurde,[83] gelang es den linken Nationalneutralisten jedoch nicht, sich gegen die »Zweistaatlichkeitsbefürworter« bei den Grünen durchzusetzen.

Zumindest vermochten die grünen Nationalneutralisten unter Mitwirkung der anderen neutralistisch orientierten führenden Grünen-Politiker wie Antje Vollmer[84] und Rudolf Bahro[85] gegen den realpolitischen Flügel um

81 Stolz: Souveränität – Truppenabzug – Abkopplung, in: ders. (Hg.): Ein anderes Deutschland, S. 114.

82 Vgl. Stolz: 12 Thesen zur Selbstbefreiung Deutschlands, in: MDP 5 (1988), Nr. 12/13, in: AGG BII 1-2696.

83 Zur Abkehr der Grünen vom Nationalneutralismus seit dem Höhepunkt 1984 vgl. Stolz: Die nationale Linke – Phantom, Faktum, Utopie?, in: Ein Leben für Deutschland, S. 455 f.

84 Vgl. Rede Antje Vollmers vor dem Bundestag am 12. September 1984: Konflikt im konservativen Lager, in: Stolz (Hg.): Ein anderes Deutschland, S. 62–66, hier S. 65 f. Vgl. auch Gallus: Die Neutralisten, S. 380 f.

85 Vgl. Rudolf Bahro: Wahnsinn mit Methode. Über die Logik der Blockkonfrontation, die

Joschka Fischer und Otto Schily die Position der blockfreien Orientierung in der Partei zu behaupten. Als ein weiterer deutschlandpolitischer Flügel traten Fundamentalisten wie Petra Kelly, Gert Bastian und Lukas Beckmann für die Blockfreiheit ein.[86] In Kontroversen um Inhalte und Formen der Kritik an den beiden Blocksystemen gaben dennoch vor allem die »Ökosozialisten« und die »Traditionslinken« um den zeitweiligen deutschlandpolitischen Sprecher der Grünen Dirk Schneider den Ton an: Ihre Kritik war damit mehr auf die Vereinigten Staaten und das westliche System gemünzt.[87] Obwohl es dem MfS-IM nicht ganz gelang, die Staatsinteressen der DDR in Essentials grüner Deutschlandpolitik umzuwandeln, wirkte er immerhin erfolgreich insofern auf die Grünen sowohl in der nationalen Problematik als auch in der Menschenrechtsfrage ein, dass sie offiziell keine einheitliche der DDR schädliche Position verkündeten.[88] Im diametralen Gegensatz zu den grünen Nationalneutralisten sahen Schneider und seine Mitstreiter in der Aufrechterhaltung der staatlichen Souveränität beider deutscher Staaten eine Möglichkeit, die Blockbildung in Europa zu überwinden.[89]

In der Wiedervereinigungsfrage bildete sich bei den Grünen damit eine andere Mehrheitsposition heraus. Der Mainstream der Grünen, das heißt die sogenannten »Atlantiker« und »Traditionslinken« sowie die »Ökosozialisten«, stand trotz oder besser angesichts der starken Stimmung für die Blocküber-

Friedensbewegung, die Sowjetunion und die DKP, Berlin 1982; ders.: Pfeiler am anderen Ufer. Beiträge zur Politik der Grünen von Hagen bis Karlsruhe, Berlin 1984. Vgl. auch Fleischmann: Nation und Demokratie bei den Grünen, S. 121–124.

86 Zu drei unterschiedlichen deutschlandpolitischen Strömungen innerhalb der Grünen vgl. Udo Baron: Deutschlandpolitik der Grünen und das MfS, in: Jahrbuch Extremismus & Demokratie 11 (1999), S. 47–77. Zu einer Einteilung der Grünen in zwei Lager bezüglich der Deutschlandpolitik vgl. Ludwig: Neue oder Deutsche Linke?, S. 66–69. Stolz und Brandt dagegen teilten die Grünen in sechs deutschlandpolitische Strömungen ein: 1. sozialistische Selbstbestimmungsneutralisten, die für Selbstbestimmung und einen basisdemokratischen Rätesozialismus eintraten; 2. sozial indifferente Selbstbestimmungsneutralisten, die für Selbstbestimmung und Neutralität plädierten, ohne innergesellschaftliche Machtverhältnisse in Frage zu stellen; 3. Vertreter eines alternativen Interventionismus, der ausschließlich auf Kontakte zu ostdeutschen und osteuropäischen Oppositionsgruppen setzte und die Frage der Menschenrechte ins Zentrum seines Engagements stellte; 4. Separat-Neutralisten, die nur die Bundesrepublik neutralisieren und die Spaltung verewigen wollten; 5. prowestliche Status-quo-Befürworter; 6. proöstliche Status-quo-Befürworter; vgl. dies.: Deutschland- und sicherheitspolitische Optionen, in: Mediatus 7–8/1988, S. 21 f.

87 Vgl. Udo Baron: Kalter Krieg und heißer Frieden. Der Einfluss der SED und ihrer westdeutschen Verbündeten auf die Partei »Die Grünen«, Münster 2003, S. 217 f.

88 Zur Rolle Dirk Schneiders als Stasi-IM vgl. Baron: Deutschlandpolitik der Grünen und das MfS, S. 57 f. Zum Thema Einfluss der SED auf die grüne Außen- und Deutschlandpolitik vgl. ders.: Kalter Krieg und heißer Frieden, S. 215–232; Carlo Jordan/Armin Mitter/Stefan Wolle: Die Grünen der Bundesrepublik in der politischen Strategie der SED-Führung (Zwischenbericht), Berlin 1994 (unveröffentlicht).

89 Vgl. Dirk Schneider: Gedanken zur Deutschlandpolitik der Grünen, in: Stolz (Hg.): Ein anderes Deutschland, S. 41–50.

windung zusehends für eine Anerkennung der Zweistaatlichkeit statt für ein »Offenhalten der deutschen Frage«.[90] Die meisten prominenten Grünen fanden sich derweil mit der deutschen Teilung als der gerechten Strafe für die Verbrechen der Deutschen während der nationalsozialistischen Diktatur ab. In einer Rede Ende November 1987 machte beispielsweise Joschka Fischer die Absage an die »Wiedervereinigungsillusion« mit folgenden Worten deutlich:

> »Wer die Deutsche Frage als Territorial-, als Grenz- und damit als Wiedervereinigungsfrage noch als offen bezeichnet, der lügt entweder oder träumt schlecht. Die Deutsche Frage ist nicht mehr offen seit dem 8. Mai 1945. Sie ist geschlossen worden durch zwei Weltkriege, durch über siebzig Millionen Tote, durch die politische und moralische Kapitulation der Deutschen vor einem paranoiden Massenmörder namens Hitler, durch die Völkermorde in Auschwitz und anderen Vernichtungslagern und die völlige Zerschlagung des Deutschen Reiches durch die Armeen der vier Siegermächte am 8. Mai 1945.«[91]

Zur Konföderationslösung sagte Dirk Schneider, eine staatliche Einheit der BRD und der DDR oder als Zwischenstufe eine Konföderation zu erreichen, sei mit Sicherheit in absehbarer Zeit ungleich schwerer als etwa eine staatliche Zusammenführung der BRD mit Österreich. Angesichts der extrem unterschiedlichen Lebens- und auch Denkweisen der Deutschen in der BRD und der DDR müsse das Motiv, diese beiden Staaten zusammenzuführen, eine überragende Bedeutung haben. Ein solches Motiv gebe es offensichtlich nicht, so Schneider.[92]

Auch in der zweiten Hälfte der 1980er Jahre kritisierten die drei Repräsentanten der Linksnationalen Peter Brandt, Herbert Ammon und Rolf Stolz sowie ihre engsten Mitstreiter die westdeutschen Linken wegen deren Nichtbeachtung der nationalen Frage. Zudem sahen sie in den neuen politischen Ansätzen in Moskau seit dem Machtantritt Gorbatschows eine neue Chance für die europäische Paktfreiheit und eine deutsche Konföderation.[93] Sie muss-

90 Vgl. Materialien zur Deutschlandpolitik der Grünen in den 80er Jahren. Zusammenstellung von Ursula Jaerisch/Elisabeth Weber, in: AGG 1999/D0004, S. 1–15; Pressemitteilung Nr. 478/84 der Grünen Bundestagsfraktion, als Kopie wiedergegeben, in: MDP 2 (1985), Nr. 3, in: AGG BII 1-2090; Baron: Kalter Krieg und heißer Frieden, S. 229 f.

91 Zwischen Wiedervereinigungsillusion und NATO-Austrittsfiktion. Rede von Joschka Fischer zu den Grundsätzen einer neuen Deutschlandpolitik, gehalten am 20. November 1987 in der Urania Berlin, in: AGG 1337, S. 5. Vgl. auch Protokoll der deutschlandpolitischen Debatte der Fraktion Die Grünen im Bundestag am 16. Juni 1984, in: AGG BII 1, Nr. 2715.

92 Vgl. Schneider: Gedanken zur Deutschlandpolitik der Grünen, in: Stolz (Hg.): Ein anderes Deutschland, S. 47.

93 Vgl. Ammon: Der ewige Friede. Die Linke und der Systemregulator, in: Niemandsland 6/1988, S. 47–55; Brandt/Stolz: Deutschland- und sicherheitspolitische Optionen der Grünen, S. 18–25.

ten jedoch zur Kenntnis nehmen, dass nationalpolitische Elemente bei den Grünen nicht in bedeutsamem Maße Eingang gefunden hatten.

Die herrschende Position der Grünen – Ja zur Blockfreiheit mit der Hauptkritik am Westen, aber keine Änderung der Zweistaatlichkeit – schuf für die grünen Konföderationsbefürworter keine günstigen Rahmenbedingungen, zumal sie genötigt waren, angesichts der Entwicklung der gewissen Teilidentität auf beiden Seiten Deutschlands und einer zunehmenden supranationalen Orientierung in der BRD – über das Friedensgebot jenseits der Blocksysteme – die Unumgänglichkeit der Wiederherstellung eines Nationalstaates greifbar zu machen. Ihr Hauptargument für den Wiedervereinigungsanspruch, die Aufrechterhaltung der deutschen Teilung garantiere nicht den Frieden, sondern sei lediglich die unmittelbare Voraussetzung für die Blockkonfrontation der Supermächte in der Mitte Europas, griff für die Einheitsgegner bei den Grünen und im breiteren linken Spektrum einschließlich der SPD nicht, da viele der Letzteren mittlerweile die Friedenssicherung in Deutschland und Europa durch die Blockauflösung mit der Zweistaatlichkeit auf deutschem Boden verknüpften. Für diese linken »europaneutralistischen Zweistaatlichkeitsbefürworter« war die überbewertete Rolle, die den beiden deutschen Staaten als treibende Kräfte einer Verbesserung der Ost-West-Beziehungen zugesprochen wurde, nur schwer nachvollziehbar.

Statt realpolitisch auf die Frage, wie sich das Konzept einer paktfreien deutschen Konföderation überhaupt bei den vier Siegermächten sowie den Nachbarländern Geltung verschaffen könnte, einzugehen, richtete sich die nationale Linke lediglich mit der anachronistischen »Befreiungsparole« gegen die beiden Supermächte, insbesondere gegen die USA. Mit dem nationalen Anspruch auf einen deutschen Alleingang vermochten sich die linken Nationalneutralisten angesichts der festen Verbindung der bundesdeutschen Gesellschaft mit dem Westen zunächst lediglich bei den rechten Nationalneutralisten und Neo-Nationalisten Gehör zu verschaffen. Nicht nur eine taktische Überlegung, sondern die ideologische Verwandtschaft und programmatische Überschneidung mit den Vorstellungen der Nationalrevolutionäre[94] ermöglichte eine Annäherung zwischen linken Nationalneutralisten und rechten Gruppierungen.[95]

94 Vgl. Arno Klönne: Zurück zur Nation? Kontroversen zu deutschen Fragen, Köln 1984, S. 86–102.
95 Vgl. ebd., S. 92 f.

5.2.2 *Gemeinsame Schritte von »außergewöhnlichen Außenseitern«*

Vom Bekenntnis der nationalen Linken zur deutschen Einheit waren die rechtsradikalen Nationalisten zunächst sehr beeindruckt. Die rechtsextreme NPD, die inzwischen eine Wende von der Zustimmung zum atlantischen Bündnissystem zu einer nationalneutralistischen Position vollzogen hatte, strebte ab 1982 ebenso engagiert die deutsche Neutralität und die Bildung einer deutschen Konföderation als ersten Schritt zur Wiederherstellung der nationalstaatlichen Einheit an wie die linken Nationalneutralisten.[96] Bei stark antikommunistisch geprägten rechtsradikalen Gruppierungen kamen allerdings der Neutralitätsgedanke und insbesondere die Konföderationsidee nicht immer positiv an, was sich bei dem Multimillionär und »Nazi-Verleger« Gerhard Frey sowie seiner NATO-treuen Partei *Deutsche Volksunion* (DVU)[97] zeigte. Im Laufe der 1980er Jahre betraten aber immer mehr braune Splittergruppen mit ihrem »nationalen Größenwahn« den Weg zur bündnisfreien nationalen Konföderation: 1988/1989 bekannten sich beispielsweise die Republikaner zur deutschen Neutralität und Konföderation.[98]

Die nationalrevolutionären Gruppierungen um Wolfgang Strauß[99] oder Henning Eichberg[100] fühlten sich ebenfalls angesprochen und motiviert, auf den nationalen Vorstoß aus dem linken Spektrum zu reagieren und Initiativen zur Zusammenarbeit mit den Linksnationalen für ein neutrales, vereintes Deutschland zu ergreifen. Im Unterschied zu den Rechtsextremen, die sich in gleichem Maße für ein Bündnis mit der nationalen Linken interessiert hatten, was aber nicht zuletzt wegen unterschiedlicher Wahrnehmungen der deutschen Vergangenheit im Sande verlief,[101] gelang es den nationalrevolutionä-

96 Vgl. Eckhard Fascher: Modernisierter Rechtextremismus? Ein Vergleich der Parteigründungsprozesse der NPD und der Republikaner in den sechziger und achtziger Jahren, Berlin 1994, S. 162 ff.; Gallus: Die Neutralisten, S. 391 ff.

97 Vgl. Annette Linke: Der Multimillionär Frey und die DVU. Daten, Fakten, Hintergründe, Augsburg 1994; Leo A. Müller: Republikaner – NPD, DVU, Liste D, Göttingen 1989, S. 58–74.

98 Vgl. Richard Stöss: Die »Republikaner«. Woher sie kommen, was sie wollen, wer sie wählt, was zu tun ist, 2., überarbeitete und erweiterte Aufl., Köln 1990, S. 62–68; Hajo Funke: »Republikaner«. Rassismus, Judenfeindlichkeit, nationaler Größenwahn. Zu den Potentialen der Rechtsextremen am Beispiel der »Republikaner«, Berlin 1989, S. 74 ff.; Gallus: Die Neutralisten, S. 393.

99 Zu Henning Eichberg vgl. Frank Teichmann: Henning Eichberg – Nationalrevolutionäre Perspektiven in der Sportwissenschaft. Wie politisch ist die Sportwissenschaft?, Frankfurt a. M. 1991, S. 16–27.

100 Vgl. Gallus: Die Neutralisten, S. 389 ff.

101 Die Mitherausgeber und Mitstreiter der Zeitschrift »wir selbst« entfernten sich unter den nationalrevolutionären Gruppierungen am weitesten vom rechten Lager und arbeiteten im politischen Umfeld der Grünen. Vgl. Eckhard Jesse: Zeitschriftenporträt: wir selbst, in: Jahrbuch Extremismus & Demokratie 11 (1999), S. 239–253; Gallus: Die Neutralisten, S. 402 ff.

ren Neuen Rechten sowie wertkonservativen Persönlichkeiten, sich hin und wieder mit »den nationalen Leuten von links« (Wolfgang Strauß) zu verbünden. In der einschlägigen Zeitschrift *wir selbst* bekannten sich beispielsweise sowohl die rechten als auch die linken Nationalneutralisten regelmäßig zur Neutralität und Konföderationslösung der deutschen Frage.[102] Dem ideengeschichtlichen Hintergrund oder der umfassenden Kontur der programmatischen Überschneidungen sowie personellen Vermittlungen zwischen den nationalrevolutionären Neuen Rechten und der nationalen Linken in den 1980er Jahren nachzugehen,[103] wäre zweifelsohne äußerst interessant, aber hier nicht angebracht. Im Hinblick auf die Entwicklung der Konföderationsidee sollen lediglich einige gemeinsame politische und publizistische Initiativen betrachtet werden.

In einem Aufruf von Anfang Februar 1984 unter der Überschrift *Den Frieden retten –Deutschland vereinen!* traten etwa 18 Unterzeichner nicht nur für die Schaffung einer atomwaffenfreien Zone in Europa sowie einen Friedensvertrag ein, sondern auch für eine deutsche Konföderation.[104] Zu ihnen zählten Wolfgang Strauß, der Herausgeber der Herder-Buchreihe *Initiative* Gerd-Klaus Kaltenbrunner, der wertkonservative Umweltschützer Konrad Buchwald, der Nationalrevolutionär und eigentliche Initiator dieser Aktion Thomas Frank, der Fernsehjournalist Michael Vogt, Wolfgang Venohr, Wolf Schenke, Wolfgang Seiffert und der einzige Sozialdemokrat unter ihnen, der Völkerrechtler Theodor Schweisfurth.[105]

Es folgten von links initiierte Unterschriftenaktionen. Am 22. Oktober 1984 verfasste der Initiativkreis LDD eine Erklärung mit dem Titel *Anstoß für eine deutsch-deutsche Alternative,*[106] welche die deutsche Neu- oder Wiedervereinigung zur Bedingung für den Frieden in Europa machte und einen deutsch-deutschen Staatenbund als Weg dorthin vorschlug. Zu den gut 70 Unterzeichnern gehörten Herbert Ammon, Jürgen Graalfs von der Berliner AG, das Mitglied des Bundesvorstandes der Grünen Brigitte Berthold, Prof. Ossip K. Flechtheim und Theodor Schweisfurth. Als »linke Leute von rechts«[107] befanden sich darunter Wolf Schenke, Wolfgang Venohr, der Genealoge Peter

102 Vgl. Bartsch: Revolution von rechts?, S. 112–132; Klönne: Zurück zur Nation?; Gallus: Die Neutralisten, S. 410– 444; Kühn: Stalins Enkel, Maos Söhne, S. 129 ff.

103 Abgedruckt in Eckhard Jesse: Renaissance der deutschen Frage?, Stuttgart 1987, S. 47 f.

104 Vgl. ebd., S. 48.

105 Anstoß für eine deutsch-deutsche Alternative, in: MDP 1 (1984), Nr. 2, in: AGG BII 1-5146. Die Erklärung ist auch in dem von Rolf Stolz herausgegebenen Band Ein anderes Deutschland, S. 153–155, abgedruckt.

106 Otto-Ernst Schüddekopf: Linke Leute von rechts. Die nationalrevolutionären Minderheiten und der Kommunismus in der Weimarer Republik, Stuttgart 1960.

107 Vgl. Stolz: Die nationale Linke – Phantom, Faktum, Utopie?, in: Ein Leben für Deutschland, S. 454 f.

Bahn, Armin Krebs, Prof. Hubertus Mynarek und andere. Mitte der 1980er Jahre, insbesondere 1984/85, gab es darüber hinaus im Rahmen der Friedensvertragsdiskussionen mehrere gemeinsame Auftritte wie eine Mitwirkung von links und rechts, wobei wiederholt von einer nationalen Konföderation die Rede war.[108]

Kaum eine andere Schrift erhielt so viel Zustimmung von prominenten Persönlichkeiten aus unterschiedlichen sozialen Milieus und politischen Lagern wie die Denkschrift *Friedensvertrag – Deutsche Konföderation – Europäisches Sicherheitssystem* von 1985.[109] In der Öffentlichkeit erregte sie in den 1980er Jahren als eine Unterschriftenaktion für den Friedensvertrag und die deutsche Einheit größte Aufmerksamkeit. Theodor Schweisfurth und Herbert Ammon hatten das Manuskript der Denkschrift verfasst, und Peter Brandt hatte es kritisch durchgelesen und ergänzt.[110] Zu den Unterzeichnern gehörten neben den drei Linksneutralisten Gert Bastian (MdB), Tilman Fichter (Publizist), Jürgen Graalfs, Walther Grunwald, Dieter Kersten (Ex-AUD-Mitglied), Joseph Beuys (Bildhauer), Peter J. Lapp (Redakteur), Heinrich Christian Meier (oppositioneller Sozialdemokrat und Neutralist), William Borm (Ex-Bundesvorstandsmitglied der FDP), Ulrich Probst (Politikwissenschaftler), die Schriftsteller Ingeborg Drewitz, Luise Rinser, Martin Walser und andere. Wolf Schenke und Wolfgang Venohr unterzeichneten ebenfalls.

Die Denkschrift ging von zwei Grundannahmen aus, die allen Strömungen des damaligen Nationalneutralismus gemein waren: erstens, dass die »ungelöste Deutsche Frage« der »Kern der europäischen Sicherheitsfrage« sei; zweitens, dass die Frage der Wiedervereinigung als eine innere Angelegenheit des deutschen Volkes gelte.[111] Ein Friedensvertrag der vier Siegermächte mit den beiden deutschen Staaten böte sich als erster Schritt zur deutschen Einheit wie zur dauerhaften Sicherung des europäischen Friedens an. Nicht zuletzt hinsichtlich der Konföderation wollten die Verfasser der Denkschrift ihre realistische Vorgehensweise darstellen: Die deutsche Konföderation sei ein »großer nationaler Kompromiß als tragendes Element einer neuen europäischen Friedensordnung«,[112] und zugleich sei sie ein Kompromiss zwischen der Maximalforderung des Anschlusses des einen an den anderen Staat und der Minimalforderung endgültiger

108 Herbert Ammon/Theodor Schweisfurth: Friedensvertrag – Deutsche Konföderation – Europäisches Sicherheitssystem. Denkschrift zur Verwirklichung einer europäischen Friedensordnung mit 50 Seiten Dokumenten, Starnberg 1985.

109 AGG BII 1-5146.

110 Vgl. Ammon/Schweisfurth: Friedensvertrag – Deutsche Konföderation – Europäisches Sicherheitssystem, S. 16 f. und 38.

111 Vgl. Schweisfurth: Die deutsche Konföderation – der große nationale Kompromiß als tragendes Element einer neuen europäischen Friedensordnung, in: APuZ, B 50/1987, S. 19.

112 Vgl. Podiumsdiskussion: Was ist Grüne Deutschlandpolitik? Deutschlandpolitischer Kongress Karlsruhe, 9. bis 11. März 1984, in: AGG 1998/D0023, S. 166.

Trennung.[113] Während die Verfasser damit die Angst der DDR-Führung vor der Bevormundung durch die kapitalistische Bundesrepublik in Rechnung stellten, forderten sie von den kommunistischen Führern, ein gewisses Risiko einzugehen, wobei die Konföderation für sie »zugleich auch [eine] ganz neue Chance der innerstaatlichen Legitimation einerseits, gesamtdeutscher Initiativen andererseits« enthielt.[114] Sie verwiesen auf die vorangegangenen Konföderationsvorschläge in den beiden deutschen Staaten, das heißt die Konföderationsformel des Bundesverfassungsgerichts bei seiner Entscheidung über den Grundlagenvertrag sowie mehrere Vorschläge der DDR-Regierung in den späten 1950er und 1960er Jahren, und stellten fest, dass die Konföderationskonzeption »nicht politischen Tagträumen entsprungen« sei.[115]

Überdies beruhte die Denkschrift im Grunde auf den Erfolgen der neuen Ostpolitik der SPD/FDP-Regierung. In ihrer Beurteilung war der Grundlagenvertrag jedoch nicht mehr als ein Anfang der weiterhin zu entwickelnden deutsch-deutschen Verständigung, wobei als Ziele vor allem der Friedensvertrag, die Entlassung aus den Pakten und ein Konföderationsvorschlag vorgesehen waren. Signifikant war, dass sich die Aufgabe der Konföderation auf die Zusammenarbeit zwischen beiden Staaten auf verschiedenen politischen und institutionellen Ebenen beschränkte, doch weder unmittelbar auf die Vorbereitung eines Einheitsstaates oder Bundesstaates als nächsten Schritt noch auf die Auflösung der beiden Militärpakte richtete. Der Konföderationsvertrag würde vor allem den Grundlagenvertrag ablösen. Dem Konföderationsvorschlag zufolge sollte die Konföderation, die den Namen *Deutscher Bund* tragen sollte, politische Organe einsetzen, die – je nach Aufgabengebiet – die Zusammenarbeit der beiden Staaten mit unterschiedlichen Gesellschaftsordnungen als Beschluss- oder als Empfehlungsorgane regelten.[116] Im Gegensatz zu jederzeit kündbaren Konsultationsformen würden die paritätisch zu besetzenden Organe die Kooperation zwischen den beiden deutschen Staaten garantieren. Dabei sei das politische Gewicht der Organe einerseits abhängig vom Grad der Kooperationsbereitschaft auf beiden Seiten, andererseits von der Dynamik, die sich aus der Konföderationsstruktur

113 Ammon/Schweisfurth: Friedensvertrag – Deutsche Konföderation – Europäisches Sicherheitssystem, S. 42.

114 Ende 1987 beschäftigte Schweisfurth, Mitverfasser der Denkschrift, sich eingehend mit den Konföderationsvorschlägen der DDR aus den Jahren 1956/57 bis 1966 und den damaligen westdeutschen Ablehnungsgründen, »um ein Urteil über die Tauglichkeit dieser Idee für die Gegenwart und Zukunft zu gewinnen«, vgl. ders.: Die deutsche Konföderation – der große nationale Kompromiß, S. 19–36.

115 Vgl. Ammon/Schweisfurth: Friedensvertrag – Deutsche Konföderation – Europäisches Sicherheitssystem, S. 44.

116 Vgl. ebd., S. 45.

entwickele.[117] Parallel zum Prozess der zunehmenden nationalen Vereinigung schreite dann mit der Errichtung eines Systems kollektiver Sicherheit für Europa die Überwindung der Blockkonfrontation voran. Dem nüchternen Ton entsprechend rückte die sozialemanzipatorische Ausrichtung in den Hintergrund, obwohl sie immerhin anklang.[118]

In der Frage der Staatsangehörigkeit schlug die Denkschrift zwar eine deutsche Konföderations-Staatsbürgerschaft vor, hielt aber »zwei einzelstaatliche Staatsangehörigkeiten, denen die Konföderations-Staatsangehörigkeit übergeordnet wäre«, für denkbar.[119] Diese Auffassung entsprach den Überlegungen der meisten linken Konföderationsverfechter.

Kurzum: In vielen Aspekten deckte sich das in der Denkschrift artikulierte Konföderationskonzept mit den bisherigen Vorschlägen der nationalen Linken. Doch ist der realistische Modus hervorzuheben. Die Denkschrift präsentierte sich im dreifachen Sinne kompromissbereit: erstens den DDR-Machthabern gegenüber, zweitens der Bundesregierung und drittens den rechten Nationalneutralisten gegenüber. Nur die Interessen der vier Siegermächte und der Nachbarn wurden wenig berücksichtigt, wie Egon Bahr trotz gewisser Sympathie für die Denkschrift kritisch anmerkte.[120]

Denn den Verfassern und Unterzeichnern ging es einzig und allein darum, den »um Deutschland rivalisierenden Mächten« den Willen des deutschen Volkes zu demonstrieren.[121]

117 Gallus wies auf diesen Aspekt hin, indem er von dem »unterschwelligen sozialemanzipatorischen Dritte-Wegs-Element« der Denkschrift sprach; vgl. Gallus: Die Neutralisten, S. 376. Darauf kommt es hier aber nicht an, sondern auf den Umstand, dass dieses Element in der Denkschrift – im Vergleich zu den anderen Konföderationskonzepten der Linksnationalen – kaum behandelt wurde. Ammon/Schweisfurth: Friedensvertrag – Deutsche Konföderation – Europäisches Sicherheitssystem, S. 31.

118 Vgl. ebd., S. 45.

119 Vgl. Gallus: Die Neutralisten, S. 377.

120 Zur Bedeutung der Supermächte für die deutsche »Neutralität« äußerte sich Schweißfurth, einer der beiden Verfasser, wie folgt: »Eine neu aufgemachte außenpolitische Kosten-Nutzen-Rechnung könnte sie [die vier Mächte; der Verfasser] dazu veranlassen, […] den ›historischen Kompromiß‹ einer permanenten Neutralisierung Deutschlands vorzuziehen. […] Sie könnte nur den Schein einer objektiven Analyse der Interessenlagen erbringen, da diese letztlich von den subjektiven Einschätzungen der Entscheidungsträger bestimmt wird. Daß diese sich zu einer solchen Analyse aber überhaupt veranlaßt sehen und möglicherweise einen der immerwährenden Neutralität Deutschlands günstigen Willen bilden, hängt entscheidend vom Neutralitätskandidaten selbst ab.« Vgl. Schweisfurth: Neutral – sicher – frei: Eine deutsche Eidgenossenschaft?, in: Wolfgang Heisenberg/Dieter S. Lutz (Hg.): Sicherheitspolitik kontrovers. Auf dem Weg in die neunziger Jahre, Bonn 1987, S. 646 f.

121 Vgl. Kratz: Rechte Genossen, S. 215 ff.; ders.: Friedensvertragsdiskussion: Ein nationalistisches Gleis der Friedensbewegung, in: Blätter 32 (1987), S. 217–229; ders.: Bonner Phantasien, in: taz, 17. Oktober 1985; ders.: Frieden mit Nationalisten und Antisemiten?, in: Allgemeine Jüdische Wochenzeitung, 18. Juli 1986; »Das haben wir nicht gewußt!« Dokumentation LDD-Neonazis, MDP 4 (1987), Nr. 10/11, in: AGG BII 1-2696. Zu einem aufsehenerregenden Konflikt im Rahmen des Kongresses »Frieden mit der NATO?« am

Unterdessen bereiteten die abermaligen Brückenschläge von links und rechts den Linksnationalen große Schwierigkeiten. Sie sahen sich unablässig dem Vorwurf ausgesetzt, die »Linksnationalisten« würden mit Rechtsextremen zusammengehen, oder bei ihnen würden zahlreiche alte und neue Rechtsextreme mitmischen. Insbesondere die Auseinandersetzungen zwischen LDD-Sprecher Rolf Stolz und Peter Kratz, einem theoretischen Kopf der Antifa-Szene, nahm maßlose Formen an.[122] Sogar angesehene Grünen-Politiker wie Petra Kelly und Alfred Mechtersheimer nahmen Stolz gegen die Verleumdungsfeldzüge in Schutz. Sowohl die West-Berliner nationale Linke als auch die Kölner Linksneutralisten erkannten die Gefahr nur zu gut, »in der ›nationalen Bewegung‹ von der Rechten an den Rand gedrückt zu werden«,[123] und distanzierten sich deshalb von Kreisen, »die die deutsche Frage deshalb aufgreifen, um auf einer Welle der Ausländerfeindlichkeit, des Antikommunismus, des Russenhasses und des Chauvinismus die wohlbekannten Führer und Retter des Vaterlandes nach oben zu spülen«, wie es der Initiativkreis LDD unmissverständlich in seiner *Erklärung* ausdrückte.[124] Er zog daraus den Schluss: »Mit autoritären rechtsradikalen ›Bewegungen‹ werden wir niemals in einer ›nationalen Bewegung‹ zusammenarbeiten. Gegner der gesellschaftlichen und betrieblichen Selbstbestimmung sind unsere entschiedenen Gegner.«[125]

Andererseits machten einige Nationalrevolutionäre keinen Hehl aus ihrer Unzufriedenheit mit den Konzepten aus dem linken Spektrum. Wolfgang Strauß, einer der Protagonisten des antinazistischen, aber zugleich fanatisch nationalistischen Teils der Neuen Rechten, kritisierte etwa die LDD sowie die Denkschrift *Friedensvertrag, deutsche Konföderation, europäisches Sicherheitssystem* mit dem Argument, dass die Existenz eines militärisch-bolschewistischen Imperialismus bzw. der Destabilisierungsfaktor UdSSR nicht berücksichtigt worden seien.[126] Dennoch reduzierten die Querelen mit dem »linken

12. April 1986 vgl. Frieden mit den Nazis?; Presseerklärung zum Kongreß, in: ebd., AGG BII 1-2696. Vgl. auch verschiedene Gegendarstellungen gegen Kratz' Verleumdung: Stolz: Wolfgang Strauß gegen die LDD, in: MDP 4 (1987), Nr. 8/9; Erklärung des Initiativkreises LDD gegen Ausgrenzung und Diffamierung – für Sachlichkeit, Dialogfähigkeit und Solidarität in der Friedensbewegung, 15. Mai 1987, in: MDP 4 (1987), Nr. 10/11, in: AGG BII 1-2696; Ammon: Vom Umgang mit der Wahrheit zum höheren Zweck – oder: Die Stiftung von Unfrieden, und LDD. Offener Brief an die Redaktion des »blick nach rechts«, in: AGG BII 1-2090.

122 Paktfreiheit für beide deutsche Staaten oder bis daß der Tod uns eint?, S. 114.

123 Initiative LDD, Anstoß für eine deutsch-deutsche Alternative, in: Stolz (Hg.): Ein anderes Deutschland, S. 155.

124 Welches Deutschland? Kritische Überlegungen zu einem Buch von Wolfgang Seiffert, in: AGG BII 1-2696.

125 Vgl. Wolfgang Strauß: Rapallo – Wunschtraum, Irrweg oder Gespenst, Asendorf 1986, S. 59.

126 LDD contra Antifaschisten, in: AGG BII 1–2291.

Verfassungsschutz«, wie Stolz Kratz gern nannte,[127] seine Wirksamkeit im linken Umfeld erheblich.[128] Die Linksneutralisten mussten ihre Zusammenarbeit mit der alten und neuen Rechten überdenken.

Hingegen sahen sich die rechten Repräsentanten der Konföderationsidee genötigt, die Vorstöße zum Schulterschluss von links und rechts für die Lösung der nationalen Frage fortzusetzen. In einem *Offenen Brief an die Grünen* vom 28. November 1984 forderten sie diese dementsprechend auf, in der Deutschlandpolitik aktiv zu werden und für die Wiedervereinigung über den Zwischenschritt der Konföderation einzutreten. Zu den Unterzeichnern gehörten Wolfgang Venohr, Michael Vogt, Wolf Schenke und Wolfgang Seiffert, der Paderborner Archivar Harald Kindl und die Münchener Redakteurin Almute Runze.[129] Vor allem tat sich dabei ein langjähriger Anführer des rechten nationalneutralistischen Umfelds hervor: Wolfgang Venohr.

Der frühere NP-Mitarbeiter und engste Mitstreiter Wolf Schenkes agierte in den 1980er Jahren bei politischen Vorstößen aus dem rechten Spektrum für die deutsche Konföderation als Wortführer und Ideengeber. Venohr, der inzwischen ein erfolgreicher Fernsehjournalist war,[130] stand im Zentrum verschiedener gemeinsamer Öffentlichkeitsaktionen wie politischer Zusammenarbeit zwischen »außergewöhnlichen Außenseitern«[131] aus den unterschiedlichen Spektren. In einem Rundbrief, den Venohr unter anderem an Herbert Ammon, Peter Brandt, Hellmut Diwald, Harald Rüddenklau, Wolf Schenke, Theodor Schweisfurth, Wolfgang Seiffert, Rolf Stolz und Michael Vogt schickte, schlug er Mitte Februar 1985 den Adressaten vor, über die bisherigen gemeinsamen Öffentlichkeitsaktionen hinaus eine eigene Partei zu gründen.[132] Seine

127 Im Nachhinein zog Rolf Stolz eine anklagende Bilanz: »Es gelang nicht, gegen den Meinungsdruck der etablierten Medienmaschinerie und gegen die Pogromhetze der faschistoiden ›Nie wieder Deutschland‹-Antifa den Funken zur Flamme zu machen, sprich ihn fortzutragen aus den kleinen Debattierzirkeln in die Bewegungen und Parteien. […] Namhafte und (zumeist zeitweise) maßgebliche Köpfe wie Rudolf Bahro, Heinrich Albertz, Egon Bahr oder Otto Schily wichen – ob nun aus Unklarheit, Angst oder Opportunismus – aus auf unverbindliche Allgemeinplätze oder praktizierten wie Antje Vollmer den Ausverkauf früherer Einsichten.« Vgl. ders.: Die nationale Linke – Phantom, Faktum, Utopie?, in: Ein Leben für Deutschland, S. 455.

128 Offener Brief an die Grünen, in: wir selbst, Februar/März 1985, S. 32 f.

129 Zu seiner Biographie vgl. Günther Deschner: Was soll nur aus Deutschland werden? Der Historiker und Journalist Wolfgang Venohr hat zeitlebens für sein Vaterland gekämpft, in: Ein Leben für Deutschland, S. 17–22; Haarmann: »Die deutsche Einheit kommt bestimmt!«, S. 70.

130 Unter dem Titel »Außergewöhnlicher Außenseiter – Linke Leute von rechts oder rechte Leute von links« stellte Venohr zwischen 1967 und 1973 für den WDR eine Dokumentationsserie her. Zu den porträtierten Protagonisten gehörten u. a. Otto Strasser, Ernst Niekisch, Armin Mohler, Wolf Schenke, Bogislav von Bonin, Heinrich Albertz und Joseph E. Drexel. Vgl. Ein Leben für Deutschland, S. 603 f.

131 Vgl. Gallus: Die Neutralisten, S. 427 f.

132 Zur Entstehung des Sammelbandes vgl. Ammon: Mehr als zwanzig Jahre danach. Ein Rück-

Initiative zur Gründung einer neuen nationalen Partei, die die rechten und linken Nationalneutralisten sowie ihre jeweiligen Sympathisanten an sich ziehen und zusammenfügen sollte, fand jedoch wenig Zustimmung.

Nicht nur durch politische Vermittlungen, sondern mit dem von ihm herausgegebenen vielbeachteten Sammelband *Die deutsche Einheit kommt bestimmt* hatte sich Venohr bereits 1982 einen Namen gemacht.[133] Ihm gelang es schon zu jener Zeit, die Linksnationalen wie Herbert Ammon, Peter Brandt und Theodor Schweisfurth sowie die rechten Nationalisten wie den Historiker Hellmut Diwald und Harald Rüddenklau »zwischen zwei Buchdeckeln zu vereinen« und damit der »nationalen Bewegung« eine neue Dimension zu geben.[134] Die Grundeinstellung, die ihn zu solchen politischen wie publizistischen Vermittlungsversuchen quer durch alle politischen Lager motiviert hatte, war, dass Befreiungsnationalismus und Antifaschismus sowie Demokratie kein Gegensatz sein können und dürfen. »Links« und »national« seien progressiv, und beides sei meist identisch.[135] Er fühlte sich selbst zur Linken hingezogen, da er »der Idee des nationalen demokratischen Sozialismus nahestehe«.[136] In Wirklichkeit hatte er kaum etwas mit dem demokratischen Sozialismus oder der linken Idee zu tun. Dem selbstbewussten Preußen und Niekisch-Verehrer Venohr lag nichts so sehr am Herzen wie die Belebung der nationalen Identität und des Nationalstolzes der Deutschen. Man müsse die Kapitulationsurkunde in Sachen deutsche Geschichte zerreißen, so Venohr.[137] Als promovierter Historiker kannte er den Sinn der deutschen Geschichte nur zu gut: ein zäher, unermüdlicher Kampf um die deutsche Einheit seit 500 Jahren! Obwohl der Nationalrevolutionär den Begriff Patriotismus, worunter er »nichts anderes als die Selbstbestimmung, die Emanzipation der Nation«[138] verstand, favorisierte, hatte er im Grunde kein Problem mit dem Nationalismus als dessen revolutionäre Ausprägung, weil er die beiden Begriffe dem Imperialismus entgegenstellte: Nicht durch Patriotismus oder Nationalismus, sondern durch »Imperialismus und Hegemoniestreben«, die »rechte«, reaktionäre Machenschaften von Regimen seien, hätten Hitler und seine Anhänger-

blick, in: Ein Leben für Deutschland, S. 67–89, insbes. S. 68 ff. Zu verschiedenen Reaktionen in der bundesdeutschen Öffentlichkeit vgl. Gallus: Die Neutralisten, S. 412 f.

133 Venohr: Die Herrschenden und der Neue Patriotismus, in: NG, August 1982, 29. Jg., abgedruckt in: Ein Leben für Deutschland, hier S. 547.

134 Vgl. Interview mit Dr. Wolfgang Venohr, in: wir selbst, Dezember 1980, S. 12.

135 Venohr: Vorweg gesagt, in: ders. (Hg.): Ohne Deutschland geht es nicht. Acht Essays von sieben Autoren zur Lage der deutschen Einheit, Krefeld 1985, S. 15.

136 Vgl. Interview mit Dr. Wolfgang Venohr, in: wir selbst, Dezember 1980, S. 12.

137 Venohr: Die Herrschenden und der Neue Patriotismus, in: Ein Leben für Deutschland, S. 548.

138 Ebd., S. 547 und 550. Hitlers Politik sei imperialistisch und damit zutiefst antinational gewesen, so Venohr. Vgl. ders.: Die Abwehrschlacht. Jugenderinnerungen 1940–1955, Berlin 2002, S. 269. Vgl. auch ders.: Patrioten gegen Hitler, Bergisch Gladbach 1994.

schaft die Welt provoziert.[139] Die Deutschen sollten »einmal wieder zu einem nationalen Selbstbewusstsein gelangen, sprich: zu einem neuen deutschen Patriotismus«,[140] der sich dem Imperialismus der fremden Großmächte widersetze. In einem geteilten und besetzten Deutschland seien Friede und Freiheit nicht zu realisieren. Die von ihm vorgeschlagene Parole lautete: »Friede und Freiheit durch Einheit!«[141]

Da sein Konföderationskonzept, das er in den 1980er Jahren mehrfach zur öffentlichen Diskussion stellte,[142] auf diesem bizarren nationalistischen Geschichtsbild aufbaute, versteht es sich von selbst, dass es größten Anklang bei den rechtsextremen Nationalisten und nationalrevolutionären neuen Rechten fand, sofern sie sich überhaupt für eine Konföderationsidee interessierten.[143] Venohrs Konzept konnte es auch mit denen linker Repräsentanten aufnehmen, zumal es trotz Affinitäten mit ihren Begründungslinien und Argumentationsmustern eigene Akzente setzte und neue Perspektiven entwickelte.

In erster Linie beurteilte Venohr die sozialliberale Entspannungspolitik bis 1982 negativer als die Linksnationalen. Anhaltspunkt war die gegenseitige Nichtanerkennung der beiden deutschen Teilstaaten. Sie seien infolge gegenseitiger Nichtanerkennung im nationalen Rahmen nicht handlungsfähig und blieben willenlose Objekte der außenpolitischen Interessen ihrer jeweiligen Besatzungsmächte.[144] In den letzten zehn Jahren (1972 bis 1982) sei wenig oder fast nichts in Richtung Überwindung des Status quo der deutschen Teilung geschehen. Die »menschlichen Erleichterungen« sowie das verbale Bekenntnis zur Einheit der Nation seien nur ein Alibi für das Sich-Abfinden der Bonner Regierung mit »einer Vertagung der Wiedervereinigung ad calendas graecas, also bis zum St. Nimmerleinstag«.[145] Venohr zufolge sollten die beiden deutschen Teilstaaten ihre gegenseitige Anerkennung dazu nutzen, um aus ihnen den Baustein einer künftigen deutschen Einheit zu machen: einen deutschen Staatenbund.

139 Ders.: Ohne Deutschland geht es nicht, in: ders. (Hg.): Ohne Deutschland geht es nicht, S. 30.

140 Ebd., S. 43.

141 Vgl. ders.: Konföderation Deutschland. Ein Weg zur deutschen Einheit, in: ders. (Hg.): Die deutsche Einheit kommt bestimmt, S. 181–192; ders.: Deutschlands Mittellage. Betrachtungen zur ungelösten deutschen Frage, in: DA 17 (1984), S. 820–829; ders.: Konföderation Deutschland. Antwort an Wolfgang Schollwer, in: DA 18 (1985), S. 47–49; ders.: Der Weg zur deutschen Einheit, in: ders. (Hg.): Ohne Deutschland geht es nicht, S. 207–226; ders.: Die roten Preußen. Vom wundersamen Aufstieg der DDR in Deutschland, Erlangen 1989, S. 326. Es gab, abgesehen von den hinzugefügten Zeitplänen, keine inhaltliche Änderung.

142 Die NPD übernahm Venohrs Konföderationsplan bis ins Detail und führte im »Offenen Brief an die Grünen« Venohrs Konföderationsplan als Modell an. Vgl. Gallus: Die Neutralisten, S. 392 und 407; Offener Brief an die Grünen, in: wir selbst, Februar/März 1985, S. 33.

143 Vgl. Venohr: Konföderation Deutschland. Ein Weg zur deutschen Einheit, S. 183.

144 Ebd.

145 Ebd., S. 189 f.

In der Vorstellung über die konkreten Schritte einer Konföderation konzentrierte sein Konzept sich – anders als das der Linksnationalen – ausschließlich auf die mehrschichtige Zusammenarbeit und Verbindungen der beiden deutschen Staaten mit folgendem Etappenplan: 1) Die beiden deutschen Regierungen handeln einen unauflöslichen Konföderationsvertrag aus. 2) Beide deutsche Regierungen erklären den vier Besatzungsmächten, dass deren Mitspracherecht hinsichtlich Deutschlands als Ganzes durch den Konföderationsvertrag nicht tangiert wird. 3) Es wird eine Konföderationskommission paritätisch aus Vertretern des Bundestages und der Volkskammer gebildet, die Details für das Funktionieren der Konföderation ausarbeiten soll. 4) Als oberstes Organ der *Konföderation Deutschland* statuiert sich die *Deutsche Nationalversammlung,* die Abgeordnete aus der Bundesrepublik und West-Berlin, aus der DDR und Ost-Berlin umfasst. 5) Einstimmige Beschlüsse der *Deutschen Nationalversammlung* sind für beide deutsche Teilregierungen absolut verbindlich. 6) Entstehende Behörden der *Konföderation Deutschland* werden »extraterritorial« ausschließlich in West-Berlin angesiedelt. 7) Die deutsche Staatsangehörigkeit bezieht sich auf die *Konföderation Deutschland.* Daneben regeln beide Teilstaaten die Inanspruchnahme ihrer Bürger wie bisher selbst. 8) Beide Teilregierungen verpflichten sich im Konföderationsvertrag zur Freizügigkeit für sämtliche Bewohner auf dem Gesamtterritorium der Konföderationsgebiete, wozu unverzüglich Sonderbestimmungen in Kraft treten, um Erscheinungen wie »Abwerbung«, Massenflucht oder Wehrpflichtentzug auszuschließen. 9) Zur besseren Abwicklung des Wirtschafts- und Handelsverkehrs wird neben den bestehenden Währungen eine Konföderations-Mark (K-Mark) geschaffen. 10) Die *Konföderation Deutschland* teilt allen Ländern der Erde mit, dass sie als Nation eine besondere Friedenspflicht übernehmen wird.[146]

Wenngleich Venohr sich bei seinen wiederholten Konföderationsvorstößen in den 1980er Jahren vor allem von der seinerzeitigen nationalen Linken beflügelt sah, ging sein Konföderationskonzept in vielen Aspekten eher auf die Konföderationsdiskussion in der Zeitschrift *Neue Politik* Ende der 1950er und Anfang der 1960er Jahre, bei der er auch mitgewirkt hatte,[147] zurück. Das zeigte sich schon daran, dass Venohr unbeirrt an der Bezeichnung *Konföderation Deutschland,* die er bereits 1963 in der *NP* dem Namen *Deutscher Bund*

146 Vgl. Abschnitt 4.2.2.

147 Venohr: Konföderation Deutschland. Antwort an Wolfgang Schollwer, in: DA 18 (1985), S. 47–49, hier S. 49. Venohr artikulierte die Konföderationsidee bereits im Januar 1957 auf einem öffentlichen Vortrag in West-Berlin. Zur Debatte vgl. Wolfgang Schollwer: Die zweifelhaften Grundlagen einer Konföderationsidee, in: DA 17 (1984), S. 1040–1042; ders.: Noch einmal Wolfgang Venohr, in: DA 18 (1985), S. 50; Venohr: Arm in Arm mit Brzezinski. Nachtrag zur Diskussion mit Wolfgang Schollwer, in: DA 18 (1985), S. 156.

vorgezogen hatte, festhielt. In einer Replik auf die kritische Bemerkung von Wolfgang Schollwer, Mitarbeiter des Planungsstabes des Auswärtigen Amtes, mit dem Venohr 1984/85 im *Deutschland Archiv* über die Konföderationsidee debattiert hatte, räumte er auch ein, dass seine Konföderationsidee »alles andere als neu« sei.[148] Allerdings folgte die etwas hämische Bemerkung, auch die deutsche Frage insgesamt sei alles andere als neu.

Um die Überzeugungskraft der Konföderation als Vereinigungsmodell zu stärken, konnte Venohr kaum umhin, neuartige Denkansätze zu kreieren. Besondere Aufmerksamkeit gebührt zwei »neuen« Aspekten in seiner Konföderationskonzeption: zum einen der Positionsverschiebung hinsichtlich des Zusammenhangs der innerdeutschen Verbindung mit der äußeren Form der deutschen Einheit, zum anderen der Preisgabe des sozialrevolutionären Anspruchs. Venohrs Ansicht nach müssten sich die beiden deutschen Staaten nicht von Beginn an um den festgelegten außen- und sicherheitspolitischen Rahmen eines vereinten Deutschlands kümmern. Im Unterschied zu den bisherigen Konföderationskonzepten stellte sein Vorschlag einer *Konföderation Deutschland* die Lösung der deutschen Frage hintan. Er äußerte sich dahingehend, dass durch die Bildung einer Konföderation die Interessensphären der Supermächte vorerst nicht angetastet würden; dass der internationale Status der beiden deutschen Teilrepubliken, beispielsweise ihre Zugehörigkeit zu diversen Militär- und Wirtschaftsbündnissen, mitnichten in Frage gestellt werde; und dass die Grenzfragen, deren endgültige Regelung sich die vier Siegermächte ausdrücklich vorbehalten hatten, überhaupt nicht aufgeworfen würden.[149] Die Bundesrepublik und die DDR könnten Venohr zufolge – ungeachtet ihres föderativen Zusammenschlusses – Mitglied der NATO bzw. des Warschauer Paktes, der EG bzw. des RGW bleiben. Dieser besänftigende Aspekt, der den Befürchtungen der vier Siegermächte und der kleineren Nachbarn in Ost und West vor einer neuen deutschen Bedrohung Rechnung tragen sollte, erinnert an Wolf Schenkes Überlegungen über »ein vereinigtes Deutschland bei gleichzeitiger Mitgliedschaft in NATO und Warschauer Pakt« aus den Jahren 1957 bis 1966, die aber in der damaligen Konföderationsdiskussion eher in den Hintergrund gerückt waren. Mit Venohrs Aneignung und Aktualisierung der von seinem Mentor angestellten Überlegungen bahnte sich bei der Konföderationsdiskussion in den 1980er Jahren eine neue Perspektive an, die deutsche Konföderation zeitweise von der Problematik der Bündniszugehörigkeit loszulösen und auf die enge innerdeutsche Zusammenarbeit und Verbindung zu beschränken.

148 Vgl. Venohr: Konföderation Deutschland. Ein Weg zur deutschen Einheit, S. 186; ders.: Deutschlands Mittellage, S. 827; ders.: Der Weg zur deutschen Einheit, S. 223.

149 Vgl. ders.: Konföderation Deutschland. Ein Weg zur deutschen Einheit, S. 186 f.

Mag es zunächst den Anschein haben, dass Venohr in den 1980er Jahren seinen Neutralitätsgedanken über Bord warf, so ist das Gegenteil der Fall: Nach Schaffung der *Konföderation Deutschland* würde umgehend zunächst der Abzug aller fremden Truppen von deutschem Boden erfolgen und dann der gleichzeitige Austritt der beiden deutschen Konföderationsstaaten aus den bisherigen Militärallianzen NATO und Warschauer Pakt, und die deutschen Konföderationsstaaten sollten im Zuge der staatlichen Vereinigung die Neutralität für Gesamtdeutschland proklamieren.[150] Venohrs Sieben-Etappen-Konföderationsplan von 1989 zufolge sollte ebenfalls die Blockfreiheit Deutschlands immerhin in der Schlussphase eintreten.[151] Deutschland sollte selbständiges Bindeglied zwischen West und Ost werden.

Es kommt hier weniger darauf an, Venohrs unverändert nationalneutralistische Position in den 1980er Jahren zu betonen, um seine Gedankenreihe als »utopisch« abzutun, wie es der seinerzeitige Widersacher Schollwer tat,[152] oder ihm die Würdigung als unentwegter Verfechter der deutschen Einheit vorzuenthalten, wie Gallus es jüngst unternahm.[153] Vielmehr gilt es die realpolitischen Implikationen dieser neuen Perspektive, also die zeitweilige Abkopplung der deutsch-deutschen konföderativen Entwicklung von den Problemen des außen- und sicherheitspolitischen Rahmens, für die deutsche Wiedervereinigung unvoreingenommen zu betrachten. Dies spricht nicht für Venohrs taktisches Kalkül, den Begriff Neutralität wegen dessen negativer Konnotation in der Öffentlichkeit zu vermeiden. Für ihn war Neutralismus nicht Selbstzweck. Er war bestrebt, einen besseren, realistischen Weg zur deutschen Einheit zu suchen als die Voranstellung des nationalneutralistischen Anspruchs, wenn er sich überhaupt anbahnte. Das temporäre Zurückstellen der Bündnisfrage in Venohrs Konföderationskonzept lässt sich somit eher als eine Reaktion auf die gewandelten, ambivalenten deutschlandpolitischen Rahmenbedingungen in der ersten Hälfte der 1980er Jahre betrachten. Angesichts der erstarrten internationalen Ost-West-Beziehungen sah er eine Chance für die deutsche Einheit allein in der weiteren Entwicklung der bisherigen deutsch-deutschen Beziehungen in einer vertraglich vereinbarten Form. Seine Grundeinstellung, dass der Schlüssel zur deutschen Einheit vor allem in Bonn und Ost-Berlin liege, sah er in den 1980er Jahren bestätigt.

Zudem war es ebenfalls bezeichnend, dass Venohr nunmehr »alle staats- und völkerrechtlichen Voraussetzungen für eine solche nationale Option [einen Konföderationsvertrag; der Verfasser] gegeben« fand, »wovon in den fünf-

150 Vgl. Interview mit Dr. Wolfgang Venohr, in: wir selbst, Dezember 1980, S. 11.
151 Vgl. Venohr: Die roten Preußen, S. 326.
152 Vgl. Schollwer: Noch einmal Wolfgang Venohr, in: DA 18 (1985), S. 50.
153 Vgl. Gallus: Die Neutralisten, S. 429.

ziger Jahren, zu Zeiten des kalten Krieges überhaupt keine Rede«[154] hatte sein können. Venohr verließ sich also auf die realen deutsch-deutschen Verhältnisse wie die de facto bestehende gegenseitige Anerkennung der beiden Staaten und versuchte damit die vier Besatzungsmächte sowie Deutschlands enge Nachbarn für einen deutschen Weg der Konföderation zu gewinnen, ohne für sie unzumutbare Forderungen nach außenpolitischen Veränderungen zu stellen. In dieser Hinsicht lässt sich sein Konzept als realistischer betrachten als die bisherigen Konföderationskonzepte aus dem nationalneutralistischen Umfeld.[155] Dabei hilft es wenig, die gängige Kritik an Venohr – nämlich die Nichtberücksichtigung der vier Mächte als aktiv Handelnde – zu wiederholen.[156] Von großer Bedeutung ist, dass diese konföderative Perspektive eine neue, unerwartete Entwicklung der deutsch-deutschen Beziehungen als Motor für die Lösung der gesamten deutschen Frage in den Mittelpunkt stellte, ohne dabei in die übliche triste neutralistische Plattitüde zu verfallen.

Das Grundproblem der Perspektive lag eher darin, dass Venohr die Möglichkeit der Vertiefung und Erweiterung der deutsch-deutschen Verbindungen ausschließlich vom national motivierten Willen der Herrschenden in beiden deutschen Staaten abhängig machte.[157] Der Zusammenhang zwischen Freiheitsdrang der Beherrschten – etwa in der DDR – und einem möglichen Aufschwung nationaler Forderungen blieb in seinem Konföderationsplan indes ausgeblendet.

Die zweite Wendung, die Venohr Anfang der 1980er Jahre in seinem Konföderationsvorschlag vollzog, ging gerade diese Perspektive von unten an. Eine deutsche Konföderation, die sich Venohr und Schenke sowie ihre Anhänger in den späten 1950er und in den 1960er Jahren vorgestellt hatten, war immer mit der innenpolitischen Systemumwandlung in Richtung eines Dritten Wegs verzahnt. Kein anderer als Venohr gab, indem er in der Zeitschrift *Neue Politik* regelmäßig über oppositionelle Bestrebungen innerhalb der SED berichtete, immer wieder der Hoffnung auf eine Umwandlung in der DDR Ausdruck. In seiner Konföderationsvorstellung aus dem Jahr 1982 hatte eine solche Aussicht aber keinen Raum mehr.

154 Venohr: Konföderation Deutschland. Ein Weg zur deutschen Einheit, S. 186; ders.: Der Weg zur deutschen Einheit, S. 214.

155 Im Rückblick bezeichnete Ammon auch »das militärpolitisch ›neutrale Konzept‹« von Venohr »als das realistischste«, vgl. ders.: Mehr als zwanzig Jahre danach: Ein Rückblick, in: Ein Leben für Deutschland, S. 78 f.

156 Vgl. Haarmann: »Die deutsche Einheit kommt bestimmt!«, S. 72. Zwar ist diese Kritik nicht unberechtigt, sie greift aber zu kurz, um die Besonderheiten seines Konföderationsmodells zu erfassen.

157 Vgl. Venohr (Hg.): Die deutsche Einheit kommt bestimmt, S. 15; ders. (Hg.): Ohne Deutschland geht es nicht, S. 13, 42 und 225.

»Wir haben keine Zeit. Wir können nicht auf gesamtdeutsche Revolutionen warten, sondern müssen den Frieden retten. In einem atomverseuchten Deutschland kann niemand mehr Barrikaden unter schwarz-goldenen Fahnen bauen. Auch unverbesserliche Klassenkämpfer müssen begreifen: Der Friede und die Nation haben den Vorrang.«[158]

Aufgrund der Priorität der nationalen Einheit maß Venohr nunmehr weder einer »Massenbewegung von unten« noch der radikalen Veränderung des politischen oder gesellschaftlichen Status quo besondere Bedeutung bei. Nur als Nebenbemerkung sprach er 1980 in einem Interview mit der Zeitschrift *wir selbst* von »einem massiven Druck von unten auf die beiden einfallslosen deutschen Teilregierungen in Bonn und Ost-Berlin«.[159] Stattdessen wandte sich Venohr immer wieder an die politisch Verantwortlichen und Machthaber in den beiden deutschen Staaten sowie an die »Besatzer« und suchte persönliche Kontakte zu ihnen.[160] Eine dialektische Entwicklung der nationalen und sozialen Befreiung, wie sie sich die Linksnationalen zu dieser Zeit ausmalten, kam für ihn kaum in Betracht. Die soziale Frage könne wahrhaft demokratisch *erst nach Herstellung* einer *Konföderation Deutschland* gelöst werden, so Venohr.[161]

Obendrein war eine taktische Überlegung bei Preisgabe der innenpolitischen Umwandlung von Bedeutung. Um die nationale Einheit durch die Konföderation ins Werk zu setzen, habe man nicht nur die Befürchtungen der vier Siegermächte sowie der Nachbarländer in Rechnung zu stellen, sondern auch die der herrschenden politischen und wirtschaftlichen Schichten in beiden deutschen Staaten, die glaubten, dass sie dabei etwas verlieren könnten.[162] Da die beiden Teilstaaten auch innerhalb der Konföderation ihre jeweilige staatliche Souveränität und Gesellschaftsordnung behielten, so Venohr, brauchten sowohl die politischen Herrschaftseliten in beiden Teilstaaten als auch die westdeutschen Unternehmer und Finanziers sowie die SED-Funktionäre keine Entmachtung oder Enteignung zu befürchten. Vielmehr wären es die Herrschenden in beiden Staaten, auf deren Schultern die Realität der Konföderation ruhe. Zudem hielt er es für selbstverständlich und unumgänglich, dass sich die SED-Leute und die Vertreter der CDU und CSU gegenseitig als Verhandlungspartner akzeptierten. Weder von einem Dritten Weg noch von »neuen politischen Kräften« war mehr die Rede, sondern lediglich von einem »Kompromiß«: Die deutsche Einheit verlange allen Beteiligten einen »groß-

158 Ders.: Konföderation Deutschland. Ein Weg zur deutschen Einheit, S. 191.
159 Interview mit Dr. Wolfgang Venohr, in: wir selbst, Dezember 1980, S. 11.
160 Vgl. Gallus: Die Neutralisten, S. 429.
161 Vgl. Interview mit Dr. Wolfgang Venohr, in: wir selbst, Dezember 1980, S. 12.
162 Vgl. Venohr: Konföderation Deutschland. Ein Weg zur deutschen Einheit, S. 185 und 187; ders.: Der Weg zur deutschen Einheit, S. 212 ff. und 216.

zügigen Kompromiß« ab.[163] Dieser Kompromiss durch die und in der Konföderation basiere Venohr zufolge auf den gemeinsamen nationalen Interessen, weil die Ideologien auf lange Sicht absterben und nur die Nation triumphieren werde.[164] Der deutsche Nationalrevolutionär Venohr, der von Koreanern und Chinesen lernen wollte, solange die beiden geteilten Nationen in Ostasien um die nationale Einheit kämpften,[165] redete nunmehr wie ein Mao Tsetung oder Kim Il-Sung: »Die Ideologien kommen und gehen – die Nation bleibt.«[166] Die Idee der nationalen Konföderation verwandelte sich bei Venohr in ein Instrument für den nationalen Befreiungskampf.

Die dubiose Ausblendung des ursächlichen Zusammenhangs der »als Besatzung denunzierten Anwesenheit« von fremden Mächten auf deutschem Boden und in Mitteleuropa[167] ermöglichte Venohr die unmittelbare Übertragung des in den Ländern der Dritten Welt durchaus begründeten antikolonialen nationalen Motivs auf das postfaschistische Deutschland vor dem Hintergrund des politisch-ideologischen Ost-West-Konflikts. Deutschland lag jedoch weder am Mekong noch am Yalu, sondern im Zentrum des ideologisch-politisch geteilten Europa, nicht zuletzt zwischen Frankreich und Polen. Noch problematischer als der anachronistische Anspruch auf die »nationale Selbstbehauptung des deutschen Volkes« war Venohrs Verhältnis zur faschistischen Vergangenheit. Wie die meisten Nationalneutralisten am rechten Rand sah auch Venohr in der Vergangenheitsbewältigung die Gefahr, der deutschen Identität zu schaden, und wehrte sich unermüdlich gegen »die Umerziehung«.[168] Trotz einer grundlegenden Verurteilung der Verbrechen Nazi-Deutschlands[169] zeichnete der ehemalige Freiwillige der Waffen-SS Venohr wieder und wieder das Bild der »guten Deutschen«, zu denen Hitler und seine obersten Befehlshaber, doch auch »die Deserteure als Feiglinge« nicht zählen sollten, und relativierte die Nazi-Verbrechen mit dem Hinweis auf die Verbrechen anderer am Zweiten Weltkrieg Beteiligter wie etwa der Amerikaner.[170]

163 Ders.: Konföderation Deutschland. Ein Weg zur deutschen Einheit, S. 188.
164 Vgl. ders.: Der Weg zur deutschen Einheit, S. 222.
165 Vgl. ders.: Ohne Deutschland geht es nicht, S. 41 f.
166 Ebd., S. 42.
167 Vgl. Diner: Die nationale Frage in der Friedensbewegung, S. 96 f.
168 Vgl. Klönne: Zurück zur Nation, S. 95; Venohr: Ohne Deutschland geht es nicht, S. 18. Die Leute, die angesichts des »neuen Patriotismus« vor großdeutschem Wahnsinn warnten, nannte Venohr »Neo-Umerzieher«. Zur »Umerziehung« äußerte sich sein engster Mitstreiter und der nationalistische Historiker Hellmut Diwald in dem Sammelband von 1982 ausführlicher, vgl. ders.: Deutschland – was ist es? Thesen zur nationalen Identität, in: Venohr (Hg.): Die deutsche Einheit kommt bestimmt, S. 17–35, insbes. S. 26–29.
169 Vgl. dazu »Dann kämpfte man eben bis zur letzten Patrone«. Interview mit der Jungen Freiheit, 31. Mai 2002, in: Ein Leben für Deutschland, S. 567–582, insbes. S. 575 ff.
170 Vgl. ebd., S. 576, sowie Eine Kampagne gegen die Geschichte, in: Junge Freiheit, 18. Mai 2001, abgedruckt in: Ein Leben für Deutschland, S. 559–566. Darüber hinaus machte Ve-

Als Wolfgang Seiffert Venohrs Vorschlag zur Gründung einer neuen »nationalen« Partei Anfang 1985 im Unterschied zu den linken Adressaten eher wohlwollend aufnahm[171] und dann diese Idee im Sommer 1989 in einem Zeitungsartikel aufgriff,[172] spielte allerdings weder das bizarre Projizieren der asiatischen (post-)kolonialen Verhältnisse auf Deutschland noch die entgleiste Geschichtsinterpretation der deutschen Vergangenheit eine Rolle.[173] In der Annahme, es gebe keine »linke« oder »rechte«, sondern nur *eine* nationale Politik,[174] näherte sich Seiffert, Professor in Kiel und einstiger Berater des SED-Parteichefs Erich Honecker,[175] dem Nationalrevolutionär Venohr an. Seiffert legte – als renommierter Völkerrechtler – vor allem auf das Selbstbestimmungsrecht der Deutschen Wert, weil es nicht nur »für die deutsche Nation unverzichtbare Grundlage ihrer Existenz und Selbstbehauptung als politisches und staatliches Gemeinwesen«[176] sei, sondern auch, weil man eben mit dem Festhalten am Selbstbestimmungsrecht dem völkerrechtlichen Souveränitätsprinzip der DDR etwas entgegensetzen könne.[177]

nohr 1991, also nach der Erfüllung seines selbsterteilten Auftrags deutsche Einheit, eine fatale Aussage über den Zusammenhang zwischen dem Kampf der Wehrmacht gegen die Rote Armee und der deutschen Wiedervereinigung: »Ihrem [der Wehrmacht; der Verfasser] unnachgiebigen, verzweifelten Kampf bis zum letzten Tag ((Konjunktiv?))sei es zuzuschreiben, daß es zur Viermächte-Besatzung Berlins kam, womit das Scheitern der Spaltung Deutschlands bereits vorprogrammiert gewesen sei. Keine Wiedervereinigung Deutschlands ohne den Opferkampf der Wehrmacht.« Vgl. Venohr: Die Gefallenen ehren, in: Junge Freiheit, Juli/August 1991, abgedruckt in: Ein Leben für Deutschland, S. 551–557, hier S. 556.

171 Vgl. Gallus: Die Neutralisten, S. 428.

172 Vgl. Wolfgang Seiffert: Eine Perspektive, statt kleiner Schritte, in: FAZ, 26. August 1989, S. 3; ders.: Selbstbestimmt. Ein Leben im Spannungsfeld von geteiltem Deutschland und russischer Politik, Graz 2006, S. 134 f.

173 Seiffert wehrte sich gegen die Abstemplung »nationalistisch«, beurteilte aber ebenso wie Venohr den Nationalsozialismus nicht als »national«, sondern als »imperial«. Dabei müssen der begriffliche Unterschied und zugleich der Berührungspunkt zwischen seinem und Venohrs Geschichtsbild in Rechnung gestellt werden. Vgl. Seiffert: Das ganze Deutschland. Perspektiven der Wiedervereinigung, München 1986, S. 57 f. Seiffert setzte sich zudem intensiv mit der Geschichtspolitik der SED auseinander. Vgl. ders.: Die Deutschlandpolitik der SED, in: Venohr (Hg.): Ohne Deutschland geht es nicht, S. 187 f.

174 Vgl. Seiffert: Das ganze Deutschland, S. 60. Dabei hob er die Bedeutung der »praktischen Politik« hervor.

175 Zu seinem verschlungenen Lebensweg vgl. ders.: Selbstbestimmt; Gallus: Die Neutralisten, S. 422 f.

176 Seiffert: Selbstbestimmungsrecht oder völkerrechtliches Souveränitätsprinzip?, in: FAZ, 5. Februar 1983, S. 10. Vgl. auch ders.: Das ganze Deutschland, S. 7–56; ders.: Voraussetzungen für die Lösung der deutschen Frage, in: Dieter Blumenwitz/Boris Meissner (Hg.): Die Überwindung der europäischen Teilung und die deutsche Frage, Köln 1986, S. 123–136; Seiffert: Auf der Höhe der Zeit. Zur Entscheidung des Bundesverfassungsgerichts im sogenannten Teso-Fall, in: DA 21 (1988), S. 375–377; ders.: Antworten – nicht nur an Johannes L. Kuppe, in: DA 21 (1988), S. 762 f.

177 Vgl. Seiffert: Selbstbestimmungsrecht oder völkerrechtliches Souveränitätsprinzip?, in: FAZ, 5. Februar 1983, S. 10.

Auch in einigen anderen relevanten Aspekten ähnelte Seifferts nationales Konzept dem Venohrs. In erster Linie setzte Seiffert in seinen öffentlichen Vorträgen sowie Gesprächen und Publikationen[178] auf »eine nationale Bewegung«, die das Ziel deutsche Einheit popularisieren sollte. Seiffert war von der Parole »Durch die Einheit zu Friede und Freiheit« ebenso überzeugt wie Venohr und stellte dabei gesellschaftspolitische Themen in den Hindergrund. Er warnte eher vor einer Verknüpfung der nationalen Bewegung mit der sozialen Emanzipationsbewegung, die durchgehend im Vordergrund der Konföderationsideen aus dem linken Spektrum stand. Eine gemeinsame Front mit der »linken Position« innerhalb einer »nationalen Bewegung« finde, so Seiffert, »[ihre] Grenze, wo diese Position die nationale Bewegung sprengt, was ganz sicher dann der Fall ist, wenn man die nationale Frage so mit der sozialen verknüpft, daß jene von dieser abhängig gemacht wird«.[179] Er vertrat die Auffassung, für die sich auch Venohr mit Nachdruck ausgesprochen hatte, dass die soziale Frage – wenn überhaupt – immer erst nach der Lösung der nationalen gestellt werden könne.[180] Mit der Zurückdrängung der innenpolitisch-gesellschaftlichen Probleme zielte sein nationales Konzept auf »einen Kompromiß aller politischen Kräfte der Nation«; nur dadurch könne »die deutsche Frage (von den internationalen Bedingungen einmal ganz abgesehen) gelöst werden«.[181] Weil zu »allen politischen Kräften der Nation« zweifelsohne die SED oder die DDR zählen sollten, ergänzte Seiffert:

> »Außerdem muß man in Rechnung stellen, daß die Wiedergewinnung der staatlichen Einheit der Nation ein langfristiger Prozeß ist, der in vielen Etappen verläuft und dessen erfolgreiche Bewältigung nicht zuletzt davon abhängt, daß für diese Etappen stets Formen und Bedingungen gefunden werden, die auch für [die] SED/DDR annehmbar und interessant sind.«[182]

178 Zu den deutschlandpolitischen Vorträgen und Gesprächen vgl. Seiffert: Selbstbestimmt, S. 114–134, und seinen gewichtigen Veröffentlichungen in den 1980er Jahren vgl. ders.: SED und nationale Frage, S. 161–179; ders.: Kann der Ostblock überleben? Der Comecon und die Krise des sozialistischen Wirtschaftssystems, Bergisch Gladbach 1983; ders.: Voraussetzungen für die Lösung der deutschen Frage, S. 123–136; ders.: Das ganze Deutschland; ders.: Die Deutschen und Gorbatschow. Chancen für einen Interessenausgleich, Erlangen/Bonn/Wien 1989.

179 Seiffert: Das ganze Deutschland, S. 59.

180 Seifferts Kritik an der »nationalen Linken« setzte an zwei weiteren Punkten an: Zum einen ging es darum, dass sie nicht dazu bereit sei, ihre andersartigen oder weitergehenden Positionen dem nationalen Ziel unterzuordnen. Zum anderen kritisierte Seiffert die undeutliche und nicht ausreichende Abgrenzung der nationalen Linken von der SED/DDR. Vgl. ebd., S. 59 f.

181 Vgl. Seiffert: SED und nationale Frage, S. 163.

182 Ebd., S. 164.

Ab 1986 stellte Seiffert engagiert ein eigenes konkretes Konföderationskonzept vor, den *Bund deutscher Staaten*,[183] wonach die BRD, die DDR und Österreich[184] für eine auf 15 Jahre begrenzte Übergangszeit einen Bundesvertrag abschließen und sich dann auf die Bildung einer deutschen Regierung durch die gewählte Nationalversammlung vorbereiten sollten. Das gesamte Bundesgebiet sollte eine Wirtschaftseinheit bilden, auch wenn die Mitgliedschaft der Bundesrepublik in der EG sowie der DDR im RGW davon unberührt bleiben sollte. Hinsichtlich der Frage der sicherheits- und außenpolitischen Rahmenbedingungen für diese konföderative Entwicklung folgte Seifferts Konzept im Grunde wiederum - obschon in diesem Fall nicht sehr ähnlich - Venohrs Konföderationsvorschlag: NATO und Warschauer Pakt würden während der gesamten Existenz des *Bundes deutscher Staaten* ihre Schutzfunktion gegenüber der Bundesrepublik und der DDR sowie die vier Siegermächte ihre Schutzfunktion beibehalten.[185] Statt Flagge für die deutsche Neutralität zu zeigen, unterstrich Seiffert mit folgender Aussage seine realistische militärpolitische Sichtweise: »Militärischer Status, sicherheitspolitische Festlegungen, außenpolitische Bindungen - all dies wäre Gegenstand der Verhandlungen zwischen Ost und West.«[186] Indem er die »herkömmlichen Begriffe der ›Neutralität‹ oder gar des ›Neutralismus‹« über Bord warf,[187] plädierte Seiffert für eine Brückenfunktion, eine doppelte Partnerschaft mit dem Osten sowie dem Westen, wobei sich zwei Argumentationslinien abzeichneten.

Auf der einen Seite nahm Seiffert die Überwindung der deutschen Teilung immer im Rahmen einer europäischen Friedensordnung ins Visier.[188] In seinem Buch *Abschied von der Weltrevolution* machte er im Sommer 1989 abermals seine gesamteuropäische Vision deutlich, wonach ein europäischer Bund souveräner Staaten gebildet werden sollte, zu dem auch das wiedervereinigte Deutschland gehöre.[189] Zur gesamteuropäischen Entwicklung in der Sicherheitsfrage gehöre es neben der Abrüstung sowie der Einschränkung und dann dem vollständigen Abzug der fremden Truppen von deutschem Boden auch, »dem Charakter der Militärbündnisse als zeitweiliger Koalition Rechnung zu

183 Vgl. Seiffert: Das ganze Deutschland, S. 227 ff.

184 Die Einbeziehung Österreichs in den »Bund der deutschen Staaten« brachte Seiffert allerdings ins Kreuzfeuer der Kritik. In seinem späteren Konzept (etwa 1989) sollte Österreich dann nicht mehr einbezogen werden.

185 Vgl. Seiffert: Das ganze Deutschland, S. 228.

186 Ebd., S. 156.

187 Ebd., S. 155 f.; ders.: Voraussetzungen für die Lösung der deutschen Frage, S. 134 f. Gallus bezeichnete Seiffert trotzdem als Neutralist, wogegen sich Letzterer jüngst in seiner Autobiographie äußerte. Vgl. Gallus: Die Neutralisten, S. 425; Seiffert: Selbstbestimmt, S. 132.

188 Vgl. ders.: SED und nationale Frage, S. 179; ders.: Die Deutschlandpolitik der SED, S. 205; ders.: Das ganze Deutschland, S. 144–164.

189 Vgl. ders.: Abschied von der Weltrevolution. Das Ende des Stalinismus und die Zukunft Europas, Erlangen/Bonn/Wien 1989, S. 100 f.

tragen und Bedingungen anzustreben, wo sie überflüssig werden«, so Seiffert.[190] Die Auflösung der Bündnisse sei jedoch keine Conditio sine qua non für diesen Prozess.[191]

Auf der anderen Seite vermochte Seiffert als einer der besten DDR- und Osteuropa-Kenner in der Bundesrepublik viel früher als andere zeitgenössische Beobachter die Krise des sozialistischen Wirtschaftssystems zu erkennen und darin eine Chance zur aktiven Deutschlandpolitik seitens der Bundesrepublik zu sehen. Sein Fazit, das er bereits im Jahre 1983 zog, lautete: Die Krise des Comecon könnte Gegenstand der Deutschlandpolitik werden, und die beiden deutschen Staaten könnten über die denkbaren Beziehungen zwischen EG und Comecon intensiver sprechen und in der Folge ein politisches Arrangement zwischen den Integrationsverbänden (EG und RGW) zustande bringen.[192] Insbesondere die DDR käme aus der Zwangslage zwischen sowjetischer Vormundschaft und wirtschaftlicher Bindung an die Bundesrepublik nicht heraus. Es gebe für die DDR keine andere Alternative als die gesamtdeutsche, gemeinsame Zukunft der Nation, so Seiffert.[193] Dass sich sein deutschlandpolitischer Appell mehr an die Bundesregierung richtete als an die SED-Führung, unterliegt keinem Zweifel. Denn »entscheidend für die Entwicklung in Deutschland wird sein, wie die Politik hier die ökonomisch-technische Potenz der Bundesrepublik, ihr internationales Prestige und die neuen Entwicklungen in der Sowjetunion, Osteuropa und im Ost-West-Verhältnis zu nutzen versteht, um die nationalen Interessen der Deutschen wirksam zu vertreten«.[194]

Seitdem Seiffert im Machtantritt Gorbatschows 1985 eine neue Chance, mit der UdSSR über die Lösung der deutschen Frage zu einem konstruktiven Gespräch zu kommen, gesehen hatte,[195] unterbreitete er eindringlich mehrere – besonders 1988/89 – Vorschläge für »einen allseitigen Interessenausgleich« und einen deutschen »Gesamtstaat mit allseits festgelegten Grenzen und ohne Atomwaffen, der keinem Militärbündnis angehört, dessen mit vier Mächten vereinbarter militärischer Status von diesen garantiert und kontrolliert wird, in dem die DDR wie die Bundesrepublik Deutschland als eigener Gliedstaat

190 Ebd., S. 101.
191 Vgl. ders.: Das ganze Deutschland, S. 161.
192 Vgl. Seiffert: Kann der Ostblock überleben?, S. 227 f. Vgl. auch ders.: Das ganze Deutschland, S. 117–136, insbes. S. 127 ff.; ders.: Abschied von der Weltrevolution, S. 85–101.
193 Vgl. ders.: Die DDR – Herrschaftsinstrument der SED und Produkt sowjetischer Deutschlandpolitik, in: Hermann von Berg/Franz Loeser/Seiffert (Hg.): Die DDR auf dem Weg in das Jahr 2000. Politik – Ökonomie – Ideologie. Plädoyer für eine demokratische Erneuerung, Köln 1987, S. 45.
194 Seiffert: Die Deutschen und Gorbatschow, S. 203.
195 Vgl. ders.: Selbstbestimmt, S. 134; ders.: Die Deutschen und Gorbatschow, S. 35–59.

einem föderativen Bundesstaat Deutschland angehörten, der selbst aber Mitglied der EG wäre«.[196]

Zwar ging die Bundesregierung auf seine Vorschläge in keiner Weise ein. Es stellte sich jedoch heraus, dass Seifferts Gedanken von viel Realitätssinn zeugten. Dafür spricht nicht zuletzt seine nüchterne Einsicht in die unlösbare innere politische Krise wie die ökonomisch-materielle Erosion des Ostblocks und insbesondere der DDR sowie die sich darauf stützende Möglichkeit einer Wiederherstellung der deutschen Einheit. 1986 wies er in seinem Buch *Das ganze Deutschland* darauf hin, dass »in kürzeren Fristen politische Konstellationen eintreten, die eine Lösung der Deutschen Frage erlauben oder wenigstens einige Schritte auf dem Wege zu diesem Ziel zulassen«.[197]

Hinzu kam, dass Seiffert bereits im Sommer 1989 die Brisanz des Umwälzungsprozesses in Osteuropa und die reale Chance für eine deutsche Wiedervereinigung erkannte und sich mit einem Memorandum an die sowjetischen Machthaber, das heißt über Prof. Wjatscheslaw Daschitschew an Gorbatschow, wandte. Sein neuer Vorschlag sah unter anderem vor, dass »die Bundesrepublik Deutschland der Sowjetunion innerhalb von sechs Jahren 500 Milliarden D-Mark in Form von Waren, Dienstleistungen und Kapitalinvestitionen zu deren Modernisierung bereitstellt«.[198] Der Generalsekretär Gorbatschow zeigte sich jedoch unbeeindruckt.

Von großem Interesse ist indes, dass Seiffert als repräsentativster Konföderationsverfechter in der zweiten Hälfte der 1980er Jahre bereits im Sommer 1989 von seinem eigentlichen deutschlandpolitischen Konzept Abschied nahm. Freilich sprachen sich seine Mitstreiter wie Peter Brandt und Wolfgang Venohr etwa bis Ende 1989 noch unverändert für die Konföderationslösung der deutschen Frage aus.[199] In einem *FAZ*-Artikel vom 26. August 1989 äußerte Seiffert jedoch: Jetzt seien alle Modelle einer Konföderation oder ähnlicher Zwischenlösungen obsolet; jetzt stünde nur die Vereinigung auf dem Wege des Beitritts der DDR zum Geltungsbereich des Grundgesetzes auf der Tagesordnung.[200] Dieser Abschied vom Konföderationsgedanken sowie der nüchterne

196 Seiffert: Antworten – nicht nur an Johannes L. Kuppe, S. 764; ders.: Die Deutschen und Gorbatschow, S. 207 f.

197 Seiffert: Das ganze Deutschland, S. 67 f. Vgl. auch ders.: Voraussetzungen für die Lösung der deutschen Frage, S. 135.

198 Seiffert: Selbstbestimmt, S. 135 und 214 f.

199 Vgl. Brandt: Die Sowjetunion, Deutschland und das neue Europäische Haus, geschrieben im Sommer 1989, abgedruckt erst am 20. Januar 1990, in: ders.: Schwieriges Vaterland, S. 273–285, hier S. 279; Venohr: Die roten Preußen, S. 323; ders.: Vision Deutschland, und ders.: Das Vermächtnis des deutschen Widerstands, in: ders. (Hg.): Ein Deutschland wird es sein, S. 9–17 und 21–35. Mehr dazu vgl. Abschnitt 6.3.2.

200 Vgl. Seiffert: Eine Perspektive, statt kleiner Schritte, in: FAZ, 26. August 1989, S. 3; ders.: Selbstbestimmt, S. 139.

Hinweis auf den möglichst unverzüglichen Anschluss der DDR an die BRD ruft in Erinnerung, was Seiffert bereits 1986 zum Ausdruck gebracht hatte: Das nationale Interesse der Deutschen sei die Wiedergewinnung ihrer staatlichen Einheit. Status quo, Bündnisse etc. seien keine Werte an sich, sondern Mittel zum Zweck und deshalb auch immer danach zu beurteilen, wie sie dem nationalen Ziel dienen, nicht umgekehrt.[201] Das Gleiche galt für das Konföderationskonzept. Auf diese Weise lässt sich seiner Vorgehensweise im Nachhinein ein hoher Realitätsbezug attestieren.

Gleichwohl lässt sich hieraus in keiner Weise ein Automatismus ableiten. Aus einer ähnlichen Lagebeurteilung wäre auch ein ganz anderes Fazit für die weitere deutsch-deutsche Entwicklung zu ziehen gewesen. Die derweil kursierende Befürchtung, die vorschnelle Propagierung einer staatlichen Einheit Deutschlands wirke kontraproduktiv, war nicht unbegründet, »weil es den Gegnern Gorbatschows in Ost-Berlin die Chance« eröffnet hätte, »sich der Sowjetunion gegenüber als die einzige Alternative zur Wiedervereinigung zu präsentieren und mit ebendiesem Argument grundlegende Reformen zu blockieren«.[202] Eine konsequente Demokratisierung der DDR und auf dieser Grundlage eine neue Qualität der deutsch-deutschen Beziehungen war im Sommer 1989 das Äußerste an konkreter Utopie, was in der Bundesrepublik und in der DDR diskutiert wurde, wie der Zeithistoriker Heinrich August Winkler im Rückblick festgestellt hat.[203] Denkbar war »ein neuer umfassender Grundlagenvertrag, der die Beziehungen zwischen beiden deutschen Staaten und vielleicht sogar die Schaffung gemeinsamer, von beiden getragener Einrichtungen regelt«.[204] Als eine neue Qualität der deutsch-deutschen Zusammenarbeit war also zu jenem Zeitpunkt die deutsch-deutsche Konföderation nicht von vornherein auszuschließen. Die politischen Akteure in den beiden deutschen Staaten waren aber noch nicht bereit, die Initiative dazu zu ergreifen.

Es ist schwierig zu sagen, wie sich die Konföderationsvorstöße der »außergewöhnlichen Außenseiter« in den 1980er Jahren auf die damaligen deutschlandpolitischen Überlegungen der politischen Führungseliten respektive Entscheidungsträger in den beiden deutschen Staaten sowie im Ausland auswirkten. Von einer unmittelbaren Wirkung kann allerdings keine Rede sein. Gleichwohl: Einige DDR-Oppositionelle diskutierten in den 1980er Jahren immerhin über das Buch von Herbert Ammon und Peter Brandt sowie

201 Vgl. Seiffert: Das ganze Deutschland, S. 66.
202 Heinrich A. Winkler: Nationalismus, Nationalstaat und nationale Frage in Deutschland seit 1945, in: ders./Hartmut Kaelble (Hg.): Nationalismus, Nationalität, Supranationalität, Stuttgart 1993, S. 28.
203 Ebd.
204 H. A. Winkler: Die Mauer wegdenken, in: Die Zeit, 11. August 1989, S. 5.

über deutsch-deutsche Konföderationsmodelle, wie ein früherer Mitstreiter im Rückblick bekundete.[205] Nicht wenige DDR-Oppositionelle wie Christian Dietrich und Michael Kleim sprachen sich Mitte der 1980er Jahre öffentlich für einen Friedensvertrag sowie die Auflösung der Blockkonfrontation aus, wobei sie »eine deutsche Konföderation als Bestandteil eines angestrebten Friedensvertrages«[206] betrachteten. In der Bundesrepublik machte Richard von Weizsäcker, damals Regierender Bürgermeister in West-Berlin, auf den Sammelband *Die Deutsche Einheit kommt bestimmt* aufmerksam, was die Mitautoren besonders ermunterte.[207] Einige prominente linke Politiker und Intellektuelle stellten ansatzweise neue Überlegungen über die nationale Frage an. Willy Brandt gelangte 1988 ebenfalls zu der Annahme, dass die deutsch-deutschen Kontakte bald zu einem nationalen Dach führten, und sprach von einer möglichen »konföderativen« Entwicklung.[208] Dementsprechend bereiteten sich zwei linke Repräsentanten, Günter Grass und Antje Vollmer, im selben Jahr gemeinsam auf eine Tagung zum Thema Nation vor. Ihr Grundmotiv war die Überlegung, das »Konzept einer deutsch-deutschen Konföderation im Rahmen der europäischen Einigung als zentrales Thema des kommenden Wahlkampfes für Rot-Grün« vorzustellen.[209] Auch in Moskau gab es bei einigen deutschlandpolitischen Fachleuten eine gewisse Resonanz.[210] Jedoch kam es weder zu konkreten Handlungen der DDR-Oppositionellen noch der Oppositionsparteien in der Bundesrepublik noch der Kreml-Führung. Selbst die meisten Konföderationsverfechter, außer Seiffert, waren 1989 nicht mehr so politisch aktiv wie in der ersten Hälfte der 1980er Jahre, auch wenn sie ihre deutschlandpolitischen Grundüberzeugungen noch nicht abwarfen.

205 Vgl. Ludwig Mehlhorn: Die DDR-Opposition und die nationale Frage in den achtziger Jahren, in: Ehrhart Neubert/Bernd Eisenfeld (Hg.): Macht – Ohnmacht – Gegenmacht. Grundfragen zur politischen Gegnerschaft in der DDR, Bremen 2001, S. 183.

206 Vgl. Andreas H. Apelt: Die Opposition in der DDR und die deutsche Frage 1989/90, Berlin 2009, S. 124 f.

207 Vgl. Ammon, Mehr als zwanzig Jahre danach: Ein Rückblick, in: Ein Leben für Deutschland, S. 67.

208 Vgl. Interview mit Willy Brandt, in: Erich Kuby: Deutsche Schattenspiele. Dazu Interviews zur nationalen Frage mit Rudolf Augstein u. a., München 1988, S. 234. »Ich denke in erster Linie daran, daß die Menschen Kontakt miteinander halten. Es macht es ihnen leichter, sich einmal auch staatlich zusammenzufinden oder konföderativ, wie auch immer.«

209 Antje Vollmer im Gespräch mit Hans Werner Kilz. Eingewandert ins eigene Land. Was von Rot-Grün bleibt, München 2006, S. 88 f.

210 Vgl. Wjatscheslaw Daschitschew: Aus den Anfängen der Revision der sowjetischen Deutschlandpolitik. Ein Dokument zur Deutschen Frage aus dem Jahre 1987, in: APuZ, B 14/1987, S. 43. Mehr dazu vgl. Abschnitt 6.1.4.

5.3 Ein ungeschehenes »Länderspiel«

5.3.1 *»Unterhändler« als ein neuer Typ des Grenzgängers?*

Im Zuge der politischen, wirtschaftlichen und kulturellen Beziehungen zwischen beiden deutschen Staaten in den 1970er Jahren bis Anfang der 1980er Jahre entstand eine besondere Personengruppe, die als »Unterhändler« die Spitzenpolitiker vor den offiziellen Verhandlungen berieten, in der Regel unter Ausschluss der Öffentlichkeit.[211] Zu ihnen zählten unter anderem auf der DDR-Seite der Leiter der Westabteilung des ZK der SED (1973 bis 1985) Herbert Häber,[212] der Leiter des Bereichs Kommerzielle Koordinierung und MfS-Oberst Alexander Schalck-Golodkowski,[213] der Rechtsanwalt Wolfgang Vogel,[214] der Leiter der Abteilung BRD des Ministeriums für Auswärtige Angelegenheiten (1970 bis 1990) Karl Seidel[215] und als ihre bundesdeutschen Gesprächspartner der Leiter der Ständigen Vertretung der Bundesrepublik in der DDR (1974 bis 1981) Günter Gaus,[216] der stellvertretende Bundesvorsitzende der SPD (1979 bis 1982) und Staatsminister im Kanzleramt (1976 bis 1979 und 1982) Hans-Jürgen Wischnewski,[217] der frühere SPD-Fraktionsgeschäftsführer (1967 bis 1974) Karl Wienand[218] sowie der

211 Mit dem Begriff »Unterhändler« und dessen Rolle in den deutsch-deutschen Beziehungen beschäftigte sich eingehend ein ehemaliger DDR-Wissenschaftler, vgl. Jürgen Nitz: Unterhändler zwischen Berlin und Bonn. Nach dem Häber-Prozeß: Zur Geschichte der deutsch-deutschen Geheimdiplomatie in den 80er Jahren, Berlin 2001, S. 9–17.

212 Zu seiner Person vgl. Nakath: Deutsch-deutsche Grundlagen, S. 275–321; ders./Gerd-Rüdiger Stephan: Die Häber-Protokolle. Schlaglichter der SED-Westpolitik 1973–1985, Berlin 1999, insbes. Einleitung, S. 13–65.

213 Zu seiner Person vgl. Matthias Rathmer: Alexander Schalck-Golodkowski. Pragmatiker zwischen den Fronten. Eine politische Biographie, Bad Nauheim 1995; Alexander Schalck-Golodkowski: Deutsch-deutsche Erinnerungen, Reinbek 2000.

214 Zu seiner Person vgl. Norbert F. Pötzl: Basar der Spione. Die geheimen Missionen des DDR-Unterhändlers Wolfgang Vogel, Hamburg 1997; Whitney: Advocatus Diaboli; Wolfgang Brinkschulte/Hans Jörgen Gerlach/Thomas Heise: Freikaufgewinnler. Die Mitverdiener im Westen, Frankfurt a. M. 1993, S. 46–68; Jens Schmidthammer: Rechtsanwalt Wolfgang Vogel. Mittler zwischen Ost und West, Hamburg 1987.

215 Zu seiner Person vgl. Karl Seidel: Berlin-Bonner Balance. 20 Jahre deutsch-deutsche Beziehungen. Erinnerungen und Erkenntnisse eines Beteiligten, Berlin 2002; Hans Schindler: Deutsche Diplomaten in Deutschland – Fakten und Erinnerungen, in: Detlef Nakath (Hg.): Deutschlandpolitiker der DDR erinnern sich, Berlin 1995, S. 285 ff.

216 Zu seiner Person vgl. Günter Gaus: Widersprüche. Erinnerungen eines linken Konservativen, Berlin 2004.

217 Zu seiner Person vgl. Udo Kempf/Hans-Georg Merz (Hg.): Kanzler und Minister 1949–1998. Biografisches Lexikon der deutschen Bundesregierungen, Wiesbaden 2002, S. 755–758; Hans-Jürgen Wischnewski: Mit Leidenschaft und Augenmaß in Mogadischu und anderswo. Politische Memoiren, München 1991.

218 Zu seiner Person vgl. Lotze: Karl Wienand; Jens Mühling: Unser Mann in Bonn. Karl Wienands Leben spiegelt deutsche Geschichte in den Zeiten des Kalten Krieges, in: Der Tagesspiegel, 18. Juni 2006, S. 7.

außenpolitische Sprecher der CDU-Fraktion im Bundestag und Bundesschatzmeister Walther Leisler Kiep.[219]

Zwar erschwerten die angespannten Ost-West-Beziehungen seit Ende der 1970er Jahre die Kontakte sowie die Verständigung zwischen den Spitzenpolitikern der beiden deutschen Staaten erheblich, jedoch wurde die Fortsetzung der deutsch-deutschen Gespräche auf den verschiedenen Ebenen, nicht zuletzt zwischen den Unterhändlern, umso mehr benötigt, um noch Schlimmeres zu verhindern, die wahren Absichten der jeweils anderen Seite auszukundschaften und dann einen neuen Schritt in Richtung Verständigung und Kooperation zu gehen.[220] Die Unterhändler agierten insbesondere in Phasen, als die beiden Seiten an ihren Haltungen festhielten und die offiziellen Kontakte stagnierten.[221] Wenngleich sie eindeutig für ihre eigene Partei eintraten, nahmen sie auf die Interessen und Bedürfnisse der anderen Seite Rücksicht. Der CDU-Unterhändler Walther Leisler Kiep, der sich zwischen 1975 und 1985 mit seinem ostdeutschen Gesprächspartner Herbert Häber »ungefähr zwanzig Mal getroffen« hatte, erläuterte rückblickend seine Aktivität als »Unterhändler für Deutschland«[222] mit folgenden Worten:

> »Auch und gerade in schwierigen Phasen der deutsch-deutschen Beziehungen, von denen es in den Sechziger- und frühen Achtzigerjahren viele gab, hatten wir unseren Dialog nie abreißen lassen. Wiewohl vollständig anders geprägt in unseren Weltanschauungen, stellten wir ideologische Debatten hintan. Für mich war diese Begegnung wie das Treffen von Menschen zweier verschiedener Sterne, die um gegenseitiges Verständnis rangen. Wir verstanden uns als Brückenbauer. Unser Ziel war der Austausch, die Kontaktaufnahme. Durch beharrliche Arbeit wollten Häber und ich den Menschen in unseren beiden Ländern das Leben erleichtern.«[223]

Die deutsch-deutschen Unterhändler verhandelten, konferierten, berieten, diskutierten und machten Vorschläge, um »den schmalen Grat zwischen Übervorteilung und Preisgabe zu finden und ihn gemeinsam zu beschreiten«,[224] wie

219 Zu seiner Person vgl. Walther Leisler Kiep: Brücken meines Lebens. Die Erinnerungen, München 2006, insbes. S. 162–184; ders.: Was bleibt ist große Zuversicht. Erfahrungen eines Unabhängigen. Ein politisches Tagebuch, Berlin/Wien 1999, insbes. S. 98–102 und 199–219.

220 Vgl. Potthoff: Bonn und Ostberlin 1969–1982, S. 91–122; Nakath: Deutsch-deutsche Grundlagen, S. 304–316; Nakath/Stephan (Hg.): Die Häber-Protokolle, S. 52–57.

221 Vgl. Nitz: Unterhändler zwischen Berlin und Bonn, S. 9.

222 Kiep: Brücken meines Lebens, S. 160. Zu Kieps Kontakten zum ZK-Abteilungsleiter Häber vgl. Nakath: Deutsch-deutsche Grundlagen, S. 281–290; Nakath/Stephan: Die Häber-Protokolle, S. 31–65.

223 Kiep: Brücken meines Lebens, S. 181.

224 Nitz: Unterhändler zwischen Berlin und Bonn, S. 9. Ein anderer wichtiger Beteiligter der Unterredungen zwischen den beiden deutschen Staaten in den 1980er Jahren, der Schwei-

ein später dazugekommener ostdeutscher Unterhändler, Jürgen Nitz, Funktion und Rolle der Unterhändler formulierte.

Obendrein entwickelten sich aus den bisherigen Kontakten und den errungenen Verständigungen zwischen der DDR und BRD gewisse Verhandlungsregeln und -modalitäten. Ungeachtet der weiter bestehenden politischen Konfrontation machten zumindest die als Unterhändler an den nationalen Gesprächen Beteiligten interessante Erfahrungen mit der deutsch-deutschen Kooperation und Verständigung:[225] Sie lernten etwa, den Interessen der anderen Seite Rechnung zu tragen und durch Geben und Nehmen Kompromisse einzugehen. Aus ihren vertraulichen Unterredungen erfuhren sie immer mehr, was die andere Seite wollte, und versuchten ihrerseits, den Gesprächspartner mit angemessenen Gegenleistungen zu überzeugen. Dabei fielen politische und menschliche Kompetenzen wie Sachverstand, Offenheit und Verlässlichkeit ins Gewicht. Auch von »Vertrauen gegen Vertrauen« als Grundprinzip des Unterhandels war nicht selten die Rede.[226]

Überdies distanzierten sich die deutsch-deutschen Unterhändler in der Regel vom ideologischen Dogmatismus und konzentrierten sich darauf, das Machbare in die Tat umzusetzen. Sie waren also »Pragmatiker zwischen den Fronten«:[227] Sie gingen nicht vom ideologischen Fernziel aus, sondern handelten nach konkreten Bedürfnissen und praktischen Erfordernissen. In die-

zer Bankier Holger Bahl, bezeichnete sich als »Vermittler«, während er für andere die Bezeichnung »Unterhändler« gelten ließ. Als »Vermittler« versuche er im Gegensatz zu den Unterhändlern Lösungen herbeizuführen, die beide Parteien direkt nicht vereinbaren konnten. Vermittler sollten also mit eigenen Ideen die Lage in Bewegung versetzen, obgleich selbst die Unterhändler nicht in der Lage waren, den ersten Schritt zum Kompromiss zu wagen. Vgl. Holger Bahl: Als Banker zwischen Ost und West. Zürich als Drehscheibe für deutsch-deutsche Geschäfte, Zürich 2002, S. 136. Diese Kategorisierung der Bezeichnungen »Unterhändler« und »Vermittler« hat jedoch mehr mit dem Selbstverständnis des Betroffenen zu tun als mit wissenschaftlicher Plausibilität. Hier besteht noch Bedarf an politisch-historischer Begriffserklärung und Typenbildung.

225 Vgl. Nakath: Deutschlandpolitiker erinnern sich.

226 Der »heiße Draht« zwischen Bonn und Ostberlin. Ein Interview mit Herbert Häber, in: Daniel Küchenmeister/D. Nakath/G.-R. Stephan (Hg.): … abgegrenzte Weltoffenheit … Zur Außen- und Deutschlandpolitik der DDR, Potsdam 1999, S. 158; Nitz: Unterhändler zwischen Berlin und Bonn, S. 12. Man bezeichnete etwa Alexander Schalck-Golodkowski als »Fanatiker der Verschwiegenheit«. Vgl. Rathmer: Alexander Schalck-Golodkowski, S. 234; Schalck-Golodkowski: Deutsch-deutsche Erinnerungen, S. 20. Kiep galt ebenfalls »immer als verschwiegen, wenn es darum ging, das Besprochene vertraulich zu behandeln, um anvisierte Lösungen nicht frühzeitig zu gefährden«. Vgl. dazu Nakath/Stephan: Die Häber-Protokolle, S. 47. Vgl. Schalck-Golodkowskis Urteil über Gaus in Schalck-Golodkowski: Deutsch-deutsche Erinnerungen, S. 275–280. Vgl. auch Bahl: Als Banker zwischen Ost und West, S. 95; Norbert F. Pötzl: Erich Honecker. Eine deutsche Biographie, München 2002, S. 162–221.

227 Vgl. Nitz: Unterhändler zwischen Berlin und Bonn, S. 11; Rathmer: Alexander Schalck-Golodkowski, S. 247–263. Rathmer bezeichnete den Koko-Chef und Außenhändler Alexander Schalck-Golodkowski als »Pragmatiker zwischen den Fronten«.

ser Hinsicht unterschieden sie sich durchaus von den Grenzgängern in den 1950er Jahren, die ebenfalls als »Wanderer zwischen den Welten« verhandelt, konferiert, beraten, diskutiert, aber auch Vorschläge gemacht hatten.[228] Während die Letzteren sich vor allem für ein neutrales wie föderales Deutschland respektive einen Dritten Weg einsetzten, wie es in Kapitel 2 dargestellt worden ist, ging es den Unterhändlern seit der Mitte der 1970er Jahre um Themen wie Familienzusammenführung, Reisefreiheit, Freikauf von politischen Häftlingen, deutsch-deutsche Joint Ventures und Kredite. Anders als die früheren Grenzgänger kamen die Unterhändler vorwiegend aus staatlichen Ämtern oder Machtzentralen auf beiden Seiten Deutschlands. Sie unterstanden somit den hierarchischen Entscheidungsstrukturen der jeweiligen Partei- und Staatsführung, denen die endgültigen Entscheidungen vorbehalten blieben. In diesem Sinne waren sie Befehlsträger.[229]

Trotz wesentlicher Differenzen sahen sich die meisten neuartigen Grenzgänger in der zweiten Hälfte der 1970er und in den 1980er Jahren wegen ihrer Annäherungsversuche ähnlichen Problemen und Schicksalen ausgesetzt wie ihre Vorläufer in den 1950er Jahren: ständige Beobachtung durch Nachrichtendienste, Misstrauen oder gar Denunziation in den eigenen Reihen, Auseinandersetzungen mit den jeweiligen Hardlinern oder politische Verfemung und Unterdrückung. Das betraf vor allem die ostdeutschen Akteure, wie sich am Beispiel Herbert Häbers ab 1985 explizit zeigte.[230] Doch auch in der Bundesrepublik sparte man nicht mit Vorwürfen gegen die nationalen Mitspieler, was beispielsweise der langjährige Bundesschatzmeister der CDU Kiep wegen seiner Kontakte zu ostdeutschen Repräsentanten erfahren musste.[231] »Das Eis war sehr dünn, auf dem sich Unterhändler aus Ostberlin und Bonn bewegten«, so Nitz.[232] Obwohl deutsch-deutsche Kontakte sowohl auf verschiedenen offiziellen Ebenen als auch auf Nebengleisen seit Anfang der 1970er Jahre nicht mehr als gefährlich oder abwegig galten,[233] lebten diejenigen, die mit ihrer geheimen

228 Vgl. dazu Kapitel 2.

229 Die Begrenztheit ihrer Handlungsspielräume zeigte sich im Falle Alexander Schalck-Golodkowskis und noch dramatischer bei der politischen Absetzung Herbert Häbers. Vgl. Rathmer: Alexander Schalck-Golodkowski, S. 257; Nakath: Deutsch-deutsche Grundlagen, S. 275–321.

230 Ebd., S. 316 ff., auch Nakath/Stephan: Die Häber-Protokolle, S. 57–65. Das Verhältnis des Rechtsanwalts Vogel zu Mielke war auch »keineswegs spannungsfrei«, bekundete Honecker später. Das MfS wollte ihn durch einen anderen Anwalt ersetzen. Vgl. Pötzl: Basar der Spione, S. 526.

231 Vgl. Kiep: Brücken meines Lebens, S. 164 f.; ders.: Was bleibt ist große Zuversicht, S. 210–216.

232 Nitz: Unterhändler zwischen Berlin und Bonn, S. 13.

233 Vgl. Potthoff: Bonn und Ostberlin 1969–1982, S. 91–122. In Bezug auf die Kontakte von CDU-Politikern zur DDR hat Potthoff von »Nebenaußenpolitik« gesprochen. Anzumerken ist dabei, dass Bedenken und Kritik an den Kontakten zur DDR bei den konservativen Parteien CDU/CSU noch nicht ganz aus dem Weg geräumt waren; vgl. ebd., S. 117 f. Detlef

Mission oder Aufgabe regelmäßig die deutsch-deutsche Grenze übertraten, nicht ungefährlich.

Die Affinität zwischen den neutralistischen Grenzgängern in den 1950er Jahren und den pragmatischen Unterhändlern in den 1980er Jahren bestand aber nicht nur darin, dass sie »auf einer Rasierklinge tanzten«.[234] Einige Unterhändler entwickelten in den 1980er Jahren aus eigener Initiative ähnliche Gedanken zum nationalen Zusammenschluss der beiden deutschen Staaten wie ihre Vorläufer in den 1950er Jahren, nämlich eine deutsch-deutsche Konföderation. Freilich trat sie in einem ganz anderen Zusammenhang zum Vorschein als damals.

Die 1970er Jahre waren gekennzeichnet durch eine Normalisierung der deutsch-deutschen Beziehungen. Auf der Grundlage des Nachkriegs-Status-quo der Zweistaatlichkeit trachteten die beiden Seiten Deutschlands sowohl auf militärischer und politischer Ebene, bei den deutsch-deutschen Vertragsabschlüssen und der Europäischen Sicherheitskonferenz (KSZE) nach einer Weiterführung der Entspannungspolitik als auch – vor allem ab 1974/75 – nach einem Ausbau der sachlichen Zusammenarbeit unter dem Stichwort »kleine Schritte« in den Bereichen Handel und Wirtschaftsbeziehungen, Reise- und Besuchsverkehr, Umweltschutz, Kulturaustausch usw.[235] Das deutet darauf hin, dass man perspektivisch auf die Überwindung der deutschen Teilung abzielte.[236] In der deutsch-deutschen Zusammenarbeit war jedoch nie von »Wiedervereinigung« die Rede, auch wenn die Bundesrepublik ihr Ziel der Einigung in einem neuen deutschen Nationalstaat – zumindest offiziell – nicht verwarf.

In den deutsch-deutschen Beziehungen kam es zu der Zeit weder auf die deutschlandpolitische Grundfrage an, ob man den Weg in Richtung Annäherung und Zusammenarbeit weitergehen sollte, noch auf die programmatische Frage, ob und wie man dabei den Annäherungsprozess bis zur endgültigen Wiederherstellung der deutschen Einheit anschaulich machen konnte, sondern in aller Regel darauf, was die beiden Seiten gegenseitig konkret zu geben und zu nehmen hätten. Nachdem im Mai 1974 die Ständigen Vertretungen in Bonn und Ost-Berlin ihre Tätigkeit aufgenommen hatten und in die offiziellen Verhandlungen eingebunden worden waren, kam aufgrund des sich schnell wandelnden politischen Klimas informellen Kontakten zwischen den politi-

Nakath distanzierte sich dagegen sowohl von der Bezeichnung der CDU-DDR-Parteibeziehung als »Nebenaußenpolitik« als auch von dem Begriff als solchem, vgl. Nakath: Deutsch-deutsche Grundlagen, S. 288.

234 Nitz: Unterhändler zwischen Berlin und Bonn, S. 14.

235 Zu den deutsch-deutschen Beziehungen in den 1970er Jahren vgl. Potthoff: Bonn und Ostberlin 1969–1982, S. 11–71. Zu Unterredungen in Hinsicht auf »kleine Schritte« vgl. Nakath/Stephan: Die Häber-Protokolle, S. 40–52; Nakath: Deutsch-deutsche Grundlagen, S. 232–274; Kiep: Brücken meines Lebens, S. 173–178.

236 Vgl. Potthoff: Bonn und Ostberlin 1969–1982, S. 118 ff.

schen Spitzen beider Seiten größere Bedeutung zu, wie Nakath und Stephan zutreffend aufgezeigt haben.[237] Insofern waren vor allem die Unterhändler in der Lage, Handlungsspielräume – obschon begrenzt – zu schaffen oder auszuweiten, da sie als Fachleute mit den Sachfragen vertraut waren. Dazu trugen auch Informationen und Vertrauen von der jeweils anderen Seite bei, die sie bei ihren Kontakten errungen hatten. Beachtliche Fortschritte im Verhältnis zwischen beiden deutschen Staaten konnten in der zweiten Hälfte der 1970er Jahre – abgesehen vom Wirken der beiden Ständigen Vertretungen – vor allem »dank der vielen informellen Gespräche« der Unterhändler erzielt werden.[238]

Aus weiteren Begegnungen zwischen deutsch-deutschen Unterhändlern in den 1980er Jahren entstanden zwei konkurrierende Projekte für die Zusage eines Milliardenkredits gegen menschliche Erleichterungen: das »Zürcher Modell« oder »Länderspiel« einerseits und direkte Verhandlungen zwischen München und Berlin (Ost) andererseits. Gerade bei dem ersten Projekt kamen auch Ideen einer deutschen Konföderation zur Sprache.

5.3.2 *»Zürcher Modell« und »Länderspiel«*

Bereits in den späten 1950er und in den 1960er Jahren hatte man verschiedene deutschlandpolitische Pläne konzipiert, die in den frühen 1980er Jahren wieder aufgegriffen wurden. Hier ist – abgesehen von den deutschlandpolitischen Diskussionen der linken wie rechten Nationalneutralisten – nicht nur die Wirtschaftsgemeinschaft als Grundlage sowie Motor der weiteren Annäherung zu nennen, sondern auch die Anlehnung an das Musterbeispiel Österreich–Ungarn.[239] Die Idee, dass zwischen beiden deutschen Staaten D-Mark gegen humanitäre Leistungen ausgetauscht werden könnten, lässt sich jedoch als Folge der praktischen Annäherungsversuche beider Seiten ab Mitte der 1970er Jahre betrachten. Angesichts des in Gang gesetzten Entspannungsprozesses standen der Reiseverkehr zwischen beiden deutschen Staaten sowie wirtschaftliche und finanzielle Anliegen regelmäßig auf der Tagesordnung. Bundeskanzler Helmut Schmidt zeigte seinerzeit großes Interesse an der Verbesserung der Verkehrsverbindungen zwischen DDR und BRD und an Reiseerleichterungen für die DDR-Bürger.[240] Dementsprechend erklärte der Erste Sekretär des ZK

237 Vgl. Nakath/Stephan: Die Häber-Protokolle, S. 27.
238 Nakath: Deutsch-deutsche Grundlagen, S. 236; Nakath/Stephan: Die Häber-Protokolle, S. 29 f.
239 Vgl. Müller-Gangloff: Mit der Teilung leben, S. 37 f.
240 Vgl. Potthoff: Bonn und Ostberlin 1969–1982, S. 45 ff. Vgl. auch 19. Schreiben H. Schmidt an Honecker vom 6. September 1974; 21. Mündliche Botschaft H. Schmidt an Honecker vom 25. September 1974; 23. Schreiben H. Schmidt an Honecker vom 4. November 1974, in: ebd., S. 305–308, 312 ff. und 317 f.

der SED, Erich Honecker, in einem Zehn-Punkte-Katalog Anfang Mai 1974 seine Bereitschaft, »die Reisen von Bürgern der DDR in die BRD nicht nur in dringenden Familienangelegenheiten, sondern auch zu touristischen Zwecken zu erweitern, im engen Zusammenhang mit den ökonomischen Möglichkeiten der DDR (Devisen)«.[241] Am 24. Mai 1974 bekräftigte und erweiterte Honecker gegenüber der Bundesregierung seine Bereitschaft, durch die Herabsetzung der Altersgrenze die Zahl der in die BRD reisenden DDR-Bürger um eine Million jährlich zu erhöhen.[242] Im Sommer desselben Jahres ließ DDR-Unterhändler Schalck-Golodkowski bei einem Treffen mit dem bundesdeutschen Staatssekretär Karl Otto Pöhl ebenfalls die Absicht der DDR-Führung erkennen, bei entsprechenden Finanzhilfen Konzessionen in heiklen Fragen wie Mindestumtausch, Freistellung von Rentnern und Herabsetzung der Altersgrenze für Westbesuche aus der DDR zu machen.[243] Derweil sah Bundeskanzler Schmidt in der Entwicklung der Beziehungen zwischen Ungarn und Österreich das Modell für den deutsch-deutschen Annäherungsprozess. Aus verschiedenen Gründen, wie innere Widerstände in beiden Staaten,[244] kam es jedoch bis Ende 1981 zu keinen konkreten Verhandlungen über finanzielle Hilfen gegen menschliche Erleichterungen.

Der Hauptgrund dafür, dass ab Ende 1981 in Gesprächen der Unterhändler immer wieder das Projekt »Geld gegen humanitäre Leistungen« zur Sprache kam, liegt zweifelsohne darin, dass die Kreditsituation der DDR in jenen Jahren in eine ernste Krise geraten war.[245] Die Unfähigkeit sowie der Unwille der Sowjetunion, der abermaligen Bitte der DDR um wirtschaftliche Hilfe nachzukommen, sorgte zudem dafür, dass sich die DDR-Machthaber verstärkt an den Westen wenden mussten.[246] 1981/82 beurteilte die DDR ihre Finanzlage angesichts der »Kreditboykottpolitik der USA« gegenüber den sozialistischen Ländern als äußerst prekär. Obwohl die DDR als »pünktlicher Schuldner« ihre Verpflichtungen gegenüber den westlichen Banken bis dahin tadellos erfüllt hatte, konnte sie kaum auf weitere Kreditbewilligungen hoffen.[247] Lediglich die Bundesrepublik konnte der DDR nun großzügige finanzielle Hilfen leisten.

241 Ebd., S. 44.
242 Vgl. Potthoff: Im Schatten der Mauer, S. 146.
243 Vgl. Potthoff: Bonn und Ostberlin 1969–1982, S. 46; 19. Schreiben H. Schmidt an Honecker vom 6. September 1974, in: ebd., S. 305–308.
244 Vgl. Nitz: Unterhändler zwischen Berlin und Bonn, S. 72 f.; Potthoff: Im Schatten der Mauer, S. 187 f. Hinsichtlich der Widerstände in der Bundesrepublik verwies Potthoff nicht nur auf die CDU/CSU-Opposition, sondern auch auf die Bundesbank.
245 Vgl. Reinhard Buthmann: Megakrise und Megakredit. Das Zürcher Modell im Lichte der Stasi-Akten, in: DA 38 (2005), S. 992–995.
246 Vgl. Nitz: Unterhändler zwischen Berlin und Bonn, S. 70 f.
247 Vgl. BStU, MfS, HA XVIII, Nr. 13377, Bl. 1–37; Buthmann: Megakrise und Megakredit, S. 994; A. Schalck-Golodkowski: Deutsch-deutsche Erinnerungen, S. 287; Bahl: Als Banker zwischen Ost und West, S. 88.

Diese Hilfe sollte jedoch mehr als eine politische Lösung denn als ein reines Finanzgeschäft ausgestaltet werden.

Ausgangspunkt war ein Zusammentreffen in Zürich, und Initiator der Verhandlungen über einen Milliardenkredit war der Schweizer Bankier Holger Bahl.[248] Für ihn, der im Jahr 1942 geboren wurde und bei der Deutschen Bank in Wuppertal eine glänzende Karriere gemacht hatte, war die Politik völliges Neuland. Seit 1969 hatte er sich zunächst bei der Deutschen Kredit- und Handelsbank (DKH) in West-Berlin hochgearbeitet und war dann zur Bank für Kredit und Außenhandel (BKA) gewechselt, deren Chef er 1974 wurde. Bei verschiedenen Finanzgeschäften mit der DDR gewann er das Vertrauen der DDR-Seite und sammelte Erfahrungen mit DDR-Geschäften. Kredite mit der DDR, das heißt mit der Intrac (Finanzinstitution des Koko-Imperiums) und mit der Deutschen Außenhandelsbank AG der DDR (DABA), lagen in seinem Aufgabenbereich. Durch die Ostgeschäfte lernte er sowohl DDR-Wirtschaftsexperten als auch bundesdeutsche Persönlichkeiten kennen, unter anderen Karl Wienand, den früheren Fraktionsgeschäftsführer der SPD.[249] Diese Verbindungen ermöglichten es ihm, als Unterhändler – oder seinem Selbstverständnis zufolge als Vermittler – bei Gesprächen mit politischem Inhalt aufzutreten, auch wenn er »bis dahin nichts mit Politik im Sinn gehabt hatte«.[250]

Am 9. Oktober 1981 traf sich Bahl in Zürich mit zwei ostdeutschen Fachleuten der Intrac, dem Generaldirektor Horst Steinbach sowie dem Finanzchef Günter Grötzinger, die zur Unterzeichnung eines Kredits über 50 Millionen US-Dollar nach Zürich gekommen waren. Am nächsten Tag unterhielt er sich mit seinem alten Bekannten Karl Wienand, der als engster Vertrauter Herbert Wehners auch Bundeskanzler Schmidt über den Kontakt informieren sollte. Es handelte sich bei den Gesprächen im Zusammenhang mit dem Staatsbesuch des Bundeskanzlers in der DDR um ein deutsch-deutsches Geschäft des Gebens und Nehmens: »Kasse« gegen »menschliche Erleichterungen«. Auf der Grundlage der beiden Gespräche arbeitete Bahl in den folgenden Tagen in Davos ein Projekt aus, das von einem Junktim, nämlich eine Milliarde D-Mark für ein Jahr Senkung des Reisealters, ausging. Das Konzept sah einen Kredit in Höhe von vier Milliarden DM vor. Im Gegenzug sollte die DDR das Reisealter um fünf Jahre herabsetzten.[251]

248 Zu seiner Person vgl. ebd.; BStU MfS, XV1006/87, Nr. 12802/9; MfS-BKK und MfS-HA XVIII, Nr. 13284; R. Buthmann: Bleiben Sie unser Mann in Zürich! Schalck-Golodkowskis Bereich Koko, das »Zürcher Modell« und ein »Länderspiel«, in: DA 36 (2003), S. 63–67.

249 Vgl. ebd., S. 64 f. Zur umstrittenen Rolle und den Aktivitäten von Karl Wienand vgl. H. Bahl: Karl Wienand. Hochbezahlter Landesverräter oder ein mögliches Fehlurteil?, in: DA 38 (2005), S. 1071–1077.

250 Bahl: Als Banker zwischen Ost und West, S. 85.

251 Vgl. ebd., S. 89–94; Buthmann: Bleiben Sie unser Mann in Zürich!, S. 65.

Bahls Konzept »Milliardenkredit gegen Senkung des Reisealters« fand vorerst bei beiden Spitzenpolitikern wenig Anklang. Bundeskanzler Schmidt traute sich noch nicht, die Idee »eines Bankfachmanns aus Zürich« aufzugreifen, und sprach von »unannehmbaren Hirngespinsten«.[252] Die Reaktion der DDR-Führung war ebenfalls zögerlich und unklar, was Bahl in der Unterredung mit Horst Steinbach zur Kenntnis nahm.[253] Das müsse aber nicht so bleiben, äußerte sich Herbert Wehner gegenüber seinem langjährigen Gesprächspartner Vogel.[254] Der damalige SPD-Fraktionsvorsitzende Wehner, dem gerade eine praktische Herangehensweise an die Annäherung bis zur endgültigen Wiederherstellung der deutschen Einheit am Herzen lag, wollte gern »da nachhelfen«, wenn man das Gespräch am Werbellinsee beginne.[255]

Beim Gipfeltreffen zwischen Schmidt und Honecker im Gästehaus am Döllnsee/Werbellinsee vom 11. bis 13. Dezember 1981[256] wurde über Verhandlungsmöglichkeiten für einen solchen Weg der innerdeutschen Annäherung diskutiert. Als Beispiel wurde das Verhältnis zwischen Ungarn und Österreich angeführt. Der Bundeskanzler verwies etwa auf die »Praxis der ČSSR oder der Volksrepublik Ungarn, die ihren Bürgern alle zwei oder drei Jahre Devisen in die Hand drücken und sie ausreisen lassen«.[257] Wie der Leiter der Abteilung BRD im Außenministerium der DDR, Seidel, aus eigener Beobachtung schlussfolgerte, wurde jedoch über alles »nur oberflächlich geredet«.[258] Erst nach dem Gipfeltreffen wurden beiderseits die Beauftragten für die weiteren Verhandlungen benannt, nämlich Alexander Schalck-Golodkowski,[259] Staatssekretär im Ministerium für Außenhandel der DDR, und Klaus Bölling,[260] Ständiger Vertreter des Bundesrepublik in der DDR, für wirtschaftliche Fragen sowie der

252 60. Gespräch H. Schmidt/Wehner mit Wolfgang Vogel am 9. Dezember 1981 (Bonn), a) Gespräch H. Schmidt mit Wolfgang Vogel, b) Gespräch Wehner – Wolfgang Vogel, SAPMO DY 30 J IV J/88, in: Potthoff: Bonn und Ostberlin 1969–1982, S. 647.

253 Vgl. Bahl: Als Banker zwischen Ost und West, S. 94–97.

254 Vgl. 60. Gespräch H. Schmidt/Wehner mit Wolfgang Vogel am 9. Dezember 1981 (Bonn), b) Gespräch Wehner – Wolfgang Vogel, SAPMO DY 30 J IV J/88, in: Potthoff: Bonn und Ostberlin 1969–1982, S. 650.

255 Vgl. ebd.; Dokument 3, Aktennotiz von Dr. W. Vogel über ein Gespräch mit Herbert Wehner am 9. Dezember 1981, in: Nitz: Unterhändler zwischen Berlin und Bonn, S. 194.

256 Vgl. die m. E. spannendste Aufzeichnung über das Gipfeltreffen: Seidel: Berlin-Bonner Balance, S. 263–272.

257 61. Das Treffen am Werbellinsee/Döllnsee 11.–13. Dezember 1981, b) Delegationsgespräch am 12. Dezember vorm. (Auszüge), SAPMO DY IV 2/1/599, in: Potthoff: Bonn und Ostberlin 1969–1982, S. 673.

258 Seidel: Berlin-Bonner Balance, S. 263.

259 Durch den Oberst im MfS und »Offizier im besonderen Einsatz« Schalck-Golodkowski war Minister Mielke über die Verhandlungen des Zürcher Modells von Anfang an informiert, vgl. Buthmann: Megakrise und Megakredit, S. 996 f.

260 Zu seiner Selbstdarstellung vgl. Klaus Bölling: Die fernen Nachbarn. Erfahrungen in der DDR, Hamburg 1983.

Rechtsanwalt Wolfgang Vogel und Edgar Hirt, Ministerialdirektor im Bundesministerium für innerdeutsche Beziehungen, für humanitäre Fragen.[261]

Am 17. Februar 1982 übersandte Bahl entsprechend dem Ersuchen beider Seiten eine überarbeitete und aktualisierte Fassung seines Vorschlages mit Zeitplan unter dem Titel Zusammenarbeit zwischen einer staatlichen Institution der Bundesrepublik und der Intrac Handelsgesellschaft mbH, DDR Berlin, im internationalen Kreditgeschäft an Steinbach auf der DDR-Seite und Wienand auf der BRD-Seite. Sein Konzept sah Folgendes vor: erstens die Gründung einer Finanzgesellschaft in Zürich mit zunächst 200 Millionen DM Aktienkapital, welches je zur Hälfte von der Intrac Handelsgesellschaft mbH, Ost-Berlin, und der Kreditanstalt für Wiederaufbau (KfW), Frankfurt am Main, übernommen wird; zweitens einen Kredit der KfW über vier Milliarden DM über die gemeinsame Finanzgesellschaft als Treuhänder an die Intrac mit einer Laufzeit von zwanzig Jahren; drittens die Abgabe einer Erklärung der zuständigen Behörden der DDR über die Senkung des Reisealters für DDR-Bürger in die BRD um fünf Jahre; viertens die Kapitalerhöhung der Finanzgesellschaft auf 500 Millionen DM paritätisch durch Intrac und KfW sowie die Gründung von Filialen in Ost-Berlin, West-Berlin, Leipzig und Frankfurt am Main.[262]

Trotz des anfänglichen beiderseitigen Argwohns begann man nunmehr, ernsthaft über das »Zürcher Modell«[263] zu verhandeln. Nach der ersten offiziellen Verhandlung zwischen Wienand und den Intrac-Fachleuten Steinbach und Grötzinger in Bahls Privathaus in Zürich am 9. und 10. März 1982 fanden im selben Jahr mehrere Unterredungen in Bonn und Ost-Berlin statt. In die Verhandlungen einbezogen waren neben den oben Genannten vor allem der wiederernannte Kanzleramtsminister Wischnewski und »Honeckers Vertrauter«[264] Vogel.[265] Nachdem Wischnewski bei einem Treffen mit Honecker Mitte September 1982 in Berlin das Zürcher Modell angesprochen hatte, erfolgten erste Absprachen zu diesem Konzept zwischen dem BRD-Staatsminister und dem DDR-Beauftragten Rechtsanwalt Vogel in Weimar.[266] Beinahe hätte es einen

261 Dokument 4: Niederschrift über eine Beratung zum Zürcher Modell am 10. März 1982, Schreiben Manfred Seidel an Günter Mittag vom 12. März 1982, in: Nitz: Unterhändler zwischen Berlin und Bonn, S. 196–202, hier S. 199.

262 Vgl. BStU, MfS, BKK, Bl. 184 ff.; Bahl: Als Banker zwischen Ost und West, S. 92 ff. und 98.

263 Dieser Codename entstand im Kanzleramt in Bonn. Karl Wienand teilte Bahl mit, dass das Projekt ab sofort »Zürcher Modell« heiße, vgl. Bahl: Als Banker zwischen Ost und West, S. 101.

264 Zu dieser Bezeichnung vgl. Pötzl: Basar der Spione, S. 522.

265 Neben den oben Genannten waren zu jenem Zeitpunkt auf der bundesdeutschen Seite auch der Staatssekretär Manfred Lahnstein und der Bundesminister für innerdeutsche Beziehungen Manfred Schüler eingeweiht. Vgl. Bahl: Karl Wienand, S. 1072.

266 Vgl. BStU, MfS, XV 1006/87, Bl. 75; BStU, BKK, Bl. 173; Dokument 7: Aktennotiz von Holger Bahl zum Stand des Zürcher Modells, 2. Juni 1986, in: Nitz: Unterhändler zwischen Berlin und Bonn, S. 205–208, hier S. 205. Vgl. auch Bahl: Als Banker zwischen Ost und West, S. 103.

Durchbruch bei der Annäherung beider Seiten gegeben. Was jedoch tatsächlich geschah, war der Bruch der Regierungskoalition in Bonn: Im Oktober 1982 konstituierte sich die neue Koalition aus CDU/CSU und FDP.

Dass die Deutschlandpolitik der Kohl-Genscher-Regierung seit Oktober 1982 im Grunde von erheblicher Kontinuität in der sozialliberalen Deutschlandpolitik gekennzeichnet war,[267] bestätigt sich auch in der Wiederaufnahme und Weiterführung der Verhandlungen über das Zürcher Modell. Neu eingeweiht waren auf der Seite der Bundesrepublik der Kanzleramts-Büroleiter Thomas Gundelach, der Staatssekretär im Bundeskanzleramt und Koordinator der bundesdeutschen Geheimdienste, Waldemar Schreckenberger, und Kanzleramtsminister Philipp Jenninger. Staatsminister Jenninger, der von seinem Vorgänger Wischnewski bei der Amtsübergabe schon vertraulich über das Zürcher Modell unterrichtet worden war,[268] sei – den Aufzeichnungen des Schweizer Bankiers Bahl zufolge – von Anfang an von dessen Möglichkeiten außerordentlich angetan gewesen und habe ihm seine volle Unterstützung und die Unterrichtung des Bundeskanzlers zugesagt.[269] Auf der ostdeutschen Seite zog man zu den weiteren Gesprächen einige neue Unterhändler wie den Abteilungsleiter im Ministerium für Außenhandel der DDR Wolfgang Andrä sowie den Wirtschaftsprofessor am Institut für Internationale Politik und Wirtschaft (IPW) Jürgen Nitz hinzu. Durch die Berichte des hochrangigen IM des Ministeriums für Staatssicherheit Andrä waren nicht nur der Staatssekretär und das ZK-Mitglied Gerhard Beil und der Sekretär des ZK der SED für Wirtschaft, Günter Mittag, sondern auch MfS-Chef Mielke über die »kommerziellen« und »politischen Aktivitäten des Bahls gegenüber der DDR« ständig im Bilde.[270] Demgegenüber stand Nitz, der »seit März 1983 auf Wunsch der Konfidenten des Bundeskanzleramtes einbezogen wurde«,[271] in enger Verbindung mit dem

267 Zur Kontinuität der sozialliberalen und der konservativ-liberalen Deutschlandpolitik in den 1980er Jahren vgl. Potthoff: Im Schatten der Mauer, S. 202–216; ders.: Die Deutschlandpolitik der Bundesregierungen der CDU/CSU-FDP-Koalition (Kohl/Genscher), die Diskussion in den Parteien und in der Öffentlichkeit 1982–1989, in: Materialien der Enquete-Kommission »Aufarbeitung von Geschichte und Folgen der SED-Diktatur in Deutschland«, Bd. V/3: Deutschlandpolitik, innerdeutsche Beziehungen und internationale Rahmenbedingungen, Baden-Baden 1995, S. 2065–2113, hier S. 2067–2076.

268 Vgl. Dokument 35: Stenographisches Protokoll der 121. Sitzung des 1. Untersuchungsausschusses am Donnerstag, dem 4. März 1993, 9.00 Uhr, Bonn, Bundeshaus, Raum NH 1903 (Auszüge), in: Nitz: Unterhändler zwischen Berlin und Bonn, S. 294 f.

269 Vgl. Bahl: Als Banker zwischen Ost und West, S. 105.

270 Zur Rolle Andräs vgl. Buthmann: Megakrise und Megakredit, S. 996 f. Der sich in Westgeschäften bestens auskennende Andrä sei in vielerlei Hinsicht ein ähnliches Schwergewicht wie Schalck-Golodkowski. Andrä berichtete als »Inoffizieller Mitarbeiter der Abwehr mit Feindberührung« (IMB) an die Hauptabteilung XVIII des MfS, zuständig für die Sicherung der Volkswirtschaft. Vgl. Bahl: Karl Wienand, S. 1072.

271 Nitz: Projekte zur Annäherung der Deutschen in den 80er Jahren, in: Küchenmeister/Nakath/Stephan (Hg.): … abgegrenzte Weltoffenheit …, S. 138.

Mitglied des Politbüros des ZK der SED Horst Sindermann sowie mit dem Mitglied des Politbüros und Sekretär des ZK Herbert Häber.[272]

Bis April 1983 verständigten sich die beiden Seiten dank Bahls Bemühungen im Grunde über eine Phasenverschiebung zwischen Kreditauszahlung und Senkung des Reisealters, die von Ost-Berlin gewünscht war. Das Telefongespräch zwischen Kohl und Honecker am 18. April 1983, in dem »der Bundeskanzler sein Interesse an der Durchführung des Zürcher Modells bestätigte«,[273] wurde – den Aufzeichnungen Bahls zufolge – von beiden Seiten, also Gundelach wie Andrä, als Startschuss für die Realisierung des Projektes gewertet.[274] Demnach hob Bahl die Industriekredit AG (IKA) aus der Taufe, welche nunmehr anstelle der KfW als Finanzierungsgesellschaft gegenüber der DDR wirksam werden sollte.

Es gab jedoch einen Rückschlag. Nach der Gewährung und Ausreichung des ersten Milliardenkredits durch die Bayerische Landesbank an die DABA auf der »Südschiene« zwischen Schalck-Golodkowski und dem bayerischen Ministerpräsidenten Franz Josef Strauß[275] wurde das Zürcher Modell jedoch aus heiterem Himmel vom Tisch gefegt. Es steht außer Zweifel, wie die bisherigen Untersuchungen sowie die Beobachtungen der an den Unterhandlungen Beteiligten ergeben haben, dass das Scheitern jenes Projektes Mitte Juni 1983 daran lag, dass die DDR-Führung dem Projekt aus der Schweiz die Kreditstrecke zwischen Ost-Berlin und München vorzog, da diese hinsichtlich der politischen Gegenleistungen nicht verbindlich war. Auf Helmut Schmidts Frage bei seinem Besuch in der DDR Anfang September 1983, ob das Schweizer Modell durch die DDR weiterverfolgt werde, antwortete Honecker: »Nein, das ist jetzt wohl nicht mehr nötig.«[276] Auch für Kohl war die neue Variante auf der »Südschiene« nicht ungünstig, zumal er auf diese Weise den möglichen

272 Vgl. Bahl: Karl Wienand, S. 1072. Die Berichte von Nitz, der sich seit der Leipziger Frühjahrmesse 1983 mit dem »Zürcher Modell« beschäftigte, gingen über das IPW hinaus auch an die Hauptverwaltung Aufklärung (HV A) unter den Generälen Markus Wolf und Werner Großmann.

273 Nitz: Länderspiel. Ein Insider-Report, Berlin 1995, S. 45, und ebd., Anlage 6, S. 224. Vgl. auch Dokument 7: Aktennotiz von Holger Bahl zum Stand des Zürcher Modells, 2. Juni 1986, in: Nitz: Unterhändler zwischen Berlin und Bonn, S. 206: Dokument 16: Telefongespräch zwischen Erich Honecker und Helmut Kohl am 18. April 1983, in: Nakath/Stephan: Von Hubertusstock nach Bonn, S. 126–132.

274 Vgl. Bahl: Als Banker zwischen Ost und West, S. 112.

275 Vgl. ebd., S. 113 und 115. Zur Milliardenbürgschaft auf der »Südschiene« zwischen Strauß und Schalck-Golodkowski vgl. Manfred Kittel: Franz Josef Strauß und der Milliardenkredit für die DDR 1983, in: DA 40 (2007), S. 647–656; Stefan Finger: Franz Josef Strauß. Ein politisches Leben, München 2005, S. 488–504; Rathmer: Alexander Schalck-Golodkowski, S. 175–190; Manfred Behrend: Franz Josef Strauß. Eine politische Biographie, Köln 1995, S. 276.

276 Dokument 15: Brief Helmut Schmidts an Karl Wienand über ein Gespräch mit Honecker zum Zürcher Modell, 7. September 1983, in: Nitz: Unterhändler zwischen Berlin und Bonn, S. 224.

Hauptwidersacher aus München in seine Deutschlandpolitik einbinden wollte und konnte.[277]

Gleichwohl wurde damit das Zürcher Modell noch nicht ganz verworfen. Vom Herbst 1983 bis Anfang 1984 erlebte es aufs Neue ein Auf und Ab des Interesses von beiden Seiten. Während der Leipziger Herbstmesse im September 1983 äußerte sich Häber Wienand gegenüber sehr positiv zum Zürcher Modell.[278] Bahl teilte Nitz nach einem Telefongespräch mit Gundelach mit, dass »die bis jetzt bekannt gewordenen Maßnahmen der DDR von Jenninger als nicht genügend für eine zweite Kredittrance von DM 1. Milliarde angesehen würden und man in Bonn nach wie vor am Zürcher Modell interessiert sei«.[279] Die Partei- und Staatsführung der DDR war nicht ganz sicher, ob die von Strauß zugesagte zweite Milliarde kommen würde. Im Dezember 1983 setzte Andrä im Auftrag von Beil den unermüdlichen Bankier aus Zürich Holger Bahl davon in Kenntnis, dass Generalsekretär Honecker entschieden hätte, die bestehenden Verbindungen zum Zürcher Modell weiterzuführen.[280] Außerdem teilte Andrä Bahl mit, dass die Zuständigkeit für das Zürcher Modell von Schalck-Golodkowski auf Beil überginge, wenn die zweite Milliarde nicht bis Weihnachten käme. Andrä schlug sogar für den Fall der Nichtausreichung der zweiten Milliarde weitere Schritte wie die Vorbereitung eines Telefongesprächs zwischen Honecker und Kohl vor und sprach zudem davon, dass das Zürcher Modell möglicherweise schon ab März/April 1984 in ein konkretes Stadium eintreten könne.[281] Das Zürcher Modell wurde auf DDR-Seite also von dem zweiten Milliardenkredit abhängig gemacht.

Am 1. August 1984 teilte Schalck-Golodkowski Jenninger die erneute Absage des Zürcher Modells mit. Auch nach Ausreichung des zweiten Milliardenkredits durch ein Bankenkonsortium unter Führung der Deutschen Bank AG an die DABA verbreitete Bahl anlässlich der Leipziger Herbstmesse 1984 eine Neukonzeption des Zürcher Modells, die, ausgehend von einer »Abkopplung des menschlichen Bereichs sowie jeglicher politischer Inhalte«, auf ein rein kommerzielles Geschäft zielte.[282] Dabei ging es nunmehr um die Zusammen-

277 Vgl. Helmut Kohl: Erinnerungen 1982–1990, München 2005, S. 176 und 182. Zu Kohls gescheitertem Versuch einer schriftlich garantierten Gegenleistung, vgl. Kittel: Franz Josef Strauß und der Milliardenkredit, S. 652 f.

278 Vgl. Bahl: Karl Wienand, S. 1074.

279 Nitz: Länderspiel, Anlage 11, S. 237. Vgl. auch ebd., S. 239; Dokument 14: Vermerk von Holger Bahl über Telefonate mit Jürgen Nitz und Thomas Gundelach, 3. Oktober 1983, in: Nitz: Unterhändler zwischen Berlin und Bonn, S. 223.

280 Vgl. BStU, BKK, Bl. 174.

281 Vgl. Nitz: Länderspiel, Anlage 17, S. 245 f.; Dokument 17: Aktennotiz von Holger Bahl für Philipp Jenninger über ein Treffen mit Dr. Andrä am 6. Dezember 1983, in: Nitz: Unterhändler zwischen Berlin und Bonn, S. 226 ff.

282 Dokument 7: Aktennotiz von Holger Bahl zum Stand des Zürcher Modells, 2. Juni 1986, in: Nitz: Unterhändler zwischen Berlin und Bonn, S. 207.

arbeit zwischen beiden deutschen Staaten über eine gemeinsame Bank, die ein ständiges deutsch-deutsches Instrument werden sollte. Sie stützte sich auf die Übernahme des nominellen Aktienkapitals der IKA zu je 50 Prozent durch die Intrac und die KfW. Gespräche über die modifizierte Form des Zürcher Modells wurden bis 1986 geführt, wie Nitz und Bahl in ihren Aufzeichnungen notierten,[283] doch das Modell wurde nie in die Tat umgesetzt.

Wenngleich sein Konzept bereits 1983/84 de facto gescheitert war, wagte Bahl 1985/86 aufgrund seiner vielfältigen politischen Kontakte, eine neue Konzeption über den noch intensiveren deutsch-deutschen Annäherungsprozess wie die Möglichkeit einer deutsch-deutschen Konföderation vorzubringen. Als Grenzgänger vermittelte er Informationen von beiden Seiten und arrangierte Unterredungen und Besuche von Politikern der BRD und der DDR.[284] Auf BRD-Seite sprach er mit Jenninger über seine neuen Vorstellungen und sondierte parallel dazu über Nitz die Lage im Osten. Im Juni 1985 fand ein deutsch-deutsches Treffen in Zürich statt, wobei Bahl mit Gundelach und Nitz über das »Länderspiel« redete, wie sein Projekt nunmehr von den Unterhändlern genannt wurde.[285] Bahls Konzept ging nicht von irgendwelchen ideologischen Programmen aus, sondern durchweg von einem »real existierenden« Modell, nämlich den Beziehungen zwischen der Volksrepublik Ungarn und Österreich, wovon bereits der ehemalige Bundeskanzler Schmidt gesprochen hatte. Die Unterhändler fassten die völkerrechtlichen Beziehungen beider deutscher Staaten, das heißt die Situation an der gemeinsamen Grenze und den gegenseitigen Reise- und Besuchsverkehr, in Form einer Konföderation ins Auge. Ihr Kerngedanke richtete sich auf die Anerkennung der Staatsbürgerschaft der DDR und den freien Reiseverkehr für alle DDR-Bürger in die Bundesrepublik, begleitet von einem umfangreichen Wirtschaftsprogramm von Bonn für Ost-Berlin.[286]

Es blieb jedoch beim Gedankenaustausch, der noch nicht einmal schriftlich festgehalten wurde. Bezeichnend ist, dass die Unterhändler »trotz aller wirklich schmerzlichen und unangenehmen Erfahrungen mit dem Zürcher

283 Vgl. Bahl: Als Banker zwischen Ost und West, S. 117; Nitz: Projekte zur Annäherung der Deutschen in den 80er Jahren, S. 142 f.; Deutsche Einheit früher? Interview mit Nitz, in: junge welt, 20. September 2003. Zudem wies Nitz auf eine andere deutsch-deutsche Unterredung hin. Im Januar 1986 hätte der Konsistorialpräsident der evangelischen Kirche in der DDR, Manfred Stolpe, im Auftrag von Staatssekretär Gysi beim Beauftragten der Evangelischen Kirche bei der Bundesregierung, Bischof Binder, und auch bei Schäuble die Frage nach dem »Zürcher Modell« aufgeworfen.

284 Dabei handelte es sich nicht zuletzt um die Besuche von Jenninger und Gundelach in der DDR sowie die von Mittag und Beil in der Bundesrepublik. Vgl. BStU, MfS XV1006/87, Bl. 82 f.; Bahl: Als Banker zwischen Ost und West, S. 134 f.; Nitz: Länderspiel, S. 50.

285 Vgl. Nitz: Länderspiel, S. 55; Bahl: Als Banker zwischen Ost und West, S. 137.

286 Vgl. ebd., S. 136 f.

Modell«[287] weiterhin versuchten, die deutsch-deutsche Annäherung voranzutreiben. Dies lässt sich mit Hilfe von zwei besonderen Umständen erklären. Zum einen spielten bei ihren Aktivitäten die Erfahrungen aus den Verhandlungen über die anderen praktischen Regelungen zur Annäherung und Zusammenarbeit der beiden deutschen Staaten eine große Rolle. Sie konnten sowohl vertrauliche Informationen als auch Erfahrungen mit erfolgreichen Verhandlungen über mehrere konkrete deutsch-deutsche Angelegenheiten sammeln.[288] Auf dem deutsch-deutschen Treffen »unter sechs Augen« in Zürich wurde beispielsweise auch über die aktuellen Probleme der deutsch-deutschen Beziehungen gesprochen: so die Vorbereitung des Sindermann-Besuches in Bonn, die Aufhebung der Swing-Blockade gegen die DDR, die Asylantenfrage oder auch Kohls Unterstützung für Honeckers Besuch bei Mitterrand 1986. Dass das gesamtdeutsche Treffen in Zürich im Grunde ein durchschlagender Erfolg war, stellte sich in den folgenden Entwicklungen heraus: Die DDR führte am 4. Juli 1985 die Visumpflicht für Einreisende aus Sri Lanka ein; die Swing-Verlängerung wurde einen Tag später unterzeichnet; der Sindermann-Besuch ging im Februar 1986 protokollgerecht über die Bühne.[289] Aus ihren Erfahrungen mit den Verhandlungen über die Zusammenarbeit bauten sie also nicht nur eine Vertrauensbeziehung auf, sondern lernten auch, wie verschiedene heikle Fragen geregelt werden konnten. Damit sahen sie sich befähigt, wenn nicht gar genötigt, über die wirtschaftliche Zusammenarbeit hinaus in der allgemeinen Frage der Deutschlandpolitik noch aktiver zu werden.

Zum anderen sahen die Unterhändler eine Chance, über die derartige Zusammenarbeit einen grundlegenden Durchbruch der Beziehungen beider deutschen Staaten zu erreichen. Zwar beurteilte Nitz die gesamte Lage viel nüchterner als Bahl,[290] dennoch vermochte er sich seinerzeit auf die innere Entwicklung der SED zugunsten der »Tauben« wie den Aufstieg Häbers zu verlassen. Zudem vertraute Bahl Nitz an, dass er sich mit Jenninger abgestimmt hätte. Auf Nitz' Frage beim Treffen in Zürich, wer diese Konzeption in Bonn mittragen würde, antwortete Bahl mit der ermunternden Bemerkung von Jenninger:

287 Ebd., S. 136.

288 Zu den Aktivitäten Bahls vgl. Nitz: Länderspiel, Anlage 19, S. 253–258; Bahl: Als Banker zwischen Ost und West, S. 73–77. Zu seinen erfolgreichsten Geschäften mit dem Osten gehörte die erste öffentliche Anleihe der Bank für Außenwirtschaft der Sowjetunion, ebd., S. 118–132. Zu Nitz' innerdeutschen und internationalen Aktivitäten vgl. ders.: Länderspiel, S. 70–107.

289 Vgl. Bahl: Als Banker zwischen Ost und West, S. 137 f.; Nitz: Unterhändler zwischen Berlin und Bonn, S. 135–145.

290 Vgl. Nitz: Länderspiel, S. 50 ff.

»Wenn die DDR zum freien Reiseverkehr übergehen will und dies gegen die Staatsbürgerschaftsanerkennung anbietet, könnte sich der Kanzler den Konsequenzen für die bundesdeutsche Seite nicht verschließen. Er müßte die Frage einer Grundgesetzänderung hinsichtlich der Staatsbürgerschaftsanerkennung durch den Bundestag neu beantworten lassen. Der Kanzler werde sich nicht der Realisierung einer Vorstellung, daß sich die Deutschen nach so langer Trennung an jedem beliebigen Ort wieder zusammenfinden könnten, entgegenstellen.«[291]

Aufgrund des gegenseitigen Informationsaustausches wagten sie ihre Handlungsspielräume für einen weiteren Schritt zur Kooperation zu erweitern. Das Modell »Länderspiel« wurde konkretisiert. Vorgeschlagen wurde bei der Anerkennung des Asylrechts der Ausschluss der sogenannten Wohlstandsasylanten, die im Westen lediglich einen besser bezahlten Job gefunden hätten, wogegen die BRD Asylgesuchen aus politischen Gründen stattgeben sollte.[292] Auch wenn die Unterhändler für andere Fragen wie etwa die sogenannte Rückführungsfrage und die Finanzierungsfrage noch keine Lösung gefunden hatten, verfasste Bahl am 28. September 1986, kurz nach seinem Treffen mit Nitz, Andrä und Gundelach in Leipzig anlässlich der Leipziger Messe, ein Grundsatzpapier, in welchem er Vorschläge für einzelne Regelungen formulierte, wie die Anerkennung einer DDR-Staatsbürgerschaft durch die Bundesrepublik unter Änderung des Grundgesetzes, die Beibehaltung des derzeitigen Status von West-Berlin, die Umwandlung der ständigen Vertretungen beider deutscher Staaten in Botschaften, den Verzicht auf Ausstellung von BRD-Pässen für Bürger der DDR durch bundesdeutsche Behörden, die Gleichbehandlung von Asylgesuchen von DDR-Bürgern in der Bundesrepublik wie von Gesuchen von Asylbewerbern aus anderen Ländern in der BRD, die Freizügigkeit im gegenseitigen Reise- und Besuchsverkehr, den Wegfall der Altersgrenze für DDR-Bürger bei Reisen in die BRD und nach West-Berlin sowie den Wegfall der Visumpflicht bei Reisen in beide Richtungen.[293]

Diese Konzeption sah die generelle Öffnung der innerdeutschen Grenze nach dem Muster einer völkerrechtlichen Regelung zwischen zwei souveränen Staaten vor. Freilich hatte sie nichts mit einem umfassenden Programm zur nationalen Vereinigung zu tun. Kaum erwähnt waren nicht nur die innere

291 Zitat nach Nitz: Länderspiel, S. 55. Seinen Aufzeichnungen zufolge bestätigte Bahl diese von Nitz vorgebrachte Bemerkung nicht wörtlich, er gab aber eine ähnliche Aussage wie Jenninger wieder. Jenninger meinte, kein Kanzler könne sich einer Lösung entziehen, die den Deutschen in der DDR im Jahr 1986 das Ende der Mauer und damit die Freiheit bringen würde, vgl. Bahl: Als Banker zwischen Ost und West, S. 137.

292 Vgl. Nitz: Länderspiel, S. 55 f.

293 Vgl. ebd., Anlage 21, S. 265; Dokument 16: Konzept des Projekts »Länderspiel« von Holger Bahl, 28. September 1986, in: Nitz: Unterhändler zwischen Berlin und Bonn, S. 225.

sowie äußere Form der deutschen Wiedervereinigung durch eine Konföderation, sondern auch der Prozess der möglichen weiteren Entwicklung der vorgesehenen Regelung wie Zusammenarbeit bis in die Konföderation beider deutschen Staaten.

Zwar ließ Nitz – seinen Aufzeichnungen zufolge – bei den Gesprächen über das »Länderspiel« die gesamteuropäische Dimension nicht außer Acht. Er verwies etwa darauf, dass die Realisierung des »Länderspiels« nur im Rahmen des Ost-West-Entspannungsprozesses möglich sei.[294] Ohne einen Abbau des Ost-West-Konflikts fänden die Deutschen weder in Moskau noch in Washington eine hinreichend starke politische Gruppierung, die Schritte in Richtung einer Konföderation toleriere oder unterstütze.[295]

Gleichwohl beschäftigten sich die Unterhändler en détail kaum mit den umfangreichen außen- und sicherheitspolitischen Schwierigkeiten der Deutschlandpolitik. Ihre Aufmerksamkeit richtete sich auf die aktuellen Probleme des Reiseverkehrs und die Anerkennung der DDR-Staatsbürgerschaft, wie aus der endgültigen Niederschrift Bahls hervorgeht. Die Brisanz des vorgesehenen Lösungsweges aber war allen Beteiligten und Informierten bewusst, da er vor allem darauf orientierte, die Mauer überflüssig zu machen. Durch die beabsichtigten Änderungen hätten über eine Million Menschen in den Westen reisen können, wie der Motor des Projekts Bahl im Nachhinein einschätzte.[296] Wohl war sich Bahl aber auch der Begrenztheit seiner Konzeption bewusst, so dass er am Ende seines Schreibens hinzufügte, dass unbeschadet hiervon jede Seite ihren Standpunkt zu deutsch-deutschen Fragen, wie etwa der Wiedervereinigung, beibehalte.[297]

Inwiefern die politischen Entscheidungsträger in den beiden deutschen Staaten auf Vorschläge der Unterhändler reagierten, lässt sich noch nicht mit Gewissheit feststellen. Das Schreiben war immerhin an Jenninger via Gundelach übersandt worden, an Kohl über Jenninger, an die SPD-Führung via Wienand, an Honecker via Nitz und an Mittag über Andrä. Von keiner Seite kam jedoch ein deutliches Signal des Entgegenkommens. Die Haltung zum »Länderspiel« war und blieb derweil im Bonner Kanzleramt sowie in Ost-Berlin zwiespältig.

Das Scheitern des Zürcher Modells sowie des »Länderspiels« lässt sich nicht zuletzt darauf zurückführen, dass die MfS-Spitze um Minister Mielke trotz ihres kurzzeitigen Interesses darin bald eine Verschwörung gegen die DDR sah.[298] Die

294 Vgl. Nitz: Unterhändler zwischen Berlin und Bonn, S. 147; Nitz: Länderspiel, S. 57.
295 Vgl. ebd.
296 Vgl. Bahl: Als Banker zwischen Ost und West, S. 117.
297 Vgl. Dokument 16: Konzept des Projektes »Länderspiel« von Holger Bahl, 28. September 1986, in: Nitz: Unterhändler zwischen Berlin und Bonn, S. 225.
298 Vgl. Bahl: Karl Wienand, S. 1074 und 1076 f.; Bahl: Als Banker zwischen Ost und West S. 163–171; Nitz: Unterhändler zwischen Berlin und Bonn, S. 132 und 149 f.

MfS-Hauptabteilung XVIII nahm aufgrund der Berichte ihrer Inoffiziellen Mitarbeiter an, dass Bahl mit dem Bundesnachrichtendienst zusammenarbeite und in dessen Auftrag handele. In ihren Augen bestand ein dreifacher Zusammenhang: die Werbeaktionen des BND gegenüber einigen Inoffiziellen Mitarbeitern des MfS, die in Kontakt zu Bahl standen, die ungewöhnlichen kommerziellen wie politischen Aktivitäten des Schweizer Bankiers Bahl sowie die prinzipiellen Zielsetzungen der Bundesregierung.[299] Minister Mielke äußerte sich dem HVA-Chef General Werner Großmann gegenüber dahingehend, dass das (Zürcher) Modell unseriös sei und seine Förderer auf westlicher Seite die DDR schädigen wollten. Insbesondere treffe das auf Herrn Bahl zu, durch den auch westliche Dienste mit im Geschäft seien.[300] Die Stasi griff entschieden ein.

Zum Nachspiel gehörte, dass Stasi-Oberst und zugleich Unterhändler Schalck-Golodkowski sowie Kanzleramtsminister Wolfgang Schäuble ebenfalls kurz vor der Wende über die Möglichkeiten einer deutschen Konföderation diskutierten und dass Nitz und Bahl nicht nur mit früheren Unterhändlern wie Wienand und Leisler Kiep, sondern auch – im Dezember 1989 – mit dem Kanzlerberater Horst Teltschik über aktuelle Fragen im Rahmen der wirtschaftlichen Zusammenarbeit und »die Fragen eines deutsch-deutschen Wirtschaftsverbundes« sprachen.[301] Die Stunden der Unterhändler waren indessen bereits gezählt. Das »Länderspiel« war vorüber, ohne ausgetragen geworden zu sein.

Seit Sommer 1989 wurde immer mehr erkennbar, wo und von wem Geschichte gemacht wurde. Im Hinblick auf die Konföderationsidee waren zwei neue Prämissen zu konstatieren. Auf der einen Seite löste die Gemengelage des bevorstehenden, doch noch unübersichtlichen Umbruchs alsbald eine neue Debatte um die deutsch-deutsche Zukunft, etwa um eine Wieder- oder Neuvereinigung aus, wobei die konföderative Perspektive kaum zu umgehen wäre. Auf der anderen Seite sollte das radikal veränderte Teilungsverhältnis zuungunsten der DDR-Führung die deutschlandpolitische Entwicklung in stärkerem Maße bestimmen. Die staatliche Existenz der DDR, die für die nationale Konföderation in Deutschland eine unerlässliche Voraussetzung darstellte, sollte in absehbarer Zeit auf eine harte Probe gestellt werden.

299 Vgl. Bahl: Als Banker zwischen Ost und West, S. 167 f.
300 Vgl. Werner Großmann: Bonn im Blick. Die DDR-Aufklärung aus der Sicht ihres letzten Chefs, Berlin 2001, S. 77.
301 Vgl. Bahl: Als Banker zwischen Ost und West, S. 155 f.; Nitz: Länderspiel, S. 172–186, Anlagen 28 und 29, S. 286–292.

5.4 Fazit

Der Gedanke einer deutschen Konföderation durchzog die 1980er Jahre. Man diskutierte darüber vor allem – aber nicht nur – im westdeutschen linksnationalen sowie nationalrevolutionären Umfeld. Dank der Aktivitäten der deutsch-deutschen Unterhändler kursierte die Konföderationsidee auch im Bonner Kanzleramt und kam als seriöser Lösungsweg für die kritische Lage der DDR bei Teilen der SED-Führung wie -Funktionären gut an. Zwar stand die öffentliche Konföderationsdiskussion in den 1980er Jahren im Zusammenhang mit den Friedensbemühungen der Deutschen gegen die angespannte Ost-West-Konfrontation. Gleichwohl stellten die Konföderationsverfechter die außen- sowie sicherheitspolitischen Interessen und Ängste der vier Siegermächte und der Nachbarländer wenig in Rechnung. An die Stelle pragmatischer Alternativen trat in aller Regel die realitätsferne Parole der Abwendung von der mittlerweile befestigten Bündnisstruktur. Das Nachsinnen über die Brisanz einer Revision der Nachkriegsordnung in Europa kam zu kurz. Die deutsche Frage galt mehr als Ursache der europäischen Teilung denn als deren Folge.

Dennoch lässt sich konstatieren, dass die Konföderationskonzeptionen der 1980er Jahre weder lediglich phantasievolle Denkmodelle noch rein politische Manöver waren. Zu jener Zeit wurden sie nicht zuletzt von den realen Entwicklungen der innerdeutschen Verhältnisse beflügelt. Ungeachtet der Kritik an den »begrenzten« Erfolgen der Entspannungspolitik in den 1970er Jahren lagen den deutschlandpolitischen Überlegungen der Konföderationsprotagonisten in den 1980er Jahren fortgesetzte Annäherungs- und Verständigungsversuche zwischen den beiden deutschen Staaten zugrunde. Interessenübereinstimmungen sowie sachliche und vertrauensvolle Diskussionen und die zum Teil von Erfolg gekrönten Verhandlungen zwischen beiden deutschen Staaten motivierten sowohl die nationalneutralistisch gesinnten »außergewöhnlichen Außenseiter« als auch die pragmatisch handelnden Unterhändler der beiden deutschen Staaten, weitere Schritte in Richtung nationale Verständigung zu gehen.

Von besonderer Relevanz ist dabei zunächst, dass sich beide Seiten Deutschlands bei der Konföderationsdiskussion in zweifacher Richtung aufeinander bezogen: Die Beschäftigung der DDR-Oppositionellen mit der nationalen Frage seit Ende der 1970er Jahre übte eine reaktivierende Wirkung auf die Konföderationsdiskussion in der bundesdeutschen Öffentlichkeit aus. Die nach nationaler Einheit trachtenden Systemkritiker respektive die innere Veränderung der Machtverhältnisse im Osten waren also als realer Faktor in die Überlegungen der westdeutschen Konföderationsverfechter in den 1980er Jahren einbezogen. Dazu kam, dass sich, wie das »Länderspiel«-Modell gezeigt hat, die Konföderationsidee – obschon nur ansatzweise – auch aus dem gemeinsamen Wirken beider deutschen Seiten entwickelte. Diese enge innerdeutsche Verflechtung bei den Konföderationsdiskussionen zeigte die neue Qualität der deutschlandpolitischen Konstellation in den 1980er Jahren.

Als bemerkenswerteste Gedankengänge in der damaligen westdeutschen Konföderationsdiskussion lassen sich zudem zweierlei Aspekte benennen. Erstens: Fast alle Konföderationsverfechter sprachen von »Kompromiss«. Als Partner des »großen nationalen Kompromisses« war nicht nur die SED-Führung angesprochen, sondern auch die Bundesregierung sowie die politischen Gegner aus unterschiedlichen Lagern. Mit Ausnahme Rolf Stolzes und seiner Anhänger in der LDD nahmen die westdeutschen Konföderationsverfechter – anders als in den späten 1950er und in den 1960er Jahren – Abstand vom Konfrontationskurs gegen die »Herrschenden« in den beiden Staaten Deutschlands und erklärten sich zur Kooperation mit allen politischen Kräften bereit. Dabei ließen rechte Repräsentanten wie Wolfgang Venohr und Wolfgang Seiffert die gesellschaftspolitische Frage ganz unberücksichtigt und gingen lediglich auf Aspekte wie nationale Identität und Souveränität ein. Die Besinnung auf den engen Zusammenhang der nationalen Frage mit innenpolitischen Veränderungen in beiden deutschen Staaten stellte dagegen das zentrale Anliegen der West-Berliner nationalen Linken dar. Sie stand aber keineswegs deren Hinwendung zum »historischen Kompromiss« im Weg. Damit kehrten die Linksnationalen sowohl der mit der Dritte-Weg-Orientierung verankerten dogmatischen Konföderationsidee à la Wolf Schenke als auch der radikalen Gesellschaftskritik der K-Gruppen am etablierten System den Rücken. Eben in diesem Geiste vermochten die Linksnationalen mit den rechten Nationalrevolutionären zusammenzuwirken. Angesichts der weitverbreiteten postnationalen Orientierung innerhalb der Linken und der jüngeren Generation der Bundesbürger gedieh aber die Politik der gemeinsamen Schritte der befreiungsnationalen Konföderationsverfechter aus den verschiedenen Lagern nur vereinzelt.

Zweitens: Trotz der engen Verbindungen und der Zusammenarbeit der verschiedenen Konföderationsverfechter zeichneten sich konzeptionelle Differenzen ab, die vor allem im Hinblick auf die weitere Entwicklung der Konföderationsidee ins Gewicht fallen sollten. Die deutsche Konföderation, wie sie sich die linken Nationalneutralisten in den 1980er Jahren vorgestellt hatten, sollte mit der Paktfreiheit und einer neuen europäischen Sicherheitsstruktur gepaart sein, obwohl sie sich doch von anderen linken Vorstellungen, nämlich einer parallelen Entwicklung der deutschen und der europäischen Konföderation, unterschied. Demgegenüber plädierte Wolfgang Venohr – und ähnlich auch Wolfgang Seiffert – für die Abkopplung der konföderativen Entwicklung von der Bündnisfrage für einen bestimmten Zeitraum. Ihnen ging es darum, innerdeutsche Verbindungen und Annäherungen bis hin zur Form der Konföderation nicht mit der unübersichtlichen Debatte um die Bündniszugehörigkeit zu belasten. Es besteht zwar kein Zweifel, dass eine gesamtdeutsche Verständigung unter Ausklammerung außen- wie sicherheitspolitischer Fragen – insbesondere wenn sie durch eine nationale Bewegung in Deutschland gefördert wird – im Ausland Befürchtungen eines deutschen Alleingangs hervorrief. Dennoch ist zu fragen, ob diese neue Perspektive angesichts der scheinbar ausweglosen gegensätzlichen Blockstruktur nicht vielmehr für einen gewissen Realitätssinn oder Pragmatismus spricht. Indem sich die beiden repräsentativen Konföderationsvordenker aus dem rechten Umfeld Venohr und Seiffert in den 1980er Jahren von der unergiebigen Neutralitätsparole befreiten und die Konföderation nicht zuletzt als eine weitere Form der deutsch-deutschen Kooperation und Annäherung ohne radikale außenpolitische Abwandlung aufzeigten, ebneten sie selbst etablierten nichtneutralistischen Politikern den Weg zur Aneignung einer konföderativen Perspektive.

Ferner trat eine weitere nüchterne Vorgehensweise zumindest bei Seifferts Konföderationskonzept sowie dem »Länderspiels«-Projekt der deutsch-deutschen Unterhändler zutage. Die Unterhändler gingen von der »real existierenden« wirtschaftlichen Krise der DDR aus und orientierten sich umso mehr an den konkreten Teilungsverhältnissen. Ihrer Konzeption nach sollte sich die Konföderation vor allem als eine politische Form der intensivierten wirtschaftlichen Hilfe der BRD für deren marodes und geschwächtes Nachbarland DDR gestalten. Den gescheiterten Versuchen bis 1989, unmittelbar auf die deutschen bzw. sowjetischen Machteliten einzuwirken, sollte eine unerwartete historische Wendung folgen.

6 »Die Geschichte entscheidet«. Kohls Zehn-Punkte-Programm 1989/90

In der Geschichte der Konföderationsidee im geteilten Deutschland der Jahre 1949 bis 1990 nimmt die Entwicklung im Zeitraum von Oktober/November 1989 bis Februar 1990 einen besonderen Platz ein. In jener Phase erfreute sich die Konföderationsidee in der öffentlichen Diskussion in beiden deutschen Staaten großer Aufmerksamkeit. Die Initiative für eine deutsch-deutsche Konföderation ging weder von den kommunistischen Machthabern im Osten noch von westdeutschen Randgruppen oder neutralistischen Einzelgängern aus, sondern es war in der Tat die Bundesregierung, die eine Konföderation beider deutscher Staaten mit dem Ziel der Wiederherstellung der deutschen Einheit anstrebte. Zur allgemeinen Überraschung stellte Bundeskanzler Helmut Kohl dem Bundestag am 28. November 1989 ein Zehn-Punkte-Programm vor, das eine Konföderation als Kernpunkt enthielt. Gleichsam über Nacht wurde eine mögliche nationale Konföderation zum Hauptthema der öffentlichen Debatte.

Dieses ungewöhnliche Ereignis wurde zuallererst durch das veränderte deutsch-deutsche Verhältnis ermöglicht, das unmittelbar im Zusammenhang mit den radikalen Umbrüchen in der DDR und den osteuropäischen Staaten im Jahre 1989 stand. Gerade vor dem Hintergrund des erschütterten Teilungszustandes bedarf es der Klärung sowohl der Motive des damaligen Bundeskanzlers als auch der Folgen seines Handelns. Dabei soll die Frage, die den kommunistischen Machthabern zu ihren deutschlandpolitischen Offensiven immer wieder gestellt worden war, ob der Konföderationsvorschlag »ernst gemeint« sei oder aber nichts anderes als ein »politisches Manöver« darstelle, für das von Kohls vorgestellte Konzept nicht unbeachtet bleiben. Kam sein Vorpreschen mit einem Konföderationskonzept so überraschend zustande, soll in einem Deutungsversuch desselben besonderes Augenmerk auf die Überlegungen und Diskussionen der Handelnden im Entstehungsprozess gelegt werden.

Ebenfalls überraschend war, dass das Thema einer nationalen Konföderation nach jener kurzen Konjunktur bereits ab Anfang Februar 1990 keine Beachtung mehr fand und im Verlauf des weiteren Wiedervereinigungsprozesses in Vergessenheit geriet. Die deutsche Wiedervereinigung ging am 3. Oktober 1990 in Erfüllung, ohne dass der Umweg über eine Konföderation eingeschlagen worden war.

6.1 Vorgeschichte und Hintergründe

6.1.1 Bonner Deutschlandpolitik bis Ende Oktober 1989

Bis zu jenem unerwarteten Durchbruch Ende November 1989 war allerdings von der Konföderation weder in einem Parteiprogramm der Regierungspartei CDU/CSU noch in den Erklärungen oder Verlautbarungen der Regierung Kohl/Genscher seit 1982 die Rede. Die konservativ-liberale Koalition bekannte sich zumindest in ihren regelmäßigen Regierungserklärungen sowie gelegentlichen Stellungnahmen ebenso deutlich zur deutschen Einheit wie die rotgelben Vorgängerregierungen. In seiner Amtszeit in den 1980er Jahren hielt Bundeskanzler Kohl die deutsche Frage für »offen« und war, im Gegensatz zu vielen prominenten Politikern der Oppositionspartei SPD und den meisten Grünen, wenig geneigt, von einer Zweitstaatlichkeit zu sprechen.[1] Nicht nur im jährlichen *Bericht zur Lage der Nation im geteilten Deutschland* und in verschiedenen Regierungserklärungen, sondern auch in seiner Tischrede beim Besuch Erich Honeckers in Bonn am 7. September 1987 machte der Bundeskanzler immer wieder deutlich: Ziel der Deutschlandpolitik der Bundesregierung sei es, die Einheit der Nation zu wahren und in freier Selbstbestimmung die Einheit und Freiheit Deutschlands zu vollenden.

Gleichwohl unterschied sich Kohls Deutschlandpolitik in der Praxis von derjenigen der »Zweistaatler« der Oppositionsparteien im Grunde nur wenig. Aus der Überzeugung heraus, dass er sein Ziel, angesichts der noch immer andauernden ideologischen Konfrontation, nur mit der Politik kleiner Schritte erreichen würde, setzte Kohl seit Beginn seiner Amtszeit – trotz des »Zweiten Kalten Krieges« – auf die Fortsetzung der pragmatischen Kooperationspolitik mit der DDR, was wiederum die deutschlandpolitische Kontinuität der sozialliberalen und der christlich-liberalen Koalition ausmachte.[2]

1 Zur Deutschlandpolitik der Kohl-Regierung vgl. Karl-Rudolf Korte: Deutschlandpolitik in Helmut Kohls Kanzlerschaft. Regierungsstil und Entscheidungen 1982–1989 (Geschichte der deutschen Einheit, Bd. 1), Stuttgart 1998; Matthias Zimmer: Nationales Interesse und Staatsräson. Zur Deutschlandpolitik der Regierung Kohl 1982–1989, Paderborn 1992; Potthoff: Im Schatten der Mauer, S. 202–302; Materialien der Enquete-Kommission »Aufarbeitung von Geschichte und Folgen der SED-Diktatur in Deutschland«, hg. vom Deutschen Bundestag, Baden-Baden/Frankfurt a. M. 1995, Bd. V/1, S. 913–998, Bd. V/2, S. 1572–1594, und Bd. V/3, S. 2065–2086; Kohl: Erinnerungen 1982–1990, S. 83–86 und 168–172.

2 Zur Problematik von Kontinuität und Wandel der Bonner Deutschlandpolitik in den 1980er Jahren vgl. Christian Hacke: Weltmacht wider Willen. Die Außenpolitik der Bundesrepublik Deutschland, Stuttgart 1988, S. 365–396; Zimmer: Nationales Interesse und Staatsräson, S. 83 f.; Garton Ash: Im Namen Europas, S. 148 ff.; Wolfgang Jäger: Die Deutschlandpolitik der Bundesregierungen der CDU/CSU-FDP-Koalition (Kohl/Genscher), die Diskussion in den Parteien und in der Öffentlichkeit 1982–1983, in: Materialen der Enquete-Kommis-

Ob und inwiefern ihre normative Abgrenzung vom SED-Staat und dessen System sich sowohl in ihren Grundpositionen als auch in der politischen Praxis von denen der SPD-FDP-Koalition bis 1982 unterschied, wie manche Forscher hervorgehoben haben, ist noch umstritten.[3] Es ist jedoch festzustellen, dass die von CDU/CSU geführte Koalition generell stärker auf Rechtsstandpunkten beharrte, was aber in Wirklichkeit als »Rhetorik für den innenpolitischen Hausgebrauch«[4] keinem durchführbaren Konzept entsprach. Der Regierung Kohl/Genscher lag ebenso wenig wie den sozial-liberalen Vorgängerregierungen an der Destabilisierung der DDR. Ähnlich den Letzteren legte die konservativ-liberale Koalition unbeirrt das Gewicht auf die Verbesserung des Reise- und Besuchsverkehrs sowie auf die Intensivierung von Handels- und Wirtschaftsbeziehungen. Bereits im Jahr 1983 verkündete die Regierung Kohl mit dem Begriff *Verantwortungsgemeinschaft beider deutscher Staaten* ihre Grundorientierung und Bereitschaft zur operativen Deutschlandpolitik.

Die Frage, wie diese angebahnte Annäherung und Kooperation zwischen beiden deutschen Staaten eigentlich in die deutsche Einheit münden sollte, stellte für Kohl und seine Regierung kein programmatisches Thema dar. Bis Ende Oktober 1989 wurde in Bonn also kein konkretes Programm oder Konzept zur Wiederherstellung der deutschen Einheit erarbeitet, geschweige denn eine offensive Vereinigungspolitik betrieben.[5] Es hatte den Anschein,

sion »Aufarbeitung von Geschichte und Folgen der SED-Diktatur in Deutschland«, hg. vom Deutschen Bundestag, Baden-Baden/Frankfurt a. M. 1995, Bd. V/2: Deutschlandpolitik, innerdeutsche Beziehungen und internationale Rahmenbedingungen, S. 1574–1581; Potthoff: Im Schatten der Mauer, S. 202–216; Korte: Deutschlandpolitik in Helmut Kohls Kanzlerschaft, S. 89–97.

3 Den Hinweisen von Jäger, Hacke, Korte und anderen auf Kohls Kritik und Distanz gegenüber dem SED-Regime trat Potthoff mit dem Argument entgegen, dass Kontinuität trotz der deklaratorisch-normativen Neuorientierung der Schlüsselbegriff sei, der die Deutschlandpolitik der Kohl/Genscher-Regierung präge. Zu dieser Debatte vgl. Jäger: Die Deutschlandpolitik der Bundesregierungen der CDU/CSU-FDP-Koalition (Kohl/Genscher), S. 1575 ff.; Hacke: Weltmacht wider Willen, S. 366 f.; Korte: Deutschlandpolitik in Helmut Kohls Kanzlerschaft, S. 92–97; Potthoff: Die Deutschlandpolitik der Bundesregierungen der CDU/CSU-FDP-Koalition, die Diskussion in den Parteien und in der Öffentlichkeit 1982–1989, in: Materialen der Enquete-Kommission »Aufarbeitung von Geschichte und Folgen der SED-Diktatur in Deutschland«, hg. vom Deutschen Bundestag, Bd. V/3: Deutschlandpolitik, innerdeutsche Beziehungen und internationale Rahmenbedingungen, S. 2068; ders.: Im Schatten der Mauer, S. 203–206.

4 Dokument 1: Bernd Faulenbach: Zur Beurteilung der Bonner Deutschlandpolitik in den 1980er Jahren, in: Tilman Fichter: Die SPD und die Nation. Vier sozialdemokratische Generationen zwischen nationaler Selbstbestimmung und Zweistaatlichkeit, Berlin/Frankfurt a. M. 1993, S. 249. Vgl. auch Potthoff: Im Schatten der Mauer, S. 206. Korte machte ebenfalls auf diese innenpolitischen Motive aufmerksam: Die normative Ebene des Regierungshandelns sei ein Teil des Machtbildungsprozesses, vgl. Korte: Deutschlandpolitik in Helmut Kohls Kanzlerschaft, S. 96.

5 Vgl. Hanns Jürgen Küsters: Entscheidung für die deutsche Einheit. Einführung in die Edition, in: Deutsche Einheit. Sonderedition aus den Akten des Bundeskanzleramtes 1989/90.

die deutsche Einheit läge für die damalige bundesdeutsche Regierung noch in unabsehbar ferner Zukunft. In seiner Replik von 1986 auf den Vorstoß eines Bundestagsabgeordneten aus Baden, Bernhard Friedmann, sprach der Bundeskanzler beispielsweise vom »Ergebnis einer langjährigen historischen Perspektive«.[6]

Es verwundert also nicht, dass die Regierung Kohl/Genscher sich insofern bis Mitte November 1989 in keiner Weise mit einer Konföderation als Wiedervereinigungskonzeption beschäftigt hatte. Von zwei Ausnahmen abgesehen,[7] wurde auch in den Reihen der Koalitionsparteien, anders als bei Teilen der Sozialdemokraten sowie der Grünen, bis November 1989 kaum ernsthaft über eine konföderative Perspektive diskutiert. Das Vereinigungskonzept des CDU-Bundeskanzlers von Ende November 1989 resultierte demzufolge nicht aus jahrelanger Überlegung oder Diskussionen deutschlandpolitischer Experten, sei es im Bonner Kanzleramt oder in der CDU-Denkfabrik in Sankt Augustin, sondern aus der unvorhergesehenen historischen Entwicklung und als Ergebnis der Wechselwirkungen des politischen (Re-)Agierens mehrerer Akteure der beiden deutschen Staaten, aber auch der Sowjetunion. Da Kohls Konföderationsinitiative am 28. November 1989 im engen Zusammenhang mit einem Wandel von seiner zurückhaltenden Position zu einer offensiven Deutschlandpolitik stand, muss zunächst jener Wandel als Hintergrund der Entstehung des Konzepts beleuchtet werden.

6.1.2 Kohls deutschlandpolitische »Wende«

Im »Entscheidungsjahr« 1989 wandelten sich die Rahmenbedingungen der Bonner Deutschlandpolitik radikal. Angesichts der veränderten internationalen Konstellation und der unübersichtlichen politischen Lage in der DDR blieb die Bundesregierung bis auf weiteres zurückhaltend und abwartend. Trotz der eingetretenen politischen Umbrüche in den osteuropäischen Ländern sowie

Dokumente zur Deutschlandpolitik (DzD Deutsche Einheit 1989/90), München 1998, S. 59.

6 Vgl. Bernhard Friedmann: Einheit statt Raketen. Thesen zur Wiedervereinigung als Sicherheitskonzept, Herford 1987. Zu den näheren Umständen sowie Kohls Reaktion vgl. Zimmer: Nationales Interesse und Staatsräson, S. 194–199; Gallus: Die Neutralisten, S. 320–326.

7 Im Prinzip hielt der CDU-Bundestagsabgeordnete Friedmann 1986/87 eine deutsche Konföderation für denkbar, vgl. Thesenpapier »Die Wiedervereinigung der Deutschen als Sicherheitskonzept« vom 16. Mai 1987, in: ders.: Einheit statt Raketten, S. 149. In der Berliner FDP legten das Mitglied des Berliner Abgeordnetenhauses Wolfgang Mleczkowski und der Berliner FDP-Vorsitzende Hermann Oxfort ein Konföderationspapier vor. Es fand jedoch keine Beachtung in der Öffentlichkeit. Vgl. Ferdinand Kroh: Wendemanöver. Die geheimen Wege zur Wiedervereinigung, München/Wien 2005, S. 235.

des beginnenden Zerfalls der DDR im Sommer/Herbst 1989 wagte sie bis Ende Oktober 1989 noch nicht, eine offensive Deutschlandpolitik zu betreiben, sondern reagierte mit ihren aktualisierten langfristigen Ansprüchen bzw. Grundhaltungen.[8] In Bonn beschäftigte man sich lediglich mit der Krisenbewältigung infolge des Massenexodus aus der DDR in die BRD, aber nicht mit einer Wende der Deutschlandpolitik im Sinne einer operativen Wiedervereinigungspolitik. Die Bonner Regierung interessiere sich nicht dafür, dass die Entwicklung in der DDR außer Kontrolle gerate, wie Kohl beispielsweise dem sowjetischen Generalsekretär Gorbatschow gegenüber Mitte Oktober 1989 versicherte. Kohls Interesse sei vielmehr, dass die DDR sich Gorbatschows Kurs anschließe und die Menschen dort blieben.[9] Noch am 17. Oktober, also unmittelbar vor Honeckers Sturz, artikulierte Kohl seine abwartende Haltung hinsichtlich der Lage im deutschen Nachbarstaat vor der Unionsfraktion des Bundestages mit folgenden Worten:

> »Ich sage Ihnen ganz klar, ich bin dagegen, daß wir sagen, denn das wird drüben total falsch verstanden: ›Wir geben euch das und das, wenn ihr das und das macht.‹ Die Entscheidung zur politischen Reform muß in der DDR erfolgen. Wir sind hier nicht in der Lage, Vorschriften oder gar Vorschläge zu machen.«[10]

Auch in der ersten Woche nach dem Führungswechsel von Erich Honecker zu Egon Krenz am 18. Oktober hielt Kohl sich mit einer Einmischung in die inneren Angelegenheiten der DDR zurück. In einer internen Arbeitsbespre-

8 Korte hat beispielsweise festgestellt, dass die Bundesregierung bis in die ersten Novembertage hinein mit »eher zurückhaltendem Krisenmanagement« lediglich »reagierte«, als dass sie mit »aktiver Unterstützung des Umbruchs in der DDR [...] agierte«, vgl. ders.: Deutschlandpolitik in Helmut Kohls Kanzlerschaft, S. 438. Markus Driftmanns Kritik an der These von Zelikow und Rice, wonach schon im Sommer 1989 ein deutschlandpolitischer Wandel festzustellen gewesen sei, ist ebenfalls zuzustimmen. Es handelte sich hierbei um einige prinzipielle Äußerungen Kohls. Vgl. Markus Driftmann: Die Bonner Deutschlandpolitik 1989/90. Eine Analyse der deutschlandpolitischen Entscheidungsprozesse angesichts des Zerfalls der DDR, Münster 2005, S. 67; Philip Zelikow/Condoleezza Rice: Sternstunde der Diplomatie. Die Deutsche Einheit und das Ende der Spaltung Europas, Berlin 1997, S. 125.

9 Vgl. Nr. 60: Telefongespräch des Bundeskanzlers Kohl mit Generalsekretär Gorbatschow, 11. Oktober 1989, in: DzD Deutsche Einheit 1989/90, S. 450.

10 Zitat nach Korte: Deutschlandpolitik in Helmut Kohls Kanzlerschaft, S. 458 f. Kohls Lageanalyse sowie seine deutschlandpolitische Orientierung waren aber noch ambivalent und unentschieden. In seiner Haltung gegenüber Ost-Berlin schwankte Kohl, Driftmann zufolge, noch zwischen dem Angebot einer bedingungslosen Unterstützung von Reformen und der Absicht, Hilfe von politischen Reformen abhängig zu machen, vgl. Driftmann: Die Bonner Deutschlandpolitik 1989/90, S. 73. Am 17. Oktober machte Kohl vor der Unionsfraktion des Bundestages seinen deutschlandpolitischen Grundsatz deutlich, dass die bundesdeutsche finanzielle Hilfe für die DDR an politische Reformen gekoppelt werden sollte. In den Verhandlungen mit der DDR fehlten jedoch konkrete Forderungen. Vgl. Korte: Deutschlandpolitik in Helmut Kohls Kanzlerschaft, S. 459.

chung im Kanzleramt beurteilten Kohl und seine Mitarbeiter zwar die erste Rede des neuen Generalsekretärs der SED Egon Krenz, in der er trotz seiner »Wende«-Ankündigung den »Macht- und Führungsanspruch der SED« nicht aufgab, als eine »kompromißlos harte und konservative Rede« bzw. als eine Rede mit »eine[m] orthodoxen Charakter«.[11] Nichtsdestoweniger eröffneten die Bonner Politiker die Möglichkeit einer intensiveren Zusammenarbeit mit der DDR unter der neuen Führung und warteten dann ab, was die aus ihrer Sicht reformunfähige »Übergangsregierung« tatsächlich tue.

Freilich hatten die Zurückhaltung der Bundesregierung sowie ihre Zusicherung der Nichteinmischung bezüglich der inneren Angelegenheiten der DDR nicht zuletzt mit der Unkalkulierbarkeit der neuen politischen Lage im geschwächten Oststaat zu tun. Bisher war der Bundesregierung nur daran gelegen, die politischen Entwicklungen in der DDR behutsam zu begleiten und sie durch deutsch-deutsche Verhandlungen sowie Zusammenarbeit in geordneten Bahnen verlaufen zu lassen.

Ende Oktober 1989 zeichneten sich indessen entscheidende Veränderungen ab. Bei den verschiedenen internationalen sowie innerdeutschen Sondierungen nach dem Machtwechsel in der DDR von Honecker zu Krenz, vor allem während der wiederholten informellen Gespräche zwischen dem DDR-Unterhändler Schalck-Golodkowski und seinen zwei bundesdeutschen Gesprächspartnern Kanzleramtsminister Rudolf Seiters[12] und Innenminister Wolfgang Schäuble,[13] die jeweils separat, am 24. Oktober und am 6. November, stattfanden, konnte Bonn sich ein Bild von der Absicht seines nationalen Partners machen. Damit eröffneten sich Handlungsspielräume für eine offensive Deutschlandpolitik. Eben in dieser Sondierungsphase war ein Wandel der deutschlandpolitischen Haltung der Bundesregierung zu erkennen.[14]

Bei diesen Gesprächen wünschte der DDR-Unterhändler nachdrücklich eine massive finanzielle und wirtschaftliche Unterstützung der Bundesregierung für die Stabilisierung der DDR, wofür er den beiden Bundesministern

11 Ebd., S. 459 f. Vgl. auch Nr. 63: Vorlage des Ministerialdirigenten Duisberg an Bundeskanzler Kohl, Bonn, 19. Oktober 1989, in: DzD Deutsche Einheit 1989/90, S. 455–458.

12 Zu seiner Person vgl. Udo Kempf/Hans-Georg Merz (Hg.): Kanzler und Minister 1949–1998. Biografisches Lexikon der deutschen Bundesregierungen, Wiesbaden 2002, S. 662–666; John Antonius: Rudolf Seiters, Bonn/Berlin 1991.

13 Zu seiner Person vgl. Kempf/Merz (Hg.): Kanzler und Minister 1949–1998, S. 574–577; Werner Filmer/Heribert Schwan: Wolfgang Schäuble. Politik als Lebensaufgabe, München 1994.

14 Vgl. Driftmann: Die Bonner Deutschlandpolitik 1989/90, S. 75 ff. Der Leiter des Arbeitsstabs Deutschlandpolitik im Kanzleramt Claus J. Duisberg führte in seinen Aufzeichnungen denselben Punkt aus: »Die Sondierungen von Schalck-Golodkowski eröffneten für die Bundesregierung jedenfalls die Möglichkeit, auf die interne Entwicklung in der DDR in der Phase des Umbruchs Einfluss zu nehmen.« Vgl. ders.: Das deutsche Jahr. Einblicke in die Wiedervereinigung 1989/1990, Berlin 2005, S. 74.

gegenüber eine Kompensation ankündigte. Schalck-Golodkowskis Unterredung mit den beiden Gesprächspartnern in Bonn am 24. Oktober war für den Wandel der Bonner Deutschlandpolitik schon deswegen von entscheidender Bedeutung, weil sich die Bonner Regierung durch die Schilderung ihres langjährigen Gesprächspartners aus Ost-Berlin der miserablen und lebensunfähigen Wirtschaftslage der DDR sowie des unumkehrbaren asymmetrischen Verhältnisses der beiden deutschen Staaten bewusst wurde. Das ergab sich nicht nur aus der politischen Unruhe in der DDR, sondern auch aus dem Umstand, dass die DDR von keinem anderen als von der BRD wirtschaftliche Hilfe im benötigten Umfang erhalten konnte.[15] Dementsprechend führte das asymmetrische Machtverhältnis der beiden Staatsführungen dazu, dass die neue DDR-Führung von vornherein Einmischungsversuche der BRD befürchtete und wiederholt auf die »Achtung der Souveränität, der territorialen Integrität, der Unabhängigkeit und Nichteinmischung« verwies.[16]

Bei den folgenden Kontakten vernahm der DDR-Emissär tatsächlich einen neuen Ton in der bundesdeutschen Verhandlungsposition, da von der bundesdeutschen Seite zum ersten Mal einige konkrete politische Forderungen an ihn herangetragen wurden. In Schalck-Golodkowskis Aufzeichnungen galt daher nicht die Maueröffnung am 9. November als »die Wende«, sondern Kohls erste offensive Einmischung in die inneren Angelegenheiten der DDR beim ersten Telefonat zwischen Kohl und Krenz am 26. Oktober 1989:[17]

> »Als die beiden am 26. Oktober miteinander sprachen, saß ich neben unserem neuen Generalsekretär. Krenz wollte mich bei sich haben. Bei diesem Telefonat tat sich etwas Entscheidendes: Bislang hatte die Bundesregierung die Geschehnisse in

15 Nach seinem Gespräch mit Gorbatschow in Moskau war Krenz klar, dass man sich nicht mehr auf die ökonomische Hilfe der Sowjetunion verlassen konnte, sondern auf die BRD setzen musste. Vgl. Hans-Hermann Hertle: Der Fall der Mauer. Die unbeabsichtigte Selbstauflösung des SED-Staates, 2., durchgesehene Aufl., Opladen 1999, S. 152 f., und Dokument 9: Niederschrift des Gesprächs von Egon Krenz und Michail Gorbatschow am 1. November 1989 in Moskau, in: ebd., S. 462–482.

16 Bereits am Tag nach seiner ersten Sondierungsunterredung in Bonn warnte Schalck-Golodkowski seinen Chef in einem Schreiben vor der Einmischung der Bundesregierung: »Die angestrebten Veränderungen und Erneuerungen dürfen nicht durch ständige Einmischung in die inneren Angelegenheiten der DDR behindert oder sogar gefährdet werden.« Vgl. Empfehlungen von Alexander Schalck-Golodkowski für das Gespräch von Egon Krenz mit Wolfgang Mischnick, Vorsitzender der FDP-Bundesfraktion, am 25. Oktober 1989, in: Nakath/Stephan (Hg.): Countdown zur deutschen Einheit. Eine dokumentierte Geschichte der deutsch-deutschen Beziehungen 1987–1990, Berlin 1996, S. 220–223; Gespräch Mischnick – Krenz am 25. Oktober 1989, in: Potthoff: Die »Koalition der Vernunft«, S. 965–974.

17 Vgl. Nr. 68: Telefongespräch des Bundeskanzlers Kohl mit dem Staatsratsvorsitzenden Krenz, 26. Oktober 1989, in: DzD Deutsche Einheit 1989/90, S. 468 f.; Dokument 6: Ton-Aufzeichnung eines Telefonats zwischen Egon Krenz und Helmut Kohl, 26. Oktober 1989, 8.30–8.44 Uhr, Berlin, den 26. Oktober 1989, in: Hertle: Der Fall der Mauer, S. 443–448.

der DDR lediglich aufmerksam verfolgt, jetzt stellte Kohl zum ersten Mal Forderungen: die Neuregelung der Reisefreiheit, eine Amnestie für politische Straftäter und politische Lösung für die ›Botschaftsflüchtlinge‹. [...] Das, und nicht der 9. November, war für mich die Schlüsselsituation. Das war die Wende. Noch am selben Tag wurde von uns ein Maßnahmenkatalog ausgearbeitet, um die von Kohl angesprochenen Punkte umzusetzen. Seit diesem Punkt regierte die Bundesregierung die DDR mit.«[18]

Für die DDR-Führung war die »Wende« ein Schlag ins Gesicht. »Wenn die Bundesrepublik etwas von der DDR wollte, hielt sie es für selbstverständlich, Forderungskataloge aufzustellen. Wenn die DDR Entgegenkommen erwartete, führte meistens kein Weg zur Einigung«, erinnerte sich Egon Krenz an das Telefonat mit dem Bundeskanzler.[19] Beim zweiten Sondierungsgespräch trat die Asymmetrie der Verhandlungspositionen beider Staatsführungen aber noch viel drastischer zutage. Die labile Machtbasis der neuen DDR-Führung und daraus folgend ihre immer schwächer werdende Verhandlungsposition erkannten die Bonner Politiker nun ohne weiteres. Dazu zählte vor allem, dass Gorbatschow nicht hinter dem neuen SED-Generalsekretär in Ost-Berlin stand, was der Bundeskanzler, wie er rückblickend bemerkte, bei seinem Telefonat mit dem Ersteren kurz nach dem oben geschilderten Telefongespräch mit Krenz spürte.[20] Darüber hinaus entwickelte sich die politische Lage in der DDR immer dramatischer zuungunsten der Staats- und Parteiführung. Nicht zuletzt die Kundgebung auf dem Alexanderplatz am 4. November 1989 machte allzu deutlich, dass die Tage der SED gezählt waren.[21] Bonn sollte nun alles bestimmen, was in der DDR zu tun war, es sei denn, dass sich in der DDR neue politische Kräfte etablierten.

In einer internen Besprechung am 6. November unter der Leitung von Rudolf Seiters begnügten sich die Staatssekretäre im Bonner Kanzleramt mit der Formulierung einer immer noch zurückhaltenden Position, dass »Reformen in der Wirtschaft – selbst wenn man sich strikt auf diesen Bereich beschränken will – eine eigene Dynamik entwickeln und kraft Sachzwangs auch zu Wandlungen im politischen System zwingen«.[22] Bei seinem Gespräch mit Schalck-

18 Alexander Schalck-Golodkowski: Deutsch-deutsche Erinnerungen, Hamburg 2001, S. 325 f.

19 Egon Krenz: Herbst '89, Berlin 1999, S. 163.

20 Vgl. Kohl: Ich wollte Deutschlands Einheit. Dargestellt von Kai Diekmann und Ralf Georg Reuth, Berlin 1996, S. 111. Zur negativen Beurteilung des neuen SED-Generalsekretärs durch die sowjetische Führung vgl. Rafael Biermann: Zwischen Kreml und Kanzleramt. Wie Moskau mit der deutschen Einheit rang, Paderborn/München/Stuttgart 1997, S. 221–227.

21 Vgl. Wolfgang Jäger: Die Überwindung der Teilung. Der innerdeutsche Prozess der Vereinigung 1989/90 (Geschichte der deutschen Einheit, Bd. 3), Stuttgart 1998, S. 38.

22 Freilich fassten sie Veränderungen des politischen Systems der DDR ins Auge. Es fehlte lediglich an einem deutlichen Junktim »Wirtschaftliche Hilfe gegen politische Reformen«.

Golodkowski am selben Tag redete Seiters beispielsweise noch in diesem Sinne hauptsächlich über »Reise- und Besucherverkehr auf der Grundlage eines neuen Reisegesetzes« und von der Einrichtung eines »Reisezahlungsfonds mit Mitteln der BRD«. Gleichwohl vergaß er dabei nicht, seinen Verhandlungspartner darauf hinzuweisen, dass »zur innenpolitischen Durchsetzung und Begründung dieser vorgeschlagenen Grundsätze seitens der DDR einigen politischen Erfordernissen Rechnung getragen werden müsste«.[23]

Der frühere Kanzleramtsminister und amtierende Innenminister Wolfgang Schäuble ging noch deutlicher in die Offensive, indem er Schalck-Golodkowski eine Änderung der Verfassung der DDR »empfahl«, die auf den Verzicht des Machtmonopols der SED hinauslaufen sollte. Er machte eine finanzielle Unterstützung der BRD für die DDR von der politischen Freiheit sowie freien Wahlen und der Zulassung oppositioneller Gruppen abhängig.[24] Das Junktim »wirtschaftliche Unterstützung gegen politische Reform« wurde erstmals deutlich ausgesprochen, und bei der abendlichen Besprechung zwischen Kohl und den beiden Ministern wurde es dann zum entscheidenden Faktor der neuen Deutschlandpolitik des Kanzleramtes erhoben.[25] In einem Schreiben an seinen Chef Egon Krenz berichtete Schalck-Golodkowski über die Forderung der Bundesregierung, die ihm Seiters im Auftrag des Bundeskanzlers am 7. November telefonisch mitgeteilt hatte, dass man »in der DDR, wenn man entsprechende materielle und finanzielle Unterstützung der BRD in Anspruch nehmen möchte – das bezieht sich auch auf finanzielle Regelungen zum Reiseverkehr – bereit sein sollte, öffentlich durch den Staatsratsvorsitzenden zu erklären, daß die DDR bereit ist, die Zulassung von oppositionellen Gruppen und die Zusage zu freien Wahlen in zu erklärenden Zeiträumen zu gewähr-

»Aufgrund unseres Interesses an einer evolutionären Entwicklung, die zu besseren Lebensverhältnissen, längerfristig aber auch zu mehr Freiheit in der DDR führt, sollten wir den Wunsch der DDR nach Zusammenarbeit daher nicht zurückweisen. Diese Zusammenarbeit darf jedoch nicht so gestaltet werden, daß sie der Stabilisierung des Systems und des Regimes dient, vielmehr muß der Veränderungsdruck aufrechterhalten werden.« Nr. 74: Besprechung der beamteten Staatssekretäre, Bonn, 6. November 1989, in: DzD Deutsche Einheit 1989/90, S. 482.

23 Dokument 11: Schreiben von Alexander Schalck-Golodkowski an Egon Krenz, 6. November 1989, mit der Anlage »Vermerk über ein informelles Gespräch des Genossen Alexander Schalck-Golodkowski mit dem Bundesminister und Chef des Bundeskanzleramtes der BRD, Rudolf Seiters, und dem Mitglied des Vorstandes der CDU, Wolfgang Schäuble, am 06.11.1989«, in: Hertle: Der Fall der Mauer, S. 485. Seiters führte anschließend nur die Möglichkeit der Wiedereinreise von Bürgern an, die die DDR gesetzlich oder ungesetzlich verlassen hatten.

24 Vgl. ebd., S. 485 f. In seinen Aufzeichnungen wies Schalck-Golodkowski auf die unterschiedlichen Töne der beiden Gesprächpartner hin: Wolfgang Schäuble stimmte neue Töne an, vgl. Schalck-Golodkowski: Deutsch-deutsche Erinnerungen, S. 326.

25 Vgl. Kohl: Ich wollte Deutschlands Einheit, S. 117; Jäger: Die Überwindung der Teilung, S. 39.

leisten«.[26] Bonn begann also zu diktieren. Durch jene unmittelbare Forderung der Bundesregierung an die DDR-Führung nach einem Systemwechsel oder, um mit Schalck-Golodkowskis Worten zu sprechen, nach »Mitregieren«, wurden die inneren Angelegenheiten der DDR nunmehr zu innerdeutschen.

Was in der Politik intern schon beraten oder abgesprochen worden war, erfuhr die Öffentlichkeit in der Regel erst über offizielle Beschlüsse und Erklärungen der Verantwortlichen, und zwar in noch größerem Maße in der Amtszeit Kohls.[27] In seiner Rede vor dem Bundestag am 8. November 1989, dem Bericht *Zur Lage der Nation im geteilten Deutschland,* gab der Bundeskanzler den Wandel zu einer offensiven Deutschlandpolitik bekannt.[28] Hinsichtlich der Gesamtentwicklung seiner Deutschlandpolitik zeichnete sich Kohls Rede im Bundestag am Vorabend seiner geplanten Polenreise durch zwei Aspekte aus: Zum einen war die Terminologie bezeichnend. Zum ersten Mal seit seinem Amtsantritt sprach Kohl offiziell von »Wiedervereinigung«. Die Verwendung des Begriffs »Wiedervereinigung«, aber auch »Überwindung der Zweistaatlichkeit« zeigte in aller Deutlichkeit den offensiven Ton, den der Bundeskanzler zu jenem Zeitpunkt angeschlagen hatte.[29] Zum anderen ging es, wie schon oben dargestellt, um die offizielle Verkündung des Junktims »wirtschaftliche Hilfe gegen politische Reformen«. In einer einstündigen Rede kündigte Kohl die grundlegende Bereitschaft der Bundesregierung zu »einer völlig neuen Dimension unserer wirtschaftlichen Hilfe« an, aber nur unter bestimmten Voraussetzungen: Verzicht auf das Machtmonopol der SED, Zulassung unabhängiger Parteien und »verbindliche« Zusicherung freier Wahlen. Die Bundesregierung interessierte sich keineswegs für eine neue »reformierte, bessere DDR«, sondern drängte der DDR eine »grundlegende«[30] Veränderung

26 Dokument 12: Schreiben von Schalck-Golodkowski an Egon Krenz, 7. November 1989, in: Hertle: Der Fall der Mauer, S. 486 f.

27 Das gilt besonders für den Regierungsstil Kohls. »Solange politische Entscheidungen noch heranreifen, schottet der Bundeskanzler die Öffentlichkeit weitgehend ab«, formulierte Küsters. Vgl. ders.: Entscheidung für die deutsche Einheit. Einführung in die Edition, in: DzD Deutsche Einheit 1989/90, S. 21.

28 Der erste Berichtsentwurf war schon Mitte Oktober vom Ministerium für innerdeutsche Beziehungen verfasst worden. Seine Endfassung, die vor allem von den Redenschreibern im Kanzleramt Prill und Mertes überarbeitet und dann vom Bundeskanzler und seinen persönlichen Beratern besprochen wurde, spiegelte sowohl die politischen Veränderungen in der DDR als auch die verschiedenen internationalen und innerdeutschen Sondierungsgespräche, nicht zuletzt die Besprechungen mit Schalck-Golodkowski, wider. Vgl. Kohl: Ich wollte Deutschlands Einheit, S. 116 f.; Korte: Deutschlandpolitik in Helmut Kohls Kanzlerschaft, S. 462 f.; Jäger: Die Überwindung der Teilung, S. 39.

29 Vgl. Manuel Fröhlich: Sprache als Instrument politischer Führung. Helmut Kohls Berichte zur Lage der Nation im geteilten Deutschland, München 1997, S. 205–209; Driftmann: Die Bonner Deutschlandpolitik 1989/90, S. 85 f.

30 Zu den »Schlüsselwörtern« der Rede gehörten die Adjektive »umfassend«, »grundlegend« und »verbindlich«. Vgl. Kohl: Ich wollte Deutschlands Einheit, S. 117.

der politischen und gesellschaftlichen Ordnung auf. Diese Rede des Bundeskanzlers vor dem Bundestag mit der unverhohlenen und offensiven Forderung nach einem grundsätzlichen Systemwandel stellte einen Paradigmenwechsel der Bonner Deutschlandpolitik dar.

Obwohl der Wandel der Bonner Deutschlandpolitik bereits vor dem Mauerfall in Gang gesetzt worden war, veränderte das historische Ereignis in der Nacht vom 9. auf den 10. November 1989 die deutsch-deutschen Beziehungen sowie die weitere Deutschlandpolitik in noch stärkerem Maße. Mit der Öffnung der innerdeutschen Grenze verlor die SED-Führung nicht nur ihre innenpolitische Durchsetzungskraft, sondern vor allem ihre Verhandlungsmacht nach außen. Sobald die neue SED-Spitze nicht mehr über die Mauer als Verhandlungspfand für die wirtschaftliche Unterstützung der BRD verfügte, verwandelte sich das bisherige Prinzip des gegenseitigen Gebens und Nehmens in ein einseitiges Diktat. In diesem Zusammenhang hat Markus Driftmann vom Muster »Leistungsempfang gegen Akzeptanz des Diktats des Leistungserbringers« gesprochen, welches das bisherige innerdeutsche Verhandlungsspiel »Leistung gegen Gegenleistung« ersetze.[31] Aufgrund der überaus asymmetrischen Verhandlungs- und Austauschbeziehungen befand sich die Bundesregierung nun gerade in der Lage, die Bedingungen, unter denen sie bereit war, Überlebensmaßnahmen für die DDR zu unterstützen, einseitig und in noch offensiverer Form zu definieren. Diese asymmetrischen Verhandlungspositionen beider Seiten nach der Maueröffnung spiegelten sich nicht zuletzt im informellen Gespräch zwischen Schalck-Golodkowski und dem Chef des Bundeskanzleramtes Seiters am 15. November 1989 wider. Seiters forderte von seinem kleinlauten Verhandlungspartner zunächst erneut die offizielle Ankündigung einer Änderung des Artikels 1 der Verfassung der DDR.[32] Obendrein wollte die Bundesregierung das Tempo und Maß der politischen Transformation der DDR selbst bestimmen. Wie eingleisig und ungleichberechtigt die deutsch-deutschen Verhandlungen waren, unterstreichen Schalck-Golodkowskis Ausführungen über das »außerordentlich komplizierte« Gespräch:

> »Zweitens würde nach Auffassung der BRD eine eindeutige Festlegung, daß bereits im Jahre 1990 Kommunalwahlen stattfinden, zur Glaubwürdigkeit der im Aktionsprogramm getroffenen Aussagen beitragen. Derartig kurzfristig anberaumte Kommunalwahlen könnten auch noch unter der derzeitigen Verfassung – ausgenom-

31 Driftmann: Die Bonner Deutschlandpolitik 1989/90, S. 92.

32 Vgl. Duisberg: Das deutsche Jahr, S. 82–84; Dokument 37: Schreiben von Alexander Schalck-Golodkowski an Egon Krenz, 15. November 1989, mit der Anlage: »Vermerk über das informelle Gespräch des Genossen Alexander Schalck-Golodkowski mit dem Bundesminister und Chef des Bundeskanzleramtes Rudolf Seiters, am 15.11.1989«, in: Hertle: Der Fall der Mauer, S. 558 ff.

men des jetzigen Artikels 1 – stattfinden. Es müßte deutlich gesagt werden, daß danach 1991 Volkskammerwahlen bereits unter den Bedingungen einer insgesamt überarbeiteten Verfassung stattfinden. Die BRD-Seite geht drittens davon aus, daß sowohl zu den Kommunalwahlen als auch zu den Volkskammerwahlen jeweils auf der Grundlage der geltenden Verfassung neue Parteien und Gruppierungen, die sich zur Wahl stellen, zugelassen werden.«[33]

Neben dieser Konkretisierung und Erweiterung der Forderungen nach politischer Transformation forderte der Kanzleramtsminister die DDR-Seite zur Kanalisierung der Verhandlungen mit der bundesdeutschen Seite auf. Die DDR-Führung sollte nicht mit Politikern verhandeln, die nicht kompetent seien.[34] Zudem warnte Seiters die DDR-Führung vor jeglichem Alleingang bezüglich der innerdeutschen Angelegenheiten. Kohl war schon »stinksauer«, als Krenz »ohne vorherige Kenntnis der Bundesregierung« »Jubelfeiern« zur bevorstehenden Öffnung des Brandenburger Tores veranstalten wollte. Kohl mahnte an, dass dies die innerdeutschen Verhandlungen außerordentlich erschwere. Krenz musste aufgrund der »unverhohlenen Drohung« des Bundeskanzlers zurückstecken.[35]

Zur asymmetrischen Verhandlungsposition der beiden Seiten trat als ein neuer Umstand hinzu, dass die Bundesregierung die DDR-Führung immer weniger als ernstzunehmenden Verhandlungspartner ansah. Diese hatte zwar der Bundesregierung gegenüber Reformen versprochen, strebte aber weiterhin eine neue sozialistische DDR an. Während führende Oppositionspolitiker der SPD und der Grünen nach dem Mauerfall noch immer die Ansicht vertraten, dass die DDR mit einem neuen politischen Weg, welcher es auch immer sei, weiterhin existieren könne und solle,[36] war die Bundesregierung an einer Stabilisierung eines erneuerten Sozialismus in der DDR ganz und gar nicht interessiert, sondern nur an der »stabilen« Implantation des bundesdeutschen politischen sowie wirtschaftlichen Systems in die DDR.[37] Kohl und seine Mit-

33 Ebd., S. 558.

34 Vgl. Jäger: Die Überwindung der Teilung, S. 53 f.

35 Vgl. ebd. Zu den näheren Umständen vgl. Schalck-Golodkowski: Deutsch-deutsche Erinnerungen, S. 330. Krenz sprach sogar von »politischer Erpressung«, vgl. Krenz: Herbst ’89, S. 281 ff. Erst am 22. Dezember 1989 sollte der Bundeskanzler gemeinsam mit dem DDR-Ministerpräsidenten Modrow einen Fußgängerübergang am Brandenburger Tor eröffnen, was zu einer symbolträchtigen Handlung für das Ende der Teilung Berlins wurde. Zur Öffnung des Brandenburger Tores vgl. Duisberg: Das deutsche Jahr, S. 123 f.; Kohl: Ich wollte Deutschlands Einheit, S. 223 ff.

36 Vgl. etwa die Rede des Regierenden Bürgermeisters Walter Momper auf der Kundgebung vor dem Rathaus Schöneberg aus Anlass der Öffnung der Berliner Mauer, in: Texte zur Deutschlandpolitik, III/Bd. 7-1989, hg. vom Bundesministerium für innerdeutsche Beziehungen, Bonn 1990, S. 395–399.

37 Freilich äußerte Kohl bei verschiedenen Gelegenheiten, dass er nicht an einer Destabilisie-

streiter in der CDU/CSU beschleunigten nunmehr mit ihren offiziellen Stellungnahmen und Reden den Zerfallsprozess der DDR. Die Haltung des Bundeskanzlers und seiner Gefolgschaft änderte sich auch kaum, als die DDR ab dem 13. November mit dem neu designierten Ministerpräsidenten Hans Modrow letztendlich einen »zuverlässigen Reformer« an der Spitze hatte.[38] In seiner *Erklärung zur Lage in der DDR* am 16. November setzte der Bundeskanzler sich mit der Grundorientierung der neu gebildeten DDR-Regierung auseinander, wobei er in scharfem Ton den aus seiner Sicht notwendigen grundlegenden Systemwandel anmahnte:

> »Wir wollen niemandem unsere Vorstellungen aufdrängen. Aber niemand kann bestreiten, daß sich der Sozialismus als ein einziger Fehlschlag erwiesen hat. [...] Die Menschen in der DDR haben Anspruch auf eine Wirtschafts- und Gesellschaftsordnung, die ihnen einen gerechten Anteil an den Früchten ihrer Arbeit sichert. Planwirtschaft ist Bevormundung. Markwirtschaft bedeutet Entscheidungsfreiheit, persönliche Selbstbestimmung und die Chance zum Wohlstand.«[39]

Auch nach dem Mauerfall galt die ostdeutsche Staats- und Parteiführung zwar weiterhin als Ansprechpartner der Bonner Regierung, für Kohl und seine Mitarbeiter im Kanzleramt stellte sie dennoch weder den ersten Adressaten dar noch wurde sie ernst genommen, vielmehr richteten sich die Bonner Regierung nunmehr an »die Bürger in der DDR« oder, um andere Formulierungen aufzugreifen, »unsere Landsleute in der DDR«, »die Demonstranten in der

rung der DDR interessiert sei. Es war aber eine taktische Aussage, in Wirklichkeit war die Bundesregierung sehr wohl an einer Destabilisierung der DDR interessiert, wie Küsters festgestellt hat. Vgl. ders.: Entscheidung für die deutsche Einheit, S. 49. Bei der Diskussion darüber, ob und bis wann die Bundesregierung an der Stabilisierung der DDR interessiert war, muss zunächst der Begriff »Stabilisierung der DDR« geklärt werden. Die Bundesregierung schien darunter vor allem die Vermeidung gewalttätiger Radikalisierungen und von außen aufgezwungener Wiedervereinigungsversuche zu verstehen, so dass die schrittweise Unterminierung der DDR durch die Bundesregierung, Kohls Verständnis zufolge, einer abermaligen Versicherung der Stabilisierung nicht widersprach. In seiner Rede sowohl kurz vor dem Mauerfall als auch in seiner »Erklärung zur Lage in der DDR« am 16. November 1989 führte Kohl ungeniert aus, dass »wir unhaltbar gewordene Zustände nicht stabilisieren wollen«. Vgl. Texte zur Deutschlandpolitik, III/7-1989, S. 333 und 415. Bereits am 8. November äußerte sich Alfred Dregger im Bundestag wie folgt: »Unsere Aufgabe kann es daher nicht sein, das von der Bevölkerung abgelehnte Zwangssystem der DDR zu stabilisieren. Unsere Aufgabe ist es, den friedlichen Wandel in der DDR zu fördern«, vgl. Texte zur Deutschlandpolitik, III/7-1989, S. 354.

38 Zu seiner Person vgl. Dirk Rochtus: Zwischen Realität und Utopie. Das Konzept des »dritten Weges« in der DDR 1989/90, Leipzig 1999, S. 155 ff.

39 Bundeskanzler Helmut Kohl: Erklärung der Bundesregierung zur Lage in der DDR am 16. November 1989, in: Texte zur Deutschlandpolitik, III/7-1989, S. 416. Es folgten Forderungen nach konkreten Reformen wie Reise-, Meinungs- und Informationsfreiheit, Freiheit der Gewerkschaften, aber auch nach der Lösung der Berlin-Frage.

DDR«, »die Leute auf der Straße der DDR«, die nach Freiheit, Demokratie und der deutschen Einheit riefen.[40] Das Kanzleramt nahm die immer noch nicht abstellbaren Unzufriedenheiten der DDR-Bevölkerung sowie die Entfremdung zwischen den Erwartungen und Interessen der Bevölkerung und denen der Regierung der DDR aufmerksam zur Kenntnis.[41] Die Bundesregierung sprach wiederholt vom »Selbstbestimmungsrecht« der Deutschen in der DDR und zielte damit gerade auf »die Leute auf der Straße«, also nicht auf die Vertreter der DDR-Regierung. In seiner *Erklärung zur Lage in der DDR* am 16. November griff Kohl auch das Thema Selbstbestimmung der DDR-Bevölkerung auf:

> »Freiheit war, ist und bleibt der Kern der deutschen Frage. Das heißt vor allem: Unsere Landsleute in der DDR müssen selbst entscheiden können, welchen Weg in die Zukunft sie gehen wollen. Sie haben dabei keinerlei Belehrungen – von welcher Seite auch immer – nötig. Sie wissen selbst am besten, was sie wollen. Das gilt auch für die Frage der deutschen Einheit, die Frage der Wiedervereinigung.«[42]

Bezüglich der Frage der Wiedervereinigung hatte Kohl bereits in seinem Telefonat mit Krenz zwei Tage nach der Grenzöffnung, über sein abermaliges Bekenntnis zur deutschen Einheit hinaus, unmissverständlich deutlich gemacht, dass sie in absehbarer Zeit auf der politischen Tagesordnung stehen könnte.[43] In einem Gespräch mit Krenz und Modrow am 20. November in Ost-Berlin verwies Seiters im Rahmen der Wiedervereinigungsfrage auch auf das Selbstbestimmungsrecht.[44] Mit dem Hinweis auf die fehlende Selbstbestimmung der Menschen drückte die Bundesregierung ihr Missfallen gegenüber der Ansicht der DDR-Regierung, die Wiedervereinigung stehe nicht auf der Tagesordnung, aus.

Freilich beschäftigte man sich zu jenem Zeitpunkt noch nicht intensiv mit dem Thema Wiederherstellung der deutschen Einheit, wie Kohl Krenz gegen-

40 Vgl. Jäger: Die Überwindung der Teilung, S. 54.

41 Vgl. Nr. 95: Vorlage an Bundeskanzler Kohl, ohne Datum, in: DzD Deutsche Einheit 1989/90, S. 548 f. Nicht zu übersehen war dabei die Entfremdung von der Bevölkerung und »den intellektuell-moralischen Leitfiguren der Protest- und Erneuerungsbewegung«. Diese sahen in der Bevölkerung die Zustimmung zu ihrem Ziel, den Sozialismus menschlich zu erneuern, mehr und mehr schwinden, so die Vorlage an den Bundeskanzler, ebd., S. 549.

42 Bundeskanzler Helmut Kohl: Erklärung der Bundesregierung zur Lage in der DDR am 16. November 1989, in: Texte zur Deutschlandpolitik III/7-1989, S. 420.

43 Vgl. Nr. 86: Telefongespräch des Bundeskanzlers Kohl mit dem Staatsratsvorsitzenden Krenz, 11. November 1989, in: DzD Deutsche Einheit 1989/90, S. 514; Dokument 31: Ton-Aufzeichnung eines Telefonats zwischen Egon Krenz und Helmut Kohl, 11. November 1989, 10.13–10.22 Uhr, in: Hertle: Der Fall der Mauer, S. 543.

44 Vgl. Nr. 96: Gespräch des Bundesministers Seiters mit dem Staatsratsvorsitzenden Krenz und Ministerpräsidenten Modrow, Berlin (Ost), 20. November 1989, in: DzD Deutsche Einheit 1989/90, S. 557.

über beteuerte.[45] Nicht belanglos ist die Tatsache, dass das Kanzleramt schon gründlich erforschte, was die vier Mächte von einer möglichen deutschen Wiedervereinigung hielten. Am 17. November, anlässlich des Sondertreffens der Staats- und Regierungschefs sowie der Außenminister der Europäischen Gemeinschaft und des Präsidenten der EG-Kommission am 18. November in Paris, überreichte Teltschik dem Bundeskanzler neben einem Vorschlagspapier zur Gesprächsführung seine Analyse der Haltungen der vier Mächte zur deutschen Frage und zur Entwicklung in der DDR. In seinen dreiseitigen Ausführungen fasste er sowohl die verschiedenen Motive als auch die jeweils jüngsten Modifikationen und Nuancierungen ihrer Deutschlandpolitik zusammen, was im Rückblick weitgehend zutreffen sollte: »Unter den drei Westmächten gibt es eine deutlich abgestufte Haltung zur Wiedervereinigung: am positivsten die USA, zurückhaltend Frankreich und gegenüber beiden deutlich abfallend Großbritannien.«[46] Die sowjetische Haltung zur Frage der deutschen Wiedervereinigung lautete, Teltschiks Analyse folgend, dass »sie jetzt nicht zur Debatte stehe und lediglich in einer fernen, nicht sehr konkret gesehenen Zukunft nur bei Auflösung der Militärpakte, Beachtung der bestehenden Grenzen und nicht in Form einer ›Absorbierung‹ der DDR denkbar sei. Allerdings: Grundsätzlich und kategorisch wird eine Wiedervereinigung der beiden deutschen Staaten nicht abgelehnt.«[47] Auch als das Kanzleramt die Haltungen der vier Mächte zur Möglichkeit der deutschen Wiedervereinigung kannte, wagte es keinen Vorstoß mit einem eigenen Vereinigungskonzept.

Das deutschlandpolitische Ziel der Bundesregierung lief also nach dem Mauerfall vielmehr auf die Unterminierung der DDR hinaus als auf die Unterstützung von Reformen in der DDR und damit auch auf eine Option für die deutsche Einheit. Die Bundesregierung war »nur insoweit an Reformen interessiert, [...] als diese die formale Voraussetzung für ein Plebiszit über die Wiedervereinigung bilden und auf diese Weise die Existenz des ostdeutschen Staates unterminieren«.[48] Die Bundesregierung richtete sich, indem sie ununterbrochen von »Selbstbestimmungsrecht« sprach, unmittelbar an die Bevölkerung der DDR.

Das spricht jedoch nicht dafür, dass die Bundesregierung einen Konfrontationskurs gegenüber der SED-Führung eingeschlagen hätte. Im Gegenteil: Statt mit einem konkreten Plan zum Anschluss der DDR an die BRD hervorzutreten, setzte die Bundesregierung auf eine Hinhaltetaktik. Mit der »fortwähren-

45 Vgl. Dokument 31: Ton-Aufzeichnung eines Telefonats zwischen Egon Krenz und Helmut Kohl, 11. November 1989, 10.13–10.22 Uhr, in: Hertle: Der Fall der Mauer, S. 543.
46 Nr. 94B: Haltung der drei Westalliierten und der Sowjetunion zur deutschen Frage und zur Entwicklung in der DDR, in: DzD Deutsche Einheit 1989/90, S. 546–548, hier S. 546.
47 Ebd., S. 547.
48 Driftmann: Die Bonner Deutschlandpolitik 1989/90, S. 111.

den, stereotypen Wiederholung, dass die Reformen noch ›nicht ausreichend‹ und ›noch nicht unumkehrbar‹ seien«,[49] ging die Bundesregierung nicht ernsthaft auf das Ersuchen der DDR-Regierung um wirtschaftliche Hilfen ein. Sie befand sich in einer günstigen und aussichtsreichen politischen Situation und ließ damit die politische Entwicklung der DDR, welche die Stimmung und die Befürchtungen der DDR-Bevölkerung maßgeblich bestimmen sollte, weiterhin in einem labilen Schwebezustand, der auf die (Selbst-)Mobilisierung der Bevölkerung zur Wiedervereinigung abzielte.

Demgegenüber versuchten die staats- und parteiführenden Politiker in Ost-Berlin sowie im Kreml, aus der unerfreulichen Situation herauszukommen, und zwar auf je unterschiedliche Weise. Das (Re-)Agieren der ostdeutschen respektive sowjetischen Politiker auf die deutschlandpolitische »Wende« im Kanzleramt brachte jedoch dem DDR-Volk keine Besinnungszeit für die eigene Identitätsbildung durch die neuen politischen und gesellschaftlichen Reformen, sondern veranlasste entgegen ihrem Willen den Bundeskanzler und seine Mitarbeiter zu einem weiteren Schritt.

6.1.3 »Vertragsgemeinschaft«: Stabilisierungsversuch der DDR-Führung

Viel stärker als die Bundesregierung fühlte sich die DDR-Führung gedrängt, der verunsicherten DDR-Bevölkerung eine nationale Zukunftsperspektive respektive eine mögliche Form des Zusammenwachsens der Deutschen darzulegen. Während sich die Bundesregierung aufgrund ihrer vorteilhaften Verhandlungsposition nicht zu beeilen brauchte, musste die DDR-Regierung, die sich bei den deutsch-deutschen Verhandlungen kein eigenes Profil zulegen konnte und damit vom übermächtigen Weststaat nicht mehr als gleichberechtigter Partner angesehen wurde, mit einem eigenen Konzept vorstoßen, um ihre Position zu verbessern. Die Modrow-Regierung sah sich den Unterminierungsmanövern des Bundeskanzlers ausgesetzt. Die Rettung der DDR als eigenständiger Staat war also das zentrale Anliegen ihrer Politik.[50] Es begann das letzte Ringen zwischen den beiden Staatsführungen um das »Regieren« der DDR und den Einfluss auf die DDR-Bevölkerung.

In der Regierungserklärung, die DDR-Ministerpräsident Modrow nach der Regierungsbildung mit fünf anderen Koalitionsparteien abgestimmt hatte – jedoch ohne Vorabsprachen mit dem ZK der SED getroffen noch sich mit der sowjetischen Führung beraten zu haben[51] – und am 17. November in der

49 Ebd., S. 115.
50 Zur Modrow-Regierung vgl. Rochtus: Zwischen Realität und Utopie, S. 155–165.
51 Zur Bedeutung und zu Problemen von Modrows Koalitionsbildung ohne Vorabsprachen

Volkskammer abgab, kündigte er zunächst umfangreiche politische und wirtschaftliche Reformen an. Für den »Hoffnungsträger« war die Perestroika von Gorbatschow nicht mehr als »Denkanstöße, aber kein Modell für die DDR«.[52] Modrows Ziel war eigentlich, eine eigene Konzeption für einen erneuerten »demokratischen Sozialismus« darzulegen, wobei die *Sozialismus-Projekt*-Gruppe an der Humboldt-Universität um Dieter Klein und vor allem an der Hochschule für Ökonomie in Karlshorst um Christa Luft sowie Experten aus dem Außenministerium »eine besonders konstruktive Arbeit« geleistet hatten.[53]

Weil die Modrow-Regierung von vornherein als Übergangsregierung bis zur ersten freien Wahl gedacht war, ging es bei ihr vor allem um Maßnahmen zur Stabilisierung der DDR in den Bereichen Rechtsstaat, Wirtschaft, Bildung, Umwelt und Verwaltung.[54] Angekündigt waren im politischen Bereich Reformen des Wahl- und Mediengesetzes sowie des Gesetzes über die Vereinigungs- und Versammlungsfreiheit. Modrows Regierungserklärung zielte auf eine sozialistische Markwirtschaft in der DDR, wofür eine wirtschaftliche Zusammenarbeit mit der BRD die Voraussetzung wäre. Den »unrealistischen wie gefährlichen Spekulationen über die Wiedervereinigung« erteilte Modrow

im SED-ZK vgl. ebd., S. 158; Walter Süß: Bilanz einer Gratwanderung – Die kurze Amtszeit des Hans Modrow, in: DA 24 (1991), S. 600. Niemand in der sowjetischen Führung hätte Modrow in diese Richtung geimpft, stellte Alexander Plato fest; vgl. ders.: Die Vereinigung Deutschlands – ein weltpolitisches Machtspiel. Bush, Kohl, Gorbatschow und die geheimen Moskauer Protokolle, Berlin 2002, S. 111.

52 In jenen Tagen galt Modrow bekanntlich als Gorbatschow-Anhänger; vgl. Rochtus: Zwischen Realität und Utopie, S. 157. Ob der »ostdeutsche Gorbatschow«, wie er genannt wurde, sich der Politik seines Mentors angeschlossen hätte, sei dahingestellt. Später distanzierte er sich immer deutlicher von Gorbatschow. Vgl. Hans Modrow: Ich wollte ein neues Deutschland. Mit Hans-Dieter Schütt, München 1999, S. 338; ders.: Die Perestroika, wie ich sie sehe. Persönliche Erinnerungen und Analysen eines Jahrzehnts, das die Welt veränderte, Berlin 1998.

53 Vgl. Modrow: Aufbruch und Ende, Hamburg 1991, S. 37; ders.: Ich wollte ein neues Deutschland, S. 338 f. Von »modernem Sozialismus« oder »sozialistischer Moderne«, wie ihn die Projektgruppe um Dieter Klein, Michael und André Brie u. a. konzipiert hatte, war in der Regierungserklärung jedoch keine Rede. Sie gründete nicht auf »diffuse« Begriffe der im »Sozialismus-Projekt« versammelten Wissenschaftler, sondern zielte vielmehr auf einen »existierenden realen Sozialismus in der DDR«. Zur vom Ministerpräsidenten versuchten Neukonzeption und den Vorschlägen der Wissenschaftler vgl. auch Rochtus: Zwischen Realität und Utopie, S. 159; Eberhard Czichon/Heinz Marohn: Das Geschenk. Die DDR im Perestroika-Ausverkauf. Ein Report, Köln 1999, S. 217. Zu den neuen Konzepten der reformorientierten Wissenschaftler und ihrem Dilemma vgl. Rochtus: Zwischen Realität und Utopie, S. 79–96; Markus Trömmer: Der verhaltene Gang in die deutsche Einheit. Das Verhältnis zwischen den Oppositionsgruppen und der (SED-)PDS im letzten Jahr der DDR, Frankfurt a. M. 2002, S. 82 ff.; Rainer Land/Ralf Possekel: Namenlose Stimmen waren uns voraus. Politische Diskurse von Intellektuellen aus der DDR, Bochum 1994, S. 43–46; Studien zur Gesellschaftsstrategie, von Michael Brie, Rainer Land, Hannelore Petsch, Dieter Segert, Rosemarie Will, Berlin 1989; Sozialismus am Scheideweg. Fragen an eine neue Konzeption von André Brie, Michael Brie, Thomas Flierl, Rainer Land, Ina Merkel, Dieter Segert, Hartwig Schmidt, Rosi Will, Berlin 1990.

54 Vgl. Rochtus: Zwischen Realität und Utopie, S. 159.

eine klare Absage. Denn »mit der angestrebten, ja bereits begonnenen Reform unseres politischen Systems wird auch der Weg zur Wahrung und Durchsetzung des Selbstbestimmungsprozesses des Volkes der DDR auf neuer Grundlage gegangen. Damit wird die Legitimation der DDR als sozialistischer Staat, als souveräner deutscher Staat erneuert.«[55] Die Charakterisierung der Reform als »Selbstbestimmungsprozeß des Volkes der DDR« lässt sich als Antwort auf den befürchteten Unterminierungsversuch der Bundesregierung betrachten. Die Reformen sollten letzten Endes auf die weitere Existenz einer erneuerten, demokratischen und sozialistischen DDR sowie auf eine »kooperative Koexistenz« mit der Bundesrepublik hinauslaufen.

Indem der DDR-Ministerpräsident auf die Chance, »eine qualifiziert gute Nachbarschaft« zu entwickeln, verwies, was sich seiner Ansicht zufolge auf die »jahrhundertealte gemeinsame Geschichte« stützte, schlug er der Bundesregierung eine neue Stufe der Zusammenarbeit vor: eine Vertragsgemeinschaft. Der Begriff Vertragsgemeinschaft war bis dahin in den Völkerrechts-Wörterbüchern und -Lehrbüchern nicht zu finden. Niemand konnte sich etwas Genaues darunter vorstellen,[56] und Willy Brandt sprach sogar von einer »Worthülse«, von der man allmählich wissen müsse, was darin stecke.[57]

Im Sinne der gründlichen Analyse des Bonner Rechtwissenschaftlers Hans Heinrich Mahnke ist anzunehmen, dass »der Ausdruck ›Gemeinschaft‹ mit ihrer fast metaphysischen Intonation darauf zu deuten scheint, daß wohl mehr beabsichtig war als ein bloßer politischer Vertrag zweier benachbarter Völkerrechtssubjekte«.[58] Mit dem Hinweis auf einen vergleichbaren Fall aus der jüngsten Vergangenheit, das heißt den Vertrag über die deutsch-französische Zusammenarbeit vom 22. Januar 1963, wobei von einer »beide Länder verbindenden Schicksalsgemeinschaft« die Rede war, vermochte Mahnke im Nachhinein, im Mai 1990, zu einer fassbaren Begriffserklärung zu gelangen. Er sprach davon, dass die Vertragsgemeinschaft von zwei souveränen, unabhängigen Staaten gebildet worden wäre, die völkervertragsrechtlich eine durch die jüngste politische Entwicklung bedingte Zusammenarbeit vereinbart und gemeinsame Institutionen und Kommissionen gebildet hätten. Diese Institutionen, Kommissionen, Fach- und Expertengruppen, so Mahnke, seien paritä-

55 DDR-Ministerpräsident Hans Modrow: Vertragsgemeinschaft statt Wiedervereinigung, in: Texte zur Deutschlandpolitik, III/7-1989, S. 422.

56 Vgl. Horst Teltschik: 329 Tage. Innenansichten der Einigung, Berlin 1991, S. 36. Mertes sah darin eher eine Stärke des Modrow-Vorschlags, vgl. Michael Mertes: Die Entstehung des Zehn-Punkte-Programms vom 28. November 1989, in: Heiner Timmermann (Hg.): Die DDR in Deutschland. Ein Rückblick auf 50 Jahre, Berlin 2001, S. 21.

57 Zitat nach Hans Heinrich Mahnke: Vertragsgemeinschaft, konföderative Strukturen und Föderation, in: Recht in Ost und West. Zeitschrift für Rechtsvergleichung und innerdeutsche Rechtsprobleme 34 (1990), H. 3, S. 134.

58 Ebd.

tisch besetzt und würden ihre Beschlüsse auf der Grundlage der Einstimmigkeit fassen.[59]

Der Grundgedanke des DDR-Ministerpräsidenten über die Vertragsgemeinschaft bestand zunächst darin, wie er im Rückblick erläuterte,[60] dass die DDR-Regierung zu einer völlig neuen Grundlage der wirtschaftlichen Zusammenarbeit mit der Bundesrepublik übergehen wollte, denn daran sei in den Reformen zur Wirtschaft der DDR und ihrer Gesetzgebung gearbeitet worden. Darüber hinaus sah Modrows Vorschlag einer »Vertragsgemeinschaft« vor, dass die Ausschüsse der Volkskammer und des Bundestages zusammenarbeiten und dass es parlamentarische Ausschüsse geben sollte, die dann auf Grundlage einer vertraglichen Gemeinschaft der beiden deutschen Staaten wirksam werden sollten. Dennoch ging es ihm vor allem darum, an allen bisherigen Verträgen und Abkommen bezüglich der deutschen Frage festzuhalten. Wie weit die wirtschaftliche sowie politische Zusammenarbeit und die Bildung von gemeinsamen Institutionen in der Vertragsgemeinschaft gehen sollten, ging weder aus Modrows Regierungserklärung noch aus seinem Begriffsverständnis eindeutig hervor.

Am Schluss seiner Erklärung stellte Modrow die »völlig neue Grundlage des Zusammenlebens zwischen den beiden deutschen Staaten« in den europäischen Rahmen. Mit dem Schritt in eine Vertragsgemeinschaft könnten die beiden deutschen Staaten »wichtige Pfeiler des europäischen Hauses« werden.[61] In einem Memorandum an die Staats- und Regierungschefs der EG vom 17. November 1989 brachte Modrow die Voranstellung des gesamteuropäischen Entwicklungsprozesses, dem die deutsche Zweistaatlichkeit zugrunde liegen sollte, noch nachdrücklicher zum Ausdruck:

> »Zu einem gemeinsamen Haus Europas gehören stabile, berechenbare Beziehungen zwischen der Deutschen Demokratischen Republik und der Bundesrepublik Deutschland. Deren Existenz in den bestehenden Grenzen und ihre Bündniszugehörigkeit bleiben ein Grundelement europäischer Sicherheit.«[62]

Die DDR-Regierung erklärte sich über die konventionellen Verpflichtungen der KSZE hinaus »zur Zusammenarbeit mit den Institutionen westeuropäischer Integration [sowie] den Europäischen Gemeinschaften«[63] bereit.

59 Vgl. ebd., S. 135.
60 Vgl. Modrow, in: Ekkehard Kuhn: Gorbatschow und die deutsche Einheit. Aussagen der wichtigsten russischen und deutschen Beteiligten, Bonn 1993, S. 71.
61 Modrow: Die Perestroika, wie ich sie sehe, S. 101 f.
62 Memorandum des Ministerpräsidenten der DDR, Hans Modrow, an die Staats- und Regierungschefs der EG vom 17. November 1989, in: Europa-Archiv 1/1990, D3.
63 Ebd. Bezeichnend war in diesem Zusammenhang, dass Modrow in seiner Regierungsarbeit

Wie schon damals bekannt wurde, lag der Schwerpunkt von Modrows Regierungserklärung zweifelsohne darin, zu versichern, dass eine Wiedervereinigung nicht zur Debatte stünde. Freilich stellten einige DDR-Politiker, allen voran der stellvertretende NDPD-Vorsitzende Günter Hartmann, Überlegungen an, dass aus der Vertragsgemeinschaft »mal eine Konföderation der beiden deutschen Staaten erwachsen könne«,[64] die sie auch in der Absprache unmittelbar vor der Regierungserklärung diskutierten. Da es der frisch gebildeten DDR-Regierung vor allem darauf ankam, ihren Staat neu zu gestalten und sich gegen dessen Unterminierung durch die BRD zu wehren, riskierte sie zu jenem Zeitpunkt noch nicht, mit einer voreiligen Anführung des Themas Konföderation in eine gesamtdeutsche Wiedervereinigungsdiskussion hineinzurutschen.

Im Gegensatz zu den Konzepten führender Oppositioneller und vieler reformorientierter Intellektueller zu jener Zeit zeichnete sich das der Modrow-Regierung dadurch aus, dass sie neben der Beschäftigung mit einem politisch-gesellschaftlichen »Dritten Weg« für die DDR – was auch immer darunter zu verstehen sei – von vornherein auf einen weiteren Schritt in der nationalen Frage hinarbeitete. Über das Festhalten an der Zweistaatlichkeit hinaus versuchte Modrow, im Unterschied zu seinem Vorgänger Egon Krenz, nun also auf ein Alternativmodell zu setzen, das auf der Basis der engeren deutsch-deutschen Zusammenarbeit sowie einer neuen gesamteuropäischen Entwicklung jeden Gedanken an eine Wiedervereinigung irrelevant und überflüssig machte.

Im In- und Ausland konnte Modrows Initiative gewisse Erfolge verbuchen. Zum ersten Mal gab es in Ost-Berlin, wie Zelikow und Rice festgestellt haben, eine Stimme, die Kohls Deutschland-Vision wirkungsvoll entgegentrat.[65] Sowohl in der DDR als auch in der Bundesrepublik begann man für den Erhalt einer reformierten, besseren DDR als eigenständiger Staat zu werben.[66] Hinzu kam, dass die Modrow-Regierung von westlichen Ländern ernst genommen wurde.[67] Moskau versprach ebenfalls Rückendeckung, wenngleich Gorbat-

zur Reform der DDR die Verwirklichung der Bestimmungen und Vereinbarungen der KSZE sah. Damit unterschied sich seine Europapolitik von der seiner Vorgänger, die bezüglich der KSZE-Verpflichtungen einzig auf die Unverletzlichkeit der Grenzen hingewiesen hatten. Vgl. dazu Rochtus: Zwischen Realität und Utopie, S. 205.

64 Modrow, in: Kuhn: Gorbatschow und die deutsche Einheit, S. 70. Der stellvertretende NDPD-Vorsitzende Günter Hartmann schlug in seinem Diskussionsbeitrag zu Modrows Regierungserklärung vor, die anzustrebende Vertragsgemeinschaft auf eine Konföderation auszudehnen.

65 Vgl. Zelikow/Rice: Sternstunde der Diplomatie, S. 167. Zu Durchsetzungsmöglichkeiten der Modrow-Regierung und ihren Grenzen vgl. Biermann: Zwischen Kreml und Kanzleramt, S. 284.

66 Insbesondere Intellektuelle setzten sich dafür ein, vgl. Konstanze Borchert/Volker Steinke/Carola Wuttke (Hg.): »Für unser Land«. Eine Aufrufaktion im letzten Jahr der DDR, Frankfurt a. M. 1994.

67 Anzumerken sind nicht zuletzt Mitterrands Besuch in der DDR und ein Treffen des ameri-

schow allem Anschein nach mit dem Handeln des neuen selbstbewussten Regierungschefs der DDR nicht ganz einverstanden war, weil der Schritt der DDR-Regierung dem sowjetischen Machthaber zufolge »viel Gerede über die deutsche Frage, über die Aussichten für eine Vereinigung Deutschlands entstehen« ließ. Zu jenem Zeitpunkt schlug Gorbatschow immerhin in dieselbe Kerbe: Erhalt einer reformierten DDR und Erneuerung der sozialistischen Gesellschaft.[68]

Von entscheidender Bedeutung war, dass sich die Bundesregierung angesprochen fühlte und »dafür besonders sensibel« war, dass der Modrow-Vorschlag »die Regierung Kohl ideenlos und tatenarm aussehen ließ«, so ein enger Mitarbeiter des Bundeskanzlers, Michael Mertes.[69] Es versteht sich von selbst, dass der Bundeskanzler und sein Stab im Kanzleramt »nicht sehr glücklich« über den Vorstoß der ostdeutschen Regierung waren.[70] Die Bonner berieten sich zunächst intensiv mit ausländischen Regierungsvertretern und sondierten die Stimmung innerhalb des DDR-Volkes,[71] um schließlich zu der Einsicht zu gelangen, dass die internationale wie die innenpolitische Diskussion über die Chancen einer Wiedervereinigung Deutschlands voll entbrannt und nicht mehr aufzuhalten war.[72] Insofern war Modrows Vorschlag der eigentliche Auslöser für die Entstehung eines offensiven Wiedervereinigungskonzepts von Kohl, wie Mertes festgestellt hat.[73]

6.1.4 *Bewegungen in der Unbeweglichkeit Moskaus*

Es fällt auf, dass die politische Führung im Kreml trotz der radikalen Veränderungen der deutsch-deutschen Beziehungen im Herbst 1989 kaum aktiv wurde. Dies ist zunächst im Zusammenhang mit der Entwicklung einer

kanischen Außenministers James Baker mit Modrow in Potsdam. Vgl. Modrow: Aufbruch und Ende, S. 93 ff.

68 Vgl. Dokument 4: Botschaft von Michail Gorbatschow, KPdSU-Generalsekretär und Vorsitzender des Obersten Sowjets der UdSSR, an Egon Krenz, SED-Generalsekretär und DDR-Staatsratsvorsitzender, vom 24. November 1989, in: Detlef Nakath/Gero Neugebauer/Gerd-Rüdiger Stephan (Hg.): »Im Kreml brennt noch Licht«. Die Spitzenkontakte zwischen SED/PDS und KPdSU 1989–1991, Berlin 1998, S. 71.

69 Mertes: Die Entstehung des Zehn-Punkte-Programms, S. 21.

70 Zu Kohls reservierter bzw. kritischer Bewertung von Modrows Regierungserklärung vgl. Nr. 93: Telefongespräch des Bundeskanzlers Kohl mit Präsident Bush, 17. November 1989, in: DzD Deutsche Einheit 1989/90, S. 538; Teltschik: 329 Tage, S. 35 f.

71 Bereits zu jenem Zeitpunkt beobachtete das Kanzleramt eine Entfremdung von den Orientierungen der »intellektuell-moralischen Leitfiguren der Protest- und Erneuerungsbewegung« und der Bevölkerung der DDR; vgl. Nr. 95: Vorlage an Bundeskanzler Kohl, ohne Datum, in: DzD, Deutsche Einheit 1989/90, S. 548 f.

72 Vgl. Teltschik: 329 Tage, S. 41.

73 Vgl. Mertes: Die Entstehung des Zehn-Punkte-Programms, S. 34.

neuen sowjetischen Außenpolitik seit Gorbatschows Machtantritt zu sehen. Seit Herbst 1986 betrieben der sowjetische Generalsekretär Gorbatschow und sein Außenminister Eduard Schewardnadse[74] gegenüber den osteuropäischen Ländern, einschließlich der DDR, eine Nichteinmischungspolitik, also das Konzept der »Freiheit der Wahl«[75], und standen unbeirrt zu ihrem Grundprinzip der Gewaltlosigkeit, und zwar nicht nur wegen seines fundamentalen Charakters und der neuen außenpolitischen Westorientierung, sondern auch aus Furcht vor möglichen innenpolitischen Folgen einer Gewaltanwendung.[76]

Überdies unterschied sich der neue sowjetische Machthaber auch darin von seinen Amtsvorgängern, dass er die deutsche Frage aus einer anderen Perspektive behandelte, wie eine abstruse Aussage in seinem Buch *Perestroika* deutlich zeigt: »Was in hundert Jahren sein wird, das soll die Geschichte entscheiden.«[77] Bei seinem Staatsbesuch im Juni 1989 in Bonn wiederholte er derartige Äußerungen über die Geschichtlichkeit der deutschen Teilung und der Berliner Mauer.[78] Mit solchen »Akzentverschiebungen« stand der Generalsekretär den konservativen Kräften in verschiedenen politischen Gremien in Moskau gegenüber, die die deutsche Frage als für immer gelöst betrachteten.[79]

Nichtsdestoweniger war bis Ende 1989 kein offizieller Wandel der sowjetischen Deutschlandpolitik zu vermerken. Trotz der dramatischen Entwicklungen in der DDR und der neuen innerdeutschen Verhältnisse hielt der sowjeti-

74 Zu seiner Person vgl. Georg Machnik: Eduard Schewardnadse – Baumeister eines menschlichen Europas der Zukunft, Jena 2003.

75 Zu dessen historischer Entwicklung vgl. Wilfried Loth: Moskow, Prague and Warsaw: Overcoming the Brezhnev Doctrine, in: Cold War History 1 (2001), No. 2, S. 103–118; Biermann: Zwischen Kreml und Kanzleramt, S. 88–100.

76 Vgl. Vladislav Zubok: Die Krisen Gorbatschows und die Vereinigung Deutschlands, in: Hans-Hermann Hertle/Konrad H. Jarausch/Christoph Kleßmann (Hg.): Mauerbau und Mauerfall. Ursachen – Verlauf –Auswirkungen, Potsdam 2002, S. 248–250; Daschitschew: Die sowjetische Deutschlandpolitik in den achtziger Jahren. Persönliche Erlebnisse und Erkenntnisse, in: DA 28 (1995), S. 62; Loth: Die Sowjetunion und das Ende der DDR, in: Konrad H. Jarausch/Martin Sabrow (Hg.): Weg in den Untergang. Der innere Zerfall der DDR, Göttingen 1999, S. 120–124 und 133.

77 Zitat nach Seiffert: Die Deutschen und Gorbatschow, S. 52. Seiffert verwies insbesondere auf feine Unterschiede zwischen der russischen Originalausgabe und der deutschen Ausgabe. Genauer übersetzt soll es heißen: »Was im Verlauf von 100 Jahren sein wird, soll die Geschichte entscheiden.« Vgl. Michael S. Gorbatschow: Perestroika. Die zweite russische Revolution. Eine neue Politik für Europa und die Welt, München 1987, S. 259–262; ders.: Umgestaltung und neues Denken für unser Land und für die ganze Welt, Berlin 1988, S. 257 f. Zu dem Satz im Buch »Perestroika« und ähnlichen Ausführungen von führenden Politikern im Kreml vgl. Biermann: Zwischen Kreml und Kanzleramt, S. 124–127.

78 Vgl. Gorbatschow in Bonn. Die Zukunft der deutsch-sowjetischen Beziehungen. Reden und Dokumente vom Staatsbesuch, Köln 1989. In seiner Antwort auf Journalistenfragen bei der Abschluss-Pressekonferenz in Bonn am 15. Juni 1989 sagte er beispielsweise, dass die Zeit allein entscheide, ebd., S. 66 f.

79 Zu den verschiedenen Haltungen zur deutschen Frage vgl. Biermann: Zwischen Kreml und Kanzleramt, S. 37–84 und 112–127, speziell zur konservativen Haltung ebd., S. 114–117.

sche Generalsekretär an der deutschen Zweistaatlichkeit fest. Das widersprach freilich nicht seiner wiederholten Aussage über die Geschichtlichkeit der deutschen Teilung, womit er letzten Endes andeutete, dass er selbst keinesfalls eine Veränderung der deutsch-deutschen Situation herbeiführen würde. Ihm war nicht daran gelegen, sich wegen einer neuen Deutschlandpolitik in zähe Auseinandersetzungen mit den konservativen Kräften zu verwickeln. Mit dem schon von der »Geschichte«, der »Zeit« oder den »Menschen« Entschiedenen sich abzufinden, war er hingegen bereit, wie sich in seiner Haltung zum Mauerfall, das heißt in seiner Gratulation zum »mutigen und weisen Schritt«, zeigte.[80]

Gleichwohl hegte der Kremlchef die Befürchtung, dass die Bundesrepublik eine einseitige Wiedervereinigungspolitik betreiben könnte.[81] Das Prinzip der »Freiheit der Wahl« oder das Selbstbestimmungsrecht bedeutete für ihn nicht, keinen Einfluss mehr auf das sozialistische System, insbesondere die DDR, zu haben. Indem die sowjetische Staatsführung nach dem Mauerfall auf die Erneuerung des Systems in der DDR hoffte, bemühte sie sich zunächst um den Erhalt der DDR, was bis zur dritten Januarwoche 1990 unverändert bleiben sollte. Trotz der internationalen Aktualität, besser gesagt, der Dringlichkeit der deutschen Frage, hatte die sowjetische Führung also bis dahin kein konkretes Konzept für eine alternative Entwicklung, geschweige denn eine intensive Richtungsdiskussion darüber.[82] Nur einige Berater respektive Deutschlandexperten hatten der sowjetischen Staatsführung schon vor 1989 neue strategische Überlegungen übermittelt, worauf Gorbatschow jedoch nie offiziell einging.

Einige sowjetische Wissenschaftler und Diplomaten, die sich mit der deutschen Frage beschäftigten, hatten bereits sehr früh über neue Entwicklungen der deutsch-deutschen Verhältnisse diskutiert und ihre eigenen Lösungsvorstellungen dazu vorgelegt, die bei Gorbatschow oder Schewardnadse aber kein Gehör fanden. Vor allem zwei Experten hoben sich mit ihren aufsehenerregenden Ideen heraus: Wjatscheslaw Daschitschew und Valentin Falin.[83]

80 Vgl. ebd., S. 231–235.
81 Vgl. Nr. 80: Mündliche Botschaft des Generalsekretärs Gorbatschow an Bundeskanzler Kohl, 10. November 1989, in: DzD Deutsche Einheit 1989/90, S. 504 f.
82 Vgl. Zubok: Die Krisen Gorbatschows und die Vereinigung Deutschlands, S. 258–265.
83 Zu beiden Personen vgl. deren Selbstdarstellungen bzw. Erinnerungen: Daschitschews Aussagen, in: Kuhn: Gorbatschow und die deutsche Einheit; Daschitschew: Aus den Anfängen der Revision der sowjetischen Deutschlandpolitik, S. 36 ff.; ders.: Die sowjetische Deutschlandpolitik in den achtziger Jahren. Persönliche Erlebnisse und Erkenntnisse, in: DA 28 (1995), S. 54–67; ders.: Wie das Umdenken in der sowjetischen Außenpolitik begann, in: Osteuropa 43 (1993), Nr. 3, S. 481–490. Vgl. Valentin Falin: Politische Erinnerungen, München 1993; ders.: Konflikte im Kreml. Zur Vorgeschichte der deutschen Einheit und Auflösung der Sowjetunion, München 1997.

Im Grunde genommen hatten die beiden Vordenker weder politisch-ideologisch noch biographisch etwas gemeinsam: Der erstere, geboren 1925, kam aus einem liberalen Wissenschaftlerkreis, der letztere, geboren 1926, war ein erfahrener Diplomat und kein radikaler Reformer, aber immerhin ein Gorbatschow-Anhänger. Der liberale Historiker Daschitschew, der als Leiter der Abteilung für internationale Probleme im Bogomolow-Institut beschäftigt war, wurde 1987 auf Schewardnadses Wunsch zum Vorsitzenden des konsultativen wissenschaftlichen Beirats im Außenministerium ernannt. Er gehörte zwar nicht zum engen Beraterkreis Gorbatschows, konnte ihm aber, über seinen ehemaligen Studienkollegen Tschernjajew, seine »ketzerischen« Ideen zur Außenpolitik darlegen.[84] Der Exbotschafter in Bonn Falin galt als einer der herausragendsten Deutschlandkenner in der Sowjetunion und wurde 1988 zum Leiter der Internationalen Abteilung des Zentralkomitees der KPdSU berufen. Obwohl der »Patron der Germanisten« zu dem bisher mit außenpolitischen Angelegenheiten wenig vertrauten Außenminister ein gespanntes Verhältnis hatte, genoss er das Vertrauen des Generalsekretärs und richtete »etwa 50 Denkschriften an ihn«.[85]

Trotz dieser Verschiedenheit waren die beiden Deutschlandkenner bereits 1987/1988 jeweils auf den neuen strategischen Gedanken gekommen, dass die Sowjetunion sich auf eine mögliche deutsche Wiedervereinigung, die von überraschenden Umbrüchen in der DDR sowie in anderen osteuropäischen Ländern angetrieben oder begleitet werden könnte, vorbereiten müsse. Das kam nicht von ungefähr: Dadurch, dass die beiden seit langem nicht mehr an die Endgültigkeit der deutschen Teilung glaubten,[86] standen sie, ob erwünscht oder nicht, im deutlichen Kontrast zu den meisten »Status-quo-Denkern« in Moskau.[87]

84 Vgl. Tschernjajew, in: Kuhn: Gorbatschow und die deutsche Einheit, S. 25.

85 Falin: Konflikte im Kreml, S. 21.

86 Bereits in der zweiten Hälfte der 1970er Jahre begann Daschitschew sich mit den Grundlinien der sowjetischen Außen- und Deutschlandpolitik auseinanderzusetzen. Vgl. dazu ders: Ein sowjetischer Wissenschaftler rechnet mit der Außenpolitik seines Landes ab, in: Seiffert: Die Deutschen und Gorbatschow, Anhang, S. 219; ders.: Ostdrift der Bundesrepublik? Westdrift der Sowjetunion? Über die deutsch-sowjetischen Beziehungen und den Wandel in Europa. Ein Gespräch mit Daschitschew, in: Blätter 34 (1989), S. 684; Daschitschew: Die sowjetische Deutschlandpolitik in den achtziger Jahren, S. 55 ff. Seit Anfang der 1970er Jahre hatte Falin Zweifel an der Zwei-Nationen-Theorie. Vgl. dazu Anatolij S. Tschernjajew: Mein deutsches Tagebuch, Klitzschen 2005, S. 22 f.

87 Aufgrund persönlicher Erfahrungen rechnete Daschitschew Falin zu den konservativen »Status-quo-Denkern«, wenn nicht hartnäckigen Dogmatikern. Vgl. Daschitschew: Die sowjetische Deutschlandpolitik in den achtziger Jahren, S. 59; Daschitschew, in: Kuhn: Gorbatschow und die deutsche Einheit, S. 21 und 29; Daschitschew: Der Fall des »Eisernen Vorhangs« im Zentrum Europas – Gorbatschows Politik besteht die Bewährungsprobe, in: Heiner Timmermann (Hg.): Die DDR zwischen Mauerbau und Mauerfall, Münster/Hamburg/London 2003, S. 583–589, hier S. 587. Dagegen hielten die meisten Beobachter und

Ihre Auffassung von der Offenheit der deutschen Frage beruhte auf der Analyse der Schwäche des sozialistischen Systems in Osteuropa und der neuen Entwicklungen in den beiden deutschen Staaten. Sie waren überzeugt, dass eine Veränderung der bisherigen sowjetischen Deutschlandpolitik nötig sei, um angesichts der gewandelten internationalen Konstellation die sowjetischen Interessen zu wahren. Aus der äußerlich ähnlichen Lageanalyse entwickelten sie unterschiedliche Konzeptionen: Daschitschew setzte sich 1989 in aller Deutlichkeit für eine baldige deutsche Wiedervereinigung mit der Aufgabe der DDR ein, wogegen Falin eine deutsche Konföderation als Ausweg aus dem voraussehbaren Zusammenbruch der DDR vorschlug.

Bezüglich der sowjetischen Diskussion um die Idee einer deutschen Konföderation ist anzumerken, dass kein anderer als Daschitschew bereits in einem Referat auf einer Tagung von Wissenschaftlern und Diplomaten am 27. November 1987 eine deutsche Konföderation für eine annehmbare Lösung der deutschen Frage gehalten hatte.[88] »Die Bildung einer Konföderation beider deutscher Staaten nach ihrem Austritt aus den Bündnissen«, wie er sie sich vorstellte, läge voll im Interesse der sowjetischen Politik. Seiner Ansicht nach sei aber die Realisierungschance dieser Variante nicht besonders hoch, weil die Erneuerung der DDR als eine wichtige Bedingung dafür unter den derzeitigen Umständen nicht zu verwirklichen sei. Von daher lag seine Priorität eher auf der Variante »Wiedervereinigung gemäß den Prinzipien der Neutralität und der Bündnisfreiheit«.[89] Bezeichnend war, dass sich Daschitschew in seiner Ar-

Forscher Falin sowie die »Germanisten« nicht für Status-quo-Denker, sondern für Anreger des Kurswechsels in eine neue Deutschlandpolitik. Vgl. dazu Seiffert: Die Deutschen und Gorbatschow, S. 51 f., 54 f. und 138; Fred Oldenburg: »Neues Denken« in der sowjetischen Deutschlandpolitik?, in: DA 20 (1987), S. 1154–1160; Dittmar Cramer: Zwei deutsche Wohnungen im europäischen Haus? Viele Prämissen und noch mehr Unbekannte, in: DA 21 (1988), S. 166–173. Die entscheidenden Differenzen zwischen Daschitschew und den »Germanisten« sollten jedoch nicht außer Acht gelassen werden. In der Frage des Erhalts der DDR vertraten die beiden Vordenker Daschitschew und Falin keine einheitliche Position. Nichtsdestotrotz gingen Czichon und Marohn auf der Grundlage einiger Zeitzeugenaussagen davon aus, dass Daschitschew und Falin sowie Portugalow letztendlich am gleichen Strang zogen: einer deutschen Wiedervereinigung durch die Aufgabe der DDR. Vgl. Czichon/Marohn: Das Geschenk, S. 67–70; Julij A. Kwizinskij: Vor dem Sturm. Erinnerungen eines Diplomaten, Berlin 1993, S. 94; Georgi Schachnasarow: Preis der Freiheit. Eine Bilanz von Gorbatschows Berater, Bonn 1996, S. 140 f. In diesem Zusammenhang ist Biermanns Einteilung der sowjetischen Haltungen zur deutschen Frage in drei Schulen, nämlich Orthodoxe, Reformer und Demokraten, zu relativieren, wenn nicht zu verwerfen. Denn Falin und sein engster Mitstreiter Portugalow nahmen bezüglich der deutschen Frage »unter den Orthodoxen eine deutliche Sonderstellung ein«, wie Biermann zugeben musste. Falins Lageanalyse hatte viele Gemeinsamkeiten mit einigen »Demokraten« wie Daschitschew und Jurij Dawydow, während die meisten »Orthodoxen« gemeinsam mit vielen »Reformern« offiziell bis 1989 auf der Zweistaatlichkeit bestanden.

88 Vgl. Daschitschew: Aus den Anfängen der Revision der sowjetischen Deutschlandpolitik, S. 36–46.

89 Ebd., S. 46.

gumentation zum einen auf die wachsende Zustimmung für Neutralitäts- und Konföderationsüberlegungen in der Bundesrepublik stützte.[90] Zum anderen machte er auf die Ausweitung der »prowestlichen und nationalistischen Stimmungen« sowie der »nationalen Gefühle der DDR-Bevölkerung« aufmerksam. Seine Lageanalyse der DDR wurde immer düsterer. Die Ursache dafür, dass er in seiner Denkschrift, die er Mitte Oktober 1989 an Gorbatschow schickte, für eine sowjetische Initiative zur baldigen Wiedervereinigung eintrat, lag im Grunde ebenfalls an seiner nüchternen Beurteilung der Verhältnisse in der DDR. Ihm war spätestens seit April 1989 klar, wie er im Rückblick deutlich machte, dass »die alte Forderung der Neutralisierung Deutschlands [...] vollkommen unrealistisch war und unter neuen Verhältnissen zum Hindernis für die Wiedervereinigung Deutschlands werden konnte«.[91]

Alles in allem plädierte Daschitschew als erster in der Sowjetunion öffentlich für die deutsche Wiedervereinung und brach damit ein Tabu. Zwar hatte er schon einmal von einer Konföderationslösung gesprochen, aber vor allem nahm er mit dem Prioritätenwechsel von der Möglichkeit eines neutralen geeinten Deutschlands zu der Variante einer baldigen Wiedervereinung durch die Preisgabe der DDR die spätere offizielle Revision der Deutschlandpolitik der sowjetischen Führung 1990 vorweg. Allerdings ist seine Rolle bei der endgültigen Wandlung der sowjetischen Deutschlandpolitik 1990 nicht zu überschätzen.[92] Nicht als Gorbatschows Berater, sondern als Mitarbeiter einer wissenschaftlichen Einrichtung vermochte der Professor keinen starken Einfluss auf die sowjetische Führung auszuüben. Auch in der Bundesrepublik schenkte man seinen Auffassungen zur deutschen Frage zwar Gehör – er trat mit Interviews und Vorträgen in der Bundesrepublik auf[93] –, man wusste jedoch überhaupt nicht, wie der damalige Kanzlerberater Horst Teltschik später sagte, welches Gewicht seine Position in der sowjetischen Politik hatte: »Er kam im Rahmen der Perestroika mit solchen Aufsätzen oder Artikeln und wir hatten eher den Eindruck, das sei ein Versuch, wie weit Perestroika und Glasnost gehe, weniger, dass das schon ein Umdenken in den Führungskreisen der Politik darstellt«, so Teltschik.[94]

Viel größere Aufmerksamkeit schenkten die Bonner Politiker dem Leiter der Internationalen Abteilung des Zentralkomitees der KPdSU, Falin, und

90 Vgl. ebd., S. 43.
91 Daschitschew: Die sowjetische Deutschlandpolitik in den achtziger Jahren, S. 59. Vgl. Moskauer Denkschrift zur deutschen Frage, in: Der Spiegel, 5. Februar 1990, S. 142–158.
92 Zur diametralen Bewertung seiner Rolle und seines Beitrags zum Wandel der sowjetischen Deutschlandpolitik vgl. Biermann: Zwischen Kreml und Kanzleramt, S. 77 f.; Aussagen von Portugalow, Falin, Daschitschew, Tschernjajew, in: Kuhn: Gorbatschow und die deutsche Einheit, S. 25–32; Daschitschew: Die sowjetische Deutschlandpolitik in den achtziger Jahren, S. 59–63.
93 Vgl. Seiffert: Die Deutschen und Gorbatschow, S. 53 ff.
94 Teltschik in: Kuhn: Gorbatschow und die deutsche Einheit, S. 26.

seinem engsten Mitstreiter, Nikolai Portugalow. Ende September 1987 hatte beispielsweise eine Pressemeldung in der bundesdeutschen Öffentlichkeit Aufsehen erregt. Am 24. September 1987 berichtete der Parlamentarische Staatssekretär beim Bundesminister für innerdeutsche Beziehungen, Ottfried Hennig, auf dem *Frankfurt Forum 87* der Kurt-Schumacher-Stiftung, dass Gorbatschow im Januar 1987 die »Spitzenfunktionäre« Falin, Arbatow, Portugalow und Melnikow beauftragt habe, Möglichkeiten einer »Konföderation beider deutscher Staaten und des Abzugs der alliierten Streitkräfte aus Bundesrepublik und DDR zu begutachten«.[95] Falin und Portugalow dementierten diese »Spekulation« umgehend.[96] Dennoch vermutete man in der Bundesrepublik nach wie vor im Umkreis der beiden führenden »Germanisten« einen Kurswechsel in der sowjetischen Deutschlandpolitik.

In der Tat begannen diese »Germanisten« bereits sehr früh, das heißt schon Anfang der 1970er Jahre, die deutsche Frage als offen zu betrachten. Während die sowjetische Führung nach der Unterzeichnung des Moskauer Vertrages den Begriff deutsche Einheit aus ihrem Vokabular strich, rückte Falin – damals Botschafter in Bonn – von der Zwei-Nationen-These der DDR ab und artikulierte in internen Gesprächen nicht selten seine eigenen Vorstellungen. Mitte März 1973 äußerte er sich diesbezüglich erstmals gegenüber dem Stellvertretenden Abteilungsleiter der Internationalen Abteilung des ZK der KPdSU Anatoli Tschernjajew: Die Geteiltheit der großen Nation am Ende des 20. Jahrhunderts zur Theorie zu erheben sei absurd. Mit dem Entstehen zweier Staaten hatten die Deutschen nicht aufgehört, eine Nation zu sein, so seine Kritik.[97] Solange die Deutschen die Spaltung Deutschlands als Unglück empfänden, müsse die Sowjetunion sich ernsthaft »mit einer Deutschlandkonzeption befassen. [...] Sonst wird es in der DDR in fünf Jahren eine solche Situation geben, dass noch so starke Besatzungstruppen mit großer Wahrscheinlichkeit nicht ausreichen werden.«[98]

Im Gegensatz zu Daschitschew, der dafür plädierte, die DDR zugunsten der sowjetischen Interessen abzuschreiben, war Falin »kein Gegner der DDR«.[99] Während der liberale Wissenschaftler die Reformunfähigkeit der DDR-Führung sowie die Instabilität des DDR-Systems zum Ausgangpunkt für seine

95 Vgl. Oldenburg: »Neues Denken« in der sowjetischen Deutschlandpolitik?, S. 1154 ff.

96 Vgl. Der CDU fehlt das ostpolitische Bad Godesberg. Ein Gespräch mit Nikolai Portugalow über die Beziehungen zwischen Bonn und Moskau und die Wende im Ost-West-Verhältnis, in: Blätter 32 (1987), S. 1400.

97 Vgl. Tschernjajew: Mein deutsches Tagebuch, S. 22 f.; Biermann: Zwischen Kreml und Kanzleramt, S. 116. Zu internen Unstimmigkeiten der sowjetischen Fachleute in Bezug auf die Zwei-Nationen-These vgl. auch Schachnasarow: Preis der Freiheit, S. 143 ff.

98 Tschernjajew: Mein deutsches Tagebuch, S. 23.

99 Falin: Politische Erinnerungen, S. 149. Auch Egon Krenz bezeichnete ihn als einen Freund der DDR, vgl. Kuhn: Gorbatschow und die deutsche Einheit, S. 24.

deutschlandpolitischen Überlegung nahm, ging es Falin weniger um die bloße Kapitulation als vielmehr darum, dass die DDR durch eine deutschlandpolitische Initiative aus der Krise herauskäme.

Bereits seit Anfang der 1970er Jahre vertrat Falin die Ansicht, dass die einzige Chance für die Weiterexistenz der DDR »nur im Rahmen einer Konföderation« liege. »Und das nicht so sehr wegen der Stärke des westdeutschen Großkapitals, sondern wegen der Mängel unserer sowjetischen Praxis.«[100] Sein Interesse an einer deutschen Konföderation erwuchs höchstwahrscheinlich aus eigenen Beobachtungen und Erfahrungen in der Ulbricht-Zeit.[101] In seiner kritischen Auseinandersetzung mit der Zwei-Nationen-These verglich er Erich Honecker mit dessen Vorgänger: Anders als Ulbricht, der eine nationale Konzeption des künftigen Deutschlands verfocht, hätte Honecker keine Konzeption zur Einheit der Nation.[102] Falins interne Kritik, dass man sich durch die Zwei-Nationen-These die Möglichkeit nehme, die deutsche Frage im Sinne linker Vorstellungen zu lösen, blieb jedoch wirkungslos.

Nachdem er »den Trompetenstoß« des neuen politischen Denkens 1985/86 als »Startsignal«[103] interpretiert hatte, versuchte er erneut, die Führung im Kreml von einer anderen Deutschlandpolitik zu überzeugen. Im August/September 1986 legte er dem Generalsekretär ein Gutachten vor, um »auf dunkle Wolken aufmerksam zu machen, die sich über der DDR und anderen mit uns verbündeten Staaten zusammenbrauten«,[104] und fügte eine Einschätzung von Professor Rem Beloussow an. Ende 1989 oder Anfang 1990 würden, seiner Prognose zufolge, die Länder des Rates für gegenseitige Wirtschaftshilfe (RGW) von einer ökonomischen Erschütterung heimgesucht, die sie aus eigener Kraft nicht mehr zu überwinden imstande wären und die schwere politische sowie soziale Komplikationen mit sich bringen könnte. Die Sowjetunion würde in dieser Zeit selbst in so starke wirtschaftliche Bedrängnis geraten, dass sie ihren Partnern und Verbündeten nicht mehr unter die Arme würde greifen können.[105] Auch in den folgenden Jahren 1987/88 legte Falin gegenüber dem Generalsekretär und dessen außenpolitischem Berater Alexander N. Jakowlew[106] dar, »dass die Verfallserscheinungen in der DDR intensiver und

100 Falin: Politische Erinnerungen, S. 149.

101 Ab Ende der 1950er Jahre bis in die 1960er Jahre hinein arbeitete Falin in der 3. Europa-Abteilung im Außenministerium, zu deren Aufgabenbereich die DDR, die Bundesrepublik Deutschland, West-Berlin und Österreich gehörten. Im August 1968 sollte er zum Abteilungsleiter ernannt werden. Vgl. ebd., S. 27–36.

102 Vgl. Tschernjajew: Mein deutsches Tagebuch, S. 23.

103 Falin: Konflikte im Kreml, S. 139.

104 Ebd., S. 21.

105 Vgl. ebd., S. 21 f. und 139; Falin in: Kuhn: Gorbatschow und die deutsche Einheit, S. 21 f.

106 Jakowlew war Gorbatschows engster Berater und seit 1987 Politbüromitglied. Seit September desselben Jahres war er im ZK für internationale Politik zuständig und galt als einer

tiefer seien, als bisher angenommen wurde«.[107] Falin wollte insbesondere Gorbatschow dazu bewegen, »die Taktik des Abwartens, bis ›die Geschichte ihr Urteil spreche‹, zu modifizieren«,[108] also die Initiative für eine neue Deutschlandpolitik und die Umwandlung der Nachkriegsordnung in Europa zu ergreifen. Die Sowjetunion sollte mit einer eigenen Konzeption vorstoßen, und zwar bevor die DDR als die »dünnste Kesselwand«[109] explodierte. Ab diesem Zeitpunkt war das Thema Konföderation ein fester Bestandteil seiner strategischen Überlegungen. Als Leiter der Internationalen Abteilung legte Falin ab 1988 seine Vorstellungen von den »zwei Staaten einer deutschen Nation« sowie eine neue Idee einer »europäischen Konföderation« auf den Tisch. Er sah in der Konföderationsidee einen besonderen Zusammenhang, nämlich »zwei Prozesse – die Überwindung der Spaltung Europas und Deutschlands – besser miteinander synchronisieren« zu können.[110] Darauf reagierte der sowjetische Generalsekretär jedoch mit einer »olympischen Ruhe«,[111] wie Falin im Rückblick bemängelte.

6.1.5 *Zusammenstoß von Befürchtungen als Anstoß*

Es ist also unwahrscheinlich, dass die Moskauer Führung über den Kopf der DDR hinweg Bonn ein Angebot zur Wiedervereinigung unterbreitete, wie einige noch immer glauben.[112] Dies schließt aber nicht aus, dass die sowjetische Führung sowie einige Deutschlandspezialisten im Kreml etwa seit 1987/88 – jeweils in unterschiedlichem Maße – wieder Deutschland als Ganzes (einschließlich Berlin) im Visier ihrer Außenpolitik hatten. Im Unterschied zum unentschlossenen Generalsekretär, der sich noch keineswegs veranlasst sah, Bewegung in die Lage Deutschlands zu bringen, beschäftigte sich die »Germanistenfraktion« um Falin mit einer alternativen Lösung der deutschen Frage, die eine doppelte Entwicklung der deutschen sowie europäischen Konföderation umfasste. Während der »außerordentlich seriöse« Fachmann Daschi-

der schärfsten Kritiker des alten Sowjetregimes. Er soll seit 1987 für die deutsche Wiedervereinigung eingetreten sein. Zu seiner Person und politischen Rolle vgl. Alexander Plato: »Architekt der Perestroika« gestorben. Zum Tod von Alexander N. Jakowlew (1923–2005), in: DA 39 (2006), S. 16 f.; Biermann: Zwischen Kreml und Kanzleramt, S. 47 f.

107 Falin: Politische Erinnerungen, S. 480.

108 Falin: Konflikte im Kreml, S. 29.

109 Falin: Politische Erinnerungen, S. 482.

110 Falin: Konflikte im Kreml, S. 29.

111 Falin: Politische Erinnerungen, S. 480. »Wäre es von Moskau ins Gespräch gebracht worden, hätte es die Deutschen in West und Ost dazu bewegen können, über früher verpaßte Gelegenheiten aufs neue nachzudenken«, so Falin: ders.: Konflikte im Kreml, S. 29.

112 Vgl. dazu Czichon/Marohn: Das Geschenk, S. 61 ff.; Kroh: Wendemanöver, S. 116 ff. und 156 ff.

tschew begann, seine »ketzerische« These publik zu machen und sogar als selbsternannter »Gorbatschow-Berater« in der bundesdeutschen Öffentlichkeit aufzutreten, beabsichtigten die »Germanisten«, sich im Stillen zu engagieren, um, wie Portugalow im Nachhinein formulierte, »eine Überzeugungsarbeit nach oben«[113] zu leisten.

Im Jahre 1989 setzte sich das »stille Zuarbeiten« (Portugalow) der Germanisten fort. Bei ihren vertraulichen Unterredungen mit ostdeutschen Gesprächspartnern im Sommer 1989 rückte das Thema deutsche Konföderation in den Mittelpunkt, wie der ehemalige Spionagechef Markus Wolf sowie der Sekretär für internationale Beziehungen im Zentralrat der FDJ Hans-Joachim Willerding später feststellten.[114] Der Patron der »Germanistenfraktion« Falin sprach, Wolfs Schilderung zufolge, von der »Möglichkeit, durch einen kontrollierten Prozeß über Reformen in der DDR und eine allmähliche Annäherung der beiden deutschen Staaten bis hin zu einer Konföderation die deutsche Frage zu entschärfen«.[115]

Nach dem Mauerfall waren vor allem die »Germanisten« wie Falin und Julij A. Kwizinskij verunsichert und drängten Gorbatschow und Schewardnadse, mit einem Konföderationsvorschlag vorzustoßen, was jedoch erfolglos blieb.[116] Als Falin und sein Mitarbeiter Portugalow Ende November 1989 Gespräche mit Spitzenpolitikern aus beiden deutschen Staaten führten, spielte auch der Konföderationsgedanke eine Rolle. In einer ganztägigen Unterredung mit den beiden politischen Führern der DDR, Krenz und Modrow, am 24. November 1989 in der sowjetischen Botschaft in Berlin riet Falin ihnen mit Nachdruck, in der deutschen Frage in die Offensive zu gehen und sich eine Konföderationslösung in Richtung »Neuvereinigung« zu überlegen.[117] Insbesondere dem Ministerpräsidenten legte er nahe, in sein Konzept der vorgeschlagenen Vertragsgemeinschaft eine deutsche Konföderation einzubeziehen.[118] Charakteristisch für Falins Argumentation war der Bezug auf die Konföderationsdiskussion, die Ende der 1950er Jahre begonnen und bis in die 1960er Jahre angedauert hatte.[119] Seiner Meinung nach war die Konföderationslösung in der neuen Situation Ende November 1989 ebenso eng mit der Bündnisfrage verbunden wie zuvor. Die Konföderation habe zwei Grundvoraussetzungen:

113 N. Portugalow, in: Kuhn: Gorbatschow und die deutsche Einheit, S. 30.
114 Vgl. Wolf: In eigenem Auftrag. Bekenntnisse und Einsichten, München 1991, S. 146–153; Czichon/Marohn: Das Geschenk, S. 69–73.
115 Zitat nach Wolf: In eigenem Auftrag, S. 150.
116 Vgl. Biermann: Zwischen Kreml und Kanzleramt, S. 329 f.; Julij A. Kwizinskij: Vor dem Sturm. Erinnerungen eines Diplomaten, Berlin 1993, S. 14–17.
117 Vgl. Krenz: Herbst '89, S. 310–319.
118 Vgl. Modrow, in: Kuhn: Gorbatschow und die deutsche Einheit, S. 74 f.
119 Vgl. ebd.; Krenz: Herbst '89, S. 316.

eine gemeinsame Verteidigungspolitik sowie eine gemeinsame Außenpolitik. Indem die DDR-Führung mit einem Konföderationsvorschlag sich für einen Weg zu einem einheitlichen, neutralen Deutschland aussprechen würde, sollte die BRD in die Ecke gedrängt werden, so Falins taktische Analyse.[120] Sie würde vor die Alternative gestellt werden, sich entweder für ihre Verpflichtungen in der NATO oder für einen Schritt in Richtung Wiedervereinigung unter dem Vorzeichen der Blockfreiheit zu entscheiden.

In der Folge beauftragte Krenz in einer Politbürositzung den Minister für Auswärtige Angelegenheiten, Oskar Fischer, »sich mit sowjetischen Genossen über mögliche Konzeptionen zu einer Konföderation zwischen der DDR und der BRD zu verständigen«.[121] Ministerpräsident Modrow sollte sich ebenfalls dem Konföderationsgedanken annähern, obgleich sich das nicht allein auf Falins Anregung zurückführen lässt.

Unterdessen hatte Portugalows Unterredung mit Teltschik in Bonn drei Tage zuvor, also am 21. November 1989, unerwartete Folgen. Sowohl für den für die BRD, Österreich und die Schweiz zuständigen Mitarbeiter in der »Falin-Abteilung« als auch für den Leiter der Abteilung Auswärtige und innerdeutsche Beziehungen im Bonner Kanzleramt war sie lediglich als ein üblicher informeller Austausch zur deutschen Frage gedacht gewesen. In Falins Auftrag, doch ohne Gorbatschows Wissen,[122] sollte der sowjetische Kundschafter »mal auf den Busch klopfen und die deutsche Reaktion sehen«,[123] wie er selbst rückblickend sagte, wobei er Teltschik zwei Schreiben überreichte:[124] ein amtliches Schreiben, das vorher mit seinem Chef sowie Gorbatschows engstem außenpolitischen Berater, Tschernjajew, abgesprochen worden war, und ein handschriftliches »Non-Paper«, das Falin im Hotel in Bonn selbst verfasst hatte.[125] Den Empfänger »elektrisierten« sowohl der erste, amtliche Teil, der eine positive Beurteilung der Entwicklung in der DDR einschließlich Modrows Vorschlag für eine »Vertragsgemeinschaft« sowie die Sorge über eine unberechenbare Lageentwicklung enthielt, als auch die »nichtamtlichen« Überlegungen im »Non-Paper«, die die Ausführungen des Überbringers enthielten: Die Sowjetunion denke im Zusammenhang mit der deutschen Frage bereits über

120 Vgl. ebd., S. 316 ff.
121 Ebd., S. 318.
122 Gorbatschow wusste nichts von den Aktivitäten. Tschernjajew war zwar Portugalows Abreise nach Bonn bekannt, aber nicht der Inhalt des Gesprächs, vgl. dazu Plato: Die Vereinigung Deutschlands, S. 115 ff.
123 N. Portugalow in: Kuhn: Gorbatschow und die deutsche Einheit, S. 77. Vgl. auch ebd., S. 81 f.
124 Nr. 112: Vorlage des Ministerialdirektors Teltschik an Bundeskanzler Kohl, Bonn, 6. Dezember 1989; Nr. 112A: SU und »deutsche Frage«, in: DzD Deutsche Einheit 1989/90, S. 616–618.
125 Vgl. Plato: Die Vereinigung Deutschlands, S. 113.

alle möglichen Alternativen nach, sogar über gewissermaßen »Undenkbares«. Indem der sowjetische Kundschafter seinem alten Bekannten und mehrmaligen Gesprächspartner im Bonner Kanzleramt einen Einblick in die Gedanken der internationalen Abteilung des Zentralkomitees in Moskau gewährte, konnte er die Bundesregierung mit Aufforderungen und Wünschen der sowjetischen Seite konfrontieren. Auf der einen Seite legte Portugalow Teltschik dar, dass die Sowjetunion in absehbarer Zeit »einer wie immer gearteten deutschen Konföderation grünes Licht geben könnte«.[126] Auf der anderen Seite machte er deutlich, dass es dabei um die Frage der zukünftigen Bündniszugehörigkeit der konföderierten deutschen Staaten gehen sollte: Es sei vernünftig, wenn die Bundesregierung die Initiative zur Wiedervereinigung ergreife, indem sie »öffentlich über die Vorstellungen der zukünftigen Allianzzugehörigkeit beider deutscher Staaten und über die Austrittsklausel der Pariser Verträge und des Römischen Vertrages im Wiedervereinigungsfall nachdachte«.[127] Im Großen und Ganzen entsprach das Falins Grundeinstellung, was die Feststellung Portugalows, er und Falin hätten sich zuvor abgesprochen,[128] bestätigt.

Bei jener Unterredung und der sich anschließenden Entwicklung spielte allerdings ein beiderseitiges Missverständnis die entscheidende Rolle, worauf von Plato treffend hingewiesen hat.[129] Die deutschlandpolitischen Überlegungen der »Germanisten« waren stets von der Befürchtung geprägt, die Bundesregierung könne ihre bisherige Zurückhaltung irgendwann aufgeben.[130] Diese Sorge, die sich angesichts der instabilen Lage in der DDR nach dem Mauerfall noch verstärkte, trieb nun Falin samt Portugalow zum Alleingang, dessen Auswirkungen ein von beiden Seiten ungewollt großes Ausmaß annahmen. Demgegenüber registrierte Teltschik spätestens Mitte November 1989 die Akzentverschiebungen in der sowjetischen Deutschlandpolitik, wie er in seinem Bericht an den Bundeskanzler über die Haltung der sowjetischen Führung zur Wiedervereinigung anmerkte: »Allerdings: Grundsätzlich und kategorisch wird eine Wiedervereinigung der beiden deutschen Staaten nicht abgelehnt.«[131] Aus jenem Sondierungsgespräch mit Portugalow zog Kohls Spitzenberater einen der Realität nicht ganz angemessenen Schluss, nämlich die sowjetische Führung sei schon zu jenem Zeitpunkt so weit gekommen wie die

126 Nr. 112: SU und »deutsche Frage«, in: DzD Deutsche Einheit 1989/90, S. 617.
127 Ebd., S. 617 f.
128 Vgl. N. Portugalow in: Kuhn: Gorbatschow und die deutsche Einheit, S. 82. Das Wichtigste war laut Portugalow zuvor in Gesprächen mit Falin festgelegt worden. Vgl. Plato: Die Vereinigung Deutschlands, S. 116.
129 Vgl. ebd., S. 118.
130 Vgl. Kwizinskij: Vor dem Sturm, S. 12–16.
131 Nr. 94B: Haltung der drei Westalliierten und der Sowjetunion zur deutschen Frage und zur Entwicklung in der DDR, in: DzD Deutsche Einheit, S. 547.

Modrow-Regierung in der DDR, Überlegungen über konkrete Denkmodelle des Zusammenschlusses bzw. der Wiedervereinigung der deutschen Staaten anzustellen, was dann zu einem offensiven Wiedervereinigungskonzept des Bundeskanzlers führen sollte.

Driftmanns Bemerkung, dass dem informellen Austausch mit Teltschik keine übertriebene, also keine herausgehobene Bedeutung zugeschrieben werden sollte,[132] ist zunächst in dem Sinne zuzustimmen, dass die Bundesregierung unabhängig von einer derartigen Unterredung bereits eine spektakuläre deutschlandpolitische Initiative als Antwort auf Modrows Regierungserklärung angedacht hatte. Dadurch, dass die missverstandene Anregung aus Moskau laut Teltschik auch den Bundeskanzler mobilisierte und dazu noch den Entscheidungsprozess im Kanzleramt erleichtern sollte, wirkte das Treffen auf die Entstehung eines Wiedervereinigungskonzepts eher als Katalysator denn als Auslöser.[133]

Die besondere Bedeutung des Treffens liegt aber nicht nur in der Beschleunigung des Prozesses, sondern vor allem darin, dass die deutschlandpolitischen Überlegungen der sowjetischen Führung das Kanzleramt unmittelbar zu einer inhaltlichen Beschäftigung anregten. In der sich daran anschließenden Diskussion um eine deutschlandpolitische Initiative im Kanzleramt bildete die Auseinandersetzung mit den missverstandenen sowjetischen Positionen und weniger mit denen des Modrow-Vorschlags die Grundlage für ein eigenes Gegenkonzept. Es griff, wie Teltschik in seiner Vorlage vom 6. Dezember an Kohl schrieb, »auf wesentliche Überlegungen der sowjetischen Führung«[134] zurück. In dieser Hinsicht lässt sich jenes Treffen als wirklicher Anstoß für Kohls Konföderationsoffensive am 28. November 1989 bezeichnen.

132 Vgl. Driftmann: Die Bonner Deutschlandpolitik 1989/90, S. 130 f.
133 Vgl. Teltschik, in: Kuhn: Gorbatschow und die deutsche Einheit, S. 83; Plato: Die Vereinigung Deutschlands, S. 118; Driftmann: Die Bonner Deutschlandpolitik 1989/90, S. 130 f.
134 Nr. 112: Vorlage des Ministerialdirektors Teltschik an Bundeskanzler Kohl, in: DzD Deutsche Einheit 1989/90, S. 616.

6.2 Das Zehn-Punkte-Programm

6.2.1 Entstehung eines Wiedervereinigungskonzeptes im Kanzleramt

Initiator wie Motor, aber auch Hauptautor in einem Autorenkollektiv war ohne Zweifel Horst Teltschik. Zwei Anmerkungen zum Anteil seiner Person am Entstehungs- und Entscheidungsprozess des Konzepts sind geboten. Zunächst sollen seine gewichtige Rolle und besondere Position im Kanzleramt beleuchtet werden. Als erster Nicht-Berufsdiplomat bekleidete er seit Kohls Regierungsantritt 1982 das Amt des Ministerialdirigenten der Abteilung 2 für auswärtige und innerdeutsche Beziehungen, Entwicklungspolitik und äußere Sicherheit des Bundeskanzleramtes.[135] Diese außergewöhnliche Personalentscheidung beruhte vor allem auf seiner langjährigen Freundschaft zu Kohl sowie dem daraus resultierenden Vertrauen und der Wertschätzung, die Kohl Teltschik entgegenbrachte.[136] Ungeachtet dessen, dass außenpolitische Fachleute im Auswärtigen Amt ein gewisses Misstrauen gegen ihn hegten,[137] konnte Kohls langjährigem engsten Mitarbeiter die Fachkompetenz nicht abgesprochen werden. Im Gegenteil: Als wichtigster Berater im Kanzleramt 1989/90 hielt er stets alle Fäden fest in der Hand. Vor allem aus informellen Gesprächen mit seinen Kontaktmännern in den Hauptstädten der Großmächte[138] verstand er es, politische Umschwünge im Voraus zu erkennen.

Nicht nur über die allgemeine außenpolitische Lage sowie die Rahmenbedingungen der Deutschlandpolitik verschaffte Teltschik sich Sachkenntnisse, sondern auch über die verschiedenen deutschlandpolitischen Überlegungen in der Bundesrepublik. In einem Interview zur nationalen Frage im Jahre 1988[139] machte er beispielsweise zunächst auf die neuen internationalen und deut-

135 Vgl. Korte: Deutschlandpolitik in Helmut Kohls Kanzlerschaft, S. 37 f.; Organisationsplan des Bundeskanzleramtes, 10. April 1990, in: DzD Deutsche Einheit 1989/90, S. 1567 f.; Küsters: Der Integrationsfriede, S. 804.

136 Vgl. Angela Fischer: Entscheidungsprozeß zur deutschen Wiedervereinigung. Der außenpolitische Entscheidungsprozeß der Koalitionsregierung Kohl/Genscher in den Schicksalsjahren 1989/90, Frankfurt a. M. 1996, S. 105 f.

137 Vgl. Korte: Deutschlandpolitik in Helmut Kohls Kanzlerschaft, S. 38; Richard Kiessler/Frank Elbe: Der diplomatische Weg zur deutschen Einheit, Frankfurt a. M. 1996, S. 98.

138 Es handelte sich dabei um die Sicherheitsberater von George Bush, Brent Scowcroft und Robert Blackwill, Mitterrands außenpolitischen Berater, Jacques Attali im Élysée-Palast, Charles Powell als Privatsekretär von Thatcher und Anatolij Tschernjajew als Berater Gorbatschows. Vgl. Küsters: Der Integrationsfriede, S. 805; Korte: Deutschlandpolitik in Helmut Kohls Kanzlerschaft, S. 38.

139 Vgl. Erich Kuby: Deutsche Schattenspiele. Dazu Interviews zur nationalen Frage mit Rudolf Augstein, Egon Bahr, Willy Brandt, Günter Gaus, Walther Leisler Kiep, Hans-Ulrich Klose, Elisabeth Noelle-Naumann, Otto Schily, Jürgen Schmude, Franz Josef Strauß, Horst Teltschik, München 1988, S. 302–312.

schen Entwicklungen zugunsten der Lösung der deutschen Frage aufmerksam und brachte dann das Gespräch auf einige neue Konföderationsvorschläge in der westdeutschen Öffentlichkeit. Der Ministerialdirigent ging also davon aus, dass »die Strukturänderungen in der Sowjetunion vielleicht dazu führen können, daß die DDR für die Sowjetunion längerfristig einen anderen Stellenwert erhält, als sie ihn heute hat«.[140] Seine zwar sehr vorsichtige, aber einsichtige Analyse war auf die von Gorbatschow schon angekündigte Relativierung der Rolle der Ideologie in der Sowjetunion und den anderen kommunistischen Staaten angewiesen. Wenn diese für die Lösung der deutschen Frage günstige Entwicklung weiter voranschritte, würden »gesellschaftliche und politische Konflikte innerhalb der kommunistischen Systeme, aber auch zwischen Ost und West kompromißfähiger. Da könnte etwas in Gang kommen, was ganz andere Überlegungen zuließe«,[141] so Teltschik. Aus seinem starken Interesse für die verschiedenen Konföderationslösungen für die deutsche Frage, die von Berg im *Spiegel* und französische Diplomaten in der *FAZ* vorstellten, machte er auch im Interview keinen Hehl. Freilich blieb er noch zurückhaltend, denn es war, so Teltschik, noch »viel zu früh, Aussagen darüber zu machen, auf welche Weise der Status quo schließlich überwunden werden kann«.[142] Sehr markant ist jedoch, dass der Kanzlerberater schon zu dieser Zeit mit großem Interesse die Vorschläge und Diskussionen über die Konföderationsidee verfolgte,[143] anstatt sie von vornherein zu verwerfen, wie es die meisten etablierten konservativen Politiker taten.

Als sich im Spätherbst 1989 tatsächlich eine derartige außenpolitische und innerdeutsche Konstellation ergab, die er sich 1988 vorgestellt hatte, war Teltschik darauf vorbereitet, etwas in Gang zu setzen, »was ganz andere Überlegungen zuließe«. Ein wichtiger Anstoß dazu war das Gespräch mit Portugalow am 21. November 1989.[144] Infolgedessen war Teltschik im Kanzleramt die treibende Kraft. Der gesamte Prozess von der Beratung über die Anfertigung bis zur öffentlichen Vorlage eines Wiedervereinigungskonzepts benötigte kaum eine Woche.

Das Konzeptpapier durchlief zwei Entstehungsphasen: Zunächst die Phase von der ersten Besprechung im Kanzleramt am 23. November, einem Donnerstag, bis zur Vorlage des ersten Entwurfes bei Kohl am späten Nachmittag des 25. November und schließlich Kohls Überarbeitung und teilweise Revidierung bis zum Montagvormittag.

140 Ebd., S. 304.
141 Ebd., S. 310.
142 Ebd.
143 Auch die nationale Linke fand Berücksichtigung. Teltschik führte z. B. das Buch von Peter Brandt an, ohne auf dessen Konföderationskonzeption einzugehen, vgl. ebd., S. 308.
144 Vgl. Teltschik: 329 Tage, S. 44 ff.

Mit der Bemerkung »Große Dinge entwickeln sich aus unscheinbaren Anfängen«[145] brachte Michael Mertes, der Redenschreiber im Kanzleramt, die unerwartete Entwicklung der ersten Besprechung im Rückblick prägnant zum Ausdruck. An einer Arbeitsbesprechung Kohls mit seinem Stab im Kanzlerbungalow am Abend des 23. November, in der eigentlich über die Verbesserung der Öffentlichkeitsarbeit für den Bundeskanzler beraten werden sollte, nahmen neben Teltschik und Mertes nicht nur Mitarbeiter des Kanzleramts, sondern auch die für Kommunikationsstrategie zuständigen Berater Kohls teil, aus dem Bundeskanzleramt dessen Chef Rudolf Seiters, der Abteilungsleiter Eduard Ackermann, der Leiter der für Sozialpolitik zuständigen Abteilung Baldur Wagner, der stellvertretende Leiter des Kanzlerbüros Stephan Eisel, der Leiter der Redenschreibergruppe Norbert Prill, aus dem Bundespresseamt dessen Chef Johnny Klein, der Abteilungsleiter Inland Wolfgang Bergsdorf sowie Juliane Weber und Wolfgang Gibowski aus der Forschungsgruppe Wahlen. Die Beratung über ein Wiedervereinigungsprogramm stand also ursprünglich nicht auf dem Programm. Freilich ist anzumerken, dass der wichtigste Berater und Mitarbeiter des Bundeskanzlers, Horst Teltschik, der zu jenem Zeitpunkt bereits spürte, dass Bewegung in die Lage gekommen war, von Beginn an die Auffassung vertrat, dass der Bundeskanzler »öffentlich die Meinungsführerschaft im Hinblick auf die Wiedervereinigung übernehmen muß«.[146]

Große Meinungsverschiedenheiten zwischen Kohls Beratern löste Teltschiks Vorschlag aus, dass der Kanzler seine Rede in der Haushaltsdebatte am Dienstag, dem 28. November, dazu nutzen solle, einen gangbaren Weg zur deutschen Einheit aufzuzeigen.[147] Gegen den Einwand, den der für die Deutschlandpolitik zuständige Kanzleramtsminister Seiters nicht nur in dieser Besprechung, sondern auch in einer Arbeitsbesprechung am folgenden Tag, vom Leiter des Arbeitsstabes Deutschlandpolitik, Claus Jürgen Duisberg, bestärkt, vorbrachte, setzte sich Teltschik nur mit Mühe durch. Zudem musste er in den darauffolgenden Beratungen der Arbeitsgruppe[148] hinsichtlich der Inhalte und Formulierungen der Rede erneut heftig mit dem Arbeitsstab Deutschlandpolitik diskutieren, wobei er vor allem von Prill und Mertes, den beiden Redenschreibern des Kanzlers, nachdrücklich unterstützt wurde.

145 Mertes: Die Entstehung des Zehn-Punkte-Programms, S. 23.

146 Teltschik: 329 Tage, S. 49.

147 Vgl. ebd., S. 49 f.; Mertes: Die Entstehung des Zehn-Punkte-Programms, S. 23; Jäger: Die Überwindung der Teilung, S. 64; Duisberg: Das deutsche Jahr, S. 102.

148 Die Beratungen und Arbeiten dauerten am Freitag von 10.30 bis 19.00 Uhr und am Samstag von 9.00 bis 15.00 Uhr. Teilnehmer waren neben Teltschik und Duisberg zwei »Außenpolitiker«, Peter Hartmann und Uwe Kaestner (nicht am Samstag), zudem Rüdiger Kass vom Arbeitsstab Deutschlandpolitik und die zwei Redenschreiber Prill und Mertes. Außerdem wurden einige Mitarbeiter für Zuarbeiten vorübergehend hinzugezogen. Vgl. dazu Mertes: Die Entstehung des Zehn-Punkte-Programms, S. 25.

Zuzustimmen ist Wolfgang Jägers These, wonach dieser Meinungsunterschied »im Kern […] ein Konflikt zwischen zwei unterschiedlich sozialisierten Typen von Ministerialbeamten« war.[149] Während der im Kanzleramt für die Deutschlandpolitik unmittelbar zuständige Ministerialdirektor Duisberg als Berufsdiplomat unkontrollierbare Reaktionen in der DDR sowie außenpolitische Risiken und Widerstand im Ausland befürchtete, besonders seitens der Sowjetunion, und den außenpolitischen Zusammenhängen mehr Rechnung tragen wollte,[150] ging es Kohls langjährigem engsten Mitarbeiter Teltschik um den Machterhalt seines Chefs: Maßstab von dessen Handeln sei, wie Jäger es formulierte, Helmut Kohls Erfolg. Damit handelte ausgerechnet der Leiter der Abteilung Außen- und Sicherheitspolitik im Bundeskanzleramt sehr deutlich in innenpolitischen Kategorien und Motiven.[151] Die Geheimhaltung der Rede, die Wahl der »magischen Zahl« Zehn[152] für die Gliederung des Redeinhalts und die Etikettierung des Konzepts mit »Programm«, die alle auf die Bestärkung des Wirkungsgrades der Rede zielten, ergaben sich ebenfalls aus den innenpolitischen Motiven: Überraschungseffekt sowie Werbewirksamkeit. Das alles sollte auf fruchtbaren Boden fallen.

Anders als in den Punkten, die sich auf Lagebeschreibungen, Sofortmaßnahmen und die europäische Einbettung der deutschen Wiedervereinigung bezogen, waren die Ministerialbeamten sich in der entscheidenden Frage »Dreischritt von der Vertragsgemeinschaft über die Konföderation« zur deutschen Einheit bis Samstagnachmittag nicht ganz einig. In der Diskussion um die Aufnahme der Konföderationsidee ins Zehn-Punkte-Programm spielte nicht nur der Widerstand der »Deutschlandpolitiker« im Kanzleramt eine große Rolle, sondern vor allem auch Kohls anfängliche Skepsis und die anhaltende Befürchtung, ob es klug sei, die Konföderationsidee aufzugreifen, oder ob man mit der Formulierung »Konföderation« nicht nur Missverständnisse

149 Jäger: Die Überwindung der Teilung, S. 65. Zur Konkurrenz zwischen Teltschik, Seiters und Duisberg vgl. auch Klaus Dreher: Helmut Kohl. Leben mit Macht, Stuttgart 1998, S. 473 f. Demgegenüber wies Korte zu Recht darauf hin, dass es von Anfang an deutschlandpolitische Differenzen zwischen der Redenschreibergruppe und dem Arbeitsstab Deutschlandpolitik gab, wobei es sich eher um ein strukturelles Problem im Entscheidungsprozess des Kanzleramtes handelte als um persönliche Differenzen. Vgl. Korte: Deutschlandpolitik in Helmut Kohls Kanzlerschaft, S. 487 f.

150 Vgl. Duisberg: Das deutsche Jahr, S. 102; Kiessler/Elbe: Der diplomatische Weg, S. 49.

151 Vgl. Jäger: Die Überwindung der Teilung, S. 65; Karl-Rudolf Korte: Die Deutschlandpolitik der Regierung Kohl seit Herbst 1989, in: Klaus-Dietmar Henke (Hg.): Revolution und Vereinigung 1989/90. Als in Deutschland die Realität die Phantasie überholte, München 2009, S. 419–440, hier S. 428.

152 Sie sollte nicht zufällig wirken, sondern den Eindruck eherner Notwendigkeit erwecken, so Mertes; vgl. ders.: Die Entstehung des Zehn-Punkte-Programms, S. 25. Hinsichtlich der Wahl der Zahl Zehn verwies Duisberg darauf, dass Kaestner vorgeschlagen hatte, eine runde Zahl zu nehmen. Vgl. Duisberg: Das deutsche Jahr, S. 102.

und Verwirrung erregen würde. Es war also kein anderer als der Bundeskanzler, der seine Mitarbeiter bei der ersten Besprechung am Donnerstagabend – Mertes' Ausführungen zufolge[153] – zu einer kritischen Auseinandersetzung mit dem Konföderationsgedanken anregte: Zunächst wies Kohl darauf hin, dass eine Konföderation die Fortsetzung der Zweistaatlichkeit voraussetze, und er erinnerte seine Mitarbeiter daran, dass Walter Ulbricht einen solchen Vorschlag schon Mitte der fünfziger Jahre gemacht hatte. Zweitens verdeutlichte er, dass seiner Auffassung nach eine Konföderation nur zwischen zwei Ländern mit vergleichbarer Staats-, Wirtschafts- und Gesellschaftsordnung möglich sei. Schließlich wollte Kohl keinen Zweifel aufkommen lassen, dass es nur um einen Zwischenschritt auf dem Weg zur Wiedervereinigung gehe, wenn er überhaupt den Konföderationsgedanken aufgreifen sollte.

Kohl legte damit bereits den Grundriss seiner Rede dar und schloss jedwede Überlegung, der zusammenbrechenden DDR zu einer Aufwertung oder Weiterexistenz zu verhelfen, aus. Der Bundeskanzler lehnte es beispielsweise ab,[154] eine EG-Mitgliedschaft der DDR in Betracht zu ziehen, wie Prill und Mertes sie im Juli 1989 in einem Artikel für die *FAZ* entwickelt und Kohl selbst sie zu jenem Zeitpunkt noch »beiläufig aufgenommen« hatte.[155] Durch die Betonung der Unmöglichkeit einer Konföderation zwischen zwei Staaten mit unterschiedlichen Systemen wollte er den Anwesenden seine Absicht, der DDR keinen anderen Ausweg offen zu lassen, klarmachen.

Der Bundeskanzler konnte sich in der Besprechung am Donnerstagabend noch nicht dazu durchringen, den Konföderationsgedanken aufzugreifen, wenngleich Prill vorschlug, statt »Konföderation« den Begriff »konföderative Strukturen« zu verwenden. Die unschlüssige Haltung des Chefs zur Konföderationsidee, also »weder ja noch nein«, führte unter den Ministerialbeamten zu heftigen Auseinandersetzungen bei den weiteren Arbeitsbesprechungen bis Samstagnachmittag.[156]

Mit der Unterstützung der beiden Redenschreiber gelang es Teltschik letztendlich, gegen den Widerstand der beiden »Deutschlandpolitiker« Duisberg und Kass das Herzstück des Programms, das heißt den Dreischritt von der »Vertragsgemeinschaft« über die »konföderativen Strukturen« bis hin zum Ziel »Föderation«, herauszuarbeiten. Unter dem Begriff »konföderative Strukturen« sollte, wie Prill vorschlug, Folgendes verstanden werden: ein gemeinsamer Regierungsausschuss zur ständigen Konsultation und politischen Abstim-

153 Vgl. Mertes: Die Entstehung des Zehn-Punkte-Programms, S. 23 f.
154 Vgl. ebd., S. 24.
155 Ebd.; M. Mertes/N. J. Prill: Eine Vision für Europa. Der verhängnisvolle Irrtum eines Entweder-Oder, in: FAZ, 19. Juli 1989, S. 8.
156 Vgl. Mertes: Die Entstehung des Zehn-Punkte-Programms, S. 26: Teltschik: 329 Tage, S. 50 f.

mung, gemeinsame Fachausschüsse sowie ein gemeinsames parlamentarisches Gremium.

Am Wochenende des 25. und 26. November 1989 widmete der Bundeskanzler sich dann in seinem Ludwigshafener Privathaus dem Text. Es war, wie Wolfgang Jäger in seinem Buch mit der Wiedergabe eines verkleinerten faksimilierten Entwurfs mit Kohls handschriftlichen Änderungen und Ergänzungen zeigte, nicht nur eine redaktionelle Überarbeitung, sondern eine klare inhaltliche Präzisierung der deutschlandpolitischen Ziele.[157]

Zwar ließ der Bundeskanzler die Grundstruktur und den Grundduktus des Entwurfes unverändert, er formulierte aber einige zentrale Passagen zur Konföderation und Föderation neu. Dass er sich erst nach abermaligen Beratungen mit seinen kompetenten Parteifreunden wie den beiden Brüdern Erich und Fritz Ramstetter, dem Bundestagsabgeordneten und Professor für Staatsrecht Rupert Scholz und dem hessischen Ministerpräsidenten Walter Wallmann[158] von seiner Unsicherheit bezüglich der politischen Opportunität und der verfassungsrechtlichen Zulässigkeit des Zwischenschritts »konföderative Strukturen« befreien konnte, deutet darauf hin, wie schwer er sich mit dem Konföderationsgedanken tat.

Im Folgenden sollen vier gewichtige Änderungen bzw. Einfügungen von Kohl wiedergegeben werden. In Punkt 5 des eigentlichen Entwurfes lautete der erste Satz: »Wir sind aber auch bereit, noch einen entscheidenden Schritt weiterzugehen, nämlich konföderative Strukturen zwischen beiden Staaten in Deutschland zu entwickeln.« Die deutsche Einheit kam in diesem Entwurf erst im letzten Punkt 10 vor. Durch den Zusatz »mit dem Ziel, später eine Föderation in Deutschland zu schaffen« für Punkt 5 machte der Bundeskanzler noch deutlicher, dass die »konföderativen Strukturen« nur als Übergangsstadium anzusehen seien.[159] In der letzten Überarbeitungsphase des Programms am Montag, dem 27. November, fügte der Bundeskanzler, von Ernst Albrecht angeregt,[160] dem Begriff »Föderation« die Präzisierung »das heißt eine bundesstaatliche Ordnung« hinzu, um seine Absicht unmissverständlich zu machen.

Zweitens ging es Kohl um die stärkere Betonung der Voraussetzung für die Einführung von »konföderativen Strukturen« in Deutschland: eine demokratisch legitimierte Regierung in der DDR. Erst nach der Einführung eines demokratischen politischen Systems in der DDR, wie Kohl mit dem Zusatz

157 Vgl. Jäger: Die Überwindung der Teilung, S. 64–66.
158 Vgl. Kohl: Erinnerungen 1982–1990, S. 991; Dreher: Helmut Kohl, S. 475; Mertes: Die Entstehung des Zehn-Punkte-Programms, S. 27.
159 Vgl. Mertes: Die Entstehung des Zehn-Punkte-Programms, S. 27; Jäger: Die Überwindung der Teilung, S. 66.
160 Vgl. Ernst Albrecht: Erinnerungen – Erkenntnisse – Entscheidungen, Göttingen 1999, S. 132.

»nach freien Wahlen« unterstrich, könnten verschiedene gemeinsame Institutionen gebildet werden.

Obendrein arbeitete Kohl die Begriffe »wiedervereinigt« (in Punkt 5) sowie »Wiedervereinigung« (in Punkt 10) ein, die im eigentlichen Entwurf nicht verwendet worden waren, und setzte damit die Änderung der Terminologie fort, die er bereits in seiner Rede am 8. November begonnen hatte. Wie Mertes aus seinen Erfahrungen als Kohls Redenschreiber rückblickend erläuterte, visierte der Bundeskanzler damit unmissverständlich »das deutschlandpolitische Maximum, die staatliche Einheit«, an.[161] Am Montagnachmittag konkretisierte er, dem Vorschlag des niedersächsischen Ministerpräsidenten Ernst Albrecht entgegenkommend, den Terminus »Wiedervereinigung«: Er fügte hinter das Wort »Wiedervereinigung« einen Zusatz »Das heißt die Wiedergewinnung der staatlichen Einheit Deutschlands« ein.[162]

Schließlich betonte Kohl in Punkt 7 mit einigen Zusätzen die gesamteuropäische Mission und Verantwortung der EG. Die EG müsse sich für die reformorientierten Staaten Mittel- und Osteuropas und auch die demokratische DDR offenhalten.[163] Nur in diesem Sinne könne die Europäische Gemeinschaft Grundlage einer wirklich umfassenden europäischen Einigung werden, fügte Kohl hinzu. Diese Ergänzung kam nicht von ungefähr. Dass die Anziehungskraft der EG im Vordergrund stehen müsse, wenn es um die europäische Einigung ging, war zu jener Zeit Kohls Grundüberzeugung. Von daher maß er der Osterweiterung der EG größere Bedeutung bei als der KSZE-Politik.[164] Die Formulierungen in den Punkten 8 und 9 des Entwurfs, die jeweils von Fortschritten im KSZE-Prozess sowie weiteren Schritten zur Abrüstung und Rüstungskontrolle handelten, nahm er hingegen ohne Änderung oder Ergänzung auf.

Nachdem Kohl das Programm in seine endgültige Form gebracht hatte, sorgten er und seine engsten Mitarbeiter durch weitere Geheimhaltung oder nur begrenzte Vorabinformationen bis zur öffentlichen Bekanntgabe für den erhofften Überraschungseffekt.[165] Am 28. November 1989 gegen elf Uhr trat

161 Vgl. Mertes: Die Entstehung des Zehn-Punkte-Programms, S. 27 f.

162 Vgl. Albrecht: Erinnerungen, S. 132; Jäger: Die Überwindung der Teilung, S. 66.

163 Die EG-Mitgliedschaft der DDR, die Kohl noch am Abend des 23. November abgelehnt hatte, nahm er letztendlich in das Konzept auf. Vgl. dazu Mertes: Die Entstehung des Zehn-Punkte-Programms, S. 28.

164 Vgl. ebd.

165 Nur wenige Gruppen und Einzelpersonen waren schon am 27. November unter der Voraussetzung der strengsten Vertraulichkeit darüber informiert: die Parteigremien der CDU sowie die CDU/CSU-Bundestagsfraktion; Bundespräsident Richard von Weizsäcker; 23 ausgewählte westdeutsche Journalisten sowie der amerikanische Präsident George Bush. Vgl. Teltschik: 329 Tage, S. 51–58; Kohl: Ich wollte Deutschlands Einheit, S. 167 und 171–174; K. Dreher: Helmut Kohl, S. 476 f.

der Bundeskanzler mit seinem Zehn-Punkte-Programm ans Rednerpult im Plenarsaal des Bundeshauses. Es schlug die Stunde des Kanzlers.

6.2.2 *Fünf-Punkte-Auslegung der Zehn Punkte*

Erstens: Kohls Programm war ein Knotenpunkt in der langjährigen deutschlandpolitischen Richtlinie der Bundesregierung und deren seit Ende Oktober 1989 neu angelegte Vereinigungsoffensive. Es lässt sich in doppelter Hinsicht als Bündelung bereits bekannter Elemente in einer neuen Form bezeichnen. Zum einen – aus langfristiger Perspektive betrachtet – fand es sich in der »Kontinuität unserer Außen-, Sicherheits- und Deutschlandpolitik« wieder, wie der verblüffte Außenminister Hans-Dietrich Genscher, Helmut Kohl zu der »großen Rede« gratulierend, bekräftigte.[166] Auf die Fortführung der Westbindung, die Einbindung in die Europäische Gemeinschaft (Punkt 7), die Unantastbarkeit der Bündniszugehörigkeit, die Anlehnung an die feste transatlantische Allianz, die gesamteuropäische Politik im KSZE-Prozess (Punkt 8) sowie auf das Selbstbestimmungsrecht (Punkt 10) ist in diesem Zusammenhang hinzuweisen.[167] Zum anderen fasste Kohls Rede die seit Ende Oktober begonnene deutschlandpolitische Offensive zusammen und bekräftigte sie mit dem Junktim »wirtschaftliche Hilfe gegen grundlegenden politischen und wirtschaftlichen Systemwandel« (Punkt 3), der unmittelbaren Verknüpfung von Selbstbestimmungsrecht und Einheitsforderung (Punkt 10), der Verwendung der Worte »Wiedervereinigung«, »wiedervereinigt« (Punkte 5 und 10) und mit der Unterminierung der Machtbasis bzw. der Anziehungskraft der Modrow-Regierung durch die Einbettung ihrer Vertragsgemeinschaft in weitere Schritte zur Vereinigung (Punkte 4, 5 und 10).

Außenpolitisch ging die Bundesregierung mit dieser sehr deutlichen Positionierung ein Risiko ein, vor allem im Hinblick auf die Reaktion der sowjetischen Führung. Aus innerdeutscher Perspektive versuchte die Bundesregierung nicht nur im Konkurrenzkampf mit der Modrow-Regierung den Rückhalt und die Zustimmung der DDR-Bürger zu gewinnen,[168] sondern sie

166 Vgl. Kiessler/Elbe: Der diplomatische Weg, S. 54.

167 Die Rolle der USA als Schutzmacht sowie der drei Westmächte, die Viermächteverantwortung und die Bündniszugehörigkeit wurden entweder nur am Rande oder gar nicht behandelt. Vgl. Peter R. Weilemann: Der deutsche Beitrag zur Überwindung der europäischen Teilung – Die zehn Punkte von Bundeskanzler Helmut Kohl, in: Außenpolitik. Zeitschrift für internationale Fragen 41 (1990), S. 15–23, hier S. 18. Der stellvertretende Leiter des Forschungsinstituts der Konrad-Adenauer-Stiftung, St. Augustin, Weilemann, hat sich geirrt, als er in den Zehn Punkten nur eine »Erneuerung der Kontinuität«, aber keinen Wandel sah.

168 Vgl. Driftmann: Die Bonner Deutschlandpolitik 1989/90, S. 143.

beabsichtigte zudem, dem Einheitswillen der Demonstranten in der DDR entsprechend, die DDR-Bürger gegen die Modrow-Regierung zu mobilisieren. Die Zugkraft der Zehn Punkte lag also nicht zuletzt in der reibungslosen Verzahnung der langjährigen kooperativen außen- und deutschlandpolitischen Grundlinien sowie einer verstärkten und überzogenen, wenn nicht gar risikobereiten Vereinigungsoffensive.

Zweitens: Dabei hatten die innenpolitischen Motive von Kohls Vorstoß auch unmittelbare Auswirkungen auf die Gestaltung des Redetextes. Eine nationalpolitische Initiative in einem geteilten Land ohne innenpolitische Motive wäre kaum vorstellbar. Kohl kam es mit seinem Vereinigungsvorschlag aber nicht nur auf die öffentliche Meinungsführerschaft oder den Überraschungs- sowie Werbeeffekt an. Das Übermaß innenpolitischer Erwägungen spiegelte sich auch in der Nichterwähnung eines der wichtigsten außenpolitischen Aspekte wider: eine explizite Anerkennung der polnischen Westgrenze. In der Arbeitsbesprechung am 24. November wurde dieser fehlende »elfte Punkt«, wie ihn die Kritiker bezeichneten, »zwar kurz angesprochen, aber […] im Hinblick auf die zu erwartende Reaktion Kohls gleich wieder fallen [ge]lassen«, so Mertes.[169] Gleichwohl schien Kohl selbst nicht daran zu glauben, dass an der Grenzfrage zu rütteln sei. Er vermittelte eher den Eindruck, dass er widerwillig in die Situation gedrängt wurde, die Oder-Neiße-Grenze anzuerkennen. Damit versuchte der politisch angeschlagene Bundeskanzler, die betroffene Wählergruppe an sich zu binden, wofür er einen, wenn auch begrenzten, politischen Schaden hinnehmen musste.[170] Sein »unehrliches, zweideutiges Spiel« *(Gazeta Wyborcza)*[171] erregte sowohl in den beiden deutschen Staaten als auch im Ausland größte Verwirrung und Widerstand. Das machtorientierte Kalkül in der Grenzfrage sorgte zwar erwartungsgemäß für angespannte außenpolitische Beziehungen,[172] schadete aber letztendlich dem innen- und deutschlandpolitischen Erfolg des Bundeskanzlers wenig. Der Bundeskanzler unterwarf sich jedoch bald dem ostpolitischen Pragmatismus und verstand es sogar, von dieser verspätet getroffenen Entscheidung zu profitieren.

Drittens: Das Zehn-Punkte-Programm zeigte zudem anschaulich, wie eng die deutschlandpolitische Konzeption der Bundesregierung mit den ostdeut-

169 Mertes: Die Entstehung des Zehn-Punkte-Programms, S. 33.

170 Vgl. Stephen F. Szabo: The Diplomacy of German Unification, New York 1992, S. 73.

171 Vgl. Oder-Neiße, in: Der Spiegel, 5. März 1990, S. 24.

172 Vgl. dazu Abschnitt 6.3.1. Zu den angespannten Beziehungen zwischen Polen und der Bundesrepublik nach der Verkündung des Zehn-Punkte-Programms vgl. Michael Ludwig: Polen und die deutsche Frage. Mit einer Dokumentation zum deutsch-polnischen Vertrag vom 17. Juni 1991, Bonn 1991, S. 38 ff.; Klaus Ziemer: Zwischen Mißtrauen und Hoffnung: Polen und die deutsche Vereinigung, in: Henke (Hg.): Revolution und Vereinigung 1989/90, S. 515.

schen bzw. sowjetischen Überlegungen verflochten war. Die Zehn Punkte absorbierten die noch nicht konkretisierte Idee einer Vertragsgemeinschaft der DDR-Regierung, jedoch ohne das Ziel fortgesetzter Zweistaatlichkeit. Bei der Entscheidung sowie Ausarbeitung der Zehn Punkte spielte die Befürchtung eines möglichen Vorstoßes der sowjetischen Führung mit einem ähnlichem Konzept die entscheidende Rolle. Gegenüber dem amerikanischen Außenminister James Baker äußerte Kohl sich Mitte Dezember 1989 etwa dahingehend: Wenn er den Zehn-Punkte-Plan nicht aufgestellt hätte, wären Kohl und der amerikanische Präsident eines Morgens aufgewacht und hätten einen entsprechenden Vorschlag von Gorbatschow vorgefunden. Ein solcher Vorschlag hätte dann allerdings die Bedingung enthalten, dass die Bundesrepublik Deutschland sich aus der NATO zurückziehen müsse.[173] Dass die Positionen des Zehn-Punkte-Programms sich nicht zuletzt aus der Auseinandersetzung mit den vermuteten sowjetischen Überlegungen ergaben, brachte auch Teltschik zum Ausdruck: Der Zehn-Punkte-Plan verhindere, dass die Weltöffentlichkeit mit sowjetischen Vorschlägen zur deutschen Frage konfrontiert werde, ohne dass die Position der Bundesregierung bekannt geworden wäre.[174]

Eben aus diesem Zusammenhang erklärt sich, dass Teltschik in der Vorbereitung des Redetextes den Konföderationsgedanken aufgegriffen und durchgesetzt hat. Die offensive und zugleich pragmatische Herangehensweise half den Akteuren im Kanzleramt, sich die Überlegungen der deutschlandpolitischen Antipoden anzueignen sowie ein sich bald als Kernpunkt erweisendes Lösungskonzept vorwegzunehmen. Sie schreckten also nicht vor dem bereits auf der anderen Seite vielfach erörterten und damit ideologisch belasteten Konföderationsgedanken zurück.

Viertens: Der Aneignung der Konföderationsidee im Kanzleramt lag eine geschickte Methode, das heißt die teilweise Aufnahme bereits von der anderen Seite entwickelter Gedankengänge, gepaart mit einer grundlegenden Abgrenzung in der Kernfrage, zugrunde. Diese zeigte sich bereits in der Wortwahl, indem statt von einer »Konföderation« von »konföderativen Strukturen« gesprochen wurde. Der Ausdruck »konföderative Strukturen« orientierte sich zwar inhaltlich am Begriff Konföderation, deutete aber auf die Unbestimmtheit oder Flexibilität hin, die nicht zuletzt von dem »politischen Wollen beider Seiten und der Zweckmäßigkeit der Abstimmungsregeln« abhängig gemacht wurde.[175]

173 Vgl. Nr. 120: Gespräch des Bundeskanzlers Kohl mit Außenminister Baker, Berlin (West), 12. Dezember 1989, in: DzD Deutsche Einheit 1989/90, S. 639.

174 Vgl. Nr. 112: Vorlage des Ministerialdirektors Teltschik an Bundeskanzler Kohl, Bonn, 6. Dezember 1989, in: DzD Deutsche Einheit 1989/90, S. 616.

175 Zur Begriffserklärung vgl. Mahnke: Vertragsgemeinschaft, S. 135 f.

Kohl wies den Begriff »Konföderation« zweifelsohne in der Absicht zurück, sich von der ulbrichtschen Konföderationskonzeption zu distanzieren.[176] Im Kontrast zur »Konföderation« bedeuteten »konföderative Strukturen«, Kohls Begriffsverständnis zufolge, dass »die beiden Länder in einer Übergangszeit zusammenarbeiteten, obwohl sie unterschiedlichen Blöcken angehörten«.[177] In Kohls konföderativer Perspektive ging es also ausschließlich um die Gestaltung des deutsch-deutschen Verhältnisses in der unmittelbaren Zukunft sowie die späteren Möglichkeiten einer engen innerdeutschen Beziehung, aber nicht im Geringsten um außen- oder sicherheitspolitische Lösungsformeln zweier eigenständiger deutscher Staaten als völkerrechtliche Subjekte. Mit dieser Abkoppelung der konföderativen Perspektive von der Problematik der äußeren Gestaltung eines vereinigten Deutschlands trat Kohl der Grundannahme der meisten Verfechter einer Konföderationsidee, nämlich Neutralität oder Blockfreiheit als Vorausetzung einer deutschen Konföderation, entgegen.

Der Neutralitätsforderung, die in den bisherigen Konföderationskonzepten, sei es von Ulbricht, den Nationalneutralisten oder von Falin, meistens im Vordergrund jedweder Überlegungen stand, wollte Kohl auf keinen Fall entgegenkommen.[178] Der umstrittene Verzicht auf die Bündnisfrage in den Zehn Punkten lässt sich daher in erster Linie auf taktische Überlegungen zurückführen: Man wollte mit dem Hochspielen dieses Themas »den Kreml nicht dazu veranlassen, die Notbremse zu ziehen«, wie Kohl im Rückblick bekundete.[179] Mit der Zurückstellung der Frage nach der Bündniszugehörigkeit verhinderte die Bonner Regierung geschickt, in Bedrängnis zu geraten und sich von vornherein vor die Alternative gestellt zu sehen, in der NATO zu bleiben oder sich unter dem Vorzeichen der Blockfreiheit wiederzuvereinigen, wie es Falin, der scharfsinnige Diplomat und Deutschlandspezialist im Kreml, geplant hatte.

Zudem konnte sich die Bonner Regierung in der heiklen, für sie offenbar nachteiligen Sicherheitsstrukturfrage nun, anders als in den 1950er und 1960er Jahren, auf einen neuartigen Aspekt, nämlich die Relativierung der Rolle konventioneller Streitkräfte der Paktsysteme sowie die Entschärfung der Militär-

176 Vgl. Mertes: Die Entstehung des Zehn-Punkte-Programms, S. 23 f.

177 Nr. 109: Gespräch des Bundeskanzlers Kohl mit Präsident Bush, Laeken bei Brüssel, 3. Dezember 1989, und Nr. 135: Gespräch des Bundeskanzlers Kohl mit Staatspräsident Mitterrand, Latché, 4. Januar 1990, in: DzD Deutsche Einheit 1989/90, S. 603 und 684.

178 Nach der Vorlage seines Programms versicherte Kohl bei verschiedenen Gelegenheiten, die Zehn Punkte würden auf keinen Fall zu einer Neutralität Deutschlands führen. Neutralität betrachtete Kohl als Gefahr für Deutschland. Vgl. Nr. 104: Gespräch des Bundeskanzlers Kohl mit Mitgliedern der Rüstungskontroll-Beobachtergruppe des amerikanischen Senats, Bonn, 1. Dezember 1989; Nr. 109: Gespräch des Bundeskanzlers Kohl mit Präsident Bush, Laeken bei Brüssel, 3. Dezember 1989, in: DzD Deutsche Einheit 1989/90, S. 588 und 603; Kohl: Erinnerungen 1982–1990, S. 994.

179 Ebd., S. 994 f.

doktrinen durch die EG-Osterweiterung, verlassen. In der EG-Mitgliedschaft der DDR sah Bonn zum Beispiel einen Ansatz für die Veränderung der Grundlage bzw. des Bezugsrahmens der europäischen Sicherheitsbedürfnisse.[180]

Mit dem zeitweisen Festhalten an den Bündnissystemen im Falle eines konföderativen Zusammenschlusses der beiden deutschen Staaten glich Kohls Konföderationsprogramm dem der Nationalkonservativen sowie jenem der Nationalrevolutionäre um Venohr. Mit dem abermaligen, wenngleich damals noch verschwommenen Verweis auf die Verpflichtung zur gesamteuropäischen Annäherung verstand es die Bundesregierung dennoch, sich gegen »nationalistische« Vorwürfe zu verwahren.[181]

Alles in allem war das Zehn-Punkte-Programm, zumindest im Zusammenhang mit der Aneignung bisheriger Konföderationsideen, mehr als eine »Zusammenbündelung [von] bisher bekannten Elemente in einer neuen Weise«.[182] Durch die Voranstellung der innerdeutschen konföderativen Vereinbarung, die Abkoppelung von der konföderativen Entwicklung und Sicherheitsstrukturfrage und, darauf basierend, die Festlegung der EG-Osterweiterung als entscheidender Faktor für die doppelte, also gesamtdeutsche sowie gesamteuropäische Einigung vermochte sich der neue Konföderationsplan des Bundeskanzlers als ein zugkräftiges Vereinigungskonzept zu profilieren und es in politischer Hinsicht mit anderen Konföderationsüberlegungen aufzunehmen, wenn nicht sogar diese in den Schatten zu stellen.

Letztlich gab es zwischen Kohls Konföderationsplan Ende November 1989 und dem von Ulbricht in den späten 1950er und 1960er Jahren einen Berührungspunkt: Trotz Kohls unmissverständlicher Abgrenzung von der Grundannahme des früheren SED-Konföderationskonzepts verfolgte er von vornherein die gleiche politische Strategie, mit der Konföderationsformel eher der Grundlage, also der Koexistenz der unterschiedlichen Systeme, den Boden zu entziehen, um schließlich das System des jeweils anderen Landes nach eigenem Muster grundlegend zu transformieren. Der Bundeskanzler interessierte sich von Anfang an weder für das föderalistische Grundprinzip des Respekts vor der Vielfalt oder der Anerkennung des anderen Systems noch für eine Reform des Systems der DDR.

Ein weiterer Grund dafür, dass Kohl ungeachtet der Mahnungen der Berufsdiplomaten im Kanzleramt und seiner Grundüberzeugung, dass eine Konföderation nur unter Gleichen möglich sei, die Anregung Teltschiks dennoch

180 Vgl. Nr. 104: Gespräch des Bundeskanzlers Kohl mit Mitgliedern der Rüstungskontroll-Beobachtergruppe des amerikanischen Senats, Bonn, 1. Dezember 1989, in: DzD Deutsche Einheit 1989/90, S. 588 f.; Mertes: Die Entstehung des Zehn-Punkte-Programms, S. 28.

181 Vgl. Mertes: Die Entstehung des Zehn-Punkte-Programms, S. 31.

182 Weilemann: Der deutsche Beitrag zur Überwindung der europäischen Teilung, S. 15, auch ebd., S. 22 f.

aufnahm, liegt zweifelsohne darin, dass er als pragmatischer Politiker angesichts der unkalkulierbaren Entwicklung nunmehr in den »konföderativen Strukturen« die »mögliche bessere« Perspektive sah. Der damit verbundene baldige Systemwandel im deutschen Nachbarstaat sollte der DDR keinen anderen Ausweg als den Anschluss an die Bundesrepublik lassen. Zum einen würde sich die Bundesrepublik mittels dieser Strategie nicht unmittelbar mit der Erblast der zerfallenden DDR belasten, und zum anderen würde der anvisierte Weg sowohl im innerdeutschen als auch im internationalen Bereich überzeugen.[183] In dieser Hinsicht war Kohls Konföderationsvorstoß, ebenso wie Ulbrichts Vorschläge, mehr als reine Propaganda. Anders als der gewandte Taktiker und Nationalrevolutionär Ulbricht, für dessen Konföderationskonzeption es in Westdeutschland keinen Partner gab, wie er Anfang 1967 schließlich selbst feststellen musste,[184] vermochte Bundeskanzler Kohl Ende 1989 in den Menschen auf den Straßen in der DDR einen solchen zu finden. Ob er an seinem Konföderationsplan festhalten konnte, hing neben dem – geduldigen oder ungeduldigen – Einheitswillen seiner »Partner für die Konföderation« in Ostdeutschland, also der DDR-Bürger, auch davon ab, wie die politischen Kräfte im In- und Ausland auf seine überstürzte, aber sehr gewandte Vereinigungsoffensive reagieren würden.

6.3 Reaktionen und Variationen

6.3.1 »Wir hatten nie so gute Karten wie in diesen Wochen«: Wiedervereinigung als internationales Problem

Die Reaktionen der drei Westalliierten auf das Zehn-Punkte-Programm – darüber ist schon vielfach geschrieben worden –[185] wichen von Teltschiks Analyse ihrer jeweiligen grundsätzlichen Haltungen zu einer möglichen Wiedervereinigung Deutschlands im Grunde nicht ab. In seiner Vorlage an den Kanzler vom 17. November hatte Teltschik schon einmal »eine deutlich abgestufte Haltung zur Wiedervereinigung« angemerkt: »am positivsten die USA, zurückhalten-

183 Vgl. Lutz Niethammer: Das Volk der DDR und die Revolution. Versuch einer historischen Wahrnehmung der laufenden Ereignisse, in: Charles Schüddekopf (Hg.): »Wir sind das Volk«. Flugschriften, Aufrufe und Texte einer deutschen Revolution, Reinbek 1990, S. 277.

184 Vgl. dazu Abschnitt 3.3.1.

185 Vgl. vor allem: Zelikow/Rice: Sternstunde der Diplomatie, S. 176–195; Weidenfeld: Außenpolitik für die deutsche Einheit, S. 126–134; Plato: Die Vereinigung Deutschlands, S. 136–147.

der Frankreich und gegenüber beiden deutlich abfallend Großbritannien«.[186] Die verschiedenen Wahrnehmungen und Resonanzen auf Kohls Zehn Punkte bezogen sich jedoch in der Regel nicht auf den politischen Status, wie etwa »konföderative Strukturen« oder eine »Föderation«, sondern entzündeten sich an der Tatsache des Alleingangs des Bundeskanzlers, der also, ohne sich vorher mit den Westalliierten abgestimmt zu haben, den Prozess der deutschen Einheit in Gang gesetzt hatte. Die Bundesrepublik verwirklichte in der Frage der deutschen Einheit das bisher sowohl national als auch international vielfach verkündete Selbstbestimmungsrecht, ohne sich von den Westalliierten etwas vorschreiben zu lassen.

Im Gegensatz zum amerikanischen Präsidenten George Bush, der dem Bundeskanzler bereits am Tag nach dem Telefonat mit ihm am 29. November 1989 seine Unterstützung zusicherte,[187] taten sich die britische Premierministerin Margaret Thatcher und der französische Staatspräsident François Mitterand mit Kohls Vorpreschen schwer. Dennoch bekräftigten Mitterand und sein Außenminister Roland Dumas am 29. November in einer öffentlichen Stellungnahme, dass die Bestrebungen der deutschen Politiker nach einer Wiedervereinigung im Prinzip legitim seien.[188] Bei anderen Gelegenheiten, wie zum Beispiel Unterredungen mit dem südkoreanischen Staatspräsidenten Roh Tae Woo sowie dem bundesdeutschen Außenminister Hans-Dietrich Genscher im Elysée-Palast am 30. November,[189] aber auch auf dem Treffen mit Gorbatschow am 5. Dezember in Kiew,[190] machte Mitterand jedoch sein Unbehagen bezüglich der einseitigen Vorgehensweise der Deutschen deutlich

186 Nr. 94B: Haltungen der drei Westalliierten und der Sowjetunion zur deutschen Frage und zur Entwicklung in der DDR, in: DzD Deutsche Einheit 1989/90, S. 546.

187 Vgl. Zelikow/Rice: Sternstunde der Diplomatie, S. 182 f. Zur amerikanischen Unterstützung für Kohls Regierung in der gesamten Phase des Wiedervereinigungsprozesses vgl. Christian Hacke: Zur Weltmacht verdammt. Die amerikanische Außenpolitik von J. F. Kennedy bis G. W. Bush, München 1997, S. 456–487. Zur amerikanischen Unterstützung für Kohls Vorstoß vgl. Weidenfeld: Außenpolitik für die deutsche Einheit, S. 129 ff. und 175–191.

188 Am 29. November sprach Mitterand auf einer Pressekonferenz in Athen. Auch sein Außenminister Dumas äußerte sich in der Fragestunde der Nationalversammlung in gleicher Weise zu dieser Problematik. Vgl. Tilo Schabert: Wie Weltgeschichte gemacht wird. Frankreich und die Deutsche Einheit, Stuttgart 2002, S. 418; Nr. 102: Vorlage des Ministerialdirektors Teltschik an Bundeskanzler Kohl, Bonn, 30. November 1989, in: DzD, Deutsche Einheit 1989/90, S. 575; François Mitterrand: Über Deutschland, Frankfurt a. M. 1998, S. 54.

189 Zu den beiden Gesprächen vgl. Schabert: Wie Weltgeschichte gemacht wird, S. 418–422. Vgl. auch Genscher: Erinnerungen, S. 677–680. Genscher bezeichnete seinen Gesprächspartner Mitterrand als »verläßlichen Freund der Deutschen«, ebd., S. 678. Zur Kritik an der Subjektivität seiner Erinnerungen vgl. Ernst Friedrich Jung: Genschers »Erinnerungen« im Rückblick. Eine kritische Nachlese, in: Historisch-Politische Mitteilungen. Archiv für Christlich-Demokratische Politik 5 (1998), S. 237–254, hier S. 244.

190 Vgl. Plato: Die Vereinigung Deutschlands, S. 137–139; Schabert: Wie Weltgeschichte gemacht wird, S. 434.

und legte seine Vorstellungen von einem normalen Verfahren dar, das einen »Unfall« verhindern könnte: Zuerst seien wichtige Entscheidungen zur Lage der Europäischen Gemeinschaft in Straßburg zu treffen und dann Überlegungen anzustellen, die eine neue Art der Beziehungen zwischen den Deutschen sowie der Garantiemächte zu Ostdeutschland umfassten. Die deutsche Frage dürfe nicht den europäischen Prozess bestimmen, sondern umgekehrt.[191] Die große Sorge der Franzosen, dass Deutschland in der künftigen europäischen Entwicklung eine führende Machtposition besitzen könnte, beunruhigte auch die Briten.

Für die Deutschland- sowie Europapolitik der britischen Regierung, vor allem der Premierministerin, war die historische Erfahrung mit Nazi-Deutschland prägend und somit entscheidender als die Zukunft eines geeinten Europas.[192] Wegen ihrer eigensinnigen Europapolitik war sie letztendlich nicht in der Lage, mit Frankreich und anderen westeuropäischen Staaten Schritt in der Frage einer Verhinderung der Wiedervereinigung Deutschlands zu halten. Die »Eiserne Lady«, die kein gutes Haar an dem »so deutschen« Bundeskanzler ließ,[193] verhielt sich, als stünde sie der Situation von 1938 in München und einem neuen Hitler mit Großmachtambitionen gegenüber.[194] In Thatchers Augen verwandelte sich die deutsche Frage wiederum in eine »deutsche Gefahr«. Die deutsche Wiedervereinigung stehe nicht auf der Tagesordnung, erklärte sie zwischen Ende November 1989 und Ende Januar 1990 mehrfach, sondern nur die osteuropäische Demokratisierung.[195]

191 Vgl. ebd., S. 419 f.

192 Vgl. Margaret Thatcher: Downing Street No. 10. Die Erinnerungen, Düsseldorf u. a. 1993, S. 1094 ff.

193 Zur angespannten Beziehung zwischen Kohl und Thatcher vgl. Klaus-Rainer Jackisch: Eisern gegen die Einheit. Margaret Thatcher und die deutsche Wiedervereinigung, Frankfurt a. M. 2004, S. 47–65.

194 Vgl. Plato: Die Vereinigung Deutschlands, S. 142. Zum negativen britischen Deutschlandbild 1989/90 vgl. Günther Heydemann: Partner oder Konkurrent? Das britische Deutschlandbild während des Wiedervereinigungsprozesses 1989–1991, in: Franz Bosbach (Hg.): Feindbilder: Die Darstellung des Gegners in der politischen Publizistik des Mittelalters und der Neuzeit, Köln/Weimar/Wien 1992, S. 201–234. Vgl. auch Jackisch: Eisern gegen die Einheit, S. 21, 111 f. und 221. In den Kabinettssitzungen zur deutschen Frage zitierte sie Jackisch zufolge, um konstruktive Meinungen im Keim zu ersticken, immer wieder Nazi-Propaganda: »Ein Volk, ein Reich, ein Führer.« Thatchers skeptisches, misstrauisches Deutschlandbild und ihre hartnäckige Ablehnung der deutschen Wiedervereinigung führte Jackisch zum großen Teil auf ihre Kindheitserinnerungen an deutsche Bomben auf ihre Heimatstadt Grantham und den Einfluss ihres Wahlkreises zurück, ohne dabei ihre Sorge um nationale britische Interessen unberücksichtigt zu lassen; ebd., S. 22 f.

195 Vgl. Norbert Himmler: Zwischen Macht und Mittelmaß. Großbritanniens Außenpolitik und das Ende des Kalten Krieges. Akteure, Interessen und Entscheidungsprozesse der britischen Regierung 1989/90, Berlin 2001, S. 105; Jackisch: Eisern gegen die Einheit, S. 19; Thatcher: Downing Street No. 10, S. 1098 ff.; Genscher: Erinnerungen, S. 675 f.; Weidenfeld: Außenpolitik für die deutsche Einheit, S. 131 ff.

Der französische Staatspräsident, der zwar in erster Linie den Vorrang der europäischen Einheit vor der deutschen oder zumindest eine Parallelität der Vereinigung Deutschlands mit der europäischen Einigung einforderte,[196] stellte sich dem Bundeskanzler jedoch nicht in den Weg und zeigte, nachdem ihm klar geworden war, dass keine Macht in Europa die deutsche Wiedervereinigung verhindern könne, eine gewisse Sympathie dafür.[197] Bereits Ende des Jahres 1989 setzten Mitterrand und seine Regierung, von der baldigen deutschen Einheit ausgehend, auf das neue Projekt eines größeren, selbständigen und stärkeren Europas, nämlich eine »Europäische Konföderation«.[198]

Im Unterschied zu den Franzosen, die darauf bedacht waren, das wiedervereinigte Deutschland in ein noch stärkeres Europa einzubinden, zögerte Thatcher nicht nur, die Unausweichlichkeit der deutschen Einheit anzuerkennen, sondern sie suchte zudem mit konstanter Hartnäckigkeit Mittel und Wege für eine internationale Allianz gegen die deutsche Einheit oder zumindest eine Verlangsamung des Einheitsprozesses, allerdings ohne Erfolg.[199]

Die militärische Bündnisfrage und die Grenzfrage, also die Forderung »kein Handel Neutralismus für Einheit« und die Bestätigung der Grenzen in Europa – unter anderem die Anerkennung der Oder-Neiße-Grenze – gehörten zu den Hauptargumenten der Premierministerin gegen die deutschen Einheit. Die amerikanische Administration erklärte bereits unmittelbar nach Kohls Vorpreschen die beiden Punkte mitsamt zwei weiteren, der Selbstbestimmung und der friedlichen sowie schrittweisen Vereinigung, zu den »Vier Prinzipien« der deutschen Vereinigung, die letztendlich das Kohl-Programm konstruktiv ergänzten, anstatt es einzuengen oder gar zu blockieren.[200] Bei der britischen

196 Bereits in seinem Vortrag am 21. Dezember vor Studenten und Intellektuellen in Leipzig sprach er beispielsweise davon, dass es möglich sei, die deutsche und die europäische Einheit gleichzeitig voranzubringen; vgl. Mitterrand: Über Deutschland, S. 164.

197 Vgl. Nr. 135: Gespräch des Bundeskanzlers Kohl mit Staatspräsident Mitterrand, Latché, 4. Januar 1990, in: DzD Deutsche Einheit 1989/90, S. 682–690.

198 Vgl. Schabert: Wie Weltgeschichte gemacht wird, S. 435–450. Zur Idee einer »Europäischen Konföderation«, die Mitterrand in seiner Neujahrsansprache am 31. Dezember 1989 vorstellte, vgl. ebd., S. 447–450; Mitterrand: Für eine europäische Konföderation, in: ders.: Über Deutschland, S. 171–185; Rainer Hudemann: Von alten Stereotypen zum neuen Europa: Frankreich und die deutsche Vereinigung, in: Henke (Hg.): Revolution und Vereinigung 1989/90, S. 507 f.; Marie-Pierre Rey: »Europe is our Common Home«: A Study of Gorbachev's Diplomatic Concept, in: Cold War History 4 (2004), No. 2, S. 57 f.

199 Vgl. Himmler: Zwischen Macht und Mittelmaß, S. 107–118; Thatcher: Downing Street No. 10, S. 1101–1106. Thatcher setzte nicht nur auf eine britisch-französische Achse oder »Tripel-Allianz« aus Großbritannien, Frankreich und der Sowjetunion gegen die deutsche Wiedervereinigung, sondern versuchte auch andere EG-Partner wie Italien, Irland, Spanien und Portugal für ihre Position zu gewinnen; vgl. Jackisch: Eisern gegen die Einheit, S. 179–204, insbes. S. 202 f.

200 Zu »Vier Prinzipien« vgl. Heinrich Bortfeld: Washington – Bonn – Berlin. Die USA und die deutsche Einheit, Bonn 1993, S. 75–84; James A. Baker: Erinnerungen. Drei Jahre, die die Welt veränderten, Berlin 1996, S. 160 f. Sie wurden zunächst von Francis Fukuyama und

Premierministerin war es ganz anders: Nicht nur der Bonner Alleingang als solcher, sondern eben auch die Nichterwähnung dieser beiden entscheidenden Fragen in Kohls Zehn-Punkte-Programm bestärkten Thatchers negatives Bild von Kohl und ihre antideutsche Haltung, so dass Thatcher sie als Gründe für ihre Ablehnung der deutschen Einheit anführen konnte.[201] Kohl empfand Thatchers Argwohn allerdings als »unschön« und anachronistisch: Sie lebe, wie er im Rückblick schrieb, in der Zeit vor Churchill, im »balance of power«-Denken des 19. Jahrhunderts.[202] Dieses Urteil über die »Eiserne Lady« teilte auch der amerikanische Präsident. Obwohl ihre Position zu den von Kohl nicht erwähnten beiden Kernfragen im Prinzip deckungsgleich mit der britischen war, handelten Bush und Baker stets kooperativ und zugunsten einer raschen Wiedervereinigung Deutschlands.[203] Erst ab Mitte Mai 1990, nachdem Moskau in der Frage der Mitgliedschaft des vereinten Deutschlands in der NATO grünes Licht gegeben hatte, musste und konnte die hartnäckige britische Premierministerin sich nach und nach mit den neuen deutschen und europäischen Realitäten abfinden,[204] das tat sie allerdings nicht als Befürworterin der deutschen Vereinigung, sondern als große Verliererin dieser Kontroverse.

Weder die europäischen Verbündeten noch die Amerikaner gingen ausführlich auf die Kernaussage des Programms ein. An den wichtigsten Inhalten der Zehn Punkte, wie dem grundlegenden Systemwandel in der DDR und der Einführung »konföderativer Strukturen« mit dem Ziel einer Föderation, hatten die westlichen Alliierten und Verbündeten im Grunde nichts zu beanstanden.[205] Keiner von ihnen wünschte sich die weitere Existenz der DDR unter sozialistischem Vorzeichen.

In Moskau fiel die Resonanz, wenngleich nicht gänzlich, so doch anders aus als im europäischen Westen und den USA. Zunächst hatte Kohls Alleingang die sowjetische Führung ebenso wie die beiden westlichen Alliierten Großbritannien und Frankreich beunruhigt, wenn nicht sogar in Rage gebracht.

Dennis Ross im Planungsstab des State Department entwickelt und dann von Außenminister Baker auf einer Pressekonferenz am 29. November vorgestellt. In Bonn nahm man sie als positives Signal wahr, vgl. Nr. 102: Vorlage des Ministerialdirektors Teltschik an Bundeskanzler Kohl, Bonn, 30. November 1989, in: DzD Deutsche Einheit, 1998, S. 574 und 577.

201 Vgl. Jackisch: Eisern gegen die Einheit, S. 88–129.

202 Vgl. Kohl: Ich wollte Deutschlands Einheit, S. 176. Vgl. auch Nr. 148: Vorlage des Ministerialdirektors Teltschik an Bundeskanzler Kohl, Bonn, 25. Januar 1990, in: DzD Deutsche Einheit 1989/90, S. 720.

203 Vgl. Kohl: Ich wollte Deutschlands Einheit, S. 168 ff. Zu unterschiedlichen Positionen von USA und Großbritannien in der deutschen Frage im Jahr 1989/1990 vgl. Jackisch: Eisern gegen die Einheit, S. 154–178.

204 Vgl. vor allem Himmler: Zwischen Macht und Mittelmaß, S. 132 ff.

205 Frankreich schätzte beispielsweise ein, dass konföderative Strukturen zwischen den beiden deutschen Staaten »weder nachteilig noch zu verhindern« seien. Vgl. Driftmann: Die Bonner Deutschlandpolitik 1989/90, S. 141.

Mit der Verkündung des Wiedervereinigungsprogramms durch den Bundeskanzler fand nun die sowjetische Befürchtung, die Bundesregierung könne ihre bisherige Zurückhaltung irgendwann fallen lassen, ihre Bestätigung. Das Kohl-Programm war in den Augen der sowjetischen Führung nichts anderes als – so ließ beispielsweise Außenministeriumssprecher Gennadi I. Gerassimow verlautbaren – »Revanchismus« und eine Gefährdung der »gegenwärtigen Stabilität in Europa«, Gorbatschow maß dem Programm einen »ultimativen« Charakter bei und bezeichnete es sogar als »Diktat«.[206] In seinen offiziellen Stellungnahmen und insbesondere in den vertraulichen Gesprächen mit westlichen sowie östlichen Gästen in den nächsten Wochen bis Mitte Januar 1990 sprach sich der Generalsekretär eindeutig gegen das Zehn-Punkte-Programm aus, indem er dem Kanzler vorwarf, dass er die Situation anheize und ins Chaos stürze und dass das Kohl-Programm von den bisherigen Vereinbarungen abweiche.[207]

Die herbe Kritik der sowjetischen Staatsmänner am Kohl-Programm war nicht nur auf die »künstliche Forcierung«, wie es Gorbatschow formulierte,[208] oder auf die dubiose Unterschlagung eines »elften Punkts«, also die Frage der Oder-Neiße-Grenze, die Schewardnadse besonders am Herzen lag,[209] gemünzt, sondern vor allem auf die Hauptstoßrichtung des Programms, die DDR von der europäischen Landkarte zu streichen. Im Unterschied zu den westlichen Politikern hatte Moskau der dritte Punkt des Programms, wo vom »grundlegenden Wandel« des Systems in der DDR und von »Verfassungsänderung« die Rede war, am stärksten getroffen, wie der französische Staatspräsident in seinem Gespräch mit Gorbatschow in Kiew am 6. Dezember 1989 richtig bemerkte.[210] Die Kremlführung fühlte sich gedrängt, sich gegen den Versuch der Bundesregierung, sich die DDR einzuverleiben und ihr die Gesellschaftsordnung der Bundesrepublik überzustülpen, zu wehren. Sowohl in einem Schreiben Gorbatschows an Kohl vom 18. Dezember 1989[211] als auch in Schewardnadses Rede vor dem politischen Ausschuss des Europaparlamentes

206 Vgl. Nr. 126: Schreiben des Generalsekretärs Gorbatschow an Bundeskanzler Kohl, ohne Datum, in: DzD Deutsche Einheit 1989/90, S. 658 f.; Biermann: Zwischen Kreml und Kanzleramt, S. 337 und 340; Weidenfeld: Außenpolitik für die deutsche Einheit, S. 118.

207 Vgl. Biermann: Zwischen Kreml und Kanzleramt, S. 337; Plato: Die Vereinigung Deutschlands, S. 139; Genscher: Erinnerungen, S. 682 ff.

208 Plato: Die Vereinigung Deutschlands, S. 130; Biermann: Zwischen Kreml und Kanzleramt, S. 340. Zu einer ähnlichen Formulierung Gorbatschows, wie »die Ereignisse künstlich anzupeitschen, politischen Sprengstoff in das noch glühende Feuer zu werfen«, vgl. Nr. 126: Schreiben des Generalsekretärs Gorbatschow an Bundeskanzler Kohl, ohne Datum, in: DzD Deutsche Einheit 1989/90, S. 659.

209 Vgl. Kiessler/Elbe: Der diplomatische Weg, S. 68 f.

210 Vgl. Mitterrand: Über Deutschland, S. 77; Kiessler/Elbe: Der diplomatische Weg, S. 69.

211 Vgl. Nr. 126: Schreiben des Generalsekretärs Gorbatschow an Bundeskanzler Kohl, ohne Datum, in: DzD Deutsche Einheit 1989/90, S. 658 f.

am nächsten Tag[212] wurde trotz ihrer prinzipiellen Bekenntnisse zum Selbstbestimmungsrecht der Akzent auf das Fortbestehen zweier deutscher Staaten als Stabilitätsfaktor in Europa gesetzt. Auch in der Frage des Selbstbestimmungsrechts wollten sie aus der Defensive treten, Schewardnadse vertrat beispielsweise in seiner oben erwähnten Rede in Brüssel die Auffassung, dass das Selbstbestimmungsrecht »die Staaten« anging, nicht »das Volk«. Deshalb seien alle Appelle oder Ratschläge, »sich selbst zu bestimmen«, und Vorschriften, wie und in welcher Zeit der Staatsaufbau der DDR zu ändern sei, nicht nur unangebracht, sondern zögen auch die Echtheit einer eventuellen freien Wahl in Zweifel.[213] In seiner Botschaft an Kohl mahnte Gorbatschow auch unter Hinweis auf die Schlussakte von Helsinki an, die Eigenständigkeit der DDR zu respektieren und sich nicht in deren innere Angelegenheiten einzumischen.[214]

In dieser Hinsicht artikulierten die sowjetischen Politiker ihre ablehnende Haltung gegenüber der von Kohl dargelegten Konföderationslösung. Die in den Zehn Punkten enthaltenen »konföderativen Strukturen«, die eher auf die Abschaffung des schwächeren Staatssystems zielten als auf die Koexistenz der beiden unterschiedlichen Systeme, waren zu jenem Zeitpunkt für die sowjetische Führung noch unakzeptabel. Jedoch hing ihr Interesse an der Bewahrung einer souveränen DDR weniger mit politisch-ideologischen oder sozialpolitischen Interessen zusammen als mit sicherheitspolitischen Belangen. Für die Sowjetunion war die DDR vor allem der »strategische Bündnispartner und Mitglied des Warschauer Paktes«, wie Gorbatschow zu jenem Zeitpunkt hervorheben musste.[215] Es war allgemein bekannt, dass das osteuropäische Militärbündnis ohne die DDR nicht mehr existieren würde.

Bereits am Tag der Verkündung des Zehn-Punkte-Programms in Bonn äußerte Portugalow, dass »konföderative Strukturen« möglich seien, doch »wenn wir über eine Konföderation als solche sprechen, als einen einheitlichen Staat aus zwei verschiedenen politisch-militärischen Blöcken angehörenden Elementen, dann ist das absolut unmöglich«.[216] Dem bundesdeutschen Außenminister Genscher gegenüber brachte Gorbatschow es am 5. Dezember 1989 auf den Punkt:

212 Vgl. Schewardnadses Rede vor dem politischen Ausschuss des Europaparlamentes, in: Umbruch in Europa. Die Ereignisse im 2. Halbjahr 1989. Eine Dokumentation, Auswärtiges Amt (Hg.): Bonn 1990, S. 146–153.

213 Vgl. ebd., S. 150.

214 Vgl. Nr. 126: Schreiben des Generalsekretärs Gorbatschow an Bundeskanzler Kohl, ohne Datum, in: DzD Deutsche Einheit 1989/90, S. 659.

215 Schewardnadses Rede vor dem politischen Ausschuss des Europaparlamentes, in: Umbruch in Europa, S. 149. Vgl. auch Plato: Die Vereinigung Deutschlands, S. 129 f.

216 Zitat nach Biermann: Zwischen Kreml und Kanzleramt, S. 337.

»Was bedeutet Konföderation? Konföderation setzt doch eine einheitliche Verteidigung, eine einheitliche Außenpolitik voraus. Wo befindet sich dann die BRD – in der NATO, im Warschauer Vertrag? Oder wird sie neutral? Aber was stellt die NATO ohne die BRD dar? Überhaupt, wie wird das weitergehen? Haben Sie das alles bedacht? Wo bleiben dann die zwischen uns existierenden Vereinbarungen? Ist das etwa Politik?«[217]

Noch im Dezember 1989 kämpfte der sowjetische Machthaber für den Fortbestand der DDR. Dabei lehnte er eine deutsche Konföderation und vor allem »eine deutsche Föderation« ab, was nicht zuletzt der schwer zu lösenden Sicherheitsfrage geschuldet war, die dann neu zu klären wäre.

Im Hinblick auf die kritische Entwicklung in der DDR musste die ausweichende oder abwartende Haltung des sowjetischen Machthabers erstaunen. Seinen Politikstil, »Lavieren, Ausweichen vor Konfrontation und Abwarten«,[218] wollte er obendrein einem ostdeutschen Neuling beibringen: In einem Telefonat am 14. Dezember sicherte Gorbatschow beispielsweise, ohne die realen Verhältnisse in der DDR angemessen einzuschätzen, dem neu gewählten SED-Vorsitzenden Gregor Gysi zu, dass die KPdSU und das Volk der Sowjetunion sehr am Erfolg der SED interessiert seien, und gab ihm den Ratschlag, nicht alle Fragen, die der Bundeskanzler aufwerfe, sofort endgültig zu beantworten.[219] Anstatt den Spieß umzudrehen und in die Offensive zu gehen, wartete Gorbatschow also ab, bis »die Geschichte entschied«, wie er selbst zuvor mehrmals erklärt hatte. Trotz der weiteren unumkehrbaren Veränderungen der politischen Lage in der DDR sowie der deutschen Teilungssituation im frühen Winter 1989/90 entwickelte die sowjetische Führung keine strategische Konzeption hinsichtlich der deutschen Frage, die über die Ablehnung von Kohls Programm hinausging.[220]

217 Zitat nach Plato: Die Vereinigung Deutschlands, S. 130 f.; Genscher: Erinnerungen, S. 685.

218 Plato: Die Vereinigung Deutschlands, S. 421; Ligaschow hielt Zubok zufolge »Zuspätkommen, auf Ereignisse mit zu großer Verspätung reagieren« für ein wesentliches Charakteristikum von Gorbatschows Politik, und Schachnasarow sprach vom »moderne[n] Fabius Maximus Cunctator«, einem römischer Politiker, der für sein Zaudern bekannt war. Vgl. Zubok: Die Krisen Gorbatschows und die Vereinigung Deutschlands, S. 257.

219 Vgl. Dokument 13: Vermerk über ein Telefonat von Michail Gorbatschow mit Gregor Gysi am 14. Dezember 1989, in: Nakath/Neugebauer/Stephan (Hg.): »Im Kreml brennt noch Licht«, S. 106 f.

220 Tatsächlich bekannte der Gorbatschow-Berater Tschernjajew: »Gorbatschow und wir hatten doch keine Strategie in Bezug auf Deutschland, nur allgemeine Ideen«; vgl. Plato: Die Vereinigung Deutschlands, S. 134 f. Ein wichtiger Grund dafür war, dass Gorbatschow die innenpolitischen Probleme der Sowjetunion wie die wirtschaftliche und finanzielle Krise und die baltischen Nationalitätskonflikte so belasteten, wenn nicht gar überrollt hatten, dass er sich mit der Frage der deutschen Wiedervereinigung nicht intensiv beschäftigen konnte. Vgl. Zubok: Die Krisen Gorbatschows und die Vereinigung Deutschlands, S. 254 f. und 263 ff.; Plato: Die Vereinigung Deutschlands, S. 171 und 415–418.

Freilich standen ihr »nicht allzu viele reale Varianten« zur Verfügung, wie Schewardnadse in der Rückschau urteilte.[221] Zunächst hätte die Kremlführung in aller Öffentlichkeit und Deutlichkeit erklären können, einer deutschen Wiedervereinigung, welcher Form auch immer, nicht zuzustimmen. Sie hätte mit dem Einsatz ihrer Truppen in der DDR drohen können.[222] Gorbatschow und Schewardnadse aber hielten unbeirrt an der »Freiheit der Wahl« als ihrem wichtigsten außenpolitischen Prinzip fest und erkannten damit in ihrer politischen Praxis mehrfach das Recht der Deutschen auf Wiedervereinigung an, und zwar auch nach der Verkündung der Zehn Punkte. Insofern blieben ihnen zwei Optionen, um eine totale Kapitulation vor Kohls Vorstoß zu vermeiden: eine frühzeitige Einwilligung in die deutsche Wiedervereinigung entweder mit der Forderung nach gesamtdeutscher militärischer Neutralität oder nach der Bildung eines neuen gesamteuropäischen Sicherheitssystems bei gleichzeitiger Auflösung der Militärbündnisse.

Wie die bisherigen Studien über die sowjetische Deutschlandpolitik in der »Wende«-Zeit gezeigt haben, hätte Gorbatschow zwischen Anfang Dezember 1989 und Januar 1990 mit einem Gegenvorschlag zur deutschen Wiedervereinigung im Rahmen eines europäischen Sicherheitssystems unter (oder ohne) Einbeziehung der USA die bessere und realistischere Karte als die einer neutralen deutschen Wiedervereinigung spielen können.[223] In der Tat kam er »zu spät« – erst nachdem »die Geschichte entschieden« hatte.

Schließlich ist anzumerken, dass die Bundesregierung die ambivalente Haltung der Sowjetunion zum Kohl-Programm von Anfang an bemerkte und besonderes Augenmerk auf die positiven oder wohlgesinnten Aussagen der Sowjetführer legte. »Die sowjetischen Äußerungen sind weniger negativ, als es zunächst den Anschein hat«, bewertete beispielsweise Teltschik die Reaktion der Sowjetunion auf Kohls Programm.[224] Auch Ministerialdirigent Hartmann machte in seiner Bewertung von Gorbatschows Haltung zum Zehn-Punkte-Programm darauf aufmerksam, dass Gorbatschow in seinem oben erwähnten Schreiben an Kohl »keine Bedenken gegen eine weitere Entwicklung des deutsch-deutschen Verhältnisses erhebt«.[225] Außenminister Genscher, den die beiden sowjetischen Führer auf ihrem Treffen im Kreml am 5. Dezember 1989 zurechtgewiesen hatten, fasste rückblickend zusammen, dass Moskau sich be-

221 Eduard Schewardnadse: Die Zukunft gehört der Freiheit, Hamburg 1991, S. 238.
222 Vgl. ebd., S. 239.
223 Vgl. Zubok: Die Krisen Gorbatschows und die Vereinigung Deutschlands, S. 262; Plato: Die Vereinigung Deutschlands, S. 135 und 420 f.
224 Nr. 102: Vorlage des Ministerialdirektors Teltschik an Bundeskanzler Kohl, Bonn, 30. November 1989, in: DzD Deutsche Einheit 1989/90, S. 577.
225 Nr. 127: Vorlage des Ministerialdirigenten Hartmann an Bundeskanzler Kohl, Bonn, 18. Dezember 1989, in: DzD Deutsche Einheit 1989/90, S. 661.

reits auf die Unausweichlichkeit der deutschen Wiedervereinigung eingestellt habe.[226] Den amerikanischen Außenminister Baker machte Kohl deshalb Mitte Dezember mit seiner Auffassung vertraut, dass die Sowjets durchaus bereit seien, neun Punkte zu akzeptieren und sie nur mit der Konföderation Schwierigkeiten hätten.[227] Im Hinblick auf die weiteren Entwicklungen sollte nicht nur die Unentschlossenheit der sowjetischen Führung als solche eine große Rolle spielen, sondern auch die Tatsache, dass die Bundesregierung die Passivität und die Schwankungen, die die sowjetische Führung bezüglich der deutschen Frage an den Tag legte, erkannte und einzuordnen verstand.

Dadurch sollte der Kreml die bundesdeutsche Regierung in den nächsten Wochen und Monaten eher ermuntern, anstatt sie zu bremsen. Die »offensive« (Baker) amerikanische Unterstützung für die Wiedervereinigungskonzeption der Bundesregierung mit dem Augenmerk auf die NATO-Mitgliedschaft eines vereinten Deutschlands, die französische Zurückhaltung und das Sich-Abfinden mit dem Entwicklungsprozess, die britische Isolierung und Unfähigkeit, Kohls Schritte zu verhindern, und vor allem die sowjetische Konzeptions- und Hilflosigkeit, das alles schuf außenpolitisch günstige Rahmenbedingungen für die Bundesregierung. Von größter Bedeutung war, dass keine der vier Mächte eine ernstzunehmende Gegenkonzeption zum Zehn-Punkte-Programm vorlegen konnte und wollte. Im Januar 1990 vertrat die Bundesregierung selbstbewusst die Ansicht, dass im Prozess der innerdeutschen Annäherung bis zur deutschen Wiedervereinigung die Initiative bei den deutschen Staaten bleiben müsse.[228] Ob man wirklich mit der Vertragsgemeinschaft und dann den »konföderativen Strukturen« beginnen oder eher einen schnellen Weg zur Wiedervereinigung ohne Umweg einschlagen würde, hing nun von den Deutschen selbst ab.

Der Satz, über den im Dezember 1989 im Kanzleramt gesprochen wurde: »Wir hatten nie so gute Karten in der internationalen Politik wie in diesen Wochen«,[229] machte lediglich die Hälfte der Wahrheit aus. Denn der Bundesregierung gelang es zudem, die Wiedervereinigungsdiskussion innerhalb der Bundesrepublik und darüber hinaus gesamtdeutsch zu kanalisieren.

226 Vgl. Genscher: Erinnerungen, S. 687. Vgl. auch Nr. 119: Vorlage des Ministerialdirektors Teltschik an Bundeskanzler Kohl, Bonn, 11. Dezember 1989, in: DzD Deutsche Einheit 1989/90, S. 633–636.

227 Vgl. Nr. 120: Gespräch des Bundeskanzlers Kohl mit Außenminister Baker, Berlin (West), 12. Dezember 1989, in: DzD Deutsche Einheit 1989/90, S. 637.

228 Vgl. Nr. 151: Aufzeichnung des Ministerialdirigenten Hartmann, Bonn, 29. Januar 1990, in: DzD Deutsche Einheit 1989/90, S. 732–733.

229 Nr. 119: Vorlage des Ministerialdirektors Teltschik an Bundeskanzler Kohl, Bonn, 11. Dezember 1989, in: DzD Deutsche Einheit 1989/90, S. 636.

6.3.2 *»Konföderation, was sonst?« Eine Form der Einheit oder gegen die Einheit*

Bereits in einer Sondersitzung des Parteipräsidiums am 11. November 1989 brachte die stellvertretende Vorsitzende der SPD-Bundestagsfraktion Herta Däubler-Gmelin die Deutschlandpolitik ihrer Partei auf den Punkt: »Der einzige Konsens, den die SPD in der Deutschlandpolitik hat, ist die Tatsache der Uneinigkeit.«[230] Das zeigten besonders die Bewertungen maßgeblicher sozialdemokratischer Politiker von Kohls Programm. Die »völlige Zustimmung«, die Karsten D. Voigt als Obmann im Auswärtigen Ausschuss nach kurzer Absprache mit dem Parteivorsitzenden und Fraktionsvorsitzenden Hans-Jochen Vogel unmittelbar nach der historischen Rede des Bundeskanzlers vor dem Bundestag gegeben hatte, war nicht nur für die Zwei-Staaten-Befürworter innerhalb der SPD aus taktischen sowie sachlichen Gründen »unerträglich«, sondern auch für viele Fraktionsmitglieder, die sich gewünscht hatten, eigene Akzente ihrer Partei in der Wiedervereinigungsdiskussion zu setzen.[231] Während Willy Brandt die Zustimmung zu Kohls Plan für »goldrichtig« hielt und damit Voigt und Vogel den Rücken stärkte, nahmen andere SPD-Politiker und Mitglieder der Bundestagsfraktion die beiden unter Beschuss und beanstandeten am Zehn-Punkte-Programm einige grundsätzliche Fehler und Mängel: neben der fehlenden Konsultation mit den westlichen Verbündeten die Nichterwähnung der polnischen Westgrenze, die Aussparung der Abrüstungsfrage sowie Patronisierung der DDR durch westliche Bevormundung.[232] In der Abstimmung über den Antrag der Koalition zum Zehn-Punkte-Programm am 1. Dezember 1989 enthielt sich die SPD-Fraktion der Stimme. In der Frage einer deutschen Konföderation waren die führenden Sozialdemokraten zwar ebenfalls uneinig, aber nicht so sehr wie in ihren Auffassungen zum Kohl-Pro-

230 Zitat nach Peter Merseburger: Willy Brandt 1913–1992. Visionär und Realist, Stuttgart 2002, S. 844. Vgl. auch Daniel Friedrich Sturm: Uneinig in die Einheit. Die Sozialdemokratie und die Vereinigung Deutschlands 1989/90, Bonn 2006.

231 Zu unterschiedlichen Reaktionen der Sozialdemokraten auf die Zehn Punkte vgl. ebd., S. 217–230; Georgios Chatzoudis: Die Deutschlandpolitik der SPD in der zweiten Hälfte des Jahres 1989, Bonn 2005, S. 81–90; Fabian Peterson: Oppositionsstrategie der SPD-Führung im deutschen Einigungsprozess 1989/1990, Hamburg 1998, S. 56–64; Petra Schuh/Bianca M. von der Weiden: Die deutsche Sozialdemokratie 1989/90. SDP und SPD im Einigungsprozess, München 1997, S. 223; Horst Ehmke: Mittendrin. Von der Großen Koalition zur Deutschen Einheit, Berlin 1994, S. 405 f.; Hans-Jochen Vogel: Nachsichten. Meine Bonner und Berliner Jahre, München 1996, S. 311 ff.

232 Vgl. Sturm: Uneinig in die Einheit, S. 218–226; Chatzoudis: Die Deutschlandpolitik der SPD, S. 82–90; Peterson: Oppositionsstrategie der SPD-Führung, S. 58 ff. Als Kritiker sind vor allem Hans-Jürgen Wischnewski, Oskar Lafontaine, Heidemarie Wieczorek-Zeul, Peter von Oertzen, Gerd Andres, Katrin Fuchs, Norbert Gansel, Horst Peter, Albrecht Müller zu nennen.

gramm insgesamt, denn die verschiedenen Gruppen sowie wichtigen Persönlichkeiten der SPD erkannten darin immerhin eine Vorstufe der, ihrer Ansicht nach, weiterzuführenden Entwicklung, die sich entweder als eine frühzeitige nationalstaatliche Einheit oder als eine parallele Entwicklung der gesamtdeutschen und gesamteuropäischen politischen Einigung darstelle.

Bemerkenswert ist, dass es in der damaligen SPD-Führung bereits unmittelbar vor der Vorlage des Zehn-Punkte-Programms Überlegungen und Vorschläge zu einer deutschen Konföderation gab. In den meisten Aspekten unterschieden sich der Stufenplan des Ersten Stellvertreters der SPD-Fraktion Horst Ehmke und das Fünf-Punkte-Konzept des Fraktionschefs Vogel kaum von Kohls Zehn Punkten, so dass die beiden SPD-Spitzenpolitiker im Nachhinein behaupten konnten, Kohl sei auf ihre Linie einschwenkt,[233] was in den Medien seinerzeit jedoch wenig Beachtung fand. Trotz der »nahezu deckungsgleichen« (Vogel) Punkte gab es allerdings entscheidende Unterschiede, die die SPD-Parteispitze in der Auseinandersetzung mit den Zehn Punkten unmittelbar nach deren Verkündung stärker ins Feld hätte führen können: die Zurückweisung der Bevormundungsversuche des Westens in Hinblick auf die politische und ökonomische Ausrichtung der DDR sowie eine deutsche Konföderation nur im Rahmen einer europäischen Friedensordnung.[234]

Mit der *Berliner Erklärung* vom 10. Dezember 1989, *Die Deutschen in Europa,* setzte die Parteispitze um Vogel, anders als im vorangegangenen Entschließungsantrag der SPD zur Deutschland- und Europapolitik am 1. Dezember, vor dem Bundestag durch, den Konföderationsgedanken einzubeziehen.[235] Eine neue Qualität der Zusammenarbeit zwischen den beiden deutschen Staaten in Richtung europäischer und deutscher Einheit könne »auf der Basis des Grundlagenvertrages in der Form einzelner Vereinbarungen, einer Vertragsgemeinschaft, einer Konföderation und *schließlich auch* [Hervorhebung durch den Verfasser] in einer bundesstaatlichen Einheit geschehen«.[236] Zunächst ist feststellen, dass die SPD nun versuchte, ihren Konföderationsgedanken den Zehn Punkten entgegenzustellen, indem sie den Akzent auf andere politische Ansätze legte:

> »Eine solche Konföderation ist die derzeit realisierbare Verfassungsordnung, die dem Wunsch der Menschen in beiden deutschen Teilstaaten nach Einheit institutio-

233 Vgl. Ehmke: Mittendrin, S. 405; Vogel: Nachsichten, S. 311; Sturm: Uneinig in die Einheit, S. 225.

234 Zu Vogels Fünf-Punkte-Plan vgl. Vogel: Nachsichten, S. 310; Chatzoudis: Die Deutschlandpolitik der SPD, S. 79 f. Zu Ehmkes Vorschlag vgl. ders.: Mittendrin, S. 404

235 Die Deutschen in Europa. Berliner Erklärung der Sozialdemokratischen Partei Deutschlands, Bonn 1989. Vgl. auch Vogel: Nachsichten, S. 316 f.; Jäger: Die Überwindung der Teilung, S. 154–157; Chatzoudis: Die Deutschlandpolitik der SPD, S. 93–99.

236 Die Deutschen in Europa, S. 1.

> nellen Ausdruck verleiht. Sie vermeidet die Gefahr der Majorisierung oder Bevormundung und ermöglicht es den beiden souveränen Staaten, in ihren Paktsystemen und Wirtschaftsgemeinschaften auf die Errichtung einer europäischen Friedensordnung und die Entstehung der Vereinigten Staaten von Europa hinzuwirken. Sie ist deshalb schon zu einem Zeitpunkt möglich, in dem die Bündnisse noch bestehen.«[237]

Gegen eine Bevormundung sprach sich die Erklärung also mit Nachdruck aus und wiederholte: Die Deutschen in der DDR sollten entscheiden, mit welchem Ziel und auf welchem Weg sie ihr Selbstbestimmungsrecht ausübten. »Wie immer ihre Entscheidung ausfällt, wir werden sie respektieren.«[238] Diese Ablehnung von Bevormundung war zwar im Grunde, aber nicht ausschließlich eine Reaktion auf Kohls Zehn-Punkte-Programm. Sie sollte als Grundsatz »ausdrücklich auch für den Fall« gelten, dass die Deutschen in der DDR sich für die sofortige Herstellung der Einheit aussprächen, wie Vogel sich später erinnerte.[239] Der Parteispitze ging es keinesfalls um eine deutsche Konföderation, die sich, auf der deutschen Zweistaatlichkeit basierend, in Richtung einer europäischen Einheit entwickeln sollte. In der *Berliner Erklärung* fand sich eine klare Festlegung der Form eines geeinten Deutschlands durch den Wortlaut: »schließlich auch in einer bundesdeutschen Einheit«.[240] Solange die Erklärung damit der baldigen Wiedervereinigung infolge des Zusammenbruchs der DDR eine Hintertür offen hielt, konnte sie als Alternativkonzept zu den Zehn Punkten an Geltung verlieren.

Auch hinsichtlich der Bündnisfrage vermochte die SPD nicht, sich ein eigenes Profil zuzulegen. Ihre langjährige Überzeugung, die bestehenden Militärbündnisse durch ein gesamteuropäisches Sicherheitssystem abzulösen, artikulierte sich in der Erklärung offenkundig.[241] Den Aufbau einer neuen europäischen Friedensordnung betrachtete die Erklärung dennoch nicht als Aufgabe einer deutschen Konföderation und behandelte ihn völlig getrennt von der erhofften stufenweisen innerdeutschen Entwicklung zur Wiederver-

237 Ebd.
238 Ebd., S. 2.
239 Vogel: Nachsichten, S. 317.
240 Die Deutschen in Europa, S. 1. Vgl. auch Vogel: Nachsichten, S. 317; Chatzoudis: Die Deutschlandpolitik der SPD, S. 100 f.
241 Die Deutschen in Europa, S. 3. Ebenfalls im Berliner Parteiprogramm vom Dezember 1989 fand sich der Aspekt »Schaffung einer europäischen Friedensordnung« neben zwei anderen Kernpunkten im Kapitel über Deutschland: freie Ausübung des Selbstbestimmungsrechtes sowie Einbettung jeder Form institutioneller Gemeinschaft der Deutschen in den europäischen Einigungsprozess. Vgl. Grundsatzprogramm der Sozialdemokratischen Partei, beschlossen vom Programmparteitag in Berlin 1989, in: Dieter Dowe/Kurt Klotzbach (Hg.): Programmatische Dokumente der deutschen Sozialdemokratie, Bonn 1990, S. 371–445, hier S. 388.

einigung, womit sie ohne weiteres der geschickten Logik des Zehn-Punkte-Programms, die Konföderationslösung von außenpolitischen Problemen und Sicherheitsfragen abzukoppeln, folgte. Die Konföderation, die die SPD sich in ihrer *Berliner Erklärung* ausmalte, tangierte ebenso ausschließlich die innenpolitischen Bereiche wie die »konföderativen Strukturen« in Kohls Programm, das heißt »auf den Gebieten der Wirtschaft, der Sozialpolitik, der Umwelt, des Verkehrs, der Energie, des Post- und Fernmeldewesens und der Kultur«.[242]

Freilich stellte die *Erklärung* zwei andere zentrale Punkte, die in Kohls Programm vermisst wurden, heraus: die Anerkennung der polnischen Westgrenze und die Forderung nach weiteren konkreten Abrüstungsmaßnahmen. Gerade von diesen beiden wunden Punkten, deren Fehlen die SPD seit langem kritisierte, versprach sie sich Vorteile und ein eigenes Profil. Der SPD gelang es jedoch, anders als Chatzoudis behauptet hat,[243] nicht, aus dem Schatten von Kohls Deutschlandplan herauszutreten und in die deutschlandpolitische Offensive zu gehen. Ein Sozialdemokrat wie Willy Brandt, der in der grundsätzlichen Überzeugung von einer Art Konföderation einerseits und in der Befürwortung einer schnellen deutschen Wiedervereinigung andererseits keinen Gegensatz sehen wollte,[244] hatte in Wirklichkeit nichts gegen Kohls Zehn Punkte sowie den baldigen einseitigen Abschied vom Konföderationsgedanken. Ansonsten beschäftigten sich die jüngeren oder »linkeren« Sozialdemokraten wie Oskar Lafontaine vielmehr mit der neuen sozialen Frage als Folge der Grenzöffnung bzw. »der gesellschaftlichen Einigung« (Oskar Lafontaine) als mit einem nationalstaatlichen Weg zur deutschen Einheit, wobei sie ihre internationalistische Tradition sowie gesamteuropäische Orientierung hervorhoben.[245] Dass der national handelnde Ehrenvorsitzende einerseits und der postnational gesinnte zukünftige SPD-Kanzlerkandidat andererseits auf dem Berliner Programmparteitag vom 18. bis zum 20. Dezember 1989 mit ihren jeweils unterschiedlichen deutschlandpolitischen Reden von den anwesenden Delegierten gleichermaßen bejubelt und gefeiert wurden, zeugte lediglich von

242 Die Deutschen in Europa, S. 2.

243 Vgl. Chatzoudis: Die Deutschlandpolitik der SPD, S. 99.

244 Vgl. ebd., S. 104. Konföderation war seinem Verständnis zufolge »schon eine Form von Einheit«. Zugleich war er »nicht [...] gegen schnelle Einheit«, vgl. Gespräch mit Willy Brandt über die deutsche Einheit, in: Der Spiegel, 5. Februar 1990, S. 26–28. Zur deutschlandpolitischen Position Brandts zu jener Zeit vgl. Merseburger: Willy Brandt 1913–1992, S. 839–846.

245 Vgl. dazu Chatzoudis: Die Deutschlandpolitik der SPD, S. 84 ff. und 96–99; Sturm: Uneinig in die Einheit, S. 230–237; Oskar Lafontaine: Deutsche Wahrheiten. Die nationale und die soziale Frage, Hamburg 1990. Zur Bedeutung jener Auseinandersetzung sowie zur Entfremdung zwischen den Generationen innerhalb der SPD in der nationalen Frage vgl. Egon Bahr: Die Deutschlandpolitik der SPD nach dem Kriege, in: Dieter Dowe (Hg.): Die Ost- und Deutschlandpolitik der SPD in der Opposition 1982–1989. Papiere eines Kongresses der Friedrich-Ebert-Stiftung am 14. und 15. September 1993 in Bonn, Bonn 1993, S. 36.

der inneren Unsicherheit der meisten Sozialdemokraten zu jener Zeit.[246] In der Tat fand ihre deutschlandpolitische »Offensive«, die die Parteispitze auf dem Berliner Parteitag immerhin als einen Formelkompromiss darlegen konnte, weniger Aufmerksamkeit als erwartet, zumal der Bundeskanzler zur gleichen Zeit, also am 19. Dezember, in Dresden einen anderen vielbeachteten Auftritt hatte. In den weiteren Phasen des Wiedervereinigungsprozesses setzte sich die fatale Uneinigkeit innerhalb der Sozialdemokraten fort, wie etwa in der Frage der Mitgliedschaft eines vereinten Deutschland in der NATO.[247]

Anders als bei der SPD rüttelte das Kohl-Programm die Grünen-Fraktion kaum auf, deren Mitglieder trotz unterschiedlicher deutschlandpolitischer Auffassungen einstimmig auf dem Fortbestehen der DDR und der Ablehnung eines vereinigten Deutschlands beharrten. Bis zum Ende des Jahres waren sich die drei führenden Gruppen der Grünen, ausgenommen eine kleine Minderheit der Nationalneutralisten, durchweg einig über die Zweistaatlichkeit, dass die Grünen-Bundestagsfraktion in einem Entschließungsantrag vom 30. November ihre Ablehnung gegenüber dem Wiedervereinigungsversuch der Bundesregierung manifestierte und von ihr ausdrücklich sofortige wirtschaftliche Hilfe für die DDR ohne jegliche Bedingungen und die Anerkennung der staatlichen Souveränität der DDR sowie den Wandel durch Verzicht auf den Alleinvertretungsanspruch hin zu einer Zusammenarbeit forderte, die der europäischen Integration dienen sollte.

Es waren jedoch die ostdeutschen sowie außenpolitischen Entwicklungen zum Jahreswechsel, die den Grünen den Zahn zogen, weniger Kohls Vorpreschen Ende November. Während es dem linken Flügel der Grünen und der kleinen Gruppe der »Bürger- und Menschenrechtsposition« um Petra Kelly und Gert Bastian äußert schwer fiel, sich vom Prinzip der Zweistaatlichkeit zu lösen,[248] begannen die »Realos« und Teile der Aufbruch-Gruppe[249] im Januar

246 Vgl. Potthoff: Im Schatten der Mauer, S. 310.

247 Vgl. Sturm: »Sowjetischer als die Sowjets«? Die Sozialdemokratie und ihre Haltung zu den außenpolitischen Aspekten der Vereinigung Deutschlands 1990, in: DA 38 (2005), S. 799–805.

248 Vgl. Diskussionsbeitrag zur Deutschlandpolitik, Norbert Kostede und Helmut Wiesenthal, am 19. Dezember 1989, in: Materialien zur Deutschlandpolitik der Grünen in den 80er Jahren, Zusammenstellung von Ursula Jaerisch/Elisabeth Weber, in: AGG, 1999/D04, S. 108–111.

249 Ende 1987 bildete sich eine »Mittelgruppe« als Reaktion auf die zunehmende Polarisierung zwischen Reformflügel und Systemoppositionellen und veranstaltete ihr Gründungstreffen am 9. Januar 1988 in Mainz. Zu den führenden Köpfen des anfänglich losen Zusammenschlusses, den man »Aufbruch 88« bezeichnete, gehörten Antje Vollmer, Ralf Fücks und Lukas Beckmann. Ihr Versuch, die Mitglieder über die grundsätzlich strittigen ideologischen Positionen der verschiedenen Flügel in einer Urabstimmung entscheiden zu lassen, war zwar gescheitert, Anfang 1989 konnten aber die beiden prominentesten Personen, Antje Vollmer und Ralf Fücks, entscheidende bundesdeutsche Führungspositionen besetzen. Zu »Grüner Aufbruch« vgl. Kleinert: Aufstieg und Fall der Grünen, S. 99 f.; Rudolf van

1990 damit, sich auf den »Trend« der Einheit einzustellen, und setzten sich mit einer ungewöhnlichen, ansonsten fast unmöglichen Zusammenarbeit in der Wiedervereinigungsfrage durch.[250] Am 7. Februar 1990 verabschiedete sich die Fraktion in einem Mehrheitsbeschluss schließlich von der Zweistaatlichkeitsforderung.

In jenem Umdenkprozess, der von Januar bis Anfang Februar 1990 andauerte, traten zwei alternative Konföderationskonzepte hervor: die *Initiative für eine andere grüne Deutschlandpolitik,* von einigen bekannten Befürwortern der Blockfreiheit und Konföderation wie Rolf Stolz und Roland Vogt angeführt,[251] und die *Ökologische Konföderation beider deutscher Staaten,* entwickelt von der Aufbruch-Gruppe um Antje Vollmer.[252] Dem Letzteren kann, da es immerhin als ein neues Konzept auftrat, eine größere Bedeutung zugesprochen werden, während das Erstere lediglich das alte Lied vom Neutralismus wiederholte. Es sollte sich von den beiden Dogmen, das heißt von eiligen Vereinigungsversuchen und von der strengen Zweistaatlichkeitsformel, dadurch unterscheiden, dass die deutschen Staaten durch die Konföderation ihre nationalen Bindungen realisieren und ihre politische sowie staatliche Autonomie wahren würden. Dem Konzept *Ökologische Konföderation* lag folgende Annahme zugrunde: Beim bloßen Nebeneinander verschärfe und beschleunige sich der Prozess, dass die DDR »das Sizilien« der BRD werde. Nur die Konföderation würde eine Eigenentwicklung der DDR zulassen, wenn nicht gar stärken, was als Anfang einer neuen gesamtdeutschen Entwicklung vielen Grünen am Herzen lag. Das sich daran anschließende Konzept lautete:

> »Sie [die Revolution in der DDR; der Verfasser] kann einen tatsächlichen gesellschaftlichen Neuanfang versuchen, der die neu aufgeworfenen ökologischen Fragestellungen in der Industriegesellschaft nicht negiert, sondern von Anfang an in das

Hüllen: Ideologie und Machtkampf bei den Grünen. Untersuchung zur programmatischen und innerorganisatorischen Entwicklung einer deutschen »Bewegungspartei«, Bonn 1990, S. 424 ff.

250 Im Januar 1990 fand ein Umdenken bei den Grünen statt, das ab Februar 1990 zur Abkehr von der strikten Zweistaatlichkeit führte. Vgl. Helmut Lippelt: Die Deutschlandpolitik der Grünen in 80er Jahren, Dokumentation eines Diskussionsforums am 10. März 1994 in der Hessischen Landesvertretung Bonn, Bündnis90/Die Grünen Bundesvorstand, Bonn 1994, in: AGG 1999/D0004; Ludger Volmer: Die Grünen und die Außenpolitik – ein schwieriges Verhältnis, Münster 1998, S. 241.

251 Vgl. Eckhard Stratmann/Eva Quistorp/Roland Vogt/Rolf Stolz: Initiative für eine andere grüne Deutschlandpolitik, den 12. Januar 1990, in: Materialien zur Deutschlandpolitik der Grünen in den 80er Jahren, in: AGG 1999/04, S. 118–121.

252 Grüner Aufbruch 1/90: Ökologische Konföderation beider deutscher Staaten: Gemeinsamkeit in Autonomie, in: AGG: Die Grünen im Bundestag 1983–1990, Bd. II.1: Deutsche Einheit – Umweltpolitik – Sozialpolitik; Antje Vollmer: Tips für David. Plädoyer für eine ökologische Konföderation, in: Frank Blohm/Wolfgang Herzberg (Hg.): Nichts wird mehr so sein, wie es war. Zur Zukunft der beiden deutschen Republiken, Leipzig 1990, S. 117–125.

> Konzept gesellschaftlicher Erneuerung integriert. Vor allem wegen dieser einmaligen Chance lohnt der Versuch, die staatliche Autonomie der DDR gegenüber der Bundesrepublik aufrechtzuerhalten und zu stärken, also die ökologische Konföderation anzustreben.«[253]

Obwohl das Konzept nachdrücklich für eine Voranstellung der »ohnehin grenzüberschreitenden Ökologie« plädierte, ging es in Wirklichkeit weniger darum, eine grundlegende ökologische Alternative[254] darzulegen, als dem David DDR gegen den Anschlussversuch des Goliath BRD beizustehen. Das Programm setzte das Prinzip »Reichtum durch Verschiedenheit«[255] gegen das Prinzip »Reichtum durch Ausdehnung«, wie die Initiatorin Antje Vollmer hervorhob. Die beiden Deutschlands sollten sich gegenseitig bereichern, wofür es unabdingbar sei, die Eigenständigkeit der Menschen in der DDR zu erhalten und das zu entdecken, was sie von der BRD, bei allen Gemeinsamkeiten, unterscheidet. Im Weiteren stellte das Konzept das Zusammengehen von deutsch-deutscher Annäherung und europäischer Einigung heraus, was, dem föderalistischen Prinzip entsprechend, auf ein den nationalstaatlichen Egoismus abbauendes, die Autonomie der Regionen wahrendes geeintes Europa hinauslief.

Diesem prominentesten linken Konföderationskonzept gelang es allerdings nicht, sich bei den Grünen durchzusetzen. Auch nach dem offiziellen Abschied der Grünen-Fraktion vom Prinzip der Zweitstaatlichkeit Anfang Februar sprachen einige führende grüne Politiker noch immer von Konföderation,[256] aber letztendlich schwand auch bei den Grünen das Interesse an einer alternativen Konzeption zu einer raschen Wiedervereinigung. Für einige Grüne, die von »Konföderation, was sonst?« sprachen, war sie von vornherein nur als eine Form der Einheit denkbar: eine Form enger institutionalisierter Kooperation, also keine formale Klammer für faktische Zweistaatlichkeit.[257] Über kurz oder

253 Grüner Aufbruch 1/90: Ökologische Konföderation beider deutscher Staaten: Gemeinsamkeit in Autonomie, in: AGG: Die Grünen im Bundestag 1983–1990, Bd. II.1: Deutsche Einheit – Umweltpolitik – Sozialpolitik.

254 Vgl. Jan-Werner Müller: Another Country. German Intellectuals, Unification and National Identity, New Haven/London 2000, S. 122 f. Zu einem ökologischen Denkansatz für einen Neuanfang in der DDR vgl. Rudolf Bahro: Alles kommt auf eine ökologische Alternative an, in: Blohm/Herzberg (Hg.): Nichts wird mehr so sein, wie es war, S. 99–116.

255 Vollmer: Tips für David, S. 119.

256 Auf einer Sitzung am 18. Februar 1990 sprach sich der Bundeshauptausschuss der Grünen für eine Konföderation der beiden deutschen Staaten aus. Vgl. dazu Roland Wünsch: Das Ende der Alternative. Die Grünen in der Wiedervereinigung, Bonn 1995, S. 136 f. Vgl. Faltblatt der Grünen: Konföderation statt Eingemeindung, März 1990, in: Materialien zur Deutschlandpolitik der Grünen in den 80er Jahren, in: AGG 1999/D04, S. 131–134.

257 Diskussionsbeitrag zur Deutschlandpolitik, Norbert Kostede und Helmut Wiesenthal, am 19. Dezember 1989, in: Materialien zur Deutschlandpolitik der Grünen in den 80er Jahren, in: AGG, 1999/D04, S. 111.

lang kam also die Mehrheit der Grünen-Fraktion zur Erkenntnis, dass man sich mit dem Weg einer schnellen Wiedervereinigung abfinden müsse.

Angesichts des radikal veränderten innerdeutschen Teilungszustands vom Herbst 1989 bis Februar 1990 wurde auch Konföderationsvorstellungen außerhalb von Regierung und Parteizentralen in Bonn eine große Aufmerksamkeit der Öffentlichkeit zuteil. Charakteristisch war zunächst, dass die Spitzenpolitiker auf Landesebene, ungeachtet jedweder Parteigrenzen, nach Kohls Verkündung der Zehn Punkte positiv auf die Konföderationsdiskussion bzw. die Vorbereitung der deutschen Einheit reagierten. Bereits bei ihrem Zusammentreffen mit Bundeskanzler Kohl am 21. Dezember 1989 verlangten die Ministerpräsidenten der Länder eine umfassende Beteiligung der Bundesländer an der Entwicklung der Vertragsgemeinschaft mit der DDR,[258] und in einem Schreiben vom 25. Januar 1990 wiederholte der Staatssekretär von Nordrhein-Westfalen, Wolfgang Clement, in Vertretung der Chefs der Staats- und Senatskanzleien diese Forderung.[259] Sie basierte auf dem Argument, dass die Vorbereitung bzw. Bildung einer Vertragsgemeinschaft mit der DDR die föderale Struktur der Bundesrepublik Deutschland beeinflusse. Obendrein wollten sich einige ambitiöse Landespolitiker mit einer derart bescheidenen Beteiligung nicht zufrieden geben. Bayern meldete sich, wie in der Gründungsphase der BRD, wieder zu Wort. Bereits seit dem Mauerfall trat der bayerische Ministerpräsident Max Streibl mit dem Föderalismus als Architekturprinzip einer freiheitlichen Staats- und Gesellschaftordung hervor und stellte in einer Regierungserklärung vor dem Bayerischen Landtag am 14. November 1989 sein *Fünf-Punkte-Programm zur Deutschlandpolitik* vor: volle Reisefreiheit und Freizügigkeit, weitere Öffnung der Grenzübergänge sowie Neubau von Straßen- und Brücken, gegenseitige unkontrollierte Informationspolitik, wirtschaftliche Zusammenarbeit und Partnerschaften zwischen dem Freistaat Bayern und den angrenzenden Bezirken in Thüringen und Sachsen.[260] Die bayerische Initiative zielte also vor allem auf konkrete Maßnahmen zur wirtschaftlichen und gesellschaftlichen Erneuerung der DDR sowie auf die Vertiefung der Zusammenarbeit zwischen beiden deutschen Staaten auf Länder- und Städteebene. Zu diesem Zweck regte Streibl eine deutsch-deutsche Konferenz zur »strukturellen Entwicklung der Gebiete beiderseits der innerdeutschen Grenze« an. Noch im Januar 1990 berief sich

258 Vgl. Nr. 133: Besprechung des Bundeskanzlers Kohl mit den Regierungschefs der Länder, Bonn, 21. Dezember 1989, in: DzD Deutsche Einheit 1989/90, S. 680.

259 Vgl. Nr. 149: Schreiben des Staatssekretärs Clement an Bundesminister Seiters, Düsseldorf, 25. Januar 1990, in: DzD Deutsche Einheit 1989/90, S. 721.

260 Vgl. Max Streibl: Regierungserklärung zur Deutschlandpolitik vor dem Bayerischen Landtag am 14. November 1989, in: ders.: Bayern und Deutschland, München 1990, S. 50–71; ders.: Rede des Bayerischen Ministerpräsidenten Dr. Max Streibl zur aktuellen Deutschlandpolitik vor dem Bundesrat in Bonn am 16. Februar 1990, in: ebd., S. 72–88.

Peter Gauweiler, Staatssekretär im bayerischen Innenministerium, abermals auf die föderalistische Tradition der deutschen Staatenbildung, wobei er auf die Aktualität eines Deutschen Bundes aufmerksam machte und Streibls Vorschlag für eine neue gesamtdeutsche *Münchener Ministerkonferenz* bekräftigte. Das gespaltene Deutschland müsse über die Länder der Bundesrepublik und der DDR zusammenwachsen. Dabei verließen sich die CSU-Politiker auf »eine länderübergreifende, ›föderale‹ Solidarität regionaler Körperschaften aus der DDR und in der Bundesrepublik gegenüber den jeweiligen ›Zentralen‹«.[261]

Für eine praktische Zusammenarbeit oder »föderale Solidarität« auf innerdeutscher Länderebene interessierten sich nicht nur die bayerischen Politiker. Nicht wenige Länder und Städte gingen ans deutsch-deutsche Werk. In diesem Zusammenhang erläuterte der Ministerpräsident von Schleswig-Holstein, Björn Engholm, die Konföderation auf Länderebene: Wer von einer Konföderation der Bundesrepublik mit der DDR spreche, der müsse auch über eine Konföderation Schleswig-Holsteins mit Mecklenburg nachdenken.[262]

Die überspannte Initiative der Landespolitiker für eine konföderative Entwicklung zeigt, wie weit der Konföderationsgedanke zu jener Zeit verbreitet war. Sowohl das grüne Konzept *Ökologische Konföderation* als auch der Vorschlag des sozialdemokratischen Ministerpräsidenten *Konföderation auf Länderebene* gehörten zu den miteinander konkurrierenden Überlegungen: Viele Intellektuelle und Persönlichkeiten mischten sich ein und präsentierten ihre – zumeist kritischen – Stellungnahmen zum Kohl-Programm sowie den weiteren Entwicklungen,[263] wobei divergierende Konföderationsvorstellungen zur Debatte standen.

Die Konföderationsdiskussion im Winter 1989/90 zeichnete sich, im Vergleich zu den vorangegangenen Debatten, durch drei Aspekte aus. In erster Linie bestand eine ganz besondere Modalität der damaligen Diskussion darin – wie sich bereits bei den beiden Oppositionsparteien gezeigt hatte –, dass der Begriff Konföderation so dehnbar wurde, dass von einem einheitlichen Bild keine Rede sein konnte. Seit der Vorlage von Kohls eigenem Konföderationsplan offenbarte sich der ambivalente Charakter des Begriffs deutlicher als je zuvor. Unter dem Wort Konföderation war also ohne weiteres etwas zu verstehen, worauf man gern hinauswollte: entweder eine Form der Einheit, wobei die Konföderation nur ein Mittel zur Verlangsamung des Vereinigungsprozes-

261 Peter Gauweiler: Für eine Einheit durch Vielheit, in: Der Spiegel, 15. Januar 1990, S. 31.
262 Vgl. Ost-West-Partner: Konkurrenz um DDR-Regionen, in: Der Spiegel, 15. Januar 1990, S. 43.
263 In der öffentlichen Diskussion um die deutsche Einheit 1989/90 meldeten sich überwiegend Kritiker an Kohls Politik oder Befürworter der Zweistaatlichkeit zu Wort. Vgl. dazu Helmuth Kiesel: Die Intellektuellen und die deutsche Einheit, in: Die politische Meinung, Monatsschrift zur Fragen der Zeit, 36 (1991), H. 264, S. 49–62, hier S. 52 f.; Wolfgang Jäger/Ingeborg Villinger (Hg.): Die Intellektuellen und die deutsche Einheit, Freiburg i. Br. 1997, S. 11–28 und 200–214.

ses darstellte, oder eine Art Garantie für eine fortdauernde Zweistaatlichkeit, wenn nicht gar ein Kampfbegriff gegen die Wiedervereinigung.

Es sei überflüssig geworden, stellte einer der Protagonisten der Konföderationskonzeption, Theodor Schweisfurth, Ende 1989 fest, für »die Idee der Konföderation als solche zu werben. Es kommt jetzt noch darauf an, darüber zu diskutieren, wie man sie ausgestalten könnte.«[264] Dieser Umstand ergab sich nicht zuletzt daraus, dass der Bundeskanzler eine Konföderation nur als Form der innerdeutschen Zusammenarbeit auf institutioneller Ebene in Richtung der Wiederherstellung der deutschen Einheit, also abgekoppelt von außen- und sicherheitspolitischen Lösungen, vorgeschlagen hatte. Die Aneignung der Konföderationsidee durch Bundeskanzler Kohl schuf also einen neuen Bezugsrahmen für den Umgang mit der Idee.

Zweitens brachte dieser neue Umstand mit sich, dass sich viele langjährige Verfechter der Konföderationsidee schwer damit taten, ihre Konzeptionen in der Debatte zu positionieren. Der Bundeskanzler hatte ihnen den Wind aus den Segeln genommen, indem er die Konföderationsidee in sein Wiedervereinigungsprogramm einbezog. In der neuen politischen Lage verfolgten nun nicht nur viele frühere Konföderationsverfechter aus dem rechten und nationalrevolutionären Lager, sondern auch einige linke Konföderationsbefürworter den weiteren beschleunigten Wiedervereinigungsprozess mit gewisser Genugtuung.[265] Ihnen blieb eine kritische Auseinandersetzung mit dem Zehn-Punkte-Programm erspart. Zwar plädierte beispielsweise der Nationalrevolutionär Wolfgang Venohr noch immer für eine etappenweise Entwicklung der »Konföderation Deutschland« mit einem »vollständigen Abzug sämtlicher Besatzungstruppen aus Deutschland« und der »gleichzeitigen Paktauslösung der beiden Militärorganisationen«.[266] Sein zentrales Anliegen in jener Umbruchszeit war es jedoch, die bevorstehende Einheit in eine bizarre nationalrevolutionäre Tradition einzufügen und sich des Vermächtnisses ihrer »Vorkämpfer« wie Claus Schenk Graf von Stauffenberg zu erinnern.[267] Zwei unentwegte linke Verfechter der Konföderationskonzeption in den 1980er Jahren, Peter Brandt

264 Theodor Schweisfurth: Fahrplan für ein neues Deutschland, Erlangen 1990, S. 15.

265 In jenen Tagen schrieb der konservative Autor Hellmut Diwald an Wolfgang Venohr: »Was sich jetzt ereignet hat, war die grandioseste Bestätigung Ihrer jahrzehntelangen Überzeugung. Nicht die Bonner Politiker haben die Dinge bewegt, obgleich sie jetzt so tun, als ob. Sie haben die richtige Entwicklung vorausgesagt, ganz abgesehen von Ihrem jahrzehntelangen Wirken.« Zitat nach Günther Deschner: Was soll nur aus Deutschland werden? Der Historiker und Journalist Wolfgang Venohr hat zeitlebens für sein Vaterland gekämpft, in: Ein Leben für Deutschland, S. 22. Vgl. auch Nr. 135: Gespräch des Bundeskanzlers Kohl mit Staatspräsident Mitterrand, Latché, 4. Januar 1990, in: DzD Deutsche Einheit 1989/90, S. 685.

266 Venohr: Vision Deutschland, in: ders. (Hg.): Ein Deutschland wird es sein, Erlangen/Bonn/Wien 1990, S. 9–17, hier S. 16.

267 Vgl. Venohr: Das Vermächtnis des deutschen Widerstands, in: ders. (Hg.): ebd., S. 21–35.

und Herbert Ammon, freuten sich ebenfalls über die Ereignisse und fanden sich trotz gewisser Bedenken mit dem losgetretenen Vereinigungsprozess ab.[268]

Demgegenüber rangen einige linke Intellektuelle, die sich seit langem für eine Konföderationslösung aussprachen, um die Wiederaufnahme ihrer Perspektive in die Öffentlichkeit. Die frühere Position des konservativen Journalisten Paul Wilhelm Wenger vom Ende der 1950er Jahre, eine übernationale Konföderation vorzuziehen, bezog nun vor allem der sozialdemokratische Publizist und Politiker Günter Gaus. Bei verschiedenen Gelegenheiten im Dezember 1989, obschon eigentlich seit Jahren,[269] warf der ehemalige Ständige Vertreter der Bundesrepublik in der DDR eine zentraleuropäische Konföderation, der die beiden deutschen Staaten, Polen, die Tschechoslowakei, Ungarn und das neutrale Österreich als Patronat angehören sollten, in die Diskussion.[270] Die Konföderation sollte in Stufen verwirklicht werden und zu einer Art Klammer oberhalb der Blöcke, bei Beibehaltung derselben, werden. Sein Vorschlag ist in der Mitteleuropadiskussion der 1980er Jahre anzusiedeln,[271] fand aber zu jenem Zeitpunkt in der Öffentlichkeit kaum Anklang, sondern stieß vor allem auf Widerspruch, weil es den Deutschen zuallererst darum ging, wie Gaus' Weggefährte und Freund Willy Brandt am 10. November 1989 formulierte, dass »jetzt wieder zusammenwachsen« solle, »was zusammengehört«.[272]

Für eine Konföderation als Form des Zusammenlebens der Deutschen bis hin zum langsamen Zusammenschluss, aber nicht als »Wiedervereinigungsschrei« plädierten unter anderem Golo Mann, Walter Janka, Stefan Heym und Günter Grass.[273] In der scharfen Kritik an den Zehn Punkten waren sie einer Meinung. Heym bezeichnete Kohls Plan als »Ouvertüre zur Vereinnahmung«

268 Vgl. Haarmann: »Die deutsche Einheit kommt bestimmt!«, S. 114; Brandt: Politischer Lebenslauf, in: ders.: Schwieriges Vaterland, S. 29 ff.; Ammon: Mehr als zwanzig Jahre danach: Ein Rückblick, in: Ein Leben für Deutschland, S. 80.

269 Zu seinem früheren Interesse an Föderalismus und Mitteldeutschland vgl. Gaus: Texte zur deutschen Frage, S. 54 f.

270 Vgl. Günter Gaus: Die Zukunft der Deutschen in Europa. Rede vom 16. Dezember 1989 in der Französischen Friedrichstadtkirche, in: ders.: Über Deutschland und die Deutschen, Berlin 1990, S. 744 f.

271 Sein Vorschlag traf sich in vielen Punkten mit den in einem 1988 erschienenen Buch entwickelten Gedanken. Für dessen Autoren seien die Deutschen, die Österreicher, die Tschechen und die Slowaken die historisch »natürlichen« Partner einer zentraleuropäischen Föderation. Vgl. Bernard Willms/Paul Kleinewefers: Erneuerung aus der Mitte. Prag/Wien/Berlin. Diesseits von Ost und West, Herford 1988. Zur Mitteleuropadiskussion vgl. ebd., S. 25–32 und 383–384.

272 Zur Entstehung des geflügelten Wortes vgl. Anhang, in: Bernd Rother: »Jetzt wächst zusammen, was zusammengehört« – Oder: Warum Historiker Rundfunkarchive nutzen sollten, und Dokumentation, in: Timothy Garton Ash: Wächst zusammen, was zusammengehört? Deutschland und Europa zehn Jahre nach dem Fall der Mauer: Vortrag im Rathaus Schöneberg zu Berlin, 5. November 1999, S. 25–50.

273 Vgl. Borchert/Steinke/Wuttke (Hg.): »Für unser Land«, S. 15 und 64; Jäger/Villinger (Hg.): Die Intellektuellen und die deutsche Einheit, S. 81 f.

der DDR bzw. einen »mitschuldigen Faktor dafür, daß nun bürgerkriegsähnliche Zustände drohten«;[274] Günter Grass nannte ihn einen »faulen Zauber«,[275] der den revolutionären Vorgang des ostdeutschen Kampfes für die Freiheit immer mehr in den Hintergrund dränge. Zum Sprachrohr dieser Position machte sich kein anderer als der sozialdemokratische Schriftsteller Grass, der sich bereits seit Mitte der 1960er Jahre für eine deutsche Konföderation einsetzte.[276] In seiner beharrlichen Argumentation für eine Konföderationslösung der deutschen Frage tat er sich von Anbeginn als Sachwalter und Bewahrer der deutschen föderalistischen Tradition hervor. Sein Konföderationskonzept deckte sich in vielen wichtigen Punkten mit dem Konföderationsvorschlag des Urhebers der Konföderationsidee der 1950er Jahre, Hermann Etzel. Gleich dem bayerischen Föderalisten knüpfte der politische Dichter mit seinen deutschlandpolitischen Überlegungen an föderalistische Denkansätze an.[277] Zur Umbruchszeit 1989/90 war Grass' Überzeugung vom föderalistischen Prinzip als Grundlage einer deutschen Konföderation nicht ganz üblich. Bezeichnend für seine jüngste Konföderationsargumentation im Winter 1989/90 war, abgesehen von seiner konsequenten Hervorhebung der Vielfalt der Kultur in der deutschen Geschichte sowie der bevorstehenden Überwindung der Nationalstaatlichkeit im europäischen Rahmen, die unmittelbare Verknüpfung der historischen Last der Deutschen mit dem Konföderationserfordernis.[278] Grass führte die braune Vergangenheit der deutschen Nation gegen die Wiedervereinigung ins Feld und warnte vor einem neuen großen deutschen Einheitsstaat, der der nationalsozialistischen Rassenideologie zu einer entsetzlich

274 Jäger/Villinger (Hg.): Die Intellektuellen und die deutsche Einheit, S. 81 und 90.

275 Günter Grass: Lastenausgleich. Rede auf dem Parteitag der SPD in Berlin, 18. Dezember 1989, in: ders.: Deutscher Lastenausgleich. Wider das dumpfe Einheitsgebot. Reden und Gespräche, Berlin 1990, S. 7.

276 Vgl. Günter Grass vor dem Bonner Presseclub: Die Deutschen – eine Nation?, in: Dokumente zur Deutschlandpolitik V/1 (1967), S. 1212; Nachdenken über Deutschland. Stefan Heym und Günter Grass, in: Grass: Deutscher Lastenausgleich, S. 89–107 und 33–47.

277 Vgl. ebd., S. 89–107; Interview mit Günter Grass, in: Jäger/Villinger (Hg.): Die Intellektuellen und die deutsche Einheit, S. 237.

278 Seinen deutschlandpolitischen Argumenten lagen vor allem der föderalistische Gedanke sowie der Begriff einer Kulturnation zugrunde. Die Verknüpfung von Holocaust und Bewahrung der Zweistaatlichkeit durch die Konföderation war neu sowohl in seiner Argumentation als auch in der gesamten Konföderationsdiskussion. Vgl. ders.: Deutscher Lastenausgleich. In seiner »Kurzen Rede eines vaterlandslosen Gesellen« in der Evangelischen Akademie Tutzing am 2. Februar 1990 fasste Grass seine Argumente für die Konföderation in fünf Punkten zusammen: Aufhebung des Nachkriegsverhältnisses der beiden deutschen Staaten von Ausland zu Ausland; Eigenständigkeit für ein europäisches Sicherheitskonzept; Anstoß für ein konföderiertes und geeintes Europa; garantierte Vielfalt deutscher Kultur; beispielhafte Lösung für weltweit vergleichbare Konflikte. Vgl. ders.: Kurze Rede eines vaterlandslosen Gesellen, in: ders.: Ein Schnäppchen namens DDR. Letzte Reden vorm Glockengeläut, Frankfurt a. M. 1990, S. 10–12. Zur Modifikation und Akzentverschiebung seines politischen Denkens vgl. Müller: Another Country, S. 64–67.

tauglichen Grundlage verholfen hatte. Eingedenk Auschwitz' sollten die Deutschen eine Form finden, die keine Machtballung im Sinne einer Wiedervereinigung sei. Grass' »Metaphysik von Auschwitz« traf zwar die Mentalität vieler westdeutscher linker Intellektueller, zog aber fatale Folgen nach sich, und zwar zuungunsten der Konföderationslösung. Von Kritikern wurde Grass als repräsentativer Einheitsgegner denunziert, Kritik kam auch aus dem eigenen Lager: fatalistische Geschichtsauffassung, Instrumentalisierung des Holocaust, gefährliche Mobilisierung gegen Auschwitz.[279]

Im Prinzip argumentierte Grass, anders als seine Kritiker bemängelten, nicht gegen einen nationalen Zusammenschluss der Deutschen, sondern gegen einen vergrößerten Einheitsstaat.[280] Stattdessen sollte Grass zufolge über die Konföderation eine geeignete Form der Einheit gefunden werden.[281] Diese föderalistische Form der Einheit sollte aber keine weitere Unsicherheit im Sinne von Zweistaatlichkeit, Ausland zu Ausland, sein.[282] Grass' Ansicht zufolge widersprach eine Konföderation der beiden deutschen Staaten einer Kulturnation nicht dem Einigungswunsch der Deutschen, weil sie auch eine Währungsunion sowie eine gemeinsame Staatsangehörigkeit zulassen sollte. Von einer weiteren Entwicklung des deutschen Staatenbundes in einen Bundesstaat hielt der sozialdemokratische Dichter allerdings wenig. Ob in zehn Jahren auf der Grundlage dieser beiden konföderierten Staaten ein Bundesstaat entstehen könne, das sei eine andere Frage. Eine Konföderation sei etwas, das sich viel leichter in ein zukünftiges Europa integrieren ließe als der 80-Millionen-Einheitsstaat. Zudem verwies Grass auf die Chance für eine demokratisch-sozialistische Erneuerung der Bundesrepublik in Konföderation mit einer demokratisch reformierten DDR.

Ganz ähnlich wie Günter Grass lehnte Stefan Heym schon seit langem die »bloße Wiedervereinigung« von Bundesrepublik und DDR zu einem Großdeutschland konsequent ab. Er erteilte aber auch, wie die meisten linken In-

279 Vgl. Interview mit Peter Bender, in: Jäger/Villinger (Hg.): Die Intellektuellen und die deutsche Einheit, S. 225; Müller: Another Country, S. 76–82.

280 Vgl. Interview mit Günter Grass, in: Jäger/Villinger (Hg.): Die Intellektuellen und die deutsche Einheit, S. 237; Müller: Another Country, S. 68–74.

281 Zu Grass' Konföderationsgedanken vgl. Viel Gefühl, wenig Bewusstsein. Spiegel-Gespräch mit Günter Grass über die Wiedervereinigung, in: Der Spiegel, 20. November 989, S. 75–80; Grass: Deutscher Lastenausgleich; 4. Dokument: Günter Grass gegen das Einheitsgeschrei, Die Tageszeitung, 12. Februar 1990, in: Volker Gransow/Konrad H. Jarausch (Hg.): Die deutsche Vereinigung. Dokumente zu Bürgerbewegung, Annäherung und Beitritt, Köln 1991, S. 125–128; Rudolf Augstein/Günter Grass: Deutschland einig Vaterland? Ein Streitgespräch, Göttingen 1990, S. 49–90; Grass: Ein Schnäppchen namens DDR. Vgl. auch Harro Zimmermann: Günter Grass unter den Deutschen. Chronik eines Verhältnisses, Göttingen 2006, S. 478–485.

282 Günter Grass gegen das Einheitsgeschrei, Die Tageszeitung, 12. Februar 1990, in: Gransow/Jarausch (Hg.): Die deutsche Vereinigung, S. 126.

tellektuellen zu jener Zeit, dem ethnischen sowie kulturellen Nationenkonzept eine klare Absage.[283] Als Heym im Dezember 1989 für eine deutsche Konföderation plädierte, über die er bereits im Jahre 1984 mit seinem westdeutschen Pendant Grass beifällig diskutiert hatte,[284] ging es dem zwar unabhängigen, aber noch immer vom Marxismus überzeugten Schriftsteller weniger um das föderalistische Prinzip als um einen »wirklichen Sozialismus« in der DDR sowie eine sich gegenseitig ergänzende Beziehung beider deutscher Staaten: ein anderes, neues Deutschland, »in das auch die Bürger der DDR ihre Erfahrungen und Werte und die Resultate ihrer langjährigen Mühen mit eingebracht haben werden«.[285] Vielen ostdeutschen Kollegen wie Christa Wolf, Pfarrer Friedrich Schorlemmer, Christoph Hein, Konrad Weiß, Volker Braun sprach eben das aus dem Herzen und fand zum Beispiel in ihrem Aufruf *Für unser Land*[286] seinen Ausdruck.

Bei den meisten ostdeutschen Intellektuellen sowie Reformsozialisten kam das Konföderationskonzept aus Bonn also nicht gut an, da sie die Befürchtung hegten, dass man darunter nur einen »Teil der Vereinnahmung« (Heinz Warzecha) verstehen könnte. Sie konzentrierten sich vielmehr darauf, sich mit einem Dritten Weg, der die Eigenstaatlichkeit mit dem demokratischen Sozialismus vereinen sollte, den Einheitsbestrebungen entgegenzustellen.[287] Indem viele westdeutsche linke Schriftsteller und Wissenschaftler sich mit ihren ostdeutschen Kollegen solidarisch erklärten,[288] formierte sich zumindest auf der

283 Zu Heyms Deutschlandbild bzw. Nationsverständnis vgl. Stefan Heym: Über Deutschland. Rede auf dem Münchener Podium in den Kammerspielen, in: ders.: Einmischung. Gespräche, Reden, Essays, Frankfurt a. M. 1992, S. 25–44. Von Günter Grass' Ansicht, dass eine gemeinsame Kultur als Nationsbegriff zur Lösung der deutschen Frage beitragen könne, war Heym wenig überzeugt. Vgl. Nachdenken über Deutschland. Aus einem Gespräch mit Stefan Heym in Brüssel, November 1984, in: Heym: Einmischung, S. 51–58; Doris Lindner: »Schreiben für ein besseres Deutschland«. Nationenkonzepte in der deutschen Geschichte und ihre literarische Gestaltung in den Werken Stefan Heyms, Würzburg 2002, S. 169 f.

284 Nachdenken über Deutschland. Aus einem Gespräch mit Stefan Heym in Brüssel, November 1984, in: Stefan Heym: Einmischung, S. 45–78, hier S. 74 ff. Und Aschermittwoch. Essay. Der Spiegel, Junge Welt, Dezember 1989; Rede auf einer Demonstration am 9. Dezember 1989, Berliner Lustgarten, in: ebd., S. 243–250.

285 Ebd., S. 250.

286 Zum Zustandekommen und Verlauf der Aufrufaktion vgl. Borchert/Steinke/Wuttke (Hg.): Für unser Land.

287 Vgl. Rochtus: Welche Umstände verhinderten die Verwirklichung des Dritten Weges, in: Andrea Pabst/Catharina Schultheiß/Peter Bohley (Hg.): Wir sind das Volk? Ostdeutsche Bürgerrechtsbewegungen und die Wende, Tübingen 2001, S. 103 f. Unter einem Dritten Weg verstand man hier, »ganz anders als für den Westen, wo oft die Rede war von einem Weg zwischen Kapitalismus und Sozialismus«, einen Weg, auf dem man »auf der Grundlage der sozialistischen Ideologie zu einer anderen, demokratisch-sozialistischen Gesellschaft gelang[t]«, ebd., S. 97 f.

288 Vgl. Jäger/Villinger (Hg.): Die Intellektuellen und die deutsche Einheit, S. 83 ff. Allerdings sei die scharfe Polemik einiger renommierter Schriftsteller sowie Intellektueller wie Monika Maron, Rolf Schneider, Günter Kunert und Karl Heinz Bohrer gegen ihre linken Kollegen

intellektuellen Ebene eine gesamtdeutsche Einheitsfront »gegen das dumpfe Einheitsgebot« (Günter Grass).

Da sich der Bundeskanzler schon Mitte Januar 1990 von seinem anfänglichen Plan verabschiedet hatte und ab Anfang Februar 1990 unverblümt auf eine zügige Wiedervereinigung setzte, drehte sich die Debatte der Intellektuellen immer mehr um die Alternative, entweder eine rasche Wiedervereinigung durch die Aufgabe der DDR zu erzielen oder die Zweistaatlichkeit mittels eines Dritten Weges oder/und einer Konföderation zu unterstützen.[289] Das dritte Charakteristikum der öffentlichen Konföderationsdiskussion im Winters 1989/90 war, dass diejenigen, die ab Mitte Januar 1990 noch immer von Konföderation sprachen, alsbald als Einheitsgegner galten.[290] Erinnert man sich daran, dass sich die Verfechter einer deutschen Konföderation in den verschiedenen Phasen der Nachkriegszeit, abgesehen von Walter Ulbricht und den Seinen, immer und fürwahr aktiv für die Vereinigung der beiden deutschen Staaten einsetzten, verwundert die Entwicklung in den ersten Wochen des Jahres 1990. Bei Licht besehen sind jedoch eindeutige Differenzen sowohl zwischen den dogmatischen Zweistaatlern und den überzeugten Konföderationsverfechtern als auch innerhalb der Letzteren festzustellen. Würde man die unterschiedlichen Argumentationen von Oskar Lafontaine, Antje Vollmer, Günter Grass und anderen Intellektuellen wie Theodor Schweisfurth, Heinrich August Winkler, Peter Bender und Jürgen Habermas eingehend analysieren,[291] könnte man mit der Vielfalt einer Konföderationsidee neu beginnen. Die rasante Entwicklung ließ jedoch den Zeitgenossen kaum Zeit, eingehend über die verschiedensten Ideen der Intellektuellen sowie der Oppositionspolitiker nachzudenken.[292]

in beiden deutschen Staaten angemerkt; zur Debatte vgl. Roger Engelmann: Die Intellektuellen, die friedliche Revolution und die Debatte um die Vereinigung, in: Henke (Hg.): Revolution und Vereinigung 1989/90, S. 386–401. Zu verschiedenen Fürsprechern der Einheit vgl. Michael Schäfer: Die Vereinigungsdebatte. Deutsche Intellektuelle und deutsches Selbstverständnis 1989–1996, Baden-Baden 2002, S. 33–44.

289 Vgl. Jäger/Villinger (Hg.): Die Intellektuellen und die deutsche Einheit, S. 202 ff. und 216 f.

290 Zu den »Einheitsgegnern« vgl. Leere Hände, leere Hirne, in: Der Spiegel, 19. Februar 1990, S. 52–64.

291 Vgl. Schweisfurth: Fahrplan für ein neues Deutschland, S. 79–173; Heinrich August Winkler: Der Staatenbund als Bewährungsprobe. Das erreichbare Maß an Einheit verträgt keinen Aufschub mehr (aus: Süddeutsche Zeitung vom 16. Februar 1990), in: Historiker betrachteten Deutschland. Beiträge zum Vereinigungsprozess und zur Hauptstadtdiskussion (Februar 1990 – Juni 1991), ausgewählt und hg. von Udo Wengst, Bonn/Berlin 1992, S. 33–38; Peter Bender: Ein Magnet, stärker als die Macht, in: Die Zeit, 9. Februar 1990, S. 3. Zu Habermas' Verfassungspatriotismus vgl. Müller: Another Country, S. 90–119.

292 In der Forschung herrscht eine pauschale Verurteilung vor, ohne dass man auf die Unterschiede in den Konzepten der kritischen Intellektuellen einginge. Vgl. Paul Noack: Deutschland, deine Intellektuellen. Die Kunst, sich ins Abseits zu stellen, Frankfurt a. M. 1993; Kiesel: Die Intellektuellen und die deutsche Einheit. Eine Ausnahme ist Jan-Werner Müller, vgl. ders.: Another Country.

Im Januar 1990 sprachen sich auch federführende DDR-Politiker für die Konföderationslösung aus, wobei sie zwar unterschiedliche Akzente setzten, aber einmütig von einer eigenen Entwicklung und Identität der DDR ausgingen. Das galt vor allem für Gregor Gysis Konföderationskonzept[293] sowie für den Stufenplan von Wolfgang Harich.[294] Während der neue SED/PDS-Vorsitzende Gysi ab Anfang Januar eine linke Variation des Konföderationsgedankens, nämlich eine deutsch-deutsche Konföderation im Rahmen einer gesamteuropäischen Konföderation, zu reaktivieren versuchte, konnte sich der grüne Oppositionelle mit einer Konföderation, die den »Charakter eines Provisoriums« hätte, durchaus arrangieren. Trotz solcher Unterschiede gingen die Stoßrichtungen gemeinsam gegen die kapitalistische Eingemeindung der DDR durch die BRD.

Trotz allem hing das Schicksal der DDR letztendlich weder von überfälligen Politikerkonzepten noch von idealistischen Ideen kritischer Intellektueller ab, sondern vom Willen des Volkes. Es blieb unversucht, ein breites Bündnis von politischen und gesellschaftlichen Kräften, das über ideologische Dogmen hinausginge, gegen die Vergrößerung der BRD durch die Bevormundung der DDR zu bilden.[295] Allerdings ist zu bezweifeln, dass ein solches Bündnis überhaupt eine Chance hatte. Von der Wiedervereinigungsdynamik, die die Menschen auf den Straßen in der DDR bereits ab Ende des Jahres 1989 in Gang gesetzt hatten, wurden sowohl die westdeutsche Opposition, die ostdeutschen Reformsozialisten und Oppositionellen als auch die kritischen Intellektuellen in beiden Staaten überrollt. Die staatliche Existenz der DDR, um welche die verschiedenartigen Konföderationsvorstellungen letztendlich kreisten, stand auf dem Spiel.

293 Vgl. Gregor Gysi: Wird es einen demokratischen Sozialismus in der DDR geben?, in: Blohm/Herzberg (Hg.): Nichts wird mehr so sein, wie es war, S. 64–75.

294 Vgl. Wolfgang Harich: Nochmals: Die Grünen der DDR zur deutschen Frage, in: ders.: Keine Schwierigkeiten mit der Wahrheit, S. 161–168; Siegfried Prokop: Glanz und Elend des Jahres 1989/90, in: Ludwig Elm/Dietmar Keller/Reinhard Mocek (Hg.): Ansichten zur Geschichte der DDR, Bd. IX/X, Berlin 1998, S. 161–283, hier S. 205–209.

295 Zu einer der wenigen Stimmen für ein solches Bündnis vgl. Hans-Christian Ströbele: Deutsche Linke, was tun? in: Blohm/Herzberg (Hg.): Nichts wird mehr so sein, wie es war, S. 187–202. Auch an eine Initiative der beiden Kohl-Kritiker zur Konföderationsdiskussion sei erinnert: »Neue Antworten auf die Deutsche Frage«. Einladung von Günter Grass und Antje Vollmer zur einer Tagung in der Evangelischen Akademie Tutzing, 15. Dezember 1989, in: Antje Vollmer im Gespräch, S. 265 f. Die Tagung war bereits 1988 vorbesprochen worden, vgl. Abschnitt 5.2.2.

6.4 Das Ziel war Einheit, kein Bahnhof Konföderation

Am 29. November 1989, also einen Tag nach Kohls Vorlage der Zehn Punkte, kommentierte der frühere amerikanische Außenminister Henry Kissinger in einem Interview des Zweiten Deutschen Fernsehens: Die deutsche Wiedervereinigung sei unausweichlich. Sie müsse nicht im nächsten Jahr stattfinden, könne aber auch nicht mehr zehn Jahre dauern.[296] Zwar sollte die gewagte Vorhersage des amerikanischen Politikwissenschaftlers nicht ganz zutreffen, aber immerhin der späteren realen Entwicklung viel näher stehen als den Mutmaßungen des Bundeskanzlers, der zum gleichen Zeitpunkt von zehn bis fünfzehn Jahren sprach. Noch bemerkenswerter war unter diesem Aspekt die Bemerkung Kohls gegenüber dem amerikanischen Präsidenten Bush am 3. Dezember 1989, dass es ein wirtschaftliches Abenteuer wäre, wenn die Wiedervereinigung sich schon in zwei Jahren realisiere. Zunächst müssten die wirtschaftlichen Verhältnisse in den beiden deutschen Staaten in ein gewisses Gleichgewicht kommen.[297] Zwei Monate später, also am 3. Februar 1990, blieb Kohl am Rande des World Economic Forum in Davos trotz des wiederholten Ersuchens des DDR-Ministerpräsidenten Modrow um finanzielle Unterstützung zurückhaltend.[298] Stattdessen stürzte Kohl sich ohne weiteres in ein »wirtschaftliches Abenteuer«, nämlich eine Währungsunion und damit in eine neue Offensive zur baldigen Vereinigung.

Auslöser für diese Weichenstellung waren abermals die Bürger der DDR. Wie Wilfried Loth zutreffend formuliert hat, war Helmut Kohl von der Stimmung in der Bevölkerung dazu getrieben worden, weiter zu gehen, als er im Sinn hatte.[299] Bestimmend und prägend waren in jener Phase nicht nur die sich verschärfende Lage in der DDR als solche, sondern auch die jubelnden Massen mit den Rufen »Deutschland, Deutschland!« oder »Helmut, Helmut!« während Kohls Rede vor der Frauenkirche in Dresden am 19. Dezember. Im Hinblick auf den Abschied vom eigentlichen Fahrplan sollte Kohls emotiona-

296 Vgl. Die Welt, 30. November 1989, S. 6; Nr. 109: Gespräch des Bundeskanzlers Kohl mit Präsident Bush, Laeken bei Brüssel, 3. Dezember 1989, in: DzD Deutsche Einheit 1989/90, S. 604, Anm. 9.

297 Vgl. ebd., S. 604.

298 Vgl. Nr. 158: Gespräch des Bundeskanzlers Kohl mit Ministerpräsident Modrow, Davos, 3. Februar 1990, in: DzD Deutsche Einheit 1989/90, S. 753–756; Modrow: Aufbruch und Ende, S. 128; Jäger: Die Überwindung der Teilung, S. 116 f.; Kohl: Erinnerungen 1982–1990, S. 1056.

299 Vgl. Wilfried Loth: 9. November 1989. Auftakt zur deutschen Einheit, in: Dirk Blasius/Loth (Hg.): Tage deutscher Geschichte im 20. Jahrhundert, Göttingen 2006, S. 123–140, hier S. 130. Demgegenüber hielt Hanns Jürgen Küsters es für Kohls Strategie, sich nicht als treibende Kraft darzustellen, auch wenn er alles tat, um die Entwicklung voranzubringen, vgl. ders.: Einleitung, in: DzD Deutsche Einheit 1989/90, S. 77.

len Eindrücken von der Veranstaltung in Dresden (»Schlüsselerlebnis«) sowie bei der Wiedereröffnung des Brandenburger Tors drei Tage später, am 22. Dezember, (»Für mich ist das eine der glücklichsten Stunden meines Lebens«)[300] keine übertriebene Bedeutung beigemessen werden.[301] Unmittelbar nach seiner Rückkehr aus Dresden beauftragte Kohl Kanzleramtsminister Seiters mit der Bildung einer Arbeitsgruppe zur Vorbereitung der Vertragsgemeinschaft.[302] In einer Besprechung mit seinen Staatssekretären am 8. Januar 1990 wies Seiters auf die Unumgänglichkeit einer weiteren Kooperation mit der Modrow-Regierung hin: Die Politik der Bundesregierung sei von Anfang an auch durch das Bemühen, den Bürgern in der DDR Perspektiven für ihre dortige Zukunft zu eröffnen, bestimmt gewesen. Hieran habe sich nichts geändert. Von daher sollten die Kontakte wie geplant fortgesetzt werden.[303] Insofern verließ sich die Bundesregierung weiterhin auf die Modrow-Regierung als Partner bei den Kooperationsverhandlungen, obwohl sie sich seit dem Dresden-Besuch auch für die Einbeziehung von DDR-Oppositionsgruppen in die deutsch-deutschen Verhandlungen stark machte.[304]

Noch bis Mitte Januar 1990 hielt Kohl also an den mit der Modrow-Regierung am 19. Dezember 1989 getroffenen Vereinbarungen fest: Umsetzung der Vertragsgemeinschaft sowie Einsetzung von gemeinsamen Kommissionen und Fachgruppen in den Bereichen Wirtschaft, Post, Umwelt, Verkehrswege, regionale Zusammenarbeit, Kultur, Tourismus, Vermögensfragen, Rechtshilfe, Gesundheit, Wissenschaft und Technik.[305] Dementsprechend arbeiteten sachkundige Mitarbeiter im Kanzleramt sowie im innerdeutschen Bundesministerium noch in den ersten zwei Wochen des Jahres 1990, jeweils miteinan-

300 Vgl. Kohl: Erinnerungen 1982–1990, S. 1020–1031. Vgl. auch Duisberg: Das deutsche Jahr, S. 122 ff.; Teltschik: 329 Tage, S. 87–92 und 96.

301 Zu einer kritischen Auseinandersetzung mit dem »Mythos Dresden« vgl. Driftmann: Die Bonner Deutschlandpolitik 1989/90, S. 179–189. Mit der in bisherigen Studien vertretenen These, dass in Dresden eine Entscheidung für den Politikwechsel in Richtung Einheit gefallen sei, so Driftmann, werde an die Stelle strategischer Planung und Abwägung sowie politischer Rationalität und Professionalität die Intimität, also das emotionale Innenleben der Akteure, gesetzt. Hier S. 184.

302 Vgl. Teltschik: 329 Tage, S. 95.

303 Vgl. Nr. 136: Besprechung der beamteten Staatssekretäre, Bonn, 8. Januar 1990, in: DzD Deutsche Einheit 1989/90, S. 690.

304 Vgl. Nr. 130: Gespräch des Bundeskanzlers Kohl mit Vertretern von Oppositionsgruppen in der DDR, Dresden, 20. Dezember 1989, in: DzD Deutsche Einheit 1989/90, S. 674.

305 Vgl. Nr. 128: Vorlage des Ministerialdirigenten Duisberg an Bundeskanzler Kohl, Bonn, 18. Dezember 1989; Nr. 128A: Vorschlag für Gesprächslinie; Nr. 129: Gespräch des Bundeskanzlers Kohl mit Ministerpräsident Modrow im erweiterten Kreis, Dresden, 19. Dezember 1989, in: DzD Deutsche Einheit 1989/90, S. 662–673. Vgl. auch Duisberg: Das deutsche Jahr, S. 117–122. Die Föderationsfrage ließ der Bundeskanzler dabei beiseite und wollte sich auf »viel Gemeinsames«, also die anderen neun Punkte des Zehn-Punkte-Programms konzentrieren. Vgl. Kohl: Erinnerungen 1982–1990, S. 1021 f.; Teltschik: 329 Tage, S. 89.

der konkurrierend, an der Vorbereitung einer Vertragsgemeinschaft.[306] Bei dem vorgelegten Vertragsentwurf des Arbeitsstabes Deutschlandpolitik im Kanzleramt ging es darum, einen rein formalen Rahmen für die Zusammenarbeit im Bereich normaler Regierungsfunktionen zu schaffen und den dafür erforderlichen gemeinsamen Regierungskommissionen eine Koordinierungskommission zu geben.[307] Der Entwurf rückte freilich deutlich von der Denkrichtung einer fortdauernden Eigenstaatlichkeit der DDR ab, die dem späteren Vertragsentwurf der DDR-Regierung, am 17. Januar 1990 ausgefertigt und am 25. Januar von Modrow an Seiters übergeben, zugrunde lag.[308] In der Frage der Vertragspartner blieb der Entwurf neutral, ohne sich festzulegen, weshalb er bei der Gruppe 52 im Kanzleramt auf Kritik stieß.[309] Der für den 18. Januar vorgesehenen interministeriellen Besprechung über den noch umstrittenen Vertragsentwurf eilte eine richtungsweisende Entscheidung voraus: In der Koalitionsrunde am 16. Januar 1990 hatte man sich darauf geeinigt, nicht mit der Modrow-Regierung über eine Vertragsgemeinschaft zu verhandeln, sondern die Volkskammerwahlen abzuwarten, was eine Wendung des bisherigen Kurses darstellte. In der Folge kamen alle Aktivitäten der Bundesregierung, die sich unmittelbar auf die Vertragsverhandlungen bezogen, zum Stillstand. In einer deutschlandpolitischen Regierungserklärung am 18. Januar in Bonn sowie bei dem Gespräch mit Modrow am 25. Januar in Ost-Berlin bekräftigte Seiters, dass die Vereinbarungen über eine Vertragsgemeinschaft nicht vor den Volkskammerwahlen abgeschlossen werden könnten.[310]

Die Zurückweisung Modrows als Partner einer Vertragsgemeinschaft lässt sich, wie Kanzleramtsminister Seiters erklärte, auf den inneren Zerfall der DDR sowie das zunehmende Misstrauen der DDR-Bürger gegenüber der Staatsführung zurückführen. In der Zwischenzeit nahmen die Zerfallserscheinungen der politischen Strukturen der DDR zu. Es kam zum Konflikt zwischen der Modrow-Regierung und dem Runden Tisch über die Auflösung des Amtes für Nationale Sicherheit (AfNS). Die wirtschaftliche Lage verschlechterte sich weiter, die Sorge der Bürger wuchs, und die Ausreisewelle hielt unvermindert an.

306 Vgl. Jäger: Die Überwindung der Teilung, S. 88 ff.; Driftmann: Die Bonner Deutschlandpolitik 1989/90, S. 200 ff.; Duisberg: Das deutsche Jahr, S. 125 f.

307 Vgl. Nr. 139: Entwurf der Bundesregierung. Vertrag zwischen der Bundesrepublik Deutschland und der Deutschen Demokratischen Republik über Zusammenarbeit und gute Nachbarschaft, in: DzD Deutsche Einheit 1989/90, S. 695–698.

308 Vgl. Nr. 145A: Entwurf der Regierung der DDR. Vertrag über Zusammenarbeit und gute Nachbarschaft zwischen der Deutschen Demokratischen Republik und der Bundesrepublik Deutschland, in: DzD Deutsche Einheit 1989/90, S. 713–716.

309 Vgl. Jäger: Die Überwindung der Teilung, S. 95.

310 Vgl. Teltschik: 329 Tage, S. 109–112; Nr. 145: Gespräch des Bundesministers mit Ministerpräsident Modrow, Berlin (Ost), 25. Januar 1990, in: DzD Deutsche Einheit 1989/90, S. 710.

Zudem ist, der überzeugenden These von Markus Driftmann folgend, anzunehmen, dass die Aufgabe Modrows als Partner einer Vertragsgemeinschaft weniger auf eine Unterminierung seiner Regierung als auf eine Profilierung im Wahlkampf zielte.[311] Trotz der Absichtserklärung, eine Vertragsgemeinschaft könne erst nach den Volkskammerwahlen zum Abschluss gebracht werden, hielt die Bundesregierung an der innerdeutschen Kooperation sowie an der substanziellen Zusammenarbeit mit der Modrow-Regierung fest. Eine vollständige Distanzierung kam noch nicht in Frage. Mit der Koalitionsentscheidung für die Aufgabe Modrows als Partner konnte Kohl jedoch den Konflikt mit der FDP beilegen und der wahlkampforientierten Kritik der SPD entgehen.[312] Allerdings fehlte ein deutliches Signal gegenüber den ausreisebereiten Menschen in der DDR.

Angesichts der akuten Regierungs- sowie Staatskrise setzte DDR-Ministerpräsident Modrow Ende Januar auf die Vorverlegung der Volkskammerwahlen auf den 18. März 1990 sowie auf die Integration des Runden Tisches in eine »Übergangsregierung der Nationalen Verantwortung«. Außerdem präsentierte Modrow auf einer Pressekonferenz am 1. Februar 1990, nachdem er sich zwei Tage zuvor mit Gorbatschow in Moskau abgesprochen hatte[313] – jedoch ohne vorherige Beratung im SED/PDS-Parteivorstand –, ein neues Konzept unter der Überschrift *Für Deutschland, einig Vaterland*. Der Modrow-Plan war der letzte verzweifelte Versuch, doch noch eine deutsche Konföderation auf die Beine zu stellen.[314] Er lief nicht mehr auf die Eigenstaatlichkeit der DDR hinaus, sondern setzte lediglich auf die Verlangsamung des bereits laufenden Vereinigungsprozesses und das Aufrechthalten der angeblich bewahrenswerten Elemente der DDR. Modrow war sich nun darüber im Klaren, dass »der Gedanke der Zweistaatlichkeit von einem wachsenden Teil der Bevölkerung der DDR nicht mehr mitgetragen«[315] wurde. Im Grunde enthielt Modrows Stufenplan nichts Neues.[316] Er sah den Beschluss einer Vertragsgemeinschaft, die

311 Vgl. Driftmann: Die Bonner Deutschlandpolitik 1989/90, S. 214 f.

312 Vgl. ebd., S. 205 und 208.

313 Vgl. Dokument 62: Niederschrift des Gesprächs von Hans Modrow mit Michail Gorbatschow, KPdSU-Generalsekretär und Vorsitzender des Obersten Sowjets der UdSSR, am 30. Januar 1990, in: Nakath/Stephan (Hg.): Countdown zur deutschen Einheit, S. 288–298; Modrow: Ich wollte ein neues Deutschland, S. 415 f.; Plato: Die Vereinigung Deutschlands, S. 223–236.

314 Freilich warnte die SED/PDS in ihrem deutschlandpolitischen Konzept vom 15. Februar 1990 vor dem Anschluss und sprach sich für ein neutrales wiedervereinigtes Deutschland mittels der Konföderationslösung aus. Es blieb jedoch hinter den Äußerungen Modrows zurück, vgl. dazu Trömmer: Der verhaltene Gang in die deutsche Einheit, S. 188.

315 Dokument 62: Niederschrift des Gesprächs von Hans Modrow mit Michail Gorbatschow, KPdSU-Generalsekretär und Vorsitzender des Obersten Sowjets der UdSSR, am 30. Januar 1990, in: Nakath/Stephan (Hg.): Countdown zur deutschen Einheit, S. 290.

316 Anlage 5: Erklärung des Ministerpräsidenten auf der Pressekonferenz am 1. Februar 1990 zur Erläuterung seiner Konzeption »Für Deutschland, einig Vaterland«; Anlage 6: Wort-

Bildung einer Konföderation von DDR und BRD mit gemeinsamen Organen und Institutionen, die Übertragung von Souveränitätsrechten beider Staaten an Machtorgane der Konföderation und letztlich die Bildung eines einheitlichen deutschen Staates mit Regierungssitz in Berlin vor. Trotz einer gewissen positiven Resonanz bei Teilen der DDR-Bevölkerung existierte keine bedeutende politische Rückendeckung, weder in der eigenen Partei noch in den Oppositionsgruppen. Für sie war Modrows Plan nichts anderes als »der DDR den letzten Todesstoß zu versetzen« bzw. eine »Flucht nach vorn«.[317] Die realitätsfernen Reformsozialisten bestanden zudem noch auf die Einbindung in eine europäische Konföderation.

Die Bundesregierung hingegen schätzte den Modrow-Plan wenig, da er als Voraussetzung unter anderem die militärische Neutralität des vereinten Deutschlands herausstellte. Der Modrow-Plan, der in den sonstigen Punkten zweifellos eine Annäherung an Kohls Zehn Punkte darstellte, wurde in Bonn als substanzlose Initiative eines Ministerpräsidenten auf Abruf zurückgewiesen. In der »Hauptfrage« der militärischen Neutralität, wobei Gorbatschow am 30. Januar Modrows Auffassung bestärkt hatte,[318] wollte Modrow schon auf der Pressekonferenz am 1. Februar 1990 dem Bundeskanzler goldene Brücken bauen: Die Neutralität sei als Dialogangebot zu verstehen, also verhandelbar.[319] Dessen ungeachtet weigerte sich die Bundesregierung, vor den vorgezogenen Märzwahlen Vereinbarungen mit der Modrow-Regierung zu treffen.[320]

Auf jenen zweiten Vorstoß Modrows reagierte die Bundesregierung, wie Mertens es formulierte, mit »fieberhaften Aktivitäten«[321] und damit anders, als die Modrow-Regierung erwartet hatte. Der Kanzler war bereit, sich wieder »an die Spitze der Bewegung« zu stellen, wie schon beim Zehn-Punkte-Programm, und »auf ungewöhnliche, ja revolutionäre Ereignisse in der DDR unsererseits eine ungewöhnliche, ja revolutionäre Antwort zu geben«.[322] Mit einem neuen,

laut der Konzeption »Für Deutschland, einig Vaterland«, in: Modrow: Aufbruch und Ende, S. 184–188. Vgl. auch Trömmer: Der verhaltene Gang in die deutsche Einheit, S. 161 ff.

317 Zu Reaktionen auf Modrows Plan vgl. Trömmer: Der verhaltene Gang in die deutsche Einheit, S. 162 f.; Modrow: Aufbruch und Ende, S. 125. Zur positiven Resonanz vgl. Wjatscheslaw Kotschemassow: Meine letzte Mission. Fakten, Erinnerungen, Überlegungen, Berlin 1994, S. 217 ff.

318 Es wurde mehrfach behauptet, dass Gorbatschow den »wichtigen Aspekt« in den Modrow-Plan einbeziehen ließ. Die militärische Neutralität war, Plato zufolge, aber schon in Modrows Entwurf vor dem Gespräch mit Gorbatschow am 30. Januar enthalten, vgl. Plato: Die Vereinigung Deutschlands, S. 235 f. Vgl. auch Dokument 62: Niederschrift des Gesprächs von Hans Modrow mit Michail Gorbatschow, KPdSU-Generalsekretär und Vorsitzender des Obersten Sowjets der UdSSR, am 30. Januar 1990, in: Nakath/Stephan (Hg.): Countdown zur deutschen Einheit, S. 293 f.

319 Vgl. Modrow: Aufbruch und Ende, S. 124.

320 Vgl. Kohl: Erinnerungen 1982–1990, S. 1055.

321 Mertes: Die Entstehung des Zehn-Punkte-Programms, S. 34. Damit hatte Modrow ungewollt zwei Lawinen losgetreten, die ihn schließlich begruben, so Mertes.

322 Kohl: Erinnerungen 1982–1990, S. 1057. Vgl. auch Nr. 157: Vorlage des Regierungsdi-

griffigen Konzept für die Verwirklichung der politischen sowie wirtschaftlichen Einheit Deutschlands forcierte er die Dynamik des Einigungsprozesses. Es versteht sich von selbst, dass die öffentliche Wirkung sowie der Werbeeffekt des Bundeskanzlers bei diesem Strategiewechsel abermals eine entscheidende Rolle spielten.

Kohls neue Initiative zielte auf einen baldigen Beitritt der DDR zur BRD. Ausschlaggebend für diese Weichenstellung waren zwei Handlungsstränge: erstens die Organisation und Unterstützung der *Allianz für Deutschland* durch die westdeutsche CDU als Bündnispartner in der DDR und zweitens die Ausarbeitung von konkreten Vorschlägen für den Anschluss durch bundesdeutsche Ministerialbeamte und Experten. Am 5. Februar 1990 vereinbarten die Ost-CDU, der Demokratische Aufbruch und die Deutsche Soziale Union auf Drängen der westdeutschen CDU, zur Volkskammerwahl am 18. März als *Allianz für Deutschland* anzutreten, was dem Kanzler die notwendige Plattform für die großen und wahlentscheidenden Auftritte in der DDR verschaffte.[323] Auf Beschluss des Bundeskabinetts vom 7. Februar 1990 konstituierte sich unter der Leitung des Kanzlers ein Kabinettsausschuss *Deutsche Einheit.* In diesem Rahmen wurden Arbeitsgruppen zur Währungsunion, zur Wirtschaftsreform, zur Angleichung der Arbeits- und Sozialordnung, zur Rechtsangleichung, für Staatsstrukturen und öffentliche Ordnung sowie für sicherheitspolitische Zusammenhänge gebildet. Am 9. Februar unterbreitete die Bundesregierung öffentlich den Vorschlag zur schnellen Bildung einer Währungsunion,[324] die das Alternativkonzept zur Vertragsgemeinschaft darstellte und für die weitere Entwicklung von entscheidender Bedeutung sein sollte. Obwohl Fachleute mehrfach vor verheerenden Folgen und Kosten einer schnellen Einführung der D-Mark in der DDR warnten, folgte der Bundeskanzler, angewiesen auf die Stimmung der DDR-Bevölkerung (»Kommt die DM nicht zu uns, kommen wir zur ihr«), dem politischen Kalkül und nicht dem wirtschaftlichen Verstand. Mit dem Angebot einer »Währungsunion mit Wirtschaftsreform« nahm die Bundesregierung endgültig Abschied von dem Ende November 1989 verkündeten Fahrplan zur Wiedervereinigung, das heißt von der Vertragsgemeinschaft und der konföderativen Perspektive.

Unterdessen erhielt der Bundeskanzler bei seinem Staatsbesuch in Moskau am 10. Februar endlich Gorbatschows Zusage, dass die UdSSR die Entschei-

rektors Mertes an Bundeskanzler Kohl, Bonn, 2. Februar 1990, in: DzD Deutsche Einheit 1989/90, S. 749 f.

323 Vgl. Jäger: Die Überwindung der Teilung, S. 220 ff.; Wolfgang Schäuble: Der Vertrag. Wie ich über die deutsche Einheit verhandelte, Stuttgart 1991, S. 40; Antonius John: Rudolf Seiters. Einsichten in Amt, Person und Ereignisse, Bonn 1991, S. 156 f.

324 Zu den Entscheidungsprozessen für eine Währungsunion vgl. Driftmann: Die Bonner Deutschlandpolitik 1989/90, S. 227–242.

dung der Deutschen über Weg und Zeitpunkt der Einheit respektiere. Dem Bundeskanzler wurde die Vorentscheidung mitgeteilt, welche Gorbatschow bei seinem Treffen mit einigen Ministern und Beratern am 25. Januar 1990 getroffen hatte:[325] Unter bestimmten Bedingungen, wie keine NATO-Mitgliedschaft des vereinten Deutschlands, sondern militärische Neutralität und paralleler Abzug der amerikanischen und der sowjetischen Truppen aus Mitteleuropa, stünde die Sowjetunion der deutschen Einheit nicht mehr im Weg. Auch wenn um die freie Bündniswahl des vereinten Deutschlands mit der sowjetischen Führung bis Ende Mai bzw. Mitte Juli gerungen werden sollte,[326] war das für die Bundesregierung »der Durchbruch«.[327]

Bereits Ende des Jahres 1989 prahlte der promovierte Historiker Helmut Kohl: »Wir haben die Geschichte gespürt. Sie war da, gerade auf diesem Platz in Europa.«[328] Unmittelbar nach Kohls Besuch im Kreml begann gleichfalls sein Ersatzaußenminister, wie man den außenpolitischen Berater Teltschik nannte, mit den Worten zu spielen, dass der Schlüssel nicht länger in Moskau sei, sondern der Bundeskanzler diesen abgeholt habe. Es liege »allein an uns«, wie schnell es mit der Einheit gehe.[329]

Den hochtrabenden Worten folgten entsprechende Taten. Beim Besuch der DDR-Regierungsdelegation unter dem Ministerpräsidenten Modrow in Bonn vom 12. bis 14. Februar forderte die Bundesregierung gleichsam die bedingungslose Kapitulation der DDR.[330] Der Wunsch seitens der DDR nach einem bundesdeutschen Solidarbeitrag wurde unbeeindruckt abgelehnt. Das Bonner Regierungstreffen diente aus Kohls Sicht nur einem Zweck, »den Wählern drüben augenfällig zu demonstrieren, von wem allein sie Hilfe und Perspektive zu erwarten haben: nicht von Modrows rot durchwirkter Laienschar, sondern allein von den Bonner Machthabern«.[331] Lediglich bei der Vereinbarung über die Bildung einer gemeinsamen Expertenkommission zur Vorbereitung der

325 Zur ausführlichen und anhand des Protokolls und des Original-Tagebuches von Tschernjajew korrigierten Darstellung der Beratung vgl. Plato: Die Vereinigung Deutschlands, S. 187–199. Das Datum der Sitzung sei nicht der 26., sondern der 25. Januar gewesen, ebd., S. 188. Vgl. auch Tschernjajew: Mein deutsches Tagebuch, S. 245–252.

326 Vgl. Loth: Die Sowjetunion und das Ende der DDR, S. 138–144; Plato: Die Vereinigung Deutschlands, S. 275–393.

327 Kohl: Erinnerungen 1982–1990, S. 1067; Teltschik: 329 Tage, S. 141.

328 Jürgen Leinemann über Bundeskanzler Helmut Kohl und die Geschichte, in: Der Spiegel, 20. November 1989, S. 132.

329 Der Spiegel, 26. Februar 1990, S. 20. Zur scharfen Kritik an jener Äußerung vgl. Kiessler/Elbe: Der diplomatische Weg, S. 98.

330 Vgl. Nr. 177: Gespräch des Bundeskanzlers Kohl mit Ministerpräsident Modrow, Bonn, 13. Februar 1990; Nr. 179: Delegationsgespräch des Bundeskanzlers Kohl mit Ministerpräsident Modrow, Bonn, 13. Februar 1990, in: DzD Deutsche Einheit 1989/90, S. 814–819 und 821–830. Aber auch Kohl: Erinnerungen 1982–1990, S. 1071 ff.; Modrow: Ich wollte ein neues Deutschland, S. 418–424.

331 Der Spiegel, 26. Februar 1990, S. 20.

»Währungsunion mit Wirtschaftsreform« wurde die DDR-Delegation als Partner behandelt, ansonsten nicht.

Obwohl linke Politiker sowie kritische Intellektuelle konsequent für eine Konföderation eintraten, war vielen ab Mitte Februar klar, dass eine deutsche Konföderation durch die Schärfe und Schnelligkeit der Entwicklung weggeschwemmt worden war.[332] In den Mittelpunkt der politischen Debatte rückten nun die Einzelheiten der bevorstehenden Wiedervereinigung, die entweder nach Artikel 23 oder 146 des Grundgesetzes vorgenommen werden sollte.[333] Vor dem zentralen Runden Tisch am 19. Februar 1990 bilanzierte Modrow als Ergebnis seiner Verhandlungen mit Bundeskanzler Kohl in Bonn die Weichenstellung beider Regierungen für die baldige Vereinigung von DDR und BRD zu einem Bundesstaat. Am 20. Februar 1990 tagte die deutsch-deutsche Währungskommission zum ersten Mal. Die Wahlergebnisse vom 18. März 1990, die Kohl als »überwältigenden Sieg« bezeichnete, machten noch einmal deutlich, was die Stunde geschlagen hatte: Eilmarsch zur Einheit. Der Zug war abgefahren in Richtung »deutsche Einheit«, fest im Bonner Griff. Das Tempo ließ sich nicht bremsen, kein Halt am Bahnhof Konföderation.

6.5 Fazit – Helmut Kohl, die Konföderation und die deutsche Einheit

»Keiner hat 1989 einen besseren Vorschlag gemacht als Helmut Kohl. Keiner!«,[334] stimmte der Schriftsteller und zugleich frühere Konföderationsbefürworter Martin Walser in der Rückschau ein Loblied auf den Bundeskanzler an. Um sich einer derartigen Huldigung für den »zweiten Einheitskanzler« in der deutschen Geschichte zu entziehen, braucht man kein »kritischer Historiker«, der sich selbst »glücklichere Möglichkeiten« ausmalt – wie der Vordenker der Konföderationsidee Ulrich Noack einst sagte[335] –, zu sein. Bereits nach dem Mauerfall gab es in den beiden deutschen Staaten sowie im Ausland nicht wenige Überlegungen und Vorschläge für eine deutsch-deutsche Kon-

332 Vgl. Karl Dietrich Bracher: Der deutsche Einheitsstaat: ein Imperativ der Geschichte? (aus: Basler Zeitung vom 17. Februar 1990), in: Historiker betrachten Deutschland, S. 41.

333 Vgl. Nr. 182: Konstituierende Sitzung der Arbeitsgruppe Außen- und Sicherheitspolitik des Kabinettsausschusses Deutsche Einheit, Bonn, 14. Februar 1990; Nr. 189: Zweite Sitzung der Arbeitsgruppe Außen- und Sicherheitspolitik des Kabinettsausschusses Deutsche Einheit, Bonn, 19. Februar 1990, in: DzD Deutsche Einheit 1989/90, S. 830 f. und 854.

334 Martin Walser: Vormittag eines Schriftstellers, Frankfurt a. M. 1994, S. 143 f.

335 Vgl. dazu Abschnitt 2.2.1.

föderation.[336] Die meisten von ihnen sowie die restlichen Konföderationskonzeptionen, die nach der Verkündung von Kohls Zehn-Punkte-Programm als Alternativkonzepte zur Debatte gestellt wurden, liefen in der Regel einerseits auf eine Vereinbarung der beiden deutschen Staaten über eine wirtschaftliche Hilfe und Verzahnung sowie die schrittweise innenpolitische Annäherung bzw. Angleichung auf der Basis der Zweistaatlichkeit hinaus. Andererseits hörte man verstärkt Stimmen, die Neutralität oder ein gesamteuropäisches Sicherheitssystem forderten. Trägt man den gesellschaftlichen Problemen und Lasten durch den Anschluss der DDR an die BRD sowie der Unvollständigkeit der gesamteuropäischen Entwicklung Rechnung, mag man zu Recht verschiedenen, vielleicht besseren oder »glücklicheren Möglichkeiten« (Ulrich Noack) in den Konzeptionen Aufmerksamkeit schenken.

In erster Linie bestimmte aber das radikal veränderte deutsch-deutsche Teilungsverhältnis vor dem Hintergrund des Zusammenbruchs des kommunistischen Ostblocks die Weichenstellung des deutschen Wiedervereinigungsprozesses im Winter 1989/90. Ab Sommer 1989 war die internationale sowie deutsch-deutsche Konstellation durch eine Ost-West-Asymmetrie gekennzeichnet. Infolge des inneren Zerfallsprozesses der DDR im Herbst 1989 wurde das asymmetrische Machtverhältnis der beiden deutschen Staaten immer deutlicher und unumkehrbar, was dann dem Bundeskanzler bereits Ende Oktober 1989 ermöglichte, eine »Wende« in seiner Deutschlandpolitik einzuleiten. Die Bundesregierung, vor allem Bundeskanzler und Kanzleramt, rückten also schon vor dem Mauerfall von der bisherigen Zurückhaltung ab und begannen die DDR »mitzuregieren«, indem sie dem geschwächten Staat in Form des Junktims »wirtschaftliche Unterstützung gegen politische Reform« quasi ein Ultimatum stellten.

Der komplexe Entstehungsprozess eines Wiedervereinigungskonzepts im Kanzleramt führt vor allem die Aufeinanderbezogenheit von Akteuren im Dreiecksverhältnis Bonn – Berlin (Ost) – Moskau vor Augen. Im Gegensatz zur abwartenden sowjetischen Staatsführung versuchte die Modrow-Regierung, sich mit dem vagen Vorschlag einer »Vertragsgemeinschaft« der Unterminierung des DDR-Systems sowie der Lenkung des Einigungsprozesses durch die Bundesregierung zu widersetzen. Modrows Vorstoß trug jedoch wenig zur Stabilisierung der DDR und zur Unterdrückung einer Vereinigungsdiskussion

336 Neben den oben angeführten Konföderationsgedanken gab es zu jener Zeit viele Anregungen für »einen deutsch-deutschen Kooperationsverbund« oder eine Konföderationslösung. Vgl. Theo Sommer: »O Freiheit! Kehrst Du zurück?« Vom Aufbruch in der DDR zum Durchbruch der Mauer – wie weiter in Deutschland? in: Die Zeit, 17. November 1989, S. 1; Harry Maier: Das Gefälle beseitigen. Mit einer Konföderation ließe sich der Wandel in der DDR am besten bewältigen, in: ebd., S. 28; auch zum Konföderationsvorschlag der NDPD Ende November 1989. Vgl. Die NDPD fordert abermals Konföderation. »Eine völkerrechtliche Verbindung zweier souveräner Staaten«, in: FAZ, 29. Dezember 1989, S. 5.

bei. Er wirkte vielmehr als Auslöser für das offensive Wiedervereinigungskonzept von Kohl. Bei ihrer Diskussion und Ausarbeitung eines Gegenkonzepts mussten Kohl und seine engsten Mitarbeiter sich vielmehr mit den Überlegungen der beiden sowjetischen Diplomaten Falin und Portugalow, die längst von der Überwindung der deutschen Zweistaatlichkeit überzeugt waren, auseinandersetzen als mit dem Modrow-Vorschlag, denn die beiden »Germanisten« hatten bei ihren Sondierungsgesprächen in Ost-Berlin und Bonn bereits die konföderative Perspektive als Lösungsweg zur Diskussion gestellt.

Neben Risikobereitschaft und innenpolitischen Motiven kennzeichneten das Zehn-Punkte-Programm vor allem die Aneignung der Überlegungen jener deutschlandpolitischen Antipoden und zugleich deren Modifikation in Kernfragen. Das Weglassen der Bündniszugehörigkeitsfrage wies nicht nur auf die Vermeidung der belastenden Diskussion um eine heikle Frage, sondern auch auf das zeitweise Fortbestehen der noch existierenden Bündnissysteme in der konföderativen Entwicklung der beiden deutschen Staaten hin. Mit der Voranstellung der innerdeutschen konföderativen Vereinbarung sowie der Hervorhebung der EG-Osterweiterung als Faktor für die gesamtdeutsche wie auch gesamteuropäische Einigung gelang es dem Bundeskanzler, die verschiedenen Vereinigungsdiskussionen in Deutschland zu »kanalisieren«[337] und internationale Widerstände gegen sein Programm abzubauen. Ebenfalls charakteristisch war, dass die Zehn Punkte mit der Sprachformel »konföderative Strukturen« eher auf die Untergrabung der Grundlage einer Konföderation, das heißt der Koexistenz der unterschiedlichen Systeme, abzielte. Im Gegensatz zum SED-Vorsitzenden Ulbricht, der seinerzeit die gleiche Absicht vergeblich verfolgt hatte, konnte sich Bundeskanzler Kohl nun auf seinen »Partner für die Konföderation« in Ostdeutschland, »die Leute auf der Straße in der DDR«, verlassen.

Unumstritten ist mittlerweile, dass die treibende Kraft der Vereinigung die DDR-Bevölkerung war. Wer jedoch den Konföderationsplan des Bundeskanzlers ausschließlich unter dem Blickwinkel des Forderungsniveaus der Demonstranten in der DDR betrachtet, mag zu der vorschnellen Ansicht kommen, dass der Plan durch die realen Entwicklungen, getrieben von den Wiedervereinigung fordernden Demonstranten, bereits zum Zeitpunkt seiner Bekanntgabe im Bundestag überholt gewesen sei.[338] Dieser These ist nur bedingt zu folgen.

337 Nr. 135: Gespräch des Bundeskanzlers Kohl mit Staatspräsident Mitterrand, Latché, 4. Januar 1990, in: DzD Deutsche Einheit 1989/90, S. 685.

338 Vgl. Hartmut Zwahr: Vertragsgemeinschaft, Konföderation oder Vereinigung? Die Übergänge zur nationaldemokratischen Revolution in der DDR im Herbst 1989, in: Uwe John/Josef Matzerath (Hg.): Landesgeschichte als Herausforderung und Programm. Karlheinz Blaschke zum 70. Geburtstag, Stuttgart 1997, S. 727 ff.; Genschers Beurteilung lautete ebenfalls, die geschichtliche Entwicklung sei sehr viel weiter. Kiessler/Elbe: Der diplomatische Weg, S. 55; Genscher in: Plato: Die Vereinigung Deutschlands, S. 122 f.

Nach dem Mauerfall hatte die Mehrheit der DDR-Bevölkerung über die Abkehr vom gescheiterten System des real existierenden Sozialismus hinaus ihre Absage an Versuche der führenden Oppositionellen, das System zu reformieren oder einen »dritten Weg« einzuschlagen, deutlich gemacht. Wohlbekannt ist aber, dass die nationale Parole »Wir sind ein Volk« – zumindest anfangs – keineswegs die Losung der aktiven, überwiegend intellektuellen Opposition war, sondern die der bisher schweigenden Mehrheit. Den meisten Oppositionellen, deren Demonstrationen das Regime zu Fall gebracht hatten, lagen die Autonomie einer reformierten DDR und die Zweistaatlichkeit in einer begrenzten Form der nationalen Verbindung noch am Herzen, während die Mehrheit der DDR-Bevölkerung, vor allem – allerdings nicht ausschließlich – von dem Wunsch nach materieller Gleichberechtigung mit den Deutschen in der Bundesrepublik angespornt, dem lange Zeit tabuisierten nationalen Anspruch »Deutschland einig Vaterland« zuströmte. Die Allianz der Bürgerbewegung zerbrach immer mehr, und »welche Richtung die weitere Entwicklung nehmen würde, war in der zweiten Novemberhälfte zunächst ganz offen«.[339] Ende November 1989 war die Situation also noch in der Schwebe.

Das Problem lag eher darin, dass es den bundesdeutschen Oppositionsparteien, den SED-Reformern und der Bürgerbewegung in der DDR, aber auch den kritischen Intellektuellen in den beiden deutschen Staaten bis dahin noch nicht gelungen war, eine diese Massenbewegung in der DDR integrierende nationalpolitische Zukunftsorientierung darzulegen. Für die Kohl-Gegner war es politisch verhängnisvoll, dass die Sowjetunion mit ihrem Verzicht auf ein Veto der Selbstbestimmung der Deutschen freie Bahn gab und damit die DDR zur Disposition stellte. Im Gegensatz zum sowjetischen Generalsekretär, der sich mit der fatalen Formel »Geschichte entscheidet« von den geschichtlichen Prozessen überwältigen ließ, trieb Kohl in den Strudeln eines reißenden Flusses, um dann dessen Richtung und Tempo zu kanalisieren. Dabei stand er manchmal an der Spitze der Strömung, manchmal im ruhigen Wasser, aber er ließ sich nie von den Strudeln fortreißen. Keiner hat die Entwicklung so »aufmerksam« betrachtet und so »machtorientiert«[340] gehandelt wie Helmut Kohl. Keiner! Das gilt auch für seine Abkehr vom Zehn-Punkte-Programm im Januar 1990. So entschied die Geschichte: »Die Geschichte duldet kein Patt.«[341]

339 Vgl. Andreas Rödder: Deutschland einig Vaterland. Die Geschichte der Wiedervereinigung, München 2009, S. 118–127, hier S. 126. Zu verschiedenen Möglichkeiten vgl. Apelt: Die Opposition in der DDR und die deutsche Frage 1989/90, S. 208 ff.

340 Markus Driftmann bezeichnete die Deutschlandpolitik Kohls jener Zeit als »aufmerksam, pragmatisch, machtorientiert«, vgl. ders.: Gelobt wird aus den falschen Gründen. Helmut Kohl und die deutsche Wiedervereinigung, in: DA 39 (2006), S. 868–875.

341 Heym: Dialog. Essay. Der Spiegel, in: ders.: Einmischung, S. 242.

7 Schlussbetrachtung

Kein anderer deutschlandpolitischer Gedanke gehört so eng zur »gemeinsamen deutschen Nachkriegsgeschichte« wie die Idee einer deutschen Konföderation. In fast allen politischen Strömungen in der deutschen Zweistaatlichkeit von 1949 bis 1990 tauchte der Gedanke einer nationalen Konföderation zur Überwindung der deutschen Teilung hin und wieder auf: Diese Idee verfochten nicht nur eigensinnige Außenseiter und Querdenker aus dem konservativen Lager wie Ulrich Noack (CSU, später FDP), Hermann Etzel (Bayernpartei, Deutscher Klub 1954), Karl Graf von Westphalen (CDU, Deutscher Klub 1954), Wilhelm Elfes (CDU, Bund der Deutschen) und Paul Sethe *(FAZ,* später *Die Welt).* Auch Rüdiger Altmann, der ehemalige Berater des Bundeskanzlers Ludwig Erhard, und Paul Wilhelm Wenger, der frühere Bonner Redakteur des *Rheinischen Merkur,* standen einer Konföderation positiv gegenüber. Vor ganz unterschiedlichen Hintergründen und auf unterschiedliche Weise ergriffen vor allem der Bundesminister im Adenauer-Kabinett Fritz Schäffer (CSU) Mitte der 1950er Jahre und schließlich CDU-Bundeskanzler Helmut Kohl im November 1989 jeweils die Initiative für eine deutsch-deutsche Konföderation. Dass die westdeutschen Sozialdemokraten sich mit ihrem Deutschlandplan von 1959 auch einem Konföderationskonzept näherten, blieb keine Episode. Dafür sprechen nicht nur die Mitwirkung einiger sozialdemokratischer Intellektueller und Theoretiker wie Günter Grass und Theodor Schweisfurth in den 1960er bzw. 1980er Jahren an einem »großen nationalen Kompromiss«, sondern auch die abermalige Initiative des führenden SPD-Politikers Herbert Wehner für eine *Deutsche Wirtschaftsgemeinschaft* sowie die *Berliner Erklärung* der SPD vom Dezember 1989.

Bevor in der Umbruchzeit 1989/90 die Aufbruch-Gruppe um Antje Vollmer von »ökologischer Konföderation« sprach, hatten sich die national gesinnten Grünen wie der Kölner Initiativkreis Linke Deutschland-Diskussion sowie die West-Berliner Arbeitsgruppe Berlin- und Deutschlandpolitik um Herbert Ammon und Peter Brandt zur Konföderation bekannt. Erinnert sei auch daran, dass die beharrlichsten Konföderationsverfechter im ganzen Untersuchungszeitraum die beiden Nationalrevolutionäre Wolf Schenke und Wolfgang Venohr waren. Zudem vermengten sich zahlreiche Ideen aus dem

Lager der Neuen Rechten und der Linksnationalen in verschiedenen Konföderationsvorstößen in den 1980er Jahren. Parallel dazu bereiteten sich die Unterhändler beider deutscher Regierungen auf ein »Länderspiel« vor.

Während das nationale Konzept des Ersten Sekretärs des ZK der SED, Walter Ulbricht, in den 1950er und 1960er Jahren auf die Errichtung eines sozialistischen Gesamtdeutschlands durch die Stärkung der DDR gezielt und damit die Konföderationsdiskussion in beiden deutschen Staaten stark geprägt hatte, handelte es sich bei dem Modrow-Plan *Für Deutschland, einig Vaterland* sowie dem Konföderationsplan des SED/PDS-Vorsitzenden Gregor Gysi im Januar 1990 um den letzten verzweifelten Versuch der Weiterexistenz der DDR als Staat bzw. um die sinnlose Bemühung um eine Verlangsamung des damals schon eingeschlagenen Vereinigungsprozesses.

Zwar gestattet schon die Breite des politischen Spektrums der Konföderationsbefürworter die Fassung der Konföderationsidee als einen gemeinsamen Gedankenraum bzw. Erwartungshorizont der Deutschen in der Nachkriegszeit von 1949 bis 1990. Noch deutlicher und einleuchtender wird dies aber durch die Verflechtung der verschiedenen Konföderationskonzepte sowie deren dynamische Entwicklung. Im Laufe der Entwicklung der Konföderationsidee, die im geteilten Deutschland wie ein Gespenst umging, bahnte sich zwischen den beiden deutschen Staaten eine »Beziehung besonderer Art« an: Sie war geprägt von Wechselwirkungen, unmittelbaren und mittelbaren Einflüssen sowie Auseinandersetzungen und Abgrenzung.

Dieser gesamtdeutsche Bezug zeigte sich bereits in der Entstehungsphase des Konföderationsgedankens von 1949 bis 1956. Die Konföderationsidee entstand im Zusammenhang mit einer Ost-West-Begegnung der besonderen Art, jedoch nicht auf der offiziellen Regierungsebene. Drei westdeutsche Konföderationsprotagonisten, Ulrich Noack, Hermann Etzel und Wilhelm Elfes, sowie ihre Gleichgesinnten, die zum einen von den etablierten bundesdeutschen Parteien als »Steigbügelhalter des Kommunismus« und zum anderen von der SED-Führung als eine Art »Wunderwaffe« betrachtet wurden, waren mit ihren eigenen Konzeptionen – jeweils 1949/50 und 1954 bis 1956 – den meisten Zeitgenossen, unter anderem auch der Mehrheit der westdeutschen Neutralisten, aber auch den ostdeutschen Kommunisten voraus und hatten mit ihrer eigenwilligen politischen Praxis als »Grenzgänger« einen neuen Horizont der Diskussion über die Deutschlandpolitik eröffnet.

Bei ihrem Konföderationsvorstoß Anfang 1957 baute die SED-Führung neben den Anregungen der drei westdeutschen Protagonisten nicht zuletzt auf die geheime Initiative des Bundesministers Schäffer aus den Jahren 1955/56. Zugleich entwickelte die SED-Führung eine neue Art von Konföderationskonzept: Die ulbrichtsche Konföderationsformel setzte sich zusammen aus der Bagatellisierung der föderalistischen Grundgedanken und der Begünstigung sowie Herausstellung des Klassenkampfes unter der Parole einer Aktionsfront der gesamtdeutschen Arbeiterklasse, der einseitigen Forderung der SED gegenüber der BRD, Vorbedingungen für die Wiedervereinigung zu schaffen sowie der engen Verknüpfung einer deutsch-deutschen konföderativen Entwicklung mit dem internationalen Arrangement über die Berlin-Frage und einen Friedensvertrag. Überhaupt erschwerten es diese Bedingungen, in einem offiziellen deutsch-deutschen Gespräch zum Durchbruch zu gelangen.

Festzuhalten ist jedoch, dass die SED-Konföderationsvorschläge mehr als reine Propaganda waren, zumal sie im engen Zusammenhang mit eigenen Zukunftsvorstellungen und -strategien standen. Eben in diesem Aspekt der Zukunftsorientierung nahmen einige westdeutsche Nationalneutralisten um Wolf Schenke für sich in Anspruch, es mit den ostdeutschen Kommunisten aufzunehmen. Diese neue Variante der Konföderationsidee, die von einer engen Verknüpfung der Neutralitätsforderung mit einem gesellschaftspolitischen Dritten Weg ausging, zielte, ebenso wie die SED-Konföderationskonzeption, auf die Durchsetzung ihres eigenen ideologischen Ziels: zuerst Verhandlungen der beiden Regierungen ohne Voraussetzung, dann parallele innere Umwandlungen durch das Zusammenwirken der Dritte-Weg-Kräfte in der Übergangszeit der Konföderation und letztlich die Wiedervereinigung als Vollendung der Neugestaltung Deutschlands.

Nicht nur diese mit der Dritte-Weg-These eng verbundene Konföderationsidee, sondern auch die Herangehensweise einer entideologisierten, pragmatischen konföderativen Perspektive, wie sie Wehners *Deutsche Wirtschaftsgemeinschaft* darstellte, gewann in den 1980er Jahren aufs Neue an Bedeutung und Anziehungskraft. Bezeichnend waren dabei die Vielfalt der Konzeptionen der national gesinnten Linken und der nationalrevolutionären Rechten sowie das eigenartige politische Zusammenwirken der unterschiedlichen Gruppierungen. Von größerem Belang war aber, dass die deutsch-deutsche Verflechtung nicht zuletzt in diesem Zeitabschnitt viel diverser und dichter geworden ist, wie sich bei der Entstehung einer neuen Konföderationsdiskussion in Westdeutschland und bei der Entwicklung des *Zürcher Modells* sowie des *Länderspiels* herausstellte.

Kohls Zehn-Punkte-Programm war ebenfalls eine Übernahme manch vorausgegangener Gedanken und zugleich eine Abgrenzung von den Konföderationskonzepten der politischen Gegner in Kernfragen wie der Neutralität. Der Grund für den Erfolg des Bundeskanzlers lag nicht nur darin, dass er angesichts der extrem asymmetrischen deutsch-deutschen Verhältnisse in seinem politischen Manöver durch die Konföderationsformel auf »den Partner für die Konföderation«, die »Leute auf der Straße in der DDR«, vertrauen konnte, sondern auch darin, dass er durch sein geschicktes, pragmatisches Vorgehen der zeitweisen Abkoppelung der konföderativen Perspektive von der Problematik der äußeren Gestaltung eines vereinigten Deutschlands die anderen Konföderationskonzeptionen und Vereinigungsüberlegungen der politischen Gegner in den Schatten zu stellen wusste.

Gedacht, aber nicht getan: eine nationale Konföderation. Die deutsch-deutsche Konföderation wurde nicht verwirklicht und blieb Theorie in jenem gesamtdeutsch verflochtenen Gedanken- und Erwartungsraum. Der geläufige Hinweis auf die ungünstigen internationalen Rahmenbedingungen der ideologischen Ost-West-Konfrontation für die Schaffung einer nationalen Konföderation in Deutschland ist im Grunde nicht irreführend, greift jedoch zu kurz, um die Grenzen und Schranken einer Konföderationsidee als »Bewegung« vor Augen zu führen. Subjektive Faktoren wie etwa das Versagen der verschiedenen Akteure in beiden deutschen Staaten, eine Form der politischen Solidarität für die Konföderationslösung der deutschen Frage, wie auch immer sie gestaltet sei, zu schaffen, sollte zwar Beachtung finden, fällt aber nicht ins Gewicht.

Ein wichtiger Grund für den Misserfolg des Konföderationskonzepts lag vielmehr darin, dass in dem ganzen Zeitraum von 1949 bis 1990 ein asymmetrisches Teilungsverhältnis zwischen beiden deutschen Staaten vorherrschte, und dass eben dieser Aspekt in die meisten deutsch-deutschen Konföderationsüberlegungen kaum einbezogen wurde. Von Anbeginn der nationalen Teilung vermochte die DDR aus der politisch und wirtschaftlich schwächeren Position nicht herauszukommen. In einigen Abschnitten der Nachkriegszeit sah sich die SED-Führung existentiellen Gefahren ausgesetzt. Zu diesem spezifischen deutschen Teilungszustand formulierte der deutsch-englische Journalist Sebastian Haffner:

> »Wenn ein Abkommen über Deutschland überhaupt eine Chance haben soll, […] muß es die beiden wichtigen und paradoxen Realitäten der Situation berücksichtigen: daß es zwar ein globales Mächtegleichgewicht zwischen Ost und West gibt, aber kein lokales Mächtegleichgewicht zwischen Ost- und Westdeutschland gibt. Rußland ist genauso stark wie Amerika. Aber Ostdeutschland ist nicht so stark wie Westdeutschland.«[1]

Vor allem die wirtschaftliche Diskrepanz war für das asymmetrische Verhältnis ausschlaggebend. Solange sich die DDR auf die Integration Osteuropas stützte, war dies ein Faktor für die Vertiefung der deutschen Teilung. Um den Import der Rohstoffe bezahlen zu können, musste die DDR aber beispielsweise eigene Erzeugnisse exportieren und konnte sich daher nicht ihrer Umwelt, insbesondere dem größeren Wirtschaftsraum der Bundesrepublik und der Europäischen Gemeinschaft, verschließen. Wie sich bei den Konföderations-

1 Sebastian Haffner: Agenda for Germany, in: The Observer, 1. Februar 1959, S. 12; Zitat nach Beck: Der traurige Patriot, S. 88. Zur deutschen Version des Textes vgl. Sebastian Haffner: Die deutsche Frage. 1950–1961: Von der Wiederbewaffnung bis zum Mauerbau, hg. von Rainer Nitsche (aus dem Englischen von Sigrid Ruschmeier), Berlin 2002, S. 149–154.

konzepten der SED in den 1950er und 60er Jahren herauskristallisiert hatte, lag gerade in den wirtschaftlichen Interessen der DDR die Möglichkeit zur Realisierung einer deutschen Konföderation. Abgesehen von Wehners Konzept einer *Deutschen Wirtschaftsgemeinschaft* und Wolfgang Seifferts Einsicht in diesen Zusammenhang beschäftigten sich die meisten Konföderationsverfechter mit diesem Aspekt nur oberflächlich. Der SED-Führung in den späten 1950er und 1960er Jahren sowie der Kohl-Regierung zur Umbruchszeit kam es ebenfalls – obschon aus jeweils unterschiedlichen Interessen – weniger auf die pragmatische Herangehensweise an die konstruktive wirtschaftliche Zusammenarbeit in Richtung Konföderation an. Eine nationale Konföderation im geteilen Deutschland hätte überhaupt nur als eine Form wirtschaftlicher Zusammenarbeit eine Realisierungschance gehabt.

Darüber hinaus lässt sich die Nichtrealisierbarkeit einer nationalen Konföderation in Deutschland im Zusammenhang mit der allgemeinen Begrenztheit des Nationalen in der deutschen Nachkriegszeit erkären. Wenngleich die verschiedenen national orientierten Konföderationsverfechter angesichts der andauernden Teilung und der begrenzten Souveränität die Einheitsparole eng mit der Identitätsfrage verknüpften, war »das Bewusstsein, zu einem Volk zu gehören«, »nicht notwendig mit dem Willen zur Nation verbunden«, worauf Lutz Niethammer zu Recht hingewiesen hat.[2] Die komplexen Bestimmungsfaktoren für die Identitätsbildung sowie die verbliebenen Schatten der früheren nationalen Verzerrungen in der postfaschistischen Gesellschaft der deutschen Nachkriegszeit waren nicht gebührend berücksichtigt worden. Hinzu kam, dass den politischen Eliten in beiden deutschen Staaten andere politische Ziele wichtiger waren als die Einheit und Souveränität, auch wenn sie in bestimmten Zeitabschnitten Wiedervereinigungsparolen oder Konföderationsformeln auf ihre Fahnen schrieben.

Aus diesen Umständen lässt sich besser verstehen, warum die Deutschen in der Zweistaatlichkeit von 1949 bis 1990 in Bezug auf die Konföderationsidee »gedankenvoll und tatenarm« (Friedrich Hölderlin) waren. Im Gegensatz zu den Deutschen jener Zeit sind die Koreaner zurzeit insofern wagemutig, als dass die beiden koreanischen Staaten nicht nur über die nationale Konföderation als Weg der Vereinigung nachdenken, sondern auch eine gemeinsame Vereinbarung getroffen haben. Es bleibt schließlich offen, ob und wie die Erforschung sowie Vermittlung der deutschen Erfahrungen mit der Konföderationsidee in der Zeit von 1949 bis 1990 die hinsichtlich der Konföderationsidee eher »gedankenarmen« Koreaner zu einem theoretisch fundierten Konzept und so zu weiteren politischen Schritten in Richtung Konföderation anregen kann.

2 Niethammer: Schwierigkeiten beim Schreiben einer deutschen Nationalgeschichte nach dem Zweiten Weltkrieg, in: ders.: Deutschland danach, S. 434–449, hier S. 438.

Anhang

Abkürzungsverzeichnis

ACDP	Archiv für Christlich-Demokratische Politik
AdL	Archiv des Liberalismus
AfNS	Amt für Nationale Sicherheit
AG	Arbeitsgemeinschaft
AGG	Archiv Grünes Gedächtnis
AL	Alternative Liste
APO	Außerparlamentarische Opposition
APuZ	Aus Politik und Zeitgeschichte
AUD	Aktionsgemeinschaft Unabhängiger Deutscher
BA	Bundesarchiv
BdD	Bund der Deutschen
BHMDB	Biographisches Handbuch der Mitglieder des Deutschen Bundestages 1949–2002
BND	Bundesnachrichtendienst
BP	Bayern-Partei
BStU	Die Bundesbeauftragte für die Unterlagen des Staatssicherheitsdienstes der ehemaligen DDR
BVP	Bayerische Volkspartei
CDU	Christlich-Demokratische Union Deutschlands
CSU	Christlich-Soziale Union
DA	Deutschland Archiv
DABA	Deutsche Außenhandelsbank AG
DFU	Deutsche Friedens-Union
DG	Deutsche Gemeinschaft
DKP	Deutsche Kommunistische Partei
DM	Deutsche Mark
DP	Deutsche Partei
DRP	Deutsche Reichs-Partei
DU	Deutsche Union
DWK	Deutsche Wirtschaftskommission
EA	Europa-Archiv
EG	Europäische Gemeinschaft
EKD	Evangelische Kirche in Deutschland
EU	Europäische Union
EURATOM	Europäische Atomgemeinschaft
EVG	Europäische Verteidigungsgemeinschaft
EWG	Europäische Wirtschaftsgemeinschaft
FAZ	Frankfurter Allgemeine Zeitung
FDGB	Freier Deutscher Gewerkschaftsbund
FDJ	Freie Deutsche Jugend
FDP	Freie Demokratische Partei
FNS	Friedrich Naumann Stiftung
GB	Gesamtdeutscher Block/Block der Heimatvertriebenen und Entrechteten
GM	Geheimer Mitarbeiter
GVP	Gesamtdeutsche Volkspartei
GWU	Geschichte in Wissenschaft und Unterricht
HA	Hauptabteilung

HV A	Hauptverwaltung Aufklärung
HZ	Historische Zeitschrift
IKA	Industriekredit AG
IM	Inoffizieller Mitarbeiter
IPW	Institut für Internationale Politik und Wirtschaft
IWF	Institut für Wirtschaftswissenschaftliche Forschung
IWK	Internationale Wissenschaftliche Korrespondenz zur Geschichte der deutschen Arbeiterbewegung
KfW	Kreditanstalt für Wiederaufbau
KDVR	Koreanische Demokratische Volksrepublik
KPD	Kommunistische Partei Deutschlands
KPdSU	Kommunistische Partei der Sowjetunion
KSZE	Konferenz für Sicherheit und Zusammenarbeit in Europa
LDD	(Initiativkreis) Linke Deutschland-Diskussion
LDPD	Liberal-Demokratische Partei Deutschlands
MdB	Mitglied des Deutschen Bundestages
MdL	Mitglied des Landtags
MfAA	Ministerium für Auswärtige Angelegenheiten
MfS	Ministerium für Staatssicherheit
ND	Neues Deutschland
NDPD	National-Demokratische Partei Deutschlands
NDR	Norddeutscher Rundfunk
NG	Die Neue Gesellschaft
NP	Neue Politik
NPD	Nationaldemokratische Partei Deutschlands; Nationale Partei Deutschlands
NR der NF	Nationalrat der Nationalen Front des demokratischen Deutschland
NSDAP	Nationalsozialistische Deutsche Arbeiterpartei
PA AA MfAA	Politisches Archiv des Auswärtigen Amtes, Bestand Ministerium für Auswärtige Angelegenheiten
PB	Politbüro
PdAK	Partei der Arbeit Koreas
RGW	Rat für gegenseitige Wirtschaftshilfe
SAPMO-BArch	Stiftung Archiv der Parteien und Massenorganisationen der DDR im Bundesarchiv
SBZ	Sowjetische Besatzungszone
SED	Sozialistische Einheitspartei Deutschlands
SMAD	Sowjetische Militäradministration in Deutschland
SPD	Sozialdemokratische Partei Deutschlands
SRP	Sozialistische Reichspartei
StABB	Stadtarchiv Bamberg
StAMG	Stadtarchiv Mönchengladbach
SU	Sowjetunion
TASS	Nachrichtenagentur der UdSSR
taz	Die Tageszeitung
VDNV	Vereinigung (Verein) Deutsche Nationalversammlung
VfZ	Vierteljahrshefte für Zeitgeschichte
WDR	Westdeutscher Rundfunk
ZfG	Zeitschrift für Geschichtswissenschaft
ZK	Zentralkomitee
ZSg	Zeitgeschichtliche Sammlungen

Quellen und Literatur

I Ungedruckte Quellen

Stiftung Archiv der Parteien und Massenorganisationen der DDR im Bundesarchiv (SAPMO-BArch)

SED-Bestand DY 30 IV 2/10.02/03, 08, 212, 213, 215, 216

DY 30 IV 2/2/ 51, 55, 99, 215

DY 30 J IV 2/2/273, 282, 283, 489, 520, 747, 1360

DY 30 J IV 2/202/122, 346

DY 30 J IV 2/2A/541

DY 30 IV 2/10.02/202, 204, 212, 219, 220, 221, 222, 238

DY 30 IV 2/1/46, 72, 74, 122, 220, 160, 165, 347, 356, 357, 370, 402, 408, 409, 415, 416, 419, 427, 460, 471, 473, 495, 685, 692, 699

DY 30/195, 196, 230, 505, 3096, 3295, 3380, 3389, 3543, 3583

Nachlass Otto Grotewohl: NY 4090/142, 472, 506, 517, 653, 654, 660, 666, 667, 668

Nachlass Walter Ulbricht: NY 4182/743, 867, 868, 892

DY 6/Vorl. 5285, 5340a und b, 5425, 5607a

DY/6/254, 4016

Bundesarchiv Koblenz (BA-Ko)

Nachlass Karl Georg Pfleiderer 1286/53, 57

Nachlass Joseph Wirth 1342/13, 16

Nachlass Josef Weber 1434/Vorl. 38a, 41a

Nachlass Fritz Schäffer 1168/43, 6 fol.

B 136 Bundeskanzleramt 6179, 6779

ZSg. 1–E/127

Die Bundesbeauftragte für die Unterlagen des Staatssicherheitsdienstes der ehemaligen Deutschen Demokratischen Republik (BStU), Ministerium für Staatssicherheit (MfS)

AIM 5155/68; AP 21679/92; HA XV III 13377, 13284; BKK; XV 1006/87; XV 1006/87, 12802/9

Politisches Archiv des Auswärtigen Amtes, Bestand Ministerium für Auswärtige Angelegenheiten der DDR (PA AA MfAA)

A 6928, A 6968, A 9580, A 14817, A 16496

Friedrich Naumann Stiftung (FNS), Archiv des Liberalismus (AdL)

Nachlass Bernhard Leverenz: N/29/3, 19

Nachlass Thomas Dehler: N/1/3176, 3177, 3439

Archiv für Christlich-Demokratische Politik (ACDP)
Nachlass von Hans-Joachim von Merkatz: I-148-044/02, 196/01
Ost-CDU VII-010-1037

Archiv Grünes Gedächtnis (AGG)
1998/D0023, 1999/D0004, 1998/20023, BII 1-2090, 2291, 2696, 2715, 5146

Stadtarchiv Bamberg (StABB)
Nachlass Hermann Etzel: D-1003, Nr. 3, 16, 23, 24, 30, 31

Stadtarchiv Mönchengladbach (StAMG)
Nachlass Wilhelm Elfes: 15/8/ 9, 32, 34, 38, 39, 77, 79, 82, 83, 85, 89, 91, 98, 100

II Zeitschriften, Zeitungen und Pressedienste

Archiv der Gegenwart
argumente
Außenpolitik
Ausweg
Befreiung
Blätter für deutsche und internationale Politik
Deutsche Volkszeitung
Die Deutsche Woche
Deutschland Archiv
Dokumentation der Zeit
Einheit
Europa-Archiv
Frankfurter Allgemeine Zeitung
Junge Freiheit
Junge Welt
Kommune
Kursbuch
Mediatus
Der Monat
Mittelweg
Die Neue Gesellschaft
Neue Politik
Neue Zeit
Neues Deutschland
new left review
Niemandsland
Nürnberger Nachrichten
Die Politische Meinung
Probleme des Klassenkampfes
Rheinischer Merkur
Der Spiegel
Sozialdemokratischer Pressedienst
Süddeutsche Zeitung
Die Tageszeitung
Vorwärts
Die Welt
Welt ohne Krieg
Wir selbst
Die Zeit

Adenauer, Konrad: Erinnerungen 1945–1953, Bd. 1: Erinnerungen 1953–1955, Bd. 2: Erinnerungen 1955–1959, Bd. 3: Erinnerungen 1959–1963, Bd. 4: Fragmente, Stuttgart 1965–1968.

Adenauer, Konrad: Briefe 1947–1949, bearbeitet von Hans Peter Mensing, Berlin 1985 (= Adenauer. Rhöndorfer Ausgabe, hg. von Rudolf Morsey und Hans-Peter Schwarz).

Adenauer, Konrad: Briefe 1949–1951, bearbeitet von Hans Peter Mensing, Berlin 1985 (= Adenauer. Rhöndorfer Ausgabe, hg. von Rudolf Morsey und Hans-Peter Schwarz).

Ahn, Bon-Rock: Die Wiedervereinigungsfrage Koreas unter der Berücksichtigung der deutschen Erfahrungen, Dissertation, Freie Universität Berlin, 2005.

Albrecht, Ernst: Erinnerungen – Erkenntnisse – Entscheidungen, Göttingen 1999.

Allemann, Fritz R.: Zwischen Stabilität und Krise. Etappen der deutschen Politik 1955–1963, München 1963.

Altmann, Rüdiger: Das deutsche Risiko. Außenpolitische Perspektiven, Stuttgart-Degerloch 1962.

Altmann, Rüdiger: Das Erbe Adenauers. Eine Bilanz, München 1963.

Altmann, Rüdiger: Der deutsche Bund, in: Theo Sommer (Hg.): Denken an Deutschland. Zum Problem der Wiedervereinigung – Ansichten und Einsichten, Hamburg 1966, S. 185–195.

Ammon, Herbert: Plädoyer für die Deutsche Einheit durch Blockfreiheit, in: DA, 16 (1983), S. 820–833.

Ammon, Herbert: Europäischer Frieden und Deutsche Frage, in: Neue Gesellschaft, 31 (1984), S. 703–711.

Ammon, Herbert: Alternative Friedenspolitik – aktive Deutschlandpolitik, in: Kommune, 3/1986, S. 61–63.

Ammon, Herbert: Der ewige Friede. Die Linke und der Systemregulator, in: Niemandsland, 6/1988, S. 47–55.

Ammon, Herbert/Brandt, Peter: Wege zur Lösung der »Deutschen Frage«. Der emanzipatorische Anspruch der Linken unter dem Zwang zur Realpolitik, in: Befreiung, 21 (1981), April-Heft, S. 38–71.

Ammon, Herbert/Brandt, Peter (Hg.): Die Linke und die nationale Frage. Dokumente zur deutschen Einheit seit 1945, Reinbek 1981.

Ammon, Herbert/Brandt, Peter: Patriotismus von links. Rückblick und Zustandsbeschreibung, in: Wolfgang Venohr (Hg.): Die deutsche Einheit kommt bestimmt, Bergisch Gladbach 1982, S. 119–159.

Ammon, Herbert/Schweisfurth, Theodor: Friedensvertrag – Deutsche Konföderation – Europäisches Sicherheitssystem. Denkschrift zur Verwirklichung einer europäischen Friedensordnung mit 50 Seiten Dokumenten, Starnberg 1985.

Amos, Heike: Die Westpolitik der SED 1948/49–1961. »Arbeit nach Westdeutschland« durch die Nationale Front, das Ministerium für Auswärtige Angelegenheiten und das Ministerium für Staatssicherheit, Berlin 1999.

Amos, Heike: Politik und Organisation der SED-Zentrale 1949–1963. Struktur und Arbeitsweise von Politbüro, Sekretariat, Zentralkomitee und ZK-Apparat, Münster u. a. 2003.

Angelow, Jürgen: Der Deutsche Bund, Darmstadt 2003.
Antonius, John: Rudolf Seiters, Bonn/Berlin 1991.
Apel, Hans: Spaltung. Deutschland zwischen Vernunft und Vernichtung, Berlin 1966.
Apelt, Andreas H.: Die Opposition in der DDR und die deutsche Frage 1989/90, Berlin 2009.
Appel, Reinhard: Gefragt. Herbert Wehner, Bonn 1969.
Arbeitskreis atomwaffenfreies Europa (Hg.): Alternativen Europäischer Friedenspolitik, Berlin 1982.
Assmann, Walter u. a.: Staatsrecht der DDR, Berlin 1977.
Augstein, Rudolf: Meinungen zu Deutschland, Frankfurt am Main 1967.
Augstein, Rudolf/Grass, Günter: Deutschland einig Vaterland? Ein Streitgespräch, Göttingen 1990.
Aus dem Bericht des Politbüros an die 13. Tagung des Zentralkomitees der SED, 15.–17. September 1966, Berichterstatter: Günter Mittag, Berlin 1966.
Axen, Hermann: Zur Entwicklung der sozialistischen Nation in der DDR, Berlin 1973.
Axen, Hermann: Zwei Staaten – zwei Nationen. Die deutsche Frage existiert nicht mehr, in: DA, 6 (1973), S. 414–416.
Axen, Hermann: Ich war ein Diener der Partei. Autobiographische Gespräche mit Harald Neubert, Berlin 1996.

Baade, Fritz: Wie kann Deutschland verteidigt werden?, in: Außenpolitik, 2 (1951), S. 254–262.
Baade, Fritz: Gesamtdeutschland und die Integration Europas, in: Arbeitsgemeinschaft für Forschung des Landes Nordrhein-Westfalen, H. 71, Köln/Opladen 1957, S. 7–37.
Baade, Fritz: Der Wettlauf zum Jahre 2000. Unsere Zukunft. Ein Paradies oder die Selbstvernichtung der Menschheit, Oldenburg/Hamburg 1960.
Badstübner, Rolf: Vom »Reich« zum doppelten Deutschland. Gesellschaft und Politik im Umbruch, Berlin 1999.
Bahl, Holger: Als Banker zwischen Ost und West. Zürich als Drehscheibe für deutsch-deutsche Geschäfte, Zürich 2002.
Bahl, Holger: Karl Wienand. Hochbezahlter Landesverräter oder ein mögliches Fehlurteil?, in: DA, 38 (2005), S. 1071–1077.
Bahr, Egon: Was wird aus den Deutschen? Fragen und Antworten, Reinbek 1982.
Bahr, Egon: Gemeinsame Sicherheit. Gedanken zur Entschärfung der nuklearen Konfrontation in Europa, in: Europa-Archiv, 37 (1982), S. 421–430.
Bahr, Egon: Zu meiner Zeit, München 1996.
Bahrmann, Hannes/Links, Christoph: Chronik der Wende. Die DDR zwischen 7. Oktober und 18. Dezember 1989, Berlin 1994.
Bahro, Rudolf: Wahnsinn mit Methode. Über die Logik der Blockkonfrontation, Friedensbewegung, die Sowjetunion und die DKP, Berlin 1982.
Bahro, Rudolf: Pfeiler am anderen Ufer. Beiträge zur Politik der Grünen von Hagen bis Karlsruhe, Berlin 1984.
Bahro, Rudolf: Alles kommt auf eine ökologische Alternative an, in: Frank Blohm/Wolfgang Herzberg (Hg.): Nichts wird mehr so sein, wie es war. Zur Zukunft der beiden deutschen Republiken, Leipzig 1990, S. 99–116.

Baker, James A.: Erinnerungen. Drei Jahre, die die Welt veränderten, Berlin 1996.

Bange, Oliver: Kiesingers Ost- und Deutschlandpolitik von 1966–1969, in: Günter Buchstab/Philipp Gassert/Peter Thaddäus Lang (Hg.): Kurt Georg Kiesinger 1904–1988. Von Ebingen ins Kanzleramt, hg. im Auftrag der Konrad-Adenauer-Stiftung e. V., Freiburg/Basel/Wien 2005, S. 455–498.

Baron, Udo: Die Deutschlandpolitik der Grünen und das Ministerium für Staatssicherheit, in: Jahrbuch Extremismus & Demokratie, 11 (1999), S. 47–77.

Baron, Udo: Kalter Krieg und heißer Frieden. Der Einfluss der SED und ihrer westdeutschen Verbündeten auf die Partei »Die Grünen«, Münster 2003.

Bartsch, Günter: Revolution von rechts? Ideologie und Organisation der Neuen Rechten, Freiburg 1975.

Bauerkämper, Arnd/Sabrow, Martin/Stöver, Bernd (Hg.): Doppelte Zeitgeschichte. Deutsch-deutsche Beziehungen 1945–1990, Bonn 1998.

Baumgartner, Joseph: Der Föderalismus als Gesellschafts- und Staatsprinzip, München 1951.

Baumgartner, Joseph: Bayern und Bonn, in: Föderalistische Hefte 1948–1950. Eine Auswahl, herausgegeben, eingeleitet und mit einem Anhang versehen von Johannes Ch. Traut und Tonio Gas, Baden-Baden 1996, S. 194–200.

Baumgärtner, Franz Josef: Wilhelm Hoegner, München 1957.

Beck, Ralf: Der traurige Patriot. Sebastian Haffner und die Deutsche Frage, Berlin/Brandenburg 2005.

Becker, Winfried: Fritz Schäffer und Föderalismus, in: Wolfgang J. Mückl (Hg.): Föderalismus und Finanzpolitik. Gedenkschrift für Fritz Schäffer, Paderborn 1990, S. 9–36.

Behrend, Manfred: Franz Josef Strauß. Eine politische Biographie, Köln 1995.

Bender, Klaus: Deutschland, einig Vaterland? Die Volkskongreßbewegung für deutsche Einheit und einen gerechten Frieden in der Deutschlandpolitik der Sozialistischen Einheitspartei Deutschlands, Frankfurt am Main 1992.

Bender, Peter: Offensive Entspannung. Möglichkeit für Deutschland, Köln/Berlin 1964.

Bender, Peter: Zehn Gründe für die Anerkennung der DDR, Frankfurt am Main 1968.

Bender, Peter: Das Ende des ideologischen Zeitalters. Die Europäisierung Europas, Berlin 1981.

Bender, Peter: Mitteleuropa – Mode, Modell oder Motiv?, in: Neue Gesellschaft, 34 (1987), S. 297–304.

Bender, Peter: Deutsche Parallelen. Anmerkungen zu einer gemeinsamen Geschichte zweier getrennter Staaten, Berlin 1989.

Bender, Peter: Die neue Ostpolitik und ihre Folgen. Vom Mauerbau bis zur Vereinigung, 4. Auflage, München 1996.

Bender, Peter: Episode oder Epoche? Zur Geschichte des geteilten Deutschlands, München 1996.

Bender, Peter: Fall und Aufstieg. Deutschland zwischen Kriegsende, Teilung und Vereinigung, Halle (Saale) 2002.

Bentfeldt, Ludwig: Der Deutsche Bund als nationales Band, Göttingen/Zürich 1985.

Benz, Wolfgang (Hg.): Neuanfang in Bayern 1945–1949. Politik und Gesellschaft in der Nachkriegszeit, München 1988.

Benz, Wolfgang: Opposition gegen Adenauers Deutschlandpolitik, in: Jürgen Weber (Hg.): Die Republik der fünfziger Jahre. Adenauers Deutschlandpolitik auf dem Prüfstand, München 1989, S. 47–70.

Benz, Wolfgang: Potsdam 1945. Besatzungsherrschaft und Neuaufbau im Vier-Zonen-Deutschland, München 1992.

Benz, Wolfgang/Plum, Günter/Röder, Werner: Einheit der Nation. Diskussionen und Konzeptionen zur Deutschlandpolitik der großen Parteien seit 1945, Stuttgart-Bad Cannstatt 1978.

Berg, Hermann von (Hg.): Gespräche über Deutschland. Interviews mit Wjatscheslaw Daschitschew, Hellmut Diwald, Bernhard Friedmann, Peter Glotz, Helmut Kohl, Detlef Kühn, Wolfgang Seiffert, Wolfgang Venohr u. a., Kiel 1988.

Berg, Hermann von/Loeser, Franz/Seiffert, Wolfgang (Hg.): Die DDR auf dem Weg in das Jahr 2000. Politik, Ökonomie, Ideologie. Plädoyer für eine demokratische Erneuerung, Köln 1987.

Bericht des Politbüros an die 14. Tagung des Zentralkomitees der SED: Diskussionsrede auf der 14. Tagung des ZK der SED, 15.–17. Dezember 1966, Gerhard Grüneberg, Berlin 1967.

Bericht über den 8. Parteitag der Christlich-Demokratischen Union vom 12. bis 15. September 1956 in Weimar.

Besson, Waldemar: Die Außenpolitik der Bundesrepublik. Erfahrungen und Maßstäbe, München 1970.

Beutin, Heidi/Beutin, Wolfgang/Brücher, Bodo (Hg.): Nach Rückschlägen vorwärts. Im Streit für eine humane Welt. Lorenz Knorr zum 70. Geburtstag, Hamburg 1991.

Biermann, Rafael: Zwischen Kreml und Kanzleramt. Wie Moskau mit der Einheit rang, Paderborn/München/Stuttgart 1997.

Biographisches Handbuch der Mitglieder des Deutschen Bundestages 1949–2002, hg. von Rudolf Vierhaus/Ludolf Herbst, 2 Bände, München 2002.

Biographisches Handbuch der SBZ/DDR 1945–1990, hg. von Gabriele Baumgartner/Dieter Hebig, 2 Bände, München 1996/1997.

Bittel, Karl (Hg.): Ein deutscher Staatenbund (Konföderation), Berlin 1957.

Bleek, Wilhelm: Einheitspartei und nationale Frage 1945–1955, in: Der X. Parteitag der SED. 35 Jahre SED-Deutschlandpolitik, Versuch einer Bilanz, Edition Deutschland Archiv, Köln 1981, S. 87–99.

Bleek, Wilhelm/Bovermann, Rainer: Die Deutschlandpolitik der SPD/FDP-Koalition, in: Materialien der Enquete-Kommission »Aufarbeitung von Geschichte und Folgen der SED-Diktatur in Deutschland«, hg. vom Deutschen Bundestag, Bd. V/2: Deutschlandpolitik, innerdeutsche Beziehungen und internationale Rahmenbedingungen, Baden-Baden 1995, S. 1141–1187.

Blohm, Frank/Herzberg, Wolfgang (Hg.): Nichts wird mehr so sein, wie es war. Zur Zukunft der beiden deutschen Republiken, Leipzig 1990.

Blumenwitz, Dieter/Meissner, Boris (Hg.): Die Überwindung der europäischen Teilung und die deutsche Frage, Köln 1986.

Blumenwitz, Dieter/Zieger, Gottfried (Hg.): Die deutsche Frage im Spiegel der Parteien, Köln 1989.

Boldt, Hans: Föderalismus als Grundstruktur deutscher Geschichte, in: Adolf M. Birke/Hermann Wentker (Hg.): Föderalismus im deutsch-britischen Meinungsstreit. Historische Dimension und politische Aktualität, München 1993, S. 33–51.

Bölling, Klaus: Die fernen Nachbarn. Erfahrungen in der DDR, Hamburg 1983.

Borchert, Konstanze/Steinke, Volker/Wuttke, Carola (Hg.): »Für unser Land«. Eine Aufrufaktion im letzten Jahr der DDR, Frankfurt am Main 1994.

Bortfeld, Heinrich: Washington – Bonn – Berlin. Die USA und die deutsche Einheit, Bonn 1993.

Bortfeld, Heinrich: Die Vereinigten Staaten und die deutsche Einheit, in: Klaus Larres/Thorsten Oppelland (Hg.): Deutschland und die USA im 20. Jahrhundert. Geschichte der politischen Beziehung, Darmstadt 1997, S. 256–276.

Bösch, Frank: Macht und Machtverlust. Die Geschichte der CDU, München 2002.

Brandt, Peter: Patriotismus für den Frieden. Zu Heinrich Albertz' Wort vom »besetzten Land«, in: Reinhard Henkys (Hg.): Und niemandem untertan. Heinrich Albertz zum 70. Geburtstag, Reinbek bei Hamburg 1985, S. 122–131.

Brandt, Peter: Deutsche Identität, in: Neue Gesellschaft, 41 (1994), S. 838–843.

Brandt, Peter: Schwieriges Vaterland, Berlin 2001.

Brandt, Peter/Minnerup, Günter: Die deutsche Frage – Problemskizze und Thesen, in: Probleme des Klassenkampfes, 47 (1982), S. 91–118.

Brandt, Peter/Stolz, Rolf: Deutschland- und sicherheitspolitische Optionen der Grünen, in: Mediatus, 7–8/1988, S. 18–25.

Brauers, Christof: Liberale Deutschlandpolitik 1949–1969. Positionen der FDP zwischen nationaler und europäischer Orientierung, mit einem Vorwort von Hans-Dietrich Genscher, Hamburg 1993.

Bredow, Wilfried von: Nach dem Ende der Deutschlandpolitik, in: Clemens Burrichter (Hg.): Deutschlandpolitik und Systemauseinandersetzung, Erlangen 1982, S. 11–29.

Bredow, Wilfried von: Friedensbewegung und Deutschlandpolitik. Herkömmliche und neuartige Aspekte einer Themenverbindung, in: APuZ, 46/1983, S. 34–46.

Bredow, Wilfried von: Deutschland – ein Provisorium?, Berlin 1985.

Bredow, Wilfried von/Brocke, Rudolf Horst: Dreimal Deutschlandpolitik. Deutschlandpolitische Ansätze der Partei der Grünen, in: DA, 19 (1986), S. 52–61.

Bredow, Wilfried von/Brocke, Rudolf Horst: Das deutschlandpolitische Konzept der SPD. Darstellung, Hintergründe und Problembereiche der Deutschlandpolitik der SPD Mitte der achtziger Jahre, Erlangen 1986.

Bredow, Wilfried von/Brocke, Rudolf Horst: Krise und Protest. Ursprünge und Elemente der Friedensbewegung in Westeuropa, Opladen 1987.

Brinkschulte, Wolfgang/Gerlach, Hans Jörgen/Heise, Thomas: Freikaufgewinnler. Die Mitverdiener im Westen, Frankfurt am Main 1993.

Brocke, Rudolf H.: Deutschlandpolitische Positionen der Bundestagsparteien. Synopse, Erlangen 1985.

Brünneck, Alexander von: Politische Justiz gegen Kommunisten in der Bundesrepublik Deutschland 1949–1968, Frankfurt am Main 1978.

Brünnemann, Michael/Wendt, Michael (Hg.): Die Alternative Liste, Berlin. Entstehung, Entwicklung, Position, Berlin 1984.

Bruns, Wilhelm: Von der Deutschlandpolitik zur DDR-Politik? Prämissen, Probleme, Perspektiven, Opladen 1989.

Buchstab, Günter/Gassert, Philipp/Lang, Peter Thaddäus (Hg.): Kurt Georg Kiesinger 1904–1988. Von Ebingen ins Kanzleramt, hg. im Auftrag der Konrad-Adenauer-Stiftung e. V., Freiburg/Basel/Wien 2005.

Burrichter, Clemens (Hg.): Deutschlandpolitik und Systemauseinandersetzung, Erlangen 1982.

Burrichter, Clemens/Nakath, Detlef/Wichert, Günter (Hg.): Deutsche Zeitgeschichte von 1945 bis 2000. Gesellschaft – Staat – Politik. Ein Handbuch, Berlin 2006.

Bush, George/Scowcroft, Brent: A World Transformed, New York 1998.

Buthmann, Reinhard: Bleiben Sie unser Mann in Zürich! Schalck-Golodkowskis Bereich Koko, das »Zürcher Modell« und ein »Länderspiel«, in: DA, 36 (2003), S. 63–67.

Buthmann, Reinhard: Megakrise und Megakredit. Das Zürcher Modell im Lichte der Stasi-Akten, in: DA, 38 (2005), S. 991–1000.

Chatzoudis, Georgios: Die Deutschlandpolitik der SPD in der zweiten Hälfte des Jahres 1989, Bonn 2005.

Choe, Hyondok/Song, Du-Yul/Werning, Rainer (Hg.): Wohin steuert Nordkorea? Soziale Verhältnisse, Entwicklungstendenzen, Perspektiven, Köln 2004.

Cieslik, Thomas: Wiedervereinigung während und nach der Ost-West-Blockkonfrontation. Ursachen der Teilung – Grundlagen der (fehlenden) Einheit; untersucht an den Fallbeispielen: Vietnam, Jemen, Deutschland, China und Korea, Marburg 2001.

Clough, Patricia: Helmut Kohl. Ein Portrait der Macht, München 1998.

Cornides, Wilhelm: Die Neutralitätslehre des Nauheimer Kreises und der geistige Hintergrund des West-Ost-Gespräches in Deutschland, in: Europa-Archiv, 5 (1950), S. 3069–3082 und 3103–3112; Europa-Archiv, 6 (1951), S. 3879–3892.

Cramer, Dittmar: Zwei deutsche Wohnungen im europäischen Haus? Viele Prämissen und noch mehr Unbekannte, in: DA, 21 (1988), S. 166–173.

Czerwick, Edwin: Oppositionstheorien und Außenpolitik. Eine Analyse sozialdemokratischer Deutschlandpolitik 1955 bis 1960, Königstein/Ts. 1981.

Czichon, Eberhard/Marohn, Heinz: Das Geschenk. Die DDR im Perestroika-Ausverkauf. Ein Report, Köln 1999.

Dann, Otto (Hg.): Die deutsche Nation. Geschichte – Probleme – Perspektiven, Vierow 1994.

Daschitschew, Wjatscheslaw: Wie das Umdenken in der sowjetischen Außenpolitik begann, in: Osteuropa. Zeitschrift für Gegenwartsfragen des Ostens, 43 (1993), Nr. 3, S. 481–490.

Daschitschew, Wjatscheslaw: Aus den Anfängen der Revision der sowjetischen Deutschlandpolitik. Ein Dokument zur Deutschen Frage aus dem Jahre 1987, in: APuZ, B 14/1994, S. 36–46.

Daschitschew, Wjatscheslaw: Die sowjetische Deutschlandpolitik in den achtziger Jahren. Persönliche Erlebnisse und Erkenntnisse, in: DA, 28 (1995), S. 54–67.

Daschitschew, Wjatscheslaw: Der Fall des »Eisernen Vorhangs« im Zentrum Europas – Gorbatschows Politik besteht die Bewährungsprobe, in: Heiner Timmermann (Hg.): Die DDR zwischen Mauerbau und Mauerfall, Münster/Hamburg/London 2003, S. 583–589.

Dau, Wolfgang/Bärwald, Helmut/Becker, Robert: Herbert Wehner. Zeit seines Lebens, Eschau 1986.

DDR – Das Manifest der Opposition. Eine Dokumentation. Fakten, Analyse, Berichte, hg. von Der Spiegel, München 1978.

Deuerlein, Ernst: Die Einheit Deutschlands: Ihre Erörterungen und Behandlungen auf den Kriegs- und Nachkriegskonferenzen 1941–1949. Darstellung und Dokumentation, Frankfurt am Main/Berlin 1957.

Deuerlein, Ernst: Föderation – sowjetisch. Ideologisches Gaukelspiel um eine Kriegslist, in: Die politische Meinung, 3 (1958), H. 27, S. 25–34.

Deuerlein, Ernst: Föderalismus. Die historischen und philosophischen Grundlagen des föderativen Prinzips, München 1972.

Die deutsche Frage im Unterricht. Beschluss der Kultusministerkonferenz vom 23. November 1978, in: GWU, 30 (1979), S. 343–356.

Die Deutsche Frage in der Weltpolitik. Neue Politische Literatur, Beihefte, hg. von Wolfgang Michalka, Stuttgart 1986.

Deutsche Friedens-Union (Hg.): 7. Ordentlicher Unionstag der Deutschen Friedens-Union am 29./30. November 1975 in Dortmund. Rechenschaftsbericht des Bundesvorstandes, Dokumentation.

Die Deutschen in Europa. Berliner Erklärung der Sozialdemokratischen Partei Deutschlands, Bonn 1989.

Deutscher Sonderweg – Mythos oder Realität? Kolloquien des Instituts für Zeitgeschichte, München/Wien 1982.

Deutschlandplan der SPD. Kommentare, Argumente, Begründungen, hg. vom Vorstand der SPD, April 1959.

Dibelius, Otto: So habe ich's erlebt. Selbstzeugnisse, hg. von Wilhelm Dittmann, Berlin 1980.

Dickmann, Fritz: Der Westfälische Frieden, Münster 1972.

Diefenbacher, Michael/Endres, Rudolf (Hg.): Stadtlexikon Nürnberg, Nürnberg 1999.

Diner, Dan: »Die nationale Frage« in der Friedensbewegung. Ursprünge und Tendenzen, in: Reiner Steinweg (Red.): Die neue Friedensbewegung. Analysen aus der Friedensforschung, Frankfurt am Main 1982, S. 86–112.

Dinkelmann, Kai: Walter Ulbricht und seine deutsch-deutsche Revolutionstheorie (1944/45–1973), Aachen 2005.

Diwald, Hellmut: Deutschland – was ist es? Thesen zur nationalen Identität, in: Wolfgang Venohr (Hg.): Die deutsche Einheit kommt bestimmt, Bergisch Gladbach 1982, S. 17–35.

Doering-Manteuffel, Anselm: Die deutsche Frage und das europäische Staatensystem 1815–1871, München 1993.

Dohse, Rainer: Der Dritte Weg. Neutralitätsbestrebungen in Westdeutschland zwischen 1945 und 1955, Hamburg 1974.

Dokumente der CDU, Bd. II: 1955–1958, hg. von der Christlich-Demokratischen Union, Berlin 1959.

Dokumente der Sozialistischen Einheitspartei Deutschlands. Beschlüsse und Erklärungen des Zentralkomitees sowie seines Politbüros und seines Sekretariats, hg. vom Zentralkomitee der Sozialistischen Einheitspartei Deutschlands, Berlin 1948–1989.

Dokumente des Friedens, Dokumente zu dem Verbot des Deutschland-Kongresses in Rengsdorf, 18.–20. November 1949, Ostersendung 1950, hg. von Nauheimer Kreis, Würzburg 1949/1950.

Dokumente zum Verbot des Ersten Deutschland-Kongresses der Freunde des Neutralisierungsgedankens in Rengsdorf bei Neuwied, 18.–20. November 1949, vorgelegt von Ulrich Noack, Würzburg 1949.

Dokumente zur Außenpolitik der Regierung der Deutschen Demokratischen Republik, hg. vom Deutschen Institut für Zeitgeschichte, Bd. II und VII, Berlin 1955 und 1960.

Dokumente zur Deutschlandpolitik, hg. vom Bundesministerium für Gesamtdeutsche Fragen (dann Bundesministerium für Innerdeutsche Fragen, dann Bundesministerium des Innern), Frankfurt am Main/Berlin 1961–1992.

Dokumente zur Deutschlandpolitik. Deutsche Einheit. Sonderedition aus den Akten des Bundeskanzleramtes 1989/90, hg. vom Bundesministerium des Innern unter Mitwirkung des Bundesarchivs, bearbeitet von Hanns Jürgen Küsters und Daniel Hofmann, München 1998.

Dokumente zur parteipolitischen Entwicklung in Deutschland seit 1945, 9 Bände, bearbeitet und herausgegeben von Ossip K. Flechtheim, Berlin 1962–1971.

Doler, Ingolf: Rudolf Augstein, die deutsche Frage und die Westbindung, in: Rainer Zitelmann/Karlheinz Weißmann/Michael Großheim (Hg.): Westbindung. Chancen und Risiken für Deutschland, Berlin/Frankfurt am Main 1993, S. 195–214.

Dorn, Wolfram/Wiedner, Wolfgang: Der Freiheit gehört die Zukunft. Wolfgang Döring. Eine politische Biographie, Düsseldorf 1974.

Dowe, Dieter (Hg.): Die Ost- und Deutschlandpolitik der SPD in der Opposition 1982–1989. Papiere eines Kongresses der Friedrich-Ebert-Stiftung am 14. und 15. September 1993 in Bonn, Bonn 1993.

Dowe, Dieter (Hg.): Herbert Wehner (1906–1990) und die deutsche Sozialdemokratie. Referat und Podiumsdiskussion eines Kolloquiums des Gesprächskreises Geschichte der Friedrich-Ebert-Stiftung in Bonn am 23. September 1996, Bonn 1996.

Dowe, Dieter/Klotzbach, Kurt (Hg.): Programmatische Dokumente der deutschen Sozialdemokratie, Bonn 1990.

Dreher, Klaus: Helmut Kohl. Leben mit Macht, Stuttgart 1998.

Driftmann, Markus: Die Bonner Deutschlandpolitik 1989/90. Eine Analyse der deutschlandpolitischen Entscheidungsprozesse angesichts des Zerfalls der DDR, Münster 2005.

Driftmann, Markus: Gelobt wird aus den falschen Gründen. Helmut Kohl und die deutsche Wiedervereinigung, in: DA, 39 (2006), S. 868–875.

Dudek, Peter/Jaschke, Hans-Gerd: Entstehung und Entwicklung des Rechtsextremismus in der Bundesrepublik. Zur Tradition einer besonderen politischen Kultur, Bd. 1, Opladen 1984.

Duisberg, Claus J.: Das deutsche Jahr. Einblicke in die Wiedervereinigung 1989/1990, Berlin 2005.

Eberlein, Ludwig: Experiment Berlin. Plädoyer für eine deutsche Konföderation, Köln/Berlin 1967.

Eckert, Karl/Hacker, Jens/Mampel, Siegfried (Hg.): Wiedervereinigung Deutschlands. Festschrift zum 20jährigen Bestehen der Gesellschaft für Deutschlandforschung, Berlin 1998.

Ehard, Hans: Freiheit und Föderalismus, München 1947.

Ehard, Hans: Die europäische Frage und der deutsche Föderalismus, München 1948.

Rede des bayerischen Ministerpräsidenten Dr. Hans Ehard, München 1948.

Ehard, Hans: Bayerische Politik. Ansprachen und Reden des bayerischen Ministerpräsidenten, ausgewählt und eingeleitet von Karl Schwend, München 1952.

Ehmke, Horst: Mittendrin. Von der großen Koalition zur deutschen Einheit, Berlin 1994.

Eichberg, Henning: Nationale Identität. Entfremdung und nationale Frage in der Industriegesellschaft, München/Wien 1978.

Eichberg, Hennig: Balkanisierung für jedermann? – Nation, Identität und Entfremdung in der Industriegesellschaft, in: Befreiung, Nr. 19/20 (1980), S. 46–69.

Eichberg, Henning: Abkoppelung. Nachdenken über die neue deutsche Frage, Koblenz 1987.

Einheit und Frieden für Deutschland. West-Ost-Gespräch mit Prof. Dr. Ulrich Noack (Nauheimer Kreis), hg. vom Deutschen Institut für Zeitgeschichte, Berlin 1949.

Elm, Ludwig/Keller, Dietmar/Mocek, Reinhard (Hg.): Ansichten zur Geschichte der DDR, Bd. IX/X, Berlin 1998.

Elvert, Jürgen/Krüger, Friederike (Hg.): Deutschland 1949–1989. Von der Zweistaatlichkeit zur Einheit, Stuttgart 2003.

Engelmann, Roger: Die Intellektuellen, die friedliche Revolution und die Debatte um die Vereinigung, in: Klaus-Dietmar Henke (Hg.): Revolution und Vereinigung 1989/90. Als in Deutschland die Realität die Phantasie überholte, München 2009, S. 386–401.

Engelmann, Roger/Erker, Paul: Annäherung und Abgrenzung. Aspekte deutsch-deutscher Beziehungen 1956–1969, München 1993.

Eppelmann, Rainer/Faulenbach, Bernd/Mählert, Ulrich (Hg.): Bilanz und Perspektiven der DDR-Forschung, Paderborn 2003.

Erdmann, Karl Dietrich: Drei Staaten – zwei Nationen – ein Volk? Überlegungen zu einer deutschen Geschichte seit der Teilung, in: GWU, 36 (1985), S. 672–683.

Erhard, Volker: Adenauers deutschlandpolitische Geheimkonzepte während der zweiten Berlin-Krise 1958–1962. Eine Studie aus den Akten der westlichen Diplomatie, Hamburg 2003.

Erinnerungen an Otto Nuschke. Berichte und Zeugnisse von Zeitgenossen, Berlin 1973.

Eschenburg, Theodor: Die Deutsche Frage. Die Verfassungsprobleme der Wiedervereinigung, München 1959.

Eschenburg, Theodor: Institutionelle Sorgen in der Bundesrepublik. Politische Aufsätze 1957–1961, Stuttgart 1961.

Eßer, Albert: Wilhelm Elfes 1884–1969. Arbeiterführer und Politiker, Mainz 1990.

Etzel, Hermann: Deutschfeindliche Politik des Preußentums und die Aufgabe der Gegenwart, München 1949.

Etzel, Hermann: Ausgewählte politische Aufsätze, hg. von Deutscher Klub 1954, Köln 1955.

Etzel, Hermann: Ausgewählte politische Aufsätze, zweite Folge, hg. von Deutscher Klub 1954, Köln 1956.

Etzel, Hermann: Welt im Umbruch, hg. von Deutscher Klub 1954, München 1956.

Etzel, Hermann: Es ist Halbzeit. Die internationale Lage, Berlin und das deutsche Problem, Köln 1958.

Euchner, Walter/Schäfer, Gert/Senghaas, Dieter: Katechismus zur deutschen Frage, in: Kursbuch 4, 1966, S. 1–40.

Euler, Heinrich: Ulrich Noack – Ein Leben aus freier Mitte, in: Ulrich Noack – Ein Leben aus freier Mitte. Beiträge zur Geschichtsforschung. Festschrift für Ulrich Noack zum 60. Geburtstag, Göttingen 1961, S. VII–XXXII.

Faber, Richard/Stölting, Erhard (Hg.): Die Phantasie an die Macht? 1968 – Versuch einer Bilanz, Berlin/Wien 2002.

Fait, Barbara: Die Anfänge der CSU 1945–1948. Der holprige Weg zur Erfolgspartei, München 1995.

Falin, Valentin: Politische Erinnerungen, München 1993.

Falin, Valentin: Konflikte im Kreml. Zur Vorgeschichte der deutschen Einheit und Auflösung der Sowjetunion, München 1997.

Fascher, Eckhard: Modernisierter Rechtsextremismus? Ein Vergleich der Parteigründungsprozesse der NPD und der Republikaner in den sechziger und achtziger Jahren, Berlin 1994.

Faulenbach, Bernd: Überwindung des »deutschen Sonderweges«? Zur politischen Kultur der Deutschen seit dem Zweiten Weltkrieg, in: APuZ, B 51/1998, S. 11–23.

Faulenbach, Bernd/Jelich, Franz-Josef (Hg.): »Asymmetrisch verflochtene Parallelgeschichte?« Die Geschichte der Bundesrepublik und der DDR in Ausstellungen, Museen und Gedenkstätten, Essen 2005.

Feffer, John: North Korea/South Korea: U. S. Policy & the Korean Peninsula, New York 2003.

Feffer, John: The future of the US-Korean Relations. The imbalance of power, London 2006.

Fellner, Fritz: Perspektiven für eine historiographische Neubewertung des Deutschen Bundes, in: Helmut Rumpler (Hg.): Deutscher Bund und deutsche Frage 1815–1866. Europäische Ordnung, deutsche Politik und gesellschaftlicher Wandel im Zeitalter der bürgerlich-nationalen Emanzipation, Wien/München 1990, S. 21–30.

Fichter, Tilman: Westeuropäische Linke und deutsche Frage, in: Neue Gesellschaft, 35 (1988), S. 366–372.

Fichter, Tilman: Die SPD und die Nation. Vier sozialdemokratische Generationen zwischen nationaler Selbstbestimmung und Zweistaatlichkeit, Berlin/Frankfurt am Main 1993.

Filmer Werner/Schwan, Heribert: Wolfgang Schäuble. Politik als Lebensaufgabe, München 1994.

Finger, Stefan: Franz Josef Strauß. Ein politisches Leben, München 2005.

Fischer, Angela: Entscheidungsprozeß zur deutschen Wiedervereinigung. Der außenpolitische Entscheidungsprozeß der Koalitionsregierung Kohl/Genscher in den Schicksalsjahren 1989/90, Frankfurt am Main 1996.

Flassbeck, Heiner/Horn, Gustav A.: German Unification – an example for Korea?, Aldershot u. a. 1996.

Flechtheim, Ossip K.: Eine Pax Germanica als Dritter Weg, in: Ulrich Albrecht u. a. (Hg.): Deutsche Fragen – europäische Antworten, Berlin 1983, S. 121–127.

Fleischmann, Peter: Nation und Demokratie bei den Grünen. Eine Untersuchung der politischen Konzeptionen und Strategien der Partei Die Grünen von ihrer Gründung 1980 bis zur Wiedervereinigung Deutschlands 1990, Berlin 1995.

Föderalistische Hefte 1948–1950. Eine Auswahl, herausgegeben, eingeleitet und mit einem Anhang versehen von Johannes Ch. Traut und Tonio Gas, Baden-Baden 1996.

Foelz-Schroeter, Marie Elise: Föderalistische Politik und nationale Repräsentation 1945–1947. Westdeutsche Länderregierungen, zonale Bürokratien und politische Parteien im Widerstreit, Stuttgart 1974.

Foschepoth, Josef (Hg.): Adenauer und die Deutsche Frage, Göttingen 1988.

Foschepoth, Josef: Westintegration statt Wiedervereinigung: Adenauers Deutschlandpolitik 1949–1955, in: ders. (Hg.): Adenauer und die Deutsche Frage, Göttingen 1988, S. 29–60.

Foschepoth, Josef: Adenauer und die deutsche Frage, in: Materialien der Enquete-Kommission »Aufarbeitung von Geschichte und Folgen der SED-Diktatur in Deutschland«, hg. vom Deutschen Bundestag, Bd. V/1: Deutschlandpolitik, innerdeutsche Beziehungen und internationale Rahmenbedingen, Baden-Baden 1995, S. 265–271.

Frantz, Constantin: Der Föderalismus als universale Idee. Beiträge zum politischen Denken der Bismarckzeit, eingeleitet und herausgegeben von Ilse Hartmann, Berlin 1948.

Freie Universität Berlin (Hg.): Rede des Präsidenten der Republik Korea Kim Dae-Jung. Lehren aus der deutschen Wiedervereinigung und Fragen auf der koreanischen Halbinsel, Berlin 2000.

Freudenhammer, Alfred/Vater, Karlheinz: Herbert Wehner. Ein Leben mit der Deutschen Frage, München 1978.

Friedensvertrag – Blockfreiheit – Neutralität. Reader zum deutschlandpolitischen Kongress in Karlsruhe, 9.–11. März 1984, hg. von den Grünen Baden-Württemberg, Karlsruhe 1984.

Friedmann, Bernhard: Einheit statt Raketen. Thesen zur Wiedervereinigung als Sicherheitskonzept, Herford 1987.

Friedrich, Wolfgang-Uwe (Hg.): Die USA und die deutsche Frage 1945 bis 1990, Frankfurt am Main/München/New York 1991.

Friese, Elisabeth: Helene Wessel (1898–1969). Von der Zentrumspartei zur Sozialdemokratie, Essen 1993.

Frohn, Axel: Neutralisierung als Alternative zur Westintegration. Die Deutschlandpolitik der Vereinigten Staaten von Amerika 1945–1949, Frankfurt am Main 1985.

Fröhlich, Manuel: Sprache als Instrument politischer Führung. Helmut Kohls Berichte zur Lage der Nation im geteilten Deutschland, München 1997.

Fröhlich, Stefan: »Auf den Kanzler kommt es an«. Helmut Kohl und die deutsche Außenpolitik. Persönliches Regiment und Regierungshandeln vom Amtsantritt bis zur Wiedervereinigung, Paderborn 2001.

Fulbrook, Mary: History of Germany, 1918–2008. The Divided Nation, 2. Auflage, Malden u. a. 2002.

Fulbrook, Mary: »Entstalinisierung« in der DDR. Die Bedeutung(slosigkeit) des Jahres 1956, in: DA, 39 (2006), S. 35–42.

Funke, Hajo: »Republikaner«. Rassismus, Judenfeindlichkeit, nationaler Größenwahn. Zu den Potentialen der Rechtsextremen am Beispiel der »Republikaner«, Berlin 1989.

Gallus, Alexander: Die Nationalneutralisten 1945 bis 1990. Deutschlandpolitische Außenseiter zwischen Drittem Weg und Westorientierung, in: Eckhard Jesse/Konrad Löw (Hg.): 50 Jahre Bundesrepublik Deutschland, Berlin 1999, S. 29–63.

Gallus, Alexander: Die Neutralisten, Verfechter eines vereinten Deutschland zwischen Ost und West 1945–1990, Düsseldorf 2001.

Gallus, Alexander: Für ein vereintes Deutschland zwischen Ost und West: Neutralistischer Protest in der Bundesrepublik, in: Dominik Geppert/Udo Wengst (Hg.): Neutralität – Chance oder Chimäre? Konzepte des Dritten Weges für Deutschland und die Welt 1945–1990, München 2005, S. 59–78.

Gallus, Alexander: Eine neutrale Gesamtnation als deutscher Wunschtraum: Zusammenfassung und weiterführende Thesen, in: Dominik Geppert/Udo Wengst (Hg.): Neutralität – Chance oder Chimäre? Konzepte des Dritten Weges für Deutschland und die Welt 1945–1990, München 2005, S. 97–101.

Garton Ash, Timothy: Im Namen Europas. Deutschland und der geteilte Kontinent, München 1993 (englische Originalausgabe: In Europe's Name: Germany and the Divided Continent, New York 1993).

Garton Ash, Timothy: Wächst zusammen, was zusammengehört? Deutschland und Europa zehn Jahre nach dem Fall der Mauer. Vortrag im Rathaus Schöneberg zu Berlin, 5. November 1999.

Gaus, Günter: Staatserhaltende Opposition oder Hat die SPD kapituliert? Gespräche mit Herbert Wehner, Hamburg 1966.

Gaus, Günter: Texte zur deutschen Frage. Mit den wichtigsten Dokumenten zum Verhältnis der beiden deutschen Staaten, Darmstadt 1981.

Gaus, Günter: Wo Deutschland liegt. Eine Ortsbestimmung, Hamburg 1983.

Gaus, Günter: Über Deutschland und die Deutschen, Berlin 1990.

Genscher, Hans-Dietrich: Erinnerungen, Berlin 1995.

Geppert, Dominik: Störmanöver. Das »Manifest der Opposition« und die Schließung des Ost-Berliner »Spiegel«-Büros im Januar 1978, Berlin 1996.

Geppert, Dominik/Wengst, Udo (Hg.): Neutralität – Chance oder Chimäre? Konzepte des Dritten Weges für Deutschland und die Welt 1945–1990, München 2005.

Geschichte der deutschen Arbeiterbewegung in acht Bänden, hg. vom Institut für Marxismus-Leninismus beim ZK der SED, Berlin 1966

Gießmann, Hans J.: Korea and the myth of »cloning« the German unification model, in: Korea and World Affairs 23 (1999), Nr. 2, S. 225–240.

Gimbel, John: Byrnes' Stuttgarter Rede und die amerikanische Nachkriegspolitik in Deutschland, in: VfZ, 20 (1972), S. 39–62.
Gläsker, Wolfgang: Die Konföderationspläne der SED von 1957–1967, Dissertation, Erlangen 1976.
Glatzeder, Sebastian J.: Die Deutschlandpolitik der FDP in der Ära Adenauer. Konzeptionen in Entstehung und Praxis, Baden-Baden 1980.
Gniffke, Erich W.: Jahre mit Ulbricht, Köln 1966.
Gorbatschow, Michail S.: Perestroika. Die zweite russische Revolution. Eine neue Politik für Europa und die Welt, München 1987.
Gorbatschow, Michail S.: Umgestaltung und neues Denken für unser Land und für die ganze Welt, Berlin 1988.
Gorbatschow, Michail S.: Erinnerungen, Berlin 1995.
Gorbatschow, Michail S.: Wie es war. Die deutsche Wiedervereinigung, Berlin 1999.
Gorbatschow in Bonn. Die Zukunft der deutsch-sowjetischen Beziehungen. Reden und Dokumente vom Staatsbesuch, Köln 1989.
Gotto, Klaus: Adenauers Deutschland- und Ostpolitik 1954–1963, in: Rudolf Morsey/Konrad Repgen (Hg.): Adenauer-Studien III, Mainz 1974, S. 3–91.
Grabowsky, Volker: Zwei-Nationen-Lehre oder Wiedervereinigung? Die Einstellung der Partei der Arbeit Koreas und der Sozialistischen Einheitspartei Deutschlands zur nationalen Frage ihrer Länder seit dem Zweiten Weltkrieg. Ein Vergleich, Bochum 1987.
Gransow, Volker/Jarausch, Konrad H. (Hg.): Die deutsche Vereinigung. Dokumente zu Bürgerbewegung, Annäherung und Beitritt, Köln 1991.
Granville, Johanna: East Germany in 1956: Walter Ulbricht's Tenacity in the Face of Opposition, in: Australian Journal of Politics and History, 52 (2006), Nr. 3, S. 417–438.
Grass, Günter: Kulturelle Arbeit im Ausland. Nationsbegriff aus der Kultur, in: Politik und Kultur, 4/1980, S. 3–12.
Grass, Günter: Deutscher Lastenausgleich. Wider das dumpfe Einheitsgebot. Reden und Gespräche, Berlin 1990.
Grass, Günter: Ein Schnäppchen namens DDR. Letzte Reden vorm Glockengeläut, Frankfurt am Main 1990.
Grass, Günter: Unterwegs von Deutschland nach Deutschland. Tagebuch 1990, Göttingen 2009.
Grewe, Wilhelm G.: Die deutsche Frage in der Ost-West-Spannung. Zeitgeschichtliche Kontroversen der achtziger Jahre, Herford 1986.
Griesmayr, Gottfried: Ist Wiedervereinigung überhaupt noch möglich?, Stuttgart 1962.
Griesmayr, Gottfried: Weltrevolution und deutsche Frage, Stuttgart 1964.
Groepper, Horst: Wiedervereinigung durch gesamtdeutsche Neutralität, in: Wolfgang Venohr (Hg.): Ohne Deutschland geht es nicht. Acht Essays von sieben Autoren zur Lage der deutschen Nation, Krefeld 1985, S. 147–167.
Groh, Dieter/Brandt, Peter: »Vaterlandslose Gesellen«. Sozialdemokratie und Nation 1860–1990, München 1992.
Großbölting, Thomas: Von der doppelten und der gemeinsamen deutsch-deutschen Nach-

kriegsgeschichte. Probleme und Perspektiven, in: Heidi Behrens/Paul Ciupke/Norbert Reichling (Hg.): Lernfeld DDR-Geschichte. Ein Handbuch für die politische Jugend- und Erwachsenenbildung, Schwalbach/Ts. 2009, S. 107–121.

Grosser, Dieter: Das Wagnis der Währungs-, Wirtschafts- und Sozialunion. Politische Zwänge im Konflikt mit ökonomischen Regeln, Stuttgart 1998 (= Geschichte der deutschen Einheit, Bd. 2).

Großmann, Werner: Bonn im Blick. Die DDR-Aufklärung aus der Sicht ihres letzten Chefs, Berlin 2001.

Grotewohl, Otto: Im Kampf um die eigene deutsche demokratische Republik. Reden und Aufsätze, Bd. I: Auswahl aus den Jahren 1945–1949, 2. Auflage, Berlin 1959.

Gruner, Wolf D.: Die Deutsche Frage. Ein Problem der europäischen Geschichte seit 1800, München 1985.

Gruner, Wolf D.: Der Deutsche Bund und die europäische Friedensordnung, in: Helmut Rumpler (Hg.): Deutscher Bund und deutsche Frage 1815–1866. Europäische Ordnung, deutsche Politik und gesellschaftlicher Wandel im Zeitalter der bürgerlich-nationalen Emanzipation, Wien/München 1990, S. 235–263.

Gruner, Wolf D.: Fritz Schäffer und der Neubeginn in Bayern nach 1945, in: Wolfgang J. Mückl (Hg.): Föderalismus und Finanzpolitik. Gedenkschrift für Fritz Schäffer, Paderborn 1990, S. 37–66.

Gruner, Wolf D.: Der Deutsche Bund als Band der deutschen Nation 1815–1866, in: Bernd J. Wendt (Hg.): Vom schwierigen Zusammenwachsen der Deutschen. Nationale Identität und Nationalismus im 19. und 20. Jahrhundert, Frankfurt am Main 1991, S. 49–79.

Gutscher, Jörg Michael: Die Entwicklung der FDP von ihren Anfängen bis 1961, überarbeite und erweiterte Neuausgabe, Hain 1984.

Gysi, Gregor: Wird es einen demokratischen Sozialismus in der DDR geben?, in: Frank Blohm/Wolfgang Herzberg (Hg.): Nichts wird mehr so sein, wie es war, Leipzig 1990, S. 64–75.

Haarmann, Lutz: »Die deutsche Einheit kommt bestimmt!« Zum Spannungsverhältnis von Deutscher Frage, Geschichtspolitik und westlicher Dissidenz in den 1980er Jahren, Berlin 2005.

Häber, Herbert: Fragen – Widersprüche – Wege, in: Staatssekretariat für gesamtdeutsche Fragen (Hg.): Wohin? Fragen, Widersprüche, Wege: Gedanken über eine demokratische Zukunft der Bundesrepublik, Berlin 1966, S. 13–48.

Habermas, Jürgen: National Unification and Popular Sovereignty, in: new left review, 219/1996, S. 3–13.

Hacke, Christian: Weltmacht wider Willen. Die Außenpolitik der Bundesrepublik Deutschland, Stuttgart 1988.

Hacke, Christian: Die Entscheidung für die politische Westbindung nach 1945, in: Rainer Zitelmann/Karlheinz Weißmann/Michael Großheim (Hg.): Westbindung. Chancen und Risiken für Deutschland, Frankfurt am Main/Berlin 1993, S. 129–150.

Hacke, Christian: Zur Weltmacht verdammt. Die amerikanische Außenpolitik von J. F. Kennedy bis G. W. Bush, München 1997.

Hacke, Christian: Die Außenpolitik der Bundesrepublik. Von Konrad Adenauer bis Gerhard Schröder, Frankfurt am Main 2003.

Hacker, Jens: Die »deutsche Konföderation«, in: APuZ, B 42/1968, S. 3–30.

Hacker, Jens: Der Rechtsstatus Deutschlands aus der Sicht der DDR, Köln 1974.

Hacker, Jens: Neutralität, Neutralismus und Blockfreiheit, in: APuZ, B 18/1983, S. 3–20.

Hacker, Jens: SED und nationale Frage, in: Ilse Spittmann (Hg.): Die SED in Geschichte und Gegenwart, Köln 1987, S. 43–64.

Hacker, Jens: Die Problematik der Wiedervereinigung Koreas aus der Sicht beider Staaten, in: APuZ, B 36–37/1988, S. 17–32.

Hacker, Jens: Die deutsche Frage aus der Sicht der SPD, in: Dieter Blumenwitz/Gottfried Zieger (Hg.): Die deutsche Frage im Spiegel der Parteien, Köln 1989, S. 39–65.

Hacker, Jens: Deutsche Irrtümer. Schönfärber und Helfershelfer der SED-Diktatur im Westen, Berlin/Frankfurt am Main 1992.

Haffner, Sebastian: Die deutsche Frage. 1950–1961: Von der Wiederbewaffnung bis zum Mauerbau, hg. von Rainer Nitsche (aus dem Englischen von Sigrid Ruschmeier), Berlin 2002.

Hahn, Hans/Olschowsky, Heinrich (Hg.): Das Jahr 1956 in Ostmitteleuropa, Berlin 1996.

Hahn, Karl-Eckhard: Wiedervereinigungspolitik im Widerstreit. Einwirkungen und Einwirkungsversuche westdeutscher Entscheidungsträger auf die Deutschlandpolitik Adenauers von 1949 bis zur Genfer Viermächtekonferenz 1959, Hamburg 1993.

Hammerschmidt, Helmut (Hg.): Zwanzig Jahre danach. Eine deutsche Bilanz 1945–1965, München 1965.

Hanrieder, Wolfram F.: Die stabile Krise. Ziele und Entscheidungen der bundesrepublikanischen Außenpolitik 1949–1969, Düsseldorf 1971 (amerikanische Originalausgabe: The Stable Crisis, New York 1970).

Harbaum, Lutz-Philipp: Pariser Dilemmata im Prozess der deutschen Wiedervereinigung, Bonn 2008.

Harich, Wolfgang: Keine Schwierigkeiten mit der Wahrheit. Zur nationalkommunistischen Opposition 1956 in der DDR, Berlin 1993.

Harling, Wolf Christian von: Deutschland zwischen den Mächten – Grundlage einer aktiven Außenpolitik, Hamburg 1962.

Harling, Wolf Christian von: Die deutsche Alternative – Grundlagen einer gesamten Politik, Hamburg 1963.

Harnisch, Sebastian: Selbsterhalt, Koexistenz und Wiedervereinigung. Situation auf der koreanischen Halbinsel nach dem Gipfel, in: Korea-Forum 10 (2000), H. 1–2, S. 7–13.

Harnisch, Sebastian: Lockerungsübungen in Pjöngjang, in: Blätter für deutsche und internationale Politik, 45 (2000), S. 1429–1432.

Harrison, Hope M.: Driving the Soviets up the Wall: Soviet-East German Relations, 1953–1961, Princeton 2003.

Harrison, Hope M.: Ulbricht und der XX. Parteitag der KPdSU. Die Verhinderung politischer Korrekturen in der DDR 1956–1958, in: DA, 39 (2006), S. 43–53

Hart-Landsberg, Martin: Korean Reunification: Learning from the German Experience, in: Journal of Contemporary Asia, 26 (1996), Nr. 1, S. 59–80

Hart-Landsberg, Martin: Korea. Division, Reunification, and U. S. Foreign Policy, New York 1998.

Hartweg, Frédéric (Hg.): SED und Kirche. Eine Dokumentation ihrer Beziehungen. Bd. 1: SED 1946–1967, bearbeitet von Joachim Heise, Neukirchen-Vluyn 1995.

Heimat und Nation. Zur Geschichte und Identität der Deutschen, hg. von der Konrad-Adenauer-Stiftung, Mainz 1984.

Heinemann, Gustav: Verfehlte Deutschlandpolitik. Irreführung und Selbsttäuschung. Artikel und Reden, Frankfurt am Main 1966.

Heisenberg, Wolfgang/Lutz, Dieter S. (Hg.): Sicherheitspolitik kontrovers. Auf dem Weg in die neunziger Jahre, Baden-Baden 1987.

Heitzer, Heinz: Die DDR im Kampf um Frieden und Sicherheit – das »Schlüsseljahr« 1955, in: ZfG, 27 (1979), S. 835–841.

Henke, Klaus-Dietmar (Hg.): Revolution und Vereinigung 1989/90. Als in Deutschland die Realität die Phantasie überholte, München 2009.

Henke, Klaus-Dietmar/Steinbach, Peter/Tuchel, Johannes (Hg.): Widerstand und Opposition in der DDR, Köln/Weimar/Wien 1999.

Henkys, Reinhard u. a. (Hg.): Und niemandem Untertan. Heinrich Albertz zum Geburtstag, Reinbek bei Hamburg 1985.

Henschel, Rüdiger: Zwischen Berliner Kommune und Berliner Republik. Deutschlandpolitische Konzepte bei Rudi Dutschke, in: Richard Faber/Erhard Stölting (Hg.): Die Phantasie an die Macht? 1968 – Versuch einer Bilanz, Berlin/Wien 2002, S. 50–81.

Hensel, Jürgen/Nordblom, Pia (Hg.): Hermann Rauschning. Materialien und Beiträge zu einer politischen Biographie, Osnabrück 2003.

Henzler, Christoph: Fritz Schäffer 1945–1967. Eine biographische Studie zum ersten bayerischen Nachkriegs-Ministerpräsidenten und ersten Finanzminister der Bundesrepublik Deutschland, München 1994.

Herbst, Andreas/Stephan, Gerd-Rüdiger/Winkler, Jürgen (Hg.): Die SED. Geschichte, Organisation, Politik. Ein Handbuch, Berlin 1997.

Herbstritt, Georg: Ein Weg der Verständigung? Die umstrittene Deutschland- und Ostpolitik des Reichskanzlers a. D. Dr. Joseph Wirth in der Zeit des Kalten Krieges (1945/51–1955), Frankfurt am Main 1993.

Herms, Michael: Die deutsch-deutschen (Nicht-)Beziehungen bis zum Mauerbau, in: Rainer Eppelmann/Bernd Faulenbach/Ulrich Mählert (Hg.): Bilanz und Perspektiven der DDR-Forschung, Paderborn 2003, S. 333–337.

Hertle, Hans-Hermann: Der Fall der Mauer. Die unbeabsichtigte Selbstauflösung des SED-Staates, mit einem ausführlichen Dokumentenanhang, 2., durchgesehene Auflage, Opladen 1999.

Hertle, Hans-Hermann/Stephan, Gerd-Rüdiger (Hg.): Das Ende der SED. Die letzten Tage des Zentralkomitees, Berlin 1997.

Hertle, Hans-Hermann/Jarausch, Konrad H./Kleßmann, Christoph (Hg.): Mauerbau und Mauerfall. Ursachen – Verlauf – Auswirkungen, Berlin 2002.

Hertle, Hans-Hermann/Jarausch, Konrad H. (Hg.): Risse im Bruderbund. Die Gespräche Honecker – Breshnew 1974 bis 1982, Berlin 2006.

Herzinger, Richard/Stein, Hannes: Endzeit-Propheten oder Die Offensive der Antiwestler. Fundamentalismus, Antiamerikanismus und Neue Rechte, Reinbek bei Hamburg 1995.

Herzog, Roman: Allgemeine Staatslehre, Frankfurt am Main 1971.

Heß, Jürgen C.: Die Bundesrepublik auf dem Wege zur Nation?, in: Neue Politische Literatur, 26 (1981), H. 3, S. 292–324.

Heß, Jürgen C.: Westdeutsche Suche nach nationaler Identität, in: Die Deutsche Frage in der Weltpolitik. Neue Politische Literatur, Beihefte, hg. von Wolfgang Michalka, Stuttgart 1986, S. 9–50.

Heyde, Annette von der: Deutschlandpolitik der Grünen, in: Werner Weidenfeld/Karl-Rudolf Korte (Hg.): Handwörterbuch zur deutschen Einheit, Frankfurt am Main/New York 1992, S. 209–216.

Heydemann, Günther: Partner oder Konkurrent? Das britische Deutschlandbild während des Wiedervereinigungsprozesses 1989–1991, in: Franz Bosbach (Hg.): Feindbilder: Die Darstellung des Gegners in der politischen Publizistik des Mittelalters und der Neuzeit, Köln/Weimar/Wien 1992, S. 201–234.

Heydemann, Günther: Integrale deutsche Nachkriegsgeschichte, in: APuZ, B 3/2007, S. 8–12.

Heydemann, Günther: Großbritanniens Rolle und Politik unter Margaret Thatcher während der Wiedervereinigung Deutschlands, in: Klaus-Dietmar Henke (Hg.): Revolution und Vereinigung 1989/90. Als in Deutschland die Realität die Phantasie überholte, München 2009, S. 485–496.

Heydemann, Günther/Jesse, Eckhard (Hg.): 15 Jahre deutsche Einheit. Deutsch-deutsche Begegnungen, deutsch-deutsche Beziehungen, Berlin 2006.

Heyer, Andreas: Wolfgang Harichs Demokratiekonzeption aus dem Jahr 1956. Demokratische Grundrechte, bürgerliche Werte und sozialistische Orientierung, in: ZfG, 55 (2007), S. 529–550.

Heym, Stefan: Einmischung. Gespräche, Reden, Essays, Frankfurt am Main 1992.

Hillgruber, Andreas: Alliierte Pläne für eine »Neutralisierung« Deutschlands 1945–1955, Opladen 1987.

Himmler, Norbert: Zwischen Macht und Mittelmaß. Großbritanniens Außenpolitik und das Ende des Kalten Krieges. Akteure, Interessen und Entscheidungsprozesse der britischen Regierung 1989/90, Berlin 2001.

Hockerts, Hans G.: Zeitgeschichte in Deutschland. Begriffe, Methoden, Themenfelder, in: Historisches Jahrbuch, 113 (1993), S. 98–127.

Hoebink, Hein: Westdeutsche Wiedervereinigungspolitik 1949–1961, Meisenheim am Glan 1978.

Hoegner, Wilhelm: Der schwierige Außenseiter. Erinnerungen eines Abgeordneten, Emigranten und Ministerpräsidenten, München 1959.

Hofmann, Jürgen: Studien zur Entwicklung der sozialistischen deutschen Nation und zur nationalen Politik der SED, Dissertation, Berlin 1983.

Hofmann, Jürgen: Ein neues Deutschland soll es sein, Berlin 1989.

Hofmann, Jürgen (Hg.): Es ging um Deutschland. Vorschläge der DDR zur Konföderation zwischen beiden deutschen Staaten 1956 bis 1967, Berlin 1990.

Hofmann, Jürgen/Nakath, Detlef (Hg.): Konflikt – Konfrontation – Kooperation. Deutsch-deutsche Beziehungen in vierzig Jahren Zweistaatlichkeit, Schkeuditz 1998.
Holmes, Kim R.: The West German Peace Movement and the National Question, Cambridge 1984.
Hörster-Philipps, Ulrike: Joseph Wirth (1879–1956). Eine politische Biographie, Paderborn 1998.
Hörster-Philipps, Ulrike u. a. (Hg.): Rapallo – Modell für Europa? Friedliche Koexistenz und internationale Sicherheit heute, Köln 1987.
Howe, Markus: Karl Polak: Parteijurist unter Ulbricht, Frankfurt am Main 2002.
Hrbek, Rudolf: Die SPD, Deutschland und Europa. Die Haltung der Sozialdemokratie zum Verhältnis von Deutschlandpolitik und Westintegration (1945–1957), Bonn 1972.
Hübsch, Reinhard: »Dieckmann raus – Hängt ihn auf!« Der Besuch des DDR-Volkskammerpräsidenten Johannes Dieckmann am 13. Januar 1961 in Marburg, Bonn 1995.
Hübsch, Reinhard: Als die Mauer wuchs. Zur Deutschlandpolitik der Christdemokraten 1945–1970, Potsdam 1998.
Hübsch, Reinhard (Hg.): »Hört die Signale!« Die Deutschlandpolitik von KPD/SED und SPD 1945–1970, Berlin 2002.
Hübsch, Reinhard/Jürgen Fröhlich: Deutsch-deutscher Liberalismus im Kalten Krieg. Zur Deutschlandpolitik der Liberalen 1945–1970, Potsdam 1997.
Hudemann, Rainer: Von alten Stereotypen zum neuen Europa: Frankreich und die deutsche Vereinigung, in: Klaus-Dietmar Henke (Hg.): Revolution und Vereinigung 1989/90. Als in Deutschland die Realität die Phantasie überholte, München 2009, S. 497–508.
Huhn, Jochen/Witt, Peter-Christian (Hg.): Föderalismus in Deutschland. Traditionen und gegenwärtige Probleme, Baden-Baden 1992.
Hüllen, Rudolf van: Ideologie und Machtkampf bei den Grünen. Untersuchung zur programmatischen und innerorganisatorischen Entwicklung einer deutschen »Bewegungspartei«, Bonn 1990.
Hüttmann, Jens: Das Gedächtnis der Generäle. Zum Frontwechsel deutscher Soldaten auf die »Siegerseite« der Geschichte, in: Gedächtnispolitik. Eine kritische Zwischenbilanz, hg. von der Heinrich-Böll-Stiftung, Berlin 2003, S. 57–93.

Institut für Marxismus-Leninismus beim ZK der SED (Hg.): In Aktion für das sozialistische Vaterland. Ausgewählte Aufsätze und Reden 1964–1969, Berlin 1969.
Italiaander, Rolf: Ein Deutscher namens Eckener. Luftfahrtpionier und Friedenspolitiker. Vom Kaiserreich bis in die Bundesrepublik, Konstanz 1981.

Jackisch, Klaus-Rainer: Eisern gegen die Einheit. Margaret Thatcher und die deutsche Wiedervereinigung, Frankfurt am Main 2004.
Jäger, Wolfgang: Die Deutschlandpolitik der Bundesregierungen der CDU/CSU-FDP-Koalition (Kohl-Genscher), die Diskussion in den Parteien und in der Öffentlichkeit 1982–1989, in: Materialien der Enquete-Kommission »Aufarbeitung von Geschichte und Folgen der SED-

Diktatur in Deutschland«, hg. vom Deutschen Bundestag, Bd. V/2: Deutschlandpolitik, innerdeutsche Beziehungen und internationale Rahmenbedingungen, Baden-Baden 1995, S. 1572–1611.

Jäger, Wolfgang (in Zusammenarbeit mit Michael Walter): Die Überwindung der Teilung. Der innerdeutsche Prozess der Vereinigung 1989/90, Stuttgart 1998 (= Geschichte der deutschen Einheit, Bd. 3).

Jäger, Wolfgang/Villinger, Ingeborg (Hg.): Die Intellektuellen und die deutsche Einheit, Freiburg i. Br. 1997.

Jahn, Hans Edgar: Die deutsche Frage von 1945 bis heute. Der Weg der Parteien und Regierungen, Mainz 1985.

Jänicke, Martin: Der dritte Weg. Die antistalinistische Opposition gegen Ulbricht seit 1953, Köln 1964.

Jansen, Hans-Heinrich: Karl Georg Pfleiderers Gegenentwürfe zur Deutschlandpolitik Adenauers, in: Historisch-Politische Mitteilungen, 4 (1997), S. 35–71.

Janz, Oliver/Schiera, Pierangelo/Siegrist, Hannes (Hg.): Zentralismus und Föderalismus im 19. und 20. Jahrhundert. Deutschland und Italien im Vergleich, Berlin 2000.

Jarausch, Konrad H.: Die unverhoffte Einheit, Frankfurt am Main 1995.

Jarausch, Konrad H.: »Die Teile als Ganzes erkennen«. Zur Integration der beiden deutschen Nachkriegsgeschichten, in: Zeithistorische Forschungen, 1 (2004), H. 1, S. 10–30.

Jarausch, Konrad H./Sabrow, Martin (Hg.): Weg in den Untergang. Der innere Zerfall der DDR, Göttingen 1999.

Jarausch, Konrad H./Sabrow, Martin (Hg.): Die historische Meistererzählung. Deutungslinien der deutschen Nationalgeschichte nach 1945, Göttingen 2002.

Jarausch, Konrad H./Siegrist, Hannes (Hg.): Amerikanisierung und Sowjetisierung in Deutschland 1945–1970, Frankfurt am Main/New York 1997.

Jellinek, Georg: Allgemeine Staatslehre, 3. Auflage, Darmstadt 1959.

Jesse, Eckhard: Die deutsche Frage rediviva. Eine Auseinadersetzung mit der neueren Literatur, in: DA, 17 (1984), S. 397–414.

Jesse, Eckhard: Die (Pseudo-)Aktualität der deutschen Frage – ein publizistisches, kein politisches Phänomen, in: Die Deutsche Frage in der Weltpolitik. Neue Politische Literatur, Beihefte, hg. von Wolfgang Michalka, Stuttgart 1986, S. 51–68.

Jesse, Eckhard: Renaissance der deutschen Frage?, Stuttgart 1987.

Jesse, Eckhard: Der »Dritte Weg« vor und nach der Wiedervereinigung, in: Rainer Zitelmann/Karlheinz Weißmann/Michael Großheim (Hg.): Westbindung. Chancen und Risiken für Deutschland, Frankfurt am Main/Berlin 1993, S. 215–241.

Jesse, Eckhard: Oppositionelle Bestrebungen in der DDR der achtziger Jahre – Dominanz des dritten Weges?, in: Karl Eckart u. a. (Hg.): Wiedervereinigung Deutschlands. Festschrift zum 20jährigen Bestehen der Gesellschaft für Deutschlandforschung, Berlin 1998, S. 89–101.

Jesse, Eckhard: Zeitschriftenporträt: wir selbst, in: Jahrbuch Extremismus & Demokratie, 11 (1999), S. 239–253.

Jesse, Eckhard: »Asymmetrisch verflochtene Parallelgeschichte«. Die Beziehungsgeschichte der beiden deutschen Staaten, in: Günther Heydemann/Eckhard Jesse (Hg.): 15 Jahre deutsche Einheit. Deutsch-deutsche Begegnungen, deutsch-deutsche Beziehungen, Berlin 2006, S. 259-275.

Jesse, Eckhard/Löw, Konrad (Hg.): 50 Jahre Bundesrepublik Deutschland, Berlin 1999.

John, Antonius: Rudolf Seiters. Einsichten in Amt, Person und Ereignisse, Bonn 1991.

John, Uwe/Matzerath, Josef (Hg.): Landesgeschichte als Herausforderung und Programm. Karlheinz Blaschke zum 70. Geburtstag, Stuttgart 1997.

Juling, Peter: Programmatische Entwicklung der FDP 1946 bis 1969. Einführung und Dokumente, Meisenheim am Glan 1977.

Jung, Ernst Friedrich: Genschers »Erinnerungen« im Rückblick. Eine kritische Nachlese, in: Historisch-Politische Mitteilungen, 5 (1998), S. 237–254.

Jung, Otmar: Die Volkskongreßbewegung: Festhalten an der deutschen Einheit und Vorbereitung der staatlichen Spaltung, in: Internationale wissenschaftliche Korrespondenz zur Geschichte der deutschen Arbeiterbewegung, 31 (1995), H. 2, S. 187–214.

Kaiser, Monika: Machtwechsel von Ulbricht zu Honecker. Funktionsmechanismen der SED-Diktatur in Konfliktsituationen 1962 bis 1972, Berlin 1997.

Kamphausen, Helmut (Hg.): Entnationalisierung als Staatsräson?, Kiel 1986.

Karl, Michaela: Rudi Dutschke. Revolutionär ohne Revolution, Frankfurt am Main 2003.

Karl, Wolf Dieter: Zur Außen- und Sicherheitspolitik der Grünen, in: Manfred Langner (Hg.): Die Grünen auf dem Prüfstand. Analyse einer Partei, Bergisch Gladbach 1978, S. 397–421.

Kelsen, Hans: Allgemeine Staatslehre, Bad Homburg 1966.

Kempf, Udo/Merz, Hans-Georg (Hg.): Kanzler und Minister 1949–1998. Biografisches Lexikon der deutschen Bundesregierungen, Wiesbaden 2002.

Kielmansegg, Peter Graf: Vom Nationalneutralismus zum Konzept des »blockfreien« Europas, in: Carl-Christoph Schweitzer (Hg.): Eiserne Illusionen. Wehr- und Bündnisfragen in den Vorstellungen der extremen Rechten nach 1945, Köln 1969, S. 85–136.

Kielmansegg, Peter Graf: Nach der Katastrophe. Eine Geschichte des geteilten Deutschland, Berlin 2000.

Kiep, Walther Leisler: Was bleibt ist große Zuversicht. Erfahrungen eines Unabhängigen. Ein politisches Tagebuch, Berlin/Wien 1999.

Kiep, Walther Leisler: Brücken meines Lebens. Die Erinnerungen, München 2006.

Kiesel, Helmuth: Die Intellektuellen und die deutsche Einheit, in: Die politische Meinung, 36 (1991), H. 264, S. 49–61.

Kieslich, Lothar: Kommunisten gegen Kommunisten. Die Intellektuellen. Politik der SED im Umfeld des XX. Parteitags der KPdSU und des Ungarn-Aufstands, Gießen 1998.

Kiessler, Richard/Elbe, Frank: Der diplomatische Weg zur deutschen Einheit, Frankfurt am Main 1996.

Kießling, Günter: Neutralität ist kein Verrat. Entwurf einer europäischen Friedensordnung, Erlangen/Bonn/Wien 1989.

Kihl, Young Whan (Hg.): Korea and the World. Beyond the Cold War, Boulder u. a. 1994

Kim, Geonwoo: Um die koreanische Wiedervereinigung. Die Sonnenscheinpolitik Kim Dae Jungs im Vergleich mit der Ostpolitik Willy Brandts, Dissertation, Freiburg i. Br. 2007.

Kimminich, Otto: Deutsche Verfassungsgeschichte, Frankfurt am Main 1970.

Kittel, Manfred: Franz Josef Strauß und der Milliardenkredit für die DDR 1983, in: DA, 40 (2007), S. 647–656.

Kitzmüller, Erich/Kuby, Heinz/Niethammer, Lutz: Der Wandel der nationalen Frage in der Bundesrepublik Deutschland, in: APuZ, B 33/1973, S. 3–31, und B 34/1973, S. 3–31.

Klefisch, Johannes W.: Schluß mit Deutschland?, Köln 1963.

Kleinert, Hubert: Aufstieg und Fall der Grünen. Analyse einer alternativen Partei, Bonn 1992.

Kleßmann, Christoph: Zwei Staaten, eine Nation. Deutsche Geschichte 1955–1970, Bonn 1982.

Kleßmann, Christoph: Die doppelte Staatsgründung. Deutsche Geschichte 1945–1955, Göttingen 1986.

Kleßmann, Christoph: Verflechtung und Abgrenzung. Aspekte der geteilten und zusammengehörigen deutschen Nachkriegsgeschichte, in: APuZ, B 29–30/1993, S. 30–41.

Kleßmann, Christoph: Thesen zur Rolle von Zentralismus und Föderalismus in der Bundesrepublik und in der DDR, in: Oliver Janz/Pierangelo Schiera/Hannes Siegrist (Hg.): Zentralismus und Föderalismus im 19. und 20. Jahrhundert. Deutschland und Italien im Vergleich, Berlin 2000, S. 263–273.

Kleßmann, Christoph: Konturen einer integrierten Nachkriegsgeschichte, in: APuZ, B 18–19/2005, S. 3–11.

Kleßmann, Christoph/Lautzas, Peter (Hg.): Teilung und Integration. Die doppelte deutsche Nachkriegsgeschichte als wissenschaftliches und didaktisches Problem, Bonn 2005.

Kleßmann, Christoph/Misselwitz, Hans/Wichert, Günter (Hg.): Deutsche Vergangenheiten – eine gemeinsame Herausforderung. Der schwierige Umgang mit der doppelten Nachkriegsgeschichte, Berlin 1999.

Kleßmann, Christoph/Stöver, Bernd (Hg.): 1953 – Krisenjahr des Kalten Krieges in Europa, Köln/Weimar/Wien 1999.

Kleßmann, Christoph/Stöver, Bernd (Hg.): Der Koreakrieg. Wahrnehmung, Wirkung, Erinnerung, Köln/Weimar/Wien 2008.

Klingl, Friedrich: »Das ganze Deutschland soll es sein!« Thomas Dehler und die außenpolitischen Weichenstellungen der fünfziger Jahre. Eine Analyse der außenpolitischen Konzeption und des außenpolitischen Verhaltens Thomas Dehlers, München 1987.

Klönne, Arno: Links wie rechts – auf der Suche nach nationaler Identität?, in: Neue Gesellschaft, 29 (1982), S. 727–731.

Klönne, Arno: »Linke Leute von rechts« und »rechte Leute von links« damals und heute, in: Blätter für deutsche und internationale Politik, 28 (1983), S. 115–122.

Klönne, Arno: Zurück zur Nation? Kontroversen zu deutschen Fragen, Köln 1984.

Klotzsch, Lilian: Wählergemeinschaften II: Wählergemeinschaft Unabhängiger Bürger, in: Richard Stöss (Hg.): Parteien-Handbuch. Die Parteien der Bundesrepublik Deutschland 1945–1980, Bd. 4: NDP – WAV, Opladen 1986, S. 2429–2457.

Koch, Diether: Heinemann und die Deutschlandfrage, München 1972.

Koch, Klaus-Uwe: Das Problem der Nation in der Strategie und Taktik der SED in der zweiten Hälfte der sechziger Jahre, Dissertation Akademie für Gesellschaftswissenschaften beim ZK der SED, Berlin 1985.

Koch, Manfred: Volkskongreßbewegung und Volksrat, in: SBZ-Handbuch. Staatliche Verwaltungen, Parteien, gesellschaftliche Organisationen und ihre Führungskräfte in der Sowjetischen Besatzungszone Deutschlands 1945–1949, hg. von Martin Broszat/Hermann Weber, München 1990, S. 349–357.

Kock, Peter Jakob: Bayern und Deutschland. Föderalismus als Anspruch und Wirklichkeit, in: Wolfgang Benz (Hg.): Neuanfang in Bayern 1945–1949. Politik und Gesellschaft in der Nachkriegszeit, München 1988, S. 183–204.

Kocka, Jürgen: Nation und Gesellschaft. Historische Überlegungen zur »deutschen Frage«, in: Politik und Kultur, 1/1981, S. 3–25.

Kocka, Jürgen (Hg.): Historische DDR-Forschung. Aufsätze und Studien, Berlin 1993.

Kocka, Jürgen/Sabrow, Martin (Hg.): Die DDR als Geschichte. Fragen – Hypothesen – Perspektiven, Berlin 1994.

Kohl, Helmut: »Ich wollte Deutschlands Einheit«. Dargestellt von Kai Diekmann und Ralf Georg Reuth, Berlin 1996.

Kohl, Helmut: Erinnerungen 1982–1990, München 2005.

Kohl, Helmut: Vom Mauerfall zur Wiedervereinigung. Meine Erinnerungen, München 2009.

Könitz, Barbara: Gefahren eines deutschen Sonderwegs. Deutschlands Zukunft zwischen Ost und West, Bonn 1985.

Kopp, Fritz: Kurs auf ganz Deutschland? Die Deutschlandpolitik der SED, Stuttgart 1966.

Korte, Karl-Rudolf: Der Standort der Deutschen. Akzentverlagerungen der deutschen Frage in der Bundesrepublik Deutschland seit den siebziger Jahren, Köln 1990.

Korte, Karl-Rudolf (unter Mitarbeit von Jürgen Gros und Thomas Lillig): Die Chance genutzt? Die Politik zur Einheit Deutschlands, Frankfurt am Main/New York 1994.

Korte, Karl-Rudolf: Deutschlandpolitik in Helmut Kohls Kanzlerschaft. Regierungsstil und Entscheidungen 1982–1989, Stuttgart 1998 (= Geschichte der deutschen Einheit, Bd. 1).

Korte, Karl-Rudolf: Die Deutschlandpolitik der Regierung Kohl seit Herbst 1989, in: Klaus-Dietmar Henke (Hg.): Revolution und Vereinigung 1989/90. Als in Deutschland die Realität die Phantasie überholte, München 2009, S. 419–440.

Koschyk, Hartmut (Hg.): Begegnung mit Kim Dae-jung. Korea auf dem Weg zu Frieden, Versöhnung und Einheit, München 2002.

Koschyk, Hartmut (Hg.): Deutschland, Korea – geteilt, vereint, München 2005.

Koselleck, Reinhart: Bund, Bündnis, Föderalismus, Bundesstaat, in: Geschichtliche Grundbegriffe. Historisches Lexikon zur politisch-sozialen Sprache in Deutschland, Bd. 1, Stuttgart 1972, S. 582–671.

Kosing, Alfred: Illusion und Wirklichkeit in der nationalen Frage, in: Einheit, 17 (1962), S. 15–22.

Kosing, Alfred: Die nationale Lebensfrage des deutschen Volkes, Berlin 1962.

Kosing, Alfred: Theoretische Probleme der Entwicklung der sozialistischen Nation in der DDR, in: Deutsche Zeitschrift für Philosophie, 23 (1975), H. 2, S. 237–261.

Kosing, Alfred: Nation in Geschichte und Gegenwart. Studie zur historisch-materialistischen Theorie der Nation, Berlin 1976.

Kosing, Alfred/Schmidt, Walter: Über die Dialektik von Internationalem und Nationalem, in: Thematische Information und Dokumentation, Nr. 32, 1964, S. 75–82.

Kosing, Alfred/Schmidt, Walter: Zur Herausbildung der sozialistischen Nation in der DDR, in: Einheit, 29 (1974), S. 179–188.

Kosing, Alfred/Schmidt, Walter: Nation und Nationalität in der DDR, in: DA, 8 (1975), S. 1221–1228.

Kosing, Alfred/Schmidt, Walter: Geburt und Gedeihen der sozialistischen deutschen Nation, in: Einheit, 34 (1979), S. 1068–1075.

Kosthorst, Erich: Jakob Kaiser. Bundesminister für gesamtdeutsche Fragen 1949–1957, Stuttgart 1972.

Kosthorst, Erich/Gotto, Klaus/Soell, Hartmut (Hg.): Deutschlandpolitik der Nachkriegsjahre. Zeitgeschichtliche und didaktischen Ortsbestimmung, Paderborn 1976.

Kotschemassow, Wjatscheslaw: Meine letzte Mission. Fakten, Erinnerungen, Überlegungen, Berlin 1994.

Kowalsky, Wolfgang/Schröder, Wolfgang (Hg.): Rechtsextremismus. Einführung und Forschungsbilanz, Opladen 1994.

Kratz, Peter: Friedensvertragsdiskussion: Ein nationalistisches Gleis der Friedensbewegung, in: Blätter für deutsche und internationale Politik, 32 (1987), S. 217–229.

Kratz, Peter: Rechte Genossen. Neokonservatismus in der SPD, Berlin 1995.

Kraus, Hans-Christof (Hg.): Konservative Politiker in Deutschland. Eine Auswahl biographischer Porträts aus zwei Jahrhunderten, Berlin 1995.

Kraushaar, Wolfgang: Rudi Dutschke und die Wiedervereinigung. Zur heimlichen Dialektik von Internationalismus und Nationalismus, in: Mittelweg 36, 2/1992, S. 12–48.

Krenz, Egon: Herbst '89, Berlin 1999.

Kreusel, Dietmar: Nation und Vaterland in der Militärpresse der DDR, Stuttgart-Degerloch 1971.

Kristoferitsch, Hans: Vom Staatenbund zum Bundesstaat? Die Europäische Union im Vergleich mit den USA, Deutschland und der Schweiz, Wien 2007.

Kritzer, Peter: Wilhelm Hoegner. Politische Biographie eines bayerischen Sozialdemokraten, München 1979.

Kroh, Ferdinand: Wendemanöver. Die geheimen Wege zur Wiedervereinigung, München/Wien 2005.

Kuby, Erich: Deutsche Schattenspiele. Dazu Interviews zur nationalen Frage mit Rudolf Augstein, Egon Bahr, Willy Brandt, Günter Gaus, Walther Leisler Kiep, Hans-Ulrich Klose, Elisabeth Noelle-Naumann, Otto Schily, Jürgen Schmude, Franz Josef Strauß, Horst Teltschik, München 1988.

Küchenmeister, Daniel (Hg.): Honecker – Gorbatschow. Vieraugengespräche, Berlin 1993.

Küchenmeister, Daniel/Nakath, Detlef/Stephan, Gerd-Rüdiger (Hg.): … abgegrenzte Weltoffenheit … Zur Außen- und Deutschlandpolitik der DDR, Potsdam 1999.

Kühn, Andreas: Stalins Enkel, Maos Söhne. Die Lebenswelt der K-Gruppen in der Bundesrepublik der 70er Jahre, Frankfurt am Main/New York 2005.

Kühn, Andreas: Neue Revisionisten und Sozialimperialisten – Die KPD/ML und ihre Fundamentalkritik am sowjetischen Sozialismusmodell, in: Jahrbuch Extremismus & Demokratie, 17 (2005), S. 73–92.

Kühn, Detlef: Für eine aktive Wiedervereinigungspolitik, in: DA, 20 (1987), S. 595–599.

Kuhn, Ekkehard: Gorbatschow und die deutsche Einheit. Aussagen der wichtigsten russischen und deutschen Beteiligten, Bonn 1993.

Kuhn, Wilhelm: Berlin, Deutschland und die Konföderation. Ein Diskussionsbeitrag zur Deutschen Frage, Nürnberg 1961.

Küppers, Heinrich: Joseph Wirth. Parlamentarier, Minister und Kanzler der Weimarer Republik, Stuttgart 1997.

Küsters, Hanns Jürgen: Wiedervereinigung durch Konföderation? Die informellen Unterredungen zwischen Bundesminister Fritz Schäffer, NVA-General Vincenz Müller und Sowjetbotschafter Georgij Maksimowitsch Puschkin 1955/56, in: VfZ, 40 (1992), S. 107–153.

Küsters, Hanns Jürgen: Entscheidung für die deutsche Einheit. Einführung in die Edition, in: Deutsche Einheit. Sonderedition aus den Akten des Bundeskanzleramtes 1989/90. Dokumente zur Deutschlandpolitik (DzD Deutsche Einheit 1989/90), München 1998. S. 21–236.

Küsters, Hanns Jürgen: Der Integrationsfriede. Viermächte-Verhandlungen über die Friedensregelung mit Deutschland 1945–1990, München 2000.

Küsters, Hanns Jürgen: Nach dem Fall der Mauer. Ein Drahtseilakt von Kohl und Mitterrand, in: Die politische Meinung, 48 (2003), H. 398, S. 36–43.

Küsters, Hanns Jürgen: Das Ringen um die deutsche Einheit. Die Regierung Helmut Kohl im Brennpunkt der Entscheidungen 1989/90, Freiburg i. Br. 2009.

Kwizinskij, Julij A: Vor dem Sturm. Erinnerungen eines Diplomaten, Berlin 1993.

Lafontaine, Oskar: Deutsche Wahrheiten. Die nationale und die soziale Frage, Hamburg 1990.

Land, Rainer/Possekel, Ralf: Namenlose Stimmen waren uns voraus. Politische Diskurse von Intellektuellen aus der DDR, Bochum 1994.

Langewiesche, Dieter: Reich, Nation und Staat in der jüngeren deutschen Geschichte, in: Historische Zeitschrift, 254 (1992), S. 341–381.

Langewiesche, Dieter: Nation, Nationalismus, Nationalstaat in Deutschland und Europa. München 2000.

Langewiesche, Dieter/Schmidt, Georg (Hg.): Föderative Nation. Deutschlandkonzepte von der Reformation bis zum Ersten Weltkrieg, München 1999.

Langguth, Gerd: Protestbewegung. Entwicklung, Niedergang, Renaissance. Die Linke seit 1968, Köln 1983.

Langguth, Gerd: Die Deutschlandpolitik der Grünen, in: Manfred Langner (Hg.): Die Grünen auf dem Prüfstand. Analyse einer Partei, Bergisch Gladbach 1987, S. 423–480.

Langguth, Gerd: Die Friedensbewegung in der Bundesrepublik Deutschland zu Beginn der 80er Jahre, in: Materialien der Enquete-Kommission »Aufarbeitung von Geschichte und Folgen der SED-Diktatur in Deutschland« (12. Wahlperiode des Deutschen Bundestags), hg. vom Deutschen Bundestag, Baden-Baden 1995. Band V/1: Deutschlandpolitik, innerdeutsche Beziehungen und internationale Rahmenbedingungen, S. 590–596.

Langguth, Gerd (Hg.): Die Intellektuellen und die nationale Frage, Frankfurt am Main/New York 1997.

Langner, Manfred (Hg.): Die Grünen auf dem Prüfstand. Analyse einer Partei, Bergisch Gladbach 1987.

Lapp, Peter J.: Ulbrichts Helfer. Wehrmachtsoffiziere in den DDR-Streitkräften, Köln 2000.

Lapp, Peter J.: General bei Hitler und Ulbricht. Vincenz Müller. Eine deutsche Karriere, Berlin 2003.

Laufer, Heinz: Das föderative System der Bundesrepublik, München 1985.

Ein Leben für Deutschland. Gedenkschrift für Wolfgang Venohr 1925–2005, Berlin 2005.

Lemke, Michael: Von der SED eingespannt (Joseph Wirth), in: Die Politische Meinung, 36 (1991), Nr. 261, S. 25–30.

Lemke, Michael: »Doppelte Alleinvertretung«. Die nationalen Wiedervereinigungskonzepte der beiden deutschen Regierungen und die Grundzüge ihrer politischen Realisierung in der DDR (1949–1953/53), in: ZfG, 39 (1992), S. 531–543.

Lemke, Michael: Kampagnen gegen Bonn. Die Systemkrise der DDR und die West-Propaganda der SED 1960–1963, in: VfZ, 41 (1993), S. 153–174.

Lemke, Michael: Eine neue Konzeption? Die SED im Umgang mit der SPD 1956 bis 1960, in: Jürgen Kocka (Hg.): Historische DDR-Forschung. Aufsätze und Studien, Berlin 1993, S. 361–377.

Lemke, Michael: Die DDR und die deutsche Frage 1949–1955, in: Wilfried Loth (Hg.): Die deutsche Frage in der Nachkriegszeit, Berlin 1994, S. 136–171.

Lemke, Michael: Die Deutschlandpolitik der DDR zwischen Moskauer Oktroi und Bonner Sogwirkung, in: Jürgen Kocka/Martin Sabrow (Hg.): Die DDR als Geschichte. Fragen – Hypothesen – Perspektiven, Berlin 1994, S. 181–194.

Lemke, Michael: Die Berlinkrise 1958 bis 1963. Interessen und Handlungsspielräume der SED im Ost-West-Konflikt, Berlin 1995.

Lemke, Michael: Instrumentalisierter Antifaschismus und SED-Kampagnenpolitik im deutschen Sonderkonflikt 1960–1968, in: Jürgen Danyel (Hg.): Die geteilte Vergangenheit, Berlin 1995, S. 61–86.

Lemke, Michael: Die infiltrierte Sammlung. Ziele, Methoden und Instrumente der SED zur Formierung einer bürgerlichen Opposition in der Bundesrepublik 1949–1957, in: Tilman Mayer (Hg.): »Macht das Tor auf«, Jakob-Kaiser-Studien, Berlin 1996, S. 171–234.

Lemke, Michael: Eine deutsche Chance? Die innerdeutsche Diskussion um den Grotewohl-Brief vom November 1950 auf der Entscheidungsebene, in: ZfG, 44 (1996), H. 1, S. 25–40.

Lemke, Michael: Vom Postulat der »demokratischen« Wiedervereinigung zur konföderativen Absage an Gesamtdeutschland. Die Grundzüge der SED-Deutschlandpolitik, in: Mark Lehmstedt/Siegfried Lokatis (Hg.): Das Loch in der Mauer. Der innerdeutsche Literaturaustausch, Wiesbaden 1997, S. 17–31.

Lemke, Michael: Deutschlandpolitik zwischen Sowjetisierung und Verwestlichung 1949–1963, in: Konrad H. Jarausch/Hannes Siegrist (Hg.): Amerikanisierung und Sowjetisierung in Deutschland 1945–1970, Frankfurt am Main/New York 1997, S. 87–100.

Lemke, Michael: Fremdbestimmung und Handlungsspielräume: Perioden und Zäsuren der SED-Deutschland- und Außenpolitik 1949–1972, in: Wolfgang Küttler/Walter Schmidt (Hg.): Der Ost-West-Konflikt und sein Ende, Berlin 1998, S. 49–85.

Lemke, Michael: Konrad Adenauer und das Jahr 1953. Deutschlandpolitik und 17. Juni, in: Christoph Kleßmann/Bernd Stöver (Hg.): 1953 – Krisenjahr des Kalten Krieges in Europa, Köln/Weimar/Wien 1999, S. 141–154.

Lemke, Michael: Der lange Weg zum »geregelten Nebeneinander«. Die Deutschlandpolitik der DDR Mitte der fünfziger bis Mitte der siebziger Jahre, in: Christoph Kleßmann/Hans Misselwitz/Günter Wichert (Hg.): Deutsche Vergangenheiten – eine gemeinsame Herausforderung. Der schwierige Umgang mit der doppelten Nachkriegsgeschichte, Berlin 1999, S. 73–96.

Lemke, Michael: Sowjetisches Interesse und ostdeutscher Wille. Divergenzen zwischen den Berlinkonzepten von SED und UdSSR in der Expositionsphase der zweiten Berlinkrise, in: Burghard Ciesla/Michael Lemke/Thomas Lindenberger (Hg.): Sterben für Berlin? Die Berliner Krisen 1948, 1958, Berlin 2000, S. 203–219.

Lemke, Michael: Nationalismus und Patriotismus in den frühen Jahren der DDR, in: APuZ, B 50/2000, S. 11–19.

Lemke, Michael: Einheit oder Sozialismus? Die Deutschlandpolitik der SED 1949–1961, Köln/Weimar/Wien 2001.

Leugers-Scherzberg, August H.: Die Wandlungen des Herbert Wehner. Von der Volksfront zur Großen Koalition, Berlin 2002.

Lilge, Herbert: Deutschland 1945–1963, Hannover 1967.

Link, Werner: Zwei Staaten – eine Nation, in: Otto Dann (Hg.): Die deutsche Nation. Geschichte – Probleme – Perspektiven, Vierow 1994, S. 117–134.

Linke, Annette: Der Multimillionär Frey und die DVU. Daten, Fakten, Hintergründe, Augsburg 1994.

Lohmeier, Georg: Joseph Baumgartner. Biographie eines bayerischen Patrioten aus Sulzemoos, München 1974.

Lokatis, Siegfried: Der rote Faden. Kommunistische Parteigeschichte und Zensur und Walter Ulbricht, Köln/Weimar/Wien 2003.

Loth, Wilfried: Die Teilung der Welt 1941–1955, München 1980.

Loth, Wilfried: Ost-West-Konflikt und deutsche Frage. Historische Ortsbestimmungen, München 1989.

Loth, Wilfried: Stalins ungeliebtes Kind. Warum Moskau die DDR nicht wollte, Berlin 1994.

Loth, Wilfried (Hg.): Die deutsche Frage in der Nachkriegszeit, Berlin 1994.

Loth, Wilfried: Internationale Rahmenbedingungen der Deutschlandpolitik 1949–1955, in: Materialien der Enquete-Kommission »Aufarbeitung von Geschichte und Folgen der SED-Diktatur in Deutschland«, hg. vom Deutschen Bundestag, Bd. V/2: Deutschlandpolitik, innerdeutsche Beziehungen und internationale Rahmenbedingungen, Baden-Baden 1995, S. 1381–1403.

Loth, Wilfried: Internationale Rahmenbedingungen der Deutschlandpolitik 1961–1989, in: Materialien der Enquete-Kommission »Aufarbeitung von Geschichte und Folgen der SED-Diktatur in Deutschland«, hg. vom Deutschen Bundestag, Bd. V/2: Deutschlandpolitik, innerdeutsche Beziehungen und internationale Rahmenbedingungen, Baden-Baden 1995, S. 1744–1765.

Loth, Wilfried: Der Weg nach Europa, Göttingen 1996.

Loth, Wilfried: Helsinki, 1. August 1975. Entspannung und Abrüstung, München 1998.

Loth, Wilfried: Die Sowjetunion und das Ende der DDR, in: Konrad H. Jarausch/Martin Sabrow (Hg.): Weg in den Untergang. Der innere Zerfall der DDR, Göttingen 1999, S. 119–152.

Loth, Wilfried: Erfolg im Scheitern. Michail Gorbatschow, die deutsche Einheit und das neue Europa, in: Kulturwissenschaftliches Institut. Jahrbuch 1999/2000, Essen 2000, S. 21–36.

Loth, Wilfried: Moskow, Prague and Warsaw: Overcoming the Brezhnev Doctrine, in: Cold War History 1 (2001), Nr. 2, S. 103–118.

Loth, Wilfried: 9. November 1989. Auftakt zur deutschen Einheit, in: Dirk Blasius/Wilfried Loth (Hg.): Tage deutscher Geschichte im 20. Jahrhundert, Göttingen 2006, S. 123–140.

Loth, Wilfried: Die Sowjetunion und die deutsche Frage. Studien zur sowjetischen Deutschlandpolitik von Stalin bis Chruschtschow, Göttingen 2007.

Lotze, Gerd: Karl Wienand: der Drahtzieher, Köln 1995.

Lübbe, Hermann: Zur Identitätspräsentationsfunktion von Historie, in: Odo Marquard/Karlheinz Stierle (Hg.): Identität, München 1979, S. 277–292.

Ludwig, Andrea: Neue oder Deutsche Linke? Nation und Nationalismus im Denken von Linken und Grünen, Opladen 1995.

Ludwig, Michael: Polen und die deutsche Frage. Mit einer Dokumentation zum deutsch-polnischen Vertrag vom 17. Juni 1991, Bonn 1991.

Ludz, Peter Christian: Parteielite im Wandel. Funktionsaufbau, Sozialstruktur und Ideologie der SED-Führung, Köln 1967.

Ludz, Peter Christian: Zum Begriff der »Nation« in der Sicht der SED – Wandlungen und politische Bedeutung, in: DA, 5 (1972), S. 17–27.

Luft, Christa: Zwischen Wende und Ende. Eindrücke, Erlebnisse, Erfahrungen eines Mitglieds der Modrow-Regierung, Berlin 1991.

Lütt, Jürgen: Nehru und Indiens Politik der Blockfreiheit, in: Dominik Geppert/Udo Wengst (Hg.): Neutralität – Chance oder Chimäre?, München 2005, S. 134–154.

Machnik, Georg: Eduard Schewardnadse – Baumeister eines menschlichen Europas der Zukunft, Jena 2003.

Mählert, Ulrich: Kleine Geschichte der DDR, München 1999.

Mahnke, Hans Heinrich: Vertragsgemeinschaft, konföderative Strukturen und Föderation, in: Recht in Ost und West, Zeitschrift für Rechtsvergleichung und innerdeutsche Rechtsprobleme, 34 (1990), H. 3, S. 133–140.

Major, Patrick: The Death of the KPD. Communism and Anti-Communism in West Germany 1945–1956, Oxford 1997.

Marquard, Odo/Stierle, Karlheinz (Hg.): Identität, München 1979.
März, Peter (Hg.): 40 Jahre Zweistaatlichkeit in Deutschland. Eine Bilanz, München 1999.
Materialien der Enquete-Kommission »Aufarbeitung von Geschichte und Folgen der SED-Diktatur in Deutschland« (12. Wahlperiode des Deutschen Bundestags), hg. vom Deutschen Bundestag, 9 Bände in 18 Teilbänden, Baden-Baden 1995.
Materialien der Enquete-Kommission »Überwindung der Folgen der SED-Diktatur im Prozess der deutschen Einheit« (13. Wahlperiode des Deutschen Bundestags), hg. vom Deutschen Bundestag, 8 Bände in 14 Teilbänden, Baden-Baden/Frankfurt am Main 1999.
Mayer, Tilman: Prinzip Nation. Dimensionen der nationalen Frage, dargestellt am Beispiel Deutschlands, Opladen 1987.
Mayer, Tilman (Hg.): »Macht das Tor auf«, Jakob-Kaiser-Studien, Berlin 1996.
Mayer, Tilman: Warum es zur Wiedervereinigungschance kam, in: Karl Eckart/Jens Hacker/Siegfried Mampel (Hg.): Wiedervereinigung Deutschlands. Festschrift zum 20jährigen Bestehen der Gesellschaft für Deutschlandforschung, Berlin 1998, S. 232–242.
Mayer, Tilman: Kontoversen zur deutschen Frage, in: Werner Weidenfeld/Karl-Rudolf Korte (Hg.): Handbuch zur deutschen Einheit 1949–1989–1999, aktualisierte und erweiterte Neuausgabe, Bonn 1999, S. 501–509.
McKay, Joanna: The official Concept of the Nation in the former GDR, Ashgate 1998.
Mehlhorn, Ludwig: Die DDR-Opposition und die nationale Frage in der achtziger Jahren, in: Ehrhart Neubert/Bernd Eisenfeld (Hg.): Macht – Ohnmacht – Gegenmacht. Grundfragen zur politischen Gegnerschaft in der DDR, Bremen 2001, S. 183–188.
Mellies, Dirk: Trojanische Pferde der DDR? Das neutralistisch-pazifistische Netzwerk der frühen Bundesrepublik und die Deutsche Volkszeitung 1953–1973, Frankfurt am Main 2007.
Mende, Erich: Die neue Freiheit 1945–1961, Bergisch Gladbach 1984.
Menzel, Eberhard: Die staats- und völkerrechtlichen Probleme der Wiedervereinigung Deutschlands, in: Europa-Archiv, 13 (1958), S. 11051–11062.
Merkatz, Hans-Joachim von: In der Mitte des Jahrhunderts. Politische Lebensfragen unserer Zeit, München/Wien 1963.
Merkl, Peter H.: Die Entstehung der Bundesrepublik Deutschland, Stuttgart 1963.
Merseburger, Peter: Der schwierige Deutsche. Kurt Schumacher. Eine Biographie, Stuttgart 1995.
Merseburger, Peter: Willy Brandt 1913–1992. Visionär und Realist, Stuttgart 2002.
Mertes, Michael: Die Entstehung des Zehn-Punkte-Programms vom 28. November 1989, in: Heiner Timmermann (Hg.): Die DDR in Deutschland. Ein Rückblick auf 50 Jahre, Berlin 2001, S. 17–35.
Meyer, Christoph: Herbert Wehner. Biographie, München 2006.
Meyer, Christoph: Die deutschlandpolitische Grundlegung der Großen Koalition. Herbert Wehners Bundestagsrede vom 30. Juni 1960, in: DA, 39 (2006), S. 439–447.
Meyer, Rolf/Handlögten, Günther: Die Grünen vor der Wahl, in: APuZ, B 36/80, S. 3–21.
Michalka, Wolfgang (Hg.): Die Deutsche Frage in der Weltpolitik, Stuttgart 1986.
Mielke, Henning: Die Auflösung der Länder in der SBZ/DDR. Von der deutschen Selbstverwal-

tung zum sozialistisch-zentralistischen Einheitsstaat nach dem sowjetischen Modell 1945–1952, Stuttgart 1995.

Mintzel, Alf: Die Bayernpartei, in: Richard Stöss (Hg.): Parteien-Handbuch. Die Parteien der Bundesrepublik Deutschland 1945–1980, Bd. 1: AUD – CDU, Opladen 1986, S. 395–489.

Mitterrand, François: Über Deutschland, Frankfurt am Main 1998.

Modrow, Hans (unter Mitarbeit von Wolfgang Meyer): Aufbruch und Ende, 2. Auflage, Hamburg 1991.

Modrow, Hans: Das Große Haus. Insider berichten aus dem ZK der SED, Berlin 1994.

Modrow, Hans: Die Perestroika, wie ich sie sehe. Persönliche Erinnerungen und Analysen eines Jahrzehnts, das die Welt veränderte, Berlin 1998.

Modrow, Hans: Ich wollte ein neues Deutschland. Mit Hans-Dieter Schütt, München 1999.

Moeskes, Christoph (Hg.): Nordkorea. Einblicke in ein rätselhaftes Land, Berlin 2004.

Mogge, Winfried: Burg Ludwigstein, der Hohe Meißner und die Jugendbewegung, in: Bernd Heidenreich/Klaus Böhme (Hg.): Hessen. Geschichte und Politik, Stuttgart 2000, S. 351–360.

Möller, Horst: Demokratie und Diktatur, in: APuZ, B 3/2007, S. 3–7.

Möller, Kay: Sonnenschein über Pyöngyang. Korea nach dem Gipfel, in: APuZ, B 51/2000, S. 30–38.

Mommsen, Hans: Zum Problem des deutschen Nationalbewußtseins in der Gegenwart, in: Der Monat, 31 (1979), H. 2, S. 75–83.

Mommsen, Hans: Auf der Suche nach der Nation. Zur Geschichte des deutschen Nationalbewußtseins, in: Evangelische Kommentare, 12 (1979), Nr. 10, S. 565–567.

Mommsen, Hans: Nationalismus und transnationale Integrationsprozesse in der Gegenwart, in: APuZ, B 9/1980, S. 3–14.

Morsey, Rudolf: Die Deutschlandpolitik Adenauers. Alte Thesen und neue Fakten, Opladen 1991.

Morsey, Rudolf: Die Deutschlandpolitik Konrad Adenauers, in: Historisch-Politische Mitteilungen, 1 (1994), S. 1–14.

Morsey, Rudolf: Die Deutschlandpolitik der Bundesregierungen Adenauer und die politisch-parlamentarische Diskussion 1949–1963, in: Materialien der Enquete-Kommission »Aufarbeitung von Geschichte und Folgen der SED-Diktatur in Deutschland«, hg. vom Deutschen Bundestag, Bd. V/2: Deutschlandpolitik, innerdeutsche Beziehungen und internationale Rahmenbedingungen, Baden-Baden 1995, S. 1822–1867.

Moseleit, Klaus: Die »Zweite« Phase der Entspannungspolitik der SPD 1983–1989. Eine Analyse ihrer Entstehungsgeschichte, Entwicklung und der konzeptionellen Ansätze, Frankfurt am Main 1991.

Mückl, Wolfgang J. (Hg.): Föderalismus und Finanzpolitik. Gedenkschrift für Fritz Schäffer, Paderborn 1990.

Mülhausen, Walter: Karl Geiler und Christian Stock. Hessische Ministerpräsidenten im Wiederaufbau, Marburg 1998.

Müller, Jan-Werner: Another Country. German Intellectuals, Unification and National Identity, New Haven/London 2000.

Müller, Josef: Die Gesamtdeutsche Volkspartei. Entstehung und Politik unter dem Primat nationaler Wiedervereinigung, 1950–1957, Düsseldorf 1990.
Müller, Jürgen: Der Deutsche Bund 1815–1866, München 2006.
Müller, Leo A.: Republikaner – NPD, DVU, Liste D, Göttingen 1989.
Müller, Werner: Die doppelte Integration – Die DDR zwischen EWG und RGW, in: Wissenschaftszentrum Nordrhein-Westfalen, Kulturwissenschaftliches Institut, Jahrbuch 1994, S. 121–123.
Müller-Gangloff, Erich: Mit der Teilung leben. Eine gemeindeutsche Aufgabe, München 1965.

Nahm, Peter Paul (Hg.): Kultur und Politik. Im Spannungsfeld der Geschichte. Hans-Joachim v. Merkatz zum 70. Geburtstag, Bielefeld 1975.
Nakath, Detlef (Hg.): Deutschlandpolitiker der DDR erinnern sich, Berlin 1995.
Nakath, Detlef: Deutschlandpolitik, in: Andreas Herbst/Gerd-Rüdiger Stephan/Jürgen Winkler (Hg.): Die SED. Geschichte, Organisation, Politik. Ein Handbuch, Berlin 1997, S. 305–318.
Nakath, Detlef: Deutsch-deutsche Grundlagen. Zur Geschichte der politischen und wirtschaftlichen Beziehungen zwischen der DDR und der Bundesrepublik in den Jahren von 1969 bis 1982, Schkeuditz 2002.
Nakath, Detlef/Neugebauer, Gero/Stephan, Gerd-Rüdiger (Hg.): »Im Kreml brennt noch Licht«. Die Spitzenkontakte zwischen SED/PDS und KPdSU 1989–1991, Berlin 1998.
Nakath, Detlef/Stephan, Gerd-Rüdiger (Hg.): Von Hubertusstock nach Bonn. Eine dokumentierte Geschichte der deutsch-deutschen Beziehungen auf höchster Ebene 1980–1987, Berlin 1995.
Nakath, Detlef/Stephan, Gerd-Rüdiger (Hg.): Countdown zur deutschen Einheit. Eine dokumentierte Geschichte der deutsch-deutschen Beziehungen 1987–1990, Berlin 1996.
Nakath, Detlef/Stephan, Gerd-Rüdiger (Hg.): Die Häber-Protokolle. Schlaglichter der SED-Westpolitik 1973–1985, Berlin 1999.
Die Nauheimer Protokolle. Diskussionen über die Neutralisierung Deutschlands. Die ersten drei Tagungen des Nauheimer Kreises August, September, Dezember 1948, hg. im Auftrag des Nauheimer Kreises von Ulrich Noack, Würzburg 1950.
Naumann, Gerhard/Trümpler, Eckhard (Hg.): Der Flop mit der DDR-Nation 1971. Zwischen Abschied von einer Idee der Konföderation und Illusion von der Herausbildung einer sozialistischen deutschen Nation, Berlin 1991.
Neubert, Ehrhart: Geschichte der Opposition in der DDR 1949–1989, 2. Auflage, Bonn 1998.
Neubert, Ehrhart: Unsere Revolution. Die Geschichte der Jahre 1989/90, München/Zürich 2008.
Neubert, Ehrhart/Eisenfeld, Bernd (Hg.): Macht – Ohnmacht – Gegenmacht. Grundfragen zur politischen Gegnerschaft in der DDR, Bremen 2001.
Niethammer, Lutz: Angepaßter Faschismus. Politische Praxis der NPD, Frankfurt am Main 1969.
Niethammer, Lutz: Bundesrepublik und Nation, in: Politik und Kultur, 4/1977, S. 26–36.
Niethammer, Lutz: Deutschland danach: postfaschistische Gesellschaft und nationales Gedächtnis, hg. von Ulrich Herbert/Dirk van Laak, Bonn 1999.

Nitz, Jürgen: Länderspiel. Ein Insider-Report, Berlin 1995.

Nitz, Jürgen: Unterhändler zwischen Berlin und Bonn. Zur Geschichte der deutsch-deutschen Geheimdiplomatie in den 80er Jahren, Berlin 1999.

Nitz, Jürgen: Projekte zur Annäherung der Deutschen in den 80er Jahren, in: Daniel Küchenmeister/Detlef Nakath/Gerd-Rüdiger Stephan (Hg.): … abgegrenzte Weltoffenheit … Zur Außen- und Deutschlandpolitik der DDR, Potsdam 1999, S. 133–152.

Nitz, Jürgen: Kontakte und Verhandlungen über Projekte zur Annäherung der Deutschen in den 80er Jahren – ein Insiderreport, in: Heiner Timmermann (Hg.): Die DDR in Deutschland. Ein Rückblick auf 50 Jahre, Berlin 2001, S. 181–203.

Nipperdey, Thomas: Deutsche Geschichte 1800–1866: Bürgerwelt und starker Staat, München 1983.

Nipperdey, Thomas: Der Föderalismus in der deutschen Geschichte, in: ders.: Nachdenken über die deutsche Geschichte. Essays, München 1986, S. 60–109.

Noack, Paul: Paul Sethe: Publizistische Opposition gegen Adenauer, in: Josef Foschepoth (Hg.): Adenauer und die Deutsche Frage, Göttingen 1990, S. 235–249.

Noack, Paul: Deutschland, deine Intellektuellen. Die Kunst, sich ins Abseits zu stellen, Frankfurt am Main 1993.

Noack, Ulrich: Das politische Ethos in der europäischen Diplomatie. Einführung von Prof. Karl Haushofer, Hamburg 1939.

Noack, Ulrich: Deutschlands neue Gestalt in einer suchenden Welt, Frankfurt am Main 1946.

Noack, Ulrich: Die Sicherung des Friedens durch Neutralisierung Deutschlands und seine ausgleichende weltwirtschaftliche Aufgabe, Köln 1948.

Noack, Ulrich: Wie kann der Frieden lebendig werden? Organische Erneuerung der UNO auf der Grundlage von 10 regionalen Friedenskreisen, Würzburg 1954.

Noack, Ulrich: Geist und Raum in der Geschichte. Einordnung der deutschen Geschichte in den Aufbau der Weltgeschichte, Göttingen 1961.

Noack, Ulrich: Die glücklichere Möglichkeit als erkennbare Dimension der historischen Urteilsbildung. Kommentare zur Weltgeschichte, Würzburg 1978.

Norden, Albert: Die Nation und wir, Berlin 1965.

Norden, Albert: Arbeiterklasse und Nation, in: Einheit, 21 (1966), S. 451–465.

Norden, Albert: Wir sind dabei – Eine neue Initiative zur Stärkung der DDR. Rede von Prof. Albert Norden auf der erweiterten Tagung des Präsidiums des Nationalrates am 20. Januar 1967 in Torgau und andere Materialien zur neuen Initiative der Nationalen Front, Berlin 1967.

Norden, Albert, Zwei deutsche Nationalstaaten, in: DA, 6 (1973), S. 416–417.

Nuschke, Otto: Mahnung und Beispiel. Reden und Artikel 1951 bis 1957, Berlin 1958.

Oldenburg, Fred: »Neues Denken« in der sowjetischen Deutschlandpolitik?, in: DA, 20 (1987), S. 1154–1160.

Oldenburg, Fred: Sowjetische Deutschlandpolitik nach der Oktober-Revolution in der DDR, in: DA, 23 (1990), S. 68–76.

Oldenburg, Fred: Sowjetische Europa-Politik und die Lösung der deutsche Frage, in: Osteuropa. Zeitschrift für Gegenwartsfragen des Ostens, 41 (1991), H. 8, S. 751–773.

Pabst, Andrea/Schultheiß, Catharina/Bohley, Peter (Hg.): Wir sind das Volk? Ostdeutsche Bürgerrechtsbewegungen und die Wende, Tübingen 2001.

Paes, Thomas: Die Carter-Administration und die Regierung Schmidt. Konsens und Dissens über die Sowjetunion-Politik 1977–1981, Berlin 1991.

Paik, Nak-Chung: Habermas on National Unification in Germany and Korea, in: new left review, 219/1996, S. 14–21.

Pak, Nae-sik: Die Ost- und Deutschlandpolitik der Bundesrepublik Deutschland 1958–1966 im Spiegel der Wochenzeitung »Die Zeit«, Münster 1998.

Paktfreiheit für beide deutsche Staaten. Atomwaffenfreies Europa vom Atlantik zum Ural. Einheit für Deutschland, hg. von der Alternativen Liste für Demokratie und Umweltschutz, Arbeitsgruppe Berlin- und Deutschlandpolitik, Berlin 1981.

Paktfreiheit für beide deutsche Staaten oder bis daß der Tod uns eint?, hg. von Alternative Liste für Demokratie und Umweltschutz, Berlin 1982.

Peterson, Fabian: Oppositionsstrategie der SPD-Führung im deutschen Einigungsprozess 1989/1990, Hamburg 1998.

Petrick, Fritz: U. Noack in Greifswald 1941–1945 – Unter besonderer Berücksichtigung seiner Tätigkeit in Norwegen 1938–1941, in: 125 Jahre Historisches Seminar. Sektion Geschichtswissenschaft der Ernst-Moritz-Arndt-Universität Greifswald 1988: Kolloquium am 29. November 1988 in Greifswald, Greifswald 1990, S. 124–134.

Pfeiler, Wolfgang: Gorbatschows Deutschlandpolitik, in: Sowjetpolitik unter Gorbatschow. Die Innen- und Außenpolitik der UdSSR 1985–1990, hg. vom Göttinger Arbeitskreis, Berlin 1991, S. 115–130.

Pirker, Theo/Lepsius, M. Rainer/Weinert, Rainer/Hertle, Hans-Hermann (Hg.): Der Plan als Befehl und Fiktion, Opladen 1995

Plato, Alexander von: Die Vereinigung Deutschlands – ein weltpolitisches Machtspiel. Bush, Kohl, Gorbatschow und die geheimen Moskauer Protokolle, Berlin 2002.

Poeggel, Walter/Wagner, Ingo: Die deutsche Konföderation. Eine theoretisch-politische und völkerrechtliche Studie, Berlin 1964.

Pohrt, Wolfgang: Endstation. Über die Wiedergeburt der Nation, Berlin 1982.

Polak, Karl: Über die fehlerhaften Auffassungen in Fragen unseres Kampfes um Frieden und nationale Wiedergeburt, in: Einheit, 17 (1962), S. 106–121.

Poppe, Ulrike/Eckert, Rainer/Kowalczuk, Ilko-Sascha (Hg.): Zwischen Anpassung und Selbstbehauptung. Formen des Widerstandes und der Opposition in der DDR, Berlin 1995.

Posser, Diether: Anwalt im Kalten Krieg. Ein Stück deutscher Geschichte in politischen Prozessen 1951–1968, München 1991.

Potthoff, Heinrich: Die »Koalition der Vernunft«. Deutschlandpolitik in den 80er Jahren, München 1995.

Potthoff, Heinrich: Die Deutschlandpolitik der Bundesregierungen der CDU/CSU-FDP-Koalition, die Diskussion in den Parteien und in der Öffentlichkeit 1982–1989, in: Materialen der Enquete-Kommission »Aufarbeitung von Geschichte und Folgen der SED-Diktatur in Deutschland«, hg. vom Deutschen Bundestag, Bd. V/3: Deutschlandpolitik, innerdeutsche Beziehungen und internationale Rahmenbedingungen, Baden-Baden 1995, S. 2065–2113.

Potthoff, Heinrich: Bonn und Ost-Berlin 1969–1982. Dialog auf höchste Ebene und vertrauliche Kanäle. Darstellung und Dokumentation, Bonn 1997.

Potthoff, Heinrich: Im Schatten der Mauer. Deutschlandpolitik 1961 bis 1990, Berlin 1999.

Pötzl, Norbert F.: Basar der Spione. Die geheimen Missionen des DDR-Unterhändlers Wolfgang Vogel, Hamburg 1997.

Pötzl, Norbert F.: Erich Honecker. Eine deutsche Biographie, München 2002.

Prokop, Siegfried: Glanz und Elend des Jahres 1989/90, in: Ludwig Elm/Dietmar Keller/Reinhard Mocek (Hg.): Ansichten zur Geschichte der DDR, Bd. IX/X, Berlin 1998, S. 161–283,

Prokop, Siegfried: 1956 – DDR am Scheideweg. Opposition und neue Konzepte der Intelligenz, Berlin 2006.

Protokoll der Verhandlungen des 7. Parteitages der SED, Berlin 1967.

Protokoll der Verhandlungen des 8. Parteitages der SED, Berlin 1971.

Przybylski, Peter: Tatort Politbüro, Bd. 1: Die Akte Honecker, Bd. 2: Honecker, Mittag und Schalck-Golodkowski, Berlin 1991.

Rabehl, Bernd: Rudi Dutschke – Revolutionär im geteilten Deutschland, Dresden 2002.

Rasch, Harold: Die Bundesrepublik und Osteuropa. Grundfragen einer künftigen deutschen Ostpolitik, Köln 1965.

Rasch, Harold: Bonn und Moskau. Von der Notwendigkeit deutsch-sowjetischer Freundschaft, Stuttgart 1969.

Rasch, Harold: NATO-Bündnis oder Neutralität? Plädoyer für eine neue Außenpolitik, Köln 1981.

Raschke, Joachim: Die Grünen. Wie sie wurden, was sie sind, Köln 1993.

Rathmer, Matthias: Alexander Schalck-Golodkowski. Pragmatiker zwischen den Fronten. Eine politische Biographie, Bad Nauheim 1995.

Reuter, Jürgen: Die Abgrenzungspolitik der DDR von der Bundesrepublik Deutschland in den siebziger und frühen achtziger Jahren, Bonn 1991.

Rey, Marie-Pierre: »Europe is our Common Home«: A Study of Gorbachev's Diplomatic Concept, in: Cold War History 4 (2004), Nr. 2, S. 33–65.

Richter, Michael: Die Ost-CDU 1948–1952. Zwischen Widerstand und Gleichschaltung. Düsseldorf 1990.

Riemeck, Renate: Zur Entstehungsgeschichte der DFU, in: Heidi Beutin/Wolfgang Beutin/Bodo Brücher (Hg.): Nach Rückschlägen vorwärts. Im Streit für eine humane Welt. Lorenz Knorr zum 70. Geburtstag, Hamburg 1991, S. 43–47.

Rieß, Cornelia B./Bortfeldt, Heinrich: Die deutsch-amerikanischen Beziehungen der Nachkriegszeit (1945–1993), Melle 1994.

Ritter, Gerhard A.: Wir sind das Volk! Wir sind ein Volk! Geschichte der deutschen Einigung, München 2009.

Rochtus, Dirk: Zwischen Realität und Utopie. Das Konzept des »dritten Weges« in der DDR 1989/90, Leipzig 1999.
Rochtus, Dirk: Welche Umstände verhinderten die Verwirklichung des Dritten Weges, in: Andrea Pabst/Catharina Schultheiß/Peter Bohley (Hg.): Wir sind das Volk? Ostdeutsche Bürgerrechtsbewegungen und die Wende, Tübingen 2001, S. 97–109.
Rödder, Andreas: Deutschland einig Vaterland. Die Geschichte der Wiedervereinigung, München 2009.
Röder, Karl-Heinz: Arbeiterklasse und Nation, in: Deutsche Zeitschrift für Philosophie, 9 (1961), S. 1157–1163.
Roth, Florian: Die Idee der Nation im politischen Diskurs. Die Bundesrepublik Deutschland zwischen neuer Ostpolitik und Wiedervereinigung (1969–1990), Baden-Baden 1995.
Rottmann, Eberhard: Der unfertige Staat. Analyse, Bilanz und Perspektive der Deutschlandpolitik, Hamburg 1970.
Rowold, Manfred: Im Schatten der Macht. Zur Oppositionsrolle der nicht-etablierten Parteien in der Bundesrepublik, mit einem Vorwort von Karl Dietrich Bracher, Düsseldorf 1974.
Rumpler, Helmut (Hg.): Deutscher Bund und deutsche Frage 1815–1866. Europäische Ordnung, deutsche Politik und gesellschaftlicher Wandel im Zeitalter der bürgerlich-nationalen Emanzipation, Wien/München 1990.

Sabrow, Martin: Historisierung der Zweistaatlichkeit, in: APuZ, B 3/2007, S. 19–24.
Salter, Ernest/Stolz, Otto: Wehner – ante portas. Ein Beitrag zur Politik der deutschen Sozialdemokratie, Würzburg 1959.
Sander, Hans-Dietrich: Der nationale Imperativ. Ideengänge und Werkstücke zur Wiederherstellung Deutschlands, Krefeld 1980.
Säuberlich, Dietmar: Das Problem der Nation in der Strategie und Taktik der SED in der ersten Hälfte der 60er Jahre, in: Thematische Information und Dokumentation, 48/1985, S. 70–78.
SBZ-Handbuch. Staatliche Verwaltungen, Parteien, gesellschaftliche Organisationen und ihre Führungskräfte in der Sowjetischen Besatzungszone Deutschlands 1945–1949, hg. von Martin Broszat/Hermann Weber, München 1990.
Schabert, Tilo: Wie Weltgeschichte gemacht wird. Frankreich und die deutsche Einheit, Stuttgart 2002.
Schachnasarow, Georgi: Preis der Freiheit. Eine Bilanz von Gorbatschows Berater, Bonn 1996.
Schäfer, Michael: Die Vereinigungsdebatte. Deutsche Intellektuelle und deutsches Selbstverständnis 1989–1996, Baden-Baden 2002.
Schäffer, Fritz: Der Föderalismus in Deutschland. Die Lage Ende Dezember 1927 vor Beginn der »Länderkonferenz« in Berlin, München 1928.
Schäffer, Fritz: Aushöhlungs- und Aushungerungspolitik des Reiches gegenüber den Ländern. Nach einer Rede im bayerischen Landtag am 27. November 1928, München 1929.
Schalck-Golodkowski, Alexander: Deutsch-deutsche Erinnerungen, Hamburg 2001.
Schäuble, Wolfgang: Der Vertrag. Wie ich über die deutsche Einheit verhandelte, hg. von Dirk Koch/Klaus Wirtgen, Stuttgart 1991.

Schenke, Wolf: Die Stunde Asiens. Deutschland und die Revolution des 20. Jahrhunderts, Hamburg 1955.

Schenke, Wolf: Neue Weltmacht China, Hamburg 1958.

Schenke, Wolf: Der Anti-Schlamm oder wie begegnet man dem Kommunismus?, Hamburg 1959.

Schenke, Wolf: Versäumnis oder Verrat?, in: Wolfgang Venohr (Hg.): Ohne Deutschland geht es nicht. Acht Essays von sieben Autoren zur Lage der deutschen Nation, Krefeld 1985, S. 73–102.

Schenke, Wolf: Siegerwille und Unterwerfung. Auf dem Irrweg zur Teilung. Erinnerungen 1945–1955, München 1988.

Schewardnadse, Eduard: Die Zukunft gehört der Freiheit, Reinbek bei Hamburg 1991.

Schirdewan, Karl: Aufstand gegen Ulbricht. Im Kampf um politische Kurskorrektur, gegen stalinistische, dogmatische Politik, Berlin 1995.

Schirdewan, Karl: Ein Jahrhundert leben. Erinnerungen und Visionen, Autobiographie, Berlin 1998.

Schmidt, Karl-Heinz: Die Deutschlandpolitik der SED, in: Materialien der Enquete-Kommission »Aufarbeitung von Geschichte und Folgen der SED-Diktatur in Deutschland« (12. Wahlperiode des Deutschen Bundestags), hg. vom Deutschen Bundestag, Bd. V/2: Deutschlandpolitik, innerdeutsche Beziehungen und internationale Rahmenbedingungen, Baden-Baden 1995, S. 2114–2293.

Schmidt, Michael: Die FDP und die deutsche Frage 1949–1990, Münster 1995.

Schmidt, Walter: Nation und deutsche Geschichte in der bürgerlichen Ideologie der BRD, Berlin 1980.

Schmidt, Walter: Das Zwei-Nationen-Konzept der SED und sein Scheitern. Nationsdiskussionen in der DDR in den 70er und 80er Jahren, Berlin 1996.

Schmidthammer, Jens: Rechtsanwalt Wolfgang Vogel. Mittler zwischen Ost und West, Hamburg 1987.

Schmollinger, Horst W.: Der Deutsche Block, in: Richard Stöss (Hg.): Parteien-Handbuch. Die Parteien der Bundesrepublik Deutschland 1945–1980, Bd. 2: CSU – DSU, Opladen 1986, S. 807–847.

Schmollinger, Horst W.: Die Deutsche Partei, in: Richard Stöss (Hg.): Parteien-Handbuch. Die Parteien der Bundesrepublik Deutschland 1945–1980, Bd. 2: CSU – DSU, Opladen 1986, S. 1025–1111.

Schmollinger, Horst W.: Die Deutsche Reichspartei, in: Richard Stöss (Hg.): Parteien-Handbuch. Die Parteien der Bundesrepublik Deutschland 1945–1980, Bd. 2: CSU – DSU, Opladen 1986, S. 1112–1191.

Schmollinger, Horst W.: Die Nationaldemokratische Partei Deutschlands, in: Richard Stöss (Hg.): Parteien-Handbuch. Die Parteien der Bundesrepublik Deutschland 1945–1980, Bd. 4: NDP – WAV, Opladen 1986, S. 1922–1994.

Schneider, Dirk: Gedanken zur Deutschlandpolitik der Grünen, in: Rolf Stolz (Hg.): Ein anderes Deutschland. Grün-alternative Bewegung und neue Antworten auf die Deutsche Frage, Berlin 1985, S. 41–50.

Schollwer, Wolfgang: Die zweifelhaften Grundlagen einer Konföderationsidee, in: DA, 17 (1984), S. 1040–1042.
Schollwer, Wolfgang: Noch einmal Wolfgang Venohr, in: DA, 18 (1985), S. 50.
Schollwer, Wolfgang: Liberale Opposition gegen Adenauer. Aufzeichnungen 1957–1961, hg. von Monika Fassbender, München 1990.
Scholz, Günther: Herbert Wehner, Düsseldorf/Wien 1986.
Scholz, Michael F.: Herbert Wehner in Schweden 1941–1946, München 1995.
Schönfeldt, Rolf: Die Deutsche Friedens-Union (DFU) in Niedersachsen. Assoziations- und Dissoziationsprozesse in der Frühphase des Landesverbandes in Niedersachsen, Diplomarbeit, Freie Universität Berlin, 1977.
Schönfeldt, Rolf: Die Deutsche Friedens-Union, in: Richard Stöss (Hg.): Parteien-Handbuch. Die Parteien der Bundesrepublik Deutschland 1945–1980, Bd. 2: CSU – DSU, Opladen 1986, S. 848–876.
Schrenck-Notzing, Caspar von/Mohler, Armin (Hg.): Deutsche Identität, Krefeld 1982.
Schüddekopf, Charles (Hg.): »Wir sind das Volk«. Flugschriften, Aufrufe und Texte einer deutschen Revolution, Reinbek bei Hamburg 1990.
Schüddekopf, Otto-Ernst: Linke Leute von rechts. Die nationalrevolutionären Minderheiten und der Kommunismus in der Weimarer Republik, Stuttgart 1960.
Schuh, Petra/Weiden, Bianca M. von der: Die deutsche Sozialdemokratie 1989/90. SDP und SPD im Einigungsprozess, München 1997.
Schuler, Thomas: Strauß. Die Biographie einer Familie, Frankfurt am Main 2006.
Schütz, Wilhelm W.: Reform der Deutschlandpolitik, Köln 1965.
Schwan, Heribert/Steininger, Rolf: Helmut Kohl. Virtuose der Macht, Mannheim 2010.
Schwann, Hermann: Wir müssen umdenken. Innerdeutsche Kontakte oder Verzicht auf die deutsche Einheit, Hamburg 1965.
Schwarz, Hans-Peter (Hg.): Handbuch der deutschen Außenpolitik, München/Zürich 1975.
Schwarz, Hans-Peter: Die Politik der Westbindung oder die Staaträson der Bundesrepublik, in: Zeitschrift für Politikwissenschaft, 22 (1975), S. 307–337.
Schwarz, Hans-Peter: Die deutschlandpolitischen Vorstellungen Konrad Adenauers 1955–1958, in: ders. (Hg.): Entspannung und Wiedervereinigung. Deutschlandpolitische Vorstellungen Konrad Adenauers, Stuttgart/Zürich 1979, S. 7–40.
Schwarz, Hans-Peter (Hg.): Entspannung und Wiedervereinigung. Deutschlandpolitische Vorstellungen Konrad Adenauers, Stuttgart/Zürich 1979.
Schwarz, Hans-Peter: Vom Reich zur Bundesrepublik. Deutschland im Widerstreit der außenpolitischen Konzeptionen in den Jahren der Besatzungsherrschaft 1945–1949, 2., erweiterte Auflage, Stuttgart 1980.
Schwarz, Hans-Peter: Die Ära Adenauer. Gründerjahre der Republik 1949–1957, Stuttgart 1981.
Schwarz, Hans-Peter: Anmerkungen zu Adenauer, München 2004.
Schweigler, Gebhard: Nationalbewußtsein in der BRD und DDR, Düsseldorf 1973.
Schweisfurth, Theodor: Das Ziel: Blockfreiheit. Ein Beitrag zur Friedensstrategie, in: Wolfgang Venohr (Hg.): Die deutsche Einheit kommt bestimmt, Bergisch Gladbach 1982, S. 81–101.
Schweisfurth, Theodor: Die völkerrechtliche Lage der deutschen Staaten und der Weg zu ge-

samtdeutscher Souveränität, in: Helmut Kamphausen (Hg.): Entnationalisierung als Staatsräson?, Kiel 1986, S. 136–146.

Schweisfurth, Theodor: Die Deutsche Konföderation – der große nationale Kompromiß als tragendes Element einer neuen europäischen Friedensordnung, in: APuZ, B 50/1987, S. 19–36.

Schweisfurth, Theodor: Neutral – sicher – frei: Eine deutsche Eidgenossenschaft?, in: Wolfgang Heisenberg/Dieter S. Lutz (Hg.): Sicherheitspolitik kontrovers. Auf dem Weg in die neunziger Jahre, Baden-Baden 1987, S. 635–659.

Schweisfurth, Theodor: Die deutsche Frage aus der Sicht der Grünen, in: Dieter Blumenwitz/Gottfried Zieger (Hg.): Die deutsche Frage im Spiegel der Parteien, Köln 1989, S. 109–120.

Schweisfurth, Theodor: Fahrplan für ein neues Deutschland, Erlangen 1990.

Schweisfurth, Theodor: Die sozialdemokratische Partei Deutschlands darf auf die Einheit Deutschlands nicht verzichten. Zur Kritik des Deutschland-Abschnitts im Irseer Programmentwurf, in: DA, 31 (1998), S. 592–598.

Schweitzer, Carl-Christoph (Hg.): Eiserne Illusionen. Wehr- und Bündnisfragen in den Vorstellungen der extremen Rechten nach 1945, Köln 1969.

Seebacher-Brandt, Brigitte: Die Linke und die Einheit, Berlin 1991.

Seidel, Karl: Berlin-Bonner Balance. 20 Jahre deutsch-deutsche Beziehungen. Erinnerungen und Erkenntnisse eines Beteiligten, Berlin 2002.

Seiffert, Wolfgang: Die deutsche Nation zwischen Politik und Recht, in: Politik und Kultur, 5/1979, S. 35–44.

Seiffert, Wolfgang: SED und nationale Frage. Eine aktuelle Bestandsaufnahme, in: Wolfgang Venohr (Hg.): Die deutsche Einheit kommt bestimmt, Bergisch Gladbach 1982, S. 161–179.

Seiffert, Wolfgang: Kann der Ostblock überleben? Der Comecon und die Krise des sozialistischen Wirtschaftssystems, Bergisch Gladbach 1983.

Seiffert, Wolfgang: Die Deutschlandpolitik der SED, in: Wolfgang Venohr (Hg.): Ohne Deutschland geht es nicht. Acht Essays von sieben Autoren zur Lage der deutschen Nation, Krefeld 1985, S. 169–205.

Seiffert, Wolfgang: Das ganze Deutschland. Perspektiven der Wiedervereinigung, München/Zürich 1986.

Seiffert, Wolfgang: Voraussetzungen für die Lösung der deutschen Frage, in: Dieter Blumenwitz/Boris Meissner (Hg.): Die Überwindung der europäischen Teilung und die deutsche Frage, Köln 1986, S. 123–136.

Seiffert, Wolfgang: Das ganze Deutschland. Perspektiven der Wiedervereinigung, in: Herbert Fischer (Hg.): Aspekte der Souveränität, Kiel 1987, S. 11–20.

Seiffert, Wolfgang: Die DDR – Herrschaftsinstrument der SED und Produkt sowjetischer Deutschlandpolitik, in: Hermann von Berg/Franz Loeser/ders. (Hg.): Die DDR auf dem Weg in das Jahr 2000. Politik, Ökonomie, Ideologie. Plädoyer für eine demokratische Erneuerung, Köln 1987, S. 13–50.

Seiffert, Wolfgang: Die deutsche Frage und die internationale Sicherheit – Perspektiven der deutschen Wiedervereinigung, in: Günther Wagenlehner (Hg.): Die deutsche Frage und die internationale Sicherheit, Koblenz 1988, S. 208–215.

Seiffert, Wolfgang: Auf der Höhe der Zeit. Zur Entscheidung des Bundesverfassungsgerichts im sogenannten Teso-Fall, in: DA, 21 (1988), S. 375–377.

Seiffert, Wolfgang: Antworten – nicht nur an Johannes L. Kuppe, in: DA, 21 (1988), S. 762–764.

Seiffert, Wolfgang: Die Deutschen und Gorbatschow. Chancen für einen Interessenausgleich, Erlangen/Bonn/Wien 1989.

Seiffert, Wolfgang: Die Reformpolitik Gorbatschows und die Deutsche Frage, in: Osteuropa. Zeitschrift für Gegenwartsfragen des Ostens, 39 (1989), S. 317–331.

Seiffert, Wolfgang: Abschied von der Weltrevolution. Das Ende des Stalinismus und die Zukunft Europas, Erlangen/Bonn/Wien 1989.

Seiffert, Wolfgang: Das Selbstbestimmungsrecht der Deutschen, in: Wolfgang Venohr (Hg.): Ein Deutschland wird es sein, Erlangen/Bonn 1990, S. 90–101.

Seiffert, Wolfgang: Selbstbestimmt: ein Leben im Spannungsfeld von geteiltem Deutschland und russischer Politik, Graz 2006.

Semjonow, Wladimir S.: Von Stalin bis Gorbatschow. Ein halbes Jahrhundert in diplomatischer Mission, 1939–1991, Berlin 1995.

Semler, Christian: 1968 im Westen – was ging uns die DDR an?, in: APuZ, B 45/2003, S. 3–5.

Sempf, Thomas: Die deutsche Frage unter besonderer Berücksichtigung der Konföderationsmodelle, Köln 1987.

Sethe, Paul: Zwischen Bonn und Moskau, Frankfurt am Main 1956.

Sethe, Paul: Die großen Entscheidungen, Frankfurt am Main 1958.

Sethe, Paul: Öffnung nach Osten. Weltpolitische Realitäten zwischen Bonn, Paris und Moskau, Frankfurt am Main 1966.

Sethe, Paul: In Wasser geschrieben. Porträts, Profile, Prognosen, Frankfurt am Main 1968.

Siemann, Wolfram: Vom Staatenbund zum Nationalstaat. Deutschland 1806–1871, München 1995.

Skriver, Ansgar (Hg.): Berlin und keine Illusion. 13 Beiträge zur Deutschlandpolitik, Hamburg 1962.

Soell, Hartmut: Die deutschlandpolitischen Konzeptionen der SPD-Opposition 1949–1961, in: Erich Kosthorst/Klaus Gotto/Hartmut Soell (Hg.): Deutschlandpolitik der Nachkriegsjahre. Zeitgeschichtliche und didaktische Ortsbestimmung, Paderborn 1976, S. 41–61.

Sommer, Theo (Hg.): Denken an Deutschland. Zum Problem der Wiedervereinigung – Ansichten und Einsichten, Hamburg 1966.

Sowinski, Oliver: Die Deutsche Reichspartei 1950–1965. Organisation und Ideologie einer rechtsradikalen Partei, Frankfurt am Main 1998.

Sozialismus am Scheideweg. Fragen an eine neue Konzeption von André Brie, Michael Brie, Thomas Flierl, Rainer Land, Ina Merkel, Dieter Segert, Hartwig Schmidt, Rosi Will, Berlin 1990.

Spanger, Hans-Joachim: Die SED und der Sozialdemokratismus. Ideologische Abgrenzung in der DDR, Köln 1982.

Spittmann, Ilse (Hg.): Die SED in Geschichte und Gegenwart, Köln 1987.

Staadt, Jochen: Die geheime Westpolitik der SED 1960–1970. Von der gesamtdeutschen Orientierung zur sozialistischen Nation, Berlin 1993.

Staadt, Jochen. Walter Ulbrichts letzter Machtkampf, in: DA, 29 (1996), S. 687–700.

Staatssekretariat für gesamtdeutsche Fragen (Hg.): Wohin? Fragen, Widersprüche, Wege: Gedanken über eine demokratische Zukunft der Bundesrepublik, Berlin 1966.

Stamm, Christoph: Der »Bund der Deutschen – Partei für Einheit, Frieden und Freiheit (BdD)«. Entstehung und Entwicklung einer »bürgerlich-neutralistischen« Oppositionsgruppierung, Magisterarbeit, Friedrich-Wilhelms-Universität zu Bonn, 1999.

Staritz, Dietrich: Die SED, Stalin und der »Aufbau des Sozialismus« in der DDR. Aus den Akten des Zentralen Parteiarchivs, in: DA, 24 (1991), S. 686–700.

Staritz, Dietrich: Geschichte der DDR. Erweitete Neuausgabe, Frankfurt am Main 1996.

Steinweg, Reiner (Redaktion): Die neue Friedensbewegung. Analysen aus der Friedensforschung, Frankfurt am Main 1982.

Stelkens, Jochen: Machtwechsel in Ost-Berlin. Der Sturz Walter Ulbrichts 1971, in: VfZ, 45 (1997), S. 503–533.

Stelzle, Walter: Föderalismus und Eigenstaatlichkeit. Aspekte der bayerischen Innen- und Außenpolitik 1945–1947. Ein Beitrag zur Staatsideologie, München 1980.

Stephan, Gerd-Rüdiger: Die letzten Tagungen des Zentralkomitees der SED 1988/89. Abläufe und Hintergründe, in: DA, 26 (1993), S. 296–325.

Stephan, Gerd-Rüdiger (unter Mitarbeit von Daniel Küchenmeister): »Vorwärts immer, rückwärts nimmer!« Interne Dokumente zum Zerfall von SED und DDR 1988/89, Berlin 1994.

Stern, Carola: Ulbricht. Eine politische Biographie, Köln 1963.

Stoltenberg, Gerhard: Wendepunkte. Stationen deutscher Politik 1947–1990, Berlin 1997.

Stolz, Rolf (Hg.): Ein anderes Deutschland. Grün-alternative Bewegung und neue Antworten auf die Deutsche Frage, Berlin 1985.

Stolz, Rolf: Vorwort, in: ders. (Hg.): Ein anderes Deutschland. Grün-alternative Bewegung und neue Antworten auf die Deutsche Frage, Berlin 1985, S. 5–7.

Stolz, Rolf: Ein deutscher Sonderweg außerhalb der Blöcke. Abkopplung als Überlebensstrategie, in: ders. (Hg.): Ein anderes Deutschland. Grün-alternative Bewegung und neue Antworten auf die Deutsche Frage, Berlin 1985, S. 20–35.

Stolz, Rolf: Souveränität – Truppenabzug – Abkopplung. Das Problem – Möglichkeiten einer Lösung, in: ders. (Hg.): Ein anderes Deutschland. Grün-alternative Bewegung und neue Antworten auf die Deutsche Frage, Berlin 1985, S. 97–115.

Stolz, Rolf: Chances of a Fundamentally Democratic »Rätesozialismus« in Germany – Could a Third Way be a Solution of the German Problems?, in: Hans Köchler (Hg.): The Crisis of Representative Democracy, Frankfurt am Main u. a. 1987, S. 243–253.

Stolz, Rolf: Der deutsche Komplex. Alternativen zur Selbstverleugnung, Erlangen/Bonn/Wien 1990.

Stolz, Rolf: 1967 bis heute. Blicke zurück auf einige Bewegungen, in: Claus-M. Wolfschlag (Hg.): Bye-Bye '68 … Renegaten der Linken, APO-Abweichler und allerlei Querdenker berichten, Graz/Stuttgart 1998, S. 209–220.

Stöss, Richard: Väter und Enkel: Alter und Neuer Nationalismus in der Bundesrepublik, in: Ästhetik und Kommunikation, 32, 9 (1978), S. 35–57.

Stöss, Richard: Vom Nationalismus zum Unweltschutz. Die Deutsche Gemeinschaft/Aktionsgemeinschaft Unabhängiger Deutscher im Parteiensystem der Bundesrepublik, Opladen 1980.

Stöss, Richard (Hg.): Parteien-Handbuch. Die Parteien der Bundesrepublik Deutschland 1945–1980, Bd. 1: AUD – CDU, Bd. 2: CSU – DSU, Bd. 3: EAP – KSP, Bd. 4: NDP – WAV, Opladen 1986.

Stöss, Richard: Die Aktionsgemeinschaft Unabhängiger Deutscher, in: ders. (Hg.): Parteien-Handbuch. Die Parteien der Bundesrepublik Deutschland 1945–1980, Bd. 1: AUD – CDU, Opladen 1986, S. 310–335.

Stöss, Richard: Die Deutsche Gemeinschaft, in: ders. (Hg.): Parteien-Handbuch. Die Parteien der Bundesrepublik Deutschland 1945–1980, Bd. 2: CSU – DSU, Opladen 1986, S. 877–900.

Stöss, Richard: Die Deutsch-Soziale Union, in: ders. (Hg.): Parteien-Handbuch. Die Parteien der Bundesrepublik Deutschland 1945–1980, Bd. 2: CSU – DSU, Opladen 1986, S. 1243–1278.

Stöss, Richard: Die »Republikaner«. Woher sie kommen, was sie wollen, wer sie wählt, was zu tun ist, 2., überarbeitete und erweiterte Auflage, Köln 1990.

Stöver, Bernd: Der Kalte Krieg. Geschichte eines radikalen Zeitalters 1947–1991, München 2007.

Strauß, Franz Josef: Die Erinnerungen, Berlin 1989.

Strauß, Wolfgang: Rapallo – Wunschtraum, Irrweg oder Gespenst, Asendorf 1986.

Streibl, Max: Bayern und Deutschland, München 1990.

Ströbele, Hans-Christian: Deutsche Linke, was tun?, in: Frank Blohm/Wolfgang Herzberg (Hg.): Nichts wird mehr so sein, wie es war, Leipzig 1990, S. 187–202.

Studie zur Gesellschaftsstrategie, von Michael Brie, Rainer Land, Hannelore Petsch, Dieter Segert, Rosemarie Will, Berlin 1989.

Stupperich, Robert: Otto Dibelius. Ein evangelischer Bischof im Umbruch der Zeiten, Göttingen 1989.

Sturm, Daniel Friedrich: »Sowjetischer als die Sowjets«? Die Sozialdemokratie und ihre Haltung zu den außenpolitischen Aspekten der Vereinigung Deutschlands 1990, in: DA, 38 (2005), S. 799–805.

Sturm, Daniel Friedrich: Uneinig in die Einheit. Die Sozialdemokratie und die Vereinigung Deutschlands 1989/90, Bonn 2006.

Stuth, Reinhard: Die Außen- und Deutschlandpolitik der Grünen, in: Klaus Gotto/Hans-Joachim Veen (Hg.): Die Grünen – Partei wider Willen, Mainz 1984, S. 54–72.

Stutz, Rüdiger: Die Bonner Republik wird rot. Walter Ulbrichts »Modell für Deutschland« zwischen Wunsch und Wirklichkeit, in: Enno Bünz/Rainer Gries/Frank Möller (Hg.): Der Tag X in der Geschichte. Erwartungen und Enttäuschungen seit tausend Jahren, Stuttgart 1998, S. 227–255.

Suckut, Siegfried: Die Gespräche zwischen FDP und LDPD im Jahre 1956 – Vorgeschichte, Verlauf, DDR-interne Erwartungen und Reaktionen, in: Jahrbuch zur Liberalismusforschung, 4 (1992), S. 85–141.

Szabo, Stephen F.: The Diplomacy of German Unification, New York 1992.

Szalontai, Balázs: Kim Il Sung in the Khrushev Era. Soviet-DPRK Relations and the Roots of the North Korean Despotism, 1953–1964, Washington D. C. 2005.

Teichmann, Frank: Henning Eichberg – Nationalrevolutionäre Perspektiven in der Sportwissenschaft. Wie politisch ist die Sportwissenschaft?, Frankfurt am Main 1991.

Teltschik, Horst: Die Bundesrepublik Deutschland und Polen – eine schwierige Partnerschaft im Herzen Europas, in: Außenpolitik, 41 (1990), S. 3–14.

Teltschik, Horst: 329 Tage. Innenansichten der Einigung, Berlin 1991.

Teltschik, Horst: Die Wiedervereinigung Deutschlands – mögliche Schlussfolgerungen für Korea, in: Hartmut Koschyk (Hg.): Deutschland, Korea – geteilt, vereint, München 2005, S. 59–65.

Texte zur Deutschlandpolitik, hg. vom Bundesministerium für gesamtdeutsche Fragen (später: innerdeutsche Beziehungen), Reihe I (1966–1968): 12 Bände, Bonn 1968–1973; Reihe II (1973–1982): 8 Bände, Bonn 1975–1983; Reihe III (1982–1990), Bonn 1983–1991.

Thatcher, Margaret: Downing Street No. 10. Die Erinnerungen, Düsseldorf u. a. 1993 (englische Originalausgabe: The Downing Street Years, London 1993).

Timmermann, Heiner (Hg.): Die DDR in Deutschland. Ein Rückblick auf 50 Jahre, Berlin 2001.

Timmermann, Heiner (Hg.): Die DDR zwischen Mauerbau und Mauerfall, Münster/Hamburg/London 2003.

Trömmer, Markus: Der verhaltene Gang in die deutsche Einheit. Das Verhältnis zwischen den Oppositionsgruppen und der (SED-)PDS im letzten Jahr der DDR, Frankfurt am Main 2002.

Tschernjajew, Anatolij S.: Die letzten Jahre einer Weltmacht. Der Kreml von innen, Stuttgart 1993.

Tschernjajew, Anatolij S.: Mein deutsches Tagebuch, Klitzschen 2005.

Uertz, Rudolf: Christentum und Sozialismus in der frühen CDU. Grundlagen und Wirkungen der christlich-sozialen Ideen in der Union 1945–1949, Stuttgart 1981.

Ulbricht, Walter: Zur Geschichte der deutschen Arbeiterbewegung, Bd. VI–X, Berlin 1964–1966.

Ulbricht, Walter: Der Weg zum künftigen Vaterland der Deutschen. Festansprache zum 20. Jahrestag der Gründung der Sozialistischen Einheitspartei Deutschlands am 21. April 1966 in der Berliner Dynamo-Sporthalle, Berlin 1966.

Ulbricht, Walter: Der Offene Brief des ZK der SED und die Antwort der SPD – Referat auf der 12. Tagung des ZK der SED am 27./28. April 1966, Berlin 1966.

Ulrich Noack – Ein Leben aus freier Mitte. Beiträge zur Geschichtsforschung. Festschrift für Prof. Dr. Ulrich Noack zum 60. Geburtstag, Göttingen/Berlin/Frankfurt am Main 1961.

Umbruch in Europa. Die Ereignisse im 2. Halbjahr 1989. Eine Dokumentation, hg. vom Auswärtigen Amt, Bonn 1990.

Unger, Ilse: Die Bayernpartei. Geschichte und Struktur 1945–1957, Stuttgart 1976.

Urban, George R.: Diplomacy and Disillusion at the Court of Margaret Thatcher. An Insider's View, London/New York 1996.

Venohr, Wolfgang: Die Herrschenden und der Neue Patriotismus, in: Neue Gesellschaft, 29 (1982), S. 725–727.

Venohr, Wolfgang (Hg.): Die deutsche Einheit kommt bestimmt, Bergisch Gladbach 1982.

Venohr, Wolfgang: Deutschland – was ist es? Thesen zur nationalen Identität, in: Wolfgang Venohr (Hg.): Die deutsche Einheit kommt bestimmt, Bergisch Gladbach 1982, S. 17–35.
Venohr, Wolfgang: Konföderation Deutschland. Ein Weg zur deutschen Einheit, in: ders. (Hg.): Die deutsche Einheit kommt bestimmt, Bergisch Gladbach 1982, S. 181–192.
Venohr, Wolfgang: Deutschlands Mittellage. Betrachtungen zur ungelösten deutschen Frage, in: DA, 17 (1984), S. 820–829.
Venohr, Wolfgang (Hg.): Ohne Deutschland geht es nicht. Acht Essays von sieben Autoren zur Lage der deutschen Nation, Krefeld 1985.
Venohr, Wolfgang: Vorweg gesagt, in: ders. (Hg.): Ohne Deutschland geht es nicht. Acht Essays von sieben Autoren zur Lage der deutschen Nation, Krefeld 1985 S. 11–15.
Venohr, Wolfgang: Ohne Deutschland geht es nicht, in: ders. (Hg.): Ohne Deutschland geht es nicht. Acht Essays von sieben Autoren zur Lage der deutschen Nation, Krefeld 1985, S. 17–43.
Venohr, Wolfgang: Der Weg zur deutschen Einheit, in: ders. (Hg.): Ohne Deutschland geht es nicht. Acht Essays von sieben Autoren zur Lage der deutschen Nation, Krefeld 1985, S. 207–226.
Venohr, Wolfgang: Konföderation Deutschland. Antwort an Wolfgang Schollwer, in: DA, 18 (1985), S. 47–49.
Venohr, Wolfgang: Arm in Arm mit Brzezinski. Nachtrag zur Diskussion mit Wolfgang Schollwer, in: DA, 18 (1985), S. 156.
Venohr, Wolfgang: Die roten Preußen. Vom wundersamen Aufstieg der DDR in Deutschland, Erlangen 1989.
Venohr, Wolfgang (Hg.): Ein Deutschland wird es sein, Erlangen/Bonn/Wien 1990.
Venohr, Wolfgang: Vision Deutschland, in: ders. (Hg.): Ein Deutschland wird es sein, Erlangen/Bonn/Wien 1990, S. 9–17.
Vernohr, Wolfgang: Das Vermächtnis des deutschen Widerstands, in: ders. (Hg.): Ein Deutschland wird es sein, Erlangen/Bonn/Wien 1990, S. 21–35.
Venohr, Wolfgang: Patrioten gegen Hitler, Bergisch Gladbach 1994.
Venohr, Wolfgang: Die Abwehrschlacht. Jugenderinnerungen 1940–1955, Berlin 2002.
Verfolgt und entrechtet. Die Ausschaltung Christlicher Demokraten unter sowjetischer Besatzung und SED-Herrschaft 1945–1961. Eine biographische Dokumentation, hg. von Günter Buchstab, Düsseldorf 1998.
Vogel, Hans-Jochen: Nachsichten. Meine Bonner und Berliner Jahre, München/Zürich 1996.
Vogtmeier, Andreas: Egon Bahr und die deutsche Frage. Zur Entwicklung der sozialdemokratischen Ost- und Deutschlandpolitik vom Kriegsende bis zur Vereinigung, Bonn 1996.
Volkmann, Hans-Erich: Adenauer und die deutschlandpolitischen Opponenten in CDU und CSU, in: Josef Foschepoth (Hg.): Adenauer und die Deutsche Frage, Göttingen 1990, S. 183–206.
Vollmer, Antje: Tips für David. Plädoyer für eine ökologische Konföderation, in: Frank Blohm/ Wolfgang Herzberg (Hg.): Nichts wird mehr so sein, wie es war. Zur Zukunft der beiden deutschen Republiken, Leipzig 1990, S. 117–125.
Antje Vollmer im Gespräch mit Hans Werner Kilz: Eingewandert ins eigene Land. Was von Rot-Grün bleibt, München 2006.

Volmer, Ludger: Die Grünen und die Außenpolitik – ein schwieriges Verhältnis. Eine Ideen-, Programm- und Ereignisgeschichte grüner Außenpolitik, Münster 1998.

Wagenlehner, Günther (Hg.): Die deutsche Frage und die internationale Sicherheit, Koblenz 1988.

Waigel, Theo/Schell, Manfred (Hg.): Tage, die Deutschland und die Welt veränderten. Vom Mauerfall zum Kaukasus. Die Deutsche Währungsunion, München 1994.

Walser, Martin: Vormittag eines Schriftstellers, Frankfurt am Main 1994.

Walters, Vernon A.: Die Vereinigung war voraussehbar. Hinter den Kulissen eines entscheidenden Jahres. Die Aufzeichnungen des amerikanischen Botschafters, Berlin 1994.

Walther, Christoph: Jakob Fischbacher und die Bayernpartei. Biografische Studien 1886 bis 1972, München 2006.

Weber, Hermann: Die DDR 1945–1990, 4., überarbeitete und erweitete Auflage, München 2006.

Weber, Jürgen (Hg.): Die Republik der fünfziger Jahre. Adenauers Deutschlandpolitik auf dem Prüfstand, München 1989.

Wehner, Herbert: Wandel und Bewährung, Ausgewählte Reden und Schriften 1930–1967, hg. von Hans-Werner Graf Finckenstein/Gerhard Jahn, Frankfurt am Main 1968.

Herbert Wehner. Beiträge zu einer Biographie, hg. von Gerhard Jahn unter Mitwirkung von Reinhard Appel/Sven Backlund/Klaus Bölling/Günter Gaus, Köln 1976.

Herbert Wehner (1906–1990) und die deutsche Sozialdemokratie. Referat und Podiumsdiskussion eines Kolloquiums des Gesprächskreises Geschichte der Friedrich-Ebert-Stiftung in Bonn am 23. September 1996, hg. von Dieter Dowe, Bonn 1996.

Weidenfeld, Werner (Hg.): Die Identität der Deutschen, Bonn 1983.

Weidenfeld, Werner (Hg.): Nachdenken über Deutschland. Materialien zur politischen Kultur der Deutschen Frage, Köln 1985.

Weidenfeld, Werner: Außenpolitik für die deutsche Einheit, Stuttgart 1998 (= Geschichte der deutschen Einheit, Bd. 4).

Weidenfeld, Werner/Glaab, Manuela: Die deutsche Frage im Bewußtsein der Bevölkerung in beiden Teilen Deutschlands. Das Zusammengehörigkeitsgefühl der Deutschen – Konstanten und Wandlungen. Einstellungen der westdeutschen Bevölkerungen 1945/49–1990, in: Materialien der Enquete-Kommission »Aufarbeitung von Geschichte und Folgen der SED-Diktatur in Deutschland«, hg. vom Deutschen Bundestag, Bd. V/3: Deutschlandpolitik, innerdeutsche Beziehungen und internationale Rahmenbedingungen, Baden-Baden 1995, S. 2798–2962.

Weidenfeld, Werner/Korte, Karl-Rudolf (Hg.): Handbuch zur deutschen Einheit, Frankfurt am Main/New York 1992.

Weidenfeld, Werner/Korte, Karl-Rudolf (Hg.): Handbuch zur deutschen Einheit 1949–1989–1999, aktualisierte und erweiterte Neuausgabe, Bonn 1999.

Weigelt, Klaus (Hg.): Deutsche Frage und Westbindung, Melle 1986.

Weilemann, Peter R.: Der deutsche Beitrag zur Überwindung der europäischen Teilung. Die zehn Punkte von Bundeskanzler Helmut Kohl, in: Außenpolitik, 41 (1990), S. 15–23.

Weisenfeld, Ernst: Welches Deutschland soll es sein? Frankreich und die deutsche Einheit seit 1945, München 1986.

Weiß, Peter: Christlich und sozial. Erinnerung an Hans Bodensteiner (1912–1995), Weiden 1998.

Wendler, Jürgen: Die Deutschlandpolitik der SED in den Jahren 1952 bis 1958. Publizistisches Erscheinungsbild und Hintergründe der Wiedervereinigungsrhetorik, Köln/Weimar/Wien 1991.

Wendt, Bernd J. (Hg.): Vom schwierigen Zusammenwachsen der Deutschen. Nationale Identität und Nationalismus im 19. und 20. Jahrhundert, Frankfurt am Main 1991.

Wenger, Paul W.: Wer gewinnt Deutschland? Kleinpreußische Selbstisolierung oder mitteleuropäische Föderation, Stuttgart-Degerloch 1959.

Wenger, Paul W.: Die deutsche Frage 1962. Legende, Illusion und Wirklichkeit, in: Ansgar Skriver (Hg.): Berlin und keine Illusion. 13 Beiträge zur Deutschlandpolitik, Hamburg 1962, S. 94–103.

Wenger, Paul W.: Hitlers Konkursmasse: Die vier Deutschland, in: Helmut Hammerschmidt (Hg.): Zwanzig Jahre danach. Eine deutsche Bilanz 1945–1965, München 1965, S. 11–19.

Wengst, Udo (Hg.): Historiker betrachten Deutschland. Beiträge zum Vereinigungsprozess und zur Hauptstadtdiskussion (Februar 1990 – Juni 1991), Bonn/Berlin 1992.

Wengst, Udo: Thomas Dehler 1897–1967. Eine politische Biographie, München 1997.

Wengst, Udo: Neutralistische Positionen in der CDU und in der FDP in den 1950er Jahren, in: Dominik Geppert/Udo Wengst (Hg.): Neutralität – Chance oder Chimäre? Konzepte des Dritten Weges für Deutschland und die Welt 1945–1990, München 2005, S. 33–43.

Wengst, Udo/Wentker, Hermann (Hg.): Das doppelte Deutschland. 40 Jahre Systemkonkurrenz, Berlin 2008.

Wer war wer in der DDR? Ein biographisches Lexikon, hg. von Helmut Müller-Enbergs/Jan Wielgohs/Dieter Hoffmann, Berlin 2001.

Die westdeutschen Parteien 1945–1965. Ein Handbuch, hg. vom Deutschen Institut für Zeitgeschichte, Berlin 1966.

Westphalen, Karl Graf von: Wesen und Aufgabe des Deutschen Klubs 1954 – Politische Streiflichter und Ausblicke, in: Hermann Etzel: Welt im Umbruch, hg. von Deutscher Klub 1954, München 1956, S. 50–61.

Wettig, Gerhard: Bereitschaft zu Einheit in Freiheit? Die sowjetische Deutschlandpolitik 1945–1955, München 1999.

Wettig, Gerhard: Chruschtschows Berlin-Krise 1958 bis 1963: Drohpolitik und Mauerbau, München 2006.

Whitney, Craig R.: Advocatus Diaboli. Wolfgang Vogel – Anwalt zwischen Ost und West, Berlin 1993.

Wiegrefe, Klaus: Das Zerwürfnis. Helmut Schmidt, Jimmy Carter und die Krise der deutsch-amerikanischen Beziehungen, Berlin 2005.

Wilke, Manfred/Voigt, Tobias: Opposition gegen Ulbricht. Konflikte in der SED-Führung in den fünfziger Jahren, in: Klaus-Dietmar Henke/Peter Steinbach/Johannes Tuchel (Hg.): Widerstand und Opposition in der DDR, Köln/Weimar/Wien 1999, S. 211–240.

Willms, Bernard: Die Deutsche Nation. Theorie – Lage – Zukunft, Köln-Lövenich 1982.
Willms, Bernard/Kleinewefers, Paul: Erneuerung aus der Mitte. Prag – Wien – Berlin. Diesseits von Ost und West, Herford 1988.
Winkler, Heinrich A.: Die Wandlungen des deutschen Nationalismus, in: Merkur, 33 (1979), S. 963–973.
Winkler, Heinrich A.: Abschied von den Sonderwegen. Die Deutschen vor und nach der Wiedervereinung, in: ders.: Streitfragen der deutschen Geschichte. Essays zum 19. und 20. Jahrhundert, München 1997, S. 123–147.
Winkler, Heinrich A./Kaelble, Hartmut (Hg.): Nationalismus, Nationalität, Supranationalität, Stuttgart 1993.
Wirsching, Andreas: Abschied vom Provisorium 1982–1990, München 2006.
Wirsching, Andreas: Für eine pragmatische Zeitgeschichtsforschung, in: APuZ, B 3/2007, S. 13–18.
Wirth, Günter: Wilhelm Elfes, Berlin 1984.
Wirth, Günter: Ein Kirchenmann in den Umbrüchen des 20. Jahrhunderts. Zum 30. Todestag von Bischof Otto Dibelius (Teil 1), in: Berlinische Monatsschrift, 6 (1997), H. 1, S. 25–28.
Wirth, Günter: Die Signaturen eines Bischofsamtes, (Teil 2), in: Berliner Monatsschrift, 6 (1997), H. 2, S. 31–39.
Wirth, Joseph: Die Reise hinter den Eisernen Vorhang. Der gemeinsame Weg der Deutschen zur Einheit – oder zum Krieg, Freiburg i. Br. 1952.
Wischnewski, Hans-Jürgen: Mit Leidenschaft und Augenmaß in Mogadischu und anderswo. Politische Memoiren, München 1991.
Wolf, Konstanze: CSU und BP. Ein besonderes Konkurrenzverhältnis 1948–1960, Köln 1984.
Wolf, Markus: In eigenem Auftrag. Bekenntnisse und Einsichten, München 1991.
Wolf, Markus: Spionagechef im geheimen Krieg. Erinnerungen, München 1997.
Wolfschlag, Claus-M. (Hg.): Bye-Bye '68 … Renegaten der Linken, APO-Abweichler und allerlei Querdenker berichten, Graz/Stuttgart 1998.
Wünsch, Roland: Das Ende der Alternative. Die Grünen in der Wiedervereinigung, Bonn 1995.

Yang, Sung Chul: The Lessons of United Germany for Divided Korea, in: Young Whan Kihl (Hg.): Korea and the World. Beyond the Cold War, Boulder u. a. 1994, S. 261–277.

Zarusky, Jürgen (Hg.): Die Stalin-Note vom 10. März 1952. Neue Quellen und Analysen. Mit Beiträgen von Wilfried Loth, Hermann Graml und Gerhard Wettig, München 2002.
Zelikow, Philip/Rice, Condoleezza: Sternstunde der Diplomatie. Die deutsche Einheit und das Ende der Spaltung Europas, Berlin 1997 (englische Originalausgabe: Germany unified and Europe tranformed, Cambridge 1995).
Zieger, Gottfried: Die Haltung von SED und DDR zur Einheit Deutschlands 1949–1987, Köln 1988.
Ziemer, Klaus: Zwischen Mißtrauen und Hoffnung. Polen und die deutsche Vereinigung, in: Klaus-Dietmar Henke (Hg.): Revolution und Vereinigung 1989/90. Als in Deutschland die Realität die Phantasie überholte, München 2009, S. 509–524.

Zimmer, Matthias: Nationales Interesse und Staatsräson. Zur Deutschlandpolitik der Regierung Kohl 1982–1989, Paderborn 1992.

Zimmermann, Harro: Günter Grass unter den Deutschen. Chronik eines Verhältnisses, Göttingen 2006.

Zippelius, Reinhold: Allgemeine Staatslehre. Politikwissenschaft, 14. Auflage, München 2003.

Zitelmann, Rainer: Pionierstudie zum National-Neutralismus in der Bundesrepublik Deutschland 1945–1955, in: Jahrbuch Extremismus & Demokratie, 2 (1990), S. 289–297.

Zitelmann, Rainer: Adenauers Gegner. Streiter für die Einheit, Erlangen/Bonn/Wien 1991.

Zitelmann, Rainer: Wiedervereinigung und deutscher Selbsthaß. Probleme mit dem eigenen Volk, in: Werner Weidenfeld (Hg.): Deutschland. Eine Nation – doppelte Geschichte. Materialien zum deutschen Selbstverständnis, Köln 1993, S. 235–248.

Zitelmann, Rainer/Weißmann, Karlheinz/Großheim, Michael (Hg.): Westbindung. Chancen und Risiken für Deutschland, Frankfurt am Main/Berlin 1993.

Zubok, Vladislav: Die Krisen Gorbatschows und die Vereinigung Deutschlands, in: Hans-Hermann Hertle/Konrad H. Jarausch/Christoph Kleßmann (Hg.): Mauerbau und Mauerfall. Ursachen – Verlauf – Auswirkungen, Berlin 2002, S. 245–268.

Zwahr, Hartmut: Vertragsgemeinschaft, Konföderation oder Vereinigung? Die Übergänge zur nationaldemokratischen Revolution in der DDR im Herbst 1989, in: Uwe John/Josef Matzerath (Hg.): Landesgeschichte als Herausforderung und Programm. Karlheinz Blaschke zum 70. Geburtstag, Stuttgart 1997, S. 709–729.

Zwei deutsche Staaten. Die nationale Politik der DDR. Mit Beiträgen von Albert Norden, Hermann Matern, Friedrich Ebert und einer Dokumentation, Wien 1967.

Personenregister

Dank

Dieses Buch stellt die überarbeitete Form meiner Dissertation dar, die unter dem Titel »Idee einer nationalen Konföderation im geteilten Deutschland 1949 bis 1990« im Wintersemester 2008/09 von der Philosophischen Fakultät der Friedrich-Schiller-Universität Jena angenommen worden ist. Besonders herzlich danke ich meinem Doktorvater Prof. Dr. Lutz Niethammer, der mir mit wertvollen Hinweisen und vielfältigen Anregungen jederzeit zur Seite stand. Ohne seine Unterstützung und Geduld wäre diese Arbeit nicht zu Ende geführt worden. Besonderer Dank gilt auch Prof. Dr. Rainer Gries, der sich gern als Zweiter Gutachter zur Verfügung gestellt hat. Ihm verdanke ich manch hilfreiches Gespräch.

Dank gebührt auch jenen, die durch ihre freundliche Begleitung zum Gelingen des Werkes beigetragen haben. Hier bin ich vor allem Prof. Dr. Alf Lüdtke und Prof. Dr. Dirk van Laak zu großem Dank verpflichtet. Mein herzlichster Dank gilt ebenso Prof. Dr. Matthias Steinbach, Dr. Michael Ploenus, Dr. Günter Schmidt und Dr. Mario Marino, die mich in Jena mit intellektuellem Zuspruch und menschlicher Wärme stets angeregt und aufgemuntert haben.

Bei der Texterfassung waren Dr. Rosemarie Schmidt, Steffi Gläser, Guido Lindner und Maren Heun sprachlich große Hilfen, wofür ich herzlich danken möchte. Mein aufrichtiger Dank geht nicht zuletzt an Christian König, der durch seine kritische Durchsicht die erste Fassung der Arbeit sehr verbessert hat. Schließlich gilt mein Dank Jana Fröbel, die als Lektorin für den Ch. Links Verlag das Manuskript mit Sorgfalt bearbeitet hat.

Seoul, im Juli 2010
Dong-Ki Lee

Angaben zum Autor

Dong-Ki Lee

Jahrgang 1966, geboren in Geochang (Süd-Korea); 1985–1994 Studium der Westlichen Geschichte in Seoul; 1995–1998 Doktorand in Seoul, Dozent an mehreren Universitäten in Süd-Korea; 1999–2009 Promotion an der Friedrich-Schiller-Universität Jena bei Prof. Dr. Lutz Niethammer, dort 2001–2005 auch wissenschaftliche Hilfskraft bzw. Mitarbeiter; seit 2007 Dozent an der Seoul National University (Süd-Korea); 2010/2011 Gastprofessor an der Rheinischen Friedrich-Wilhelms-Universität Bonn; zahlreiche Veröffentlichungen und Übersetzungen ins Koreanische.